CHINA

中国税收研究报告

国家税务总局税收科学研究所／编

2008年

ZHONGGUO SHUISHOU YANJIU BAOGAO

中国财政经济出版社

图书在版编目（CIP）数据

中国税收研究报告. 2008 年/国家税务总局税收科学研究所编. —北京：中国财政经济出版社，2009.8

ISBN 978 - 7 - 5095 - 1712 - 3

Ⅰ. 中…　Ⅱ. 国…　Ⅲ. 税收管理 - 研究报告 - 中国 - 2008　Ⅳ. F812.42

中国版本图书馆 CIP 数据核字（2009）第 119111 号

责任编辑：林治滨　　　　责任校对：黄亚青

封面设计：邹海东　　　　版式设计：兰　波

中国财政经济出版社出版

URL：http：//www. cfeph. cn

E - mail：cfeph @ cfeph. cn

社址：北京市海淀区阜成路甲 28 号　邮政编码：100142

发行处电话：88190406　财经书店电话：64033436

涿州市新华印刷有限公司印刷　各地新华书店经销

787 × 960 毫米　16 开　46.25 印张　771 000 字

2009 年 8 月第 1 版　2009 年 8 月涿州第 1 次印刷

印数：1—2 500 册　定价：95.00 元

ISBN 978-7-5095-1712-3 / F · 1465

（图书出现印装问题，本社负责调换）

前　言

2008 年，国家税务总局税收科学研究所进一步落实总局领导关于加强税收科研工作的指示精神，紧密围绕总局中心工作，积极实施税收研究精品战略，取得了重要的税收研究成果。呈现在读者面前的这本文集，共收录了 2008 年发表的 43 篇税收研究报告，按照总局重点课题、总局其他课题和省、市重点课题顺序排列。所选报告内容丰富、观点鲜明，较为集中地反映了当前经济运行和税收工作中的重点、焦点、热点问题的研究现状，充分表明全国税务系统税收科研水平的提高和税收科研工作取得的新成果。

本书由国家税务总局税收科学研究所所长刘佐担任主编，副所长靳东升、靳万军担任副主编，具体编辑工作由理论政策室石坚研究员、付广军研究员和陈文东副研究员承担。

虽然编辑者已经尽了很大努力，但是错误之处仍然在所难免，恳请读者批评指正。

在本书出版之际，我们谨向对税收科研工作给予大力支持的全国税务系统的领导和同志们，以及对本书的出版给予大力支持和帮助的中国财政经济出版社的领导和责任编辑，表示诚挚的谢意！

国家税务总局税收科学研究所

2009 年 3 月

目录

国家税务总局重点课题

国家税务总局专项性课题

地方税务机关重点课题

国家税务总局重点课题

个人所得税税制模式转换所需基本条件的研究

国家税务总局税收科学研究所课题组

党的十六届三中全会《关于完善社会主义市场经济体制若干问题的决定》将改进个人所得税制作为税制改革的重要内容，明确提出“改进个人所得税，实行综合和分类相结合的个人所得税制”。综合和分类相结合的税制模式，吸收了综合所得税制和分类所得税制的优点，既对纳税人部分不同来源的收入实行综合课征，体现了按支付能力课税的原则，又将所列举的特定项目按特定办法和税率课征，体现了对某些不同性质收入区别对待的原则。综合和分类相结合的税制模式，对征管水平的要求没有综合所得税制严格，比较适合中国人口众多、幅员广阔、社会经济发展水平极不平衡的现状，同时也符合加大对高收入者税收调节力度的要求，在中国当前形势下是合理、可行的个人所得税税制模式。

实行综合与分类征税相结合的个人所得税制，需要具备内外部配套条件，否则难以实现新制度的预期目标。具体来说，需要公民和各部门具有较强的纳税、协税、护税意识，同时要有比较完善的法律体系、严格的执法和较完备的法律救济等法律条件。同时，还应该具备以信息采集利用为核心的各项社会配套条件，并在此基础上不断提高社会的税法遵从度，这就需要积极推进税务部门对个人各项所得信息收集系统以及银行对个人收支结算系统等相应的社会基础条件建设。最后，税务部门要努力改进税收征管手段，实现税务机关内部以及税务机关和其他相关部门甚至和纳税人之间的信息联系，不断提高数据处理的电子化水平，提高收入监控能力和征管水平。

一、中国个人所得税制的建立、发展与改革的必要性

（一）个人所得税税制模式的含义

个人所得税是对个人取得的应纳税所得额征收的一种税。它于 1799 年在英国创立，迄今为止，已经经历了两个多世纪的不断发展和完善。

个人所得税税制模式可分为分类所得税制、综合所得税制和综合和分类相结合的所得税制三种类型①：

1. 分类所得税制，亦称个别所得税制，是将个人各种来源不同、性质各异的所得进行分类，然后对税法规定的几种所得分别扣除不同的费用，以不同的税率课税，不将纳税人在法定时期的不同类别的所得合并计算征税。换言之，纳税人的所得以各自独立的方式计算纳税，不同收入项目互不交叉。分类所得税制的理论依据在于纳税人不同的收入体现了不同的性质，应贯彻区别对待的原则，对不同性质的所得项目采取不同的税率，采取不同的方式课征。

2. 综合所得税制，亦称一般所得税制，是将纳税人一定时期内的各种所得，不管其所得来源如何，综合起来作为一个所得总体来对待，在进行法定扣除后，对其余额以累进税率课征。综合所得税制的特点是税基宽，它不像分类所得税制那样仅限于对税法规定的所得项目征税。相反，在综合所得税制下，除了税法规定的免税项目以外，各种收入项目均属于课税范围，能够有效反映纳税人的综合负税能力，可以达到调节不同纳税人收入分配差距的目的，能充分体现量能负担的税收原则。

3. 综合和分类相结合的所得税制，亦称为混合所得税制，是将个人不同来源的所得，首先按性质分为不同项目，对不同项目的所得先进行费用扣除，并对其余额从源扣缴，然后，再将全部或部分所得项目加总，扣除宽免额，运用累进税率征税。这种税制，是由分类所得税制和综合所得税制合并应用而成。它兼有分类所得税制和综合所得税制的优点和缺点。

（二）中国现行个人所得税制模式的建立与发展

中国现行的个人所得税制度产生于 1980 年。它经历了一个复杂的变化过

---

① 王红晓：《完善个人所得税制度研究》，经济科学出版社 2008 年版。

程①。中共十一届三中全会以后，一方面，随着改革开放政策的逐步深入，中国经济迅速融入国际经济大循环之中，中外经济、技术、文化交流不断扩大，与此相适应，在中国工作、提供劳务并取得各种收入的外籍人员日益增多；另一方面，中国公民的收入水平也不断提高，收入渠道逐步多元化。为了维护国家的经济权益，适当调节个人收入，1980 年 9 月 10 日全国人大五届三次会议通过并颁布了《中华人民共和国个人所得税法》，自公布之日起实施。同年 12 月 14 日，财政部公布了个人所得税法实施细则，这是新中国第一部个人所得税法。该法规定在中国境内居住个人的所得和不在中国境内居住的个人而有从中国取得的所得都要征税，它对于维护中国在国际经济交往中的正当税收利益、鼓励外籍人士来华工作或从事其他正常经济活动、解决个人收入的涉税问题，都有着积极的意义。从纳税义务人看，该法在当时不仅适用于在中国的外籍人员，也适用于中国公民。但由于个人所得税法确定的费用扣除标准是参照外籍人员在中国的收入水平确定的，在较长时间内，中国公民达到该收入水平的人数不多，因而中国籍纳税人很少。

在 1984 年以前，中国对国有企业不征收所得税，实行利润上缴；对集体经济、个体经济、供销合作社、预算外的国有企业和事业单位、外国在中国境内经营的工商企业和交通运输企业征收“工商所得税”。1984 年税制改革以后，根据企业不同的经济性质，开始分别征收“国营企业所得税”、“集体企业所得税”、“私营企业所得税”以及“外商投资企业和外国企业所得税”。与此相关的是个体工商业户税收政策的调整。1984 年改革后，对个体经济继续征收工商所得税，但这种“工商所得税”既不属于企业所得税性质，也不属于个人所得税性质，处境十分尴尬。所以，国务院于 1986 年 1 月 7 日发布了《中华人民共和国城乡个体工商业户所得税暂行条例》，从 1986 年起施行，从而建立起了全国统一的城乡个体工商业户所得税制度。

随着改革开放政策的实施，中国公民虽然很少达到税法规定的纳税收入水平，但中国公民之间的收入差距逐渐拉大，为了缩小中国公民之间的收入差距、缓解居民收入分配不公、妥善处理经济体制改革中出现的新问题，国务院于 1986 年 9 月 25 日发布《中华人民共和国个人收入调节税暂行条例》，从 1987 年 1 月 1 日起施行。该暂行条例规定，个人收入调节税的纳税人是具有中国国籍、户籍，并在中国境内居住，取得个人收入的中国公民。至此，由于

① 刘丽坚：“论中国个人所得税的职能及下一步改革设想”，《税务研究》2006 年第 8 期。

对中国公民的个人收入改征个人收入调节税，《中华人民共和国个人所得税法》就只适用于在中国的外籍人员了。

个人收入调节税对包括工资薪金收入、承包转包收入、劳务报酬收入等 8 项收入征税，根据收入来源分别采用超倍累进税率和比例税率。超倍累进税率是指将个人收入按全国不同类别的工资地区划分为 4 个档次，每个档次都确定一个计税基数（分别为 100 元、105 元、110 元、115 元），以这个基数为 1，未超过基数 3 倍的部分不征税（即免征额分别为 400 元、420 元、440 元、460 元），从超过计税基数 3 倍的部分起按不同超倍数采用累进税率计征。超倍累进税率适用于对工资薪金收入、承包转包收入、劳务报酬收入、财产租赁收入的征税。这 4 项收入合并为综合收入，按照地区计税基数核算，按月计征。概括起来说，就是纳税人月综合收入额超过地区计税基数的，就其超计税基数的 3 倍以上部分，按照超倍累进税率征收个人收入调节税。其余 4 项收入采用比例税率。投稿、翻译收入和专利权的转让、专利实施许可和非专利技术的提供、转让取得的收入，每次收入不满 4000 元的，减除费用 800 元；4000 元以上的，减除 20% 的费用，然后就其余额按 20% 的比例税率计征。利息、股息、红利收入，不扣除任何费用，就每次收入金额按 20% 的比例税率计征。

综合而言，《中华人民共和国个人所得税法》、《中华人民共和国城乡个体工商业户所得税暂行条例》、《中华人民共和国个人收入调节税暂行条例》这 3 个税收法律、法规名义上确立了 3 个不同的税种，但从税收的性质上来说，却是对一个税种的不同纳税人的区别对待，在本质上都属于个人所得税制的范畴。因此，随着社会经济的迅速发展变化，中国对个人所得征税的 3 个税收法律、法规并存的状况，显得极不规范，在实施过程中逐步暴露出了一系列问题和矛盾。为适应建立社会主义市场经济体制和进一步改革开放的要求，需要一部既适用于境内人士，又适用于境外人士，既适用于一般工薪阶层，又适用于个体工商业户的统一的个人所得税法。因此，1993 年 10 月 31 日，第八届全国人民代表大会常务委员会第四次会议重新修订了《中华人民共和国个人所得税法》，不再区分个人的身份，规定凡取得法定收入的个人，无论是居民个人还是非居民个人都适用此法。修订后的个人所得税法自 1994 年 1 月 1 日起施行，同时废止了《中华人民共和国个人收入调节税暂行条例》和《中华人民共和国城乡个体工商业户所得税暂行条例》。

此后，为适应经济形势的发展和宏观经济政策目标的需要，《中华人民共和国个人所得税法》又经历了数次修订。主要包括：

1999年8月30日，第九届全国人民代表大会常务委员会第十一次会议通过《关于修改〈中华人民共和国个人所得税法〉的决定》，把个人所得税法第四条第二款关于“储蓄存款利息”免征个人所得税的规定删除，对储蓄存款利息所得自1999年11月1日开始按20%的比例税率征收个人所得税。这项修正案的主要目的是为了配合当时扩大内需、适当分流居民储蓄的宏观经济政策需要而做出的。

2005年10月27日，第十届全国人民代表大会常务委员会第十八次会议《关于修改〈中华人民共和国个人所得税法〉的决定》，对个人所得税法第六条和第八条的有关内容进行修改。主要有两个方面：一是工资薪金所得的费用扣除标准提高到1600元；二是征管方面要求个人所得超过国务院规定数额的，纳税义务人要办理纳税申报，扣缴义务人要办理全员全额扣缴申报。修正后的个人所得税法自2006年1月1日起施行。

2007年6月29日，第十届全国人民代表大会常务委员会第二十八次会议决定对《中华人民共和国个人所得税法》进行修改，就储蓄存款利息所得的个人所得税调整权限授予国务院，为国务院决定减征或停征利息税提供法律依据。

2007年12月29日，十届全国人大常委会第三十一次会议表决通过了关于修改个人所得税法的决定。个人所得税工资薪金所得费用减除标准自2008年3月1日起由每月1600元提高到2000元。

至此，中国个人所得税的基本政策、征管方法及税制模式已基本确立。另一方面，个人所得税收入大幅增加，个人所得税的地位愈来愈重要，1994年，个人所得税收入仅为72亿元，占当年税收收入的比重为1.53%，到了2007年，个人所得税收入增加到3185亿元，占当年税收收入的比重上升到6.44%（见表1）。

表1　　中国个人所得税收入规模及占税收收入比重　　单位：亿元

年　份	1981	1994	2001	2002	2003	2004	2005	2006	2007
个税收入	0.05	72	996	1211	1417	1737	2094	2452	3185
比重（%）	—	1.53	6.57	7.13	6.92	6.75	6.78	6.52	6.44

资料来源：根据历年《中国税务年鉴》数据整理。

（三）中国现行个人所得税制的特点

中国现行个人所得税制主要有以下四个特点：

1. 实行分类所得税制。中国现行个人所得税模式采用的是分类所得税制，即将个人的各种所得分为11项，分别适用不同的费用扣除规定、不同的税率、不同的纳税期限，采用不同的计税方法，实行不同的征税方法。总之，采取了很复杂的税制模式。

2. 同时使用累进税率与比例税率。分类所得税制一般采用比例税率，综合所得税制通常采用累进税率。但中国现行个人所得税根据各类个人所得的不同性质和特点，将这两种税率形式同时运用于个人所得税制中。对工资、薪金所得、个体工商户的生产经营所得、对企事业单位的承包经营和承租经营所得、一次收入畸高的劳务报酬所得，采用累进税率，实行量能负担。对稿酬所得、财产租赁所得等其他所得，采用比例税率，实行等比负担。

3. 实行内外有别的费用扣除方法。中国个人所得税制实行费用扣除从宽从简的原则，采取定额扣除和定率扣除相结合的费用扣除方法。对劳务报酬所得、稿酬所得、特许权使用费所得、财产租赁所得等，每次收入不超过4000元的，定额扣除800元；每次收入超过4000元的，定率扣除20%；对工资、薪金所得，每月减除费用2000元，对外籍人员增加2800元附加减除费用。这样处理的初衷主要想体现对中低收入者少征或不征税的原则，并更真实反映外籍人员的收入水平，但由此也产生了税负不公的问题①。

4. 采取源泉扣缴和纳税人自行申报纳税两种征纳方法。现行个人所得税的征收方法包括支付单位源泉扣缴和纳税人自行申报两种方法。根据税法规定，向个人支付所得的单位和个人，为个人所得税的扣缴义务人，应履行个人所得税的代扣代缴义务。对于没有扣缴义务人以及个人在两处以上取得工资、薪金所得的，由纳税人自行申报纳税。此外，对其他不便于扣缴税款的，亦规定由纳税人自行申报纳税。

总之，中国个人所得税制的建立与发展存在着较为复杂的历史背景和经济背景，现行税制模式存在许多不完善之处，需要对之进行改革与完善。

（四）个人所得税从分类税制模式向综合和分类相结合的税制模式转换的必要性

随着国民经济和社会的发展，个人所得来源出现多样化特点，现行个人所得税制模式暴露出不少缺陷和问题，主要是：

1. 税制模式复杂。在分类税制模式下，要区分不同的应税项目，分别规

① 沈玉平："以宪政原则为指导设计个人所得税费用扣除标准"，《税务研究》2008年第9期。

定费用扣除标准和税率，不能就纳税人一年的全部所得综合计算纳税，不仅造成税制十分复杂，增加了税收管理难度，而且税制难以体现公平税负、量能负担的原则，弱化了对高收入者的调节力度。

2. 税率结构复杂。现行税法实际上有三套超额累进税率和比例税率，过于庞杂；工资、薪金所得低档税率级距太短，累进过快，容易增加中低收入者的税负；工资、薪金所得的税率档次过多，实行九级超额累进制，不够简化方便，其最高边际税率为45%，明显高于世界平均水平，尤其是周边国家的税率水平，不利于吸引人才；同是勤劳所得性质的工资薪金所得、劳务报酬所得、生产经营所得，却适用不同税率，同样的收入水平要缴纳不同水平的个人所得税，从制度上造成了税负不公。

3. 对纳税人的费用扣除方法不合理。对大部分应税项目采用定额扣除、按月或按次计征的办法，缺乏针对性，不能有效地根据每个人的实际收入“量能负担”，同时，容易造成纳税人分解收入、分月或分次多次扣除费用，存在较多的逃税、避税漏洞。此外，对本国纳税人和外籍纳税人适用不同的费用扣除标准，违背了税收的国民待遇原则。

4. 税收优惠不规范。现行个人所得税法的一些税收优惠政策是在20世纪90年代初期的社会经济背景下制定的，相当一部分减免税项目是在市场供给短缺情况下特定的鼓励、支持项目，经过10多年的发展，已不能体现当前经济条件下国家鼓励支持的发展方向，不能适应当前形势发展需要。如对福利费的免税政策，原只是限定给个别困难职工发放的补贴，但在执行过程中有许多企业利用这项优惠政策，给所有职工发放福利费补贴，逃避纳税。同时，税收优惠政策不够规范，造成税基过窄，且在实际执行中漏洞大，难以有效控管。

5. 纳税人的纳税申报义务不完善。没有全面规定纳税人向税务机关申报的义务，现行个人所得税法规定只有以下几类纳税人必须自行申报：一是个人取得的全年所得超过12万元以上的；二是在中国境内两处或两处以上取得工资、薪金所得的；三是从中国境外取得所得的；四是取得应纳税所得没有扣缴义务人的。没有规定取得所得的个人都有申报所得的义务，纳税人的申报面太窄。同时，没有建立第三方（包括雇主、银行及其他掌握纳税人收入信息的部门）向税务机关报告纳税人涉税信息的相关制度或协税措施，造成了税收信息的不完整。

总之，现行税制模式的建立和形成具有特定的历史背景，在依法治税、完善税制、充分发挥税收调节功能的大背景下，应该从经济发展的实际情况出发，加快改革个人所得税制，更好地体现个人所得税筹集财政收入，调节收入分配的职能。

二、中国个人所得税税制模式转换所需要的基本条件

（一）关于个人所得税税制模式转换所需要的法律条件

法律条件是实现税制模式转换的基本约束条件。在税收法定原则下进行税制改革，首当其冲的就是法律条件的建设和不断完善。

1. 强化依法纳税意识。依法纳税意识和纳税遵从度的提高是一项重要的社会工程，需要创造良好的社会环境。要取得更高的遵从，纳税人就必然要求享有更多的个人所得税税款（及其他税款）征收的知情权和使用监督权。这就必须从财政税收制度自身建设上着手：首先，完善公共财政制度，提高财政预算的透明度，尽可能让全体公民了解税款的用途。比如每年国家预算讨论的情况应该通过各种媒体更加广泛和深入地向全民报道，使纳税人了解国家财政支出的用途。其次，要不断完善公共服务体系，让纳税人感受到纳税得到的利益，使纳税人真正感受到纳税的必要性。再次，考虑到中国正处于社会主义市场经济体制不断完善的历史时期，个人所得税应该强调有能力的人都应依法纳税，量能课征，作为国民收入二次分配的手段，个人所得税调节收入分配的作用并非像想象中的那么大，但其对于依法纳税意识的培养却有着不可替代的作用，所以不应过分强调个人所得税是调节收入分配的主要手段。第四，应该明确保证政府税收收入的需要是国家各个机关以及社会各部门的共同义务，要设立法定的信息提供义务，列明必须向税务机关提供相关信息的机构和组织，比如各种社会和医疗保险机构、民政部门和社会福利救济等公益机构、掌握所有涉及偷逃税行为的司法机关、涉及演出经营、广告、新闻以及出版等服务的各种机构、组织、银行及非银行金融机构等。

2. 改进税收立法理念。个人所得税法是直接调整国家与公民的经济利益关系的。因此，从法理上说，个人所得税的法律渊源必须来源于宪法等国家基本法的规定，才能对全民发生法律效力①。中国正在起草的税收基本法应该以宪法中关于公民纳税的条款为依据，规定纳税人的基本义务和权利，税收的基本原则，并以此作为各种具体税收法律的基础。特别地，税收基本法中要强调

① 靳东升："关于法国个人所得税的系统研究"，国家税务总局税收科学研究所《研究报告》2007年第17期。

以自然人为调整对象的立法理念，改变现行法律中大多以法人为调整对象的现状。这是市场经济发展的必然要求，因为，随着市场经济的进一步发展，“单位人”（即依附于单位或组织的，其权利义务边界与组织交织在一起的个人）向“社会人”（即拥有独立利益边界的市场个体）不断地转变，“契约社会”的不断形成，更加彰显个人的权利义务，就要求立法更多地体现作为市场主体的自然人的权利义务关系调整。

同时，要改变过于强调税收的无偿性、强制性而忽视其“整体返还”性的状况，对应到税收立法理念上，则要明确虽然从征纳关系来看，双方的权利义务关系不是完全平等的，但从税作为一种债的角度看，征纳双方即债权债务双方的法律地位是平等的，个人所得税法要充分体现这一点。

立法要形成一个由不同级次法律法规构成的个人所得税法的法律体系，这一体系一方面涉及税收征管法和个人所得税法本身；另一方面也涉及其他相关法律，尚需要进一步梳理，同时，由于中国幅员辽阔，区域经济不平衡，各地的地方法规应加强对税收工作的支持，比如江苏省近期就发布了《江苏省地方税收保障办法》。但是，具体到一个税种，则要尽量减少下位法的数量，以体现法的严肃性；立法要更大范围地吸收公众有序参与，努力实现民主立法和“开门立法”。

从税收法定原则来说，个人所得税的法条要细，要具有可操作性，应改变传统立法中原则性条款过多，有的无法具体执行，进而由司法、执法及行政部门解释的现象，其中执法部门的行政解释要严格限制范围。目前中国税法行政解释的范围偏大，税务机关在进行税法解释时，往往倾向于提高行政执法的效率和维护自身利益，容易导致寻租和创租行为。因此，应严格限制行政解释的范围，主要包括：一是限制行政解释的内容范围。行政机关的解释应严格限定在对税法操作性问题的解释，不应介入到立法机关享有的税收基本要素等核心内容的解释权；二是限制行政解释的适用范围。从法理上来说，行政解释应属于行政机关内部的行政规则，其作用仅限于指导税务机关执法，不应具有与行政法规、规章相当的效力。

3. 加快完善个人所得税法律体系。

（1）加快完善税收征管法。虽然不能奢望税收征管法有针对性地解决个人所得税征收管理的所有问题，但在中国目前尚无税收基本法的情况下，税收征管法无疑对于各税种来说都是处于枢纽地位的一部法律。具体来说，征管法中需要进一步完善和改进的涉及个人所得税的问题有：

第一，征管法中对于没有从事生产经营活动的自然人的税务登记条款是空白。

第二，《中华人民共和国税收征收管理法实施细则》（以下简称《征管法》）第五十九条规定：司法、执法部门在采取保全或强制执行措施时，不得查封、扣押纳税人个人及其所扶养家属维持生活的住房和用品。执行标的物包括纳税人的房地产、现金、有价证券等不动产和动产。机动车辆、金银饰品、古玩字画、豪华住宅或者一处以外的住房不属于个人及其所扶养家属维持生活必需的住房和用品。税务机关对单价 5000 元以下的其他生活用品，不采取税收保全措施和强制执行措施。同时在《征管法》第三十七条、三十八条、四十条明确规定，只能对从事生产、经营的纳税人采取税收保全、强制执行措施，对非从事生产、经营的自然人纳税人的税收保全、强制执行却没有作任何规定。

第三，《征管法》对于没有从事生产经营活动的自然人的税务检查语焉不详，比如对自然人，特别是并非是涉案嫌疑人的账户的检查如何进行。

第四，对通知申报拒不申报的自然人如何落实处罚规定？对自然人与单位勾结偷逃税如何实施处罚等等。

上述问题都需要尽快从法律上予以明确。

（2）改革个人所得税法。新的综合与分类结合模式下的个人所得税法要更好地体现人的生存权和发展权，保护纳税人的合法收益，体现量能负担，体现立法的公平。

坚持“简税制、宽税基、低税率、严征管”的税收制度改革原则是对所有税种的改革提出来的，对个人所得税制度改革也不例外。因此，从个人所得税法本身的改革内容来说，拓宽税基、降低税率、严格征管应该成为基本方向，这些改革的内容主要涉及税基、税率、减免等问题。

第一，拓宽税基。从中国当前情况看，已具备了拓宽个人所得税税基的条件。如从收入水平看，居民的收入水平已有较大的提升。从人们的思维观念看，经过个人所得税立法听证会的宣传、年所得 12 万元以上个人自行申报纳税制度的实施等，人们对个人所得税的认识已有很大提升。

但是，仍然有以下问题需要予以解决：

首先，实行综合与分类结合的模式要面临的第一个问题就是如何进行收入的“综合”，即综合的对象是哪些所得。根据税制理论的不断发展，我们认为可以借鉴“二元所得税制”，分别以劳动和资本两大类获取收入的要素来源为依据逐步对现行的分项应税收入进行归类综合。

确定了综合方案的同时，要对个人所得税税基进行拓展。主要应该包括外延拓宽和内涵拓宽两种方式，外延拓宽要根据综合所得概念将原先未被安排在税基之中的收入吸收进来，最突出的应该纳入应税所得就是附加福利、职务消费所得和资本利得。内涵拓宽即清理减并各项税收优惠措施，使税基更为扎实①。

逐步扩大个人所得税税基范围。一是逐步将附加福利以及职务消费纳入个人所得税税基。中国附加福利和职务消费在个人收入中占有一定的比重，不同行业的附加福利存在较大的差异，特别是垄断行业和利润率较高部门的附加福利比重较大；此外，职务消费与地位、权力等因素联系紧密，同时成为许多企业高级管理人员广泛运用的避税手段，侵蚀了税基，也加大了居民之间的收入差距，需要加大力度将其货币化、显性化，如变福利分房为住房货币补贴，公务用车逐步实现货币化和社会化等，但由于对附加福利和职务消费的应税所得确定比较复杂，可以考虑分步骤推行，如对国家统一规定的财政补贴及公费医疗部分暂予免税，而对各单位为职工提供的各种实物发放，按市场价格或国家统一规定的标准计算征税；二是逐步将资本利得纳入个人所得税税基。资本利得是指因债券、股票和不动产等资本性财产的增值或出售而得到的净收益，其中因出售资本性财产而得到的净收益又称转让所得或已实现的资本利得，而其中已增值但未经交易实现的“利得”为未实现的资本利得。各国税法均采取“实现标准”，即只对已实现的利得征税。随着资本市场的发展，资本收益会不断增加，其中股票转让所得以及基金收益、信托投资收益、分红型保险收益等多种创新型金融产品的收益已成为个人收入中不可忽视的因素。在中国当前状况下，从保持税基完整性和体现税收公平性角度看，可先将股票转让所得纳入个人所得税的征税范围。

其次，税基涉及的另一个问题是收入的费用扣除范围和标准问题，个人所得税费用扣除的目的是保证纳税人维持简单再生产的需要。现行个人所得税法在收入生计费用扣除上实行全国统一的标准，过于强调统一，忽视了不同地区家庭、个人的不同负担情况，如各地不同的生活水平、赡养老人、抚育子女的人数。同时，中国个人福利待遇制度正在逐步进行货币化改革，如住房、医疗、教育、养老保险等制度的改革，而生计费用扣除却未能囊括上述个人全部

---

① 汤贡亮、周士雅：“从税基的视角完善个人所得税制”，《税务研究》2007年第6期。

支出。为此，国家也不断出台新的费用扣除标准，但这种频繁变动的状态，一是无法体现法的严肃性；二是存在因程序问题而带来的时滞，同时，外籍个人的费用扣除标准还存在“超国民待遇”问题，这些都需尽快改变。而且，目前税法对于不同所得项目费用扣除标准不同，差异较大。有些所得项目规定的法定费用扣除额不足，如特许权使用费所得不考虑个人的实际支出，统一扣除 20%，对于费用支出多的，则无法弥补全部费用支出。

再次，拓宽税基还要清理减并个人所得税的各项减免。目前中国的个人所得税，一方面很多应税所得项目通过各种减免被排除在征收范围之外，带来了横向不公平；另一方面，为了保证财政收入，就必然使得税率居高不下。个人所得税过高的边际税率使纳税人在工作、储蓄、投资等方面的经济选择产生扭曲。

还有，个体经营者、私营业主、选择缴纳个人所得税的合伙企业合伙人的经营所得兼有劳动所得和资本所得的特征，如何将其区分为劳动所得和资本所得是不可回避的一个难题。一般地，资本所得针对经营资产存量按税法规定的相应行业的平均收益率估算得到，其余所得则视为劳动所得。但这一方法未能考虑经济租金、风险补偿等许多个体差异的因素，因而尚需进一步研究。

第二，调整税率。毫无疑问，税基的拓宽为税率争取了调整的空间。实行综合分类模式后，税率设计的基本原则应是针对劳动收入和资本收入分别设计累进和比例税率。

现行税制中税率的设置存在许多方面的问题①：

首先，高收入者居多的所得项目最高边际税率大大低于高收入者少的所得项目税率。高收入者居多的所得项目主要是管理、技术和资本参与分配的所得项目，如生产经营所得，承包、承租所得，利息、股息、红利所得，特许权使用费所得，财产租赁所得，财产转让所得等；高收入者少的所得项目主要是工薪所得、劳务报酬所得。前者最高边际税率为 45%，后者税率最高为 40%，普遍为 20%。后者最高边际税率为 45%。

其次，非劳动所得的最高边际税率大大低于劳动所得的最高边际税率，对劳动所得征重税，对非劳动所得征轻税，扭曲了政策导向，没有起到鼓励勤劳致富的作用。现行税法规定，工薪所得的最高边际税率为 45%，劳务报酬所得的最高边际税率为 40%，个体工商业户的生产经营所得和承包、承租经营

① 刘丽坚：“论中国个人所得税的职能及下一步改革设想”，《税务研究》2006 年第 8 期。

所得的最高边际税率为35%，而利息、股息、红利所得、偶然所得、财产转让所得、财产租赁所得的最高边际税率为20%，亟待调整。

再次，工薪所得中低收入者的税负增幅大大高于高收入者的税负增幅。中国现行个人所得税对“工资、薪金所得”采用九级超额累进税率，相对于其他国家而言，级距较多，对中低收入的累进程度跳跃性过快，应纳税所得额从1~5000元的法定税率跳跃了15个百分点，从20000~100000元的法定税率跳跃了20个百分点。前者应纳税所得额增长了5000元，税率跳跃了15个百分点，平均个人所得每增长333元，税率增加1个百分点；后者应纳税所得额增长了80000元，税率跳跃了20个百分点，平均个人所得每增长4000元，税率增加1个百分点，后者是前者的12倍。

针对上述问题，新的综合分类模式下税率的设计可考虑劳动所得适用超额累进税率，资本所得适用统一的比例税率的总体思路。同时结合费用扣除标准的提高，合并税率档次，拉开级距，适当降低最低和最高边际税率。而资本所得的统一比例税率应该与劳动所得中间级距的适用税率一致。

4. 规范执法行为，加强执法刚性。规范税务行政执法，加强执法刚性。要强化个人所得税的执法刚性，切实解决当前个人所得税执法难的局面，重点应当从加强配套措施建设入手。中国目前个人所得税的征管系统未能实现与工商管理、银行、海关等部门联网，难以全面掌握纳税人信息，加上难以对纳税人纳税情况作经常性检查，个人所得税的征管能力明显偏弱。

为了进一步加强和规范税务机关对个人所得税的征收管理，国家税务总局于2005年7月就已经发布了《个人所得税管理办法》。提出要着力健全管理制度，完善征管手段，突出管理重点。要建立个人收入档案管理制度、代扣代缴明细账制度、纳税人与扣缴义务人向税务机关双向申报制度、与社会各部门配合的协税制度；尽快研发应用统一的个人所得税管理信息系统，充分利用信息技术手段加强个人所得税管理；切实加强高收入者的重点管理、税源的源泉管理、全员全额管理。各级税务机关应进一步加大力度，强化落实。促进个人所得税征管的科学化、精细化，不断提高征管效率和质量，为实行综合和分类相结合的新税制创造日益完备的征管条件。

5. 完善法律救济制度。完善行政复议和司法救济的程序和内容；维护征纳双方合法权益，从征纳双方法律地位不平等角度来说应该加大对纳税人的保护。

（1）改进税收行政复议制度。

第一，取消税收行政复议前置制度。根据行政复议法第十二条规定："对海关、金融、国税、外汇管理等实行垂直领导的行政机关和国家安全机关的具体行政行为不服的，向上一级主管部门申请行政复议。"税务行政复议实行垂直复议虽然有利于克服地方保护主义，能够解决行政复议对专业性和技术性要求较高等问题，但也有其不可避免的弊病，由于税收复议机关和作出具体税收行政行为的单位具有上下级关系，容易出现不公正现象，因而在纳税人心目中的公信力较低。个人所得税纳税人往往很难有足够精力来维护自己的权益，一方面原因是诉讼成本问题；另一方面，个人所得税纳税人或扣缴义务人同税务机关在涉税问题上发生争议时，必须先依照税务机关的决定缴纳或者解缴税款及滞纳金或者提供相应的纳税担保，然后依法申请行政复议，最后才能向人民法院提起诉讼。面对冗长而复杂的救济程序，导致很少有纳税人去采用。因此，撤销个人所得税的复议前置制度，有利于缩短程序流程，降低维权成本，对于保护个税纳税人的合法权益具有相当重要的意义。

第二，改革税务行政复议委员会。从目前情况看，税务机关法制部门的职能主要就是同级税务机关在法制事务方面的参谋、助手和法律顾问，因此在办理税务复议案件时难免不受上下级行政机关影响。将税务复议机构置于税务机关法制机构或设置于行政机关系统内，很难保证行政复议案件审查的公开性。审查活动的独立性，是行政复议对行政行为产生有效制约的基本条件，如果行政审查机构完全混同于一般的行政执法机关，或者附属于被审查机关的指挥机关，审查就必然流于形式，制约效果也就必然大打折扣。

第三，设立和完善税务行政复议听证程序。行政听证程序的核心内涵是听取当事人的意见。听证有助于行政主体作出行政行为时，尽可能考虑到所涉及的因素，这是合理行政的基础，是程序公正的必然要求和内在体现。因此，设立和完善税务行政复议听证程序，有助于增强复议的权威性，提高复议效率，减轻当事人和法院的诉讼负担，保护相对人的合法权益。

（2）建立和完善税收司法保障体系。中国税收行政司法保障制度应着重研究解决以下三个方面的问题：

第一，尽快建立税收优先权司法救济制度。即税务机关通过人民法院请求行使撤销权，撤销欠缴税款的纳税人非税清偿行为，以达到税款优先受偿的目的，从而保障税收优先权的有效行使。虽然税收征管法第四十五条做出了税收一般的优先性的规定，但欠缴税款的纳税人在缴纳所欠税款前优先清偿无担保债权或发生在后的抵押权、质权、留置权而致使所欠税款不能足额受偿时，税务机关应如何行使税收优先权，中国现行法律并未做出明确规定。税收优先权流于形式，难于付诸实践。

第二，建立纳税人破产保护制度。目前，中国只有企业破产制度，并未设立个人破产保护制度。个人破产指有民事行为能力的自然人不能清偿到期债务时，按照破产程序，在保留他和他所供养人的生活必需费用和必要生活用品情况下，将其财产拍卖，按一定比例分配给债权人的一项法律制度。个人所得税直接以个人收入作为征税目标，建立个人破产制度，对于保障个税纳税人的合法权益意义重大。建立个税纳税人的破产保护制度，其实质是保障个税纳税人的生存权和发展权。缺乏个人纳税人破产制度的保护，深陷经济困难的个税纳税人无法获得相应的税收豁免，其发展必然受到限制。

第三，强化法院的司法审查权限。在当前国情下，强化法院的司法审查权限，首先应当扩大法院的司法审查范围，中国目前的司法审查仅限于规章及以下的抽象性文件，对具体行政行为的审查也仅限于合法性审查，导致一部分纳税人的权利得不到保障。

将上述法律条件用图形表示（见图1），可以更加清晰地看出其中的逻辑关系，即在社会的依法纳税意识背景下，以科学的立法理念支撑建立起完备的税法体系，强化执法刚性，完善法律救济，才能构建起个人所得税税制模式转换的法律支持系。

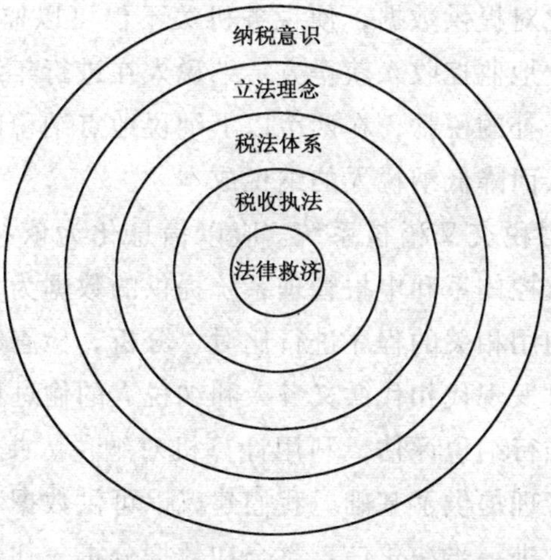

图1　个人所得税税制模式转换的法律支持体系

（二）关于个人所得税税制模式转换所需要的征管业务条件

税收征管是税法得以实现的必要条件，任何税收法律的落实都需要通过征管实现，因此，征管条件对于实行综合和分类相结合的个人所得税制具有关键意义。

个人所得税征管制度包括税务登记、纳税辅导、纳税申报、税款征收、纳税资料处理和稽核、税务行政诉讼、税务处罚等方面，其中，申报、征收和稽核制度是个人所得税征管制度的核心。其具体运行特征是：首先，纳税人通过源泉扣缴制度和预缴制度提前缴纳了绝大多数的税款，纳税年度终了以后进行汇算清缴；其次，建立纳税人年度自行申报纳税制度。纳税人每年在法律规定的时间和地点向税务机关报送上一年度个人所得税申报表；再次，税务部门的主要工作是负责纳税申报表的处理、稽核，税款的补退、处罚等工作。

这种以源泉扣缴、分期预付税款、自行申报和税务机关稽核为核心的个人所得税税制模式是目前世界绝大多数国家所采用，并证明为行之有效的税制模式。只有拥有健全的征收制度，才能保证未来中国综合和分类相结合的个人所得税制模式得以顺利实施。从征管角度来看，这就要求进一步完善相关的配套制度。

1. 建立代扣代缴申报管理系统。为了交叉稽核需要，根据中国税法，企业或个人在支付相关报酬时代扣代缴的个人所得税，需要及时足额向税务机关申报缴纳，但目前各地税务机关还没有对其加以有效利用。中国目前已经广泛推行了全员全额明细申报，建立代扣代缴申报管理系统，可为收入支付方和收入获得方进行信息比对提供数据，使税务机关不仅可以监控代扣代缴义务人，还可以通过比对有效地监控收入获得方。纳税人在进行年终汇算清缴时也可以准确地算出其应退、补的税款，在两个以上纳税地点纳税的纳税人不需要到处去索取完税凭证，从而降低纳税人的纳税成本。

2. 建立个人所得税交叉稽核系统。应以信息化为依托，着力加强信息分析和利用，以收入监控体系和申报管理系统提供的数据为基础，建立个人所得税交叉稽核系统，利用相关的程序进行比对、分析，检查纳税人申报资料的准确性和完整性，及时发现代扣代缴义务人和纳税人的偷逃税行为。目前，中国各地税务机关都在推行纳税评估，利用计算机对纳税人提供的数据进行评估，这为个人所得税的管理提供了基础。我们建议以可供数据和当前各地推行的纳税评估制度为基础，进一步深化信息整合和数据分析，初步建立并形成中国个人所得税交叉稽核系统。

3. 建立个人税收违法发布与查询系统。个人税收违法发布与查询系统是有效的处罚和约束机制的有机组成部分。伴随中国诚信体系的逐步建立，信用问题日益为大家所重视。通过建立个人税收违法发布与查询系统，可以有效加大个人所得税纳税人偷逃税款隐性成本。对个人偷税行为，除进行罚款等相应的处罚之外，还应记入个人的税收档案中，并向社会公布、供社会公众查询。同时，要在全社会大力提倡诚信纳税，如同个人因私出国时必备法定的税务条件一样，要在全社会大力推进依法诚信纳税的氛围，使诚信纳税与人们的生活息息相关，包括促使银行在进行贷款、雇主在雇佣员工、客户在选择交易对象时都要查询对方依法纳税情况，不断提高国民的税法遵从度。

4. 建设一支高水平的税收征管队伍。

(1) 需要适当增加税务人员，完善税务机构设置。综合税制模式需要纳税人自行申报，增加了税务机关的工作量，现有的机构设置肯定不适应改革后的模式。对于庞大的工作量，尽管可以通过不断壮大、规范的税务中介机构开展，但是税务机关内部也必定会提出对纳税咨询服务人员、税款评价稽核人员和数据分析计算人员适度增加的需求。

(2) 要大力提高征管人员素质。中国税务人员的业务素质有了较大提高，但是在税收征管工作过程中，仍然存在着综合水平偏低，执法不严甚至不公的问题，同时，征管人员通过数据库系统掌握了许多个人及其家庭的收支等隐私情况，税务人员的法律意识和责任要求比现在显然高得多，这些都对税务人员提出了更高的素质要求。

(三) 关于个人所得税税制模式转换所需要的社会条件

现实中其实没有最优的税制，只有最适合的税制，中国个人所得税税制模式改革，是经济社会发展的具体阶段提出的必然要求，也是对现实条件的必然回应。改革一方面必须符合经济社会发展的基本现实，同时又要不断地创造条件提升全社会的税收意识，以促进改革。只有不断地提高整个社会对于综合和分类相结合税制模式的支持与配合，不断创造和完善各项必备的社会条件，改革才可能成功。具体说来，新的税制模式所要求的社会条件有以下几项。

1. 纳税人信息监控采集所要求的基本条件。

(1) 个人所得税档案号制度。实行分类与综合相结合的个人所得税税制模式，要求在全国范围内建立识别个人所得税纳税人的唯一档案号制度。2005年7月6日《国家税务总局关于印发〈个人所得税管理办法〉的通知》(国税发［2005］120号) 已经明确提出了税务机关“对每个纳税人的个人基本信息、收入和纳税信息以及相关信息建立档案，并对其实施动态管理”以及“逐步对每个纳税人建立收入和纳税档案，实施‘一户式’的动态管理”的要求，但在具体实践中还很不理想。

中国不断完善的身份登记和户籍制度，是实施分类与综合相结合的税制模式的基础。第二代身份证将是每个人出生即拥有的、而且是终生不变的在中国范围内的唯一号码，因此，将第二代身份证号码作为个人所得税档案号非常合适。公安机关正在开展的换发第二代身份证工作以及公民身份、户籍信息也正在实现全国联网共享为个人所得税档案号制度的建立提供了契机，此外，中国独有的户籍登记制度为夫妻联合申报也奠定了基础。

但个人所得税档案号制度的建立仍然存在一些需要解决的问题：

第一，居民户口及身份证管理有待进一步规范。很多公民个人的身份证尾数号码在不停地变动，且全国每一个县乡都存在有身份证号码重号的问题，有待解决。在此之前，包括税务机关等将居民身份证号作为信息归集和识别码的诸多部门，都不得不同时配以诸如管理号、档案号、微机号等等来归集信息，这就使得各个部门的信息失去了统一性和唯一性，公安、民政、工商、税务、金融、保险、房地产管理等等部门的信息，无法保证相互印证和一致。

第二，由于公安部门不负责管理婚姻登记，长期实行子女户口随母落户的政策，使得户籍信息中的婚姻及家庭状况存在大量的失真现象，这就使得中国以家庭为单位的经济信息，也同样失去了真实性。虽然房管、车管等财产登记部门及金融、保险部门会在办理财产登记、按揭、保险时，同时要求提供身份证和结婚证，但由于夫妻可分别登记户籍，且不一定反应配偶情况，事实上大量以家庭为单位的收入和财产登记数据，存在着严重的失真。

（2）实现以银行为核心的个人收入信息采集及其与税务机关共享。从2000年4月1日起，中国正式推行个人存款账户实名制，经过几年的完善，个人存款账户实名制已经初步建立。但是，银行开户实名制仍然存在瑕疵，税银合作层次很低。银行之间互不联网，导致个人可用一张身份证在多家银行开户来收取不同来源渠道的收入，使实名制名不副实，也给税务部门的税收管理带来了极大的难度。2002年3月，中国银联在上海成立，标志着全国性银行卡跨行信息交换系统的建立。但是，目前存在三个问题，一是没有办卡的账户，其信息不能从银联获得，需要由税务机关从银行直接获得；二是由于收入渠道多元化，纳税人在银行里没有统一的账号，加之目前个人收入以现金形式获取的较多，与银行的个人账号不发生直接联系；三是税务部门和金融等相关部门缺乏实质性的配合措施，信息不能共享，虽然绝大部分地区的税务机关和银行实现了联网，但该网络用途目前仅限于扣缴税款，还不能起到有效监控个人收入的作用。

同时，仍存在用假冒身份证开户的情况以及企业多头开户、多套账的现象。还有由于人们习惯于现金支付，由此也带来了大量的税收征管漏洞，因此对现金的管理需要大幅改进。在全国普遍推广信用卡结算，大额支出必须经银行结算的工作任重道远。

此外，人们的收入并没有完全货币化，许多单位都还存在以实物发放福利的情况，这就也逃避了个税的监管。而证券交易、股息红利、财产转让收入以及个人经营性资产收入、承包承租经营收入等各项非劳动要素收入信息的获取制度和手段也不完善。

2. 税务部门内部信息条件。

（1）税务系统内部协作水平有待提高，涉税信息传递有待畅通。实行综合与分类相结合的所得税模式，要将纳税人面广量大、税源分散：隐蔽的个人所得税管好，运用信息化手段加强管理是必由之路。近年来，为推行全员全额扣缴管理，基层税务机关以扣缴义务人为突破口，开发了代扣代缴系统（扣缴义务人端）和基础信息系统（税务端），汇集了扣缴义务人、纳税人的基础信息、收入及纳税信息资料，建立了个人收入纳税一户式档案。但目前的全员全额扣缴管理系统未实现全国范围内的统一，系统也不能满足纳税人自行申报的需求。税务部门之间由于受目前征管体制的局限，征管信息传递并不准确，不但纳税人的信息资料不能跨征管区域顺利传递，甚至同一级税务部门内部的信息传递也会受阻。同一纳税人在不同地区、不同时间内取得的各项收入，在纳税人不主动申报的情况下，税务部门无法掌握。

（2）全国统一的个人所得税征管信息系统有待建立。构建一个全国联网的计算机网络化征管系统，纳税人以其第二代身份证号码作为在税务机关登记的个人所得税档案号码，企事业单位在为员工支付各种报酬时均要反映在这个征管系统中，个人所得税的纳税人登记、代扣代缴、申报征收、稽核比对、催报催缴、稽查、补退税等全部业务流程都通过这个全国联网的数据库系统进行处理，从根本上解决纳税人收入透明度低、两处以上申报所得、异地补退税等棘手问题。要进一步建立、完善信息共享机制，与海关、银行、公安、工商等相关部门实现计算机系统联网，使个人的各项收入和支出、财产购置和处置、社会保障、社会福利均在税务机关的监控范围内，有效改善税务机关征管效率，这是分类综合所得税制得以顺利实施的信息和技术保障。

3. 进一步健全社会协税护税网络。《个人所得税管理办法》明确了个人所得税制度建设、信息化建设和管理侧重点八个方面的要求，税务机关多数可以主动开展，但建立“与社会各部门配合的协税制度”并不完全是由税务机关主导和左右，税务机关有效实施税收征管的瓶颈在于社会各部门未能与税务机关形成很好的协调配合机制，未能承担涉税事务中的协税义务与责任，未能及时顺畅地传递涉税信息，这是下一步改革个人所得税模式必须解决的问题。

4. 全社会的税法遵从环境。

（1）全民纳税意识较高的社会环境是推行自行申报模式的社会基础。中国个人所得税长期以来主要采取源泉扣缴，纳税人处于被动状态，对其主动纳税意识的培养不足。所以从这个角度来说，现行税制在一定程度上也是造成纳税人长期纳税意识薄弱的一个重要因素。同时，纳税人的税收政策水平偏低，自行申报能力不强，良好的收入核算习惯尚未形成。长期以来纳税意识薄弱形成了社会意识偏差，使得不少人认为捐赠比纳税更有价值和意义。

从纳税约束来讲，一是对个人所得税偷税行为的处罚力度远远不够，难以形成威慑作用。中国现行税收征管法规定，对偷税等税收违法行为给予不缴或者少缴税款五倍以下的罚款，但在实际操作中不少税务机关只注重税款的查补而轻于处罚，致使许多人怀有侥幸心理，大肆偷逃个税；二是社会评价体系不完善，个人信用体系尚没有建立，个人纳税信用评价没有得到有效运用，对个人诚信纳税缺少有效的硬约束。

（2）税收服务的社会化是推行自行申报模式的根本保证。自行申报模式要求纳税人自行估税和填报，而现代个人所得税法的复杂程度不可能让纳税人完全依赖个人的力量准确无误地估算和填报，大量的不正确填报只能给征纳双方带来更大的征纳成本。假如没有普遍的、社会化的税收服务中介组织（包括会计师事务所、税务师事务所、律师事务所等），则无法真正广泛开展纳税人的自我申报。

5. 建立健全个人所得税退税机制。实行综合与分类相结合的税制模式后，退税问题就凸显出来，退税机制的建立必不可少。在西方发达国家都有个人所得税的退税制度，纳税人将在每年年初对上一年度的总收入及亏损进行核算，对全年的个人所得税进行汇算清缴，多退少补，中国同样需要建立健全退税机制。

我们建议，要设立对居民纳税人的预扣率低于税法规定税率的规定，且应区分两类所得的性质和纳税人情形差别，以免出现大范围汇算退税，侵害纳税人的权益。

除此之外，中国退税机制的建立，目前存在几个关键问题需要下力气解决：

（1）退税中的地方利益平衡问题，纳税人按收入来源地预缴税款之后，年底汇算清缴出现退税时，在不同地区分别获得收入的纳税人选择不同地点退税将对不同地区的税收收入产生影响，所以亟待尽快设计相应的退税机制作为保证。

（2）纳税人信息的地区间共享，以保证公平退税。这就要求相应的财政体制改革给以配套保证，可以按照个人所得税收入分享比例分别由地方和中央财政从各自的个人所得税收入中拿出一部分，建立全国统一的个人所得税退税基金，无论纳税人在任何地点退税均由此基金负担。我们认为，在现行财政体制下，这一设计能较好协调中央与地方以及地方之间的利益，而且具有现实可操作性。

三、对中国个人所得税税制模式转换所需基本条件的初步评估

综上所述，个人所得税模式转换需要多方面的配套条件，经过对上述各项社会、征管和法律条件的梳理，从其现实可能性来看又可分为经努力短期即可实现的条件、经努力中期可实现的条件及需经长期努力可实现的条件等三个层次。

（一）已经基本具备，经努力短期即可实现的条件

我们认为，代扣代缴申报管理系统和个人所得税交叉稽核系统可以尽快建立。

具体而言，中国目前已经广泛推行了全员全额明细申报，建立代扣代缴申报管理系统，可为收入支付方和收入获得方进行信息比对提供数据，使税务机关不仅可以监控代扣代缴义务人，还可以通过比对有效地监控收入获得方。同时，中国各地税务机关都在推行纳税评估，利用计算机对纳税人提供的数据进行评估，这为个人所得税的管理提供了基础。短期内对其进行完善是完全可能的。

（二）经努力中期可实现的条件

1. 税务机关涉税信息传递、个人所得税档案号制度、以银行为核心的个人收入信息及其与税务机关共享、全国统一的个人所得税征管信息系统和个人税收违法发布与查询系统。

随着“金税工程”三期的快速进展，基于统一规范的应用系统平台，依

托计算机网络，覆盖所有税种、所有工作环节、国地税局并联且与有关部门联网，国家税务总局和各省国（地）税局高度集中的功能齐全、协调高效、信息共享、监控严密、安全稳定的征管业务和外部信息管理系统在不远的将来就能实现。

2. 与个人所得税退税相关的财政体制改革，特别是退税基金的建立和完善。此项制度的建立关键在于中央和地方以及相关部门之间协调。作为单一制国家，一旦决心推行新的个人所得税税制模式，退税机制的建立并非遥不可及。

3. 完善税务机关自身的队伍建设，建立一支高水平的征管队伍，需要适当增加税务人员，改革税务机构设置。

4. 各项具体法律条件，包括征管法和个人所得税法的修改和相关配套法律的修改以及法律救济措施的完善。此项条件主要依靠立法部门的积极配合，税务机关应该大力促进相关法律的修改完善。

（三）经长期努力可实现的条件

相比较而言，个人所得税税制模式转换所需基本条件中较为困难，需长期努力才可实现的有：

1. 社会协护税网络建设。

2. 全民纳税意识较高的社会环境，特别是一支庞大的税务中介组织力量的形成。

3. 法的意识和理念的改进。

上述条件的完善和相对成熟绝非一朝一夕就能实现的，需要税收知识的普及提高，需要社会各部门对税收重要意义认识的不断提高，需要一支专业化社会中介组织的不断壮大，同时也需要各项制度建设和社会法治文化建设的跟进。

结束语：

30 年来，中国个人所得税制发生了翻天覆地的变化，从 1980 年 9 月 10 日公布实施个人所得税法，到 1994 年 1 月 1 日起将个人所得税、个人收入调节税、个体工商业户所得税合并，颁布施行修改后的《中华人民共和国个人所得税法》以及其后的不断修改完善，个人所得税在社会经济生活中的地位越来越重要，对经济发展和民生改善的作用日益突出。但是毋庸讳言，现行的个人所得税制仍然存在着许多亟待解决的问题，需要创造各项条件，促进其尽快向综合和分类相结合的新的税制模式转换。综合全文分析，我们认为，个税改革的紧迫形势与基本条件的不够完备构成一对关键矛盾，矛盾的焦点集中在法律条件、社会条件和征管条件的不足，特别是集中在相关法律的修订、个人收入信息的有效监控、征管配套条件的完善等方面，这要求我们必须跳出税务部门自身的立场定位，从建立以税务部门为中心，促进模式转换所需内外部大环境的改善着手，为改革开辟道路。事实上，这三类条件之间并非泾渭分明互不相干的，它们在现实生活中是处于相互交错相互影响状态的（见图2）。

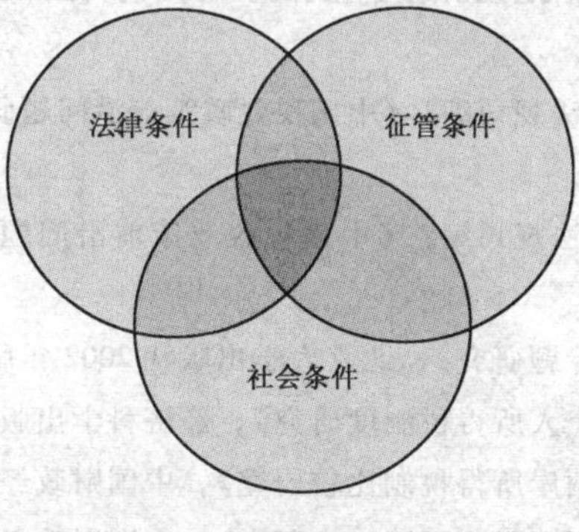

图2　个人所得税模式转换基本条件关系图

进一步考察，个人所得税模式转换各项必需的配套条件并非处于同样的缺失状态，经过初步评估，我们对上述各项条件进行了初步分类，即基本具备的、经中期努力即可达到的与必须经长期努力才能达到的三种类别，进而可以依据条件的成熟情况不同，根据轻重缓急的要求，分门别类地分别施以改革完善。在具体操作上，我们建议可先行选择个别地区进行试点，不断总结经验，进而全面推广，以达到事半功倍的改革成效。

参考文献：

1. 刘丽坚："论中国个人所得税的职能及下一步改革设想"，《税务研究》2006年第8期。

2. 刘佐："关于完善中国个人所得税制度的初步设想"，《财政研究》2003年第12期。

3. 靳东升："关于法国个人所得税的系统研究"，国家税务总局税收科学研究所《研究报告》2007年第17期。

4. 汤贡亮、周士雅："从税基的视角完善个人所得税制"，《税务研究》2007年第6期。

5. 杨斌："论个人所得税工薪所得综合费用扣除的国际实践"，《涉外税务》2005年第

12 期。

6. 沈玉平："以宪政原则为指导设计个人所得税费用扣除标准"，《税务研究》2008 年第 9 期。

7. 吴云飞："中国个人收入分配税收调控研究"，《财政研究》2000 年第 11 期。

8. 张守文著：《税法原理》，北京大学出版社 1999 年版。

9. ［美］凯文·E. 墨非、马克·希金斯著，解学智、夏琛舸、张津译：《美国联邦税制》，东北财经大学出版社 2000 年 7 月版。

10. 高强主编：《俄罗斯联邦税制》、《美国税制》、《荷兰 比利时 卢森堡 税制》，中国财政经济出版社 2006 年版。

11. 国家税务总局政策法规司编：《中国税收政策前沿问题研究（2002）》，中国税务出版社 2003 年版。

12. 国家税务总局政策法规司编：《中国税收政策前沿问题研究（第三辑）》，中国税务出版社 2006 年版。

13. 刘剑文著：《税法专题研究》，北京大学出版社 2002 年版。

14. 王红晓著：《完善个人所得税制度研究》，经济科学出版社 2008 年版。

15. 陈韵如著：《海峡两岸所得税制比较研究》，中国财政经济出版社 2005 年版。

16. 蔡秀云著：《个人所得税制国际比较研究》，中国财政经济出版社 2002 年版。

17. 国家税务总局税收科学研究所编译：《外国税制概览（修订版）》，中国税务出版社 2004 年版。

18. 徐进著：《个人所得税的经济分析》，中国财政经济出版社 1999 年版。

19. Mirrlees. J. A：《An Exploration in the Theory of Optimum Income Taxation》，《Review of Economic Studies》，Vol. 38，1971.

课题组组长：石　坚

副　组　长：陈文东

成　　　员：刘燕明　高坚梁　张　峰

成 员 单 位：江苏省地方税务局、四川省地方税务局、厦门市地方税务局、大连市地方税务局

（本课题的研究工作得到了国家税务总局所得税司刘丽坚、叶霖儿、姜涛和姚元等领导和专家的大力支持与帮助，课题组对此表示诚挚的谢意）

汇总纳税企业所得税管理信息化研究

国家税务总局税收科学研究所课题组

新企业所得税法实行法人所得税制，法人总分机构汇总缴纳企业所得税，以鼓励企业做大做强。汇总纳税是当今世界各国企业所得税制度的普遍作法，但汇总纳税的管理一直是各国包括中国税务管理当局的难点。

随着经济的迅速发展与企业集团的日益壮大，汇总（合并）纳税已成为中国一项重要的税收管理制度。中国自1994年税制改革起，就在企业所得税管理领域使用了汇总（合并）纳税的办法（即对设有分支机构的总分公司，采取由企业集团的核心企业或总机构汇总（合并）所属成员企业所得集中缴纳所得税的一种税收征收办法）。由于这种办法允许所属机构盈亏相抵后缴纳所得税，减少了汇总企业的应纳税额，其实质就是给予汇总纳税企业的一种税收优惠，有利于提高企业的市场竞争力，促进集团化发展，因而从发展角度看，汇总纳税的作用是应当予以肯定的。

《中华人民共和国企业所得税法》（以下简称《企业所得税法》）及其实施条例（以下称为新企业所得税法）于2008年1月1日实施以来，为加强跨地区经营汇总纳税企业所得税的征收管理，解决法人所得税制下总、分机构所得税跨区分配问题，国家税务总局下发了《跨地区经营汇总纳税企业所得税征收管理暂行办法》，并利用信息化手段新开发了“汇总纳税企业所得税信息管理系统”，搭建了跨地区经营汇总纳税企业所得税征收管理的政策平台。跨地区经营汇总纳税企业所得税征收管理暂行办法中明确规定，对跨地区经营企业集团和汇总纳税企业实行“统一计算、分级管理、就地预缴、汇总清算、财政调库”的企业所得税征收管理办法，在坚持科学化、精细化管理原则的基础上，从专业化管理出发，通过运用信息化手段来加强各级税务部门之间的协调和联系，并进一步规范对全国性集团企业及大规模汇总纳税企业的税收管理，确保企业经济与税收同时有序而健康的运行。

虽然汇总纳税企业所得税管理信息化目前已成为税务部门强化税收管理的工作重点之一。由于汇总纳税企业一般机构庞大、管理层次多、会计财务处理程序复杂、利润多税源大，税务机关的监管难度高，在税收征管信息化建设上存在着信息缺乏、监控滞后等问题，从近几年税收征管实践看，汇总纳税企业所得税管理信息化一直是所得税管理的薄弱环节，汇总（合并）纳税制度的走向和管理及其信息化已成为一个亟待明确与深入研究的重大课题。

一、汇总纳税企业所得税信息化管理概述

（一）所得税汇总纳税

所得税汇总纳税（即俗称汇总纳税，虽然汇总纳税方法不只是直接税税种采用，间接税税种如增值税也有采用的，但本文所称汇总纳税仅指所得税）是指汇总缴纳所得税的总、分公司缴纳企业所得税时采用由总部汇总纳税的方法。采用汇总纳税方法时，分公司（成员企业和单位）按照有关规定计算出应纳税所得额（或亏损额），由其总机构（或规定的纳税人）汇总缴纳所得税。实行所得税汇总纳税，有利于企业集团做大做强，有助于企业降低税收管理成本。随着经济的迅速发展与企业集团的日益壮大，汇总纳税已成为一项重要的税收管理制度。

（二）所得税汇总纳税企业的特点

中国汇总纳税企业具有以下主要特点：

1. 总机构中心城市化。在机构设置上，汇总纳税企业的总机构大多设在北京、上海等几个大城市，在省以下为分支机构，分支机构的级次一般随同行政级次的划分，并随分支机构级别的降低呈现经营范围、规模、业绩也逐渐递减的现象。

2. 经营空间广域化。在经营特点上，汇总纳税企业一般是跨地区经营，涉足行业广泛，成员企业分散，企业汇总层次复杂，集团内部产权关系变动频繁，部分总机构对成员企业数量及级次关系呈现不确定性。

3. 财务管理规范化。在企业管理上，汇总企业为适应集约化管理的发展要求，内控机制比较严格，都有严密的内部管理制度和财务核算制度，具有较强的管理能力。

（三）所得税汇总纳税管理方式的特点

从税务管理的角度看，则存在以下问题：

1. 政策规定多且变化频繁。对汇总企业税收政策规定多、变化快，行业规定与税法规定差异大，需要纳税调整的项目往往多，成员企业的会计核算受其上级的控制较多，造成税务管理难度大。

2. 2007 年年底以前的汇总纳税政策，对内、外资企业不一致。内、外资企业管理有别、区别管理。内资企业主要为铁道、邮电、民航、电力公司以及中央所属的金融、保险企业，它们按规定实行集中纳税或由总机构统一纳税，国家试点的特定企业集团可以合并纳税；其他企业均采取“一户一批”的形式，经批准后可以汇总纳税。外商投资企业在中国境内分支机构的生产、经营所得和其他所得，由总机构汇总缴纳所得税，外商投资企业在中国境内设立两个或者两个以上营业机构的，可以由其选定其中一个营业机构合并申报缴纳企业所得税。实行法人汇总纳税的所得税制是国际通行做法，既是实现所得税调节功能的必然选择，也是现代税制发展的必然方向。与新企业所得税法配套的《跨省市总分机构企业所得税分配及预算管理暂行办法》也将过去实行的“统一计算、分级管理、就地预缴、集中清算”方法改为“统一计算、分级管理、就地预缴、汇总清算、财政调库”，同时就预缴机构、分摊比例、入库办法等进行了明确，在总、分机构所在地之间如何合理分配税收收入，缩小地区间财政收入差距等方面作了很大改进，有利于降低所得税管理的整体成本，统一政策的把握与执行。

二、所得税汇总纳税信息化管理的现状

（一）所得税汇总纳税信息化管理的特点

所得税汇总纳税信息化既有税收征纳一般、直接税征纳一般的特征，又有着企业集团、大型企业、汇总纳税企业所得税的征纳与管理的特点，包括：以税收信息化为依托；以所得税管理为重点；突出企业集团和特定汇总纳税企业所得税的管理；对纳税人信息数据的信赖性更强，正确性要求更高；要求纳税人信息更新频率高；税收管理方面的信息如税收政策、征收管理办法等的更新频率要求高；税收信息化优化阶段性规范化；管理时间要求，由原来日常管理

与事后稽查、检查相结合，转变为以税收信息化基础建设为基础；管理内容要求，由原来的信赖报表转化为信赖网络数据；税收管理信息化增加了纳税人信息来源、报送时间的监督重要性，等。

一般来说，作为一个发展过程，信息化至少包括三层含义：一是利用现代信息技术改造生产方式，大幅度提高劳动生产率；二是利用信息技术强化信息采集、处理、传输、存储和信息资源的使用，提高管理、监控、服务的效能；三是利用现代信息技术使管理方式发生根本性变革，影响和促进人类发展和进步。根据信息化本身内涵和近几年税收信息化发展实践，我们认为税收信息化应定义为：将信息技术广泛应用于税务管理，深度开发和利用信息资源，提高管理、监控、服务水平，并由此推动税务部门业务重组、流程再造、文化重塑，进而推进税务管理现代化建设的综合过程。这一定义至少应包含以下内涵：税收信息化是税务管理改革与信息技术运用相互结合和互相促进的过程，以技术创新为驱动，在税务管理中广泛地采用现代信息技术手段；税收信息化是个技术创新的过程，同时也是个管理创新的过程，将引发管理变革，推动建立与之相适应的人文观念、组织模式、管理方式和业务流程；税收信息化的核心在于有效利用信息资源，只有广泛采集和积累信息，迅速流通和加工信息，有效利用和繁衍信息，才能通过信息资源开发提高管理、监控、服务效能；税收信息化是以实现税务管理现代化为目标，它既是实现管理现代化的强大推动力，又是管理现代化有机的组成部分，因而税收信息化不仅包括税收征管业务的信息化，还应包括税务行政管理的信息化。目前，随着信息科学技术的发展，越来越多的企业在适应国际管理的发展趋势，应用现代管理系统、推进企业信息化管理。与此不相称的是，税务部门的管理能力和管理手段，落后于现代化的集团公司，也正因为此，正在开发建设的“金税三期”工程才把提高企业所得税信息化管理能力作为一项重要内容。从税收征管现实看，企业集团税收管理的难点和重点恰恰在所得税上，汇总纳税、优化汇总纳税管理与服务，对信息化的依赖性更强。但是，当前，汇总纳税与一般企业使用同一管理程序，很多数据要辅助手工账等人工统计才能完成，反映在系统中的申报数据仅仅只是统计数字，阻碍了所得税汇总（合并）纳税管理水平的提高。

（二）当前企业所得税汇总纳税信息化状况

1. 汇总纳税的精细化管理对税收征管软件提出了更高要求。新开发的汇总纳税信息化管理软件目前只对跨省跨地区经营的企业总机构和具有主体生产经营职能的二级分支机构企业，纳入汇总纳税信息化软件管理。跨省跨地区三级及三级以下分支机构，和省内总机构和具有主体生产经营职能的总机构、二级分支机构没有进入汇总纳税信息化管理软件，使汇总纳税信息化管理工作不全面。同时，目前使用的 CTAIS 汇总纳税信息较为混乱。例如“非单独纳税”在 CTAIS 中无法删除，一些企业是零申报，一些企业未登记税种企业所得税，有些企业认为二级分支机构及二级以下分支机构无法监管，不愿汇总纳税，不如就地预缴，因此在 CTAIS 软件中虽然是二级分支机构及二级以下分支机构，实际是按法人企业缴税，例如地处甘肃兰州的西北永新化工股份有限公司在宝鸡的分公司，二级分支机构因为是承包性质，企业要求按法人企业就地缴税。与此同时，由于税收政策不稳定，在推广软件时，很少考虑到计算机管理税收业务发展变化的需要，造成今天这个软件刚开始运行，明天政策规定就变了，软件随之要跟着做相应改动。

2. 税源监控难度较大，属地监管流于形式。

（1）汇总纳税增加了税源管理难度。实行汇总纳税办法，将制度性地增加税源管理难度，扩大企业进行税收筹划的空间。按照属地管理和监管级次划分的原则，成员企业所在地税务机关享有监管权，但成员企业的税款缴纳、财务管理都在上级部门，汇总纳税企业可以有意识地进行税收筹划，从而加大了税务机关的管理难度。比如企业可以通过内部关联交易、转让定价等方式方法，将收入或所得由高税率地区大量向低税率地区转移避税。

（2）汇总纳税导致税收与税源背离，易导致税收管理责任弱化。实行汇总纳税，由于税收与税源的背离，分公司、子公司所在地即经营所在地税务机关没有组织收入的责任，容易导致税收管理责任的弱化。由于没有税款入库的考核指标，造成经营地税务部门思想不够重视，形成“不去管”的局面，从实际情况看，成员企业所在地税务机关管理的积极性不高，对成员企业申报的亏损和税前扣除事项等不能严格把关，存在轻管理、重稽查，轻内容审核、重逻辑审核的现象。同时，总机构所在地税务机关的管理权限实际上仅限于征收以及汇总申报资料的逻辑审核，与成员企业所在地税务机关的联系沟通又不够，造成征收与管理的脱节，一体化的集团税制并没有一体化的管理与之对应。

（3）监管地税务机关对企业的监督不到位。虽然对汇总企业实行就地监管和查出违纪金额就地缴纳等规定，对汇总纳税成员企业的就地监管往往流于形式，不能实行严格的实质性的税务稽查，也不能按规定对查出的问题进行处罚。而汇总纳税企业缴库地税务机关因本身人员力量、资料采集、工作协调等因素，往往又“管不到”。这样既不利于调动经营地税务机关加强企业监管的积极性和主动性，又不利于缴库地税务机关的管理和征收。同时，当前的税务稽查体制导致检查权限不清、检查问题处理结果不一致问题。一方面总机构所在地税务机关可通过对汇总纳税申报表的分析、调查等方式，发现成员企业申报中带有普遍性的问题。由于检查归属权不清，在总机构所在地税务机关对其汇总调整的项目进行检查后，成员企业所在地税务机关再发现同样问题则无法进行调整，导致常常出现“你查我也查，谁先查谁入库”的混乱状况，并因政策口径、检查时间差易出现扯皮等现象；另一方面，总机构所在地税务机关与成员企业所在地税务机关缺乏相互协调、沟通的机制，某一成员企业被查出来的问题，其他有同类问题的成员企业却没被处理，导致同一问题却有不同的结果。

（三）税收信息资料采集缺失，难以有效实施税源监控

许多总、分机构汇总层次复杂，分支机构变动频繁。随着市场经济的深入发展，集团内部产权关系变动频繁，部分企业通过兼并、出售、出租、入股等形式进行企业改制，导致企业性质呈现多样性和不确定性。部分总机构对成员企业数量及级次关系不尽清楚，基层税务机关对成员企业实施有效的监管也不能及时到位，在税务管理的组织安排上，存在管理脱节现象，税收资料无法采集。长期以来，汇总纳税的企业其费用开支标准完全由其上级主管部门核定，不少企业不同程度地存在不计或少计应税收入、扩大税前扣除项目的现象。主要表现为：一是不合理列支工资和代办员手续费；二是超标准列支工会经费、教育经费和职工福利费；三是固定资产等资本性支出在税前列支以及各种减值准备，接受现金及非货币性资产捐赠、递延资产的摊销等等，税法上规定应作纳税调整的项目没有按规定调整。而负责汇总纳税的税务机关只能凭汇总表计算缴纳，对于应调整的纳税项目是否进行调整，所得额、扣除项目是否准确等方面无法逐一审查和采集相关数据。

（四）税收信息资料共享乏力，信息不能及时反馈沟通

基层主管税务机关负责汇总纳税成员企业的纳税申报审核，对在财务核算上采取报账制、报审制、核销制等方式的成员企业，看不到账簿和记账凭证，对税前扣除等项目的审批，无法掌握实际情况；上下级税务机关之间、汇总和成员企业主管税务机关之间信息不能及时反馈沟通，也是制约汇总纳税企业所得税监管的不利因素。纳税地与经营地的不统一，加剧了税收管理信息的不对称，导致税收管理弱化。同时由于汇缴纳税的成员企业分布地的多样化、汇缴

所在地的税务机关几乎是不可能去实地了解企业情况的。如果成员企业所在地税务机关在征管上看不到企业的资料，监管力度不足，或者两地的税务机关信息传递不及时、不顺畅、不能实现税收资料共享，必然造成税收管理的“真空”，容易形成税收的流失。例如，“麦当劳宝鸡店”在宝鸡店收银台每一笔收入，都通过网络传递到西安市，在宝鸡不进行任何核算，宝鸡店管辖的税务机关就看不到账簿和记账凭证，对税前扣除等项目的审批，无法进行税收资料共享，无法掌握企业生产经营的实际情况。

（五）税务机关管理手段滞后，汇总纳税评估、审计工作未发挥实际效用

1. 企业所得税总、分机构纳税评估未能有效开展。主要表现在：当前企业所得税纳税评估工作在税收征管过程中所处的地位不明确，部分单位把它当作一项可有可无的工作，没有作为一项经常性的工作来抓。在实际工作中存在职责落实不到位、指标体系数据采集困难、选案随意性大、评估方法过于简单、评估质量不高、评估各自为政、缺少统一标准等问题。

2. 汇总纳税信息化管理相对滞后。汇总纳税所得税政策复杂，日常管理中需调用的数据繁多，急需利用信息化管理来提高效率和质量。但目前综合征管软件中还没有专门的所得税管理模块，无法对汇总纳税所得税实行全程信息化管理，而且在系统中，有关所得税管理的数据也没有得到有效地整合。

3. 反避税工作发展迟缓。目前汇总纳税所得税管理面临反避税难点，防范避税工作薄弱，由于不能及时发现存在的疑点问题，无法防止利用集团内部账务处理、关联交易和地区之间的税收优惠转移利润，监控关联交易定价水平和利润水平较低。

4. 纳税人信息化水平滞后影响着税收信息化的进程。信息化建设是一项系统工程，只有纳税人及相关单位信息化建设水平提高了，税务系统信息化建设作用才能有效发挥。目前，工商、地税及其他相关单位的网络没有搭建，信息交换依赖于手工。纳税人的信息化意识淡薄，计算机操作技能远跟不上时代发展的步伐，不管推行什么软件，必须税务机关牵着鼻子走，更不说纳税人利用网络开展经营活动，这给税务系统全面推行多元化纳税申报，带来很大阻力，影响税收信息化建设。

（六）当前企业所得税汇总纳税管理办法不利于提高当地税务管理积极性

1. 非汇总纳税企业所在地无税可征。近年来，随着税收信息化建设的长足发展，促使了部分企业所得税汇总纳税信息化管理税收征管信息的共享，大大提高了税收征管实时监控能力，为税务机关内部相互促进、相互监督、相互

制约提供了必要条件，一定程度的提高了企业所得税汇总纳税信息化管理质量和效率。但是，由于跨地区税收转移问题的存在，主管税务机关对汇总纳税分支机构无税可征，导致思想上的不够重视，现以宝鸡市为例加以说明。宝鸡市目前共管理汇总、合并纳税企业 165 户，均为二级以下分支机构，虽然占全局企业所得税户数比例只有 3.4%，但汇总至总机构缴纳的企业所得税 9415 万元（按 2007 年实现利润计算），竟占同期入库企业所得税的 42.8% 左右。税款的大量转移，势必会造成税务机关在税源管理、信息监控、软件开发等各方面投入的减少，信息化技术的应用也相应的大打折扣。

2. 所得税征纳管理由地税局转移到国税局后适应期、过渡期过长。中国自分税制以来，企业所得税的征收管理由地方税务部门承担，国税部门长期以“两税”（即增值税、消费税）为征管的重点。直到 2002 年，新办企业所得税的征管才改由国税部门承担，加之近年来企业所得税收入占税收收入总量的比重远低于“两税”所占的比重，因而导致目前存在对所得税工作认识不足、重视程度不够的问题，主要有：一是存在“重流转税、轻所得税，抓大放小”的思想。虽然近年来国税部门所得税收入总额迅速增长，但占税收收入总量的比重仍然偏低，同时也存在重视大企业所得税管理，忽视中小企业所得税管理的问题，再加上缺少科学的必要的考核机制，致使部分基层单位出现放任自流、管理淡化趋势；二是征管力量配备不足。虽然企业所得税纳税人逐年增多，但基层一线的税收管理人员并没有相应得到充实。目前基层部门所得税事宜基本都由税政部门管理，多数县（市、区）国税机关仅有 1～2 人兼管所得税，往往主要忙于文件的上传下达和事项的审核审批，致使企业所得税管理工作处于应付状态；三是人员素质难以适应企业所得税管理的要求。由于企业所得税政策性强、具体规定多且变化快、与企业财务会计核算联系紧密、纳税检查内容多、工作量大等特点，部分税务人员还不能适应管理工作的要求，比较全面掌握所得税政策、能熟练进行日常管理和稽查的业务骨干不多，从而导致一些问题难以及时发现和纠正；四是汇总纳税企业多为企业集团、跨国公司等大型企业，对于此类企业的税收管理，需要掌握分析、评价、判定等特殊方法的人员构成，要求在此基础上熟悉国际税收的一般方法，如税收协定、情报交换、调查审计、外语等，同时具备操作上述方法的技能，独立完成任务的能力。而目前与之相适应的专业队伍严重匮乏；五是税收信息化程度低。与当前税收信息化管理不相协调和适应的一个重要的因素，就是部分税务人员的微机操作能力和水平较低，对相关税收征管软件系统的操作应用仍处在较低的水平。跨区（跨国）情报交换渠道不畅等。凡此种种，均造成企业所得税征收管理的现实矛盾，直接影响了税务部门有力、有效地开展企业所得税的征收管理工作。由于以上多种原因，导致所得税管理的信息化、精细化过渡时期过长，不利于汇总纳税企业税收征管效率的提高。

（七）汇总纳税企业征管信息化建设存在的问题

1. 信息不对称现象突出。由于所得税税种的复杂性和汇总企业经营的复杂性，使征纳双方的信息不对称现象更为突出，并且越往基层越突出。一方面汇总企业业务量大、核算复杂，不容易获得较为全面的信息，基层税务机关平时只是在其预缴或申报时通过有关报表大致了解企业经营概况，顶多简单比对一下收入项目，不可能全面掌握其成本、费用信息，一般只是在次年汇算清缴时才有时间全面了解情况；另一方面对在财务核算上采取报账制、报审制、核销制等方式的企业，基层税务机关看不到账簿和记账凭证，无法掌握实际情况。同时，汇总纳税企业基本有属于自己的财务处理规定，这些规定往往与税收政策有着很大的差异。成员企业从总机构的整体利益出发，财务核算并不完全按业务发生的实际情况进行处理，而是根据上级要求、行业规定、文件通知等，对财务数据人为变动。如对分支机构税款计算分配情况，分不分配、分配多少完全由总机构决定，税务部门缺乏有效的控管手段，再如，银行、保险企业分支机构各项费用的提取列支由总机构核定数额，分支地税务机关很难判断其真实性、准确性，造成管理上的被动。再有就是上下级税务机关之间、汇总和成员企业主管税务机关之间信息不能及时反馈沟通，一般情况下，CTAIS 只录入纳税人的税务登记和纳税申报信息，其他信息难以掌控。分支机构税务机关看不到总机构在其所在地税务机关的申报信息，对本地分支机构是否汇总到总机构申报掌握不了，只有年终看到反馈单才知道。作为总机构所在地税务机关，掌握不了分支机构的申报信息，只有年终汇算后凭对方出具的证明才能与总机构信息进行核对。上一级税务机关只能看到分支机构的申报信息，看不到具体的账簿凭证信息，无法对企业及时监控，难以保证申报信息的准确性。同时，由于纳税人申报准确性不高，一些深层次的问题不易发现，不好核实。

2. 信息化建设相对滞后。税收信息化建设受传统观念的影响而进展不平衡，多年来税务部门管理信息化主要围绕增值税进行，企业所得税一直处于附属地位。造成包括汇总企业在内的所得税管理信息化相对滞后，功能不完善，无论是在深度上，还是广度上，都还处在较低的水平，不能适应新形势下加强企业所得税征管的客观需要。特别是新《企业所得税法》实施后，总、分机构全面实行汇总纳税，税源控管、税款入库、汇算清缴更需要信息化作支撑。目前虽然一些综合软件也包含了所得税的数据内容、监控指标，但在应用中十分薄弱。主要为：一是基础信息缺乏。目前征管软件中的基础信息多为简单的登记、申报信息，信息量有限，而且不完整，只能满足上级对下级简单的查询和对企业数据之间勾稽关系的简单比对。缺乏更全面的征管信息、财务信息、行业信息，以及相互印证的部门第三方信息等，没有这些足够的数据信息，就无法进行增值应用和监控管理；二是信息利用率较低。各个软件的所得税信息多是为了满足某个或者特定征管目的而设定的，零乱而又独立，缺乏系统性、规范性，有的就是简单地把手工操作简单地转化为计算机操作，没有实现各软件之间、模块之间的衔接协调。另外就是设置的监控指标，要么缺乏科学性，要么就是在数据录入的各环节不规范，导致出现许多垃圾数据和错误的警示信息，达不到实时监控、数据比对、信息共享、综合利用的目的，使信息化建设反而成了基层的包袱。

3. 汇总纳税办法中一些具体征管问题需要完善和规范。新的跨地区经营汇总企业所得税征收管理办法由于部分内容不具体、缺乏操作性，给纳税人留下了很大的税收筹划空间。如新办法规定总机构和具有主体生产经营职能的二级分支机构，就地预缴税款，这其中关于机构的认定就缺乏规范，完全由企业来判断，给企业操作留下了空间，企业可以按照利益需求，通过内部架构的随意调整，造成税源背离。再如按照职工工资、资产总额等因素计算分支机构分摊税款比例，不仅有失公平，而且容易引导各地为争利益造成资产浪费。企业通过这样一些具有自主权的调整，尽最大可能使分支机构之间的盈亏互抵，实现延缓纳税，规避当地税务机关的管理。另外，一些具体的征管措施有待于进一步明确，如保险等某些行业的申报问题。根据有关规定，从 2008 年二季度起，跨省市汇总纳税企业申报至二级分支机构，三级及以下分支机构暂时不在当地进行申报。在总局 28 号文件涉及的行业中，保险行业的三级机构就不需在当地主管税务机关进行申报。同时，三级机构不申报后，上级税务机关没有明确规定现在的资料如何申报，是继续申报还是停止申报，税务机关下一步如何对其监管，应进一步明确。

4. 汇总预缴办法使“分级管理”在实践工作中很难落实。一方面分支地税务机关管不着。实行汇总纳税的企业在基层主要为金融、保险等中央企业，这些企业在分支地只申报无税收，只有在二级机构以上才有预缴，由于税收利益上的原因，造成地方没有积极性。再加上没有明确的监管权限，使分支地税务机关有名无实，造成对成员企业的就地监管往往流于形式；另一方面总机构所在地管不住。汇总企业的总机构一般集中在经济发达的大城市，这些地方的税务机关需要管理大量的汇总企业和数量庞大的税收，受理和审批的业务量巨大，由于人员力量、资料采集、工作协调等因素，对总机构和分支机构征管信息不能及时全面沟通，影响了对企业进行深层次的分析和管理监控，尤其是对遍布全国的分支机构情况鞭长莫及。造成对汇总企业管理的“管不住”。

5. 征管机制需要进一步改进。规范顺畅的业务流程是信息化建设的基础。目前实行的征、管、查相互分离的征管机制，有利于实施权力制约，提高执法水平，但征管环节过于独立，会造成征管信息的分割、浪费、不共享，影响管理效率。一是不能形成管理拳头。汇总纳税企业的管理需要较高素质的人员，但基层征管机构复合型人才有限，要在各环节实施有限监管，势必分散力量，集中不了优势兵力；二是不利于企业信息的整合利用。汇总企业经营信息复杂，税务机关占有信息少，如果各环节协作不紧密，就影响信息的整合利用，就不利于对企业实施全面性的分析与决策。如对于主体税种是营业税的金融保险业来说，由于缺乏与地税部门的信息沟通平台，主管税务机关对其他税种的信息可能掌握不了，影响对企业的分析监控；三是不利于实施有针对性地管理。正是由于信息的割裂，不利于部门之间、上下级税务机关之间互相沟通，实施连贯性、持续性的管理，特别是对重点、难点问题，难以形成发现、决策、反馈等顺畅的链条机制。

三、优化汇总纳税企业税收信息化的几点建议

（一）税收征管体制要顺应信息化潮流

首先，要理顺征管模式和税收制度，把人的需要和税收的综合发展作为信息化建设的出发点，在强调数字化生存的同时体现“以人为本”的理念。通过人与计算机的有机结合，将税收征管中机构设置、岗位职责、工作流程、监督审计联系为一个整体，充分发挥税收征管体制的整体效能。特别是要科学设置基层税务机关的职能部门和职责岗位，明确人的职、权、利、责；其次，要强调电子数据、电子签名的合法性和不可抵赖性，建立税收信用机制，规范税收秩序，降低征税成本；第三，要树立服务意识，为纳税人提供多元化的办税手段，提高纳税人的办税效率，降低纳税成本，保护纳税人商业机密，密切税收征纳关系，营造服务优良、办税高效、制度规范、诚实守信的纳税环境。

（二）进一步完善电子申报体制，降低税收成本

税收成本既包括征税成本，又包括纳税成本。推行和完善电子申报体制，既可降低征税成本，又可降低纳税成本。一方面，税务机关可以通用电子采集软件和远程电子申报系统对纳税人进行数据采集和申报纳税，并能根据规定设定监控条件，要求纳税人必须在征期内按时申报，对逾期申报的自动计算罚款和滞纳金，避免了人情干扰；同时，实行银行代扣代缴税款，使得征纳界限更加分明，透明度更高，而且征收与管理相对分离加强了执法权力监督和制约，维护了正常的税收管理秩序，降低了征税成本；另一方面，纳税人可以通过远程电子申报系统定期申报纳税、纳税咨询、政策查询等涉税服务，充分发挥网络的依托作用。特别是对财务核算越来越集中上移的大型企业集团来说，可以由总部或委托的分支机构远程申报，降低企业的纳税成本，最大限度的提高企业集团的纳税效率。

（三）统一开展汇总纳税企业的专项检查

以汇总纳税信息化管理软件为依托，加强对汇总纳税企业的税务稽查，对跨省跨地区经营的企业总机构和具有主体生产经营职能的分支机构企业，由总局稽查局牵头，至少每两年检查一次；对省内跨地区经营的企业总机构和具有主体生产经营职能的分支机构企业，由省局稽查局牵头、至少每两年检查一次；对市（县）局来说也应类似检查。检查前要根据被检查对象的财务核算特点统一检查提纲内容，统一检查时间要求。检查中要督查各地检查进度，定期召开检查问题对接会，对同一问题检查在不同地方是否均有发生。检查后要统一定性标准和处理意见，将相关行业存在的税务共性违法问题，通过汇总纳税信息化管理软件反馈到政策制定和管理部门，以便完善相关税收规定及管理手段。

（四）应推广以联合税务审计为核心的集团税收审计

汇总纳税信息化管理软件在近期的推广，以及企业集团的现代集中统一信息管理系统，使在总部监控所有分支机构成为可能。在这方面，过去涉外企业税收管理已迈出了可喜的一步。事实证明，由国家税务总局或省局直接组织实施对跨省或市经营企业集团的联合税务审计，授权总机构主管税务机关委托各分支机构主管税务机关实施检查权，同期开展税务审计，可保证审计口径和政策执行上的一致，促进各地税务机关加强协作，形成跨区域税源监控网络，保证税款及时入库。而且，联合税务审计的结论比较中性，规范化的税务审计能够对企业业务流程、财务核算和业务管理等内控制度进行复核、测试以及动态分析，可帮助企业发现管理中的问题并提出改进建议。

（五）规范汇总企业涉税财务规定

目前商业连锁经营、金融保险、石油石化、电信供电等单位，均有一套行业内部财务处理规定，而这些规定恰恰与税收政策差异很大。基层税务部门进行税收征管和税务检查时，往往与企业争议很大。新企业所得税法出台后，应督促实行汇总纳税企业研究新税法，修改完善内部财务管理制度，尽量地缩小专业财务制度与税收政策的差异，降低税收管理内外成本。同时建议建立企业内部财务处理规定的备案制度的信息平台，要以互联网为依托，税源管理岗人员可以随时对汇总纳税和行业内部财务处理规定等方面进行监控，检查人员可以确定选案对象和检查重点。

（六）完善汇总纳税管理办法

多年来，汇总纳税企业所得税监管，一直是所得税管理的难点所在。实行法人所得税前，经总局批复的汇总纳税企业有200家。新企业所得税法实行法人制后，总分机构汇总纳税的企业日益增多，问题更显尖锐。突出的问题有：总分机构税务机关管理信息不对称、分摊比例难以监控、缺乏信息沟通机制以及对分支机构难以监管等。要解决上述问题，可行的策略就是顺应知识经济社会发展的规律，实施“科技加管理”的方针，进一步提高信息处理和管理的能力，按照一体化的原则，深度挖掘信息资源，充分利用计算机网络信息管理系统，进一步规范和优化税收征管和税务机关的内部管理，改善税务机关的技术管理手段，提高税收管理质量和效率，降低税收成本，确保税收政策的统一执行。目前，新开发的汇总纳税信息管理系统就是基于上述因素所做的一次很好的尝试。但是，汇总纳税信息管理系统只能解决信息共享问题，对税源监控和防范避税方面没有涉及，因此，需要对该系统进行深度挖掘，发挥全国信息交换平台的最佳效能。

（七）建立和完善汇总纳税税源监控工作平台

目前，新开发的汇总纳税信息管理系统就是基于上述因素所做的一次很好的尝试。但是，汇总纳税信息管理系统只能解决信息共享问题，没有涉及对税源监控和防范避税方面，因此，需要对该系统进行深度挖掘，发挥全国信息交换平台的最佳效能。要实现汇总纳税管理的信息化，首先要遵循依法治税发展的内在规律，按照信息收集、比对、评估、审计、监控、核查的要求，实现信息流与业务流的有机结合。可采用“数据—监控—交换”的模式。在信息化支持下，收集并整合总分机构纳税人数据信息，通过信息的共享，加强数据的比对监控，并将监控结果在全国汇总纳税信息管理平台交换，以达到加强汇总纳税企业所得税管理的目的。具体可以按照“一个平台，三个系统”的工作模式，加强监控管理（如图1所示）。

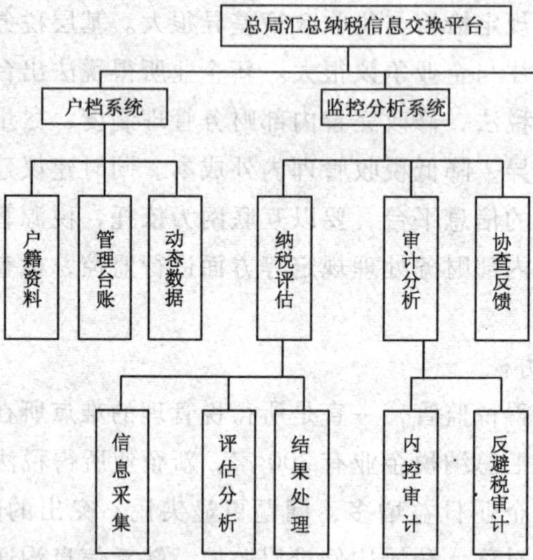

图1 汇总纳税信息管理系统树型结构图

1. 电子户管档案系统。收集并整合总分机构纳税人信息，在综合征管软件中开发档案管理系统，通过信息的共享，实施对总分机构纳税人的动态监控，从而提高基层汇总纳税管理工作的质量和效率。电子户管档案信息系统可分为三方面内容：电子户管资料、管理台账、税收动态数据的税收分析管理。要充分发挥电子户管档案信息系统的数据储存功能，提高数据的准确率和利用率。充分借鉴其他软件开发经验汲取长处，总结出来一套简洁、可行的电子户管档案信息方案。具体相关数据需求：一户式存储的纳税人各类纳税信息资料，具体包括纳税人税务登记的基本情况，各项核定、认定、减免缓抵退税审批事项的结果，纳税人申报纳税资料，财务会计报表以及税务机关要求纳税人提供的其他相关资料等；纳税人生产经营实际情况，包括生产经营规模、产销量、工艺流程、成本、费用、能耗、物耗情况等各类与税收相关的数据信息；上级税务机关发布的宏观税收分析数据，行业税负的监控数据，各类评估指标的预警值；本地区的主要经济指标、产业和行业的相关指标数据，外部交换信息以及与纳税人申报纳税相关的其他信息；地税及工商部门应传的相关电子信息，如分支机构增减在工商部门的信息等。

2. 税源动态分析监控系统。税源动态分析监控系统是科学化、精细化管理的主要手段。是税务机关根据掌握的不同行业各自直接影响税源的关键性因素及正常影响值，分别建立行业数据测算模型，通过模型进行测算、比对、分析，了解汇总企业纳税申报的真实性，对经分析应征税款与实际经营可能存在差异的总分机构视不同情况进行税务处理，达到税源监控的目的。税源动态分析监控系统，要在充分调查研究的基础上，逐步建立完善数据模型。数据模型的建立由基层税源管理部门和税政部门提出业务需求，信息部门根据业务需求，设置数据模型指标。为开展科学化、精细化税源管理提供保证。该系统主要包括纳税评估、审计分析和协查反馈三个模块。

（1）纳税评估分析模块。设计目的及功能定位。建立税收信息评估软件，为税务人员解脱复杂的、重复的计算活动，梳理正确的评估思路，帮助评估人员找出疑点增加税收，拓宽信息渠道，提高信息质量。系统功能定位是工具化、计算器化、存储器化、灵活精巧、易操作。与征管系统 CTAIS 连接，能够自动获取财务数据、申报数据。

主要工作及要求：一是依托计算机网络，提高信息收集能力和质量。以多元化电子申报为切入点，加强评估所需信息的电子转换能力，减少人工输入信息量，提高工作效率和质量。重视信息的管理和应用，集中人力、物力、技术，实现信息处理的集中加工与广泛共享，提高信息的加工能力和利用效率；二是完善纳税评估分析指标体系，对不同行业及不同规模以及不同的营运方式分门别类地进行调查，区分不同行业、不同规模、不同生产能力、不同经营方式、不同登记注册类型，丰富完善科学的指标分析体系，并随着社会经济的发展变化和税收征管的发展变化，不断地进行更新完善，做到与时俱进。做到评估结果有根有据，有说服力，能让纳税人心服口服；三是加快研发纳税评估的子模块应用软件，充实软件的评估分析内容，提升纳税评估的智能化程度，并与“金税工程”、税收征管软件等税收管理软件紧密结合，建立起纳税预警系统提高其准确性，提示出辖区内申报异常汇总企业。

数据信息构成。行业平均税负率、总分机构主营业务收入、资产、人员工资变动情况、单位产成品原材料耗用率、主营业务成本变动率、各项费用、利润变动率、总资产周转率、存货周转率、所得税税收负担率、分摊的应纳税额变动率等指标。

（2）审计分析子模块。设计目的及功能定位。一方面遵循国际税务管理的通行做法，拉进汇总企业与税务机关在管理上的距离，在一定程度上实现贴近式管理。审计分析区别于单纯的查账，更重要的是对纳税人非税因素的分析，评价其纳税遵从程度，找出影响税收实现的成因，使纳税人按照经营常规运作；另一方面结合当前所得税管理面临反避税难点和焦点问题的客观实际，与审核评税、防范避税工作紧密联系，对汇总企业关联交易行为进行深入的审核分析，及时发现存在的疑点问题，防止利用集团内部账务处理、关联交易和地区之间的税收优惠转移利润，监控关联交易定价水平和利润水平，并相应提出针对性征管措施。

主要工作及要求：一是审核汇总企业财务、采购、销售、生产等内控制度文件，分析其合理性并是否一一贯之的严格执行；分析其各项财务指标是否严格受控，凭证资料是否合法有效，财务软件是否合乎规范；财务报表是否真实，财务核算是否违规，是否存在人为随意调整等问题；二是审核汇总企业集团内部相关企业、其他关联企业及其关联交易行为，分析是否存在不按照公平成交价格和营业常规进行生产经营的行为，并采取合理的方法调整其价格或利润。同时，对汇总企业未来关联交易所涉及的定价原则和计算方法进行审核，达成协议并在系统软件中予以登记；三是审核汇总企业与其关联方共同承担成本及成本分摊情况，分析是否存在不按照成本与预期收益相配比原则进行分摊、分配的问题，与汇总企业达成合理的成本分摊协议，并在系统软件中予以登记；四是审核汇总企业与其他企业（尤其是受控外国公司）是否存在实际控制关系，分析是否存在对其设在实际税负明显低于企业所得税法规定税率的国家或地区，并非出于合理经营需要而对利润不作分配或减少分配的情况，同时提出相关调整意见；五是审核汇总企业是否存在未按规定履行代扣代缴义务的行为，并提出相关的处理意见；六是审核其他涉税审批事项，并在系统软件中予以登记。

数据信息构成及来源。依赖多种信息，其来源也呈多样化，如行业平均利润率、正常交易价格、融资来源、平均税负等，构成实施税务审计的重要支撑。对信息的要求既有时效性、可比性，又具备历史性、可扩展性。重点要抓住信息的动态时效性，其来源既有本地区、本企业的，又要求有不同国别和地区的，形成广泛的可比信息体系。如国际税收情报交换；国家税务总局汇总纳税信息管理交换平台；省域 CTAIS 系统以及汇总企业集团及相关企业提供的数据信息。

（八）建立统一规范的汇总纳税企业管理信息系统

信息化的根本意义在于提高管理效率，规范执法行为。搞好汇总纳税企业信息化建设应在“金税工程”三期一体化建设总体框架内，把所得税“二十四字”管理的总要求和科学化、专业化、精细化的管理思路相结合，以核实税基为核心，以落实分级管理、分级监控为手段，在充分进行数据采集，实现总局至县级多级应用的基础上，形成统一、稳定、高效的汇总企业管理系统。具体设想为：税务登记信息应真实、完整并做到及时更新。对于企业因机构变更等因素引起的变化，税务登记信息要及时跟上，并完善税种登记、税收优惠等信息内容。同时要规范总机构申报方式，避免因计算机系统不支持出现信息差错。一是实现现有系统的信息共享。即《税收分析监控管理系统》、CTAIS和《汇总纳税企业所得税管理系统》的信息共享；二是税务机关之间的信息共享。总、分支机构的申报、审批、评估、稽查等信息等能被二者的主管税务机关所共享；三是与外部的数据共享，即与地税、工商等相关部门的信息共享；四是税务机关能够共享企业的生产经营与财务管理信息。第一是信息的共享、反馈应依靠网络自动进行，减少人工录入；第二是提高信息资源的利用率，实现各种信息自动归集、分类、加工、增值，自动产生征管工作需要的综合信息，为征管服务，为决策服务。

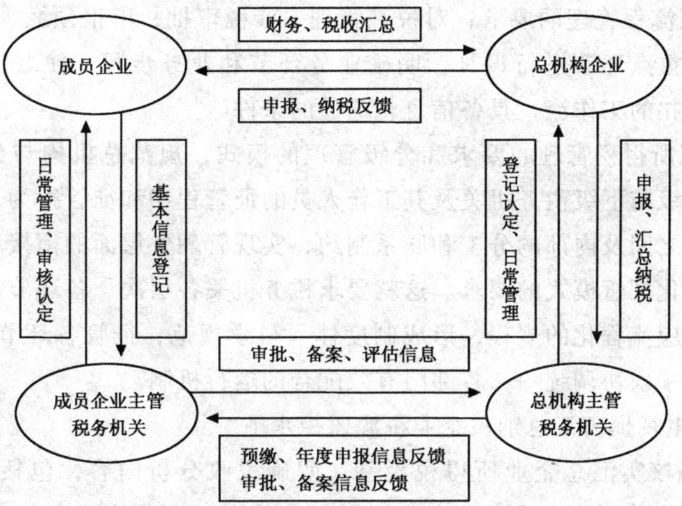

图2 汇总纳税信息管理流程图

按照上述流程（如图2示），汇总纳税企业征管信息的转递要求为：一是企业间的信息传递。分支机构按期向总机构企业上报财务核算信息，总机构企业及时向分支机构按比例分配预缴税款。目前汇总纳税企业总机构与分支机构之间信息沟通平台已经建立；二是税务机关与企业间的信息传递。分支机构和总机构均应在当地主管税务部门进行税务登记，将基本信息传递税务机关，接受所在地主管税务机关的监管。总机构按期向其主管税务机关传递申报和汇总纳税信息，分支机构按期向其主管税务机关传递信息；三是税务机关之间的信息传递。分支机构主管税务机关将分支机构的审批、备案、评估等信息通过系统传递给总机构主管税务机关。总机构主管税务机关将总机构的预缴、年度申报等信息反馈给分支机构主管税务机关，两级主管税务机关可以对日常管理中发现的问题及时进行信息沟通。目前，总局推出的《汇总纳税企业所得税管理系统》已基本达到了以上三方之间进行信息及时传递的目的，下一步，应针对系统试运行时发现的一些问题进行完善。

（九）按照信息化流程设计的要求规范征管程序

信息化首先是业务管理的标准化和规范化，所以要根据汇总纳税企业的管理规律，对工作机制、组织架构和管理方式进行明确、梳理、整合，在此基础上利用信息技术优化资源配置，提高管理效能。

1. 将汇总纳税企业管理办法具体化，形成一套程序明确、要求具体、便于操作的管理方案。

2. 按照流程管理的要求，对税基管理、涉税审批、申报预缴、汇总计算、评估稽查等重点环节进行设计，明确业务环节和业务步骤，使之形成顺畅严谨、环环相扣的工作流，具备信息化建设的条件。

3. 按照所得税管理的要求和分级管理的模式，规范总机构与分支机构税务机关、上级与下级税务机关及其工作人员的征管程序和征管行为，明确所涉及税务机关之间及内部的分工和联系制约，实现管理各层面的衔接和共享，使之适应信息化征管模式的要求。这就要求税务机关各层次、各环节、各岗位主动调整不适应流程化的规程，形成制度体系科学规范，征管各环节有效衔接，征管方法和手段协调统一，各部门有效配合的运行机制。

（十）重视提高汇总纳税企业税源监控水平

1. 围绕核实汇总企业所得税税基，明确税收分析内容，包括税负状况、增长弹性以及税源的构成、分布、发展变化情况、涉税审批和税前扣除情况等，把企业经营的全过程纳入税收分析监控的范围，以及时发现税源管理中存在的问题，掌握税基管理中的薄弱点。

2. 从所得税计税原理出发，依据审计、统计学原理，运用财务分析方法，设计和筛选涉税指标，建立完备的指标体系，利用数学模型等计算方法，合理测算有关指标的平均值和峰值，作为预警参数，以便发现异常。还要有计划地选拔一批具有较高计算机应用能力和水平，又熟悉汇总纳税企业所得税征管业务的骨干，组建信息化管理人才库，为加快汇总纳税企业管理信息化建设提供智力支持。

3. 改进对税收征管环节各岗位人员的考核办法，把管好汇总纳税企业所得税的责任，落实到具体的管理节点和管理人员身上。建议利用行之有效的信息化管理平台，把汇总纳税企业所得税管理链条上的每一个人的工作业绩真实记录。比如在企业所得税管理人员中实施“4W①绩效公开制度”建议。所谓“4W 绩效公开制度”，就是指某一名税务人员（Who），在某个时段，月度或年度（When），做了什么工作（What），有什么效果（With what effect）等信息录入绩效考评数据库，该资料一旦确定不得随意修改。此资料库不但人事部门依此作为税务人员业绩考评长效管理的依据，全体税务人员都可登陆查询。这样一来，涉及企业所得税审批环节的具体记录就有据可查，尤其是汇总纳税企业所得税的管理状态就可清晰呈现，为事后对纳税人和税务人员双方的跟踪监督提供可能。

参考文献：

1. 黄衍电等：“新企业所得税法对我省经济可能产生的影响及建议”，《福建税务》2008 年第 2 期。

2. 靳万军、付广军：“企业集团跨区经营税收分配论”，《广东地方税务》2008 年第 6 期。

3. 刘宇：“企业集团所得税问题分析及对策”，《税务研究》2002 年第 6 期。

4. 苏宁华、余雁刚：“对中国企业集团合并纳税问题的思考”，《福建税务》1998 年第 6 期。

5. 苏州工业园区国家税务局：《关于当前税源地区间转移若干情况的调查与思考》，2008 年 8 月 1 日。

6. 许善达：“财政转移不能替代税收与税源一致性原则”，《第一财经日报》2008 年 3 月。

7. 杨虹：“总部经济模式下的税源特点分析”，《中央财经大学学报》2004 年第 12 期。

8. 张志勇等：“国外大企业税收管理情况及借鉴”，国家税务总局科研所《研究报告》2003 年第 9 期。

9. 赵弘：《总部经济》，中国经济出版社 2004 年版。

---

① 哈罗德·D. 拉斯韦尔（Lasswell，Harold D.）1948 年于题为《传播在社会中的结构与功能》（The Structure and Function of Communication in Society）一文中提出了 5W 模式。5W 模式最早明确地将传播过程划分为 5 个部分或者要素，并且相对应地限定了 5 个研究领域，有效地描述了传播和规划了传播学研究。在此我们做了一个借鉴使用。

课题指导：卢　云　靳万军
课题组组长：朱广俊
副组长：刘　磊　王金梁
成　　员：邓远军　宋志广　李海旺　李书利　余兆禄
杨纯华　翁祖东　王红梅　骆　翀　杨晓楠
李　英　程秋兰　杨　辉　阚亮华　朱小琼
于贵香　仁增旺久　尚志龙　翟建利
刘　炜　金水生　魏建军　方咏华　李玺剑
张安平
执　　笔：朱广俊

中外纳税成本研究[①]

国家税务总局税收科学研究所课题组

在税收征收过程中，征税人、纳税人和社会都要直接或间接地付出有形的或者无形的代价，即征税成本、纳税成本和经济效率成本。征税成本和经济效率成本是政府部门和经济学家们一直比较关注的问题，但是，国内外对纳税成本的研究一直处于相对滞后状态。

近年来，在税制日益复杂的前提下，为了保护纳税人的权利，减少纳税人的不遵从税法行为，改进政府公共服务，加上各种调查方法和技术手段的日益完备，各国政府越来越重视纳税成本的研究，并采取各种有效措施有针对性地降低纳税人纳税成本。

一、国外对纳税成本的研究

（一）国外有关纳税成本的理论

1. 纳税成本的定义及构成。纳税成本一般指纳税人在履行纳税义务时所花费的各种资源的价值或者费用支出。从这一定义来看，纳税成本应包括：纳税行为中发生的成本，避税（税收筹划）成本，纳税人、不申报者、第三方（如银行、代扣代缴方）的成本，但不包括承担的税款和由税收扭曲经济形成

① 国外一般称为税收遵从成本（Cost of Tax Compliance），由于国外税收遵从成本是指纳税人遵从税法所付出的成本，纳税成本与税收遵从的范围是一致的，都不包括不缴税款的偷逃税者的相关成本。本报告为便于国际比较，如无特别说明，纳税成本即指税收遵从成本。

的超额负担。

为了进一步进行量化研究，有学者（Sandford 和 Pop）对纳税成本的构成进行了深入研究，认为纳税人在纳税过程中，除产生成本费用外，由于要遵守税法的要求而进行严格的财务记录，为纳税人带来了管理上的利益；纳税人还有免除税款或者纳税人（扣缴义务人）在向税务当局缴纳税款之前的一段时间内有权使用将要缴纳的税款，因而，带来现金流转收益；所得税较发达国家的纳税人因保留各种原始数据可以合法扣除，也会带来税收扣除收益；如果纳税人采用税收筹划，在履行纳税义务时，税收筹划的成本一般会比通过税收筹划节约的税款低。

但实际上，管理利益只在理论上存在，量化起来却很困难，在经验研究中常被忽略。现金流转收益和现金流转损失都客观存在，如果纳税人在一个纳税年度内所付金额超过了其应纳税款或者在税务当局征税之前向税务当局汇寄税款，则纳税人不但没有现金流转收益，还有现金流转损失，但在估算纳税成本时，有些国家予以考虑，如美国在进行纳税成本调查时将其降至最小化，有些国家则不予考虑。税收扣除收益在美国等以所得税为主体的国家尤其明显[①]，而在其他国家则容易被忽视。但是，税收扣除收益与现金流转收益一样，只是代表了经济利益的一种转移，它并不能减少社会遵从成本。

考虑到上述因素，有学者提出了总社会纳税成本（SCC）和净纳税成本（TCC）的概念。

社会纳税成本 = 由纳税人所花费的直接货币开支 + 纳税人履行纳税义务上所花费的时间成本和资源成本 - 纳税人的管理利益

净纳税成本 = 纳税人直接的现金开支 + 纳税人履行纳税义务时所花费的时间成本和资源成本 -（纳税人的管理利益 + 纳税人现金流转收益 + 税收扣除收益）- 由于税收筹划所节省的税款

在实际测算过程中，大多数税收研究人员，特别是一些公共经济学专家倾向于把社会纳税成本作为测量的口径，以此考虑相关政策的制定。目前，比较典型的两个测算公式是一些学者根据发达国家与发展中国家的不同实际情况制定的。

① 美国 1986 年实施税制改革法案后，如果个人纳税人详细说明了他们的扣除项目，那么他们被允许从应税所得中扣除部分各类费用（包括税收准备费用，银行保管箱的租用费，支付给保管人的费用等等）。

特兰内姆等人在实际测算发达国家的纳税人纳税成本时所应用的公式是：

纳税人纳税成本=办理涉税事务的直接货币开支+办理涉税事务所花费的时间和资源的推算成本－现金流量收益－税收扣除收益

查多帕德海恩和达斯—古帕达曾对印度等发展中国家案例进行研究，其税收成本测算公式为：

遵从净成本=内部成本+外部成本+延迟退税的机会成本+贿赂成本－现金流收益－税收扣除收益

上述对纳税成本的两种测算公式，大体上反映了发达国家和发展中国家的纳税成本，但都忽略了纳税人管理利益。两种测算模式的主要差异在于后者在纳税成本中增加了延迟退税的机会成本和纳税人的“贿赂”支出，而这两个成本因素在法制比较健全的发达国家也可能存在，只不过可能性较小。从中也可以看出，纳税成本的具体测算归根到底要从本国实际出发，在借鉴国际共性特征的同时，要考虑本国的个性特征。这说明，各国根据不同的评估模式测算的纳税成本并不具有完全的可比性。

2. 纳税成本的分类。纳税成本分类中，通常的分类是货币成本、时间成本、心理成本和其他成本。

货币成本包括劳务货币成本和非劳务货币成本。劳务货币成本是指税收遵从活动中产生的直接的货币成本，指纳税人在纳税过程中向税务顾问进行咨询所支付的咨询费用或者交由税务代理等中介机构办理纳税事宜所支付的中介费用。税制比较复杂的国家，这部分成本占纳税成本的比重较大。这类成本是可以通过调查计算测定的。非劳务货币成本是指纳税活动发生的如计算机、复印机、电话、传真、信笺、邮票等通讯设备和办公设备的成本以及专门拜访税务机关所花费的交通费用等。在现实中，难以合理区分这些成本中哪些部分属于税收目的的纳税成本，因此在测量中通常被忽略不计。对这部分成本的测量，应是今后研究的一个重要方向。

时间成本是指纳税人收集、保存必要的资料和收据、填写纳税申报表所耗费的时间价值。其计量分为两类：一是个人纳税人的时间成本，表现为个人纳税人和无偿援助者在办理纳税事宜中所花费的时间数量和单位时间价值的乘积。实践中，一般用平均税后工资率来表示单位时间价值；二是公司纳税人的时间成本，表现为公司雇员办理纳税事宜耗费的时间数量和单位时间价值的乘积。其中单位时间价值通常用特定部门（如财会部门）的税前工作率来表示。

所谓心理成本，指在纳税人纳税过程中除付出的时间、精力、金钱外，由于是一种不愉快的经历，导致纳税人产生不满、焦虑、急躁、以致不知所措的心理、情绪变化及由此产生的精神损失，从而给纳税人制造所谓的“心理成本”。这里的心理成本很有可能转化为货币成本，但心理成本本身一般是难以计量的，其中有多少已转化为货币成本的部分更是难以计算，但这并不意味可以不用考虑心理成本。例如企业在办理纳税事项时，由于税收法律规范规定的不明确或规定复杂而难以理解，因而雇佣律师或会计师咨询或为其办理纳税事项。这时的担心，因害怕不能正确办理纳税事项而发生的心理成本，就转变为实际的货币成本了。

其他成本是指除前三项外其他的纳税成本。一般指因税务机关办事效率低下、官员腐败等问题，施加给纳税人的其他纳税成本。如延迟退税的机会成本、贿赂成本等。

目前，货币成本和时间成本比较直观，也比较容易测算，但后两者由于无法量化，或者是通过各种形式转化为货币成本和时间成本，因此在各个国家实际测算过程中，一般只考虑前两项成本，但如前所述，在发展中国家，其他成本会比较高，因而多会予以考虑。

此外，纳税成本按纳税成本的来源分类，可分为内部成本和外部成本。这种分类方法在一些税务中介机构较发达的国家（如美国）经常用到。按纳税成本形成的原因分类，可分为制度成本和实施成本。按照纳税成本发生额与缴纳税款数量的变化分类，可分为固定成本和变动成本。还可以按照纳税成本是否可控，可分为可控成本和不可控成本。按照纳税成本是否有效及必要支付，可分为有效成本和无效成本。按照纳税成本的形态，纳税成本可分为直接成本和间接成本。按发生时间，纳税成本可分为初始成本（临时成本）和经常成本。按表现形态，纳税成本可分为可计算成本、税收筹划成本等[①]。

3. 国外纳税成本研究的发展过程。国外对纳税成本的研究的过程从一开始就是定量研究，在研究过程中不断地进行定性研究和对测算方法进行完善[②]。

1934 年，美国学者海格（Haig）首次对税收的纳税成本进行了测量。他研究了美国联邦和州税收的纳税成本，但没有明确给出纳税成本的定义和组

① 如 Talib（1996）and Chan et al.（1999）。

② 以下资料来源于“compliance and administrative costs of taxation in canada”和参考“the compliance cost of the personal income tax and its determinants”, saumen chattopadhyay and arindam das - gupta, 2002。

成。在之后的几十年间，不断有学者加入这个领域的研究。1944 年，马丁（Martin）研究了全美国的纳税成本；1950 年，梅（May）和汤普森（Thompson）在测算中将纳税成本分为纳税人的内在成本和外在成本。1959 年，汤普森在研究制造业公司纳税成本时沿用了这种界定方法；1955 年，沃斯特（Oster）和林恩（Lynn）研究了美国俄亥俄州货车运输公司；1957 年，马修斯（Matthews）对零售业的纳税成本进行了测算；1963 年，马勒（Muller）在测算纳税成本时考虑了时间成本。这些学者先后引入了内外在成本概念、时间成本概念及其估算方法。1973 年，来自英国巴斯大学政治经济学教授桑德福对英国个人所得税纳税成本进行了研究，这也成为后来研究者公认的关于纳税成本的经典研究。这次研究首次比较全面和精确地界定了纳税成本的范围，使最终的数据更有说服力。基于 2700 名纳税人的调查，桑德福把遵从成本细分为五个类别，并给出了时间价值假设从而实现了将时间成本以货币为单位进行量化的目的①。之后的 1981 年、1983 年、1985 年，桑德福分别对英国的增值税、爱尔兰的财产税等不同税种的遵从成本作了测算，并在调查方法和样本数量方面做了很多改进。

从 20 世纪 30 ~ 60 年代，关于纳税成本的定量研究主要在北美②。研究者来自不同的学术背景，包括管理科学、商业研究、会计和经济。他们也使用了各种方法，为现代的研究明确了许多纳税成本的特点③。与早期的研究相比，近 20 年来北美的研究相对冷清，但仍有大量关于美国、加拿大纳税成本的研究。在早期关于北美的研究热潮中，也有一些规模略小的关于欧洲国家纳税成本的研究。但是欧洲国家成规模的纳税成本研究主要集中在近 20 年。而且，大部分只集中在小部分国家（如英国、爱尔兰、德国、荷兰、瑞典、西班牙）。近几年来，也出现了一些关于东欧一些转型国家的研究。到 20 世纪 90 年代，出现大量关于澳大利亚、新西兰、新加坡、马来西亚的纳税成本研究。还有一些研究涉及坦桑尼亚、巴西、印度等国家的纳税成本。近年来对纳税成本的研究越来越细化，开始对不同税种、不同纳税人、不同规模的企业、不同地区的纳税人的纳税成本进行研究。

---

① 根据桑德福的估计结果，1973 年英国个人税制的遵从成本占税收收入的比重约在 2.4% ~ 4.4% 之间，遵从成本占税收收入的最大估计值为 4.4%。若考虑到“支付给税收顾问的费用”中没有记账的有关支出，遵从成本占税收收入的最大估计值高达 8.3%。

② Tran - Nam and Evans (2002)。

③ 如纳税成本的累退性、纳税成本和征收成本潜在的转移特征。

随着学者对纳税成本的不断深入研究和大量研究成果的取得，许多国家政府和一些国际组织开始对纳税成本予以关注。在美国、澳大利亚、英国、荷兰、新西兰、印度等国家，纳税成本已被明确纳入政府考虑因素中。英国于1986 年《纳税人宪章》（Taxpayer's Charter）中明确规定"关注不同的纳税人的纳税成本"、"使纳税成本最小化"、"经济、有效地征税"是税务机关的职责。作为降低企业遵从成本的初步行为的一部分，英国税务机关自 1985 年以来，已开始对所有影响经济的税收变动制定纳税成本估算①。在澳大利亚，澳大利亚税务局已开始实行《纳税人权利法案》，1993 年，该国议会公共会计联合委员会的第 20 号建议提出"今后所有的税收立法都要以税收影响报告的形式提供该项立法对纳税人产生的具体影响，包括全部纳税成本在内……"在澳大利亚，任何税法的改动必须对税法的变动带给纳税人的影响给出评估和对纳税成本进行估算。

对于纳税成本的研究发展过程，有学者（Pope，1992）将纳税成本研究分为六个阶段：

一是"欠缺认识"阶段（未被认识）。在这一阶段，对纳税成本研究没有兴趣或至多是偶尔的认识。

二是"专业觉察"阶段（定性认识）。在这一阶段，通常是税收的实践者（如会计或税法法律人员）开始从学术上认识到纳税人所承担的纳税成本并公开的讨论。

三是"估算评价"阶段（定量认识）。在这一阶段，通常使用邮政调查方式，获取纳税人有关数据，从而将纳税成本货币化。

四是"政策觉察、政策重视"阶段。在这一阶段，政府部门认识到纳税成本在经济、社会和政治上的重要性，并见诸政策上的行动。

五是"有效政策"阶段。这一阶段意味着不仅引起政策、立法和运作上的变化，而且他们能从根本上对减少纳税成本起到有效作用。

六是"连续监测"阶段。包括对每一重大税法变化所引起的纳税成本和征收成本的估算。

（二）国外纳税成本的测算方法

对纳税成本的研究主要是一个量化研究，因此，纳税成本的测算口径与调

① 在政策考虑初期，税收遵从成本估算偏重于定性分析，后期又尽可能侧重定量分析并予以公布发表。如《企业成本核查》（贸工部，1992）业已出版（引自范恩洁，2003）。

查测算方法至关重要。

1. 数据采集。从各国测算的实证经验来看，大部分对纳税成本的测算都是在对纳税人调查的基础上完成的。计算纳税成本所需的数据主要分为三个方面：

（1）按不同要求对纳税人的统计以及按不同特征对相关纳税人缴纳税收额的统计（例如个人或者企业纳税人按总收入和应税所得进行分类）。

（2）纳税人的纳税成本信息，比如个人纳税人履行纳税义务时的时间花费，未付酬金的帮忙者的时间花费等等；企业纳税人不同级别的员工在履行不同纳税义务或者缴纳不同税种时，所花费的时间，支付给税收顾问的费用，等等。

（3）其他信息，比如不同职业的市场工资和资金利息率。

其中第（1）项和第（3）项都可以通过官方的相关统计获得数据。第（2）项数据是制约纳税成本研究的一个关键因素，没有数据支持，对纳税成本的实证研究就难以展开。第（2）项数据通常依赖于对纳税人的调查数据。

一般来说，对纳税人的调查，通常使用两种方法：典型调查和抽样调查。

第一，典型调查。从统计学角度分析，典型调查是根据调查目的和要求，在对调查对象进行初步分析的基础上，有意识地选取少数具有代表性的典型单位进行深入细致的调查研究，借以认识同类事物的发展变化规律及本质的一种非全面调查。该种调查法较为细致，适用于对新情况、新问题的调研。使用典型调查法时须注意所选的对象要具有代表性，能够集中地有力地体现问题和情况的主要方面。典型调查法具有省时、省力的优点，但也有不够准确的缺点，而且典型调查主要用于定性调查，难以进行定量研究。

在纳税成本调查方面，一般是通过典型调查，对纳税成本的构成形成一个定性认识后，再进行定量研究，很少用典型调查的方法直接进行定量研究。但是，由于早期的纳税成本测算工作一般由研究者个人来组织实施，受经费限制，个人研究者抽样调查的样本数相对较小，而且多采用典型调查的方式进行。例如，1944 年，美国学者马丁（Martin）采用面对面访问调查方式，对 17 个样本纳税人进行了典型调查。1955 年，美国学者沃斯特（Oster）和林恩（lynn）在俄亥俄州对 18 个纳税样本进行了面对面访问调查。这都属于典型调查的方式，典型调查一般都不会对纳税成本水平进行具体测算，只会得出一些定性的结论。

由于典型调查省时、省力，世界银行和普华永道联合发布的《全球营商环境报告》中，涉及纳税成本问题的研究就是采用的典型调查方法。该报告为了便于在世界范围内对纳税成本进行比较，在纳税成本调查过程中，剔除了所有非正规纳税成本，只测算纳税人在办理各种税务事项时每年花费的时间（小时）、年纳税次数（这实际上只是纳税成本的一个部分）。在典型调查的基础上，虚拟了一个中小企业，主要从事工业生产（不涉及特许经营的范围），不享受税收优惠政策，只在本国经营，并以此为依据设计了这个企业特定一年的整套财务报表，并假设了一年中的交易情况①。根据这个标准化案例，由普华永道的税务专家（会计师、律师）计算出该企业在其所在地准备、申报和支付（或计提）主要税费（企业所得税、增值税或营业税和劳务税，包括工薪税和社会保障费用）时所花费的时间和纳税次数。世界银行和普华永道从 2006 年开始运用这种方法发布《全球营商环境报告》。

世界银行和普华永道研究得出的各个国家纳税成本中的办税时间和纳税次数，而回避了以货币来计量的纳税总成本，避免了繁琐的纳税货币成本计算，直接以每年花费的时间和纳税次数来进行国与国之间的纳税成本排序，这一简化的方法其突出特点是有利于直观地进行国际比较，其缺陷是没有考虑时间的货币价值和各个国家的纳税总成本，使国际间纳税成本比较的科学性引起人们的质疑。但是作为一个国际组织，每年发布一次报告，对各个国家办税时间和纳税次数数据进行持续的研究，一方面可以便于各个国家进行纵向比较；另一方面也便于广大发展中国家借鉴纳税时间较少国家的经验，不断改革税收制度和完善相关服务，降低纳税成本。

第二，抽样调查。从统计学角度分析，抽样调查可以分为两类，即概率抽

---

① 世界银行的模拟企业具体有如下设定（资料由世界银行国际金融服务部王丽虹女士提供）：这是一家应纳税的有限责任公司。在 2006 年 1 月 1 日开始营业。当时，公司就已采购了资产负债表上体现的所有资产，并雇用了所有的员工。该企业在本省会城市或直辖市营业。是 100% 的当地民营公司，有 5 名所有者且都是自然人。在年底有该省人均收入 102 倍的启动资金。从事一般的工商业活动。具体是生产和零售陶瓷花盆。该企业不从事外贸活动（无进口和出口），也不生产使用特别税制的产品，如酒和烟草。拥有 2 块土地，1 座建筑，机器设备，办公用设备，电脑，1 辆卡车，并租用 1 辆卡车。不享有投资奖励或任何与公司年限和规模无关的优惠。有 60 名雇员——4 名经理，8 名助理和 48 名工人。所有员工都是本国公民，并且其中 1 名经理就是公司所有者之一。营业额是该省人均收入的 1050 倍。在营业第一年存在亏损。利润率为 20%（税前）（即产品销售额是售出货品成本的 120%）。在第二年年底，将其利润的 50% 作为股东红利分配。在第二年出售其一块土地作为收益。每年卡车的燃油成本等于该省人均收入的两倍。在费用和交易上采用一系列具体的假设条件以使案例更加标准化。所有财务报表的变量都与 2006 年该省的人均收入成比例变化。例如，那位担任经理所有者的出差费用是人均收入的 10%（其中的 20% 完全是私人用途，20% 是招待客户，60% 是商务旅行）。

样和非概率抽样。概率抽样是按照随机原则进行抽样，不加主观因素，组成总体的每个单位都有被抽中的概率，可以避免样本出现偏差，样本对总体有很强的代表性。非概率抽样是按主观意向进行的抽样（非随机的），组成总体的很大部分单位没有被抽中的机会，使调查很容易出现倾向性偏差。

目前，一些国家对纳税人的大规模调查（如信函调查、网上调查等）都是采用概率抽样办法，即随机抽样调查。大规模调查一般采用向纳税人发放问卷形式进行数据搜集整理从而建立估算模型。也有的调查问卷大量发给专业中介机构，请这些专业的中介机构对一些虚拟的公司的纳税成本进行评估，再根据返回的数据进行测算。

为了保证调查的公正性，所有的调查均承诺为被调查者的信息保密。这些调查依赖于所选样本对税收遵从过程中的对时间和成本的估算，尽管许多调查有效样本回收率较低①，但由于样本一般是随机抽样取出的，将这些估算累计起来即可获得某类纳税人的总纳税成本的估算，调查结果仍然具有较强的实践指导意义。

为了提高调查的回收率，一般会特别强调研究的完全独立性，并会带有税务主管部门或者是税务主管附信的问卷调查，强调研究和匿名调查的重要性，同时会提供费用已付便于寄回的信封，还有的国家甚至在调查中提供抽奖和给予奖品等鼓励纳税人回应的机制，同时通过媒体和专业组织的宣传，在社会上形成一种接受问卷调查的风气。

在实践中，大规模调查应用较广。例如，1934 年，海格研究了美国联邦和州税收的纳税成本，海格的研究对象是股份公司以及具有代表性的大公司和厂商。其结论是根据回收的 163 份有效问卷进行数据统计而得出的。1973 年，英国巴斯大学的政治经济学教授锡德里克·桑德福对英国个人所得税纳税成本进行了研究。桑德福以 2700 名纳税人的调查为基础，调查涉及的税种包括个人所得税、财产税等所有涉及个人的税种。1985 年，桑福德组织的对英国纳税成本的调查，这次调查样本更多，范围更广，涉及的税种也更多，共包括超过 9000 名增值税纳税人，3000 个雇主代扣代缴个人所得税及社会保险税纳税人，142 个北爱尔兰财产税纳税人。1989 年，威廉卡特对加拿大的 2040 名个人所得税纳税人和雇主的纳税成本进行调查。1990 年，鲍普对澳大利亚的

① 所谓回收率，指收回调查表数量占发出调查表数量的百分比。从国际经验来看，纳税成本调查回收率一般在 30% 以下，有的甚至在 10% 左右。

6373 名个人所得税纳税人进行纳税成本调查。1992 年，桑福德在新西兰对 4743 个雇主的相关税收和商品税进行税收遵从成本调查。1996 年，埃文斯在澳大利亚对 10000 多名纳税人进行联邦税收纳税成本的规模和影响力进行调查。

美国还经常采用给专业中介机构发调查问卷的方式来测算相关纳税成本，在对税务专家的调查问卷中，一般会通过问卷设计，具体列出审计相关的事宜、收集资料、准备纳税单、修正后的纳税单保留相关记录的服务、应对税务局的咨询和通知、税务筹划、税务建议等服务项目，并虚拟出一个公司，请税务专家们回答公司会购买哪些服务，具体收费标准会是多少。

2. 测算的组织实施。如前所述，纳税成本的研究实际上就是一个定量研究测算的过程，早期主要是一些研究者或者研究机构对纳税人进行典型调查或者小范围的抽样调查，得出了一些定性和定量的结论，引起了社会各界对纳税成本的重视。

到了 20 世纪 80 年代后，一些国家的税务主管部门开始注重纳税成本的调查研究，许多调查都是由本国的税务主管当局与专业的税收研究机构（比如大学、研究所等）联合组织进行，或者委托这类研究机构进行，并将研究结果进行公布从而为今后税制改革提供借鉴参考。例如，美国国内收入局每年都委托密执安大学商学院税收政策研究办公室进行调查。澳大利亚税务局委托澳大利亚税收研究计划部门（ATAX）的一个研究团队对纳税成本进行研究，并受澳大利亚税务局（ATO）委托来报告所征税种增加的纳税成本，其研究的目的是估计纳税成本在税收领域的变化，提供适当数据和资料来计算纳税成本，初步目标是确定导致纳税成本改变的不定因素，为立法机关提供参考。

此外，一些国际性组织和机构，如世界银行、OECD 和欧盟都组织了不同范围的纳税成本调查。

3. 几点结论。在对纳税成本的测算过程中，除了纳税人的特征分类数据、不同职业的工资水平和资金利息是可以从公开的数据中取得外，关于纳税人纳税成本的相关数据只能通过调查取得，因而，数据的采集方法、数据由谁来采集和分析，都直接影响纳税成本数据的可靠性和公信力。但从统计学角度来看，只要方法得当，调查数据的科学性是可靠的。

（1）纳税成本的测算有助于改善税收遵从度。毫无疑问，采用同一方法持续对一个国家的纳税成本进行跟踪研究，能够明确纳税成本变动的趋势，以利于政府针对性地降低纳税成本，特别是一个国家在对税收制度进行改革时，测算其对纳税成本的影响，有利于税收总成本，提高纳税人税法遵从度。

（2）纳税成本的国际比较还有相当难度。从目前各国对纳税成本的测算工作来看，以政府机构为实施主体的纳税成本测算工作才刚刚起步，由于各国研究机构可能采用不同口径的测量标准，测算的目的也不尽一致，各个国家的税收制度也存在较大差异，使国与国之间很难做出纳税成本总体水平的横向比较，只是对一些税种的纳税成本进行横向比较。在国外，许多学者正在考虑如何提高可比性和测量准确性。更为深入和先进的数据收集、计量方法也还有待发展。一些国际组织的国际比较研究也只是比较纳税成本的某一方面，而不是全面比较纳税成本水平。

（3）纳税成本的概念还在发展过程中。纳税成本本身是一个定性与定量互相促进的过程，在纳税成本估算测量时还有许多重要的概念问题需要达成共识。例如，由于难以界定或分解维持会计体系的成本与纳税成本，会高估或低估纳税成本；对社会经济成本低估不包括在研究范畴内，也会低估纳税成本。在测算过程中是否考虑这些因素，如何考虑这些因素，目前还都是难题或者说未形成共识。

（4）纳税成本测算方法本身还存在一些缺陷。目前广泛应用的测算方法有一些无法避免的缺陷：一是缺乏个人纳税人的参与。从国外的研究数据来看，目前已经获得的一些数据，多是来自于企业或者商业协会。这些样本大多由这些机构挑选出来参与纳税成本的调查。其结果可能具有某种特征群体的代表性，但缺乏社会的普适性；二是纳税成本的测量工作也易受到预算的限制，导致样本太少，代表性不够，从而会影响参与企业的地区性差异；三是纳税成本的定量研究本身可能存在偏差。要求纳税人提供纳税成本的信息时，面临许多困难，首要问题就是如何确定纳税成本和范围。因此调查问卷的设计是否合理、符合调查对象的实际情况对获取正确的信息非常重要。受心理因素、环境因素等影响，被调查者对问题的反应会出现不准确的情况。另外，纳税成本具有不稳定性，时间、企业类型、市场特征和管理结构等因素都会对纳税成本造成很大影响。

（三）国外纳税成本研究成果

自20世纪30年代以来，许多研究者和一些国家的政府机构组织了一系列的纳税成本研究，分别对不同的税种、不同的企业纳税人的纳税成本进行了测算，得出了一些带有普遍性的结论。

1. 纳税成本总水平。国外对纳税成本的研究都会有一个总水平的估计，例如，1994～1995 财政年度，澳大利亚纳税成本总额为 104.2 亿澳元，约占税收收入的比重为 11.9%。英国 1973 年个人税制的纳税成本占税收收入的比重在 2.4%～4.4%之间，美国 1995 年的所得税纳税成本为税收收入的 9%①。1986～1987 财政年度内，英国的纳税成本占 GDP 的 1%；2000～2001 财政年度，印度的个人所得税纳税成本占该项税收的 45%②。美国从 1990 年开始，对联邦所得税纳税成本总体水平进行了持续的研究，结果表明，纳税成本在不断上升。1990 年，美国联邦所得税纳税成本只占 14.1%，到 2004 年，这一比例上升到 24.4%，相关机构预测，到 2015 年，可能会下降到 20.7% 的水平③。由于这些国家的研究都是采用不同的口径和不同的测算方法，加之有中央税和地方税（或者联邦税和地方税），税制结构不一致，税收法律制度不同，因此，很难进行纳税成本总水平的国际比较。比较可行的是一个国家的持续性跟踪研究。

2. 不同类型纳税人的纳税成本。从个人纳税人与企业纳税人的纳税成本比较而言，个人所得税纳税成本无论是从绝对规模还是相对规模，要明显低于企业纳税人，以澳大利亚为例，1994～1995 年度，澳大利亚个人纳税人总纳税成本（SCC）为 15.44 亿澳元，企业纳税人相应为 88.74 亿澳元，分别占税收总收入的 4.00% 和 17.90%。

从不同规模④的企业纳税人来看，美国、澳大利亚、加拿大、新西兰、英国等许多国家的研究结果表明，小企业的纳税成本相对高于大型企业的纳税成本，企业规模越大，纳税成本相对越低，纳税成本随着企业规模增大而递减。例如，1986～1987 年度，英国应纳税额 50 万美元以下的企业，其纳税成本占应纳税额的 1.49%，而 1000 万～10000 万美元的企业其纳税成本只占其应纳税额的 0.07%⑤。加拿大 2005 年的调查数据表明，雇员规模在 0～4 人的企业，其人均纳税成本为 3386 加元，而雇员规模在 500 人以上的企业，其人均纳税成本为 204 加元。2000 年，美国研究了不同行业不同资产规模的企业的纳税成本情况，也表明企业规模越大，纳税成本相对越低，有的甚至是绝对额

① 李林木："国外税收遵从成本研究评述"，《涉外税务》2004 年第 8 期。

② 戴长春、韩娇："税收遵从成本问题浅析"，《地方财政研究》2005 年第 9 期。

③ http：//www.taxfoundation.org/files/federalcompliancecosts－20061026.pdf.

④ 衡量企业规模大小的指标一般有：固定资产、营业额/销售额、雇员规模、应纳税额等。

⑤ 新西兰应纳税额 50 万美元以下的企业纳税成本占应纳税额的比例较低，但也呈现出递减的规律。

也低。

不同行业的企业纳税成本相差较大，美国对2000年不同行业的企业纳税成本进行了估算。结果表明，不同行业的纳税成本存在差别，通信、技术、媒体行业的平均纳税成本最高，平均值为719740美元。零售、食品和医疗行业的平均遵从成本最低，为249192美元。在不同的行业分类里，遵从成本公司规模增大而增加的规律仍然成立，但是这种局面有时会被打破①。

美国的研究结果表明，和小公司相比，大公司花在税务筹划上的费用比例更高。和大公司相比，小公司在保留与税收相关的记录方面所花的费用占的比率要更高。随着公司资产规模的增加，花在搜集数据上的成本下降，花在准备申报单上的成本占申报工作总成本的比重下降。有关马来西亚、新加坡等上市公司的纳税成本研究结果也显示出类似的结果，和小公司相比，大公司在税务筹划上的支出占其整体纳税成本的比例更高②。

纳税成本递减规律也适用于个人纳税人，根据美国的测算，对于低收入的纳税人而言，纳税成本占其总收入的比重要比高收入的纳税人高。调整后的净收入（AGI）低于20000美元的纳税人，纳税人纳税成本达到其总收入的5.9%，而对于净收入高于200000美元的纳税人而言，这个比重只有0.5%③。

3. 不同税种的纳税成本。Pope等人对纳税成本的研究结果（澳大利亚，1990~1991）表明，企业所得税在所有税种中，纳税成本最高，其纳税成本占税收比重达22.9%，所得税的预扣预缴（PAYE）纳税成本最低，占税收收入的比重为1.6%，销售税等税种的纳税成本也只占税收收入的1.9%。从其他国家的个人和企业、公司所得税和其他企业税收的纳税成本横向比较来看，由于各国进行纳税调查的方法不一致，加上税收构成不同，税收法律程序不同，所以很难对各国纳税成本进行国际比较，并做出科学的结论。

在增值税（销售税）的纳税成本方面，OECD第九工作组报告为提供了比较详尽的数据，也是口径不一。但增值税的纳税成本也不低。

但从一些国家的研究来看，企业所得税和个人所得税纳税成本较高，但所得税的预扣预缴（PAYE）纳税成本较低，销售税的纳税成本也相对较低。

---

① 在某个给定的行业类别中，纳税成本并没有随着公司规模的变化而增加，可以解释这种现象的一个原因是在那个行业分类中，每个资产规模范围内的公司数目很少。通常，给定的资产范围和行业类别中的调查抽样只有1~4家公司。

② 参见美国、香港、马来西亚和新加坡税务局网站纳税成本报告。

③ 参见 http：//www. taxfoundation. org/files/federalcompliancecosts - 20061026. pdf.

4. 结论。不同国家纳税成本差异主要源于纳税申报手段和缴税方式是否多样化和具有先进性以及税收执法与收费是否公平而规范。尽管各国纳税成本数据可比性较弱，但是还是存在一些共同点。

（1）纳税成本有随着企业规模增大、个人纳税人收入增加而呈递减趋势。资产越多的公司发生的纳税成本更大，但是存在明显的规模经济，公司资产规模越大，则纳税成本占整个公司规模的比例就越小。大规模公司的纳税成本总额比小公司要高，但是从纳税成本占其营业额（或者资产规模、应纳税额等）的比重上来看，小规模公司的纳税人负担更高。个人纳税也是如此，纳税人收入越高，其纳税成本占其总收入的比例越低。

（2）大企业花费在税收筹划上的开支更多。和小公司相比，大公司在税务筹划上的支出占其整体纳税成本的比例更高。而中小企业的纳税成本更多是花在按税法的要求保留记录和办税上。

（3）税种和征管办法越简单，纳税成本也越低。从了解的数据来看，虽然所得税的纳税成本较高，但如果所得税采用预扣预缴的方式，则纳税成本较低。另外，销售税的纳税成本较低，但增值税的纳税成本却没有想象的低。

二、中国纳税成本研究

中国政府财政税务主管部门日益重视优化纳税服务，建立和谐的征纳关系，在立法和税收管理方面也采取了一系列减少纳税人纳税成本的措施，但还没有进行过较大范围的纳税成本调查，更没有从法律上规定税收改革必须对纳税成本进行评估。根据国外学者（Pope）的纳税成本研究“六个阶段论”，中国在纳税成本研究方面处于“专业觉察”阶段和“估算评价”阶段之间，总体上讲还处于起步阶段。

纳税成本单独作为一个研究课题真正纳入中国学者的视野，也是 2000 年前后的事情。过去的许多研究也只是在研究税收管理问题时触及过。近年来，国内学者在大量介绍国外纳税成本的相关研究后，开始结合中国实际情况，讨论纳税成本的概念分类、影响因素、纳税成本与征收成本的关系，并探讨降低纳税成本的途径，以纳税成本的影响因素、存在问题和原因分析、途径探讨等理论定性分析为主。

近年来，也有一些学者通过对纳税人不遵从行为中的偷逃税数据、征税成本作分析，间接考察了中国纳税成本规模，进行了为数不多的直接定量分析。有学者根据其他数据对中国局部地区的纳税成本进行了样本推算，认为 2003

年中国438万个企业的纳税成本总共为1200多亿元，占全国税收总收入的5.9%[①]，这一比例远低于其他国家的水平。由于是采用推算办法，不管其推算结果如何，也是为数不多的纳税成本数量研究。

2006年12月，世界银行与普华永道在其年度《2006全球营商环境报告》中，公布了一项关于全球纳税成本的调查报告，中国内地由于每年872小时的纳税时间、缴税48次，在175个受调查国家（地区）中，纳税成本高居第8位[②]。如前所述，这一报告采用典型调查办法进行量化研究，在统计方法的上就存在不可弥补的缺陷。但是，由于其巨大的新闻效应，引起各方面的高度重视，一些部门和机构也进行了一定范围的纳税成本调查，主要以测算纳税时间为目的，但都没有公开相应的调查数据[③]。客观地讲，世界银行的报告在一定程度上促进了中国的纳税成本研究。

本课题组在对国外纳税成本有关问题研究的基础上，考虑到全面进行纳税成本调查的条件还不成熟，为了对中国的纳税成本进行一些定性分析，我们选择了广东省和黑龙江省哈尔滨市两个地区，对部分企业的纳税成本进行了典型调查。

（一）对广东省部分企业的典型调查[④]

为分地区、分规模、分税种、分行业、分经济类型掌握不同企业纳税成本

① 参见李林木著：《税收遵从的理论分析与政策选择》，中国税务出版社2005年版。为测算中国企业纳税成本的大致规模，李林木通过从“福建工商·企业数据库”中抽取100家企业利用2002年和2003年数据进行分析，得出样本企业中纳税成本最大值为83946元，最小为1324元，平均为27454元，占企业税额的比重约为5%。通过样本推算，2003年全国438万企业的纳税成本总共为1200多亿元，约占全国税收收入20461.56亿元的5.9%。从结构看，占第一位的是强制性购置支出，占了企业纳税遵从总成本的50%。占第二位的是税务代理支出，约23%。占第三位的是办税时间成本，约11%。企业被延迟退税的现金流量成本和为处理涉税事项而花费的税务交际接待支出也是不容忽视的，共占14%。

② 世界银行《2008全球营商环境报告》的相关数据显示，中国企业平均要花费的纳税时间是其他东亚国家企业的3倍。一家上海市企业在处理纳税事项上，一年要花费153天，而一家印度新得里市的企业只需48天。一家国内企业平均每年要花费775个小时（将近136天）来专门处理与税务相关的事宜。沿海省份的办事效率较高——平均一年花费635个小时。在纳税过程最为繁琐的5个城市——贵阳、昆明、郑州、南宁和太原，企业每年平均要花费1200小时处理税务，这比全国平均水平大约要高50%。

③ 国家税务总局原征管司、财政部财政科学研究所都作过不同范围的纳税成本调查，但是其调查数据都没有公开发表。国家税务总局的张爱华同志专门给本课题组作过介绍，在此感谢该同志对本课题组贡献。

④ 该部分调查由广东省国税局税科所具体承担。调查过程中有一些数据，但由于是典型调查，属于定性研究范围，因而，相关的数据表略去。

的具体情况，我们以广东为例，并根据该省经济税收发展实际，在珠江三角洲地区选取佛山市，在粤北山区选取韶关市，在粤东、粤西两翼地区选取湛江市，组织开展了个案调查。

1. 典型企业的选择标准。个案调查样本的标准及数量是：

（1）增值税一般纳税人按纳税规模分大型、中型、小型三类，在制造业、批发零售业中各选 1 户。

（2）增值税小规模纳税人按当地增值税中等纳税规模，在制造业、批发零售业中各选 1 户。

（3）企业所得税纳税人按纳税规模分大型、中型、小型三类，在制造业、批发零售业中各选 1 户。

由于同一户企业重合了上述几项标准，最终调查户数为 26 户，涵盖了经济发达地区和欠发达地区、工业和商业大中小型企业、增值税和所得税等主要税种（其中增值税包括一般纳税人和小规模纳税人）、制造业和批发零售业等主要行业，具有一定的代表性。根据个案调查取得数据的实际情况，从佛山、韶关两个工业城市挑选 15 户企业的资料进行重点剖析。

2. 纳税成本的类型。为方便调查，将典型企业的纳税成本分为三大类：

（1）可直接以货币计价的货币成本。又分为三种：一是税务机关依法收取的费用，如税务登记证工本费、发票工本费等；二是纳税人为配合税法施行而必需支出的费用，如购买防伪税控装置及维护费、办税人员工资、办税人员资格年审费、办税交通费、多占资金利息成本（包括多缴税款利息成本、税法与会计法时差成本即税收先于会计实现而缴纳税款所占用的资金利息）、制作和保管涉税资料费用等；三是纳税人为履行好纳税义务而自主支出的费用，如自行购买涉税书刊费用、支付涉税中介费用等。

（2）可间接以货币计价的时间成本。如准备涉税财务资料时间、计算应纳税金时间、填写涉税报表时间、办理纳税申报时间、缴纳税款时间、领购和开具发票时间、上门办理涉税事项正常交通时间、应对各种税收调查检查时间等。

（3）无法以货币计价的无形成本。包括课税、办税、税务机关和税务人员带给纳税人的心理负担与精神压力；对税务机关和税务人员依法办事、廉洁办事及办事效率的满意度。

3. 调查方法。对可直接以货币计价的纳税成本，由企业据实直接填报；对可间接以货币计价的时间成本，企业只填报时间，课题组再根据该企业办税人员2007年平均工资水平和当地在岗职工2007年平均工资水平，分别计算出以货币衡量的时间成本；对无法以货币计价的无形成本，则采取无记名问卷进行调查，定性分析而不定量测算。

4. 结论。综合上述纳税成本案例分析，可以得出以下基本结论：

（1）从个案调查各项纳税成本所占份额来看，我们应更多地关注发票工本费、办税人员工资等经常性货币成本和准备涉税财务资料、填写涉税报表、上门办理涉税事项正常交通、领购与开具发票等经常性时间成本。其中时间成本在各项经常性成本中所占的比重更大，以往也较多被忽视，而该项成本压缩空间又最大，尤其值得关注。在各项时间成本中，纳税准备工作时间、办税交通时间、领购与开具发票等项所占比重普遍较大，而非具体计算应纳税金和办理纳税申报、缴纳税款的时间，说明事前纳税服务、基层税务机构设置和办事程序简化的重要性。在具体办税时间成本中，大多又是排队等候的时间。

（2）不同地域纳税成本差异主要源于纳税申报手段和缴税方式是否多样化和具有先进性以及税收执法与收费是否公平而规范。

（3）不同规模、不同税种、不同行业企业的纳税货币成本和时间成本最大差异均在发票的领购和使用上，因而，增值税的纳税成本表现为最高。这些成本具有典型的中国特色，与国外纳税成本不具可比性。

（4）不同经济类型企业纳税成本存在办税人员工资等货币成本和准备涉税财务资料、计算应纳税金、填写涉税报表、办理纳税申报、缴纳税款等时间成本的差异。

（5）纳税人的无形成本还是在一定程度上存在，部分纳税人因为税收课征而感受到心理负担和精神压力以及因为办税程序和规则而感受到心理不悦和精神压抑，个别企业甚至认为情况严重。

（二）对黑龙江省哈尔滨市市部分企业的调查①

为了解不同类型纳税人的纳税成本情况，从8月纳期开始，至10月纳期止，利用3个纳税申报期，我们选择了黑龙江省哈尔滨市市区的两个区局（香坊和阿城）与两个郊区县（双城和呼兰），进行了一次实地调研。

1. 样本的选择。为使调研工作尽量有代表性，我们选取了下述4种类型企业作为本次调研的样本。重点税源监控企业4户、一般纳税人20户，即每个调查单位各5户；小规模纳税人20户，即每个调查单位各5户；个体双定业

① 本部分调查内容由黑龙江省哈尔滨市国税局税科所具体实施。

户 20 户，即每个调查单位各 5 户。

2. 调查的方法。为使调查工作更有针对性，主要采取事先设计好调查表格，然后由各区、县（市）局，按要求选择不同类型纳税人后，在 3 个纳期内完成测算填报的办法进行。

同时，在企业填报前，由哈尔滨市国税局统一对 4 个参与调查的区、（县）局的具体人员进行了调查项目、要求、时限等内容的统一培训；并设计了填表说明，以确保此次调查结果的口径、内容、方法的统一性与一致性。

3. 调查项目的设置。为搞好这次调查，我们在调查前统一设计了《纳税人纳税成本调查测算表》一张，表中共设置了六项调查内容，分别是：

（1）计税期间成本。是指纳税人每一纳税年度内，计算各税种应纳税额并填写申报表所耗用的时间及费用。时间按小时填列，费用以人民币反映，包括人工及其他相关费用。

（2）申报期间成本。是指纳税人每一纳税年度内，采取各种合法方式，向税务机关报送纳税申报及附报资料所耗用的时间及费用。时间按小时填列，包括往返税务机关及在税务机关办理相关申报事宜等所耗用的时间；费用以人民币反映，包括人工费、误餐费、交通费等各种相关费用。此项成本还应包括：已推行防伪税控纳税人，IC 卡报税及一般纳税人的发票认证，所耗用的时间及相关费用。

（3）纳税期间成本。是指纳税人每一纳税年度内，缴纳税款期间所耗用的时间和所发生的费用。时间按小时填列，费用以人民币反映，包括纳税人为了缴纳税款往返于税务机关、银行等金融机构所耗费的时间和所发生的人工、交通等各种相关费用。

（4）管理期间成本。是指纳税人每一纳税年度内，接受税务机关日常管理所耗用的时间和成本。时间按小时填列，费用以人民币反映。其中：税务稽查成本，是指纳税人接受税务机关稽查部门，对其履行纳税义务等情况进行检查时所耗用的时间和各种相关费用；税务检查成本，是指纳税人接受税务机关税源管理部门日常检查（主要是针对纳税人当年履行纳税义务情况）所耗用的时间和各种相关费用；发票领购缴销成本。是指纳税人在领购及缴销发票过程中，所耗用的时间和各种相关费用。主要包括纳税人发生的人工及交通费用等；日常核查调查等管理成本。主要是指纳税人在接受税务机关，对其申请办理税务登记、减免退税、一般纳税人认定事项、纳税评估、异常发票核查、经济税源调查、异常申报信息核查、进出口业务的核查等各项日常核查、调查事项所耗用的时间及相关费用。

(5) 信息化建设成本。是指为适应税务机关税收信心化建设等而按税务机关要求，增设的计算机软件及日常维护（升级等）所耗费的时间与费用。

(6) 重点税源监控成本。是指纳入税务机关重点税源监控的纳税户，为配合税务机关的各项统计及管理等要求，而付出的时间与费用。

4. 结论。

(1) 不同税种纳税成本的比较分析。此次纳税成本调查过程中，我们选取了目前仍由国、地税征管的17个税费种类，作为测算样本进行了调研。抽样调查的样本数据显示：各类纳税人普遍涉及的税费大体有五项。主要有增值税、企业所得税、个人所得税、印花税与城建税与教育费附加等。

从时间成本上分析，增值税所耗用的时间成本最高，企业所得税次之，个人所得税列第3位，城建税与教育附列第4位，印花税列最末位。

从货币成本上分析，增值税的年均货币成本为最高。个人所得税的货币成本排位其次。企业所得税年均所耗用的货币成本排在第3位。印花税的年均货币成本排位应为第4位。城建税与教育费附加所耗用的货币成本最少。

(2) 不同类型的纳税人国、地税纳税成本的比较分析。目前，许多纳税人都需要分别向国、地税缴纳税款并接受管理。抽样调查的结果表明，从2007年度不同类型纳税人所耗用的时间与货币成本上分析，国税所耗用的成本均略高于地税。

(3) 市区与郊县不同的纳税人纳税成本的比较分析。调查结果和数据还显示出，哈尔滨市区内与市郊县（市）的纳税成本也同样存在比较大的差异的。即不论时间成本还是货币成本，市郊县（市）的纳税成本均高于市区各区局。

(4) 不同类型纳税人对不同调查内容的纳税成本的比较分析。本次抽样调查内容及项目的设定，主要是根据纳税人不同计税申报缴税的阶段及涉及到的纳税成本而设计的，主要有六项内容。分别是：计税期间成本、申报期间成本、缴税期间成本、管理期间成本、信息建设成本（此项只涉及重点税源监控企业和一般纳税人）、重点税源监控成本（此项只涉及重点税源监控企业）等等。从抽样样本所反映出的数据，可以得出如下结论，即计税期间成本最高，其他依次为：申报成本、信息化建设成本、重点税源监控成本、管理成本、缴税成本等。

广东省和黑龙江省哈尔滨市的典型调查都表明，中国增值税的纳税成本较高，企业所得税次之。在增值税纳税成本中，有关发票领购方面的时间成本和货币成本偏高，纳税人之间的纳税成本差异很大程度上体现在发票领购成本上。

三、政策建议

由于中国的纳税成本研究处于刚起步的状态，根据本课题组对国外纳税成本的研究情况所作的结论和对中国的纳税成本的典型调查定性结论，要简单地进行纳税成本的国际比较是较困难的，可行的办法是借鉴国外纳税成本的相关理论和测算方法，在典型调查的基础上，逐步转入较大规模的纳税成本调查，并持续地跟踪研究，进行纵向比较，以便有针对性地降低纳税成本。

我们认为，目前中国的税制还处于进一步改革、完善的过程中，必须进一步重视纳税成本研究，通过科学的测算方法，发布有公信力的纳税成本数据，有针对性地采取措施，进一步降低纳税成本。

（一）应重视纳税成本研究

1. 财政税务主管部门应高度重视纳税成本研究。从国外的情况来看，一方面是税收立法要求必须进行纳税成本评估；另一方面是财政税务部门主要负责人积极参与和推动纳税成本调查，主动公布相关纳税成本数据。中国目前这方面的制度还相对滞后，建议由国家财政税务主管部门组织专门的班子对纳税成本进行持续研究。

2. 重视对基础理论和测算方法的研究。在对各类纳税人、各税种纳税成本典型调查的基础上，加强纳税成本组成内容的规范化分析，探索出符合中国实际情况、具有中国特色的纳税成本的构成体系和测算方法，从而为今后的研究给出一个示范性的标准，逐步建立以时间为序列的纳税成本测算数据。

（二）通过权威测算并发布有公信力的数据

1. 国外经验多为由本国的税务主管当局与专业的税收研究机构联合组织进行，或者委托这类研究机构进行，并将研究结果进行公布。建议中国财政税务主管部门充分组织研究机构、中介组织及各种纳税人进行纳税成本的数据收集和权威测算，发动社会力量，有助于尽量避免调查数据代表性不足的缺陷和预算限制，并利用社会力量推动数据调查工作和制度落实工作。在条件成熟后，可考虑制定纳税成本数据发布制度。

2. 在纳税成本的测算工作中，借鉴国外典型调查和抽样调查的方法，并注意不同口径的测量标准及测量差异，使纳税成本的横向比较成为可能。

（三）有针对性地降低中国的纳税成本

1. 在中国普遍实行以票控税的现实条件下，纳税人与发票有关的纳税成本相对较高，应当进一步协调加强发票管理与便利纳税人的关系，在实现税源控管目标的同时，最大限度节约纳税成本。长远努力方向是：在信用社会的基础上，通过各种税控装置或者网上发票系统，淡化纸质发票功能，减少甚至消除纳税人发票工本费和领购、开具发票时间。随着所得税管理的日益规范，该税种纳税成本理论与实践的反差将不断缩小，所得税纳税成本会出现上升，有必要进一步规范和发展涉税中介代理事业，有效节约企业纳税成本。

2. 有必要进一步简化税制和办税程序、手续，提高办税效率，从而节省纳税人办理涉税事项所占用的人力、物力和时间，节约纳税成本。

3. 要进一步规范各地区税收执法和收费项目，科学设置基层税务征收单位和办事机构，改革纳税申报和缴税方式。如果能实现多种现代申报方式普及，实行税款联网缴库，推广通报通缴，就可以让纳税人尽可能就近、便利与快捷地通过多种渠道和方式，在任何一个基层税务机关和银行网点即可办理各项涉税事项，最大限度地减少纳税成本。有必要在各类纳税人中科学错时设置纳税申报和缴税时段，合理布局办税服务厅和设置办税窗口、安排办税人员。

（四）借鉴国外成功经验降低纳税成本

分析国外降低纳税成本的种种措施，可见降低纳税成本，要从立法、税制、税收管理和服务等多方面着手。

1. 立法上明确纳税人享有“纳税成本最小化”的权利，在明确规定纳税人享有“纳税成本最小化”权利的基础上，将纳税成本的考虑融入税收政策的制定过程，使纳税成本最小化的权利在税收立法阶段得以落实，从源头上控制纳税成本。

2. 构建简化、清晰、稳定的税制。健全税收制度是降低纳税成本的前提。在税制设计时积极落实纳税成本最小化的观念，采取措施构建简化、清晰、稳定的税制。“简化”，要求构建宽税基、少税种、低税率、少减免的税制结构；“清晰”，要求制定简单、清晰、明确的税收制度，并将税法编集成法典来避免不同税种之间的重叠和交叉；“稳定”即保持税制的相对稳定。

3. 税务机关机构设置上以纳税人需求为导向，实施效能行政。纳税成本和征税成本在一定程度上存在此消彼长的关系，也即，当大量收缩税务机构降低税务机关征税成本的同时，纳税主体的纳税成本会上升；当税务机关广为设置机构增大征税成本的同时，纳税主体的纳税成本会有所降低。因此，税务机构的设置上必须要考虑到合理性和科学性。传统的按税收功能或行政区域设置的征收管理机构主要从方便税务机关管理的角度出发，很少考虑纳税人减低纳税成本的需求。今后税务机构的设置，应逐渐转变为以方便纳税人为核心，以实用性为原则，以扁平化为标准，充分体现单点就是全部的原则，创建"一窗式"、"一站式"服务；切实以纳税人的需要为出发点进行税法宣传咨询；为纳税人提供全面、方便、快捷、安全的电子化办税服务手段，打造优质高效办税流程；做好数据采集的基础工作，重视第三方信息的获取以及第三方信息在评估检查中的应用。

4. 优化管理与服务，使之贯穿于办税的各个环节。我们应努力从办税过程的各个环节入手，通过各种提高管理效率、优化纳税服务的措施，尽可能使每个涉税环节的纳税成本降至最低。这包括：重视办税前的税法宣传咨询；依托信息化建设优化办税流程；确保评估检查的高效和救济渠道的多样；等等。

5. 按照市场原则委托税务代理，规范税务代理行为。税务代理机构是办理涉税事宜的专业服务机构，它有熟悉税收法规，办税效率高的优势，在纳税主体缺乏对税收法规的了解或者是自己办税并不经济的条件下，委托税务代理机构办理涉税事宜，缴纳一定的代理费用，是降低纳税成本的有效市场方法。

6. 降低纳税成本是个系统工程，并不是税务系统单方面可为的行为，比如银行系统的配合在降低纳税成本方面作用就极其巨大，因此要降低纳税成本，必须形成合力，从各方面降低纳税成本。

参考文献：

1. 胡国强："税收成本：理论基础、内涵界定及其构成体系"，《会计之友》2007 年第 3 期。

2. 冉晓唏："税收成本新说"，《西南民族大学学报》2004 年第 11 期。

3. 李坤、於鼎丞："从降低纳税遵从成本的角度看中国税收服务的取向"，《财会研究》2004 年第 6 期。

4. 韩淑颖："影响纳税成本的相关因素及解决途径"，《辽宁科技学院学报》2007 年第 9 期。

5. 金道强："降低企业纳税成本的思考"，《冶金财会》2001 年第 4 期。

6. 于海峰、卢剑灵："浅析纳税成本问题"，《特区财会》2001 年第 9 期。

7. 雷根强、沈峰："简论税收遵从成本"，《税务研究》2002 年第 7 期。

8. 李林木："国外税收遵从成本研究述评"，《涉外税务》2004 年第 8 期。

9. 李冬妍、倪志良："中国税收遵从成本规模估计"，《内蒙古财经学院学报》2007 年第6期。

10. 杨绍媛："中国税收流失规模的测算"，《吉林财税高等专科学校学报》2006年第2期。

11. 徐俊发："有关降低中国企业税收成本方法的探讨"，《调查研究》2006年第8期。

12. 戴长春、韩娇："税收遵从成本问题浅析"，《地方财政研究》2005年第9期。

13. 于海峰："中国税制遵从成本的现状和特点分析"，《财政研究》2003年第6期。

14. Business New Zealand, KPMG. Summary Report of the Business New Zealand – KPMG Compliance Cost Survey. September 2006.

15. John L. Guyton, John F. O' Hare and Michael P. Stavrianos. Estimating the Compliance Cost of the U. S. Individual Income Tax, Presented at the 2003 National Tax Association Spring Sysposium.

16. Saumen Chattopadhyay and Arindam Das – Gupta. The Compliance Cost of the Personal Income Tax and its Determinants. 2002.

17. Arindam Das – Gupta. The Compliance Cost of the Personal Income Tax in India, 2000 – 01: Preliminary Estimates. 2002.

18. Binh Tran – Nam, Chris Evans, Michael Walpole and Katherine Ritchie. Tax Compliance Costs: Research Methodology and Empirical Evidence from Australia. National Tax Journal. Jun 2000.

19. W. Mark Crain. The Impact of Regulatory Costs on Small Firms. SBA. 2005.

20. Francois Vaillancourt and Jason Clemens. Compliance and Administrative Costs of Taxation in Canada.

21. Brian Erard. The Income Tax Compliance Burden on Canadian Big Business. Working paper 97 –2. 1997.

22. Jeff Pope. The Compliance Costs of Taxation in Australia and Tax Simplification: The Issues. Australian Journal of Management. June. 1993.

23. John L Turner, Malcolm Smith, Bruce Gurd. Recognising the Pitfalls in Tax Compliance Costs Research.

24. Binh Tran – Nam. Comments on "Recognising the Pitfalls in Tax Compliance Costs Research".

25. Tracy Oliver and Scott Bartley. Tax System Complexity and Compliance Costs—Some Theoretical Considerations.

26. Mustafa Hanefah, Mohamed Ariff and Jeyapalan Kasipillai. Compliance costs of Small and Medium Enterprises. 2002.

27. Compliance Costs of Taxation in Austrilia. Staff Information Paper. 1996.

28. Alan H. Plumley. The Determinants of Individual Income Tax Compliance, Estimating the

Impacts of Tax Policy, Enforcement, and IRS Responsiveness. 1996.

29. 美国、英国、澳大利亚、新西兰、加拿大等国税务局网站。

专 家 指 导：靳万军　韩国荣　翁玉珠　戴黎明
　　　　　　刘永泰
课题组组长：李本贵
副　组　长：向　景　陈南华　李　明　赖勤学
成　　　员：陈壮练　彭骥鸣　张光文　侯士华
　　　　　　周俊琪　余兆禄　杨纯华　邢　锋
　　　　　　温春红　林　晓　邹仕好　周　波
　　　　　　李雪若　吴晓宇　周咏雪　张林海
参 加 单 位：福建省地方税务局税科所
　　　　　　福建省厦门市国税局税科所
　　　　　　广东省国家税务局税科所
　　　　　　广东省地方税务局税科所
　　　　　　扬州税务学院科研处
　　　　　　黑龙江省哈尔滨市国税局税科所
参 加 讨 论：张爱华　王丽虹
执　　　笔：向　景　赖勤学　陈南华　张光文
　　　　　　李　明　温春红　周咏雪　张林海
统　　　稿：向　景　赖勤学　李本贵

加强企业所得税管理研究[①]

国家税务总局税收科学研究所课题组

一、关于税收管理的理论

从理论上说，税收管理问题研究与税收制度研究同样重要。“管理问题是税制改革的核心问题而不是辅助问题”[②]。但是，从国内外理论研究的情况来看，现代西方税收理论的研究，以税制理论研究成果为主，系统进行税收管理问题研究的较少，专门针对企业所得税管理问题的研究就更少。但国际上对纳税人行为的研究以及公共行政与公共管理理论的创新，对我们研究企业所得税纳税人行为，研究税务机构改革对企业所得税管理的影响，有借鉴意义。

（一）税收遵从理论（Tax compliance）

税收遵从是现代税收管理的核心理念。对税收遵从的研究起于20世纪70年代，研究的内容主要包括纳税申报和逃税的决策、税收遵从的成本与分析等影响税收遵从的因素。研究方法多采用严密的数学推导来建立模型，并注重调查、实验等实证分析的方法。通过多角度的分析研究，便于税务部门找到影响纳税人税收遵从度的诸多因素，为完善法律、政策和管理规定提供实际依据。

（二）博弈论的所得税征管效率分析（Game Theory）

---

① 由于研究报告的篇幅所限，本报告是送所得税司总报告的节选。

② ［美］理查德·M. 伯德（Richard M Bird）《税收政策与经济发展》，中国财政经济出版社1996年版。

现实社会中，一切涉及人们之间利益冲突的问题都是博弈论研究的对象。税务机关与纳税人之间也存在信息不对称问题，由于信息不对称以及信息收集与核实成本的存在，使纳税人产生偷逃税的动机。两者由于利益最大化的目标不同而产生博弈。根据信息经济学的原理，作为委托人的税务机关可以通过设计激励和制约机制，如合理的税负水平、较低的纳税成本、良好的纳税服务、第三方信息等，以形成"囚徒困境"，避免"囚徒梦想"[①]。

（三）新公共管理和新公共服务理论（New Public Management and New Public Service）

20 世纪 70 年代末 80 年代初，伴随着经济上新自由主义思潮的兴起和信息技术革命的浪潮，英国、美国等国政府相继兴起公共行政管理改革运动，主张运用市场机制和借鉴私营部门管理经验提升政府绩效。20 世纪 90 年代初，以美国著名公共行政学家登哈特夫妇——珍妮特·V. 登哈特和罗伯特·B. 登哈特（Janet V. Denhardt, Robert B. Denhardt）为代表的一批学者对新公共管理理论进行反思，提出新公共服务理论（New Public Service）。西方发达国家税务部门作为政府重要的公共管理机构，同样不可避免地受到了新公共管理运动以及新公共服务理论的深刻影响，传统的税务管理思想受到挑战，税务部门开始重新审视自身与纳税人的关系，重新定位税务机构在税收征纳中的地位和作用，税务管理理念和运作方式带来了几个重大转变：第一，税收管理从规制导向向服务导向转变；第二，纳税人从监管对象向商业客户转变；第三，内部管理从行政管理向企业化经营转变；第四，纳税服务从行政服务向社会化服务转变。

（四）风险管理理论（Risk Management）

风险管理是 20 世纪初兴起的研究风险发生规律和风险控制技术的一门新兴管理学科，税收风险管理就是通过识别税收风险，并采取相应对策来化解税收风险，实现税收的有效管理，提高税收征收效率的一种税收管理活动。其目的就是防范税收流失，提高纳税人的税收遵从度，保障国家税收收入。进入 20 世纪 90 年代，随着纳税人数量剧增、纳税人交易的日趋多样和复杂化，尤其是信息技术的迅猛发展，许多国家特别是发达国家发现，传统的纯粹按税种或按功能设置税收管理机构已远远不能满足纳税人发展的需求，纷纷引入分类

---

① 在博弈论中，"囚徒困境"是指通过适当的制度安排促使囚徒坦白罪行；"囚徒梦想"是指不适当的制度安排促使囚徒抵赖。

管理的理念，即按照纳税人类别实施分类管理。以纳税人为中心，对特定纳税人进行专门管理，对不同的纳税群体采用不同的管理方式和管理措施，较好地体现了效益至上和税收收入流失最小的原则。同时，来源于不同类型纳税人的税收收入风险是不同的，因而应对风险的措施也相应地有所不同。对纳税人进行群体分类，对纳税群体逐一进行风险评估，将税收管理的侧重点转向税收风险高的纳税群体，对其制定详尽的税务审计程序和方法，建立风险和质量评估体系，也较好地体现了税收风险原则。

二、中国企业所得税管理的实证分析

（一）中国企业所得税制度的简要回顾

新中国成立以后，到20世纪70年代前，中国始终没有形成一套独立、完整、统一的企业所得税制度。从20世纪70年代末起，中国实施改革开放政策，税收收入逐步成为政府财政收入最主要的来源，税收也成为国家宏观调控的重要手段，税制建设进入新的发展时期。30年来，中国企业所得税制度大致经历了四个发展阶段：

1. 20世纪80年代初期，建立了涉外企业所得税制度。

2. 20世纪80年代中期和后期，开征了国营企业所得税，完善了集体企业所得税，建立了私营企业所得税制度。

3. 20世纪90年代初期，分别合并了两个涉外企业所得税（中外合资经营企业所得税和外国企业所得税）和四个内资企业所得税（国营企业所得税、国营企业调节税、集体企业所得税和私营企业所得税）。

4. 2007年，将对内资企业和外资企业分别征收的所得税合并为统一的企业所得税。中国企业所得税制度的一系列改革，适应了中国改革开放深入发展的大趋势，体现了统一税法，简化税制，公平税负，促进竞争的原则，也标志着中国企业所得税制度向着法制化、科学化、规范化不断迈进。

（二）中国企业所得税收入实证分析

1. 内外资企业所得税收入大幅增长。改革开放以来，随着中国经济的发展，税制改革和税制结构的改变，企业所得税收入大幅度增长，对国家经济的影响也不断增强。但是，自1983～1993年间，内资企业所得税收入一直在600亿元以下，甚至曾经多次出现绝对额下降；外资企业所得税收入虽然一直呈上升趋势，但绝对额一直在30亿元以下。自1994年中国大规模的税制改革起，内外资企业所得税收入逐年稳步增长。2007年，中国内外资企业所得税收入达 9674.93 亿元，占当年全部税收收入近 20%，企业所得税已经成为仅次于增值税的第二大税种。

2. 企业所得税收入增长与国民经济发展同步。经济总量增长和结构优化是税收收入规模增长和质量提高的决定性因素。改革开放以来，中国经济以前所未有的高速度发展，综合国力持续增强。近年来，中国加大经济结构调整力度，经济规模不断扩大，经济效益不断改善。全国国内生产总值从 1978 年的 3624 亿元增加到 2007 年的 246619 亿元。1997～2007 年间，国内生产总值年均增长 12.06%。这为税源扩大、税收收入增加奠定了坚实基础。全国社会经济的蓬勃发展，企业效益的提高，使企业所得税收入得到较快增长。从 1997～2007 年，全国内外资企业所得税收入，从 1074.75 亿元，提高到 9674.94 亿元，年均增长 24.58 %。

3. 企业所得税收入的增长幅度存在产业间和行业间的不平衡。改革开放以来，随着工业化和城市化进程的加快，中国三次产业结构发生了深刻变化，第一产业比重下降，第二产业、第三产业比重上升，产业结构逐渐趋于合理。与产业结构的调整相适应，在企业所得税收入增长上，表现为第一产业增长缓慢，第二、第三产业的增长幅度较大。其中，第二产业企业所得税收入在企业所得税收入总额中的比重略呈下降趋势，但其中建筑业、采矿业、制造业的企业所得税收入增长较快，电力、燃气及水的生产和供应业企业所得税收入增长相对较慢。第三产业企业所得税收入在企业所得税收入总额中的比重略呈上升趋势，其中，房地产业、金融业、社会服务业（包括信息传递、计算机服务和软件业、租赁和商务服务业、住宿和餐饮业、居民服务和其他服务业、教育、卫生、社会保险和福利业、文化、体育和娱乐业）企业所得税收入大幅度增长，而批发和零售业、交通运输、仓储及邮政业、其他行业所得税收入相对增长幅度较小。

三、中国企业所得税管理的规范分析

（一）中国现行企业所得税征管制度和措施

税务部门完善征管体系，加大征管力度，堵塞漏洞，减少税收流失，是确保税收收入增长的重要因素。国家税务总局（以下简称总局）和各地税务部门主要采取了以下征管措施：一是加强企业所得税制度建设，健全企业所得税管理的制度体系；二是积极探索加强企业所得税管理的途径和办法，狠抓规范化管理。

（二）当前中国企业所得税管理存在的问题

1. 现行税收征管理念方面。近几年，我们提出了全面实施科学化、精细化管理的征管理念，实行税收管理员（以下简称税管员）制度，对纳税人实施全面管理。但是，把征管精细化的理念放到我们实际征管工作中，不难发现我们的现实困境。从1993～2007年，全国税务干部从58万人增加到约75万人，仅增长了29.3%，而税务登记户数却从1251万户增加到3641万户，增长了1.9倍。税务干部人均管户从1993年的21.5户，增加到2007年的48.7户。据调查了解，一些基层税务部门，一个税管员平均管户100～200户，有的甚至达到1000多户。这些税管员不仅要管理企业所得税，增值税等其他各税都要统管，再加上一些日常工作和临时性工作。从时间和精力上来说，无法对纳税人实施有效的全面管理和监控，精细化管理的质量和效能无法得到保障。另外，由于企业所得税政策性强、具体规定详细、变化多、工作量大，许多一线从事所得税管理的人员素质，与企业所得税管理的要求极不适应，这一客观事实也影响了企业所得税精细化管理理念的实现。

2. 现行税收征管机构设置方面。

（1）税务机构设置体系。从纵向来说，目前中国税务机构实行五级管理体制。根据分税制财政管理体制的需要，省以下税务机构分为国家税务局和地方税务局两个系统。具体五级机构为：国家税务总局；省、自治区、直辖市国家税务局和地方税务局；地区、地级市（区）、自治州、盟国家税务局和地方税务局；县、县级市（区）、旗国家税务局和地方税务局；县级税务机构的派出机构——征收分局（一般按行政区划、经济区划或者行业设置）、税务所（一般按经济区划或者行政区划设置）。

从横向来说，中国一直沿用按税种设置管理部门的传统征管机构模式。从纵向来说，我们的征管机构是实行多层级纵向管理模式，每一层级都按税种分设管理部门，并设置征收、管理、稽查等专业机构。这种管理模式分散了税收管理资源，拉长了税收管理链条，客观上影响了税收管理的效率。

（2）大企业税收管理司。为了加强对大型企业的重点税源监控，提高个性化、专业化服务水平，2008年国家税务总局新设大企业税收管理司。大企业税收管理司的具体职责是：拟订大企业税源管理、纳税评估和日常检查等操作办法；组织实施对大企业的税源管理、纳税评估和日常检查等；为大企业提供纳税服务工作；拟订对大企业的特别纳税调整操作办法，组织实施大企业的特别纳税调整调查与审计；牵头组织实施汇总（合并）纳税企业日常税收检查；

指导海洋石油税收征管业务等等。由于大企业税收管理司的组建等各项工作尚在进行中，实际运营中的问题还无法预见。本课题组将结合国际借鉴在政策建议中提出初步想法。

（3）各地企业所得税管理机构和人员配备。健全的管理机构和良好的业务素质是管好企业所得税的决定性因素。从目前来看，各地实际情况非常不平衡。有个别省，在省一级没有企业所得税管理机构，地市级也大多没有设专门科室，全省仅两个市设有所得税管理科。从人员素质上来看，大多数省市课题组反映，基层懂财务、会会计、能查账、熟悉税收政策的税务干部占全员的比重非常低，不足 10%。

3. 企业所得税日常管理方面。

（1）计税收入管理问题。长期以来，企业所得税管理侧重于减免税、税前扣除、汇总纳税、核定征收等方面，企业所得税计税收入的管理被摆在次要地位，但实际上，计税收入是企业所得税税基中最重要的组成部分，是管好企业所得税的基础。目前计税收入的管理存在很多问题：

第一，企业账外经营，漏记收入现象普遍。

第二，计税收入的管理链条不连贯。

第三，非货币收入的价值有欠公允。

（2）税前扣除管理问题。

第一，工资的税前扣除。具体面临三个方面的问题，如向在企业任职的投资方或关系密切的人员多发工资变相分派股利；国有或国有控股企业管理层的工资违反国有资产管理部门的规定变相提高标准；通过虚增人员的方式虚列工资，人为加大成本费用，减少企业所得税。

第二，技术开发费的税前扣除。研发费用的归集一直缺乏可操作性。对于区分研发费用和正常生产经营成本、费用，多数情况下界限比较模糊，需要税务人员的职业判断，增加了执法的随意性和管理的难度。目前技术开发费在多个会计科目核算，企业申报和税务机关检查时需要将涉及到的技术开发费从多个科目中归集，增加了产生误差的机会，也加大了税企双方的工作量。如果税务机关无法有效地对纳税人计提的这部分费用进行监管，企业有可能以“开发新技术、新产品、新工艺”的名义，多计提研发费用或扩大计提范围，并且可能成为关联企业避税的又一手段，关联企业一方委托另一方进行研发，委托方可以享受加计扣除，受托方可以享受技术转让所得免税或者其他技术类优惠。

第三，损失的税前扣除。首先是损失的扣除时间具有灵活性，可被利用调节企业利润。在实际工作中，除产生重大社会影响并见诸媒体的自然灾害或事故造成的损失可以准确掌握其发生时间外，对于企业日常生产经营过程中发生的损失，税务机关无法掌握其发生的确切年度，尤其是因技术进步发生资产永久或实质性损害的情况下，损失时间更是具有很大伸缩性，税务机关只能被动依据企业会计账务处理的时间进行审核，而企业完全可以根据年度盈亏情况选择性地申报损失扣除，从而达到人为调节利润的目的。

(3) 税收优惠政策管理问题。

第一，减免税按项目实施减免给管理工作带来难度。纳税人生产经营范围既有减免税项目，又有征税项目，项目间又不能分开核算的情况下，税务部门不能准确核实应税所得和减免税所得，即使纳税人分项目进行核算，公共成本、费用如何在征税项目和减免税项目间进行分摊，也缺乏可操作的办法，对于纳税人可能通过核算手段在优惠项目与非优惠项目之间转移利润达到滥用税收优惠的目的，或者人为分割新项目，使一个新项目划分为多个新项目，重复享受减免税优惠的，税务机关也缺乏相应的手段进行监管。

第二，间接优惠政策管理。间接优惠的优点是针对性强，更有利于实现政策调控目标，但由于政策内容与企业会计核算的联系更加紧密，因此管理上难度加大，同时各项间接优惠政策特点鲜明，无法使用统一的方法进行管理。如固定资产加速折旧政策，涉及到固定资产原值的确定、加速折旧方法的选择、折旧年限的确认；技术开发费加计扣除政策涉及到技术开发费项目金额的确认、研究开发是否形成无形资产；减计收入政策涉及收入性质的确定以及收入的合理确定问题等等。

第三，非营利性组织管理。长期以来，由于对非营利性组织的管理主要出于税收的经济职能而非收入职能，加之非营利性组织大多所具有的半政府背景，使得非营利组织在税务管理中始终处于边缘状态。在目前“少优惠”的税制改革框架下，非营利性组织的优惠政策吸引力相当大。在利益诱惑下，以“公益慈善”名义从事营利性活动、非营利性组织与企业互相勾结搞假捐赠、通过核算手段混淆非营利性收入与营利性收入界线等等，都是今后管理中即将面临的问题。

第四，环境保护、节能节水项目所得税优惠的管理。从程序上说，一般是先由管理部门认定项目，企业再进行投资改造，然后取得生产经营收入。但在实际工作中，有许多企业是先进行投资改造取得生产经营收入，后到管理部门认定项目，前后如果跨年度，则需要明确享受优惠政策的时间等问题。

第五，农业优惠规定的许多概念需要明确。如何界定“花卉种植”？如何理解“林木”一词，花卉市场中大量离开原种植地的观赏性林木是否应归纳进去？“生物性资产”的造价问题，在生产过程中难有单据入账，如何计算其价格？等等。

（4）核定征收管理问题。目前，企业所得税征收方式主要有查账征收和核定征收两种方式。虽然总局要求严格控制实行核定征收的范围。但个别地方税务机关为确保完成日益增加的税收任务，降低征管成本，不断扩大企业所得税核定征收的范围。固然，有的企业财务人员素质低、不能准确核算盈亏；有的企业纳税意识淡薄、做假账隐瞒收入多列支出等情况确实存在，但无论企业财务核算是否健全，只要规模小或亏损等，就采用简单粗放的核定征收“一刀切”方式，客观上会导致企业的税负不均，违背了所得税按能课税的原则，而且，随意扩大核定征收范围，不利于促进企业健全账务、依法纳税。

（5）企业特殊事项管理问题。企业特殊事项包括企业合并、分立、改组改制、清算、股权转让、资产置换、债务重组、资产评估增值以及接受非货币性资产捐赠等事项。其中，企业重组业务一般比较复杂，税收管理难度较大；其次，企业清算是企业注销前所得税管理的最后一道关口，目前存在的主要问题是缺乏与法律配套的征管手段对企业清算进行控制；再次，企业注销，目前对企业注销的管理权全部下放到基层管理机关，由于受征管力量、征管范围、信息来源渠道的限制，基层很难对申请注销企业及其关联企业进行详细调查，往往是认可企业申请。而其上一级税务机关由于不直接主管企业，难以掌握真实情况，也不再进行核查。客观上为通过注销方式变假新办企业创造了条件，对注销企业的管理出现了真空。

（6）税法与会计准则衔接问题。税法与会计准则的差异是固有的，且适度的差异是合理的。新税法与新会计准则发布后，显示出双方在尽可能协调，如新税法在工资扣除、固定资产定义等方面与新会计准则基本趋同。而新会计准则中部分非货币性交易采用公允价值计量，债务重组中公允价值的引入与损益的确认等规定也与税法渐趋一致。但两者之间的差异仍大量存在，如税法与会计准则对收入确认的标准不同、因固定资产折旧年限不同产生的时间性差异、各项资产减值（跌价）准备的处理不同等等。两者之间的差异增加了企业所得税申报的难度，同时也增加了税务部门稽查的难度。

（7）总分机构汇总纳税管理问题。目前在管理中存在的主要问题是总分支机构纳税人及其所属税务机关之间的信息传递不畅、现有沟通渠道不统一、使用文书不规范，造成总分支机构主管税务机关之间的分歧不能得到及时沟通，影响分支机构预缴税款的及时入库。同时，由于对于分支机构所在地税务机关的管理范围和权限，总机构对异地分支机构的管理范围和权限尚无明确规定，很容易造成税收监管的真空地带，造成企业所得税的流失；另外，不同税率地区总分机构适用何种税率汇算清缴？如总机构享受优惠过渡税率，分支机构如何适用税率？实行核定征收的总机构是否需要纳入汇总纳税总分机构就地预缴体制（目前核定征收企业使用的 B 类申报表不支持分支机构就地预缴的填报需要）？挂靠形式的总分机构体制，客观上存在总机构无法统一计算应纳税所得额的实际问题；非法人分支机构自 2008 年起均要汇总至总机构统一申报纳税，对其 2007 年度以前待弥补亏损如何处理，也尚无明确规定。

(8) 小型企业管理问题。核算和管理不规范的现象多存在于小型企业中，如管理不规范、会计账册不健全、工商登记，尤其是税务登记意识差。账外交易、现金交易、虚增成本费用、发票违规等现象大量存在。

(9) 反避税管理问题。新税法特别纳税调整的有关规定，对企业关联交易的税收处理以及其他反避税措施都做了进一步的原则性规定，但具体操作方法还亟待明确。目前，反避税管理工作遇到的问题主要有：一是信息和情报收集渠道缺乏，现行的相关行业利润率和产品价格资料的可比性不强；二是政府各职能部门的规定存在冲突；三是审批环节过多延误工作进度。

(10) 境外所得税管理问题。现行税法体系对境外所得税管理存在不足：一是税收征管法及其实施细则及有关税收行政法规、规章、规范性文件对境内企业到境外投资的行为是否要登记、备案没有明确规定，导致税务机关对企业境外投资的相关信息掌握不及时、不充分；二是日常工作中忽视了对境外所得的税收援助服务；三是政府有关部门间的信息无法共享。

4. 企业所得税管理手段方面。

(1) 现行企业所得税“一税两征”管理模式问题。现行企业所得税实行国税、税两套税务机构多层级纵向管理模式。这种管理模式一方面容易引起国税、地税在税收管辖权方面的交叉和执行政策标准不统一，造成同类纳税人因归属不同的税务机关管辖而出现税负不均，弱化了税法的刚性，增大了规范管理的难度；另一方面，国、地税关于企业所得税征管范围的争议和政策理解的偏差，容易导致征管中的漏管问题，使得纳税人可以通过各种形式，如撤旧办新、转移核心业务、改制重组等来规避税收管理。

（2）企业所得税分类管理的问题。企业所得税管理分类方法简单，不系统。各地对企业所得税分类管理没有相对统一的规定和标准。总局《企业所得税分类管理指导意见》都是一些原则性的要求，各地所得税管理部门的贯彻意见也都较为笼统。在实际工作中，表现为分类的标准比较单一、粗放，没有根据实际征管情况、结合不同分类要素进行分层次划分，管理缺少系统性、针对性，难以体现差别化管理措施，无法适应税源多样化现状的要求，更缺乏专门的分析指标体系及信息分析系统来支持所得税分类管理。

（3）企业所得税纳税评估问题。虽然，纳税评估是国际上通行的税收管理手段，但中国在 2005 年才正式就纳税评估管理办法发文，纳税评估在企业所得税管理方面的运用比增值税更晚。由于种种原因，各地开展企业所得税纳税评估不均衡。有些地方尚处于观望阶段，有的才刚刚起步。目前纳税评估方面存在的主要问题，首先是缺少科学的评估标准体系，纳税评估指标体系的预警峰值尚未完整确立，在纳税评估指标数据合理性的判断上仍主要依靠经验；其次是获取纳税评估指标信息的来源渠道有限，影响税务机关对纳税人信息的完整性和正确性的判断；再次，缺少与税收征管信息系统相链接的纳税评估专业应用软件，纳税评估工作手工化程度高，而且是就表审表，对申报表的审核流于形式。另外，由于评估手段落后，基层税务人员为了完成纳税评估任务，只能下户调查，纳税评估与税务稽查有重复的趋势。最后，纳税评估涉及知识面广、专业性强，对人才素质要求高，评估工作人员必须具备财务、税收、营销、金融、经济、统计等方面的知识。人才匮乏、机构不健全，也影响了纳税评估工作的顺利开展。

（4）企业所得税管理信息化问题。最近几年，各地税务机构纷纷加快信息化建设，虽然取得了一定成效，但是目前企业所得税管理中还存在一些问题，首先，现有业务模块设计有待完善；其次，企业所得税信息采集不丰富，动态信息只局限于申报表和税务登记、税款入库等内部信息，企业财务报表数据未录入系统，除增值税专用发票和“四小票”之外的普通发票未纳入信息系统，不利于开展税收分析和纳税评估；再次，随着越来越多的企业采用电子申报，税务管理信息化系统缺乏处理相关信息的智能化功能，再加上一些企业财务报表填写不规范，而基层税务部门不能及时对申报表和财务报表等数据进行校验，导致出现垃圾数据，影响纳税申报数据的利用效率，也无法实现纳税评估的科学化。

（5）企业所得税的税收分析问题。税收分析是发现征管薄弱环节、强化管理措施、提高征管质量的重要手段。目前企业所得税分析的内容局限于对企业所得税收入状况进行实时跟踪，并根据企业所得税收入实现情况进行预测和判断。税收分析的功能只局限于为上级机关了解收入动态提供数据，这与税源管理联动机制启动器意义上的税收分析差距很大，需要在内容和功能上进一步拓展和深化。

(6) 企业所得税的纳税服务问题。优化服务是近年来征管改革的一项重要内容，也是企业所得税管理的基本要求，但目前具有企业所得税专业特点的服务方式尚未形成。企业所得税政策业务复杂，新企业所得税法刚刚启动，税务机关在政策宣传辅导方面的力度还须进一步加强，方式有待创新；减免税、财产损失等审批事项的程序仍须进一步简化，效率有待提高；企业所得税申报方式仍须进一步创新，电子申报方式有待进一步普及。

(7) 企业所得税的发票管理问题。发票是企业所得税计税收入确认和成本费用扣除的主要凭据，是企业所得税管理的重要媒介，企业所得税的管理涉及所有发票。随着“金税工程”、防伪税控系统的推广完善，增值税专用发票的管理得到了进一步加强，但普通发票的制假虚开现象日益严重，且花样翻新，无论是假票真开、真票假开还是假票假开，对企业所得税的税基管理都造成很大威胁。另外，消费者索取发票的意识还未普遍形成，商家以让利为诱饵驱使消费者放弃发票的行为冲击了税务部门使用有奖发票鼓励消费者索取发票的制度，而商家不开发票的行为既偷逃了流转税，又侵蚀了所得税税基，同时扩大了体外循环的现金流。

(8) 企业所得税的管理流程问题。长期以来企业所得税管理工作中存在着重政策、轻程序的问题，这是造成所得税管理粗放、执法随意性大的一个重要原因。首先，征管流程不统一。各地区之间、国地税之间关于同一业务的征管流程不同，执法文书格式不同，执行宽严标准不同，给纳税人造成极大的困惑；其次，是征管流程设计不合理，工作衔接不紧密，超时限办理，重复审批的现象普遍存在，税收成本和纳税遵从成本过高。尤其是税收管理与税务稽查相分割，不利于有针对性地开展税务稽查，也使日常管理带有盲目性；再次，部分环节征管流程存在漏洞，如废水企业的办理程序、企业所得税审批事项的后续管理等。

(9) 现行收入考核机制带来问题。目前，中国实行的是税收任务总量考核制，即不对单个税种下达任务，只是对某地区的税收任务完成总量进行考核，只要总任务完成，也就达到了考核要求。实际上，这种考核制度灵活性有余而实效性不足。因为每个地区的经济结构差别较大，对每个税种收入的影响也会有所不同。在有些省，税收任务主要集中在了增值税这个税种上，而企业所得税的任务全年只有几万元，完成起来很轻松。造成这种问题根本原因在于企业所得税管理难度相对较大，不容易抓出成效，基层的同志不想管、不愿管、也不知怎么管，而增值税的管理这几年一直在抓，有一定的管理经验和方法，管理起来驾轻就熟，出于趋易避难想法，基层管理机关自然愿意把主要精力投入到增值税的管理上，既然总任务完成了，也就不必在难管的企业所得税管理上下工夫了。

5. 企业所得税执法环境方面。

（1）税法遵从度有待提高。税法遵从度取决于纳税人和税务机关双方。对于纳税人来说，由于中国市场经济尚处于初级阶段，各种体制机制还不完备，企业经营者通过逃避税收积累财富的意识主观上存在、客观上可能。同时由于会计行业的门槛较低，会计人员专业水平整体不高，加之会计行业组织约束力不强，从而使得税法遵从度在纳税人方面大打折扣；对税务部门来说，新企业所得税法在设计上较旧法简化，也给税务部门执法提供了一定便利，但客观上仍存在对企业所得税管理的重视程度不够，税法和会计准则的衔接不够，企业所得税信息化程度相对较低等不利条件，给纳税人违反税法提供了可乘之机，客观上制约了纳税人税法遵从度的提高。

（2）社会化的税收监控体系有待完善。企业所得税管理的涉及面纷繁复杂，无论是计算要素、票据凭证还是涉及的管理体制、税收管辖权、相关法律法规等都是所有税种中最为多样的。企业所得税的上述特点决定了税务部门在管理上必须得到银行、工商、资产管理部门、民政部门、科技部门、境外机构管理部门等各部门的配合，而目前尚未建立起全国统一的、有约束力的社会化税收管理和监控体系。

（三）影响企业所得税管理的因素分析

1. 经济发展水平及产业结构方面。产业结构是影响经济发展的一个重要因素。产业结构层次的高低，决定一国经济素质和实力强弱；而产业结构是否合理，决定着经济能否实现稳定、可持续增长。改革开放以来，从三次产业结构看，第三产业发展加快，比重上升，第二产业所占比重下降。经济发展的总体水平较高，企业的经营管理水平相应地得到提高，内控机制相对完善，赢利能力和水平较高，赢利规模较大，提供的企业所得税税源相对丰富，在一定程度上促进了企业所得税管理水平与质量的提高。而有些经济发展水平较低的地区，经济结构调整步伐滞后，农业仍然是国民经济发展中的薄弱环节，工业结构失衡，低水平过剩与高技术层次产品的短缺并存，第三产业内部发展也不平稳，传统产业居于主要地位，新兴产业和要素市场发展滞后，特别是教育、金融创新和交通运输制约突出，使社会资源配置处于低效状态，严重影响了国民经济的整体布局和经济持续发展。通常情况下，低质量的经济发展水平往往带来低质量的企业经营管理水平、较弱的赢利能力以及小规模的利润，提供的企业所得税税源相对较少，进而制约了企业所得税管理水平与质量的提高。

2. 企业所得税税制结构方面。就企业所得税制结构而言，其复杂程度主要由不同税制要素组合关系的复杂程度所决定，当这些税制要素的组合关系呈现较为复杂的形态时，其税制结构也将呈现复杂性特征，反之则相对简化。由于税制结构对税收管理的模式、目标具有质的规定性，因此，当企业所得税税制结构较为复杂时，企业所得税税收管理面临的难度要相对大些，反之则相对小一些。就实践而言，市场经济发达国家普遍实行以直接税为主体的税制结构，同时，其税制相对较为完善，税制改革的频率较低，税收管理受到的挑战较小。与之相比，转型经济国家普遍实行以间接税为主体的税制结构，许多国家税制改革的频率较高，税制经常处于变动之中，在机构、部门的设计上，重征管、轻稽查，这是税制的直接影响结果，税收管理受到的挑战较大，反过来又制约着征管水平的提高。

3. 社会信用体系方面。市场经济既是法制经济，也是信用经济。社会信用体系是市场经济体制中的重要制度安排，是一种规范市场经济秩序的治本之策和长效机制，可以有效地遏制市场交易当事人信息不对称的现象，使失信者付出沉重代价，诚实守信者得到应有的经济利益和保障，从而有力地维护经济活动和社会生活的正常秩序。目前，中国社会信用体系建设还处在起步阶段，远远不能适应市场经济发展的需要，也未能在规范市场经济秩序方面发挥全面的强有力的作用，由此造成有些纳税人还不能做到诚信经营，依法诚信纳税的意识较差，在对待纳税问题也是能偷则偷，能逃则逃，能避则避，能拖则拖，能少则少，在这样的信用状况下，企业所得税管理面临的困难将进一步加大。

4. 税源管理水平方面。通常而论，税源管理是税收管理的基础。从当前基层税收管理实践看，税源管理包括日常管理、税源调查、税收计划分析及预测，以纳税人及其生产经营为主要对象的税源监控。税源管理的主要职责在于最大限度地提高纳税申报的准确性，一方面是保证进行纳税申报主体即纳税人数量的准确性，即要从源头上将应该纳入管理的户籍控管起来；另一方面是保证纳税申报内容的真实准确性，即通过纳税评估等手段，将纳税人应当申报缴纳的税收征收上来。税源管理水平的高低对企业所得税管理质量和水平发挥着至关重要的作用。

5. 其他因素。一是地方党政机关对税收工作的领导与支持；二是相关职能部门对税收工作的协调与合作；三是征纳双方综合素质；四是外部信息的有效采集和运用。

四、企业所得税管理的国际借鉴

（一）各国税务机构的组织形式

1. 世界各国税务管理机构的模式。设计出色的税务机构组织结构是有效税务管理的基础。为了提高管理效率，税务机构的组织结构应当与该国的征管目标和当时的国情条件相吻合。一国税务部门的组织机构改革，对于加强税务管理至关重要。“遗憾的是，许多国家的税务管理组织结构都没有建立在全面的理论基础之上，而是历史事件或官僚惯性的结果，或者是一种大杂烩。”① 纵观世界各国的税务管理机构模式，大致可以分为三种模式。有些国家以某种模式为主，同时也兼用其他模式。三种主要模式及机构层级情况如下：

（1）按税种类型设置管理机构模式（tax - based model）。这是最常见、历史最悠久的税务机构模式。其优点是可以对每个税种建立起明确的责任和有效的控制措施，对于某一特定税种加强管理的责任可以直接追究到相关税务部门的领导人。这种模式一般为财政收入不稳定的国家所采用。其缺点是，这种模式由于税务管理的职能在各个税务部门之间的交叉重复，通常会导致很高的征管成本和较低的工作效率；同时，这种模式由于同一纳税人要同时与多个税务部门打交道，也会使纳税人承担很高的纳税成本；再者，这种模式由于每个税务部门都相对独立于其他税务部门开展工作，弱化了税务部门内部的监督制约机制，容易造成纳税人和税务官员的相互勾结。

（2）按职能设置管理机构模式（function - based model）。这种模式针对所有税种建立相对独立的部门来执行各个管理职能，如税款征收部、审计部、纳税人服务部等部门，分别负责各税种的纳税申报表处理、收取税款、税务审计、清理拖欠税款等。其优点是，这种模式使税务管理的重点放在强化征管职

---

① 查尔斯·L. 维隆，约翰·布朗多尔：“税务管理的组织形式选择”，《国际财政文献公报》1999 年 11 月。

能的落实方面，便于促进纳税人依法纳税，降低税收征管成本；同时，也减少了纳税人与税务官员相互勾结的机会。其缺点是，由于各个职能部门相互独立、分离，缺乏一个能够把各种税务管理职能统一起来的综合协调部门，常常会影响为纳税人提供优质的纳税服务。

（3）按纳税人类型设置管理机构模式（client - based model）。这种模式把税务官员分配到不同的部门，分别为特定的纳税人群体提供全面的管理服务。其优点是，便于税务管理当局根据各种类型纳税人群体的税收风险程度来分配资源，以更好地为不同类型纳税人提供服务；同时，便于税务当局针对不同类型纳税人群体实施针对性地税收征管办法。其缺点是，这种模式需要足够数量具有高技能的管理人才，否则，缺少高技能的管理人才反而会使纳税服务的质量降低；同时，这种模式可能导致不同纳税群体执法的不一致性，要避免这个问题，必须建立严格的内部审计制度和监督制约机制；再者，此种模式下，每个部门都设置同一职能的内设机构，有可能会导致管理成本的增加。一些国家的税务当局通过把一些共同的职能划归一个部门，控制了管理成本的增长。

2. 关于税务机构的垂直分级体制。大多数国家的税务部门分三级设立机构，即总局、地区局和地方局。一般来说，总局机构的主要职责是负责研究制定全国性的政策和规划，并对地区一级和地方一级税务机构提供管理和指导；地区一级机构通常对地方一级机构实施监督，并负有一定的实际征管职责；地方一级税务机关，由于贴近纳税人、熟悉当地情况则负责日常的实际征管职责。在内部的机构设置上，有些国家总局与地区局和地方局的机构设置完全一致，有些国家总局与地区和地方局的机构设置完全不同。在税务机构的多重隶属关系上，大都根据国家行政区域设立职能部门和征管部门，形成了多重隶属关系，税务机构的管理效率受到了较大的制肘；在地区局的数量方面，一般认为，地区局的数量过多，会增加总局控制的难度。

3. 新西兰、美国的税务机构改革。20 世纪 90 年代，在全球范围内掀起了一股改革税务部门组织结构的热潮，新西兰、美国等国进行了大规模的税务机构改革。

（1）新西兰税务机构改革。1996 年，新西兰的国内收入部（Inland Revenue Department，IRD）进行机构改革，在总局、地区局和地方局采取以下形式：

在总局一级，划分了 4 个业务范围：征收管理、政策咨询、终审和裁定、策划服务。其中，征收管理部门负责提供全面的服务，目的在于培养纳税人的纳税意识，并提供降低纳税成本的服务。该部门与地区局和地方局属于领导与被领导的关系；政策咨询部门负责税法政策及改革；终审和裁定部门负责向税务人员和纳税人提供公正、一致的解释；策划服务部门负责设计行动计划和评价年度计划执行的结果。

在地方，划分了 6 个地域性的服务中心区。每个区包括 1 个地区局（服务中心）和多个地方局（包括分局和客户服务局）。其中，地区局被视为“中心机场”，而地方局则是“附近相连的机场”。地方局的分局负责向客户提供服务（信息和咨询）和执行强制措施（审计和强制征收）；地方局的客户服务局只负责向客户提供服务。服务活动是把纳税人分成 5 类分别提供的：第一，个人客户，指不从事生产经营的，又没有税务代理人的个人；第二，企业客户，指从事生产经营业务和其他业务，但没有税务代理人的客户；第三，行业客户，指从事生产经营业务和其他业务，有税务代理人的客户；第四，公司客户，指合并营业额超过 1 亿新元的企业集团和特定行业（如银行、保险业）等；第五，儿童抚养客户，指作为监护人和非监护人的父母或者监护人。IRD 负责提供一定的社会性服务，如评估和征收儿童抚养费及学生贷款偿还的收款服务，尽管这些服务与税收没有直接关系，但由于 IRD 信息多，组织收入和支出活动更具有优势，政府还是把这些服务交给 IRD。另据了解，澳大利亚和加拿大的税务部门也承担一定的社会性服务。这种按客户类型分设机构的办法，实际上是把传统的税务管理职能划分为前台（纳税服务、审计等）和后台（分析、处理等）两大类活动。

（2）美国税务机构改革。美国国内收入局（Internal Revenue Service，IRS）是联邦税收管理机构。

1998 年美国国内收入局机构改革的典型特色是，将原来的按税种管理的内设机构改为按纳税人的类别进行分类管理。其主要税收征管机构，按照纳税人的主要类型，设置了 4 个职能管理部门，它们分别是：第一，大中型企业税收管理司（Large and Mid - size Business）。其所辖的纳税人标准是总资产在 1000 万美元以上的企业，总共约 21 万户，其中多半企业有跨国交易，该司设有专门小组，负责管理跨国公司之间的税务关系。对于其中的特大型企业，国内收入局采取现场办公的操作模式，持续不断地进行日常管理和检查；第二，小型企业与自雇者税收管理司（Small Business/Self Employed）。该司以管理自营业、出租房地产等个人纳税人为主，同时负责资产在 1000 万美元以下小企业的税收管理。其主要职能为：税款征收、税收遵从服务、税收检查、专业规划、通讯联络与信息披露、打击逃税、减轻纳税人负担等；第三，工资和投资收益管理司（Wage and Investment）。该司以仅有工薪收入和简单投资收益的纳税人为服务对象，纳税人大约在1.22亿左右，因此，国内收入局认为“对大多数美国人来讲，该局是国内收入局的脸面（Face of the IRS to most Americans）”。本部位于亚特兰大，在纳税高峰期（一般为每年的1~4月份）时有5万名员工，其中2.5万为正式员工，2.5万为临时雇佣人员。由于该司主管的绝大部分纳税人的收入信息可以通过第三方获得，并且税款都是由第三方扣缴，大部分纳税人每年只和国内收入局接触一次。所以该司的工作重点是为纳税人提供前瞻性的辅导和宣传，通过分析纳税人的需求以便更有效地帮助他们遵从税法；第四，免税组织与政府机构司（Tax Exempt and Government Entities）。该司负责非营利性的免税组织及州与地方政府机构的税务管理以及雇员的退休计划及基金等报税业务。根据调查数据显示，美国国内收入局的机构改组在经历了近10年的运行完善后，现在税务机构的公众满意程度大幅度提高，机构改组带来了显著的成效。

（二）国外大企业管理机构

1. 大企业的界定标准。虽然，经济合作与发展组织（OECD）税收政策与管理中心曾建议，20%的大企业应占企业经济总规模的80%，受雇人口占就业人口的80%等。但各个国家确定大企业管理机构所管理大企业的规模占整个经济规模的比重各不相同。在大企业的界定标准上，各国标准不一。日本是以注册资本为准；澳大利亚是以销售收入或营业收入为标准；美国以总资产为准；英国综合考虑利润、资本额、国际化背景等综合因素，没有制定一个量化的标准，但银行、保险、建房互助协会等金融类大企业因其业务的复杂性一般都被纳入大企业的范围。

2. 大企业管理机构的主要职能和组织架构。从国外大企业管理机构改革和演变的轨迹来看，国外大企业管理机构的理论基础是风险管理理论，主要目标是优化服务、提高纳税遵从，其主要措施是行业分析、风险分析，纳税评估和审计。其核心职能是所得税和国际税收管理。如澳大利亚的大企业管理机构（LB&I）主要职能是管理所得税和国际税收，大企业税收申报表的处理、税款征收以及GST和其他税种都由税务局其他部门来管。在大企业管理机构的人员配备上，由于大企业经济规模大，关联交易复杂，并且大多涉及跨国经营、跨地区经营、多行业经营等，其税法和会计处理问题繁杂，要求税务管理人员必须是具有高素质、高技能的人才。其人员组成一般包括会计师、律师、经济学家、统计学家、金融分析师，以及财务管理、信息技术和人力资源管理等方面的专家。

（三）国外风险管理和纳税评估

1. 澳大利亚的税收风险管理。澳大利亚国税局（简称 ATO）将风险管理运用于税收管理。他们以管理理论为基础、以会计准则为依据、以数理技术和计算机技术为支持，确定税收风险管理目标，建立税收风险管理体系。它所要达到的目标是：最大可能涵盖 ATO 管理的各个行业、集中于当前的问题、确认重大事项、确定风险最大的领域、确认进行了税收筹划的领域、确认法律需要修订的领域等。ATO 组织了有丰富专业知识和经验的工作人员，按澳大利亚特许会计师协会审计原则，建立了税收风险评估模型，同时设计了案例模式，并通过培训提高税收风险评估人员的水平，以使税收风险评估具有科学性，使不同人员评估同一事项具有一致性。其纳税风险管理的主要步骤：第一，信息的采集；第二，信息的分析；第三，税收风险的确定；第四，税收风险的审计。

2. 美国公司所得税的纳税评估。美国在纳税人自行申报的基础上，税务机关大量采用计算机系统进行数据统计、筛选和处理，其纳税评估智能化程度很高。美国国内收入局（IRS）首先由西弗吉尼亚州的计算中心自动对申报资料进行分类；然后通过筛选核实纳税人是否正确估算其税款。具体有 5 种常用方法：第一，判别函数系统（DIF）；第二，纳税人遵从测度程序（TCMP）；第三，资料完善程序；第四，信息匹配程序；第五，特殊审计程序。

美国公司所得税的审计率近年呈下降趋势，且将审计的重点放在大企业的审计上。例如，1995 年美国审查了全部公司税申报表的 2.05%，2002 年这一比率降为 0.97%。其中拥有 1000 万美元至 5000 万美元资产公司的审计率为 7.80%，拥有 2.5 亿美元及以上资产公司的审计率为 34.37%[①]。正是由于审计率降低，不少纳税人认为增加了逃税的可能。为了防止纳税人玩“审计赌博（audit lottery）”，美国国内收入局对经税收审计后补缴的税款按联邦短期利率再加 3% 的比率征收利息，并处以补缴税款 20% 的罚款，除非纳税人能为补缴税款提出充分的理由。重罚之下，使得有偷税企图的人不敢轻举妄动。此外，由于计算机在审核纳税申报表中的广泛使用，也使得审计赌博的成功率大

① Also see: Hugh J. Ault,〈Comparative Income Taxation: A Structural Analysis〉P151, Kluwer Law International, 2004, 2nd edition.

大降低。

五、完善企业所得税管理的思考与建议

通过对国际税收管理理论的研究和学习，国际上研究纳税人行为的税收遵从理论、博弈论关于所得税征管的效率分析以及影响各国税务机构改革的新公共管理和新公共服务理论以及风险管理理论等，对企业所得税征管制度的完善具有重要的启迪意义。在对企业所得税征管进行了一系列实证分析、规范分析的基础上，借鉴国际上企业所得税管理成功经验和做法，本课题组对完善企业所得税管理进行了思考，初步建议如下：

（一）税收征管的理念方面

1. 重视“专业化”管理理念，为纳税人提供个性化服务。从我们目前的征管水平来看，企业数量的快速增长和基层征管力量相对薄弱的实际，客观上影响了精细化管理理念的实施。对企业所得税管理应强化“专业化”管理的理念，只有实现“专业化”管理，才能实现“科学化”管理。

2. 创新服务理念完善服务体系，构建和谐征纳关系。近年来，世界各国的税收管理理念都发生了很大的变化，特别是西方发达国家，税收征管改革的方向，无一不是从“监督打击”型向“管理服务”型转变，为纳税人提供优质高效的服务，已经成为世界各国税务机关的普遍做法。按照建设服务型政府的要求，我们应牢固树立征纳双方法律地位平等的理念，不断完善服务体系，丰富服务的方式和手段，提高服务的质量，构建和谐征纳关系。

3. 以提高税收遵从度为税务管理的主要目标。长期以来，中国的税务管理是以税收收入计划为主要工作目标。在实际工作中经常会造成税收任务的完成是以忽视税收征管的相关规定为代价。借鉴国外经验，我们应在税务管理中以提高税收遵从度为主要目标，科学制定税收收入预算、制定科学的能够真实反映税收遵从水平的税收征管质量指标，通过各种手段提高税收遵从度。

（二）税务机构改革的方面

1. 配合国家行政机构改革，实现税务机构从税种管理向分类管理的过渡。“十一五”规划提出，未来行政管理体制改革将成为改革开放的关键。以行政体制改革为中心的政府机构改革，最重要的是实现政府自身的转型。借鉴发达国家税务机构改革的经验，为了适应纳税服务的现实需要，中国税务机构的改革应考虑从税种管理向分类管理过渡。2008 年，总局在按税种设立机构的传统做法基础上，新设纳税服务司和大企业管理司，整合内部监督机构，就借鉴

了发达国家税务机构改革的先进做法，顺应了新时代税务管理的需要。

2. 简化税务行政管理层级，实现税务行政体制扁平化，提高税收征管效率。中国宪法确定的地方行政区划主要是省、县、乡三级体制，而目前实行的却是四级行政体制，“市管县”一直是一种常态。中国从 1992 年起，开始试行的财政“省管县”改革，推行“省管县”，取消“市管县”，就是借鉴发达国家行政管理理念，取消了众多中间层级的行政命令中心，逐步形成中央、省市区、县市三级行政管理制度，实现行政体制扁平化，这也更符合现代行政的要求。我们税务管理机构与目前中国行政机构体制相对应，也实行五级管理体制，并且其中四级分国、地税系统分别进行管理。借鉴国际上大多数国家的三级税务机构管理体制的做法，并配合行政管理体制的改革进程，实行“大部制”，按政府综合管理职能合并国、地税两套管理机构，简化税务机构垂直管理的层级，对提高税收征管效率、降低纳税成本具有重要的现实意义。

3. 借鉴国际做法，合理确定大企业标准及大企业管理机构的职责。关于大企业的标准。中国 2002 年颁布了中小企业促进法，原国家经济贸易委员会、原国家发展计划委员会、财政部、国家统计局于 2003 年 2 月 19 日发布了《关于印发中小企业标准暂行规定的通知》（国经贸中小企［2003］143 号），对主要行业的中小企业标准作出了明确界定。该标准是根据企业职工人数、销售额、资产总额等指标，结合行业特点制定的，并明确指出“《中小企业标准暂行规定》中的中小企业标准上限即为大企业标准的下限”，“国务院有关部门据此进行相关数据分析，不再制订与《中小企业标准暂行规定》不一致的企业划分标准”。为与统计口径一致，建议中国大企业管理机构所管大企业采用统计上的标准，即分行业按照从业人员、销售额和资产总额等项指标作为划分大企业的分类标准。

关于大企业管理机构的职责和内部设置。借鉴国外大企业管理机构主要职责是关注企业所得税和国际税收问题，建议大企业管理机构的在内设机构上，主要考虑按行业设立管理办公室，对纳税人实施分类管理。参照国家统计局的统计分类，并考虑到目前大企业管理司的人员编制有限，可先考虑分别就第二产业和第三产业的企业分别设立处室进行管理，第二产业包括采矿业、制造业、电力、燃气及水的生产和供应业和建筑业；第三产业包括商业、批发业、零售业、交通运输业、邮政业和住宿餐饮业等。具体职责主要负责大企业的企业所得税税源管理、纳税评估、日常检查、特别纳税调整与审计等工作；同时设立国际税收政策和执行处，负责大企业国际税收相关政策的咨询、解释以及有关大企业的国际情报交换等工作；另外，还可以考虑设立大企业数据采集分析等辅助部门。

（三）企业所得税日常管理方面

在日常管理方面，当前迫切的问题是，尽快出台与新企业所得税法及其实施条例相配套的规章和规范性文件，及时废止已过时的法规、规章和规范性文件，细化、规范对各项收入的具体确认办法，支出的扣除原则、范围和标准，减免税审批和备案程序及资料等，明确具体的操作事项，以便基层具体操作和掌握，给新法实施带来便利。在企业所得税日常管理中，主要做好以下几个方面的工作：

1. 加强源头控管方面。户籍管理是税源管理的前提和基础，是抓好所得税管理的首要环节。一是建立与工商、统计、民政以及其他有关部门的信息交流制度，定期主动上门加强联系、沟通，及时获取纳税户登记信息，掌握户源情况；二是加强对户籍的巡查，了解辖区内纳税人的增减变动情况、生产经营和财务情况，不定期召开户源管理分析会，着重对新办企业进行跟踪和监控，杜绝漏征漏管现象的发生；三是认真核实纳税人的注册资金、生产经营、账簿与凭证的设置和保管及收入和费用的核算等情况，准确确定所得税征收方式；四是建立完善各类台账。

2. 加强计税收入管理方面。在收入管理中要以发票等各种凭据为抓手，不仅要对开票方实施严格管理，对受票方也要严格管理，可借鉴阿根廷的受票人查询制度，对因不查询开票方纳税诚信度而接受假发票的纳税人视同恶意取得假发票，给予处罚，从而对不开发票漏记收入的行为起到逆向控制的作用；建立与流转税计税依据的定期核对制度，严格区分不同收入的实现时点；重点关注现金交易行为，严格执行现金管理条例，大力推行信用卡结算，可借鉴韩国的现金发票制度，通过税收优惠政策激励消费者在消费领域积极使用现金发票卡。

3. 加强税前扣除管理方面。税前扣除中要把握真实合法合理的原则。对应取得发票的扣除项目，应当严格审查发票；对企业自制凭证的扣除项目，要认真审核其逻辑关系；对税法规定扣除比例的项目，要认真审核计算基数和适用比例；对加计扣除项目，要建立专项管理制度，进行重点管理，对技术开发费加计扣除要提供专业技术部门的技术鉴定进行备案管理；对于工资等扣除项目，应加强与银行、社会保障部门的联系，协同管理；对于损失扣除项目，要准确把握审批范围，应审批的要严格审批，并加强对审批项目的后续管理；对于广告费、职工教育经费等结转扣除的项目应当建立台账，加强管理的连续性。

4. 加强减免税管理方面。减免税管理中要把握落实政策不折不扣的原则。严格减免税审批程序，对应享受减免税政策的企业要落实到位，同时对滥用减免税政策的不法企业要实行严厉的惩罚制度，特别是要将减免税企业与其关联企业、减免税企业享受政策前后联系起来进行管理，可建立减免税企业关联关系申报制度，既可明确减免税企业的法律责任，又便于税务机关跟踪管理。同时要敦促减免税企业健全核算，严格区分免税所得与非免税所得，对享受间接优惠政策的企业要实行备案管理，利用管理台账实时跟踪政策执行情况。

5. 加强亏损企业管理方面。要重点关注亏损企业中的“长亏不倒”和“免后亏损”现象，建议实行内部定期发布制度，通过征管系统进行统计和筛选，并在税务系统内部定期发布上述企业名单，对上单企业在发票发售、纳税申报、汇算清缴、纳税评估、税务稽查等环节进行重点监督和审核，形成针对恶意亏损企业“老鼠过街，人人喊打”的局面。

6. 加强核定征收管理方面。工作中要坚持以核定为手段促进企业向查账征收方式转变的工作思路。扭转核定税额是核定征收全部工作的倾向，将核定征收企业的纳税申报、发票领购、纳税评估、税务稽查纳入正常企业范畴，加大违法查处力度，打破少数纳税人对核定征收的避税依赖和习惯思维，迫使他们自觉采取措施建立健全财务核算制度，自觉选用查账征收方式。

7. 加强企业特殊事项的管理方面。随着经济发展，企业在经营过程中的经济行为越来越复杂，税务部门应加强对企业合并、分立、改组改制、清算、股权转让、债务重组、资产评估增值、接受非货币性资产捐赠等特殊事项的管理。在企业重组管理方面，要建立税务部门介入制度。

8. 加强总分机构管理方面。尽快建立总分机构主管税务机关信息交流平台，解决总分机构主管税务机关之间沟通不畅的问题。统一总分机构之间的文书传递格式，规范传递时限。调整总分机构分配税额的计算方法，建议在计算总分支机构全部应纳税额后，总机构的三个因素也应参与计算并按比例分配应纳税额，以避免总分机构规模大小与税收贡献成反比的状况，也可部分解决总机构所在地税务机关变通截留税款的问题。

9. 规范和完善境外所得税管理方面。具体建议措施有：一是建立企业境外投资经营报备制度，强化税源控管；二是建立投资经营情况和境外所得申报制度；三是加强征管合作和情报交换工作力度；四是加强税收援助服务工作。

10. 加强反避税管理方面。新税法实施后，反避税已成为加强企业所得税管理的一项重要内容。一是要建立和完善反避税工作制度和业务规程，细化反避税规章制度，特别是与新税法相配套的特别纳税调整的管理流程；二是完善反避税信息系统，丰富相关反避税信息内容，建立信息情报交换制度；三是建立反避税联合渠道和机制，包括与国际、国内相关部门的合作，以及国地税间的合作。

（四）企业所得税管理手段方面

1. 明确企业所得税的征管机关，减少征管争议，提高管理效率。改变目前国地税两家分管企业所得税的状况，实行企业所得税由一家税务机构征管，或由国税部门负责征收，或由地税部门负责征收，实行收入共享，这样既可兼顾中央和地方利益，又可避免争议和征管不平衡，从而降低税务机关征管成本和纳税人的遵从成本，提高管理效率。

2. 从内外两方面提升信息化对企业所得税管理的保障作用。提高企业所得税信息化水平。首先，要夯实企业所得税现有数据信息基础，结合新企业所得税法实施后过渡阶段政策清理的契机，对征管信息系统的企业所得税相关数据进行一次认真的清理：删除过时的数据；修改因政策调整发生变化的数据；增补系统中缺少的信息；其次，要对企业所得税功能模块进行维护和升级，实现关联模块之间的有效衔接。特别是升级年度所得税申报表的自动审核功能，凡税法中规定法定比例的，按税法规定增加勾稽关系审核功能；再次，要结合新企业所得税法的实施，在实现整合的基础上，尽快研发新的企业所得税管理专用软件，如企业所得税纳税评估专用软件、普通发票开具、采集和自动“票表比对”系统、国地税之间流转税和企业所得税纳税申报表自动比对的软件系统等。同时应进一步强化税务系统广域网建设，逐步实现国家及省、市、县四级税收信息的实时共享。

推动税收管理社会化信息网络建设。首先，要通过立法形式，对部门间的信息共享作出具体明确的规定，并实行归口统一管理；其次，各部门要充分重视对可与其他部门分享的丰富网络资源的管理，如银行系统要加强现金管理，普及非现金结算方式，使企业间商品交易和资金往来在银行网络上有迹有循；再次，对企业单位的财务核算软件要纳入规范管理，便于与税收征管系统的对接。

3. 全面实施分类管理提升企业所得税专业化水平。分类管理是基于纳税人遵从税法的差异性提出的概念，是对传统的按地域对纳税人进行划分的突破，现代税收管理强调以纳税人为中心，承认不同类型纳税人在遵守税法方面是有差异的，有必要对不同类型的纳税人在税收管理上区别对待，即实行分类管理。在分类管理中要找准重点，主次兼顾，防止漏征漏管。同时，要合理配置征管力量，要把主要力量配置在税源比例大、企业规模大、业务复杂的类别上，抓住企业所得税管理的主要矛盾和中心环节，提高管理质量和效率。在对纳税人进行科学分类方面，分类方法不能搞一刀切，各地区应因地制宜，结合本地特点进行不同的分类，对于行业特点鲜明的地区，应以行业分类为主；对于企业规模大小不一的地区，应以规模分类为主；对于企业业务特点多样的地区，应按不同业务类型进行分类；对于亏损面较大的地区，分类方法应注重治理亏损；对于企业核算普遍不健全的地区，分类方法应针对核定征收企业等等。

4. 优化服务降低纳税成本、提高税法遵从度。企业所得税具有政策复杂、涉及环节多、管理难度大、税源国际化的特点，企业所得税的优化服务除一般意义的简化程序、限时服务、首问负责、绿色通道等方式之外，更重要的是要与企业所得税自身特点相结合，强化政策辅导的广度和深度，尤其要与分类管理方式相结合，针对不同类别的纳税人制定不同的服务措施。对重点税源企业，可实行 VIP 服务，为其提供环境良好的办税场所，由政治、业务素质优秀的税务人员进行管理，对涉及企业的重要税收政策，管理人员可上门进行宣传辅导；对减免税企业，重点是落实各项优惠政策，简化审批程序，提高审批效率，辅导企业准确核算减免税；对核定征收企业，重点是督促其建账健制，引导其向查账征收方式转变；对长期亏损企业，重点是加强对企业的实地调查，帮助企业查找亏损原因，对涉及违反税收政策的，要及时进行纳税评估和稽查，避免企业在偷漏税之路上越走越远；对跨地区经营总分支机构，重点是加强总分支机构主管税务机关之间的沟通与协调，避免相互扯皮影响总分支机构所得税款的及时入库。对各类企业均应加强政策宣传辅导，尤其是做好汇算清缴期前的税法与会计差异协调、相关税收政策、会计核算方法等方面的辅导，避免企业错误申报造成不必要的损失。

5. 以完善汇缴为突破口，实现各管理环节的良性互动。企业所得税汇算清缴是对企业经营成果和税务部门管理效果的全面反映，企业所得税汇算清缴数据是税务部门管理企业所得税的第一手资料，广义的汇算数据不仅包括企业年度纳税申报表及其附表，还包括企业附报的会计报表、会计报表附注及财务情况说明书以及备案事项的各项资料。它们是纳税评估的主要案头分析资料，也是税务稽查的线索和基础。应当在纳税评估专用软件中建立汇算清缴数据库，结合纳税评估指标体系对汇算数据进行多角度分析，有疑点的进一步约谈举证，需要移交稽查部门的，及时移交。同时，取证于汇算清缴数据的有针对性的纳税评估和税务稽查对纳税人有更强的威慑力，有利于督促纳税人提高税法遵从度，进一步提高汇算清缴质量。

6. 充分运用纳税评估手段，提高税源监控效率。首先，数据要真实广泛；其次，方法要科学合理；再次，手段要高效先进；最后，工作体系要制度化。

7. 以科学统一的征管流程促进企业所得税工作机制的常态运行。结合企业所得税管理要求和现有征管机制，制定科学统一的企业所得税征管流程，是加强企业所得税管理的迫切要求。流程的设计要统一、规范、操作性强，简便快捷。不仅企业所得税管理的一般环节，如税种登记、纳税申报、税款缴纳、减免税审批、税前扣除审批等要纳入其中，而且总分支机构管理、核定征收、企业清算、亏损企业管理等企业所得税特有的管理事项也要纳入流程当中。不仅企业所得税各项业务要纳入其中，而且税务机关企业所得税管理岗责体系也要纳入其中。

8. 改革现行收入考核机制，调动企业所得税管理的积极性。建议将目前的收入任务总量考核机制变为税种考核机制，具体就是省以下税务机关在分配收入任务时，要综合考虑地区经济发展水平、产业结构、政策变化、增长空间等因素，科学合理地将收入任务分解至增值税、营业税、企业所得税、个人所得税等各个税种，使考核机制更趋完善和合理，也可以有效解决税种之间收入指标失衡问题，提高基层管理企业所得税的积极性。

（五）企业所得税执法环境方面

1. 在全社会营造尊重纳税人的氛围。纳税人是社会公共财富的创造者和提供者，理应得到全社会的尊重。企业发展需要良好的社会环境和人文环境。一个文明进步的社会一定是尊重劳动、尊重创造的社会。要在全社会努力营造"尊重市场主体、尊重企业家、尊重纳税人"的氛围，政府和部门都应转变政府职能，一切为企业服务，一切为纳税人服务，为各类企业创造公平的竞争环境。

2. 进一步加强税收诚信体系的建设。对一个企业而言，诚信是生存和发展的基础；对于一个社会而言，诚信是文明和进步的标志。全社会都需要树立诚信理念，建设诚信社会。税收诚信体系是社会诚信体系的组成部分，是诚信征税、诚信纳税和诚信用税的统一。税收诚信体系建设是中国经济社会发展的客观需要，它是一个系统工程，需要各级政府、每个纳税人以及各级税务机关的共同努力。

3. 充分发挥中介机构的作用。可以充分发挥税务师事务所、会计师事务所等中介机构在汇算清缴、会计核算等方面的行业优势和人才优势，在坚持纳税人自愿委托、自由选择、公开透明的原则上，对一些财务核算水平较低的纳税人，让中介机构代理其账务。

4. 加强同社会各界合作建立协税护税网络。税收征管法规定，各有关部门和单位应当支持、协助税务机关履行职责。随着市场经济的发展，纳税人迫切渴求公平公正的发展环境。而良好的税收环境，需要政府的支持、相关部门的配合、社会舆论的影响和监督以及纳税人权益自我保护意识的提高等多种因素。只有最大限度的增强税收征管合力，积极取得政府的支持，各相关部门的配合，完善协税护税网络，才能实现"互动双赢、共同发展"。在具体措施上，应加强国地税征管协作，加强与行业管理部门的协作，并积极争取当地政府的支持，使协税护税成为一种长效机制，努力为纳税人创造公平、公正、公开的税收环境。

参考文献：

1. 张文春、郑文辉："国外纳税遵从的理论与方法综述"，《公共经济评论》2005 年第 12 期。

2. 陈捷、陈新宇："国外税收遵从理论实践与启示"，《税收问题与对策》（深圳国家税务局）2007 年第 20 期。

3. 周广仁著：《中国税收征管能力问题研究》，中国税务出版社 2006 年版。

4. 邓远军著：《中国所得课税管理研究》，中国财政经济出版社 2006 年版。

5. 湖南省国税局科研所编著：《纳税服务》，湖南人民出版社 2008 年版。

6. 罗泊："纳税评估的国际借鉴与启示"，《会计之友》2007 年第 12 期。

7. 王俊强：《关于税收管理科学化的几点认识》，安徽省地方税务局网站。

8. 张木生："纳税服务的另一种视角"，《中国税务》2003 年第 10 期。

9. 国家税务总局税收科学研究所编著：《中国所得税制度》，民主与建设出版社 2005 年版。

10. 靳东升、李本贵主编：《企业所得税理论与实践》，经济科学出版社 2006 年版。

11. "Organizational Options for Tax Administration" Charles L. Vehorn and John Brondolo, Bulletin for International Fiscal Documentation, 1999, 11.

课 题 组 组长：魏志梅

成　　　员：方　洁　周华伟　孙红梅　伦玉君

参 加 单 位：吉林省、安徽省、山东省、甘肃省、
河北省、黑龙江省、山西省、江西省、
四川省、海南省、河南省、湖南省、
云南省、成都市、青岛市国家税务局；
山西省、内蒙古自治区、上海市、江西省、
新疆自治区、云南省、广东省、山东省、
吉林省、辽宁省、深圳市地方税务局

报 告 执 笔：魏志梅　周华伟　孙红梅　伦玉君等

国际服务贸易的货物和劳务税税收管辖权及其应用研究

国家税务总局税收科学研究所课题组

一、导论

服务贸易是全球贸易的重要组成部分。20 世纪 60 年代以来，全球产业结构加快调整，经济全球化迅猛发展，有力地推动了全球服务业的发展，服务贸易在全球贸易中发挥越来越重要的作用，已成为当今国际竞争与合作最为重要的领域。从 1980～2007 年，世界服务贸易出口总额从 3650 亿美元扩大到 32572 亿美元，27 年间增长了近 8 倍，占世界贸易出口的比重从 1/7 增长到 1/5[①]。2007 年，世界服务贸易较货物贸易保持更快增长，货物贸易增长 15%，比上年低 1 个百分点，服务贸易增长 18%，比上年高出 6 个百分点[②]。

在中国，服务业和服务贸易亦越来越成为国家经济社会发展的重要力量。服务贸易进出口总额从 1982 年的 44 亿美元增加到 2007 年的 2509 亿美元，25 年间增幅超过 56 倍，占全球服务贸易的比重从 0.6% 提高到 4.0%；服务贸易出口的世界排名由 1982 年的第 28 位上升到 2007 的第 7 位，服务贸易进口的

---

① 数据来源：国际贸易统计数据库（International Trade Statistics Database），WTO（转自商务部网站）。

② 参见陆毅：《2007～2008 年世界服务贸易发展概况与展望》，http：//chinasourcing. mofcom. gov. cn/content2. jsp？id = 24735。

世界排名由第40位上升到第5位[①]。

中国服务贸易虽然发展很快但存在着不容忽视的问题[②]。主要表现在两个方面，一是出口竞争力不强，出口规模较小，与货物贸易相比发展滞后。2007年，中国货物贸易出口12180亿美元，顺差2622亿美元；服务贸易出口1216亿美元，逆差77亿美元，服务贸易只占对外贸易总额的10%，明显低于20%的世界平均水平；二是贸易结构不平衡，主要集中在旅游、运输等传统部门，高附加值或技术含量较高的现代服务贸易发展落后。2007年，旅游、运输两个行业进出口1416亿美元，占到服务贸易总额的56.4%[③]。

为了促进服务业加快发展，"十一五"规划纲要提出"到2010年，服务业增加值占国内生产总值的比重比2005年提高3个百分点，服务业从业人员占全社会从业人员的比重比2005年提高4个百分点，服务贸易总额达到4000亿美元"的发展目标。国家相继出台《国务院关于加快发展服务业的若干意见》和《国务院办公厅关于加快发展服务业若干政策措施的实施意见》，提出一系列政策措施和工作要求。优化政策环境是其中重要内容。

本课题选择研究国际服务贸易的货物和劳务税（Goods and Services Tax，GST）税收管辖权问题，正是基于优化税收政策环境的考量。政府需要提供既有利于服务经济健康运行，又能使税收得到保护的政策环境。国际服务贸易涉及的税收问题，当以货物和劳务税的税收管辖权问题比较突出。一是在国际上尚未形成像所得税税收管辖权那样的普遍接受的框架性原则以及协定规则，正因为如此，经济合作与发展组织（OECD）财政事务部自2004年开始研究国际服务贸易的货物和劳务税[④]问题，目前仍在继续；二是中国服务贸易的货物和劳务税问题又有独特之处，即中国对服务业的征税制度与其他国家不同，除对加工、修理修配征收增值税以外，对其他服务征收营业税。

二、有关货物和劳务税的理论分析

（一）货物和劳务税的概念、性质及分类

① 数据来源：中国服务贸易指南网。

② 参阅商务部前副部长廖晓淇2006年9月在服务贸易国际研讨会的讲话。

③ 有关数据来源于商务部发布的《中国对外贸易形势报告（2008年春季）》和《2007年中国服务贸易情况》。

④ OECD称之为消费税（Consumption Tax），相当于广义的货物和劳务税，本报告中有具体的解释。

货物和劳务税是对流通中的货物或服务课征的税收，它的计税依据是货物的销售收入或提供服务的收入。由于货物和劳务税的税款一般都可以通过提高价格转嫁给消费者或使用者，即消费者或使用者是货物和劳务税的最终负税人，因此，货物和劳务税的性质就是消费课税。

货物和劳务税可以分为狭义的货物和劳务税和广义的货物和劳务税。狭义的货物和劳务税是指澳大利亚、新西兰等国家实行的货物和劳务税，其性质等同于增值税。广义的货物和劳务税是指对货物和服务的交易和消费征收的各种税收，包括增值税、等同于增值税的货物和劳务税、销售税以及特种消费税等，我们认为，也应包括中国现行的营业税。

OECD 使用消费税（Consumption Tax）的概念。其所谓消费税，实际上就是广义的货物和劳务税。按其分类，一国税收划分为所得和利润税、工资税、财产税、消费税和社会保险税五类，其中消费税包括两类：一类是一般消费税，典型的是增值税和与其等同的货物和劳务税。这类消费税中也包括美国州和地方政府征收的销售税（Sales Tax）。美国的销售税是对最终消费的有形动产和某些服务征收的一种税，只在零售环节征收，因此与增值税有着明显的区别；另一类是对特殊货物和服务征收的特种消费税（Excise Tax），也包括关税和对特定的金融保险征收的税收①。

中国货物和劳务税采用的是广义的货物和劳务税概念，主要有增值税、营业税和消费税三种，对销售、进口货物或者提供加工、修理修配劳务征收增值税，对提供交通运输、建筑、金融保险等应税劳务、转让无形资产或者销售不动产征收营业税，对烟、酒、成品油等特殊商品征收消费税。

（二）货物和劳务税的税收管辖权问题

1. 货物和劳务税税收管辖权概述。税收管辖权，是指一国政府根据其法律所拥有和行使的征税权力，是国家主权在税收领域中的体现，是国际法公认的国家基本权利。国家有权按照各自政治、经济和社会制度，选择最适合本国权益的原则确定和行使其税收管辖权，规定纳税人、课税对象及应征税额。税收管辖权的范围，在地域上，是指该国的领土疆域；在人员上，是指该国的所有公民和居民，包括本国人、外国人、双重国籍人、无国籍人和法人。

国际上确定税收管辖权通常有属人原则和属地原则之分。属人原则，亦称

---

① Consumption Tax Trends—VAT/GST and Excise Rates, Trends and Administration Issues 2006, OECD Publishing.

属人主义，以纳税人（包括自然人和法人）的国籍、住所或者居所所在地为标准确定其税收管辖权，凡属该国的公民或者居民（包括自然人和法人），都受该国税收管辖权管辖。属地原则，亦称属地主义，以一国的领土疆域范围为标准确定其税收管辖权，凡该国领土疆域内的人（无论是本国人还是外国人）和物，都受该国税收管辖权管辖。

货物和劳务税对货物和服务的交易征税，系对物课税，其税收管辖权理应采用属地原则，实行地域管辖权，即对存在于本国领土范围内的货物和服务进行征税[①]。判定货物和服务是否存在于本国领土范围内的标准有三个：一是生产地在本国的货物和服务；二是流通地在本国的货物和服务；三是消费地在本国的货物和服务。

根据这些判定标准，货物和劳务税的税收管辖权原则基本上可以概括为两种：

（1）原产地原则（Origin Principle），是指一国有权对生产地在其领土范围之内的货物和服务课税，无论这些货物和服务是在本国消费还是在国外消费。实行这一原则，意味着出口货物和服务将负担出口国的货物和劳务税，即出口货物和服务以含税价格进入国际市场。原产地原则为税收竞争打开了大门，比如，在20世纪90年代，某些欧盟的成员国试图通过降低国内税率来吸引国外的跨境购买以增加本国税基，损害邻国的利益[②]。

（2）消费地原则（Destination Principle），是指一国有权对最终消费地在其领土范围之内的货物和服务课税，无论这些货物和服务来自本国还是国外进口。实行这一原则，意味着进口货物和服务将负担进口国的货物和劳务税，因

---

① 所得税的税收管辖权，大体分为居民管辖权、公民管辖权和地域管辖权。前两者是基于属人原则所确立的税收管辖权，后者是基于属地原则所确立的税收管辖权。居民管辖权，是指国家对本国法律规定的居民（包括自然人和法人）在世界范围内的全部所得和财产行使征税权力，而不考虑该项所得是否来源于境内。公民管辖权，是指国家对具有本国国籍的公民在世界范围内的全部所得和财产行使征税权力，而不考虑其是否是本国居民。在一个实行公民管辖权的国家，对本国公民的一切所得和财产征税。地域税收管辖权，也称为来源地管辖权，是指国家依照属地原则，对来源于本国境内的全部所得以及存在于本国领土范围内的财产行使征税权力，而不考虑其取得者是否是该国居民或公民。在一个实行地域管辖权的国家，一个纳税人若有来源于该国境内的所得或财产，这个国家就可以对其征税。

② Peter Birch Sorensen：Tax Coordination in the European Union：What are the issue?；Revised version of paper presented at the conference on Macroeconomic Polic Co – ordination in the EU：How Far Should It Go?；organized by the Economic Council of Sweden，Stockholm，28 May 2001.

此可以避免扭曲的税收制度，从而保证对税收竞争产生中性影响①。

2. 货物和劳务税税收管辖权冲突问题。和所得税税收管辖权一样，货物和劳务税税收管辖权也存在冲突问题。从理论上讲，各国实行不同的货物和劳务税税收管辖权原则，必然发生税收管辖权冲突，从而导致双重征税或者非故意不征税（Unintentional Non - taxation）现象的出现②。具体而言，出口国实行原产地原则，进口国实行消费地原则，则两个国家都要依据税收管辖权对同一贸易对象课税，同一笔服务出口既要负担出口国征收的货物和劳务税，又要负担进口国征收的货物和劳务税，造成双重征税问题。这种情况下，出口服务负担了两国的税收，它在进口国的国内市场上就无法与进口国同类服务进行公平竞争。出口国实行消费地原则，进口国实行原产地原则，就会出现两个国家都不征税的情况，我们称之为非故意不征税。出口国和进口国都既实行原产地原则，又实行消费地原则，则在服务贸易跨境流动时，都会被课征两国的税收。

由于货物和劳务税的税收负担可以通过价格转嫁，因税收管辖权冲突导致的货物和劳务税的双重征税或者非故意不征税，会带来跨国服务价格的扭曲，从而破坏国际服务贸易的公平竞争秩序，对国际服务贸易的发展产生阻碍作用。

3. 解决货物和劳务税税收管辖权冲突的途径。从逻辑上分析，避免货物和劳务税双重征税或者非故意不征税的办法是各国均实行统一的货物和劳务税课税原则。无论各国统一实行哪一种课税原则，都可以避免税收管辖权冲突而导致的双重征税或非故意不征税问题，有利于包括国际货物贸易和服务贸易在内的国际贸易的发展。比如，统一实行原产地原则，所有跨国贸易的货物和服务就只负担出口国的税收，而不负担进口国的货物和劳务税；统一实行消费地原则，则所有跨国贸易的货物和服务就只负担进口国的货物和劳务税，而不负担出口国的货物和劳务税。然而，从保障全球生产的最优化、国与国之间税收公平等角度考虑，无论是对国际货物贸易还是国际服务贸易，消费地税收管辖权原则都优于原产地税收管辖权原则：

（1）实行消费地原则能够保障全球生产的最优化，体现经济效率原则。

---

① Vander Lucas: Tax Harmonisation and the origin principle; Economics Letters 71 (2001) 111 ~ 115.

② OECD Report: The Application of Consumption Taxes to the Trade in International Services and Intangibles (2004).

如果各国国内货物和劳务税采用多种税率，并且对同一货物和服务各国规定的税率存在差异，那么统一实行消费地原则可以使各国的比较优势得以充分发挥，有利于对全球生产的最优化。在原产地原则下，税收基本上是对生产课征的。如果各国选择不同的税率，则各国生产的边际转换率不同，意味着世界范围内的产出不是最有效率的。在消费地原则下，税收基本上是对消费课征的，尽管各国实行不同的税率，但是在一国范围内，购买国内服务还是进口服务对消费者无影响，也就是说，从消费者角度看，影响是中性的①。基于上述理论分析，对有形产品的国际贸易征收增值税或销售税几乎都采用消费地原则，并且欧盟对服务和无形资产贸易也转向采用消费地原则；与原产地原则相比，消费地原则对当地经济活动的扭曲作用要小得多②。

（2）实行消费地原则可以有效避免出口税收负担问题，能够体现国与国之间的公平原则，也符合 WTO 的国民待遇原则。实行原产地原则，国内课征的货物和劳务税会附加到出口货物和服务的价格中，从而由外国消费者负担。根据国家间税收公平的原则，一国只应对本国的消费者课税，而不应对外国的消费者课税③。一国税收由他国消费者负担之所以不公平，是因为税收最终要用于政府的支出，享受了政府支出带来利益的同时向政府纳税，这是合理的。但出口国的财政支出并没有使外国消费者受益，出口国的税款转嫁给外国消费者负担就是不合理的，从国与国之间的关系看也是不公平的④。按照 WTO 国民待遇原则的要求，进口服务必须要与国内服务承担相同的税负，以确保本国服务与进口服务处于平等的竞争地位，因此各国应普遍对进口服务征税，对出口服务退税，这是税收公平原则在国际税收中的具体体现。

（3）从国民经济平衡的角度看，对国际服务贸易征收货物和劳务税应当采用消费地原则。货物和服务出口可以在一定程度上促进本国国民经济的增长，增加就业机会；而进口货物和服务则会减少对本国服务的需求，对经济增长有一定的负面影响，也会造成就业机会的减少。因此，从促进经济增长和充分就业角度出发，货物和服务出口国多采用促进出口的税收政策，而货物和服务进口国多对进口服务征税。出口货物和服务的货物和劳务税的征收者应当是

---

① 赵书博："西方学者出口退税研究综述"，《管理现代化》2006 年第 3 期。

② Charles E. Mclure, Jr., Hoover Institution Stanford University: The Taxation of Electronic Commerce: Background and Proposal.

③ 赵书博："西方学者出口退税研究综述"，《管理现代化》2006 年第 3 期。

④ 朱青编著：《国际税收》，中国人民大学出版社 2008 年版，第 328～329 页。

进口国政府而非出口国政府。

（4）货物和劳务税的特性决定了其在国际贸易中必须执行消费地原则。消费地原则意味着所有的货物和劳务税税款缴纳都由货物或服务的消费地来管辖，税收收入也理应归销售给最终消费者的地方所有。采用消费地原则才能使货物和劳务税在国际贸易中保持中性。而原产地原则意味着每个有管辖权的国家都会对增值部分按本地税率课征货物和劳务税，这与货物和劳务税最基本的特性——对消费课税相矛盾，并且这也会破坏货物和劳务税在国际贸易中的中性作用。作为国际标准的消费地原则要求出口免税并退还其进项税（零税率），进口按当地产品相同的税率征税[①]。

三、世界各国对国际服务贸易货物和劳务税税收管辖权原则的选择、影响及原因

（一）世界各国对国际服务贸易货物和劳务税实行的税收管辖权原则的现状及其影响

从各国的税收实践来看，到目前为止，各国在对国际货物贸易征收货物和劳务税时基本上采用了一致的税收管辖权原则——实行消费地原则，即对绝大部分出口货物退税、对进口货物征税。尽管各国在理论上也认同对国际服务贸易的货物和劳务税税收管辖权应该实行消费地原则，但是，由于种种原因，各国在实践中对国际服务贸易征收货物和劳务税时实行的税收管辖权原则却存在着很大的差异。有的国家选择使用纯粹的原产地原则，即对所有的国际服务贸易都在服务提供地征收货物和劳务税；有的国家选择使用纯粹的消费地原则，即对所有的国际服务贸易都在服务的实际消费地征收货物和劳务税，比如日本和新西兰；有的则选择以原产地原则为基本原则，以消费地原则为例外原则，即对大多数国际服务贸易在服务提供地征收货物和劳务税，对少数国际贸易服务在服务的实际消费地征收货物和劳务税，比如新加坡、欧盟以及最具代表性的成员国——英国。值得注意的是，在完全或部分实行消费地原则的国家，对消费地的判定因素也各不相同。此外，在税收实践中，各国还根据各种条件的变化对国际服务贸易的货物和劳务税税收管辖权原则进行调整。

随着国际服务贸易的快速发展，各国在对国际服务贸易征收货物和劳务税

---

① Consumption Tax Trends—VAT/GST and Excise Rates, Trends and Administration Issues 2006, OECD Publishing, P12.

时实行不同的税收管辖权原则以及相关规则产生的矛盾和问题日益凸现，严重阻碍了国际服务贸易的健康发展。根据 OECD 的相关调查和总结，上述矛盾和问题在实践中主要体现在以下几个方面：

1. 可能导致双重征税或者不适当征税（Double or Inappropriate Taxation）。具体情况包括：对销售方与购买方作为不同的纳税人，就同一交易行为重复征税；对同一法人，因被视为不同的纳税人（比如分支机构之间的交易），就同一交易行为重复征税；企业进项税不能抵扣，但销项税必须征收。这些情况，在许多服务贸易实践中存在，包括跨境租赁、全球合同、全球漫游、多功能先付费电话卡、捆绑服务、管理服务、公司内部之间费用支付、广告服务等。

2. 非故意不征税（Unintentional Non-taxation）。由于增值税的对称性质，理论上讲，不征税应当和双重征税一样会发生。

3. 缺乏供应链效率（Lack of Supply Chain Efficiency）。企业往往没有选择，只能将增值税内化为实施服务的成本费用，从而使其服务价格更高，降低其竞争力。这确实影响供应链效率。

4. 无力进入市场（Inability to Enter Markets）。企业界强调，各国增值税的不一致，导致市场进入或者商业机会开发困难。

5. 竞争扭曲（Distortion of Competition）。对本国企业和外国企业区别对待，比如本国企业可以抵扣增值税进项，外国企业不可以抵扣，则违背中性原则，扭曲竞争，亦可能违反 WTO 规则。反之，如果本国企业须缴纳增值税，而外国企业可以不缴纳增值税，同样产生扭曲。

6. 遵从成本高（High Compliance Costs）。除了处理不确定性的日常成本，许多从事安装、修理修配、维护、培训等服务的企业（特别是跨国企业）可能要求进行多重增值税登记。使用全球服务合同又在当地进行货物配送，也可能要求多重登记。这些都可能产生较高遵从成本。

7. 不遵从（Non-compliance）。遵从成本高，企业就会不遵从。

8. 不确定性（Uncertainty）。企业界强调，各国对于增值税适用没有协调一致的认识，这是最大的不确定性。这些不确定性，加上双重征税问题，影响全球服务经济的发展[①]。

（二）各国对国际服务贸易货物和劳务税实行不同的税收管辖权原则的原因

① 国家税务总局 OECD 财政事务部第九工作组成员王文钦根据相关资料翻译整理。

各国在对国际服务贸易征收货物和劳务税时实行不同的税收管辖权原则的原因很多，概括起来主要有以下几点：

1. 在世界范围内，缺乏协调国际服务贸易货物和劳务税的指南或相关协定范本。为了避免对所得和财产的双重征税问题，早在1963年和1979年，OECD和联合国就分别公布了《关于对所得和财产避免双重征税的协定范本》和《关于发达国家与发展中国家间双重征税的协定范本》，在这两个协定范本的基础上，世界各国签订了大量避免所得和财产双重征税的国际协定，有效地解决了对所得和财产的国际重复征税问题。在国际货物贸易的货物和劳务税领域，根据《关贸总协定》等相关国际协定，目前世界各国的国内货物征税制度中有关国际货物贸易的部分基本上都实行了消费地原则。但是，在国际服务贸易的货物和劳务税领域，尤其是对国际服务贸易的货物和劳务税税收管辖权及其相关问题，目前在世界范围内还没有形成各国一致同意的框架性原则，也没有用于协调的指南或者是货物和劳务税税收协定范本。正是由于这个原因，各国在确定对国际服务贸易征收货物和劳务税的税收管辖权原则时没有一致性的原则可以遵循。

2. 各国在确定国际服务贸易的货物和劳务税税收管辖权原则时主要是从本国的经济和税收利益出发。与国际货物贸易发展的成熟度相比较，国际服务贸易是一种新兴产业，各国对国际服务贸易征收货物和劳务税的制度以及征管方式都处于探索阶段，各国在制定国际服务贸易的货物和劳务税制度时主要考虑的是保护本国的经济和税收利益，而在与其他国家相关制度的协调方面则考虑的较少，甚至没有考虑。出于兼顾保证本国税收收入和促进某些服务业发展的利益，服务净出口国通常会倾向于在对国际服务贸易征收货物和劳务税时实行原产地原则，与之同时还会在对某些鼓励其出口的国际服务贸易征收货物和劳务税时实行消费地原则；服务净进口国则会倾向于在对国际服务贸易征收货物和劳务税时实行消费地原则；甚至有的国家为了最大限度地保护本国的税收收入，会倾向于对出口服务一律按照原产地原则征收货物和劳务税，对进口服务一律按照消费地原则征收货物和劳务税。

3. 各国在确定国际服务贸易的货物和劳务税税收管辖权原则时还会考虑便于征收管理等其他方面的因素。从征收管理的角度考虑，实行原产地原则比实行消费地原则更加便于国际服务贸易货物和劳务税的征收管理。与国际货物贸易有很大的差别，诸如通过电讯、邮政或计算机网络等方式提供的视听、金融等过境交付的国际服务贸易是无形的，不存在物流形式，海关对其在征税上没有任何约束意义。如果实行消费地原则，无论是在 B2B 的情况下，还是在 B2C 的情况下，消费地所在国在对国际服务贸易征收货物和劳务税时都存在很大的困难，可能需要采取逆向征税制度（Reverse Charge），要求服务接受方就接受的服务向本国申报缴纳货物和劳务税，由此带来的征收成本是很高的。在 B2B 情况下，税务机关尚可以对不遵从的企业通过检查其支出情况，要求该企业向税务机关申报缴纳该笔货物和劳务税，但是在 B2C 情况下，税务机关不可能逐一对个人进行检查，要求个人向税务机关申报缴纳该笔货物和劳务税。但是，从为了保证征税对国际服务贸易产生中性影响的角度考虑，实行消费地原则显然是优于实行原产地原则，实行消费地原则不会扭曲竞争，从而不会导致国家采用扭曲性的货物和劳务税制度。由此可见，各国在确定国际服务贸易的货物和劳务税税收管辖权原则时，需要考虑诸多因素来权衡两种管辖权原则的利弊，从而确定实行哪种税收管辖权原则。

（三）欧盟及其他主要国家有关国际服务贸易货物和劳务税税收管辖权原则的具体规定

1. 欧盟。根据欧盟委员会 2006 年 11 月 28 日发布的《增值税共同制度指令》（简称《增值税指令》），欧盟对服务贸易征收增值税的原则有基本原则和例外原则。

通常而言，对大多数服务应该在服务的提供地对服务征收增值税，即采用原产地原则。服务提供地是指服务提供者的营业场所或固定机构的所在地，并且服务提供者是通过上述营业场所或固定机构提供服务的。在服务提供者没有上述营业场所或固定机构的情况下，服务的提供地视同是服务提供者的永久性住址或经常居住的地点。

而在例外原则中规定对少数服务在服务的实际消费地征收增值税，即采用消费地原则。这些服务包括：房地产经纪人提供的服务，提供与文化、艺术、体育、科学、教育和娱乐等活动有关的服务以及咨询者、工程师、律师和会计师提供的服务。

此外，在与非欧盟成员国进行服务贸易时，为了避免双重征税、非故意不征税或对竞争的扭曲，欧盟要求成员国必须注意两点：一是尽管某些服务的提供地在欧盟境内，但如果这些服务的实际使用和享受发生在欧盟境外，应考虑在服务实际使用和享受的欧盟境外征收增值税；二是尽管某些服务的提供地在欧盟境外，但如果这些服务的实际使用和享受发生在欧盟境内，应考虑在服务实际使用和享受的欧盟境内征收增值税。

2008 年 2 月 20 日，欧盟委员会颁布了对《增值税指令》的修正令，其中有关增值税征税原则的修订内容是：从 2013 年 1 月 1 日开始，对向个人或不从事经营活动的实体出租交通工具征收增值税，应采用消费地原则，不再采用生产地原则，即在租用交通工具的个人的永久性住址或经常居住的地点征收增值税，或在不从事经营活动的实体的所在地征收增值税。这里，租用交通工具指的是非短期的出租，即持续拥有或使用交通工具的时间不得少于 30 天，如果租用的交通工具是船只，则不得少于 90 天。

2. 英国。根据英国和欧盟的法律，英国对服务征收增值税的基本原则是：在服务提供者的所在地对服务征收增值税，即采用原产地原则。服务提供者的所在地是指服务提供者的营业场所或其他固定机构的所在地，包括分支机构、代理机构所在地，但通常不指子公司或独立经营的关联公司的所在地。当服务提供者有两个以上机构时，服务提供者所在地应当是与提供服务直接相关的机构的所在地，即应当在与提供服务直接相关的机构所在地征收增值税。在服务提供者没有营业场所或固定机构的情况下，服务提供者所在地就是其经常性居住地，即应当在服务提供者的经常性居住地征收增值税。一个公司的经常性居住地指的是公司依法组建的地点。

但根据英国法律，对某些服务征收增值税不适用上述基本原则，而要适用例外原则，具体规定如下：一是对欧盟内部的货运及辅助服务应当在货运起始地点和（或）消费者所在地征收增值税；二是提供授予、转让、放弃土地权益服务，建筑、爆破、改造服务以及不动产代理人、建筑师、工程师提供的与土地相关的服务应当在土地坐落地征收增值税；三是提供文化、艺术、体育、科学、教育、娱乐活动服务，提供展览、会议和集会服务，提供货物评估或加工修理（work on goods）活动以及提供客运服务，应当在上述活动实际发生的地点征收增值税；四是提供版权、专利、许可服务，广告服务，咨询者、工程师、律师、会计师等提供的服务，银行、金融和保险服务，作为职员提供的服务以及出租货物（交通工具除外）等服务，应当在消费者所属地点征收增值税；五是通过电子提供的有关服务，包括网络服务，软件、图像、文档、信息、音乐、电影、游戏（包括靠运气定胜负的游戏以及赌博游戏）服务，有关政治、文化、艺术、体育、科学等电视、电台转播，远程教育等服务，应当在消费者所属地点或实际享受上述服务的地点征收增值税；六是提供电信服务以及广播、电视转播服务，应当在消费者所属地点或实际享受上述服务的地点征收增值税；七是出租交通工具或其他货物，应当在消费者所属地点或实际享受上述服务的地点征收增值税。

当消费者有两个以上机构时，消费者所在地应当是实际接受服务的机构所在地，即应当在实际接受服务的机构所在地征收增值税。向个人消费者提供的上述服务，应当在个人经常性居住地征收增值税。

3. 新西兰。新西兰与澳大利亚、加拿大一样，是世界上典型的实行狭义货物和劳务税的国家。对于进口服务，三国都普遍采用了“逆向征税”的做法，基本上是采用消费地原则对国际服务贸易征收货物和劳务税[①]。2003 年，新西兰对进口服务的货物和劳务税进行了重大修订，并于 2005 年 1 月 1 日起生效。此次修订的主要内容是，对 B2B 领域的进口服务采用“逆向征税”机制征收货物和劳务税。在此之前，新西兰货物和劳务税法（1985 年颁布，2000 年修订）规定，只对进口货物征收货物和劳务税，而不对进口服务征收货物和劳务税。对 B2B 领域的进口服务采用“逆向征税”机制征税这一措施使新西兰的货物和劳务税体制与其他实施增值税的国家的增值税制度更加协调一致。新西兰对 B2B 领域的进口服务采用“逆向征税”机制的具体内容是：如果服务是由非居民向新西兰居民提供的，那么，接受该服务的新西兰居民应就服务的价值自行申报缴纳货物和劳务税。理由是，接受进口服务者应被视为服务提供者，因为进口服务通常不含税（零税率），所以可以视同新西兰本地提供的服务来对待。通常进口服务接受者应就接受的服务总价值缴纳销项税，并在符合有关规定的基础上申请进项税抵扣，比如，要求进口服务的主要目的是在新西兰境内提供应税货物和服务所用。就向新西兰境外提供的服务而言，如果服务仅能在服务提供的当时当地被接受，则适用零税率。

4. 新加坡。新加坡对国际服务贸易征收增值税采取的基本原则是原产地原则。新加坡《货物和劳务税法典》规定，如果服务的提供者属于新加坡，则应该在新加坡对该项服务征收增值税。服务的提供者只要满足下列两个条件之一，就被判定为属于新加坡：一是仅在新加坡境内有营业场所或固定机构；二是无营业场所，但其经常性居住地在新加坡。如果服务的提供者属于其他国家，那么就应当在服务提供者所属的国家对该项服务征收增值税。服务的提供者只要满足下列两个条件之一，就被判定为属于其他国家：一是在其他国家有营业场所或固定机构；二是无营业场所，但其经常性居住地在其他国家。当服务的提供者在两个以上的国家有营业场所或固定机构的，应当在与所提供的服

---

① 参见 http://taxpolicy. ird. govt. nz/publications/files/html/gstimported/c4. html.

务最直接相关的机构所在地征收增值税。此外，新加坡对部分国际服务贸易采用消费地原则，实行零税率。

5. 日本。总体上说来，日本对国际服务贸易征收消费税（即增值税）采取的原则是消费地原则。日本消费税法于 1988 年 12 月 30 日颁布，对 1989 年 4 月 1 日以后进行的交易生效。其中规定：一个企业要就在日本境内提供的服务在日本缴纳消费税，如果所提供的服务不涉及日本境内的企业，则无需在日本缴纳消费税。也就是说，日本境内的企业以及境外的企业向日本境内的企业提供服务要在日本缴纳消费税；此外，日本境内的企业向日本境外的企业提供服务，无需在日本缴纳消费税，即对出口服务免税。

四、协调国际服务贸易货物和劳务税税收管辖权原则的意义、途径以及 OECD 财政事务委员会第九工作组的相关工作

（一）协调国际服务贸易货物和劳务税税收管辖权的意义和途径

基于各国实行不同的国际服务贸易货物和劳务税税收管辖权原则产生的矛盾和问题严重影响了国际服务贸易的健康发展，协调、规范国际服务贸易货物和劳务税税收管辖权原则的意义就显得非常重大，具体体现在两个方面：一是通过协调鼓励并引导各国采取一致的国际服务贸易货物和劳务税税收管辖权原则，可以消除对国际服务贸易的双重征税、非故意不征税以及不适当的征税等税收障碍，使服务实现跨国无障碍自由流动，从而促进国际服务贸易的健康发展；二是通过协调鼓励并引导各国采取一致的国际服务贸易货物和劳务税税收管辖权原则，可以维护和规范各国的税收管辖权，建立起国与国之间有关国际服务贸易货物和劳务税的征收和分配机制，保证一个国家有关国际服务贸易的货物和劳务税收入不受他国的侵蚀，确保国与国之间的税收公平。

鉴于 OECD、联合国等国际组织从 20 世纪 20 年代就开始涉足引导各国在税收制度和税收管理方面进行协调，并取得了很大的成效，我们认为，由国际组织对国际服务贸易的货物和劳务税相关问题进行协调是最优选择。协调的途径包括：一是通过并公布一致同意的框架性原则，引导并鼓励各国采用；二是制定有关国际服务贸易货物和劳务税的指南，将框架性原则具体化为具有可操作性的规则；三是基于框架性原则和指南本身不可能解决所有的问题，各国不可避免地会以不同的方式对概念和行为进行解释，因此，要建立一定形式的争议解决机制；四是如果各国认为双边协议更有效，亦可以考虑制定货物和劳务税税收协定范本或者将货物和劳务税条款纳入现行关于所得与资本的税收协定

范本。

（二）OECD 第九工作组有关国际服务和无形资产贸易消费税问题的研究成果①

作为目前国际上唯一对国际服务贸易的货物和劳务税问题进行系统研究并有意在该领域进行协调的国际组织，OECD 在 2004 年就委托财政事务委员会下属的第九工作组——“关于消费课税的第九工作组”对协调国际服务与无形资产贸易消费税的意义、协调机制与规则进行调查和研究，并取得了丰硕的成果。

2004 年至今，OECD 第九工作组先后完成了一系列有关国际服务贸易和无形资产贸易的消费税的报告，这些报告的成果全部体现在了第九工作组正在起草的《国际增值税指南》第二章的草案中。下面是《国际增值税指南》第二章草案最重要的内容，即在 B2B 交易中，确定消费地的规则。

1. 对跨国贸易的服务和无形资产征收增值税的主要规则。从理论上讲，对跨国贸易的服务和无形资产应该如同对跨国贸易的货物一样按照“消费地原则”对其征收增值税，即在服务和无形资产的实际消费地征收增值税。但是该原则是纯理论性的，在很多现实情况中无法实施，因此可以借鉴对电子商务征收消费税的研究成果（见《国际增值税指南》第三章 C 部分），在企业对企业（B2B）的服务和无形资产跨国贸易中采用“消费者所在地”来代替“实际消费地”。在这个前提下，对跨国贸易的服务和无形资产征收增值税的主要规则就是，当一个企业向非居民企业提供跨国服务和无形资产时，应该在服务和无形资产的消费者所在地，即在劳务和无形资产的提供对象——非居民企业的机构所属的管辖区，或者是接受劳务和无形资产的非居民企业的机构所属的管辖区征收增值税。上述非居民企业的机构应当根据其正常的商业活动以及合同、发票和支付凭证等文件来确定。在运用主要规则时，在何地征收增值税只需考虑接受服务和无形资产的企业机构所在地，而无需考虑企业在何地消费这些服务和无形资产。

2. 对跨国贸易的服务和无形资产征收增值税的补充规则。当企业被认为运用主要规则进行偷逃税以及运用主要规则会扭曲竞争的情况下，应当适用补充规则。补充规则在两种情况下适用：

（1）当企业被认为运用主要规则进行偷逃税时，消费地应当根据交易的

① 国家税务总局 OECD 财政事务部第九工作组成员王文钦、陈琍根据相关资料翻译整理。

经济实质和真实性来确定。

（2）当运用主要规则会扭曲竞争时，跨国贸易的服务和无形资产所涉及到的各管辖区可以采取分配的方式在消费实际发生地征收增值税（具体的分配方法还需进一步讨论）。

3. 不适用主要规则的例外情况。不适用主要规则的例外情况包括三类：

（1）与特定不动产相关的服务。与特定不动产相关的服务的消费地应当是不动产的坐落地，即对与特定不动产相关的服务应该在不动产的坐落地征税。与不动产相关的服务主要有：与不动产相关的体力服务，例如建筑和修理；与不动产占有权或享受权相关的服务；与特定不动产直接相关并对这些不动产产生直接影响的专业性服务和脑力性服务，包括：要求提供服务的人必须在不动产坐落地提供服务的与建筑和修理直接相关的服务，以及对特定不动产提供的日常管理和安全服务，另外，还包括对特定财产有直接影响的服务。这类服务主要有：检测员提供的有关特定财产（土地或海底）的服务（包括地震、地质或地磁方面的服务），管理特定的财产，为特定财产提供的安全服务，等等。但是下列服务不在财产的坐落地征收增值税：会计师提供的计算纳税申报表的服务（即使客户向其提供了某一特定不动产的租赁收入）、建筑师提供的适用多个地点的建筑物设计服务，等等。

（2）服务的提供者和接受者必须同时在场的服务。服务的提供者和接受者必须同时在场的服务的消费地应当是服务实际发生的地点，即对服务的提供者和接受者必须同时在场的服务应当在服务实际发生的地点所属管辖区征收增值税。这类服务具有以下特点：服务的提供者和接受者必须同时在场；在指定的地点接受这类服务；每一次服务行为结束后，服务也就终止；服务的提供者和接受者之间没有长期的或事前确定的合同关系；服务提供者与个人和企业消费者进行的交易是常规的，例如零售商提供的服务。这类服务主要有：饭店和餐饮服务，展览，足球比赛，剧场上映电影、戏剧，表演等，对诸如个人所有的汽车、计算机、手机等动产遭受意外坏损提供的修理服务（无事前合同）。但是下列服务不在服务执行地征收增值税：为某项活动提供的翻译服务，为电影或实况转播的艺术表演提供的音响服务，有关有形货物的工作（例如加工、修理、修配），培训研讨会，个人安全服务，木匠、电工在展览场地提供的搭建展台的服务。

（3）货物的短期租用服务。短期租用的货物消费地是把货物实际转让给消费者的地点所属的管辖区，即短期租用的货物应该在货物实际转让地征收增值税。

五、中国有关国际服务贸易的货物和劳务税制度和政策分析

中国现行货物和劳务税制度体系主要由增值税、消费税、营业税以及关税构成。由于消费税是对生产、加工以及进口特定的应税消费品征收，关税对进口商品征收，因此，涉及国际服务贸易的货物和劳务税种主要是增值税和营业税。

（一）现行增值税和营业税有关国际服务贸易的基本制度框架

1. 增值税。中国现行增值税主要针对货物贸易征收，在此基础上，对在中国境内提供加工、修理修配劳务也纳入增值税征收范围。因此，与国际服务贸易相关的增值税制度规定主要体现在与货物联系比较紧密的劳务活动方面。总体来看，可归纳为以下三类：

（1）境外单位或个人在中国境内提供加工、修理修配劳务的增值税制度规定。按照现行增值税制度，对境外单位或个人在中国境内提供加工、修理修配劳务的，如果劳务提供方在中国境内设有经营机构，则视该经营机构是否具备增值税一般纳税人资格而分别适用不同的征收办法。如果是一般纳税人，则适用增值税 17% 的普通税率，同时，劳务提供过程中发生的零配件等购进材料所含进项税款可得以抵扣。如果是小规模纳税人，则适用增值税 3% 的征收率（原为 6%，2009 年 1 月 1 日起已下调至 3%），同时，劳务提供过程中发生的零配件等购进材料所含进项税款不能抵扣。如果劳务提供方在中国境内没有设立经营机构，则以其在境内的代理人作为扣缴义务人，没有代理人的，以劳务接受方（购买者）作为扣缴义务人，代扣代缴增值税，扣缴时通常适用增值税 17% 的普通税率。

（2）境外单位或个人向中国境内销售货物并提供劳务的增值税制度规定。按照现行增值税制度，对境外单位或个人向中国境内销售货物并提供劳务的，视同混合销售行为，一并征收增值税，适用税率通常为 17%。但是，对高新技术产品的进口以及相关技术的引进，给予了一定的税收优惠。如对企业引进属于《国家高新技术产品目录》所列的先进技术，按合同规定向境外支付的软件费，免征进口环节增值税；对为引进先进技术提供售后服务进口的维修零配件，可免办纳税进口手续，存入保税仓库，等等。

（3）境内单位向境外提供劳务并同时进口或运出货物的增值税制度规定。按照现行增值税制度，对境内单位向境外提供劳务并运出货物的，分两种不同

情形分别适用不同的政策规定：一是在中国境内为境外企业提供加工服务的贸易形式。目前，中国对境内企业承接境外来料加工、进料加工、来件装配等加工贸易，除一些禁止类或限制类项目外，一般给予了在原材料或设备进口环节保税（包括增值税以及消费税、关税），在产品出口环节免税的优惠政策，或者是在进口环节征税，在出口环节退税的政策；二是境内企业在境外提供劳务的贸易形式。如果该类劳务活动需要向境外运出货物，则可相应享受出口退（免）税政策。如：对企业运出境外用于对外承包工程或对外承接修理修配业务的货物，可以退还增值税（如果该货物为应税消费品，还可以免征出口环节消费税）。同时，对境内企业在境外提供修理修配劳务活动，因劳务发生地不在中国境内，不属于增值税征收范围，无须承担增值税纳税义务。

2. 营业税。中国现行营业税制度主要针对提供劳务、转让无形资产或销售不动产征收。其中，提供劳务包括交通运输、建筑安装、邮电通信、文化体育、娱乐、代理、旅店、饮食、旅游、仓储、租赁、广告等其他劳务活动；转让无形资产包括转让土地使用权、商标权、专利权、非专利技术、出租电影拷贝、著作权、商誉等。涉及国际服务贸易的营业税制度规定主要体现在跨国劳务提供和无形资产转让方面。对此，营业税制度原则上按劳务活动发生地判定纳税义务，即如果劳务活动发生地在中国境内，则征收营业税，如果劳务活动在境外发生，则不属于营业税征税范围。对于劳务活动发生在中国境内的界定，最近新修订的营业税暂行条例实施细则规定为两种情形：一是提供或者接受条例规定劳务的单位或者个人在境内；二是所转让的无形资产的接受单位或者个人在境内。这实际上相当于按机构所在地判定纳税义务的情形。在税法修订前，由于实际征管中对一些劳务活动发生地难以判定或容易产生争议，因此，也比较普遍地存在着按机构所在地判定劳务活动发生地，并以此界定纳税义务的做法。

总体来看，可归纳为以下两类：

第一，境内单位和个人向境外提供劳务或转让无形资产。一是劳务发生地在境外不征收营业税的情形。如运输企业在中国境内运输旅客或货物出境，在境外改由其他运输企业承运的，对境外承运收入不征收营业税；旅游企业组团到境外旅游，在境外改由其他旅游企业接团的，对境外接团收入不征收营业税；运输企业或旅游企业在境外承运或组织旅客到中国境内，不征收营业税；建筑企业在境外提供建筑劳务取得的收入，不征收营业税；境内企业外派人员赴境外从事劳务活动取得的收入，不征收营业税；境内企业向境外转让软件等无形资产，因无形资产的接受方不在境内，不征收营业税，等等；二是按机构所在地在中国境内征收营业税的情形。如境内企业承接离岸服务外包业务取得的收入，除少部分地区目前试点实施营业税免税政策外，其他基本都按机构所在地征收营业税；境内银行机构提供的离岸银行业务，视为在中国境内发生的劳务，按机构所在地征收营业税，等等。

第二，境外单位或个人向境内提供劳务或转让无形资产的情形。总体而言，现行营业税制度对境外单位和个人在中国境内提供劳务或向中国境内转让无形资产的，应承担营业税纳税义务。对境外单位和个人在境内发生应税行为而未在境内设有机构的，其应纳税款以代理人为扣缴义务人，没有代理人的，以受让者或购买者为扣缴义务人，如境外单位或个人向中国境内转让无形资产、境外保险机构以在境内的物品为标的物所提供的保险服务、境外单位或个人向中国境内单位或个人提供咨询服务，以受让者、被保险人或接受咨询方承担扣缴义务。

与此同时，从促进发展的角度考虑，对于某些国际服务贸易，现行营业税制度给予了一定的免税优惠。如：为鼓励技术贸易发展，促进先进技术的引进，对外国企业和外籍个人从境外向中国境内转让其拥有的专利和非专利技术的所有权或使用权以及提供与之相关的技术咨询、技术服务等取得的收入，免征营业税；对外国企业向中国境内企业单独销售软件，或随同销售邮电、通讯设备和计算机等货物一并转让与这些货物使用相关的软件，所取得的软件使用费，免征营业税；外国企业向中国境内企业出租邮电、通讯设备和计算机等货物，对其所包含的相关软件单独收取软件费，不征收营业税，等等。

（二）现行增值税和营业税制度对国际服务贸易带来的不利影响

总体来看，中国现行增值税和营业税制度设置，对于促进国际服务贸易更好地开展，尚存在以下几个方面亟待改进的问题：

1. 税制设计尚不能充分体现货物劳务税坚持消费地课税的基本原则。现行增值税制度在坚持消费地课税原则方面，体现得相对较为充分，但是，营业税在此方面则存在较多不足。一方面，既有按劳务发生地征税，又有按机构所在地征税的情形，导致在实践中，对不同类型服务贸易活动，纳税义务和税收管辖权判定不清的情形，甚至会带来在两种标准下的双重征税现象，如：新细则规定对提供或者接受条例规定劳务的单位或者个人在境内，作为判定纳税义务的发生地，容易导致境内企业向境外提供劳务，根据提供方机构所在地原则征税，而对境外企业向境内提供劳务，则根据劳务接受方机构所在地原则征税，导致对同一性质贸易活动的两种不同税收管辖权原则的冲突；另一方面，对在中国境内向境外提供劳务的行为，如离岸服务外包，从某种程度上讲，实际上相当于劳务出口，现行营业税制度却按机构所在地认定其为境内发生的劳务而征税，导致了其以含税价格进入国际市场，竞争力明显受到影响，成为制约中国服务贸易发展、扩大服务贸易出口需求的税制障碍。特别是当前随着信息技术和网络传输的不断发展，服务业在全球范围内的分工调整已成为国际产业转移的一个新动向，不出国门就能提供跨国服务的贸易形式越来越普遍，现行营业税制这一弊端对中国企业更好地承接国际服务业产业转移所带来的不利影响也越来越突出。

2. 税制尚不能充分体现对优化国际服务贸易结构的有效引导。一方面，现行增值税对货物出口实行出口退（免）税制度，而营业税对在境内向境外提供劳务则以机构所在地课税，使得货物出口与服务出口存在不同的税收待遇，不利于通过提高服务贸易比重来优化中国整个对外贸易结构，对于改善中国长期以来存在的货物贸易顺差而服务贸易逆差的状况，甚至还带来了一定的逆向调节作用；另一方面，现行税制对一般服务贸易出口缺乏有利的制度安排，而对加工贸易却长期给予了较多的税收优惠，实际上体现了对国际服务贸易中加工劳务的政策支持。这类贸易活动虽然可以在一定程度上带来促进劳动力就业和扩大出口的积极效应，但是，由于其主要是依附于低附加值工业生产中的一种劳务供给形式，中国在这种贸易活动中，不仅所能获取的经济利益份额较低，而且还较为突出地承受着资源过度消耗、环境严重破坏的负面影响，导致经济增长质量低下，成本代价高昂。

3. 税制安排尚存在着货物贸易与服务贸易之间相互脱节的突出问题。20 世纪 90 年代以来，中国的服务业发展主要体现了以最终消费为导向的特点，用于生产中间投入的份额较低，无论是国内服务贸易还是对外引进的跨国服务贸易中，生产者服务业发展均显不足①，部分生产者服务业在制造业投入中所占的比重还呈下降趋势，服务业发展对制造业升级和生产效率提高的作用尚没有充分体现出来。究其原因，有许多方面，其中一个不可忽视的税收因素是，中国目前对制造业征收增值税，而对服务业征收营业税所带来的税制障碍，导

---

① 生产者服务业主要指用于满足各产品制造部门中间使用需求而非最终消费需求的行业，主要包括交通运输和仓储业、信息传输、计算机服务与软件业、金融保险业、租赁和商务服务业、科学研究和技术服务业等。

致制造业向服务业购买服务所承担的营业税负担得不到进项税款抵扣，从而加大了制造业的生产成本，这对于外购服务需求比较大的制造企业而言，影响就更为明显。这无形中刺激了制造商宁可选择自我提供服务，也不愿外购服务的税收利益动机，从而既不利于社会专业化分工更好地推进，也不利于已经形成的服务业专业化分工成果更好地被制造业所享用，这对于服务贸易规模的扩大无疑带来了极为不利的影响。同时，就服务业本身而言，现行营业税对应税项目各流转环节实行全额道道征税而带来的重复征收问题，无疑加重了服务业的整体税收负担，严重制约了服务业内部的专业化分工与协作，并且对制造业和服务业分别征收增值税与营业税的制度安排，使得服务企业为提供服务而购进的增值税应税货物所含进项税款，也不能得到抵扣。在这种情况下，对于跨国服务贸易，即便在出口环节给予营业税免税，也将使其承受了国内环节增值税负担而进入国际市场。这对于增强中国服务贸易的国际竞争力无疑是极为不利的。

六、完善中国货物和劳务税促进国际服务贸易发展的政策建议

针对中国现行增值税和营业税制度所存在的问题，为充分发挥税收作用，促进国际服务贸易更好地开展，尚需要从以下几个方面对税制加以积极地改进：

（一）总体思路

从国际比较的经验看，应该说对于跨国服务贸易活动，各国尚没有一个统一遵循的标准来行使税收管辖权。生产地课税和消费地课税原则在各国的实践中一般均有所运用，而且从这些原则的应用情况看，也难以称得上有何规律可循，唯一可以视为一个普遍惯例的就是，各国均根据自身贸易活动的需求，采用相对有利于本国的课税原则，税收利益最大化与经济贸易利益最大化才是各国关注的重点，而并不是税收理论上的规则。由此反观中国，现行对于国际服务贸易的政策倾向，在服务贸易进口方面，总体上是征税的，对于一些鼓励类的服务贸易项目给予了免税优惠，在一定程度了体现了引导服务贸易结构优化的政策导向；在服务贸易出口方面，则没有明确的政策鼓励与支持，难以体现税收在这一领域的调控导向。因此，进一步完善中国有关国际服务贸易的税收政策，有必要从税收与经济关系的角度和中国在国际贸易领域的发展要求进行总体把握。具体可以考虑坚持以下几个原则：

1. 有利于优化贸易结构的原则。从总体上看，中国国际贸易的巨额顺差基本来自于货物贸易，而服务贸易还存在一定的逆差。这说明中国国际贸易结构过度依赖于货物出口，由此进一步导致了国内产业过多地集中于货物生产。相对而言，货物生产比服务提供更耗用资源，更容易带来不利于可持续发展的因素。因此，促进贸易结构的改善，实际上是促进中国整个经济结构改善的必然要求。

2. 有利于维护中国税收利益的原则。对跨国贸易税收管辖原则的运用，归根结底就是国与国之间税收利益的争夺，国与国之间税收利益的维护。中国作为一个发展中国家，在确定国际服务贸易活动所适用的税收管辖权原则时，应该更多地立足于中国国际服务贸易在国际分工中的地位，去把握于我有利的税收管辖原则。

3. 有利于平衡服务贸易与货物贸易税收政策的原则。优化贸易结构首先就应该平衡服务贸易与货物贸易的税收政策，避免二者之间的不公平，尤其是避免当前货物贸易出口政策优于服务贸易出口的做法，消除税制对服务贸易发展所带来的扭曲。

4. 有利于强化服务贸易国际竞争力的原则。当前，随着信息技术的发展，服务产业在世界范围内的分工和布局成为全球产业结构转移的一个新的趋势。许多发展中国家，如印度，正在积极利用这一新的国际分工特征，加速调整自身产业结构，以提升本国产业的国际竞争力。中国作为最大的发展中国家，也应积极利用好这一机遇，为在新的国际产业分工中取得新的优势，创造良好的制度基础和政策条件。

（二）政策建议

1. 突出以消费地课税为原则，加大对服务贸易出口的税收支持力度。根据消费地课税的原则，全面审视和改进现行营业税制度中关于在境内向境外提供离岸服务的政策规定。针对国际运输服务，国际旅游服务，国际金融服务，国际信息处理和传递及资料服务，国际咨询服务，跨国建筑和工程承包劳务，国际电讯服务，国际租赁服务，国际文化服务，跨国广告、设计、会计管理及其他服务业的不同特点，分别明确劳务活动发生地的具体判定标准，以此制定相应的政策措施。总的考虑是，对服务贸易出口，如境内企业承接离岸服务外包业务，按照消费地在境外的原则，给予出口免征营业税的政策安排，以更好地体现鼓励国际服务贸易的政策导向。

2. 突出以结构性优化为导向，调整完善一般服务贸易与加工服务贸易税收政策。一方面，在对服务贸易出口给予适当的营业税免税支持的同时，对服务贸易进口给予必要的引导，对有利于弥补国内服务市场不足、有利于提升国内产业竞争力的服务贸易进口项目，如技术服务引进等，进一步加大税收支持力度，而对国内服务产业可能会形成较大冲击，或者对国内经济运行可能会带来潜在风险的服务贸易进口项目，则应当进一步加强必要的税收调节，如：对境外机构向境内提供一般性贷款业务所取得的利息收入明确征收营业税，既维护中国税收权益，又限制以此形式涌入的“热钱”等；另一方面，改革现行加工贸易税收政策，对国内能够生产且性能满足要求的原材料、零部件等，取消进口同类产品的进口保税政策，恢复征收进口税，待最终产品出口后再给予退税；统一进料加工和来料加工的税收管理办法；改革目前加工贸易的分类办法，逐步实现从目前的列名加工贸易商品禁止类、限制类和允许类，向以后只列名加工贸易鼓励类商品的做法转变，最终实现无论是出口加工区内还是区外，只有少数国家鼓励类的商品才能从事加工贸易，除此之外，一律恢复征收进口税。

3. 突出以税制一体化为目标，充分发挥增值税制度对服务贸易的推动作用。从国际经验看，目前实行增值税制度国家通常将增值税征收范围覆盖到所有货物和劳务领域，中国也有必要朝此方向，将服务业纳入增值税征收范围，最终取消营业税，消除制造业与服务业税制上的脱节，实现两个产业间税制的一体化。特别是在当前中国产业发展面临转型、经济增长面临调整、经济发展需要寻求新兴支撑产业的现阶段，将增值税制度扩大到服务业领域，消除现行营业税制存在的重复征税问题，促进服务业内部专业化分工与协作，促进其更好地参与国际竞争，应该是为下一轮经济增长培育新兴驱动力的必然要求，有必要对此加以积极推进。

从长期看，增值税扩围的目标是将营业税的征收范围全部纳入进来。但是，由于增值税扩围涉及营业税制度的重大调整，以及中央与地方收入的重新分配，需要通盘规划，逐步实施。总体上可分为三个阶段：

(1) 探索实施阶段。由于现行营业税政策对技术类无形资产在转让环节免税，因此，将其纳入增值税征收范围的阻力较小，可由此入手，并实行零税率，不仅比照营业税在转让环节免税，而且对技术类无形资产在研发阶段承担的增值税税款（如研发设备进项税款）也允许抵扣，从而既为增值税扩围进行先期探索，又能更好地发挥税收在鼓励技术创新方面的积极作用，有利于进一步推动制造业与技术服务业更紧密地结合，促进制造业技术水平的提升，以此提高技术要素在经济增长和国际贸易中的贡献率。

（2）试点实施阶段。根据营业税税目的行业特点，交通运输业、建筑业、邮电通信业、销售不动产以及服务业中的物流仓储业与生产活动密切相关，对其征收增值税的可行性相对较强，可先从这些行业入手，有选择地开展增值税扩围试点。

（3）全面实施阶段。将增值税扩围向营业税所有征税范围推行，并主要采取规范的增值税征收办法，仅对部分与货物生产关联度低的行业如文化体育业、旅游业等以及小规模纳税人按简易办法征收。对金融保险业务，可考虑借鉴欧盟等国的做法，实行较低的征收率甚至免征增值税，以促进其更好地发展。

参考文献：

1. 朱青编著：《国际税收》，中国人民大学出版社 2008 年版。

2. 许善达主编：《国家税收（第 3 版）》，中国税务出版社 2007 年版。

3. 靳万军、周华伟主编：《流转税理论与实践》，经济科学出版社 2007 年版。

4. 王在清著：《中国金融业税收政策与制度研究》，中国税务出版社 2005 年版。

5. 赵书博："西方学者出口退税研究综述"，《管理现代化》2006 年第 3 期。

6. Consumption Tax Trends—VAT/GST and Excise Rates, Trends and Administration Issues 2006, OECD.

7. Liam Ebrill, Michael Keen, Jean - Paul Bodin, Victoria Summers: The Modern VAT, IMF, 2001.

8. Alan Schenk: Value Added Tax: A Comparative Approach in Theory and Practice, Transnational Publishers, Inc. Ardslev. New York, 2001.

9. Master Tax Guide: New Zewland 2007, CCH.

10. Shelagh Pearce & Stephen Taylor: British Tax Guide: Value Added Tax 2007 - 08, CCH.

11. Master Tax Guide Handbook 2007/08: Singapore, CCH.

12. Master Tax Guide: Japan 2007/08, CCH.

13. OECD 网站：www. oecd. org.

14. 欧盟网站：www. europa. eu. int.

课题指导：彭　宁　靳东升　王更生　李本贵
　　　　　邓远军　刘天佑

课题组组长：陈　琍

副　组　长：王文钦　范巧玲

成　　　员：黄　运　刘　锋　付　瑜

执　　　笔：陈　琍　王文钦　范巧玲　黄　运　刘　锋

关于税收在国民收入分配中的地位及作用初探

国家税务总局税收科学研究所课题组

改革开放30年来，中国经济保持了较快的增长势头，同时，税收收入也保持了较高的增长速度，尤其是1994年实行分税制财政管理体制（以下简称“分税制”）以来，税收收入的增长速度更是超过了GDP增长速度，税收占国民收入[①]的比重逐年提高，税收参与国民收入分配的作用也逐年增强。因此，研究税收在国民收入分配中各利益主体之间的调节作用，对判断经济形势和更好地发挥税收宏观调控作用，具有极其重要的现实意义。

一、中国国民收入主体分配格局描述

（一）国民收入主体分配的理论阐述

国民收入主体分配格局是指国民收入在政府部门、企业部门和居民部门（以下简称政府、企业和居民）之间的分布。研究国民收入分配格局就是通过考察国民收入分配过程的不同环节、不同阶段、不同收入流转渠道和数量及体现出的各收入主体间的关系，以分析分配格局产生的原因。

① 国民收入是通常说法，有时根据不同研究目的，可以采取不同口径，如国民总收入、国民可支配收入、国内生产总值（GDP），等等。

国民收入分配包含不同环节和阶段，即初次分配[①]和再分配。相应地，国民收入分配格局也划分为初次分配格局（要素收入格局）和再分配格局（最终分配格局）。其中，初次分配中的第一环节，即收入形成层次是对生产经营成果即增加值的直接分配，政府主要得到生产税净额[②]，企业主要得到固定资产折旧和营业盈余，居民主要得到劳动报酬，收入形成是国民收入在投入生产的各个要素之间的分配。这个环节反映了各收入主体对国民收入的贡献大小，对主体分配格局和规模分配格局[③]的形成起着基础作用和决定性作用。初次分配的第二环节是在收入形成的基础上，对财产收入的分配，包括地租、利息、红利等收入。这两个环节属于微观分配环节。经过两个环节的分配，形成初次分配格局，政府、企业和居民分别得到各自的原始收入。在初次分配基础上，各原始收入的获得者通过多种形式、多个环节从其他收入主体那里获得一部分转移性收入，同时也要将初次分配的一部分转移出去，包括收入税、社会保险、社会福利等，从而完成国民收入的再分配，形成最终分配格局，最终分配格局是各收入主体掌握的真实可用的收入份额，能够最充分、最准确地代表一个国家一定时期国民收入分配状况，也是我们研究分析的重点所在。然而，最终分配格局是一系列分配过程的结果，要揭示最终分配格局的成因，必须考察国民收入分配过程的不同环节，全面分析国民收入分配的形成过程和结果。

（二）国民收入主体分配格局分析

改革开放前，中国实行计划经济体制，国家实行统收统支的分配体制，不但政府和企业纳入统收体制，就是居民收入分配也基本采用“低工资、高福利”类似供给制的分配管理办法，对产品实行价格管制政策。那时在经济上很少涉及政府、企业和居民的分配关系，对国民收入分配这一经济概念也很少提及。改革开放以来，特别是实行市场经济和分税制改革以来，国民收入分配成为经济生活中非常重要的领域，涉及方方面面的关系和利益，也成为经济学领域十分重要的研究热点。

本文研究的时期主要是从1994年分税制以来，政府、企业和居民三者的

---

① 初次分配包括收入形成和原始收入分配两个环节。

② 指生产税减生产补贴后的余额。生产税指政府对生产单位从事生产、销售和经营活动以及因从事审查活动使用某些生产要素（如固定资产、土地、劳动力）所征收的各种税、附加费和规费。生产补贴与生产税相反，指政府对生产单位的单方面转移支出，因此，视为负生产税，包括政策亏损补贴、价格补贴等。——参见《中国统计年鉴》主要统计指标解释。

③ 规模分配格局是指收入分配、再分配中各收入主体内部收入数量的差别和变化规律。参见刘扬：“现阶段我国国民收入分配格局实证分析”，《财贸经济》2002年第11期。

分配关系。具体包括初次分配格局和最终分配格局以及税收在两种分配格局中所具有的地位及所起的作用。

1. 国民收入初次分配格局分析。国民收入初次分配，是指国民总收入在政府、企业和居民三者之间的分配。按照国家统计局提供的《资金流量表（实物交易）》，可以计算出三者的分配格局（见表 1）。

表 1　　国民收入（国民总收入）初次分配表　　单位：亿元

年份	政府			企业			居民			国民总收入		
	收入数	增加额	增长率（%）	收入数	增加额	增长率（%）	收入数	增加额	增长率（%）	收入数	增加额	增长率（%）
1994	7588.40	—	—	9168.51	—	—	29913.22	—	—	46670.13	—	—
1995	8705.35	1116.95	14.7	11565.12	2396.61	26.1	37224.41	7311.19	24.4	57494.88	10824.75	23.2
1996	10381.47	1676.12	19.3	11522.47	-42.65	-0.4	44946.63	7722.22	20.7	66850.57	9355.69	16.3
1997	11829.72	1448.25	14.0	13237.14	1714.67	14.9	48061.36	3114.73	6.9	73128.22	6277.65	9.4
1998	12982.84	1153.12	9.7	13498.18	261.04	2.0	50495.15	2433.79	5.1	76976.17	3847.95	5.3
1999	13654.71	671.87	5.2	14563.77	1065.59	7.9	52360.74	1865.59	3.7	80579.22	3603.05	4.7
2000	14737.24	1082.53	7.9	16724.61	2160.84	14.8	56826.77	4466.03	8.5	88288.62	7709.40	9.6
2001	17573.36	2836.12	19.2	17339.54	614.93	3.7	60814.03	3987.26	7.0	95726.93	7438.31	8.4
2002	18167.10	593.74	3.4	17923.90	584.36	3.4	67845.00	7030.97	11.6	103936.00	8209.07	8.6
2003	20991.30	2824.20	15.5	21969.90	4046.00	22.6	73780.80	5935.80	8.7	116742.00	12806.00	12.3
2004	28465.00	7473.70	35.6	39076.50	17106.60	77.9	92045.60	18264.80	24.8	159587.10	42845.10	36.7
2005	32170.50	3705.50	13.0	42220.10	3143.60	8.0	109698.10	17652.50	19.2	184088.70	24501.60	15.4

注：国民总收入不包括国外部门数据。

资料来源：历年《中国统计年鉴》中的《资金流量表（实物交易）》数据。

通过对表 1 的分析，可以看出：

（1）国民总收入，从 1994 年的 46670.13 亿元，增加到 2005 年的 184088.7 亿元，是 1994 年的 3.94 倍。其中，政府收入从 1994 年的 7588.4 亿元，增加到 2005 年的 32170.5 亿元，是 1994 年的 4.24 倍；企业收入从 1994 年的 9168.51 亿元，增加到 2005 年的 42220.1 亿元，是 1994 年的 4.60 倍；居民收入从 1994 年的 29913.22 亿元，增加到 2005 年的 109698.1 亿元，是 1994 年的 3.67 倍。

（2）从各部门收入分配增加额和增长率看，2005 年，政府收入比上年（2004 年）增加 3705.5 亿元，同比增长 13%；企业收入比上年增加 3143.6 亿元，同比增长8%；居民收入比上年增加17652.5亿元，同比增长19.2%。国民总收入比上年增加24501.6亿元，增长15.4%；在24501.6亿元全部增加额中，政府、企业和居民分别占15.1%、12.8%和72.1%。

（3）1994年各部门收入分配在国民总收入增长的背景下，也表现出不同形式的增长，但规律性不强，它们有时快于国民总收入的增长，有时又慢于国民总收入的增长。政府收入增加最多的是2004年，比上年增加7473.7亿元，同比增长35.6%，增加最少的是2002年，仅比上年增加593.74亿元，同比增长3.4%；企业收入增加最多的是2004年，比上年增加17106.6亿元，同比增长77.9%，增加最少的是1996年，比上年减少42.654亿元，同比降低0.4%；居民收入增加最多的是2004年，比上年增加18264.8亿元，同比增长24.8%，增加最少的是1999年，仅比上年增加1865.59亿元，同比增长3.7%。

总体看来，政府、企业和居民收入的分配比例及数量与国民总收入的规模关系密切，国民总收入的规模不断增加，带动了三部门收入分配比例和数量的增加，政府收入分配数额的增加同时也与企业收入分配数额的增加有关，因为政府收入中的税收收入（主要指生产税净额）主要来自企业部门的缴纳。

表2　　国民收入（国民总收入）初次分配格局表　　单位:%

年　份	政　府	企　业	居　民	国民总收入
1994	16.3	19.6	64.1	100
1995	15.1	20.1	64.7	100
1996	15.5	17.2	67.2	100
1997	16.2	18.1	65.7	100
1998	16.9	17.5	65.6	100
1999	16.9	18.1	65.0	100
2000	16.7	18.9	64.4	100
2001	18.4	18.1	63.5	100
2002	17.5	17.2	65.3	100
2003	18.0	18.8	63.2	100
2004	17.8	24.5	57.7	100
2005	17.5	22.9	59.6	100

注：根据表1计算得出。

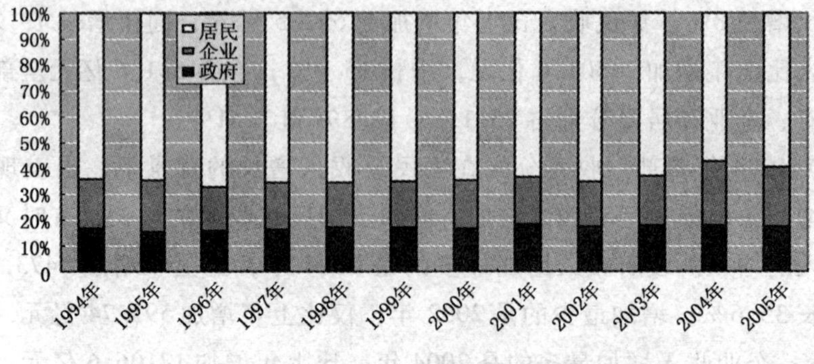

图 1　政府、企业和居民初次分配格局图

从表 2、图 1 可以看出：在国民收入初次分配格局中，政府部门所占比重，从 1994 年的 16.3%，提高到 2005 年的 17.5%，其中，2001 年达到最高点为 18.4%，1995 年是最低点为 15.1%；企业部门所占比重，从 1994 年的 19.6%，提高到 2005 年的 22.9%，其中，2004 年达到最高点为 24.5%，1996 年和 2002 年是最低点为 17.2%；居民部门所占比重，从 1994 年的 64.1%，下降到 2005 年的 59.6%，其中，1996 年达到最高点为 67.2%，2004 年是最低点为 57.7%。

2. 国民收入最终分配格局分析。通过国民收入再分配，形成政府、企业和居民三者国民可支配收入。按照国家统计局提供的《资金流量表（实物交易）》，可以计算出三者的最终分配格局（如表 3）。

通过对表 3 的分析，可以看出：

（1）国民可支配收入，从 1994 年的 46785.35 亿元，增加到 2005 年的 186168.1 亿元，2005 年是 1994 年的 3.98 倍。其中，政府收入从 1994 年的 8427.85 亿元，增加到 2005 年的 38251.3 亿元，是 1994 年的 4.54 倍；企业收入从 1994 年的 7495.49 亿元，增加到 2005 年的 37307.30 亿元，是 1994 年的 4.98 倍；居民收入从 1994 年的 30862.01 亿元，增加到 2005 年的 110609.5 亿元，是 1994 年的 3.58 倍。

（2）从各部门收入分配增加额和增长率看，2005 年，政府部门比上年（2004 年）增加 5336.2 亿元，同比增长 16.2%；企业部门比上年增加 2127 亿元，同比增长 6%；居民部门比上年增加 17221.6 亿元，同比增长 18.4%。国民可支配收入比上年增加 24684.8 亿元，增长 15.3%；在 24684.8 亿元全部增加额中，政府、企业和居民分别占 21.6%、8.6% 和 69.8%。

表 3 **国民收入（国民可支配收入）最终分配表** 单位：亿元

年份	政府			企业			居民			国民可支配收入		
	收入数	增加额	增长率（%）	收入数	增加额	增长率（%）	收入数	增加额	增长率（%）	收入数	增加额	增长率（%）
1994	8427.85	—	—	7495.49	—	—	30862.01	—	—	46785.35	—	—
1995	9504.62	1076.77	12.8	9618.84	2123.35	28.3	38491.18	7629.17	24.7	57614.64	10829.29	23.1
1996	11492.83	1988.21	20.9	9092.62	-526.22	-5.5	46442.91	7951.73	20.7	67028.36	9413.72	16.3
1997	12878.10	1385.27	12.1	10568.60	1475.98	16.2	50121.32	3678.41	7.9	73568.02	6539.66	9.8
1998	13555.87	677.77	5.3	11086.20	517.60	4.9	52688.56	2567.24	5.1	77330.63	3762.61	5.1
1999	15046.42	1490.55	11.0	11587.74	501.54	4.5	54354.30	1665.74	3.2	80988.46	3657.83	4.7
2000	17352.86	2306.44	15.3	13895.53	2307.79	19.9	57562.71	3208.41	5.9	88811.10	7822.64	9.7
2001	20331.77	2978.91	17.2	14599.12	703.59	5.1	61499.21	3936.50	6.8	96430.10	7619.00	8.6
2002	21520.60	1188.83	5.8	15042.20	443.08	3.0	68448.30	6949.09	11.3	105011.10	8581.00	8.9
2003	25823.30	4302.70	20.0	18290.00	3247.80	21.6	74088.20	5639.90	8.2	118201.50	13190.40	12.6
2004	32915.10	7091.80	27.5	35180.30	16890.30	92.3	93387.90	19299.70	26.0	161483.30	43281.80	36.6
2005	38251.30	5336.20	16.2	37307.30	2127.00	6.0	110609.50	17221.60	18.4	186168.10	24684.80	15.3

注：国民可支配收入不包括国外部门数据。

资料来源：历年《中国统计年鉴》中的《资金流量表（实物交易）》数据。

（3）1994 年，各部门可支配收入在国民可支配收入增长的前提下，也表现出不同形式的增长，但规律性不强，它们有时快于国民可支配收入的增长，有时又慢于国民可支配收入的增长。政府可支配收入增加最多的是 2004 年，比上年增加 7091.8 亿元，同比增长 27.5%，增加最少的是 1998 年，仅比上年增加 677.77 亿元，同比增长 5.3%；企业可支配收入增加最多的是 2004 年，比上年增加 16890.3 亿元，同比增长 92.3%，增加最少的是 1996 年，比上年减少 526.22 亿元，同比降低 5.5%；居民可支配收入增加最多的是 2004 年，比上年增加 19299.7 亿元，同比增长 26%，增加最少的是 1999 年，仅比上年增加 1665.74 亿元，同比增长 3.2%。

总体看来，政府、企业和居民可支配收入的分配比例及数量同样与国民可支配收入的规模关系密切，国民可支配收入的规模不断增加，带动了三者可支配收入分配数量的增加，政府可支配收入分配数额的增加同时也与企业可支配收入分配数额的增加有关，因为政府可支配收入中的税收收入（主要生产税净额和收入税）主要来自企业的缴纳，部分来自居民的缴纳。

表 4　　国民收入（国民可支配收入）最终分配格局表　　单位:%

年 份	政 府	企 业	居 民	国民可支配收入
1994	18.0	16.0	66.0	100
1995	16.5	16.7	66.8	100
1996	17.1	13.6	69.3	100
1997	17.5	14.4	68.1	100
1998	17.5	14.3	68.1	100
1999	18.6	14.3	67.1	100
2000	19.5	15.6	64.8	100
2001	21.1	15.1	63.8	100
2002	20.5	14.3	65.2	100
2003	21.8	15.5	62.7	100
2004	20.4	21.8	57.8	100
2005	20.5	20.1	59.4	100

注：根据表 3 计算得出。

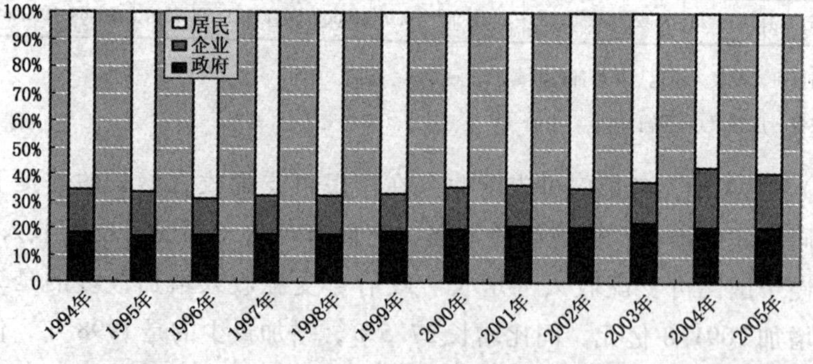

图 2　政府、企业、居民最终分配格局图

从表 4、图 2 可以看出：在国民收入最终分配格局中，政府部门所占比重，从 1994 年的 18.0%，提高到 2005 年的 20.5%，其中，2003 年达到最高点为 21.8%，1995 年是最低点为 16.5%；企业部门所占比重，从 1994 年的 16.7%，提高到 2005 年的 20.0%，其中，2004 年达到最高点为 21.8%，1996 年是最低点为 13.6%；居民部门所占比重，从 1994 年的 66.0%，下降到 2005 年的 59.4%，其中，1996 年达到最高点为 69.3%，2004 年是最低点为 57.8%。

3. 国民收入初次分配格局和最终分配格局分析。

(1) 国民收入初次分配格局的变化分析。1994 年国民收入初次分配格局中，政府、企业和居民三者比例为 16.3：19.6：64.1；到 2005 年这一比例为 17.5：22.9：59.6。表现为，政府所占份额提高了 1.2 个百分点，企业所占份额提高了 3.3 个百分点，居民所占份额下降了 4.5 个百分点。

(2) 国民收入最终分配格局变化趋势分析。1994 年国民收入最终分配格局中，政府、企业和居民三者比例为 18.0：16.0：66.0；到 2005 年这一比例为 20.5：20.1：59.4。表现为，政府所占份额提高了 2.5 个百分点，企业所占份额提高了 4.1 个百分点，居民所占份额下降了 6.6 个百分点。

(3) 国民收入由初次分配到再分配，主体分配格局的变化分析。1994 年，政府在最终分配格局中所占份额高于初次分配所占份额 1.7 个百分点；企业在最终分配格局中所占份额低于初次分配所占份额 3.6 个百分点；居民在最终分配格局中所占份额高于初次分配所占份额 1.9 个百分点。也就是说通过国民收入再分配，企业让渡给政府和居民一部分收入。2005 年，政府在最终分配格局中所占份额高于初次分配所占份额 3.0 个百分点；企业在最终分配格局中所占份额低于初次分配所占份额 2.8 个百分点；居民在最终分配格局中所占份额低于初次分配所占份额 0.2 个百分点。也就是说通过国民收入再分配，企业让渡给政府 2.8 个百分点的收入，居民让渡 0.2 个百分点的收入份额给政府。

二、税收与国民收入分配关系分析

在国民收入分配过程中，税收具有重要作用。在初次分配中，分配是在各部门中自主进行的，是一种微观行为。但政府征收的生产税却有双重职能：一是政府获得的生产税来自于直接参与生产过程的要素收入，可以理解为政府为企业提供了社会资本（如公共产品或公共服务），生产税是社会资本的报酬①；二是生产税是初次分配过程中政府唯一的调控手段。生产税主要是流转税，也称间接税，主要包括：增值税、营业税、消费税、关税，等等。在再分配过程中，分配是一种宏观行为，是政府的调控手段。在经常转移中，收入税（包括所得税、财产税，等等）占有重要地位，它形成政府的主要转移收入。

(一) 税收在国民收入初次分配和再分配中的作用

在国民收入初次分配中，1994 年，政府获得的来自企业和居民的生产税净额为 6206.22 亿元，其中，来自企业的 5544.52 亿元，占 89.3%，来自居民的

① 刘扬："对近年来我国国民收入分配格局的研究"，《税务研究》2002 年第 9 期。

为 661.7 亿元，占 10.7%。2005 年，政府获得的来自企业和居民的生产税净额为 29542.1 亿元，其中，来自企业的 26276.1 亿元，占 88.9%，来自居民的为 3266 亿元，占 11.1%（见表 5）。

表 5　　税收在国民收入分配中各部门转移情况表　　单位：亿元

年份	初次分配中的税收			再分配中的税收		
	政府	企业	居民	政府	企业	居民
1994	6206.22	-5544.52	-661.70	842.01	-767.01	-75.00
1995	7613.46	-6881.66	-731.80	870.88	-739.38	-131.50
1996	10035.55	-9052.27	-983.28	1205.70	-1012.51	-193.19
1997	11194.42	-10208.66	-985.76	1291.96	-1032.03	-259.93
1998	12665.32	-11639.22	-1026.10	1377.41	-1038.76	-338.65
1999	13797.70	-12556.52	-1241.18	1961.85	-1534.08	-427.77
2000	14528.08	-13153.59	-1374.49	2695.28	-2023.68	-671.60
2001	17217.50	-15723.03	-1494.47	3122.12	-2125.93	-996.19
2002	17680.00	-16312.90	-1367.10	3799.80	-2588.70	-1211.10
2003	20590.50	-19159.20	-1431.30	4464.90	-3047.60	-1417.30
2004	23641.40	-21047.00	-2594.40	4878.60	-3142.40	-1736.20
2005	29542.10	-26276.10	-3266.00	6457.60	-4363.60	-2094.00

注：1. 初次分配中的税收为生产税净额，再分配中的税收为收入税。

2. 表中企业部门和居民部门数字为负，表示其为支出数。

资料来源：历年《中国统计年鉴》中的《资金流量表（实物交易）》数据。

在国民收入再分配中，1994 年，政府获得的来自企业和居民的收入税为 842.01 亿元，其中，来自企业的 767.01 亿元，占 91.1%，来自居民的为 75 亿元，占 8.9%。2005 年，政府获得的来自企业和居民的收入税为 6457.6 亿元，其中，来自企业的 4363.6 亿元，占 67.6%，来自居民的为 2094 亿元，占 32.4%。

在政府税收收入中，生产税净额占较高的比重，1994 年，政府税收收入为 7048.23 亿元，其中，生产税净额就达 6206.22 亿元，占 88.1%；收入税仅为 842.01 亿元，占 11.9%。随着中国税制的不断完善，生产税所占比重有所下降，收入税比重有所上升，到 2005 年，政府税收收入达到 35999.7 亿元，其中，生产税净额为 29542.1 亿元，占 82.1%，较 1994 年下降了 6 个百分点；收入税增加到 6457.6 亿元，所占比重提高到 17.9%，较 1994 年提高了 6 个百分点（见表6）。

表6　　政府税收收入中生产税和收入税状况表　　单位：亿元

年份	政府税收收入	生产税净额		收入税	
		绝对数	比重（%）	绝对数	比重（%）
1994	7048.23	6206.22	88.1	842.01	11.9
1995	8484.34	7613.46	89.7	870.88	10.3
1996	11241.25	10035.55	89.3	1205.70	10.7
1997	12486.38	11194.42	89.7	1291.96	10.3
1998	14042.73	12665.32	90.2	1377.41	9.8
1999	15759.55	13797.70	87.6	1961.85	12.4
2000	17223.36	14528.08	84.4	2695.28	15.6
2001	20339.62	17217.50	84.7	3122.12	15.3
2002	21479.80	17680.00	82.3	3799.80	17.7
2003	25055.40	20590.50	82.2	4464.90	17.8
2004	28520.00	23641.40	82.9	4878.60	17.1
2005	35999.70	29542.10	82.1	6457.60	17.9

注：根据表5计算得出。

从表6可以得出，生产税所占比重逐年下降，收入税所占比重逐年上升，有助于提高税收对国民收入分配的调控作用，也意味着政府逐渐加大利用税收，特别是收入税调控收入分配的力度。但是，收入税所占比重依然显得过低，未来还应继续提高其所占比重，以发挥其调控国民收入分配的作用。

（二）税收参与政府、企业和居民收入分配实证分析

1. 企业、居民对政府税收收入的贡献分析。在国民收入分配中，政府获得的来自企业和居民的税收收入，从1994年的7048.23亿元，上升到2005年的35999.7亿元。来自企业的税收收入从1994年的6311.53亿元，增加到2005年的30639.7亿元，占政府税收收入的比重，从1994年的89.5%，下降为2005年的85.1%，下降了4.4个百分点。其中，比重最高的年份为1998年达到90.3%，最低为2004年的84.8%。来自居民的税收收入从1994年的736.7亿元，增加到2005年的5360亿元，占政府税收收入的比重从1994年的10.5%，上升为2005年的14.9%，提高了4.4个百分点。其中，比重最高的年份为2004年达到15.2%，最低为1998年的9.7%（见表7）。

表7　税收在国民收入分配中各部门分配情况表　单位：亿元

年份	政府税收收入	来自企业		来自居民	
		税收收入	占比（%）	税收收入	占比（%）
1994	7048.23	6311.53	89.5	736.70	10.5
1995	8484.34	7621.04	89.8	863.30	10.2
1996	11241.25	10064.78	89.5	1176.47	10.5
1997	12486.38	11240.69	90.0	1245.69	10.0
1998	14042.73	12677.98	90.3	1364.75	9.7
1999	15759.55	14090.60	89.4	1668.95	10.6
2000	17223.36	15177.27	88.1	2046.09	11.9
2001	20339.62	17848.96	87.8	2490.66	12.2
2002	21479.80	18901.60	88.0	2578.20	12.0
2003	25055.40	22206.80	88.6	2848.60	11.4
2004	28520.00	24189.40	84.8	4330.60	15.2
2005	35999.70	30639.70	85.1	5360.00	14.9

注：1. 政府税收收入等于初次分配中的生产税净额加上再分配中的收入税。

2. 表中企业部门和居民部门数字为其缴纳的生产税净额和收入税合计，是其支出数。

资料来源：根据表5资料计算得出。

2. 税收与政府、企业和居民收入分配的关系比较。1994年以来，国民收入分配关系虽然比较稳定，但税收在国民收入分配中的比重，特别是在政府收入中的比重却有较大的起伏。

在初次分配阶段，政府生产税收入占政府初次分配收入的比重走出了一个先升后降的轨迹，从1994年81.8%上升到1999年的101%，随后又下降为2005年的91.8%。

企业转移给政府的生产税净额与企业初次分配收入额的比例出现很大波动，从53.9%（2004年）到91%（2002年），也就是说，企业上缴政府的生产税几乎相当于企业初次分配得到的份额，过高的生产税必然影响企业的发展。

居民上缴政府的生产税净额与居民初次分配收入额的比例基本保持在2%到3%之间，而且大部分年份在2%左右。

在最终分配格局中，税收收入（生产税净额加上收入税）与政府可支配收入的比例，从1994年的83.6%，提高到1999年的104.7%，到2005年又下降为94.1%（见表8）。

表 8　　国民收入初次分配、最终分配格局中税收所占比重表　　单位:%

年份	初次分配格局中税收所占比重			最终分配格局中税收所占比重		
	政府	企业	居民	政府	企业	居民
1994	81.8	60.5	2.2	83.6	84.2	2.4
1995	87.5	59.5	2.0	89.3	79.2	2.2
1996	96.7	78.6	2.2	97.8	110.7	2.5
1997	94.6	77.1	2.1	97.0	106.4	2.5
1998	97.6	86.2	2.0	103.6	114.4	2.6
1999	101.0	86.2	2.4	104.7	121.6	3.1
2000	98.6	78.6	2.4	99.3	109.2	3.6
2001	98.0	90.7	2.5	100.0	122.3	4.0
2002	97.3	91.0	2.0	99.8	125.7	3.8
2003	98.1	87.2	1.9	97.0	121.4	3.8
2004	83.1	53.9	2.8	86.6	68.8	4.6
2005	91.8	62.2	3.0	94.1	82.1	4.8

注：1. 初次分配格局中税收所占比重，政府栏为政府得到的生产税净额占政府收入的比重；企业栏为企业上缴政府的生产税净额占企业初次分配收入的比重；居民为居民上缴政府的生产税净额占居民初次分配收入的比重。

2. 最终分配格局中税收所占比重，政府栏为政府得到的生产税净额加上收入税占政府最终分配的可支配收入比重；企业栏为企业上缴的生产税净额加上收入税占企业最终分配的可支配收入比重；居民栏为居民上缴的生产税净额加上收入税占居民最终分配的可支配收入比重。

资料来源：根据表 5、表 6 中资料计算得出。

企业上缴的生产税净额加上收入税与企业最终分配得到的可支配收入之比，最高达 125.7%，也就是说，企业缴纳的税收高于企业可支配收入，由此可见企业的税收负担还是非常重的。

结论：在初次分配阶段，企业的生产税负担偏重。在再分配阶段，收入税的调控力度不够。大多数市场经济发达国家对企业采取征收直接税（如企业所得税）方式为主，征收间接税方式为辅，而中国税收制度与市场经济发达国家略有不同。在以市场行为为主的初次分配阶段，应以效率优先，兼顾公平，生产税负担偏重，不仅会加大企业税收负担，而且收入分配格局一旦形成，会使再分配的调控难度增大。在以政府行为为主的再分配阶段，收入税比重偏低，不利于调节各利益主体的关系。

三、国民收入分配主体内部分配格局实证分析

（一）政府内部分配格局分析

在中国，政府分为五级。除中央政府外，地方政府包括省级、地级、县级和乡级四级。按照现行分税制体制，我们能够清楚划分的只有中央和地方政府收入格局。

1. 政府收入及构成的测算。政府收入能够统计到的项目有：财政收入，税收收入、政府预算外收入，至于理论界经常提到的制度外收入[①]更是无法准确统计到。

表9　　政府收入分来源项目表　　单位：亿元

年　份	财政收入	其中：税收收入	非税收入	政府预算外收入	其中：行政事业性收费	政府收入
1978	1132.26	519.28	612.98	347.11	63.41	1479.37
1994	5218.10	5126.88	91.22	1862.53	1722.50	7080.63
2000	13395.23	12581.51	813.72	3826.43	2654.54	17221.66
2001	16386.04	15301.38	1084.66	4300.00	3090.00	20686.04
2002	18903.64	17636.45	1267.19	4479.00	3238.00	23382.64
2003	21715.25	20017.31	1697.94	4566.80	3335.74	26282.05
2004	26396.47	24165.68	2230.79	4699.18	3208.42	31095.65
2005	31649.29	28778.54	2870.75	5544.16	3858.19	37193.45
2006	38760.20	34804.35	3955.85	6407.88	4216.80	45168.08
2007	51321.78	45621.97	5699.81	*	*	*

注：1. 财政收入中不包括国内外债务收入。

2. 非税收入是指财政收入中除税收以外的项目，主要包括国有企业亏损补贴，教育费附加收入、其他收入。

3. 本表中政府收入等于财政收入加上政府预算外收入 。

4. * 数据暂缺。

资料来源：《中国统计年鉴2008》。

从表9可以看出，政府财政收入从1978年的1132.26亿元，增加到2007年的51321.78亿元，税收收入也从1994年的5126.88亿元，增加到45621.97亿元，财政收入中非税收入从2000年的813.72亿元，增加到2007年的

① 如地方政府非规范的收费收入。

5699.81 亿元，政府预算外收入从 2000 年的 3826.43 亿元，增加到 2006 年的 6407.88 亿元，政府收入从 1978 年的 1479.37 亿元，1994 年的 7080.63 亿元，2000 年的 17221.66 亿元，增加到 2006 年的 45168.08 亿元。

在政府收入构成中，财政收入所占比重从 1994 年的 73.7%，提高到 2006 年的 85.8%，提高了 12.1 个百分点，同时，预算外收入占政府收入的比重逐年下降，从 1994 年的 26.3% 下降到 2006 年的 14.2%，下降了 12.1 个百分点。

税收收入占财政收入的比重逐年下降，从 1994 年的 98.3%，下降到 2007 年的 88.9%，下降了 9.4 个百分点。财政收入中的非税收入所占比重逐年上升，由 1994 年的 1.7%，上升到 2007 年的 11.1%，上升了 9.4 个百分点。

政府预算外收入中的主要部分是行政事业性收费，1994 年为 1722.5 亿元，占预算外收入的 92.5%，到 2006 年达到 4216.8 亿元，但所占比重下降为 65.8%（见表 10）。

表 10　　　　政府收入分来源项目构成表　　　　单位：%

年　份	财政收入	其中：税收收入	其中：非税收入	预算外收入	其中：行政事业性收费
1978	76.5	45.9	54.1	23.5	18.3
1994	73.7	98.3	1.7	26.3	92.5
2000	77.8	93.9	6.1	22.2	69.4
2001	79.2	93.4	6.6	20.8	71.9
2002	80.8	93.3	6.7	19.2	72.3
2003	82.6	92.2	7.8	17.4	73.0
2004	84.9	91.5	8.5	15.1	68.3
2005	85.1	90.9	9.1	14.9	69.6
2006	85.8	89.8	10.2	14.2	65.8
2007	*	88.9	11.1	*	*

注：1. 税收收入和非税收入为占财政收入的比重。

2. 行政事业性收费为占预算外收入的比重。

3. * 数据暂缺。

4. 根据表 7 资料计算得出。

2. 财政收入中中央政府和地方政府分配格局。从表 11 可以看出，分税制改革前的 1993 年，中央财政收入为 957.51 亿元，地方政府财政收入为 3391.44 亿元，是中央收入的 3.54 倍。1994 年分税制改革时提出“提高两个比重”[①]，1994 年中央财政收入达到 2906.5 亿元，地方政府财政收入为 2311.6 亿元，中央收入已超过地方。

表 11　　财政收入中中央和地方收入及比重表　　单位：亿元

年　份	财政收入	中　央		地　方	
		绝对数	比重（%）	绝对数	比重（%）
1978	1132.26	175.77	15.5	956.49	84.5
1993	4348.95	957.51	22.0	3391.44	78.0
1994	5218.10	2906.50	55.7	2311.60	44.3
2000	13395.23	6989.17	52.2	6406.06	47.8
2001	16386.04	8582.74	52.4	7803.30	47.6
2002	18903.64	10388.64	55.0	8515.00	45.0
2003	21715.25	11865.27	54.6	9849.98	45.4
2004	26396.47	14503.10	54.9	11893.37	45.1
2005	31649.29	16548.53	52.3	15100.76	47.7
2006	38760.20	20456.62	52.8	18303.58	47.2
2007	51321.78	27749.16	54.1	23572.62	45.9

资料来源：《中国统计年鉴 2008》。

在财政收入中，中央政府所占比重变化较大，1978 年改革开放时，中央政府财政收入仅占全部财政收入的 15.5%，税制改革前的 1993 年也仅占 22%。1994 年分税制改革，以提高“两个比重”为出发点，中央财政收入占全国财政收入的比重迅速提高到 50% 以上，1994 年当年就达 55.7%。从此以后尽管各年比重有所波动，但基本保持在 50% 以上的比重。

中央财政收入所占比重的提高，一方面保证了中央政府对经济调控的主动权；另一方面也为中央政府在全国范围内调节区域政府财力差距提供了保证。

3. 政府财政支出构成分析。从表 12 中可以看出，在全部财政支出中，地方政府支出所占比重为 77%，而中央政府支出仅占 23%，在地方政府 38339.29 亿元支出中，地方政府收入为 23572.62 亿元，占地方政府支出的 61.5%，其余部分主要靠中央财政转移支付保障。

---

① 两个比重为财政收入占 GDP 的比重，中央财政收入占全部财政收入的比重。

表 12　　财政支出中中央和地方支出及比重表　　单位：亿元

年份	财政支出	中央		地方	
		绝对数	比重（%）	绝对数	比重（%）
2000	15886.50	5519.85	34.7	10366.65	65.3
2001	18902.58	5768.02	30.5	13134.56	69.5
2002	22053.15	6771.70	30.7	15281.45	69.3
2003	24649.95	7450.10	30.1	17229.85	69.9
2004	28486.89	7894.08	27.7	20592.81	72.3
2005	33930.28	8775.97	25.9	25154.31	74.1
2006	40422.73	9991.40	24.7	30431.33	75.3
2007	49781.35	11442.06	23.0	38339.29	77.0

资料来源：《中国统计年鉴 2008》。

对比表 11 和表 12 可以得出，中央政府虽然集中了 27749.16 亿元的财政收入，但仅有 11442.06 亿元用于其本级支出，其余大部分转移给了地方政府使用。

4. 政府预算外收入结构分析。在政府预算外收入中，地方政府收入占绝大多数。2000 年全国政府预算外收入为 3826.43 亿元，其中中央政府为 247.63 亿元，仅占 6.5%；地方政府为 3578.79 亿元，所占比重高达 93.5%。2006 年为 6407.88，中央政府为 467.11 亿元，占 7.3%，地方政府为 5940.77 亿元，占 92.7%（见表 13）。

表 13　　中央和地方预算外收入及比重　　单位：亿元

年份	预算外收入	中央		地方	
		绝对数	比重（%）	绝对数	比重（%）
2000	3826.43	247.63	6.5	3578.79	93.5
2001	4300.00	347.00	8.1	3953.00	91.9
2002	4479.00	440.00	9.8	4039.00	90.2
2003	4566.80	379.37	8.3	4187.43	91.7
2004	4699.18	350.69	7.5	4348.49	92.5
2005	5544.16	402.58	7.3	5141.58	92.7
2006	6407.88	467.11	7.3	5940.77	92.7

资料来源：《中国统计年鉴 2008》。

地方政府为了保证其履行职能，除了依靠本级收入外，中央政府财政转移支付和地方预算外收入成为不可或缺的部分。如果再加上其他制度外收费，地方政府收入规模还要大的多。

（二）居民内部收入分配格局

1. 居民收入测算。在中国，居民主要分为城镇居民和农村居民两大类。

随着中国城市化进程的加快，中国的城镇居民人口逐年增加，从 1978 年的 1.72 亿，增加到 2007 年的 5.94 亿人，农村居民人口从 1994 年的 8.57 亿人，逐年降低到 2007 年的 7.28 亿人，未来城市化步伐还要加快，城镇人口还会进一步增加，这有助于缩小城乡差别，提高居民人均收入水平。

城镇人均可支配收入从 1994 年的 3496.2 元，提高到 2007 年的 13785.81 元，是 1994 年的 3.94 倍；农村居民人均纯收入从 1994 年的 1221 元，提高到 2007 年的 4140.4 元，是 1994 年的 3.31 倍（见表 14）。

表 14　　居民部门收入分配测算表

年份	城镇			农村			居民收入合计（亿元）
	人口（万人）	人均可支配收入（元）	可支配收入（亿元）	人口（万人）	人均纯收入（元）	纯收入（亿元）	
1978	17245	343.4	592.19	79014	133.6	1055.63	1647.82
1994	34169	3496.2	11946.17	85681	1221.0	10461.65	22407.82
2000	45906	6280.0	28828.97	80837	2253.4	18215.81	47044.78
2001	48064	6859.6	32969.98	79563	2366.4	18827.79	51797.77
2002	50212	7702.8	38677.30	78241	2475.6	19369.34	58046.64
2003	52376	8472.2	44373.99	76851	2622.2	20151.87	64525.86
2004	54283	9421.6	51143.27	75705	2936.4	22230.02	73373.29
2005	56212	10493.0	58983.25	74544	3254.9	24263.33	83246.58
2006	57706	11759.5	67859.37	73742	3587.0	26451.26	94310.63
2007	59379	13785.8	81858.70	72750	4140.4	30121.41	111980.11

注：1. 城镇居民可支配收入等于人口乘以城镇人均可支配收入。

2. 农村居民纯收入等于人口乘以人均纯收入。

3. 全国居民收入等于城镇居民可支配收入加上农村居民纯收入。

资料来源：《中国统计年鉴 2008》。

从表 15 可以看出，1978 年中国城镇人口仅占 17.9%，收入占全部居民收入的 35.9%，农村人口占全国人口的 82.1%，占全部居民收入的 64.1%。到 2007 年，城镇人口占全国人口的比重上升到 44.9%，收入占全部居民收入的

73.1%；农村人口虽然占到全国人口的55.1%，但是，收入仅占到26.9%。这一点在居民内部城乡人均收入差距扩大的现实上表现得更加充分，城乡居民收入差距，1978年为2.57倍，到2007年差距扩大到3.33倍。

表15　　城乡居民人口及收入比较表　　单位:%

年份	人口比重		收入比重		城乡人均收入比较（以农村为1）
	城镇	农村	城镇	农村	
1978	17.9	82.1	35.9	64.1	2.57
1994	28.5	71.5	53.3	46.7	2.86
2000	36.2	63.8	61.3	38.7	2.79
2001	37.7	62.3	63.7	36.3	2.90
2002	39.1	60.9	66.6	33.4	3.11
2003	40.5	59.5	68.8	31.2	3.23
2004	41.8	58.2	69.7	30.3	3.21
2005	43.0	57.0	70.9	29.1	3.22
2006	43.9	56.1	72.0	28.0	3.28
2007	44.9	55.1	73.1	26.9	3.33

注：根据表10资料计算得出。

2. 居民收入来源项目分析。从城镇居民人均总收入来源看，城镇居民主要来自工薪收入，2000年占71.2%，近年来虽逐年降低，但到2007年仍高达68.6%；经营净收入和财产性收入所占比例较低；转移性收入一般占22%以上。增加城镇居民财产性收入任重而道远。

表16　　城镇居民人均总收入分项目表　　单位：元

年份	合计	工薪收入		经营净收入		财产性收入		转移性收入	
		绝对数	比重（%）	绝对数	比重（%）	绝对数	占比（%）	绝对数	比重（%）
2000	6295.90	4480.50	71.2	246.24	3.9	128.38	2.0	1440.78	22.9
2001	6868.89	4829.86	70.3	274.05	4.0	134.62	2.0	1630.36	23.7
2002	8177.40	5739.96	70.2	332.16	4.1	102.12	1.2	2003.16	24.5
2003	9061.22	6410.22	70.7	403.82	4.5	134.98	1.5	2112.20	23.3
2004	10128.51	7152.76	70.6	493.87	4.9	161.15	1.6	2320.73	22.9
2005	11320.77	7797.54	68.9	679.62	6.0	192.91	1.7	2650.70	23.4
2006	12719.19	8766.96	68.9	809.56	6.4	244.01	1.9	2898.66	22.8
2007	14908.61	10234.76	68.6	940.72	6.3	348.53	2.3	3384.60	22.7

资料来源：历年《中国统计年鉴》。

从农村居民人均纯收入来源看，来自家庭经营纯收入所占比重最大，排在第二位的是工资性收入，而且工资性收入所占比重逐年提高，从 2000 年的 31.2%，提高到 2007 年的 38.6%。同样，农村居民财产性收入比重过低。与城镇居民不同的是，来自转移性收入比重较低，而且大大低于城镇居民。这表明，农村居民没有享受到政府的社会保障性支出。因此，未来政府应加大对农村居民的社会保障性支出。

表 17　　农村居民人均纯收入分项目表　　单位：元

年份	合计	工资性收入		家庭经营纯收入		财产性收入		转移性收入	
		绝对数	占比（%）	绝对数	占比（%）	绝对数	占比（%）	绝对数	占比（%）
2000	2253.42	702.30	31.2	1427.27	63.3	45.04	2.0	78.81	3.5
2001	2366.40	771.90	32.6	1459.63	61.7	46.97	2.0	87.90	3.7
2002	2475.63	840.22	33.9	1486.54	60.0	50.68	2.0	98.19	4.0
2003	2622.24	918.38	35.0	1541.28	58.8	65.75	2.5	96.83	3.7
2004	2936.40	998.46	34.0	1745.79	59.5	76.61	2.6	115.54	3.9
2005	3254.93	1174.53	36.1	1844.53	56.7	88.45	2.7	147.42	4.5
2006	3587.04	1374.80	38.3	1930.96	53.8	100.50	2.8	180.78	5.0
2007	4140.36	1596.22	38.6	2193.67	53.0	128.22	3.1	222.25	5.4

资料来源：历年《中国统计年鉴》。

四、国民收入分配中存在的问题及政策建议

（一）国民收入分配中存在的问题

1. 国民收入分配中，企业所占份额过小，居民所占份额过大。在初次分配时，政府、企业和居民三者所占份额基本形成。政府通过国民收入初次分配得到的份额过大，通过税收调节再分配的力度弱化。政府通过生产税的征收，在初次分配中即获得 17.5%（2005 年）的份额，通过再分配（主要是利用收入税手段），使其所占最终分配份额提高到 20.5%，但是仅比初次分配份额增加 3 个百分点。

2. 税收在国民收入分配中发挥的调节作用不够。在政府税收收入中，生产税所占比重高达 82.1%，收入税仅占 17.9%。政府生产税份额过大，收入税份额过小，而生产税是以效率优先为主，收入税则主要调节公平，这种情况不利于提高效率，更无助于调节公平。收入税对调节收入分配作用不大，表现

在对居民收入分配上，初次分配居民所占份额为59.6%，最终分配居民所占份额为59.4%，也就是说，政府通过收入税仅调节居民收入分配0.2个百分点。

3. 国民收入初次分配中，企业所占份额过低，居民收入所占份额过高，增加了税收在再分配中调控的难度。政府通过生产税，居民也通过提供劳务取得劳务报酬，参与国民收入初次分配，将企业创造的大部分收入分配掉了，企业仅保留了22.9%的收入份额。政府虽然通过收入税参与国民收入再分配，但由于收入税所占比重过小，无法起到应有的调控作用。

4. 企业税收负担过重，尤其是生产税负担过重。中国税制主要表现为以流转税为主体税种，政府从企业获得的税收大于企业分享的收入份额，而且企业分得的收入，除营业盈余外，大部分还是折旧，折旧部分只能重新回到企业再生产中。企业税收负担过重，严重影响了企业生产的积极性，导致企业发展的后劲不足，反过来又影响政府税收收入可持续增长，形成一个恶性循环，最终会导致政府税收收入规模的萎缩。

5. 政府收入中，财政收入比重过低。在财政收入中，又存在较高比重的非税收入。中国目前的状况是由政府部门直接支配的规范性税收收入所占政府收入的比重不高，非规范性的政府收入数量巨大，特别是地方政府预算外收入过大，如果再加上制度外收入，地方政府中的非规范收入比重还会更大，据有的文章指出："在中国，'卖地财政'几乎占据了地方财政的半壁江山"①。给政府财政收入的规范管理增加了难度。据估计，各种游离于预算外的非规范性政府收入与预算内规范性收入之比大约为3：2②，这部分政府收入，一方面加重了企业负担；另一方面导致政府宏观调控能力不足。

6. 中央财政占全部财政收入的比重过高，地方政府财力严重不足，不得不靠采用预算外收入来弥补，或者依靠中央财政转移支付来维持其正常运转。中央转移支付占地方政府财政支出比重过大，必然肢解分税制的效果，与适应市场经济的分税制改革的初衷背道而驰。

7. 居民收入分配过分向城镇居民"倾斜"，进一步加大了城乡居民收入差距。城乡居民人均收入差距的逐年扩大，已是一个不争的事实。税收本应该起到缩小这种差距的作用，实际上，税收并没有发挥其缩小城乡居民收入差距的

---

① 彭兴庭："土地财政不破　宏观调控难行"，《中国青年报》2008年9月8日。

② 刘志平："规范政府收入机制势在必行"，《经济经纬》1999年第3期。

应有作用。此外，政府对城镇居民的转移性支出高于农村居民的转移性支出，也加大了城乡居民收入差距。

（二）改善税收对国民收入分配调控的建议

正确处理政府、企业和居民三者之间的收入分配关系，合理调整国民收入分配格局，不仅有利于拉动经济增长、促进经济增长方式转变，而且有利于构建和谐社会，促进社会公平。

综合上述对中国国民收入分配格局及其存在问题的原因分析，我们认为当前要从以下几个方面充分发挥税收对国民收入的调控作用。

1. 深化、完善分税制改革，统筹协调各税种收入。针对国民收入分配中存在的问题，改变中国税制中流转税比重过高的局面，增加所得税占全部税收收入的比重。从目前的单主体税制向双主体税制转变，更好地发挥税收在各个分配层次中的调控作用，使国民收入分配格局趋向合理。

2. 降低生产环节的税收，实施增值税由生产型转为消费型。增值税的转型可以减少流转税占全部税收的比重，增加企业的营业盈余，扩大所得税的税基，提高企业所得税占全部税收收入的比重，更好地发挥税收对国民收入再分配的调控功能。

3. 应着眼于中小企业发展面临的诸多问题，充分落实各项税收优惠政策，降低企业税收负担，扩大企业在国民收入分配中所占份额，使企业有更多的资金用于发展生产。加快转变经济增长方式，推进产业结构优化、升级，实现企业的科学发展和可持续发展。

4. 规范政府收入形式，建立以税收为主的政府收入体系。加强对政府行政事业性收费的管理，实行费改税，将具有税收性质的收费改为规范的税收。通过深化税制改革，规范非税收入的管理，加快税费改革步伐，确立税收在政府收入中的主导地位。

5. 提高政府（特别是地方政府）收入中税收所占的比重。1994年分税制改革，使中央政府财政收入进入了快速增长的轨道，总的来看是必要的、成功的，有利于集中财力办大事和增强中央宏观调控能力。但是，1994年分税制对省级以下财政体制改革却未作出明确规定，这就在制度上留下了一个缺口。建议尽快制定省以下分税制财政管理体制的指导性意见，使省以下分税制有章可循。

6. 应对当前的国际、国内经济形势，扩大消费需求，特别是扩大国内需求。在降低国民收入分配中居民所占份额的同时，加大居民收入内部结构调整，重点增加低收入居民（特别是农村居民）收入，以解决城乡居民收入差距拉大问题。只有低收入居民的收入增加，才是提高消费率的前提①。国内消费水平的真正提高，才会拉动经济增长，实现经济增长方式的真正转型，保持中国经济的可持续发展。千方百计地增加居民收入，特别是中低收入者（主要是农村居民）的收入，这在当前全球性金融危机，各国经济增长普遍趋缓的形势下，能否继续保持中国经济的持续稳定增长显得尤为重要。

总之，税收的功能在于调控国民收入分配的缺陷，是政府改变国民收入分配格局的最能动、最有效的调控手段，要发挥税收的作用，首先要求保证中央财力的稳定增长，以拓宽政府再分配收入的渠道，扩大调节范围。因此，规范政府收入，完善税制，实行费改税，提高税收在国民收入分配中的比重，将税收调控的重点从初次分配环节逐渐过渡到再分配环节，是有效发挥税收调控作用的目标和方向。

参考文献：

1. 彭兴庭：“土地财政不破　宏观调控难行”，《中国青年报》2008年9月8日。

2. 刘扬：“现阶段我国国民收入分配格局实证分析”，《财贸经济》2002年第11期。

3. 刘扬：“对近年来我国国民收入分配格局的研究”，《税务研究》2002年第9期。

4. 李薇辉：“对国民收入分配变革的理论思考”，《上海经济研究》2000年第2期。

5. 刘志平：“规范政府收入机制势在必行”，《经济经纬》1999年第3期。

6. 曹金艳：“试论关于国民收入分配中企业收入分配”，《辽宁财专学报》1999年第1期。

7. 黄健、郭淑华：“我国国民收入分配向个人倾斜的历史过程和变动趋势”，《云南教育学院学报》1996年第4期。

课　题　指　导：靳万军

课 题 组 组 长：付广军

参加成员及单位：陈　明　毛秋生　刘国丽

贵州、宁夏、甘肃、深圳、武汉国税局；

北京、黑龙江、浙江、河北、湖北、

重庆、湖南、宁夏、贵州、青岛地税局

执　　　　　笔：付广军

① 从经济学原理看，低收入者的边际消费倾向要高于高收入者。

促进农业产业化的税收政策研究

国家税务总局税收科学研究所课题组

“三农”问题是中国的国家战略问题，也是民生问题。农业产业化对于解决“三农”问题具有举足轻重的作用，税收政策必须在促进农业产业化方面有所作为①。

一、农业产业化对中国农村经济发展的战略意义

（一）农业在中国经济发展中的重要地位

农业是国民经济的基础，是国家自立、社会安定的基础。从人类的存在和发展来看，农业是国民经济中最主要的物质生产部门，是人类社会的衣食之源、生存之本。中国作为人口大国，人均资源并不丰富，农业更为重要。从与第二、第三产业的关系看，农业生产活动是人类生产活动的起点，农业是工业原料的重要来源，农业劳动生产率的提高有助于更多的人力、物力、财力转移到第二、第三产业，农业的发展直接制约着第二产业、第三产业的发展，农业的兴衰关系到国民经济的全局。从与人民、国家的关系上看，农业的发展进程直接影响中国的全面小康社会建设，关系到人们的切身利益和社会稳定，以及中国在国际竞争中的地位。

① 农业产业化经营是一项涉及面广的系统工程，各项政策需要互相配合、促进，其他政策甚至比税收政策更重要，如土地制度、经营制度、职业教育与培训制度、户籍制度、农产品风险制度、贷款制度、利益分配制度等也都制约着农业产业化的步伐。限于篇幅，本报告只就税收政策方面进行探讨。

（二）农业产业化对中国农村经济发展的战略意义

与发达国家比较，中国农村经济问题已被总结为“三农”问题：一是农民众多，人均收入低；二是农村广大，基础设施欠缺；三是农业庞大，农产品质量、数量、生产效率及其加工缺乏档次，竞争力差。

当前且相当长的一段时期内，中国农村继续实行土地承包责任制度，主要的经营个体是以家庭为单位的农民。这种制度是解决农民温饱问题的有效选择，自实行土地承包责任制来，已经起到了不可磨灭的贡献。既要维持中国特色的土地承包责任制度，又要促进农村经济又好又快地发展，解决上述“三农”问题，就必须推行中国特色的农业产业化经营。

农业产业化经营模式，作为中国农业组织形式和经营方式上的重要制度创新，是农村经济发展及农业现代化的重要路径，已为中国社会各界所认同。具体地讲，农业产业化，就是以市场为导向，以提高经济效益为中心，对当地农业的支柱产业和主导产品，实行区域化布局、专业化生产、一体化经营、社会化服务、企业化管理，把产供销、贸工农、经科教紧密结合起来，形成一条龙的经营体制，从而改造传统的自给半自给的农业和农村经济，使之和市场接轨，在家庭经营的基础上，逐步实现农业生产的专业化、商品化和社会化①②。温家宝总理在十一届人大政府工作报告中指出，“加快发展高产优质高效生态安全农业，支持农业产业化经营和龙头企业发展”。

实施农业产业化，促进农村经济发展，必须借用大农业概念，就是依据农业产业化经营链条把农业分为基础农业、衍生农业和加工农业三大块③。基础农业指农业种植、饲养及养殖；衍生农业是与基础农业生产密切相关的产业，直接影响基础农业生产的数量、质量与效率，主要包括农业生产资料的生产与流通、基础农业产品的非初次流通、农业技术服务、农业基础设施建设以及农村的金融、保险、基础教育等；加工农业指对基础农业产品进行加工利用但

① “论农业产业化”，《人民日报》社论 1995 年 12 月 11 日。

② 邯郸市大名县的农业发展是一个现实的例子。该地处冀鲁豫三省交界，本是邯郸穷县，但已形成粮油加工集群，农业产业化效应明显，当地小麦价格比周边高 0.2～0.4 元/公斤，日产编织袋 16 万条，运输产业年增产值约 15 亿元，农产品加工业及带动产业就业人员占农村富余劳动力的 16%，带动种植基地 160 万亩。大名县五得利面粉集团是农业产业化国家重点龙头企业，生产规模居全国同行业第一。

③ 把大农业分为基础农业、衍生农业、加工农业，后两者均依赖于前者而存在并能促进前者的发展，这样划分有助于有效地制定针对性较强的税收鼓励政策，详见后述。

“增加值比”不超过200%①的产业。农业产业化经营就是把基础农业、衍生农业和加工农业这三大块有机地结合起来，完善农村基础、服务设施，土地规模化经营，推进农业结构战略性调整，增加农民收入，把绝大部分农村富余劳动力从基础农业有效地引向衍生农业和加工农业以及非农产业，最终做大做强中国特色的大农业，建设包括农村在内的全面小康社会。

二、中国农业产业化的现状和存在问题②

目前，中国农业产业化发展态势良好。龙头企业竞争能力不断提高，产业化规模不断扩大，产业化运行机制和经营环境也逐步完善。

（一）农业产业化发展态势良好

1. 农业产业化经营组织快速发展。截至2006年底，全国产业化经营组织发展到154842个，比上年增长14.1%；全国各类龙头企业71691个，占产业化组织总数的46.3%；各类产业化组织固定资产总值16415.1亿元，比上年增长25.2%；其中龙头企业固定资产总值9782亿元，占产业化组织固定资产总值的74.6%；2006年龙头企业实现销售收入24188亿元，净利润1597亿元，上缴税金775亿元，分别比上年增长31.1%、35.1%和32.2%。

2. 农业产业化经营领域不断拓展，带动能力明显增强。近几年来，农业产业化体系不断向精深加工延伸，产业领域不断拓宽，产业链不断拉长，生产加工各个环节的联系更加紧密，展现了农业一体化发展的大趋势。2006年，各类产业化组织中，种植业6.7万个，带动种植面积10多亿亩；畜牧业5.5万个，带动牲畜养殖量14.6亿头，禽类养殖量113.4亿只；水产业9055个，带

① 现实中农产品初加工和深加工不易区分。我们建议按农产品加工的“增加值比”来区分。这里，“增加值比”是指农产品加工业增加值与农业增加值的比例。根据谢敏、薄克明：《发展农产品加工　促进农业结构调整》，载《中国农业机械学会第三届青年学术年会论文集》（2004年），中国目前农产品加工的平均“增加值比”为0.5（50%），发达国家平均为3（300%）。我们认为可以以发达国家的水平作为中国农产品加工业的发展目标，并把“增加值比”不超过200%作为划分农产品初加工的标准，即只要对基础农业产品加工“增加值比”不超过200%的，都纳入农产品初加工范围。200%是一个近似值，其设立的真正意义是为了便于区分农产品初加工和深加工，只要农产品加工“增加值比”不超过200%，不管加工过程是否发生化学、物理变化，都算初加工。现实中把农产品加工过程发生化学变化的都归类为深加工，其实许多农产品加工“增加值比”并不高，就因发生化学变化而被视为深加工，如把大豆加工成豆酱就被视为深加工，显然，如果用加工“增加值比”标准来判断是否属于深加工，应该更合理一些。

② 如果没有特别注明，本部分农业产业化数据全部来源于危朝安（农业部副部长）《在农业产业化国家重点龙头企业负责人培训班上的讲话》（2007年11月）。

动水产养殖水面9570万亩。各类产业化组织带动农户9098万户，从事农业产业化农户户均增收1486元，比2005年分别增长4.3%和11.2%。

3. 运行机制逐渐完善。为适应生产力发展要求，在产业化经营中不断改革、创新经营机制，龙头企业带动型、专业市场带动型、主导产业带动型、中介组织带动型、科技创新带动型等多样化产业格局逐渐形成。农户与龙头企业、中介组织之间的利益联结方式进一步规范和完善。经营体制不断向以产权为纽带的合同制、股份合作制、利润返还等方向发展。在各种形式的利益联结中，合同方式占了五成以上，其他方式所占比重较为均衡，较好地实现了农业产业化利益的合理分配，维护了农民利益。农业中介服务组织发展良好。到2006年底，产业化带动全国各类中介服务组织约70874个，占产业化组织的45.8%，其中，登记在册会员50人以上且年销售收入过100万元的从事产业化经营的专业合作组织19847个，同比增长31.80%。

4. 对外开放水平进一步提升。2006年龙头企业实现创汇263亿美元，比上年增长13.9%，占全国农产品出口创汇总额的84.8%。在扩大农产品出口的同时，农业产业化组织，尤其是龙头企业在引进来、走出去中大做文章，积极引进外资、技术与专业管理，增强自身实力；积极参与国际农业市场竞争，利用国外优势农业资源，开展跨国经营，国际竞争能力逐步增强。

5. 政策环境不断优化。农业产业化的健康、有序、可持续发展，离不开政府的引导和政策的扶持，需要社会各个相关领域的协作与服务。党和政府为农业产业化事业开创了一个难得的发展环境。党中央把“三农”工作提到全党工作重中之重的位置，提出了工业反哺农业、城市支持农村和多予少取放活的方针，出台了一系列惠农政策。全国农业产业化联席会议协调各成员单位，以产业化为主题，在财政、税收、金融、外贸、证券等方面制定了一系列优惠措施，有力推动农业产业化经营的发展。2006年全国各级财政投入农业产业化专项资金总额102亿元，比上年增加5亿元①。国家税收多年来都针对农业产业化经营制定了优惠政策。金融机构充分认识到“扶持农业产业化就是扶持农业，扶持龙头企业就是扶持农民”，转变观念，把信贷支农的重点转移到了支持农业产业化经营上来。2006年全国各产业龙头申请银行贷款2926亿元，比上年增长24%。另外，国家在外贸、证券以及保险等领域也对产业化经营给予了很大支持，制定了相关优惠政策。为了进一步促进农业产业化经营

① 农业部产业化办公室内部统计数据。

的发展，政府相关部门仍在不断探索，寻求更加科学、有效的支农方略，为农业产业化的发展创建更好的经营环境。

（二）农业产业化存在的问题

近年来，中国农业产业化快速发展，取得了可喜的成效。在总结成功经验时，也发现农业产业化发展中还存在一些矛盾和问题。

1. 产业组织规模小，约束了产业化规模效益的更大化。全国 4.2 万个龙头企业中，销售过亿元的约占 4.7%[①]。农业产业化企业多数还属于分散的小规模经营（以肉食加工为例，双汇、金锣、雨润三大集团的屠宰量只占到全国屠宰总量的 4.6%，有 95.4% 属于小规模经营），制约了资源配置的综合效能的发挥。

2. 利益联结关系不紧密。现在龙头企业与农户之间的利益联结机制建设还不够紧密、不够完善，利益关系约束力不够强。目前一些龙头企业存在带农、惠农意识不强，只顾自身发展，忽略农户利益的问题。

3. 国际竞争能力有待提高。发达国家精深加工率在 50% 以上，而中国只有 20% 左右[②]；农产品开发能力弱、农业装备落后，中国 80% 装备处在 20 世纪 80 年代水平，15% 达到 90 年代水平，只有 5% 达到了国际先进水平[③]。

4. 农业产业化经营环境还需要进一步改善。农业产业化经营在许多地区都是“企业跟着市场跑，结构围绕企业调，项目依托基地建，农民照着定单干”的格局。全国各地农业产业化发展的经济条件、资源环境以及人员素质等方面都不尽相同，有些地方在因地制宜，结合实际，有针对性地对农业产业化经营与发展提供适宜的经营环境方面支持效力还不够高，尤其是对产业选项、产品开发及市场定位等方面的调控，还需要更多地深入调研、摸清当地产业化经营基本情况，以科学发展观为指导，对当地农业产业化经营进行更为有效的支持与指导。

5. 农业产业化区域发展不平衡。中国地域广阔，各地受资源、技术及生产力发展水平的影响，全国各地农业产业化发展也是多层次、多样化局面。中

① 冯继康：“山东省农业产业化发展的现实约束与创新路径”，《山东农业大学学报》2007 年第 3 期。

② 孟令伟：《我国农业产业化经营的产生发展和趋势》，http：//news. aweb. com. cn/2005/12/5/16272861. htm。

③ 郑文凯：《我国农业产业化的发展现状、趋势及政策措施》，http：//www. cspgp. org. cn/10zhounian _ luntan/nycyh _ luntan/01. htm。

国东部地区发展较快，西部地区也在加紧发展，但与东部地区相比还是存在一定差距。区域间农业产业化的平衡发展任务还很艰巨。就各地区内部而言也同样存在区域发展差异问题。

三、农业产业化的现行税收政策及评价

（一）与农业产业化相关的现行税收政策及评价

中国并无直接针对农业产业化的税收政策。但从大农业的角度看，大凡与基础农业、衍生农业、加工农业有关的税收政策，都可归入农业产业化税收政策之中。根据整理的材料看，与农业产业化相关的税收政策是动态的、分散的。为了便于研究，下面分别按农业产业化链条、税种两种情况进行相应的归类整理。

1. 按农业产业化链条分类的相关税收政策及评价。

（1）相关税收政策。

第一，针对基础农业。2006 年取消农业税；免征增值税，但一般纳税人收购基础农业产品可以就收购金额计算 13% 的进项税额；部分产品免征或减半征收企业所得税[①]。

第二，针对衍生农业。农业生产资料免征增值税，但其相应的进项税额不能抵扣；农业技术服务及转让免征营业税；灌溉、兽医、农技推广、农机作业及维修、符合公共基础设施项目企业所得税优惠目录的涉农项目免征企业所得税。

第三，针对加工农业。加工后仍属于国家税务总局制定的《农业产品征税范围注释》内的农产品适用 13% 的低税率；初加工免征企业所得税。

第四，针对农民专业合作社。对农民专业合作社销售本社成员生产的农业产品，视同农业生产者销售自产农业产品免征增值税；纳税人从农民专业合作社购进的免税农业产品，可按 13% 的扣除率计算抵扣增值税进项税额；对农民专业合作社向本社成员销售农业生产资料，免征增值税；对农民专业合作社与本社成员签订的农业产品和农业生产资料购销合同，免征印花税。

第五，针对农产品出口。取消原粮及其制粉的出口退税；其他农产品及以

① 《企业所得税法》实施前，只有国家级重点农业龙头企业才可以享受企业所得税减免政策。《企业所得税法》实施后企业从事农、林、牧、渔业项目的所得可以按规定享受企业所得税减免政策。详见后述。

其为原料的初加工产品，出口退税率在 5% ~13% 之间；进口农业高科技设备免征进口关税和增值税。

第六，其他特殊情况。农业研发费用，未形成无形资产计入当期损益的，按 1.5 倍系数在企业所得税税前扣除；形成无形资产的，按 1.5 倍系数摊销。

针对税收管理：各省实施严格的农产品收购发票的管理；对国家级重点农业龙头企业曾经[①]实施税收优惠待遇。

（2）政策评价。总的来看，现行税收优惠政策对农业发展发挥了促进作用，特别是 2008 年施行的企业所得税法，更有利于农业产业化。但通过调研和理性分析，发现涉农税收优惠政策还存在一些不可忽视的问题。

第一，涉农税收优惠政策缺乏公平。新《企业所得税法》实施后，免征企业所得税政策推广到大部分农业企业，但对花卉、饮料作物、香料作物的种植和养殖业特别规定减半征收企业所得税。而这些都是提高全民小康水平所必需的、前景无限的阳光产业，这一优惠并没有惠及全部农业。

第二，涉农税收优惠政策缺乏深度。农业生产资料及中间产品，如农作物所需要的农药化肥、饲养业养殖业需要的饲料等未能像其他初级产品一样享受免征企业所得税政策，成为税收政策的一个空白。对农产品加工免征企业所得税的优惠仅限于初加工而不包括深加工，从产业化链条的源头上抑制了农产品精深加工及农业产业化经营企业的规模扩张和经济效益的提高。税收优惠政策有待增加深度。

第三，涉农税收优惠政策缺乏有效性。如对农业生产资料生产环节免征增值税，却不能降低生产资料价格，农业生产者从中并没有享受到多少好处，挫伤从事农业的积极性。

第四，涉农税收优惠政策之间缺乏协调。农产品收购发票增值税抵扣政策，割裂了增值税链条的完整性，与增值税政策存在冲突。农产品初加工和收购企业受到税收优惠的同时，把“高征低扣”这一矛盾转移到了农产品深加工环节，而农产品深加工的优惠税收政策迟迟没有出台，农产品深加工受到抑制。

第五，涉农税收优惠政策缺乏法律支持。涉农税收政策散见于增值税、企

① “曾经”一词是指，国家级重点农业龙头企业，在所得税法实施前享受过一定的企业所得税优惠，现在因企业所得税法的实施，有的优惠已经不明确，有的优惠已经归入基础农业、加工农业相应的行业当中。

业所得税、营业税、关税等税种法规中，多以财政、税务部门的规章、决定等形式下发，政策易变，法律层次低。

第六，涉农税收优惠政策缺乏可操作性。企业从事农产品初加工[①]、农作物新品种选育、农技推广、农机作业等项目的生产经营所得免征企业所得税，但税法没有细化规定，缺乏相应配套措施，政策执行起来缺乏可操作性。

2. 按税种分类的相关农业产业化税收政策及评价。当前涉及农业生产经营有关的税收政策主要有增值税、营业税、消费税、关税、企业所得税、个人所得税及一些地方小税种。

（1）增值税方面。

①现行主要优惠政策。农业生产单位和个人销售自产的初级农产品免税；纳税人经营农业生产资料（饲料、农膜、化肥、种子、种苗、农药、农机）免税；购进免税农产品用于生产销售准予抵扣进项税额为买价（含税）的13%；对于综合利用农林水产废弃物生产的产品，可以享受增值税先征后退政策。

农业合作组织涉税优惠：参见上节按农业产业化链条分类的相关税收政策。

国家级重点龙头企业主要享有农业生产者销售农业产品免征增值税以及生产资料产品增值税免征或先征后返的税收优惠。

在东北、中部地区增值税转型试点中，农产品加工业是率先转型的行业之一。

对符合条件的销售农产品及以销售农产品为主的个体工商户，将其增值税起征点一律确定为月销售额5000元[②]。

②现行增值税优惠政策评价。

第一，减税范围界定不科学。现行税收政策对农业产品及部分农业生产资料增值税免税，采取正列举的方式。这种方式有利于明确征免范围，但随着经济的发展，已渐显弊端。过去没有列入免税范围的，如每年春季植树从农民手中购买的种植树木和花卉的土壤，许多农民将玉米秆、麦秆简单加工成草垫子作为运输货物的包装等，这些无法确定是不是农业产品，给征纳双方带来争

① 在本报告编发之际，《享受企业所得税优惠政策的农产品初加工范围（试行）》已公布实施。——编者注。

② 《国家税务总局关于个体工商户销售农产品有关税收政策问题的通知》（国税发［2003］149号）。

执；再如某些一般纳税人生产的农药新产品，以免税农药为主要原料，无公害、无污染，有利于农业生产，但因不属于列举的免税范围，不但不能享受农业产业化流通环节的税收政策，反而由于原料中免税货物比重大无法取得进项税额而导致税负畸高。农业产品初、深加工界定也不明确。税法中的“农业产品”是指农业生产者生产的初级农产品和通过物理手段简单加工过的可食用和可使用产品，如一些企业在向农民个人收购的半熟玉米，经过杀菌、简单包装后作为产品销售，此类产品应作为农产品的粮食还是作为蔬菜罐头，在实际操作中出现税企双方对农产品范围界定的分歧。

第二，税率与抵扣率的差异，客观形成税负不均①。“高征低扣”即销项税税率为 17%，进项扣除率为 13%。以农产品为主要原料的淀粉、乳品饮料、啤酒、制糖等行业，即使在本环节没有实现增值，也要缴纳 1.53% 的增值税。据安徽省国税局 2007 年对 286 户农产品购销及加工企业调查，农产品购销企业平均税负为 1.75%，最高为 5.04%；农产品加工企业平均税负为 1.91%，最高为 11.62%。农产品加工业税负明显重于购销企业，不利于农业生产向后延伸。“高扣低征”即销项税率 13%，进项按收购价抵扣 13%。如果某一般纳税人平价进销一批免税农产品，国家不但征不到增值税，反而还得退给该企业相当于不含税销售额 1.69% 的税款，形成增值税长期零申报、负申报或低税负。安徽省宿州市 2007 年纳入税收管理的农副产品加工业 123 户，全年出现零申报 550 户次；木材加工业 106 户，全年零申报 576 户次；粮食购销企业大多出现零负申报或低申报现象，有的企业全年零负申报次数在 9 次以上。

第三，税收优惠政策环节单一。税收优惠主要集中在生产环节。农业产业化存在一条从种（养）植、收购、初加工、深加工直至营销的链条。现行税收优惠政策没有全程渗透，没有激励从农产品的初加工向深加工转变和由传统规模型增收向科技创新型转变的机制，割裂了生产与前后环节的连续性，相应提高了农业产业化企业的税负。

第四，税收优惠政策不平等。涉农税收优惠只过多地考虑了农民，而没考虑为农民提供就业机会的农业产业化企业。近期出台的农业合作组织优惠规定，只是原则性条款，对农产品主要销售者的农村经纪人没有优惠政策。据对安徽省砀山县调查，全县各类农产品销售中，农村经纪人销售约占 70%，农

① 本文有关安徽省的数据来源于安徽省国税局课题组提供的一份调研报告，安徽省国税局是本课题组成员。

村合作经济组织销售约占20%，农民自产自销约占10%。吸纳下岗职工的企业享受税收优惠政策，不包括农业企业和乡镇企业。农业产业化企业也是劳动密集型企业，却没有同等的税收政策扶持，显示出城市与农村、农业与工业、农民与工人的不平等性。在优惠对象上主要针对国家级农产品加工龙头企业以及农业科研方面，覆盖面比较狭窄。

（2）所得税方面。

①现行主要优惠政策。在新企业所得税法实施以前，对国家农业产业化重点龙头企业、国有农口企事业单位从事种植业、养殖业和农林产品初加工业取得的所得，暂免征收企业所得税。新企业所得税法实施以后，根据企业所得税法及其实施条例规定，从事农、林、牧、渔业项目的所得，可以享受免征或减征的照顾：

企业从事下列项目的所得，免征企业所得税：蔬菜、谷物、薯类、油料、豆类、棉花、麻类、糖料、水果、坚果的种植；农作物新品种的选育；中药材的种植；林木的培育和种植；牲畜、家禽的饲养；林产品的采集；灌溉、农产品初加工、兽医、农技推广、农机作业和维修等农、林、牧、渔服务业项目；远洋捕捞。

企业从事花卉、茶以及其他饮料作物和香料作物的种植等减半征收企业所得税。

此外，对个人或个体户从事种植、养殖业、饲养业、捕捞业取得的所得暂不征收个人所得税。对以家庭或几个人合伙为经营单位从事饲养业的，不再征收个人所得税。

②税收优惠政策评价。现行企业所得税涉农优惠以直接减免方式为主，而加速折旧、投资抵免等间接优惠方式较少运用。不利于企业利用税后利润来进行资本积累，完成产品结构调整和扩大再生产。对个人来源于农业企业等投资分红收益，按现行政策规定须缴纳个人所得税，挫伤了投资者投资的积极性。此外，对农产品加工免征企业所得税的优惠仅限于初加工而不包括深加工，从产业化链条的源头上人为地抑制了农产品精深加工及促进农业产业化经营企业的规模扩张和经济效益的提高。对农民专业合作社取得的社会力量捐赠收入、政府资助等是否给予免税没有明确规定，影响了社会对其投资。

（3）出口退税方面。

①现行主要优惠政策。除国家另有规定免税或不予退（免）税外，出口农产品适用退税率为5%，小麦粉、玉米粉、分割鸭、分割兔等部分农产品出

口退税率为 13%。对于符合国家高新技术目录和国家有关部门批准目录进口项目的农产品加工设备、除按照《国内投资项目不予免税的进口商品目录》所列商品外，免征进口关税和进口环节增值税。

进口用于农业、林业、牧业、渔业生产和科学研究的种子、种畜和鱼种，可以定期免征进口环节增值税。

直接用于农业科学研究、试验的进口仪器、设备，可以免征关税和进口环节增值税。

②现行主要优惠政策评价。

第一，出口退税率低。目前中国农产品出口退税执行的是 5% 或 13% 的退税率，比国内其他出口行业平均 15% 的出口退税率要低。

第二，出口农产品税负重。农业生产部门没有被纳入增值税链条，税法规定的可抵扣进项税额的农产品范围过窄，农产品加工中所含的大量固定资产进项税额不能抵扣，客观上造成了出口农产品实际承担税款，降低了农产品在国际市场中的竞争力；这与国际上通行的农产品出口零税率作法，形成了鲜明的比照，阻碍了农业企业的发展。

第三，城建税等没有列入退税范围，出口退税不完整。中国出口退、免税的税种只有增值税和消费税。中国目前随同增值税等三税征收的城市维护建设税等，实质是增值税等的附加税，是属于 WTO 所称的间接税。

(4) 地方税方面。

①现行主要优惠政策。对农业机耕、排灌、病虫害防治、植保、农牧保险及相关技术培训业务，家禽、牲畜、水生动物的配种和疾病防治等农业服务项目免征营业税。

将土地使用权转让给农业生产者用于农业生产取得的收入项目，经税务机关审核批准，可以免征营业税。

科研单位、大中专院校服务于农业的技术成果转让、技术培训、技术咨询、技术服务、技术承包所取得的收入免征营业税。

国家指定的收购部门与农民个人书立的农副产品收购合同及农牧业保险合同免征印花税。对农民专业合作社与本社成员签订的农业产品和农业生产资料购销合同，免征印花税。

直接用于农业、林业、牧业、渔业的生产用地，水利设施及其管护用地，可以免征城镇土地使用税。

为农业生产服务的农田水利设施用地，可以免征耕地占用税。

单位和个人承受荒山、荒沟、土地使用权，并专用于农业生产的免征契税。

②现行优惠政策评价。

第一，税收政策缺位。缺乏为基础农业提供产前、产中、产后中介服务机构的税收优惠。缺乏对农村新兴产业的营业税优惠政策，如观光农业等。

第二，间接减免的少。如为农业产业化经营服务的贷款利息收入没有减免税的规定，目前，从调研情况看，资金缺乏是制约农业产业化龙头企业发展的关键。

第三，缺乏对农业产业化龙头企业系统优惠。龙头企业主要偏于所得税方面优惠政策，要从整体税制体系上，包括流转税、所得税、财产税等方面给予更多的优惠。

（5）税收管理方面。

①现行政策规定。农产品收购发票一般是由国税机关发售给农产品经营单位和以农产品为原料或主要材料的生产加工企业，由企业自行填开。现行发票管理规定："临时到本省、自治区、直辖市以外从事临时经营活动的单位或者个人，应当凭所在地税务机关的证明，向经营地税务机关申请领购经营地的发票"，实行属地管理。

②现行政策评价。

第一，发票管理难以控管。企业领购农产品收购凭证后，何时开具，开具内容是否真实，税务部门不能及时了解和掌握，监管力度和手段跟不上，给企业虚开收购凭证带来便利。从实地调查来看，农业产品加工的一般纳税人目前很少到农户直接收购农产品，而是主要通过中介人、农民经纪人或商贩来完成收购。如安徽省宿州市某面粉加工厂 2007 年共购进小麦 1 亿吨，其中，通过合肥粮食交易市场从国家粮库购粮 3500 万吨，通过经纪人收购 5000 万吨，从粮农手中直接收购 1500 万吨。从安徽省国税局对全省 286 户企业调查看，无论是农产品购销企业还是农产品加工企业，其取得的普通发票数量都极少，进项税额仅占全部农产品购进抵扣税额的 1.69%，企业大部分进项抵扣税都是自行开具的农产品收购专用发票。现在农业产品收购凭证对征纳双方都带来了难题。对于纳税人来讲，需要聘请人员开票，且开票要求高，开票稍微开错一点税务机关审查不予抵扣；对税务部门来说，监管无法到位，虽然税务部门为加强农产品收购发票管理出台了不少办法，但问题远未解决。

第二，异地使用发票问题难于解决。这种管理方式给征纳双方都带来很大的管理难题。一方面，现行《外出经营税收管理证明》只适宜货物销售和建安工程业务，而不适宜收购业务，许多原料如原毛、生皮、中草药等，大量需求必须靠外地（产地）来满足，这就形成了障碍；另一方面，原料产地税务机关不情愿提供发票。农民出售农业产品本身免税，税务机关不能征收外地客户的税款，还要供应收购发票，承担管理责任，因此不如绕开不供。

第三，属地管理政策束缚农业生产者跨地区发展。现行增值税实行属地管理，农业生产者若要长期跨地区直接销售自产农产品，必然会设立与其农业生产基地不在同一县（市）的销售点直接收取货款。按照属地管理原则，无论这些销售点是否办理了法人营业执照，都将被作为独立的增值税纳税人。此时，销售点将被视为非农业生产者，且因其销售的农产品年销售额往往达不到180万元，而被作为增值税小规模纳税人征税，增加增值税税负，影响了农产品的正常流通。

第四，税收惠农的政策服务和管理服务还不够到位。由于缺乏规范的税法公告制度，加之税收政策宣传力度不够，降低了税收政策的透明度；在一般纳税人中全面推行增值税防伪税控系统，以规范各纳税企业的报税程序，但由于企业离市区较远，每月至少两次办理报税及发票认证手续，一则报税不便；二则加大了企业纳税成本。

（二）现行税收政策对农业产业化的影响

通过对农业产业化各环节及各税种甚至税收管理当中的税收政策进行分析，并通过调研发现，现行税收政策对农业产业化的积极影响是有限的，即使原先对国家级重点农业龙头企业单独赋予企业所得税减免政策也是如此，不完善的税收优惠政策甚至阻碍了农业产业化的进程。我们总的看法是：现代农业离我们还比较远，小农经济的影子还不时依附在农业产业化当中，大农业缺乏规模效应和生产效率，基础农业缺乏安全感，衍生农业缺乏多样性，加工农业缺乏档次，农业龙头企业缺乏规模和数量。具体表现为：一是对基础农业产品生产给予一定的税收优惠，收效不大，无法实现基础农业生产的规模经营，基础农业还很薄弱；二是对衍生农业有部分税收优惠，但不全面，力度也不大，农业基础设施缺乏，为基础农业服务的行业薄弱，导致基础农业生产的投入资金不足、技术匮乏、成本高、利润低；三是加工农业享有的税收优惠更少，税收优惠只局限于农产品注释目录中的初加工产品，限制了农业产业化的发展空间[①]。

四、发达国家农业产业化的税收政策[②]

农业现代化程度高的国家基本上走的都是农业产业化道路。各国运用政策促进农业产业化的经验做法多种多样，但都在工业化发展到一定阶段后，实行不同程度的工业反哺农业的政策，表现在税收政策方面，就是都对农业实施特殊的税收优惠政策。

（一）增值税方面

1. 实行消费型增值税。目前实行增值税的140多个国家中，大都实行消费型增值税，只有中国[③]和少数几个国家，实行生产型增值税。消费型增值税就是允许将固定资产进项税额一次性扣除。国外农产品生产加工环节固定资产所含税款得到彻底扣除，比国内同类产品成本低、竞争力强。

2. 实施低税率。目前世界上大多数经济发达国家均对农产品生产及加工业实行税收优惠政策。在欧盟，大多数国家除对农产品免税外，均对农产品生产及加工业适用特别税率。比如德国，其增值税的普通税率为19%，而农林产品增值税税率则分别为林业5%、农业11%；意大利增值税税率分为4%、10%、20%三档，对农产品则适用4%的低税率。对食品加工业也一般都规定有较低的税率，比如法国，其商品和服务销售的标准增值税税率为19.6%，但食品业的增值税税率则为5.5%；荷兰增值税的标准税率为17.5%，食品业的税率为6%。英国虽然增值税法中列举了对农产品征税，但规定对大多数农产品执行零税率，这意味着政府基本上放弃了对农业的流转税。中国尽管规定了一部分减免税政策，但增值税税率相比较来说仍处于较高水平，是欧盟国家的近2倍。

3. 实行增值税一次性补偿制度。有些国家，为克服销售农产品进项税金得不到抵扣的问题，还允许农民按销售价格向购买者收取一定的补偿金。西班牙规定，在采取比例税率方式下，农民有权按农产品销售价的4%收取补偿

---

① 中国出于粮食安全性的考虑，对生物燃料进行限制，但对制酒却没有限制。粮食被制成酒喝了，还是提炼成生物燃料烧了，哪种更值得鼓励呢？

② 国外农业税收政策资料缺乏，本节借鉴了总局科研所李本贵研究员的部分研究成果。

③ 在本报告编发之际，国务院已决定从2009年1月1日起增值税由生产型改为消费型。——编者注。

金。法国增值税一次性补偿制度适用于那些无论出于何种理由无需缴纳增值税的农业经营者，使无需缴纳增值税的农业经营者对其在前一环节的采购或享受的服务所承担的增值税能够获得补偿。该项补偿只适用于农业从业者将其自主生产的产品出售给增值税纳税人（如专卖商或加工商等）的情况。中国名义上农民生产销售农业产品免税，但是农民承担着购买生产资料和生活资料应负担的增值税。

（二）所得税方面

1. 适应税率低。欧盟对农产品加工企业适用较低的所得税税率，采取亏损结转优惠政策，有效降低企业所得税负担。法国公司所得税实行33.3%的比例税率，但对农林业的收益所得只按24%的税率计征。法国鼓励年轻人留在或加入农业生产和经营的行列。对青年农民经营者（未满40岁）可以享受在经营活动的前60个月50%的个人所得税特别减免。美国同意农场和牧场主可以按三年净收入的平均数申报纳税，以避免农场主在收成较好的获利年度面对超额的高税率。

2. 优惠范围广。法国对农业合作信贷银行、农业合作社及其联合组织的收益免征公司所得税。英国对家庭农场一般缴纳个人所得税，只有当企业达到一定标准时才缴纳企业所得税。根据法国《税收总法典》，农业经营者如果在2005年5月18日~2010年12月31日间将经营权出让给年轻农业经营者，并同意延缓支付转让费的，原则上可享受减缴个人所得税的优惠，即可享受相当于延期支付转让费所得利息的一半的税款抵扣，以鼓励农业经营者将经营权让与年轻农业经营者。

3. 优惠项目多。法国政府规定，创办各种为农业服务的合作社，政府给予占投资25%左右的投资津贴，并免征工业利润和商业利润税、营业税和房地产税。从2004年1月1日~2009年12月31日在农村复兴区成立的新公司，可在前5年免缴所得税，在第二个5年免除60%，之后的2年免除40%，再之后的2年免除20%，即在14年内实行全部或部分减免。

4. 费用扣除高。美国政府允许农业的“资本开支”即用于购买机器设备等固定资产的支出，可以从付款当年的经营收入中全部扣除。英国对农场利润在农庄维修管理费、贷款利息、社会保险支出等方面均给予特别的优惠。澳大利亚政府对农场水利设施、供电系统、燃油储备设施等实行免税。美国政府允许农民采用“现金记账法”，即只要求农民在收到农产品的货款后才向税务部门申报，而所发生的生产费用支出可在当年的收入中全部扣除。这使农民可以通过从当年收入中减去提前购买下一年度使用的种子、化肥、农药及其他投入品的办法，减少应纳税的收入基数，从而减少缴纳个人所得税税额。

（三）农产品进出口环节

凡实行增值税的国家，均对出口货物实行零税率政策，即出口货物在出口环节免税，并全额退还其进项税额。中国农产品出口未实行彻底退税，不利于农产品出口。

（四）财产税方面

日本税收政策规定，如果农业用地被继承人继续用于农业生产的，遗产税总额超过土地交易价格的部分便可以延期缴纳；如果继承人死亡或者从事农业生产满 20 年后，未缴纳的部分税收就可以免除。美国将对土地征税纳入财产税中，征税时根据土地用途确定价值，对农业土地按照当前用途估价，大大降低农业用地的财产税额。加拿大对境内不动产征收财产税，而农业的机器设备虽然属于不动产，但可以免缴财产税；对于应当征收财产税的其他农业财产，在对其进行评估作价的时候，可以采用比较优惠的估价标准，以减轻对农业财产的征税。在法国，农业经营者用于农业经营活动的建筑物可永久免除房地产税。该项免税优惠仅适用于农业经营的建筑，即不仅该建筑物需具有农用性质，而且应当长期专用于农业经营。

（五）其他方面

1. 农业经营者免缴职业税。法国规定，专门由个体农业生产者或者本身享受免税待遇的民事农业公司组成的集团，从事农业生产及其直接相关的附属活动，免征职业税。农业生产经营者从事工业或商业活动必须缴纳职业税。

2. 农业税收托管中心的优惠措施。在法国，税收托管中心主要为农业经营者提供服务，鼓励、督促中心的成员建立账目。所有加入中心的人员可以享受税收上的优惠，能在经营、账目管理、培训和税务咨询等方面得到有效的帮助。另外，税收托管中心成员配偶的工资视为一项支出，可全额从应纳税所得额中扣除，而非成员经营者配偶的工资扣除有限额限制。

法国等利用税收手段，在发展农业生产方面的经验对于中国来说，具有一定的参考意义。一是重视农村不发达地区的发展；二是保障农村的就业机会。把发展的重点放在最贫困的、最需要扶持的农村地区。保障农村地区的就业机会，是农村发展的关键所在。

五、促进农业产业化的税收政策选择

（一）促进农业产业化的税收政策原则

农业产业化是促进中国农村经济发展的制度创新。促进农业产业化，国家必须以科学发展观为指导，从法律层面着手，借鉴国际经验，出台系统的战略性的方针政策，统筹城乡发展，以工业反哺农业，以城市带动农村，搞好社会主义新农村建设，促进农村奔小康。税收政策要在这个大的方针政策平台下积极地有所作为，必须解放思想，遵循以下原则：

1. 普惠于农业产业化经营链条的每一个环节。农业产业化经营终究是个系统工程，每一个环节都不能弱化。如加工农业缺乏税收支持，农产品的供应就会大于需求，农产品价格就会偏低，基础农业生产就会受到压抑，并传导给衍生农业。所以，要从大农业的角度来全面促进农村经济，农业产业化经营链条中的每一个环节都应有强有力的税收支持。

2. 有利于粮食生产，确保粮食安全。近几年来，粮食安全成为世界各国普遍性问题。中共十七届三中全会决定指出，“吃饭问题作为治国安邦的头等大事”，“必须立足粮食国内基本自给方针”，“粮食安全任何时候不能放松，必须长抓不懈”。

3. 有利于农产品深加工行业发展，提高农产品加工增加值与农业增加值的比值。农产品深加工是中国的朝阳产业，延伸农业产业链，提高产品附加值，增强产品市场竞争力，其发展状况关系到农业的发展出路和人民生活水准的高低。深加工欠缺，农业就走不出省域、国门，就不能壮大。农产品加工增加值与农业增加值的比值，发达国家平均为 3 : 1，河北省为 0. 68 : 1，中国为 0. 5 : 1[①]，农产品深加工还有极大的拓展空间。

4. 有利于农业投资，提高农业投资的利润水平。“高产、优质、高效、生态、安全”是现代农业的追求目标。当前，农业规模经营、设立龙头企业、从事主导产业，都需要资金，特别是农产品深加工的资金缺口较大，技术研发也不足，都影响现代农业的发展。市场经济体制下的农业投资也是营利性的（国家投资农业基础设施建设也是为了国家利益）而不是公益性的，因此，有必要通过税收优惠，提高银行信贷资金和投资农业的利润水平，从而提高投资

① 本文有关河北农业产业化的数据及本文没有注明其他出处的数据均来源于河北省农业产业化办公室提供的资料。

农业的资金回笼速度。

5. 有利于农村富余劳动力向其他行业转移，降低农村人口比重。农业就业人数占就业人数的比重，2007年，河北省为41.7%，全国为40.8%，而发达国家2005年的数据，如日本为4.4%，美国为1.6%，中外相差非常大。农村经济的不断发展过程中，农村富余劳动力必然要转移出来。为了鼓励转移，要给予向其他行业转移的税收优惠政策。

（二）促进农业产业化的税收政策取向

依照上述原则，促进农业产业化的税收政策必须落实在农业产业化各环节当中，在基础农业、衍生农业和加工农业的优化升级上给予大力支持。促进农业产业化的税收政策，从长期看有一个取向过程，从短期看存在亟待解决的问题。

1. 农业产业化各环节的税收政策取向。

（1）对基础农业及衍生农业的税收优惠。对基础农业：免征企业所得税及个人所得税，增值税税率适用零税率；个人或企业投资基础农业，增值税进项税额都可以抵扣。对衍生农业：属于农业生产资料生产及流通的，增值税税率适用17%，企业所得税适用低税率20%或者免征；基础农业产品流通的，免征企业所得税及个人所得税，增值税税率适用零税率，对粮食出口不退税并加征出口关税①；属于其他衍生农业的，如农业技术服务、观光农业、休闲农业等，免征营业税、企业所得税和个人所得税；土地转让用于农业的，免征土地使用税、营业税。

（2）对加工农业的税收优惠。农产品加工增加值比不超过200%的，享受现有农产品初加工一样的待遇，免征企业所得税；实施消费型增值税；深加工农业产品（不含以粮食为原料的深加工产品）出口全面退税。

（3）投资国外农业的税收优惠。投资国外基础农业所得，免征企业所得税和个人所得税。

（4）农村富余劳动力税收优惠。农村富余劳动力剥离出来从事非农业，给予下岗再就业职工一样的减免税优惠政策。吸纳农村富余劳动力的非农业企业，给予企业所得税前一定倍数工资的扣除。对农村富余劳动力进行技能培训所得，免征企业所得税。

2. 当前迫切需要解决的几个税收问题。促进农业产业化的税收政策调整

① 此举是为了粮食安全，当中国粮食安全不成为问题时，就可以实施出口退税政策。

是一个渐进的过程。通过调研，发现当前农村矛盾最大、最迫切需要解决且解决条件比较成熟的税收问题有五个。

（1）外购销售征税和自产销售免税问题。小农经济是中国农村经济发展的传统模式，在改革开放后起到了很大作用。中国以前制定的税收政策是鼓励自产销售、限制外购销售，符合小农经济特色。但随着经济的发展，自产销售这种小农经济模式因缺乏专业化分工协作的效率与规模，已经落伍。中国已经改变思路，要搞农村合作社，要搞大流通、大市场，鼓励农民把农产品组织起来往外销售，鼓励农产品流通。实际经营中，自产销售与外购销售难以划分，税收管理极为不便，给农产品流通经营设置了障碍。解决这一问题的办法，就是不划分外购与自产，统一免征农产品流通环节的增值税。这样，促进农产品流通行业发展，农民能得到方便的市场服务，实现农产品生产与市场流通的对接，符合中央要求，既有利于对农村经济的扶持，又有利于税收管理。据对2007 年数据估算，河北省需要免征的增值税约 2.4 亿元，国家财政能够承受。

（2）农产品加工行业收购发票问题。中国市场经济是开放型经济，跨区域收购农产品是市场经济的基本活动内容之一，符合市场经济规律。农产品收购发票管理的一般情形是，农产品收购发票仅限于在本县（市）内使用，跨县（市）外出收购农产品，可凭所在地主管税务机关开具的《外出经营活动税收管理证明》，向收购地主管税务机关申请代开统一发票或领购农产品收购发票。实际发生跨区域收购情况时，收购地税务机关怕承担风险，不愿意代开或发售收购发票，导致跨区域收购农产品难以实现。既要把税管好，又要方便企业，可考虑对一些从事农业产品收购的企业实行资格认定，对取得认定资格的企业，准许其在全国范围内从事农业产品的收购业务，并开具使用农产品收购发票。同时应加强和改进收购发票开具手段，推行农产品收购发票计算机开具系统，及时将企业购票电子信息存入系统并按序号开具，自动汇总和打印农产品收购发票开具清单，为开展全国纳税申报票表比对奠定基础。为防止企业虚开发票，要建立购进法计算扣税、实耗法评估监控和网络开票三者相结合的管理机制。河北省沧州市国税局开发了《农产品加工行业税收监控管理系统》，依托互联网，加强对农产品收购发票、农产品收购加工行业增值税专用发票、企业生产经营过程和企业申报纳税情况的预警、监控，效果明显，河北省国税局正在尝试将该系统推广到全省。

（3）高征低扣问题。目前，以农产品为原料进行加工的纺织、食品等行业，存在“高征低扣”问题。税改以来，由于两档税率的存在，使以农产品为原料进行加工的纺织、食品等行业进项税额适用13%税率，销项税额适用17%税率，税负总体偏高，不利于农产品的深加工和农业产业化发展，急需政策调整。建议降低适用税率，由现行17%降为13%，以解决这些行业存在的“高征低扣”的问题，降低企业税负，促进企业发展。据初步测算，河北省2007年共有纺织企业一般纳税人3111户，降低税率后，约减税14亿元；食品加工企业增值税一般纳税人739户，约减税8亿元。

（4）农产品深加工问题。现行税收政策对农产品简单加工与深加工实行不同的税率。农产品深加工是发展方向，必须鼓励支持。当前应抓紧修改农产品目录，拓宽农产品范围，解决简单加工与深加工的复杂划分问题。待税收管理全面精细化后，尝试用农产品加工增加值比来区分初深加工。

（5）提高纳税服务水平。及时公开并落实好税收优惠政策，使得税收政策发挥应有的作用。一是整理归类农业税收优惠政策。按照税法宣传透明高效的原则要求，建立和完善税法公告制度，将出台于不同时期、不同经济背景下，散见于各种法规、文件和补充规定中的农业税收优惠政策进行清理、归集和分类，汇编成册，使支持农业发展的税收政策公开、易得，易于操作；二是简化办税程序。在保证监控有力，税收不流失的情况下，允许特事特办，在农业产业化特殊行业的特殊时期、特殊阶段建立绿色通道，简化办事程序，减轻纳税人的办税成本；三是做到主动服务。建立重点企业走访制度，定期深入企业了解情况，通过经常性的税企联系，畅通税企沟通渠道，既方便为纳税人提供各种跟踪服务、动态服务，又便于及时掌握税收优惠政策的落实情况。

参考文献：

1. 乔占平、郑淑臻：“中国与美国、欧盟农产品税制比较”，《经济社会体制比较》2003年第4期。

2. 王秀忠：“对农产品加工业的优惠政策”，《农产品加工》2005年第7期。

3. 喻华：“什么是农业产业化?”，《农村财务会计》1996年第12期。

4. 孙志亮、杨焕玲：“欧盟国家支持农产品加工业发展的税收政策及启示”，《经济纵横》2007年第7期。

5. 谢扬、周洁：“欧盟的农业和税收政策”，《中国经济时报》2000年2月17日。

6. 温家宝：“努力提高中国农业产业化水平”，《人民日报》2000年11月27日。

7. 《中共中央　国务院关于切实加强农业基础建设　进一步促进农业发展农民增收的若干意见》（2007年12月31日）。

8. 王化信：“论农业产业化内涵的界定”，《农业经济问题》1997年第1期。

9. 琚兆成：“对农业产业化的思考”，《农村经济与科技》2000 年第 12 期。

10. 王芳：“农业税收国际比较及我国农业税改革取向”，《税务研究》2005 年第 6 期。

11. 于静涛：“税后农村发展中的问题”，《税务研究》2006 年第 8 期。

12. 李新等：“‘后农业税时代’中国农业税制改革方向研究 ”，《税务研究》2007 年第 9 期。

13. 孙小燕等：“财政压力与体制变迁——后农业税时代的乡镇机构改革”，《农业经济问题》2007 年第 12 期。

14. 谢跃辉：“农业产业化：一个资本市场的视角”，《财经理论与实践》2002 年第 3 期。

15. 孙蓉、朱梁：“世界各国农业保险发展模式的比较及启示”，《财经科学》2004 年第 5 期。

16. 张真理：“促进农业产业化发展税收优惠政策的思考”，《山西经济日报》2007 年 12 月 24 日。

17. 《中华人民共和国企业所得税法实施条例》立法起草小组：《中华人民共和国企业所得税法实施条例释义及适用指南》，中国财政经济出版社 2007 年版。

18. ［日］藤田昌久、［比利时］雅克－弗朗科斯·蒂斯著，刘峰、张雁、陈海威译：《集聚经济学》，西南财经大学出版社 2004 年版。

19. 吴德进：《产业集群论》，社会科学文献出版社 2006 年版。

课题牵头单位：河北省国家税务局

课题组成员单位：山东省、山西省、安徽省、福建省、
江西省、河南省、湖南省国家税务局，
云南省地方税务局

执　　　笔：徐文忠

关于新企业所得税法实施过程中出现的问题和对策研究

国家税务总局税收科学研究所课题组

2007年3月16日，《中华人民共和国企业所得税法》（以下简称新税法）在十届全国人大五次会议上以高票获得通过，同日，胡锦涛主席签署第六十三号令，决定于2008年1月1日起正式实施。新税法颁布前各界寄予了厚望，新税法发布后大家都给予高度评价，到目前，新税法已经实施一年，运行的情况到底怎么样？运行中出现些什么问题？应该如何解决？已成为广大专家、学者、税务工作者和广大纳税人普遍关心的热点问题。

一、新税法的一些亮点已初显成效

新税法积聚了内外资企业所得税法并列运行多年积累的征管经验，在制度方面有很多新亮点。

（一）税率更趋于合理

新税法不仅把法定税率定为25%，而且还具有一定的弹性，比如一般税率是25%，小型微利企业则是20%，高科技企业是15%。这样的税率不仅为内资企业减了负，还体现了对微利企业的照顾，对高科技企业的扶持，同时，对外资也具有一定的吸引力，因为，从不完全统计的数据看，世界上有近160个国家和地区的平均税率为28.6%，我国周边18个国家和地区的平均税率为26.7%，可见，我国新税法规定的税率是适中偏低的，既有利于内资企业发展，又有利于吸引外资。

（二）建立起事实上的法人所得税制度

新税法规定："居民企业在中国境内设立不具有法人资格的营业机构的，应当汇总计算并缴纳企业所得税。"这就从根本上改变了我国长期以来内资企业一直以"是否为独立核算"作为判断企业是否为企业所得税纳税人的传统标准，并使内外资企业的纳税方式实现了统一，形成事实上的法人所得税制度，这不仅符合企业所得税制度改革方向，也初步实现了与国际通行做法的对接，更有利于企业加强核算，降低成本，增强竞争力。

（三）税收优惠体现了科学发展观思想

新税法规定："国家对重点扶持和鼓励发展的产业和项目，给予企业所得税优惠。"这些优惠，有鼓励发展高新技术产业的，对高新技术产业减按 15% 的税率征收企业所得税；对研发新技术、新产品、新工艺发生的研究开发费用，可以在计算应纳税所得额时在据实扣除的基础上，再加计 50% 扣除；对创业投资于未上市的中小高新技术企业，可以按投资额的 70% 抵扣应纳税所得额等等。有鼓励环境保护与节能的，对从事符合条件的环境保护、节能节水项目的所得，可以免征、减征企业所得税；对购置用于环境保护、节能节水等专项设备的投资额，可以按 10% 的比例实行税额抵免等；对综合利用资源，生产符合国家产业政策规定的产品所取得的收入，可以在计算应纳税所得额时减计收入 10%。有支持基础设施建设的，对从事农、林、牧、渔业项目的所得可以免征、减半企业所得税；对从事国家重点扶持的公共基础设施项目的投资经营所得，自项目取得第一笔生产经营收入所属纳税年度起，第 1～3 年免征企业所得税，第 4～6 年减半征收企业所税。还有支持公益、支持教育、支持创品牌……等等优惠政策，不一而足，都充分体现了科学发展观思想，有利于推动我国经济又好又快发展。

（四）明确了不征税收入

新税法规定收入总额中的下列收入为不征税收入：(1) 财政拨款；(2) 依法收取并纳入财政管理的行政事业性收费、行政性基金；(3) 国务院规定的其他不征税收入。将"不征税收入"写入税法，这在我国尚属首次。这样规定就将非经营活动和非营利活动带来的各类收入从应税总收入中排除，也与免税收入严格区分开，既符合我国经济组织的实际，又便于加强企业所得税管理。

（五）精心设计了税收过渡政策

新税法在附则中规定："本法公布前已经批准设立的企业，依照当时的税收法律、行政法法规规定，享受低税率优惠的，按照国务院规定，可以在本法施行后五年内，逐步过渡到本法规定的税率；享受定期减免税优惠的，按照国务院规定，可以在本法施行后继续享受到期满为止……"这就没有一下子掐断对按原税法享受15%和24%等低税率优惠的内资企业的鼓励和扶持，也没有给享受低税率和定期减免税的老外资企业增加税收负担。既体现了法律、政策的连续性，又有效地保护了投资者利益。

（六）反避税条款写入税法

新税法将反避税界定为"特别纳税调整"，规定："企业与其关联方之间的业务往来，不符合独立交易原则而减少企业或者其关联方应纳税收入或者所得额的，税务机关有权按照合理方法调整。"调整按照转让定价的核心原则——独立交易原则进行，规定："税务机关在进行关联业务调查时，企业及其关联方，以及与关联业务调查有关的其他企业，应当按照规定提供相关资料。"对此，新税法还赋予税务机关较大的反避税处置权，明确规定："企业不提供与其关联方之间业务往来资料，或者提供虚假、不完整资料、未能真实反映其关联业务往来情况的，税务机关有权依法核定其应纳税所得额。"并规定"作出纳税调整，需要补征税款的，应当补征税款，并按照国务院规定加收利息。"这些较具体、全面的反避税条款，既便于打击各种避税行为，也有利于维护我国税收权益。

（七）注意了与相关法规的衔接

新税法规定："在计算应纳税所得额时，企业财务、会计处理办法与税收法律、行政法规的规定不一致的，应当依照税收法律、行政法规的规定计算。"还规定："企业所得税的征收管理除本法规定外，依照《中华人民共和国税收征收管理法》的规定执行。"对涉外税收，新税法规定："中华人民共和国政府同外国政府订立的有关税收的协定与本法有不同规定的，依照协定的规定办理。"这些规定，从根本上解决了长期以来税法与相关法交叉产生相互矛盾、相互制约、不好仲裁的问题，既便于税务部门执法，也有利于提高纳税人的税法遵从度。

新税法的这些亮点，这些创新，宏观上，对规范市场经济秩序，调整经济结构，转变经济增长方式，实现企业公平竞争，促进经济又好又快发展起着较好的推进作用；微观上，明显地减轻了企业税负，为企业增强造血功能，加速技术改造，扩大生产，拓宽市场，做大做强，提供了更多的支持。

二、新税法运行中值得关注和亟待解决的问题

新税法发布后，虽然社会各界普遍反映比较好，认为新税法以坚持科学发展观和构建和谐社会为基调，着眼于未来与发展，正视了历史的延续和现实的要求，兼顾了内资企业的感受和外资企业的需求，科学内涵深，规定全面，内容细致，条款清晰，是一部科学规范、切实可行的税收法律。但通过实际运行，新税法的一些瑕疵，也逐步凸显出来，有些问题已开始影响新税法的施行效果。这些问题归纳起来，大致有以下几个方面：

（一）新税法比较抽象，原则性强，缺少针对性，不便操作

新税法全文共八章六十条，与两个旧的内、外资企业所得税法条款相比较，其条款数量比两个旧法条款数量总和还多 10 条，内容上虽然丰富了许多，但认真研究，仍感到很抽象，原则性强，很多地方不明确具体，缺乏针对性。税法的条款中多处使用模糊词“有关的”、“合理的”、“确需的”、“必要的”、“符合条件的”、“一定比例的”……或授权词“由国务院规定”、“由国务院财政、税务主管部门规定”等等。这些模糊规定在国务院颁发的企业所得税法实施条例（以下简称实施条例）中很多又都没有得到具体细化，授权国务院所属相关部门规定的政策界限也没有全部落实，这样，就为正确贯彻执行新税法造成许多困难。另外，新税法对一些可预见的问题不做出具体规定，由部门规定代替税法，体现的多是部门意志和利益，既不符合纳税人的权利，也降低了法律的层次。

（二）税收优惠偏重于行业，缺少对贫困落后地区的扶持

新税法有 12 条款税收优惠，有扶持农、林、牧、渔业的，有重点公共基础设施的，有环保的、有节能的，有小型微利的，有扩大就业的，有公益的，有风险投资的……所有这些优惠，多是“国家对重点扶持和鼓励发展的产业和项目”。而对区域的优惠，仅有民族自治地方，还是用自有财力解决，即“民族自治地方的自治机关对本民族自治地方的企业应交纳的企业所得税中属于地方分享的部分，可以决定减征或免征。”税收优惠侧重鼓励重点行业和项目无可非议，但没有区域优惠，尤其是没有扶持穷困落后地区的税收优惠，我们认为有些矫枉过正，既与国际惯例有较大差异，也不利于构建社会主义和谐社会。

（三）税收只优惠小型微利企业，于大中型微利企业显失公平

新税法规定，“符合条件的小型微利企业，减按 20% 的税率征收企业所得

税。”实施条例对符合条件的小型微利企业进行了具体界定，前提条件必须是从事国家非限制和禁止的行业，同时，要具备三个条件，即“工业企业，年度应纳税所得额不超过30万元，从业人数不超过100人，资产总额不超过3000万元；其他企业，年度应纳税所得额不超过30万元，从业人数不超过80人，资产总额不超过1000万元。这对小型微利企业是一项重大的照顾和扶持，有利于其发展壮大。但也存在一些问题，一是从业人数限定封顶，不利于人口大国就业和再就业；二是与原内资企业所得税条件相比，对中小企业优惠幅度小，原内资企业所得税条件对中、小企业规定18%、27%两档优惠税率，与一般税率33%相比，分别下降15个、6个百分点，而新税法只优惠5个百分点。且对年应纳税所得额在3万元以下的小型企业不仅没优惠，还逆向上调了2个百分点；三是对完全不具备三个条件的大中型微利企业显失公平。我国的企业与发达国家的企业不同，从理论上讲，发达国家的企业具备一定规模后是不会亏损或微利的。而我国则不同，很多企业（包括大型企业）是根据当时国计民生的需要由国家决定而设立的，从产品的生产数量到产品的销售价格都是受国家管控的，即使在当今所谓市场经济时期，有些企业的产品价格也不是完全按市场规律确定的，所以，在国家管控下，有些大型企业先天就是微利型企业，对这些先天被管控着的曾为国家为社会做出重大贡献的微利企业来说，在税收优惠上却没有惠及，显然是不公平的，也不利于企业间公平竞争。

（四）新税法税收优惠项目有些规定的不清晰，执行起来有困难

新税法税收优惠的具体操作尚有一些需要进一步明确规定的问题：

1. 可以加速折旧的固定资产不具体。新税法第三十二条规定，企业的固定资产由于技术进步等原因，确需加速折旧的，可以缩短折旧年限或者采取加速折旧的方法。对此，实施条例第九十八条仅明确为：可以采取缩短折旧年限或者采取加速折旧方法的固定资产，包括：（1）由于技术进步、产品更新换代较快的固定资产；（2）常年处于强震动、高腐蚀状态的固定资产。而具体哪些固定资产是属于“由于技术进步，产品更新换代较快的固定资产”，哪些是属于“常年处于强震动、高腐蚀状态的固定资产”都没有明确，企业无法判定，税务部门也无法执行。如电子产品，汽车产品等，新品牌、新产品层出不穷，更新很快，折旧很快，算不算“更新换代较快的固定资产”？还有处于腐蚀状态下的储油罐，处于震动中的发电机、鼓风机等算不算“常年处于强震动、高腐蚀状态的固定资产”？税企双方都无从把握。

2. 技术转让标准不明确。新税法第二十七条第四款规定，符合条件的技

术转让所得可以免征、减征企业所得税。实施条例第九十条对其也仅明确为：所称符合条件的技术转让所得免征、减征企业所得税，是指一个纳税年度内，居民企业技术转让所得不超过500万元的部分，免征企业所得税；超过500万元的部分，减半征收企业所得税。这里明确的只是减免税时区的界定和技术转让所得数额，而关键词“符合条件的技术转让”标准到底是什么没有明确。

3. 享受优惠税率的小型微利企业的限定条件需进一步明确。新税法第二十八条规定，符合条件的小型微利企业，减按20%的税率征收企业所得税。实施条例将“符合条件的小型微利企业”限定条件设定为两个方面，一方面是行业条件，即：是指从事国家非限制和禁止行业；另一方面是数量条件，即：（1）工业企业，年度应纳税所得额不超过30万元，从业人数不超过100人，资产总额不超过3000万元；（2）其他企业，年度应纳税所得额不超过30万元，从业人数不超过80人，资产总额不超过1000万元。这两方面限定条件，潜藏着两个问题。一个问题是，享受优惠税率的小型微利企业既然指的是从事国家非限制和禁止行业，那么就应该具体明确哪些行业是国家限制和禁止的行业？企业依据什么材料来证明从事的是国家非限制和禁止行业？另一个问题是，小型微利企业的三个认定条件之首条主要衡量指标是年度应纳税所得额不超过30万元。由于目前对小型企业的企业所得税征收方式有两种，其中一种是核定征收，那么核定征收的小型微利企业是否可以享受20%的税率。

4. 新税法中税收优惠政策没有明确审批权。新税法对税收优惠政策进行了重新规定，在执行新税法优惠政策中，需要明确哪些优惠政策属于审批类，哪些优惠政策属于备案类，尤其是审批类减免税的审批权限设在哪一级税务机关，应予以明确。

（五）有些税前扣除项目的具体标准需进一步明确

新税法第八条规定，企业实际发生的与取得收入有关的、合理的支出，包括成本、费用、税金、损失和其他支出，准予在计算应纳税所得额时扣除。对此，实施条例第3节专门作出了“扣除”规定，但有些规定不够具体。

1. 企业利息支出扣除规定，实施条例第三十八条规定，企业在生产经营活动中发生的下列利息支出，准予扣除：（1）非金融企业向金融企业借款的利息支出、金融企业的各项存款利息支出和同业拆借利息支出，企业经批准发行债券的利息支出；（2）非金融企业向非金融企业借款的利息支出，不超过按照金融企业同期同类贷款利率计算的数额的部分。这一利息支出扣除规定，对非金融企业来说不知是按什么利率计算，因为目前金融企业实行的利率政策和过去不一样，过去是单一利率，现在所实行的利率既有基准利率，也有浮动利率，且浮动利率在各银行间又不一样，“非金融企业向非金融企业的借款利息支出按照金融企业同期同类贷款利率计算的数额的部分”准予扣除时，到底应该执行的是基准利率还是浮动利率。如果执行的是浮动利率，应该浮动多少没有明确。

2. 劳动保护支出扣除，实施条例第四十八条规定，企业发生的合理的劳动保护支出，准予扣除。哪些是合理的劳动保护支出，太多了，征纳双方都无法确定。

3. 企业安置国家鼓励安置的其他就业人员所支付的工资的加计扣除，新税法第三十条第二款规定，安置残疾人员及国家鼓励安置的其他就业人员所支付的工资在计算应纳税所得额时可以加计扣除。实施条例第九十六条规定仅明确了企业安置残疾人员所支付的工资的加计扣除标准和适用范围，而企业安置国家鼓励安置的其他就业人员所支付的工资的加计标准、适用范围并没有明确。

4. 广告费和业务宣传费支出，实施条例第四十四条规定，企业发生的符合条件的广告费和业务宣传费支出，不超过当年销售（营业）收入15%的部分，准予扣除；超过部分，准予在以后纳税年度结转扣除。这里扣除时间、比例都明确了，超比例部分扣除也明确了，而唯独关键词“符合条件的”却没有明确，哪些是符合条件的广告费和业务宣传费支出不明确，基层无法实施。另外，从调查情况看，广告费和业务宣传费支出，各行业支出水平是不一样的，有的行业需要数额大，如消费行业，可能占收入的40%～60%，有的行业则少，有的企业按照有关法律、法规还禁止做广告宣传，所以，都按一个比例扣除不尽科学。

5. 招待费支出，实施条例第四十三条规定，企业发生的与生产经营活动有关的业务招待费支出，按照发生额的60%扣除，但最高不得超过当年销售（营业）收入的5‰。调查发现，企业与基层税务部门对此都有些看法，一是征纳双方无法鉴别哪些业务招待费是与生产经营活动有关的，哪些是无关的，依据什么条件来认定不好掌握；二是按照发生额的60%的比例扣除也不科学，特别是对那些收入少的现代咨询业来讲更是杯水车薪。

6. 借款费用扣除，实施条例第三十七条规定，企业在生产经营活动中发生的合理的不需要资本化的借款费用，准予扣除。“合理的借款费用”指的是什么？实施条例和目前出台的一些相关规定都没有明确。

7. 预计净残值扣除，实施条例第五十九条规定，企业的固定资产按照直线法计算的折旧准予扣除。其第二款规定要求企业根据固定资产的性质和使用情况，合理确定固定资产的预计净残值。同样，实施条例第六十三条在规定生产性生物资产按照直线法计算的折旧可准予扣除时，其第二款规定也要求企业根据生产性生物资产的性质和使用情况，合理确定生产性生物资产的预计净残值。对这两个“合理确定”，判定是否合理的标准以及由谁来判定，都没有明确。

（六）固定资产限定条件单一，为管理和认定增加了难度

新税法第十一条规定，在计算应纳税所得额时，企业按照规定计算的固定资产折旧，准予扣除。实施条例对固定资产进行了界定，第五十七条规定，固定资产是指企业为生产产品、提供劳务、出租或者经营管理而持有的、使用时间超过 12 个月的非货币性资产，包括房屋、建筑物、机器、机械、运输工具以及其他与生产经营活动有关的设备、器具、工具等。这一规定取消了原先固定资产单位价值 2000 元以上的条件限制，仅存使用时间超过一年的单一时间标准后，就使得对企业的固定资产管理更加困难，认定起来更显得繁琐，尤其是对固定资产与低值易耗品的界定很难操作。按新税法规定，对原使用年限超过一年，价值在 2000 元以下的低值易耗品都需要进行调整，不仅工作量大，而且由于工具性固定资产数量多，流动性大，易丢失，单价不一，使用期不固定，企业很难管理，也很难认定。同时，税务部门在征管时也很难判定。

（七）清算所得缴纳所得税，不好管理

新税法第五十五条第二款项规定，企业应当在办理注销登记前，就其清算所得向税务机关申报并依法缴纳企业所得税。虽然实施条例第十一条对清算所得进行了明确，指的是企业的全部资产可变现价值或者交易价格减除资产净值、清算费用以及相关税费等后的余额。但由于对企业清算所得缴纳企业所得税以法律形式规定下来尚属首次，过去没有对企业办理注销需要进行清算做出过规定，加之新税法明确的只是“应当”进行清算，如果企业在办理注销登记时，不进行依法清算，不走清算程序该如何处理并没有明确，税务部门该如何开展清算工作也没有明确。此外，企业的资产存货在未变现的情况下其可变现价值的估算由谁来负责，是由企业凭账面数填报申请，还是经中介部门评估或税务部门审核后，按市场公允价值计算填报都没有明确。

（八）新税法与其他税法衔接不紧凑，造成税项不统一，同一征税对象重复征税

前边已讲过新税法注意了与其他相关法（如会计法、征管法等）的衔接，但与其他税法的衔接却不紧凑，尤其是与关联密切的增值税暂行条例、个人所得税法的衔接并没有提到，不仅造成实际征税过程中视同销售货物口径不吻合，还使得某类企业税负加重，某些收入出现重复征税问题。

1. 与增值税暂行条例不衔接，致使视同销售货物口径不统一。实施条例第二十五条规定，企业发生非货币性资产交换以及将货物、财产、劳务用于捐赠、偿债、赞助、集资、广告、样品、职工福利或者利润分配等用途的，应当视同销售货物、转让财产或者提供劳务，但国务院财政、税务主管部门另有规定的除外。而增值税暂行条例实施细则第四条则规定，单位或个体经营者的下列行为，视同销售货物：将货物交付他人代销；销售代销货物；设有两个以上机构并实行统一核算的纳税人，将货物从一个机构移送其他机构用于销售，但相关机构设在同一县（市）的除外；将自产或委托加工的货物用于非应税项目；将自产、委托加工或购买的货物作为投资，提供给其他单位或个体经营者；将自产、委托加工或购买的货物分配给股东或投资者；将自产、委托加工的货物用于集体福利或个人消费；将自产、委托加工或购买的货物无偿赠送他人。显然这8种视同销售项要比新税法规定的视同销售项详细、具体得多，特别值得注意的是，这里所提“购买的货物”在新税法中更没有体现，纳税人怎么执行无所适从。

2. 与个人所得税法没有衔接，致使合伙企业、个人独资企业税负加重，投资者重复纳税。这主要体现在：如果合伙企业、个人独资企业向其他企业（含公司）投资，按新税法第十条第一款规定，向投资者支付的股息、红利等权益性投资收益款项，企业在计算应纳税所得额时，是不准扣除的，是要缴纳企业所得税的。而当投资者从企业取得这些收入后，按现行个人所得税法规定，还要缴纳20%的个人所得税，这就造成了对同一课税对象征收两种所得税的重复征税现象。

（九）总分机构汇总纳税问题突出，征收管理难度大

新税法第五十条规定，居民企业在中国境内设立不具有法人资格的营业机构的，应当汇总计算并缴纳企业所得税。实施条例第一百二十五条规定，企业汇总计算并缴纳企业所得税时，应当统一核算应纳税所得额，具体办法由国务院财政、税务主管部门另行制定。对此，财政部、国家税务总局、中国人民银行下发了《跨省市总分支机构企业所得税分配及预算管理暂行办法》（财预［2008］10号，以下简称10号文件）。国家税务总局又根据10号文件下发了

《跨地区经营汇总纳税企业所得税征收管理暂行办法》（国税发［2008］28号，以下简称28号文件）。这两个办法对汇总纳税和管理虽然规定得比较具体，但同样也存在一些问题：

1. 税收跨地区转移的矛盾仍然存在。目前总机构及二级分支机构大多设在经济发达地区，而且从长远来看，经济发达地区由于各方面条件的优越性，吸引总机构或二级分支机构落户的可能性大于落后地区。实行汇总纳税办法后，税收收入向总机构及二级分支机构所在地转移，三级及以下分支机构所在地的税收收入"净流出"现象加剧，地区间贫富差距进一步拉大。

以2008年5月福建省总分机构分布情况为例。

表1　　福建跨省市经营总分机构分布一览表　　单位：户

项目 / 地市	户数		
	福建总机构	福建总机构省内分支机构	福建总机构省外分支机构
福州	43	94	138
漳州	6		2
泉州	7	38	37
莆田	4	1	23
三明	1		1
南平	1		1
龙岩			
宁德	2		2
小计	64	133	204

由表1不难看出，经济越发达的地区，总机构的数量越多，反之亦然。厦门市国税局提供的数据资料显示，截至2008年5月，仅厦门市设立的总机构户数就多达159户。据了解，省际之间的情况也大致相似。在实行汇总缴纳企业所得税新办法后，跨区经营总分机构在各省的分布现状，将对不同地区企业所得税收入产生较大的影响。陕西、山西、河南、云南等中西部地区出现所得税收入"净流出"状态，而经济较发达的沿海地区，多出现所得税"净流入"现象。

2. 就地预缴易产生虚收。28号文件第十九条规定，企业应当根据当期实际利润额，按照规定预缴分摊方法计算总机构和分支机构企业所得税预缴款，分别由总机构和分支机构分月或者分季度就地预缴。新税法第五十四条规定，企业应当自月份或者季度终了之日起十五日内，向税务机关报送预缴企业所得税纳税申报表，预缴税款。企业应当自年度终了之日起五个月内，向税务机关报送年度企业所得税纳税申报表，并汇算清缴，结清应缴应退税款。这一时间规定，事实上就造成汇缴纳税企业在每年第一个季度预缴税款时还没有完成上年汇算清缴任务，因此，企业也无法按照上年的应纳税所得预缴税款，而只能选择按照实际利润预缴。如果企业生产季节性强，前几季度利润大，后几季度亏损，再加上季度预缴无法考虑弥补以前年度亏损和免税收入问题，况且预缴申报表上也没有相应扣除栏目，因此就会产生很大虚数，造成虚收，为最终汇算清缴带来大量退税麻烦。

3. 对总机构管理分支机构的涉税事项不好掌控。这里有 3 个难点：

（1）总机构在设立非法人资格的分支机构时，尤其是在异地跨省、市（区）设立非法人资格的分支机构时，按规定是应在规定期限内主动将所设立的分支机构情况向所在地的主管税务机关办理登记备案，可如果总机构不在规定期限内主动就分支机构设立情况向总机构所在地的主管税务机关办理登记备案，况且新税法也没有规定不及时办理备案该如何处理，再不出具汇总纳税分支机构分配表，税务机关就无法确认有多少个分支机构。

（2）总机构根据统一计算的企业当期实际应纳所得税额，向各分支机构分配应分摊的比例和数额时，由于税务机关不参与确定，如果总机构确定的分摊比例和数额不合理，或者确定的时间不及时，容易引起总机构与分支机构之间扯皮，影响预缴税款。

（3）对那些名义上挂靠总机构的非法人分支机构，如一些加盟店，由于他们是挂靠单位，仅以总机构的名义或资质，在一定范围内从事经营活动，向总机构上交管理费，总机构从不管其经营活动，也不负责统一核算，主观上也不愿意把这类分支机构纳入汇算清缴，所以，在分配分支机构预缴税款时，则不向该机构分配预缴税款，实际上也无法向其分配预缴税款。

4. 对二、三级分支机构的层级关系不好界定。28 号文件第九条虽然明确了总机构和具有主体生产经营职能的二级分支机构，可就地分期预缴企业所得税，二级分支机构及其下属机构由二级分支机构集中就地预缴；三级及以下分支机构不就地预缴。但对二、三级分支机构的层级关系却没有制订具体判定标准，仅凭一句“具有主体生产经营职能”就判定为二级分支机构，否则就是三级分支机构，显然是不科学的，何况“具有主体生产经营职能”本身就是一个模糊概念。

5. “三因素”的核算内容不能公平的分配税额。“三因素”是总机构向分支机构分配预缴税额时计算税额分摊比例的唯一标准和依据。而“三因素”（剔除人为调节）对不同企业来讲，所占权重是不一样的，比如，有些企业分支机构的高层管理人员的工资在总机构发放和核算，固定资产由公司统一购买调拨使用，仅凭分支机构账面的“三因素”是无法准确计算这些分支机构应分配的数额。还有些技术密集型或高科技企业的分支机构的无形资产总额均高于其固定资产，而资产总额的核算内容又不包括无形资产。所以，完全依据“三因素”原则计算分支机构应分摊预缴税额并不准确，也不公平。

6. 对特殊行业不尽合理。

（1）对原实行汇总纳税的“政企合一”的企业集团造成很大冲击。如黑龙江大兴安岭地区就是一个典型实例。这个地区开发建设 43 年多，一直实行“政企合一”的管理体制。其林业集团公司所属 25 个直属机构，其中下辖的 10 个林业局均是“政企合一”体制，都设有法人代表，工商营业执照和税务登记证齐全。从 1997 ~ 2007 年 10 月间，国家对这 10 个林业局不仅一直给予免征企业所得税的政策照顾，而且对集团实行的是汇总合并缴纳企业所得税。实行新税法后，林业集团不仅在享受所得税优惠政策方面发生了重大变化，而且汇总合并纳税也被取消，因为林业集团所属成员单位都具备法人资格，按实施条例规定，不得合并缴纳企业所得税。这样，不仅致使已陷入困境的林业集团的整体税收负担加重（盈利的林业局如数缴纳所得税，亏损林业局无利可补），又断绝了林业集团向成员单位提取管理费的财路（企业间支付的管理费不允许扣除），给林业集团和林业局行使政府职能造成严重困难。

（2）建筑安装、房地产行业按“三因素”就地预缴企业所得税不科学。以建筑安装企业为例，建筑安装企业流动性大，资金少，周期长，工资季节性强，在施工地所设的分公司或项目部，主要是获取市场信息，并以总公司的名义参与招投标及对项目的日常管理，人、财、物等都有总公司统一调配，多数分支机构都不是一个经营活动主体，是经营活动主体的，也都是借用总公司的资质，向总机构缴纳管理费，各分支机构的工资和资产很难确定，难以按三因素计算税额分摊比例。

7. 增加了避税风险。

（1）总机构利用办理登记备案进行避税。总机构不依法按期主动将所设立的分支机构如实向所在地的主管税务机关办理登记备案，分支机构也不主动申请预缴税，或者分支机构未能取得相应的分配表，都将产生漏税。

(2) 总机构利用调整分支机构进行避税。28 号文件第十条规定为汇总纳税的企业集团人为调节总机构与分支机构就地预缴税款额，进行合理避税提供了可能。比如，总机构根据区域税率不同，需要加大总机构所在地税款预缴数额，就可以通过“把企业承担主要生产经营职能的部门独立出来，将经营收入、职工工资和资产总额与管理职能部门分开核算”的办法，使该独立生产经营部门作为一个“分支机构”，与设在异地的分支机构共同承担 50% 的预缴税款，从而减少异地分支机构所占的比重。反之，即使总机构已将具有独立生产经营职能的部门单独设立，只要该部门与管理职能部门的经营收入、职工工资和资产总额等不实行分开核算，总机构就能达到加大异地分支机构所在地应缴或预缴税款数额的目的。

(3) 三级分支机构利用二级分支机构所在地区优惠税率避税。由于汇总纳税采用的是以二级分支机构为单位计算应纳企业所得税额，三级及其以下的分支机构要将其经营收入、职工工资和资产总额统一计入二级分支机构进行纳税，这就容易造成不处在税收优惠税率地区的三级机构企业，将其不应享受优惠税率的应税所得，并入到处于优惠税率区的二级机构中，享受优惠税率，达到少缴税的目的。同时，总机构还可根据分支机构区的不同税率，通过调整二、三级分支机构层级实现其避税的目的。

(4) 挂靠单位、加盟店更易漏税。由于挂靠单位、加盟店只是利用总机构的名义和资质从事些经营活动，总机构仅收点管理费，其他事项均不管理，其税收征管自然成为真空区。

8. 加大了企业和税务部门的工作量及税收成本。实行汇总纳税，从企业角度看，总机构不仅要按月或季将根据统一计算的企业当期实际应纳所得税额，按分支机构应分摊的比例分配并通知到各分支机构，每年还要按以前年度分支机构的三项因素两次计算各分支机构应分摊所得税款的适用比例，填写《中华人民共和国企业所得税汇总纳税分支机构分配表》，报送总机构所在地主管税务机关审核，同时下发各分支机构执行。各分支机构要按月或季度完成向所在地税务机关申报预缴所得税，同时还要复核、比对总机构确定的税款预缴分配比例。据企业反映，在工作量方面，单是准备税务申报需要的申报表、财务报表等材料就比原办法增加一倍多。从税务管理角度看也是如此，在进行预缴申报时，总机构所在地主管税务机关要审核每一分支机构所分配的比例的真实性和合理性，并出具相应的分配表；在进行汇算清缴时，又必须核实每一分支机构在当地的预缴情况，以确保税款足额入库。各分支机构主管税务机关也是按部就班地对分配表确定的分支机构应分摊税款指标进行查验核对。发现问题，还要反映、沟通、甚至申请仲裁……仅此就比原汇总缴纳办法大大增加了工作量和费用支出。

三、丰富完善新税法及相关政策的对策建议

在新税法实施过程中，由于上述等多种原因，不仅令基层税务部门和纳税人无所适从，也影响了新税法的实施效果。因此，建议针对新税法实施过程中凸显的各类实际问题，科学修订新企业所得税法，加快企业所得税相关配套政策出台步伐，合理调整划分企业所得税管理范围，完善企业所得税管理办法，使新税法更科学、更合理，以实现制定新企业所得税法的预期目标。

（一）细化新税法条款，提高新税法的针对性和权威性

新企业所得税法作为我国税制中的一项单项法，无论是从立法要求上，还是从实际需求上讲，其法律条款应该具体、明确，针对性强、便于操作，这样才能有效保证新税法的正确贯彻实施，才能正确体现税法的公正公平，充分显示税法的合理性、权威性。因此，建议进一步修订和完善新税法，对新税法条款中的一些抽象概念进行具体界定，凡是可预见的涉税项目在新税法中应予以准确表述，在新税法中实在难以做出明确规定的涉税项目，至少应在实施条例中做出明确规定。尽量不使用或减少使用抽象概念或模糊词，削减授权部门制订涉税政策规定的比例，维护纳税人的合法权益，保证新税法的权威。

（二）合理调整税收优惠政策，促进经济和社会的和谐发展

1. 对贫困落后地区应给予定期免征企业所得税的优惠，以帮助他们尽快发展。当今，世界上绝大多数国家对本国贫困落后地区都实行税收优惠，国际组织也号召并呼吁发达国家向发展中国家，尤其是向贫困国家和地区提供无偿援助，或给予国际间的税收优惠。党的十七大也提出要加大对革命老区、民族地区、边疆地区、贫困地区扶持力度。所以应修订完善企业所得税优惠政策，对贫困落后地区的各类非国家禁止和限制行业的企业，给予定期免征企业所得税照顾，以帮助这些地区强筋强骨，尽快富裕起来。

2. 对中西部和边疆地区应给予企业所得税定期优惠税率待遇，促进中西部地区尽快崛起。改革开放以来，沿海地区经济之所以得到迅猛发展，2007 年广东的国民收入达到 8890 多亿美元，比一些比较发达的单个国家还要多，主要得益于国家对沿海地区实行的优惠政策，其中尤以税收优惠政策最为重要。所以，要实现中华民族的伟大复兴，保证经济又好又快发展，必须在税收

方面采取优惠政策，以促进边疆地区的繁荣，东北地区的振兴，西部地区的崛起。在企业所得税方面，建议国家对上述地区的企业采取企业所得税定期优惠税率政策，以扶持其快速发展。

3. 放宽小型微利企业的税收优惠条件，促进微利企业的壮大发展。应从我国企业的实际情况出发，充分考虑很多大中型企业多是由于政策原因和先天不足造成微利的实际，为体现税收的公平，建议将新税法“符合条件的小型微利企业，减按20%的税率征收企业所得税”改为“符合条件的微利企业”，同时取消实施条例的3个条件限制，改按资金利润率和人均利润率来设定享受税收优惠的条件。凡企业资金利润率和人均利润率达不到同行业平均水平的，或低于平均水平若干点的，则视为微利企业给予企业所得税低税率优惠待遇，这样既有利于促进就业，也体现了税收的公平；既对很多政策性微利企业予以了补偿，还有助于推动投资成本高的边疆地区的经济发展。同时，将对小型微利企业实行统一的减按20%的优惠税率，改为分档次适用优惠税率，比如对那些资金利润率和人均利润率非常低的企业，年利润额在1万元以下的可以免征企业所得税；年利润额在1万元以上，5万元以下的可实行减按15%征收企业所得税；年利润额在5万元以上至30万元以下的可减按20%征收企业所得税。这样，既体现了合理负担、税收公平，又有利于扶持弱小型企业发展，支持就业和再就业，还保持了与原内资企业所得税条例优惠政策的有效衔接。

（三）加快新税法相关配套政策出台步伐，完善新企业所得税法法律法规体系

鉴于新企业所得税法只对税收基本要素进行原则性规定，很多涉及企业所得税的问题都依赖于实施条例及部门相关配套法规，而到目前为止，实施条例虽早已出台，但很多问题并没有得到具体明确界定；而应由部门明确的相关配套政策法规，尽管也陆续出台了一些，但比较迟缓，数量不仅很有限，且规定得仍很含糊不配套，征纳双方都难以把握。因此，需要国家及相关部门分轻重缓急，加快相关配套政策出台步伐，以便于新税法贯彻实施。

1. 对新税法税收优惠项目中的某些项目的认定标准、执行范围和口径应尽快做出详细规定。

（1）应尽快明确农产品初加工、兽医、农技推广、农机作业和维修等农、林、牧、渔服务业免征项目的具体执行范围和口径，制订相关免税项目目录。

（2）应尽快对可以采取缩短折旧年限或者采取加速折旧方法的固定资产进行界定，明确哪些是属于技术进步，产品更新换代较快的固定资产；哪些是

属于“常年处于强震动、高腐蚀状态的”固定资产，制订相应的认定标准或目录。

（3）对符合条件的技术转让免税、减税所得，应明确“符合条件的技术转让”具体标准。

（4）尽快明确国家对小型微利企业减按20%税率税收优惠的限制和禁止行业的范围和条件，制订颁布具体适用目录。

2. 要进一步明确某些税前费用支出扣除项目的扣除标准。

（1）应对非金融企业向非金融企业借款的利息支出进行具体界定，国家应尽快明确非金融企业向非金融企业的借款利息支出在扣除时，是按照金融企业同期同类贷款的基准利率执行，还是按在基准利率的基础上确定一个最高浮动幅度限额（即浮动利率）执行应予以明确。

（2）应对合理的劳动保护支出进行具体界定，应明确需要使用劳动保护的企业人员的岗位、适用范围和支出标准。

（3）科学调整广告费和业务宣传费支出可扣除比例，根据各行业对广告费和业务宣传费的不同需要确定支出可扣除比例，对实际需要大的行业企业，如消费行业，可适当提高当年可扣除比例，对国家禁止做广告宣传的企业则严禁列支广告费和业务宣传费。

（4）应适当调整业务招待费支出可扣除条件和标准，鉴于新税法规定的“企业发生的与生产经营活动有关的业务招待费支出”征纳双方都无法鉴别，应取消“与生产经营活动有关的”这一条件限制。同时，针对一些现代咨询业利润率低、业务招待费高的特点，取消业务招待费“最高不得超过当年销售（营业）收入5‰”的限制。

（5）应明确准予扣除的“企业在生产经营活动中发生的合理的不需要资本化的借款费用”项目，将“合理的不需要资本化的借款费用”进行具体界定。

（6）对预计净残值“合理确定”要明确判定标准和由谁来最终裁定，不应由企业自身根据实际情况自主确定。

（四）增加固定资产限定条件，方便征纳双方对固定资产的管理

根据基层税务部门多年对固定资产管理的经验和企业对固定资产管理的实际困难，应改变和增加固定资产的限定条件。

1. 取消实施条例第五十七条中的“其他与生产经营活动有关的”这类不好判定的条件限定词。

2. 恢复和增加原税法固定资产单位价值限额条件，对那些使用期虽长，但价值较低、流动性大、易丢失的工具类固定资产仍视为低值易耗品，允许一次性或分期直接计入成本并准予扣除，这样，既能明确区分固定资产与低值易耗品，又方便企业对固定资产的日常管理，也有利于基层税务部门的税收管理。

（五）制定企业清算管理办法，规范清算所得申报

针对新税法规定的“企业应当在办理注销登记前，就其清算所得向税务机关申报并依法缴纳企业所得税”之规定，就企业在办理注销登记前不依法进行清算、不走清算程序、资产存货在未变现的情况下其可变现价值由谁负责评估以及基层税务部门如何参与企业的清算和管理做出具体规定，以此规范企业清算工作，保证企业注销的真实性和清算所得计算的准确性，避免税款流失。

（六）完善新税法与其他相关税法的衔接，保持税法的统一和公平

针对新税法与增值税暂行条例免税项目和视同销售货物项口径不一致，新税法与个人所得税法不对接致使投资收益重复征税问题。

1. 完善修订新税法或增值税暂行条例，统一新税法与增值税暂行条例相关免税、收入项目的口径，如农产品、视同销售货物项等。

2. 实行税额抵免，对投资者从企业取得的已完税的股息、红利，在征收个人所得税时应准予抵免，以解决对同一课税对象征收两种所得税的重复征税现象。

（七）完善企业所得税管理办法，保障新税法有效实施

新税法能否得到正确贯彻实施，从某种意义上讲，取决于企业所得税管理办法、措施是否科学、得力。因此，应针对新企业所得税法征收管理方面的制度缺陷，进一步完善企业所得税法管理的相关办法，为新税法贯彻实施提供管理制度保障。

1. 要明确执行新税法需进行判定、批准项目的管理权。新税法中有许多需进行判定和批准的款项，而对这些款项目前并没有明确该由谁负责，致使政策无法执行。比如，新税法税收优惠政策，由于没有明确哪些优惠政策属于审批类，审批权限设在哪一级；哪些优惠政策属于备案类，向哪一级备案，税收优惠政策就无法执行。再比如，新税法规定的有些收入、费用扣除项目，也是需要批准的，但新税法与实施条例及目前出台的有关税收政策，也没有明确该由谁批准，对这些涉税收入、费用扣除不好确认。因此，建议尽快出台需判

定、批准项目的管理办法，明确其管理权限。

2. 完善总分机构汇总纳税办法。针对总分机构汇总纳税存在的问题，应进一步修订完善《跨地区经营汇总纳税企业所得税征收管理暂行办法》，统一政策规定，规范总分机构纳税行为。

（1）应取消汇总纳税的分配环节。按照现行分税制的分配原则，对跨地区经营企业缴纳的所得税，实行独立核算的非法人分支机构按当期实现的应纳税额就地预缴，按分享比例分别入库，即 60% 入中央国库，40% 缴入地方金库。年度汇算后，再按照核定的系数进行财政调库。同时应尽快明确二级以下分支机构的判定标准。

（2）对设立的具有独立生产经营职能部门应增加限制条件。应改革总机构设立具有独立生产经营职能部门由企业自主决定的规定，明确总机构设立或撤并具有独立生产经营职能部门，参与或不再参与预缴税款分摊计算，应事先提出申请并经所在地主管税务机关批准后方可设立或撤并，同时对设立或撤并需规定年限限制，达不到一定年限的，严禁设立或撤并。

（3）强化对非法人分支机构的税收管理。企业在异地设立非法人分支机构，应明确要求非法人分支机构（包括加盟店、挂靠企业）在办理税务登记时，除按规定及时提供总机构的税务登记证副本、总机构核算地主管税务机关出具的汇总纳税资格认定证明和审批确认证明外，登记后还应该在总机构税务登记证副本上添加分支机构信息，按期向其所在地主管税务机关报送经总机构主管税务机关审核签章的《中华人民共和国企业所得税汇总纳税分支机构分配表》。对那些无法提供上述相关手续，或逾期不提供、限期不提供的，应视同法人单位就地缴纳企业所得税。

（4）补充完善新设立的分支机构分摊税款计算依据。由于 28 号文件十三条规定新设立的分支机构，设立当年不就地预缴企业所得税，那么在次年参与分摊预缴税款时又没有明确须参照哪年可比数据执行的问题，建议对 28 号文件做补充规定，明确新成立的分支机构在次年参与分摊预缴税款时，计算其经营收入、职工工资和资产总额应以该分支机构成立的当年数据为准。

（5）对特殊行业的企业集团允许实行汇总或合并纳税。从我国的国情出发，建议因企制宜，科学进行税收管理，对历史形成的“政企合一”的企业集团，如大兴安岭林业集团，对生产季节性、流动性比较大的企业集团，如建筑安装集团等，宜采取汇总或合并纳税办法。

（6）应搭建汇总纳税网络平台。建议国家税务总局根据新税法实行汇总纳税的需要，以“金税工程”三期建设和启动为契机，搭建全国汇总纳税企业信息网络平台，构建跨地区汇总纳税企业所得税征收管理信息化系统。要将总分机构的登记时间、注册资金、人员规模、资产总额、工资支出及经营情况等所有涉税信息全部如实导入信息网络平台，并要求各主管税务机关及时予以更新、维护，以保证信息的真实性、准确性、有效性和及时性，进而实现纳税人户籍管理及申报数据信息的动态共享，避免出现大量的漏征漏管户。

3. 要切实加强企业所得税的管理。根据国家税务总局提出的企业所得税管理“分类管理，优化服务，核实税基，完善汇缴，强化评估，防范避税”的工作要求，应逐项拟定和完善具体实施办法，量化指标，明确责任和操作要求，以真正实现企业所得税管理的科学化、专业化和精细化。

参考文献：

1.《中华人民共和国企业所得税法》。

2.《中华人民共和国企业所得税法实施条例》。

3.《中华人民共和国增值税暂行条例》。

4.《中华人民共和国增值税暂行条例实施细则》。

5.《中华人民共和国个人所得税法》。

6.《中华人民共和国税收征收管理法》。

7.《企业会计准则——基本准则》（中华人民共和国财政部令第33号）。

8. 国家税务总局《跨地区经营汇总纳税企业所得税征收管理暂行办法》（国税发［2008］28号）。

9. 国家税务总局编：《新企业所得税解读》，中国税务出版社2008年版。

10. 靳东升：“我国新企业所得税法的特点和影响”，《税收研究资料》2007年第4期。

11. 付广军：“汇总纳税收入分配方式应简化和完善”，《中国税务报》2008年8月20日6版。

12. 赵勇：“新企业所得税法实施面临的征管问题及对策”，《税收研究资料》2008年第1期。

课 题 牵 头 单 位：黑龙江省国家税务局

课题成员单位及个人：黑龙江省国家税务局：张卫、肖国富、梁平、金宏艳；天津市国家税务局：刘洪珠、陈玲；天津市地方税务局：马培祥、高丽丽；山西省国家税务局：兰太萱、董其文；陕西省地方税务局：董智明、张少凡；江苏省国家税务局：陈锡平、江鹤鸣；宁波市国家税务局：史东篱、程玲秀、方曼丽、洪佩荣；贵州省国家税务局：杨思辉、卢薇；福建省国家税务局：包逸生、王大华、朱春发、黄翎、顾志珊、吴强；广州市国家税务局：黄学铭、侯鬼；深圳市地方税务局：谢少华、邹剑雄、蒋军民；广西壮族自治区国家税务局：朱小琼、韦秀京；西藏自治区国家税务局：谢学忠、于贵香、刘春祥。

报　告　执　笔：肖国富

税源管理研究

国家税务总局税收科学研究所课题组

一、税源管理概述

（一）税源管理的概念

目前，财税理论界对税源管理的定义见仁见智，众说纷纭。归集散见于各种报刊中有关税源管理问题的研究成果，具有代表性的观点有：

1. 管理纳税人说。这种观点认为，税源管理就是通过对创造和拥有财富的纳税人的管理，最大限度地减少由于征纳双方信息不对称造成的税款流失，实现对税源的有效管理。这种观点认为社会财富的创造过程是由人来完成的，税款最终由纳税人缴纳，税源管理实质是对纳税人的管理。这种方法明确了管理的对象，指出了管理的实质，但是却不能涵盖税源管理依据、内容、方法、环境，过于简单、笼统、模糊。

2. 信息管理说。这种说法认为税源管理是指采取一系列科学、规范、现代的方法和手段，通过对纳税人信息的采集、分析、评估，对税源进行监督、管理，以保证税收收入及时足额实现的一系列税收管理活动。这种观点是基于我国目前税收信息化建设水平已可以为税源管理提供科学、规范、现代的管理手段的现实情况，从利用先进的管理手段对税源进行监督、管理的角度作出的概括。有助于在实际工作中利用税收信息化的成果，解决税源管理问题。但应当指出，这个定义无法涵盖税源管理的内涵和外延。

3. 预测评估说。此观点认为税源管理是指税务机关运用各种方法，通过对税收与经济之间的关系进行监督和控制，掌握税基的规模与分布，分析预测税源发展变化趋势，发现税收征管工作中的薄弱环节，从而有针对性地采取措施，确保税收管理目标实现的一种活动。这种观点可取之处在于指出了税源管理的一项重要内容，就是从经济决定税收的原理出发，通过把握经济与税收之间的关系来掌握税基的规模与分布，从而实现对税源发展变化趋势的预测。但该定义的不足之处也是很明显的，对税源管理的界定过于狭窄，无法涵盖税源管理的全部内容。

4. 全程管理说。这种观点认为税源管理就是税务部门为确保税收的应收尽收而运用一系列的方法与措施，对潜在税源的规模与分布及其发展变化进行监督与控制的、贯穿于税收征管全过程的、综合性的税收征管活动。这一观点从宏观角度对税源管理进行归纳，并把税源管理的范围扩大到了税收征管的全过程。虽然充分强调了税源管理的重要性，并把税源管理提升到了税收征管全过程的高度。但应当指出，把税源管理定义扩大到税收征管的全过程显得过于宽泛，在实际工作中会造成无法准确把握税源管理的关键，使管理缺乏针对性，不利于抓住重点，集中力量解决主要问题。

通过以上分析，我们认为税源管理有广义和狭义之分，广义的税源管理包括三个层次：第一个层次为政府决定对什么征税，即税源的选择，通过税收立法来实现；第二个层次为税制确定以后如何来征税，解决税基的确定问题，包括每个税种的减免、扣除、抵免、优惠政策的落实等，也属于立法解决的问题；第三个层次就是税务机关对各税种税基的管理，即税收政策法规的落实。

狭义的税源管理主要属于税收管理中的事前及事中管理，贯穿于税务登记、账簿和凭证管理及纳税申报、纳税评估等环节。狭义的税源管理是税务机关以提高税收征收率为目标，采用科学、规范、现代的方法和手段，对所有税源要素进行调查、分析、评估、预测和监控，使税款征收数尽可能接近法定应征数的管理过程。需要明确的是：

（1）税源管理的主体是税务机关，但需要其他相关部门从不同方面提供税源信息。其他部门可以是税务机关以外的其他政府机关，也可以是税务中介机构。

（2）税源管理的依据是现行税法中规定的各种标准，既包括对征税范围、税率、计征方法的规定，也包括法定减免和优惠的规定。

（3）税源管理的目的在于最大限度地提高纳税申报率和纳税申报准确率，一方面是保证纳税申报主体即纳税人的全面；另一方面是保证纳税申报内容的真实、准确。

（二）当前税源管理存在的问题

1. 管理手段相对滞后。当前，我国经济税源正在发生深刻变化，经济全球化、交易电子化，企业变更经常化，连锁经营普遍化，使纳税人、纳税地点及生产经营等税源基础处在不断变化之中，而税务机关对这些变化的应对措施相对滞后。税收管理手段的相对滞后，造成税务机关不能及时全面掌握税源，从而使国家税款流失。

2. 组织机构呈现“倒金字塔型”。越往上面，业务分工越细，而在基层，一个税源管理部门对应上级多个管理部门，组织机构呈现明显的“倒金字塔型”。“上面千条线、下面一根针”。包括各类检查、考核、调查、总结、报表等各种临时任务自上而下层层下达汇集到基层税源管理部门，导致基层税源管理部门及其税收管理员疲于应付，工作处于被动状态。上级各部门之间往往缺少沟通，都是根据各自工作需要分别下达任务，经常出现同一时间段内多项任务自上而下同时下达，使得基层无所适从。为在指定的时间内同时完成多项工作任务，税源管理部门只得应付，工作质量难以保证，也影响了日常税源管理工作的正常开展。

3. 监管重点错位。在税源管理工作中，机械地以实现税收的多少将纳税人划分为重点税源和非重点税源。“重点税源重点管理”，而重点税源和重点户不相一致，重点户不一定是重点税源，而是税收征管工作中薄弱点或容易出现问题的纳税企业。将更多的征管力量和注意力都放在了纳税大户的重点管理上，在一定程度上忽视了部分重点户、非重点税源、某些行业和重要部位及环节的管理，给一些蓄意偷逃税犯罪分子以可乘之机，存在较大的隐患。

4. 信息传递不畅。从外部来看，与税源管理工作关系密切的工商、统计、银行等部门的协作配合只局限于信息的传递，没有实现相互间的信息共享，部门间的联席会议制度、信息传递制度、工作分析制度没有得到很好执行，只流于形式，没有充分发挥部门间协调配合的作用。

5. 人机结合脱节。从税源管理监控的角度来看，计算机监控不全面，有些“华而不实”。主要是因为计算机内数据的采集录入是靠纳税人提供的，如果纳税人故意隐瞒销售收入，进行虚假申报，提供虚假数据，计算机本身是发现不了的。从目前的情况来看，各项制度没有得到很好执行，形成人机脱节的现象，对征管软件的依赖程度越来越高，使机内错误或虚假的数据不能得到及时修正，不能及时发现和查处各类涉税违法犯罪行为，在税源管理中人的因素没有充分发挥。

6. 评估体系混乱。纳税评估体系还处在起步和探索阶段，各地出台了一些评估办法，开发了一些评估软件，研究了一些评估模型，但由于指标参数不尽统一，不够科学，评估的结果并不很准确，不同的评估体系评出的结果大相径庭。评估的指标体系、评估模型和评估软件亟待统一。

（三）税源管理应当遵循的原则

税源管理离不开一定的税制结构、社会环境、技术条件以及公民的法制观念，不仅涉及面广，而且政策性强，直接关系到税收法律、法规和各项规章制度的正确贯彻执行，关系到税收收入能否及时足额入库，关系到税收职能作用的正确发挥。依据现代管理的基本原理，税源管理应坚持以下原则：

1. 法治原则。就是以法律为依据进行税源管理，这是依法治税和依法行政的要求在税源管理活动中的具体体现。为此，必须完善各项税源管理的具体制度，且每项制度应具有可行性、规范性和相对稳定性，做到“有法可依、有章可循”，这是依法管理的前提。必须严格执行各项税源管理制度，做到“有法必依、执法必严”。

2. 效率原则。就是指以最小的税收成本获取最大的税收收益。在实践中坚持效率原则，降低税收成本，一方面要加强税收征管，堵塞税收漏洞，不断提高税收征收率；另一方面，要采用多种现代化的管理手段，合理设置税务机构，有效配备税务人员，强化各项税收管理，完善税务代理制度，优化税收服务，不断降低征税成本和纳税成本。

3. 以人为本原则。管理的人本性，是指在管理过程中以人为中心，把理解人、尊重人、调动人的积极性放在首位，把人视为管理的重要对象及组织的最重要资源。在税源管理活动中，要坚持人本管理的原则，大力实施能级管理，使具有相应才能的人处于相应的能级岗位，同时，对不同能级赋予不同的权力、物质利益和精神荣誉，也就是做到人尽其才，各尽其能。

4. 权责对等原则。建立科学合理的岗责体系，明确规定每一个管理层次、每一个管理岗位、每一名税收管理员的责任与权力。有多大的责任，就要有多大的权力。要注意防止两种偏差：一种是有责无权或者是责任大而权力小，这样，管理人员遇到问题，无权解决，既影响干部工作的积极性和主动性，也使税收管理员无法真正负起应有的责任，从而导致责任制形同虚设；另一种偏差是有权无责或者权力很大却不负什么责任，助长玩忽职守和滥用权力。

5. 人机结合原则。要实现税源的有效监控，应按照科技与管理相结合，微机监控与人工监控相结合的思路，在利用信息化手段的同时，要充分发挥税务干部加强管理的主观能动性和积极性，做到人机结合。要防止片面强调信息化手段的作用，认为有了信息化手段就自然而然地加强了管理，或者认为信息化手段不足就不能实施管理，从而不注重发挥税务干部在税源管理中的能动作用。

6. 管户与管事相结合的原则。管户就是按户管理纳税人的所有涉税事务。管事就是分项管理纳税人的某项涉税事务。通俗地讲，管户就是统管，综合起来管；管事就是分管，部分管，分开来管。管事离不开管户，不然就没有针对性；管户就要从具体事务人手，不然就失去工作内容。加强税源管理，就是要通过逐户管理加以落实。

7. 强化管理与优化服务相结合的原则。在税源管理活动中，要把组织收入、执行政策和优化服务有机结合起来。将纳税服务贯穿于税源管理的全过程，提高工作效率，降低税收征纳成本。在强化管理中提高服务水平，在优化服务中加强税源管理。

8. 专业管理和综合管理相结合的原则。专业管理就是通过税务机关和税务人员进行的管理，是整个税源管理的主导与核心。综合管理就是依靠协税单位和个人在税务机关的指导下，参与税收管理的一种形式。由于税收分配活动涉及到各行各业和千家万户，不仅工作量大，而且情况千变万化，单纯依靠专业管理是不够的，还必须依靠社会各界的配合。在切实抓好专业管理的同时，建立健全以工商、银行、海关、财政、交通、邮政、电信以及公、检、法为主体的协税护税组织，以街道、乡村组织和广大公民参加的群众性来信来访和举报为主的协税护税体系。要走出一条“政府领导、部门配合、司法保障、社会参与”的税源综合管理新路子。

二、税收分析与纳税评估在税源管理中的作用

（一）税收分析在税源管理中的作用

税收分析是税源管理的重要内容，没有税收分析，税源管理就会陷入盲目无序状态。税收分析是以丰富的税收数据为基础，通过数据的挖掘与整理，对税收工作和经济运行状况进行客观的描述和评价，对税收经济关系予以解析，并对未来发展趋势进行预测与推断，为领导决策提供数据支持和信息服务。税收分析能从整体上综合反映征管状态，是“宏观找问题、微观查原因”的起点。

税收分析在税源管理中的作用主要表现在以下几个方面：

1. 税收分析是一项综合性很强的税源管理工作。税源管理从涉及部门来看，既有征管、税政等部门，又有计统、稽查、信息中心等参与部门；从管理方式来看，既包括税收管理员直接管理，也包括登记、申报、发票、分析等间接管理；从过程来看，可分为事前分析、事中分析和事后分析三个环节。无论从哪个角度看，税收分析都是税源管理的重要组成部分，它使税务机关对企业的纳税情况可以进行科学的评判，从而对整个税源情况做到心中有数。

2. 税收分析是评价税源管理水平的重要手段。随着经济社会的日益发展，税务机关面临的管理难度也相应增加。在新的历史条件下，按照依法治税的原则，既不能人为调节进度收过头税，还必须坚持做到应收尽收。税源管理的力度和水平决定了组织收入能力的强弱，而要评价税源管理是否到位，就必须对税源的实际情况通过深入的税收分析，全面了解应征税款和实征税款的差距，税收分析质量的高低，直接影响到税源管理的水平和效率的高低。

3. 税收分析是查找税源管理漏洞的重要途径。税源管理的主要作用就在于通过一系列管理手段促使纳税人提高税法遵从度。强化税源管理，不仅要管理好税收日常工作，还必须准确掌握纳税人的生产经营、财务和资金状况，甚至结合本地的经济发展水平，研究税收收入的合理性，而这些都属于税收分析的范畴。税收分析做好了，才能明确税源管理的薄弱环节在哪里，从而有的放矢全面提高税源管理水平。

（二）税收分析存在的问题及应对措施

从目前情况看，税收分析工作存在的问题具体表现在以下三个方面：一是责任不明。不少征管干部认为搞税收分析是计划统计部门的事，与自己岗位职责关系不大，或者认为只要管理上去了、任务完成了，搞不搞税收分析无太大意义，所以要么不搞税收分析，要么草率应付了事；二是重视不够。由于思想观念陈旧，岗位之间各自为阵，在采集数据方面工作粗心，在税收分析方面重视程度不高，重管理、轻分析的现象比较严重，参与税收分析的主动性和积极性不高；三是经验不足。由于对税收分析的基本方法、基本要求、基本途径掌握不够，在开展税收分析工作时手足无措，不知从何入手，税收分析还局限于一般的、传统的、常规的算术方法，对数理统计、现代管理理论运用不够，计算机应用程度不高，对数据的分析不深入、不专业、不精细，形成的税收分析报告质量不高，对税源变化趋势预测准确性较低，对指导税收征管的前瞻性不强。

为了提高认识，改进方法，抓住重点，强化措施，持之以恒地做好税收分析工作，要做好以下几个方面工作：

1. 要重视税收管理员的税收分析。税收分析不能仅仅看作是计统部门的事，大量的税收分析应当来自基层。当前，要特别重视税收管理员的税收分析。税收管理员要结合工作实际，通过深入调查、认真分析、交叉比对，掌握税源结构状况、变化趋势和相关经济指标，建立税源管理清册，搞好税源动态监控，按月或按季进行税源结构、税收收入结构、税负等方面的分析及预测。切实加强岗位之间、部门之间、环节之间的联系。提高运用计算机技术进行税收分析的程度，通过科学分类、综合比对，产生及时、准确、全面的税收分析报告，为强化税源管理、服务领导决策提供可靠依据。

2. 正确掌握行之有效的税收分析方法。具体地讲，在税收分析工作中，要坚持“两个结合”：一是要坚持定性分析和定量分析相结合，注意数据的可靠性和真实性。税源变化情况是通过数据反映的，数据是否真实，直接影响税收分析工作的成败，不真实的数据最终会造成误导；要做到数据的可靠性和真实性，必须既要注意了解税源变化的实际情况，又要注意文字表述的真实性，既要有定性说明，又要有定量佐证，做到定性分析和定量分析相结合；二是要坚持动态数据与静态数据相结合，注意数据的经济性和宏观性。经济决定税收，进行税源分析时，不能只就税收论税收，也不能只看静态数据，不看动态数据。经济在发展，纳税人的应税行为也在不断变化之中，税收分析工作要结合宏观经济信息，重点分析经济发展对税收收入的影响，物价变动对税收收入的影响。

3. 认真做好基础工作。分析预测税源，并不是简单的加加减减，而是要做好整个税源管理的基础工作。要想准确把握税源的变化，不仅要全面掌握征管资料中所包含的信息，包括财务信息、申报资料、缴纳税种、行业税负以及税务检查处理等动态信息，而且要定期到纳税人的生产经营场所实地了解情况，掌握其产品、原料、库存、能耗、物耗等生产经营基本状况和销售、成本、价格、利润等财务状况，及时取得动态监控数据，找出影响税负变化的主要因素。

（三）纳税评估在税源管理中的作用

纳税评估是一项国际通行的税源管理制度，在我国尚处于起步和探索阶段。纳税评估是税务机关对纳税人税款申报缴纳情况实施的质量控制，指税务机关运用数据信息对比分析的方法，对纳税人纳税申报情况的真实性和准确性做出定性和定量的判断，并有针对性地采取相应税收管理措施的行为。

1. 纳税评估是实现税源管理科学化、专业化、精细化的有效措施。对企业进行纳税评估，是强化税源管理、提高税收征收率的有效途径，是实现税源管理科学化、专业化、精细化的重要手段，是税务机关特别是基层税务机关税源管理部门和税收管理员的一项重要工作职责。纳税评估可以是个别企业的评估，即点对点的评估，也可以是某个行业的纳税评估，即线上的评估，也可以是某个地区纳税情况的综合评估，即面上的评估。通过纳税评估，有利于构建起一个点、线、面相互依存、相互联系、相互补充的纳税评估体系。

2. 纳税评估是提高纳税申报质量的有效方法。当前税源管理的一个薄弱环节是如何提高纳税申报质量。纳税申报是税务机关税收管理信息的主要来源和税收征管的一项重要制度。纳税申报管理包括按时申报和如实申报两个方面。目前纳税申报更多地停留于按时申报的管理，而对于申报质量的管理在深度和广度上离税源管理的要求还相差较远。以票控税虽然在一定程度上对税源管理发挥了重要的作用，但由于发票管理自身的特殊性，其作用侧重于对欠税企业的控制，大大降低了其对税源管理应有的作用。税控装置的推行并不能满足税源管理的要求，而且存在对税控装置合法使用的监管问题。税务稽查作为税源管理的最后防线，由于其属打击型执法，加上现有稽查力量的限制，不能将其作为税源管理的基础手段。纳税评估较之于以票控税、税控装置、税务稽查等税源管理手段更具有优越性。纳税评估在提高纳税申报质量方面的作用举足轻重、不可或缺。

3. 纳税评估是税收管理员提高管理效能的有效手段。纳税评估是税源管理工作的核心，是基层税务机关日常管理的基本任务。开展纳税评估工作是新时期强化税源监控的重要内容和手段，是进一步加强税收征管基础工作的客观要求，是税收管理员掌握税源、分析税源的有效手段和必要方法。

（四）纳税评估在实践中存在的问题与对策

1. 纳税评估的组织机构不够健全。目前，全国税务系统没有统一的纳税评估组织机构。少数省、市级税务机关设立了纳税评估的专门机构，负责纳税评估工作的组织开展；多数地区则未设置专门的评估机构。相应的，县（区）级税务机关的纳税评估组织也不一致，有的设纳税评估科，有的由征管科等负责；具体评估工作有的是由专职评估人员、更多的则是由税收管理员承担。纳税评估工作是一项综合性强、工作量大的工作。随着纳税评估工作的逐步深入，目前这种组织机构状况远远不能适应此项工作的要求。

2. 纳税评估人员素质有待进一步提高。纳税评估是一项业务性较强的综合性管理工作，对评估人员的素质、配套的管理措施有较高的要求。目前，税务机关纳税评估人员的业务素质参差不齐，不善于从所掌握的涉税信息中找出纳税人偷、逃税款蛛丝马迹，挖掘深层次的问题，使很多评估工作流于形式，停留在相关涉税信息、数据的表层分析上，为评估而评估，纳税评估的作用难以有效发挥。

3. 纳税评估所需的税源管理信息化水平有待进一步提高。纳税评估的前提和依据是充分掌握纳税人大量的、全面的、真实的且具有时效性的信息。这些信息应包括纳税人的纳税信息、财务会计信息、生产经营信息和市场营销信息等。目前许多必要的相关资料没有得到收集和确认，税源信息失真、信息占有量匮乏的问题严重制约了纳税评估工作的深入开展。由于税源管理信息化程度不高，税收管理员事务性工作多，直接影响了纳税评估的工作效率。

针对纳税评估工作存在的问题，提出以下几点对策建议：

（1）将纳税评估纳入《中华人民共和国税收征收管理法》的修订范围。纳税评估是国际通行的税收管理方法，是加强税源管理的重要手段。应适时将纳税评估内容纳入《中华人民共和国税收征收管理法》，提高纳税评估的法律地位，确保纳税评估工作有法可依与进一步规范。

（2）完善纳税评估管理机构。作为税源管理的主要手段，为确保纳税评估工作顺利开展，应当设置专业评估机构。在条件未成熟的情况下，可先以专业化纳税评估队伍来应对中大型企业纳税人专业化的财务机构。通过建立专业的纳税评估机构，专事大型和中型企业纳税人的专业纳税评估，税收管理员主要从事日常评估，二者分工合作，将纳税评估的人员和资源向重点、专业纳税评估对象倾斜。

（3）实施人力资源管理，加大教育培训力度，不断提高评估人员的能力素质。做好纳税评估工作，关键在人。必须加强纳税评估人员队伍建设，充实评估人员队伍，挖掘人力资源潜力。选拔懂企业生产经营、懂财会知识、熟悉税收业务、责任心强的干部担任纳税评估人员；综合考虑税源的数量、结构、地域分布和基层人员的数量和素质等因素，对税收管理人员队伍进行配置和组合，达到税务人力资源的最优组合。

（4）提高纳税评估信息化管理效率。当前，随着经济的快速发展，纳税人数量迅速增长，税收征管工作量不断加大，加强纳税评估必须依托税收管理信息化建设，实现各个管理环节之间的信息及时共享和有效沟通，要建立完善的纳税评估业务系统，完善纳税评估指标体系。要着重研发完善评估指标和预警指标，提高评估指标的针对性和适用性，提高预警指标的准确性和可靠性。同时要依托计算机积极实施多指标的配比分析，优先开发各类针对性较强的行业分析、税种分析软件。

(5) 完善纳税评估管理制度，规范评估运作。适时实行“未经评估，不得稽查”的税务稽查准入制度，完善相关的纳税信誉等级管理制度。加强对纳税评估工作质量的全过程控制，进一步明确纳税评估工作中税务机关内部计统、税政、征管、稽查等各部门之间的相互协作关系，确保各环节、各项工作紧密衔接，有序开展。

三、实行重点税源扁平化管理

从管理学角度看，扁平化管理可以弥补层级制管理的缺陷。扁平化管理，是相对层级制而言，是指以较少的管理层次，对较大幅度的范围进行管理，实现高效运作的管理模式。其特点是管理层次少，管理幅度宽，运作效率高。实行扁平化管理有利于提高税务行政管理的效率。随着管理模式由“金字塔”式转为“扁平化”方式，上下级之间中间环节的撤并，管理幅度和力度也不断加大。通过网络可以达到信息的集中与共享，上级依托信息可以直接远程掌握下级单位的征管情况，而且对基层控管、指挥更加直接。上级政策的制定与权力行使和管理情况也透明地呈现在下级面前，从而有利于提高税源管理工作效率。

对重点税源实行扁平化管理的目的，就是要逐步减少中间环节的重复劳动，提高工作质量和效率。实现报送数据层级的扁平化，有利于上级税务机关有针对性地指导和督促下级加强重点税源数据报送工作。工作信息的交流平台不再需要逐级进行，突破了信息交流和数据处理的级别障碍。通过实现扁平化管理，有利于加强各级税务机关之间的交流，可以提高税收管理员的工作效能，为实现科学化、专业化和精细化的税源管理打下坚实的基础。

扁平化管理是对传统的层级管理的有益补充，而不是否定和替代层级管理。目前省级集中管理的重点税源企业，一般仅局限于省级数据集中。还没有对省级管理的重点税源企业的纳税申报、数据比对、税款解缴、日常管理实行全面的省级集中管理，也就是说，还没有实现真正意义上的扁平化管理。为此，还必须进一步探索重点税源扁平化管理办法，建立健全重点税源扁平化管理的各项制度和机制。例如，建立税企联系制度、纳税辅导制度和纳税督察制度等。

四、围绕税源管理优化纳税服务

（一）围绕税源管理优化纳税服务的意义

新时期的纳税服务工作，贯穿于税源管理的全过程，涉及整个税收管理活动的每一个环节。

围绕税源管理优化纳税服务的作用主要表现在：

1. 优化纳税服务有利于促进税收收入稳定增长。便捷的办税条件，高效的办税通道，及时的纳税辅导，快速的政策指引，都可以达到提升征管质效的目的。通过优化纳税服务，税源管理与纳税服务呈现出和谐、良性、互动的发展态势，可以有效增强征纳双方的理解和沟通，提高纳税人的税法遵从度，确保税源及时转化为税收收入，保证税收收入随着税源的发展壮大稳定增长。

2. 优化纳税服务有利于促进税收征纳关系的和谐。一个和谐融洽的税收环境需要征纳双方的共同努力才能建成。税源管理中征纳关系要通过以税收管理需求为主导向满足纳税人合法合理需求为主导转变，从普遍化服务向差异化服务转变，从零散服务向系统服务转变，努力从纳税人合理需求出发，设计和提供多元化、多层次的纳税服务。

3. 优化纳税服务有利于促进税收管理水平的提高。为纳税人提供便捷、优质、高效的纳税服务，寓管理于服务之中，是《中华人民共和国税收征收管理法》对税务机关提出的法定义务。围绕税源管理优化纳税服务，就是要重构以纳税人为中心的纳税服务体系，势必对整个税收工作起到良好的推动作用。

（二）围绕税源管理优化纳税服务的对策

围绕税源管理优化纳税服务，就是要把税收的税源基础管理工作做好、做稳、做扎实，在此基础上，开展从政策咨询、税务登记、纳税辅导、纳税申报、税款缴纳，到纳税人享受各种优惠政策等的全过程、全方位优质高效的纳税服务。

1. 以强化税源管理为基础优化纳税服务。纳税服务是构建和谐征纳关系、提高税法遵从度的重要手段。只有通过强化税源管理基础工作，才能为优化纳税服务奠定坚实的基础，税源管理基础工作抓好了，纳税服务才能做到情况明、数据清、针对性强，才能真正做到围绕税源优化纳税服务。

2. 以坚持依法治税为前提优化纳税服务。依法治税不仅是税务机关的事情，更是建设和谐社会的基石，是共建和谐税收的前提，是促进税源管理的法律保障，纳税服务要在严格依法治税的前提下进行。

3. 以加强税收征管为核心优化纳税服务。现代税务管理理念是优质的服务加科学的管理，而优质有效的纳税服务应建立在科学的管理基础上。要创新服务手段，做到服务手段科技化、服务形式多样化、服务方式个性化、服务内容公开化、服务流程简捷化，让税收信息化成为税收管理工作中优质服务的助推器。

4. 以增强干部素质为关键优化纳税服务。要满足新时期税源建设的需要，实现纳税服务由传统服务到现代服务的“质”的飞跃，税务人员这一“人力资源”是关键。纳税服务的行为虽然是个体或单一的表现特征，但代表的却是群体的形象和利益。因此，每个税务人员都应建立为纳税人服务是一种责任的理念，切实提高为纳税人服务的意识和能力。

参考文献：

1. 谢旭人：《中国税收管理》，中国税务出版社 2007 年版。
2. 金人庆：《中国当代税收要论》，人民出版社 2002 年版。
3. 宗和平：“对税源实行科学化精细化管理”，《中国税务报》2005 年 4 月 6 日。
4. 赵岩：“关于税源管理理论框架的思考”，《涉外税务》2004 年第 7 期。
5. 杨森平：《新编税务管理》，暨南大学出版社 2003 年版。
6. 张艳纯：《税收管理学》，湖南大学出版社 2003 年版。
7. 徐桂华等：《税收征管改革实践》，武汉工业大学出版社 1992 年版。

课题牵头单位：重庆市国家税务局

课题组成员单位：黑龙江省、辽宁省、山东省、新疆维吾尔自治区、宁夏回族自治区、哈尔滨市、西安市国家税务局；广西壮族自治区、厦门市地方税务局

执　　　　笔：李治强

国家税务总局专项性课题

关于电子商务税收政策及征管的若干问题

《电子商务与税收》课题组

当前，电子商务在中国迅速发展，已涉及诸多的税收问题。最近，《电子商务与税收》课题组根据国家税务总局领导关于“电子商务发展迅速，有可能成为税收新的增长点，也可能成为税收政策和管理的盲区”，研究电子商务税收问题，应“集中部分人力和时间，争取在研究和工作上有新的突破”的指示，对目前一些需解决的电子商务税收问题作了进一步的调查。现将调查情况及建议报告如下：

一、应明确互联网数字化信息交易的税收政策

目前，随着现代科技（特别是信息技术）的发展，出现了一种无明显物理实体特征（无形）的且可以通过互联网传输并交易的数字化信息，如计算机软件、电子书籍和刊物、网络视频音频（电子音像制品）、网络游戏等。

而通过互联网交易无形的数字化信息是一种全新的商务方式，中国现行的税收法规尚未认定其自然属性（即认定为销售产品还是提供劳务）和确定其适用税种（即确定为征收增值税还是征收营业税）。

正因如此，中国各地税务机关在对通过互联网交易无形的数字化信息（如下载计算机软件、电子书籍和刊物、网络视频音频、网络游戏等）征收流转税时，存在执行税收政策不一致问题：

一些税务部门（主要是地税部门）在征管工作中，根据《中华人民共和国增值税暂行条例实施细则》第二条所称“货物，是指有形动产，包括电力、热力、气体在内”的规定，认定数字化信息是无形而非有形动产，对通过互联网交易的数字化信息征收营业税。

一些税务部门（主要是国税部门）在征管工作中，依据互联网数字化信息交易的收费方式（如通过实物卡销售）征收增值税，而地税部门则根据交易的其他方式征收营业税。这在网络游戏的税收征管中表现尤为明显，如北京市国税、地税部门对北京联众网络公司从事网络游戏业务，分别按不同的收费方式征收增值税和营业税。即：通过报亭、网吧等销售实物卡的按增值税进行申报纳税；通过电信销售形式（如 ADSL 用户的网络游戏费用与其 ADSL 的费用捆绑一起支付、客户以手机为支付工具其费用在缴纳话费时一同缴纳、客户通过手机短信缴费、客户以神州行充值卡作为支付形式、客户直接拨打声讯电话且费用与固定电话捆绑支付等）按营业税进行申报纳税；客户在支付给合作单位费用时开具邮电通信业发票的则按营业税纳税。对此，该企业认为同一种经营行为（或同一应税事项），分别由国税、地税部门征收增值税和营业税（该企业 65% 的收入缴纳增值税，35% 的收入缴纳营业税），企业在执行过程中难以适应。

此外，还有一些税务部门在征管工作中，对通过互联网交易无形的数字化信息（如下载计算机软件），按从事技术转让、技术服务免征营业税。

目前，通过互联网传输数字化信息的交易在世界和中国迅速发展，并有取代或替代实物产品（如物理介质的光盘、磁带、书籍和刊物等）的趋势。而在一些电子商务发展迅速的地区，国税、地税部门对这一税源归属所产生的分歧亦日趋明显。例如，北京市地方税务局于 2008 年 2 月 2 日印发的《关于网络游戏业务有关营业税问题的通知》，规定“对通过搭建支持网络游戏运行的服务器，完成游戏运行的单位和个人取得的游戏消费卡（目前暂分‘时限卡’和‘游戏点卡’）销售收入，应按‘娱乐业——其他游艺’税目征收营业税”。“对单位和个人代售游戏消费卡所取得的代售卡收入，请依照《北京市地方税务局关于对代理业征收营业税问题的补充通知》（京地税营［2001］507 号）文件中第二款‘代售卡业务’的相关规定执行”。对此，北京国税部门持不同意见。

鉴于上述情况，国家税务总局有关部门应研究和明确互联网数字化信息交易的税收政策（适用税种）。

中国税收法规规定，在征收流转税时，需区分是销售产品还是提供劳务并分别征收增值税和营业税，因此必须对通过互联网传输的数字化进行区分以对应不同的税种（而在欧盟和一些国家，无论是销售产品还是提供劳务均征收增值税，无须对通过互联网传输的数字化信息进行区分）。

当前，在中国尚未进行增值税全面改革的情况下，国家税务总局应制定统一的税收政策，在全国范围内明确互联网数字化信息交易的税收政策，统一和规范数字化信息交易的税收征管工作。

数字化信息的技术特征表明，数字化信息（计算机软件、电子书籍和刊物、网络视频音频、网络游戏等）的物理特性，在计算机中是数字代码，在传输设备中是电讯信号，是一种相对无形的形态。数字化信息的实物销售载体，是社会公众接受数字化信息（服务）的凭证，而非数字化信息（服务）的本身。数字化信息的属性和功能是娱乐，属于社会服务范畴。

我们认为，从数字化信息的技术特征分析，通过互联网交易无形的数字化信息应认定为提供劳务，可考虑征收营业税，并把包括下载计算机软件、电子书籍和刊物、网络视频音频（电子音像制品）、网络游戏等在内的互联网数字化信息交易，一并按“邮电通信业”税目的3%税率征税（而非按“娱乐业——其他游艺”税目征收营业税），以支持和促进中国电子商务的发展。

二、应制定和完善互联网经营主体的税务登记办法

目前，中国电子商务发展已形成较大规模。据统计，2007年企业对企业（B to B）电子商务交易额达到12500亿元人民币[①]、企业对个人（B to C）电子商务收入为52.2亿元[②]、个人对个人（C to C）销售额达到了594亿元[③]。

然而，在中国由于有关电子商务的法规尚不完善，针对互联网上经营行为的监管相对滞后，因而电子商务的迅速发展既促进了税收的增长也出现了税收政策和管理的盲区。

目前，各类电子商务网站税务登记的主要问题如下：

1. 具有独立域名的电子商务网站，如企业对企业（B to B）、企业对个人（B to C）的网站（大多已办理工商、税务登记），未将电子商务网站的技术指

① “中国B2B电子商务市场规模突破万亿元”，《上海证券报》2008年1月25日。

② “网络购物人群进入细分时代”，《北京商报》2008年4月9日。

③ “去年中国网购规模近600亿元”，《深圳特区报》2008年1月23日。

标向税务机关登记或备案（主要是税务部门未提出相关要求）。对此，税务部门应制定互联网经营主体的税务登记办法，规定已先期办理工商、税务登记的有独立域名的电子商务网站，应向税务机关补充办理有关电子商务网站技术指标的登记，如填写注册域名、电子邮件地址、网络地址、IP 地址、网络服务提供商名称、设置或租用的服务器名称及所在地点、联系办法等内容。

2. 在企业对企业（B to B）、企业对个人（B to C）电子商务服务平台上，已办理工商、税务登记的租用网络空间（建立网上商店、企业）的经营者（无独立域名），未将其电子商务技术指标向税务机关登记或备案（主要是税务部门未提出相关要求）。对此，税务部门应制定互联网经营主体的税务登记办法，规定此类网上经营者应向税务机关补充办理有关电子商务网站技术指标的登记，如填写所在网站的名称、域名，经营者的 IP 地址、经营者网上主体的名称、联系办法等内容。

3. 在个人对个人（C to C）电子商务服务平台上的经营者的税务登记问题。在互联网经营主体的税务登记问题中，个人对个人（C to C）电子商务服务平台上的经营者税务登记问题尤为突出，无照（指营业执照、税务登记）经营的问题十分普遍，已成为税收管理的盲区。

特别是在一些个人对个人（C to C）电子商务服务平台上，一些人以个人对个人（即通过互联网以拍卖的方式出售个人物品）为名而行企业对个人（B to C）之实（即借拍卖个人物品而实则销售商品）。中国一些大型的个人对个人（C to C）电子商务服务平台网站（如淘宝网站）的经营者承认，其网站上的大多数拍卖者都是小型零售商。据了解，现在网上从事商品交易和提供服务（C to C 即个人对个人）的注册用户数已近 6500 万人，注册店铺约 150 余万户，2007 年的市场规模为 594 亿元①。据淘宝公司介绍，其 2007 年的市场份额达到全国市场的 75%，成交额为 433 亿人，其中注册店铺的月销售额在 5000 元以上的占 10%②。据此推算（按照个人销售货物的月销售额 5000 元的起征点计算），全国个人对个人（C to C）电子商务涉及的税源约 60 余亿元，而在中国的个人对个人（C to C）电子商务服务平台网站上的经营者大多既无工商注册，也无税务登记，致使国家税收流失。同时，仅因商务方式的不同，而对电子商务放松管理，会造成对传统商务的不公平。

---

① 《艾瑞网》2008 年 2 月 15 日。

② 淘宝公司介绍材料，2008 年 6 月。

对此，税务部门应制定互联网经营主体的税务登记办法，规定长期在电子商务平台上经营无独立域名的经营主体，必须在办理工商注册、税务登记等后，方可在电子商务平台上注册经营，经营主体还应向税务机关办理有关电子商务网站技术指标的登记，如填写所在网站的名称、域名，经营者的 IP 地址、经营者网上主体的名称、联系办法等内容；同时，还应规定电子商务平台的电子经营者不得允许无法定经营资质的自然人、法人或其他组织在其平台内从事经营活动。

此外，鉴于愈来愈多的企业、社会团体和个人从事电子商务，税务部门可考虑适时修改、完善税务登记管理制度，建立专门的电子商务税务登记管理办法。

目前，中国已具备对电子商务实施税收管理的法律条件（现行的法律包括税收法规的原则基本适用于网上经营行为）和社会基础。

2000 年 9 月发布的国务院第 292 号令《互联网信息服务管理办法》第七条关于从事经营性互联网信息服务必须“申请办理互联网信息服务增值电信业务许可证……申请人取得经营许可证后，应当持经营许可证向企业登记机关办理登记手续”的规定，是工商、税务等部门，对电子商务实施管理的法律依据。

2006 年 6 月，商务部公布《中华人民共和国商务部关于网上交易的指导意见（征求意见稿）》，其中提出：从事网上交易“应当经过工商管理机关和其他主管部门审批。”此后，国家有关部门多次指出在电子商务中从事营利性行为的法人、自然人和其他组织必须办理营业执照、税务登记等，严格电子商务的准入机制。

2007 年，北京市人大常委会发布《北京市信息化促进条例》，规定电子商务经营者应当依法取得营业执照。2008 年 7 月北京市工商行政管理局依照《北京市信息化促进条例》，公布了《关于贯彻落实〈北京信息化条例〉加强电子商务监督管理工作的意见》（京工商发［2008］86 号 2008 年 8 月 1 日施行），规定：

具有下列情形之一的，不需登记注册，可以直接从事网上经营活动。一是凡经登记注册已取得营业执照的企业和个体工商户从事电子商务经营活动，且经营范围与登记注册的经营范围相一致的；二是已经按照《互联网信息服务管理办法》（国务院 292 号令）规定，取得信息产业部或市通信管理局颁发的互联网信息服务经营许可证或完成网站备案，并到工商行政管理部门领取了营业执照的电子商务经营者；三是在互联网上出售、置换自用物品，且不以营利为目的的个人。

而具有下列情形之一的，应当按照有关规定，经登记注册，领取营业执照后，方可从事网上经营活动。一是除上述情形以外，其他利用互联网从事电子商务经营活动的，应当依法登记注册，领取营业执照后，方可从事网上经营活动；二是原已登记注册领取营业执照的企业或者个体工商户从事电子商务经营活动，其经营范围超出原登记注册经营范围的，应当办理变更登记；属于法律、法规规定需要取得专项许可的，应当按照有关规定取得专项许可，并持行政许可批准文件到工商行政管理部门办理变更登记后，方可从事经营活动；已经领取营业执照，需要取得相关许可或审批的，取得许可或审批后，方可从事电子商务经营活动。

北京市人大常委会及政府有关部门制定相关法律规定，旨在进一步明确凡以营利为目的的电子商务经营者，均应当依据国家法律、行政法规的规定登记注册，领取营业执照；同时督促未登记注册的电子商务经营者按照规定申请办理营业执照，依法从事经营活动。

在中国，工商注册、税务登记是维护经营秩序和实施工商、税收管理的基础性工作。目前，税务部门应与工商行政管理等部门加强协作，建立和健全相关法规，进一步研究、制定、完善互联网上经营主体的工商注册、税务登记制度，以维护市场程序和保证国家财政收入，促进中国电子商务的健康发展。

三、应研究运用电子技术对电子商务实施税收管理问题

电子商务税收的征管实践表明，加强电子商务税收管理既是制定政策法规和确定征管方式问题，亦是技术问题。因此，针对电子商务的技术特征，采用先进的电子技术，对电子商务实施电子化的税收管理，是电子商务税收管理的内在要求和发展趋势。

当前，为适应电子商务税收征管的技术需要，税务部门应研究以下问题：

（一）研究通过电子支付系统代扣代缴税款（流转税）的问题

据调查，中国第三方电子支付市场（网上支付、固定电话支付、移动电话支付等）规模迅速扩大，2007年市场规模突破1000亿元人民币，预计2008年电子支付交易额将达2100亿元人民币[①]。一些电子商务服务平台网站（主

① “2007～2008年中国电子支付市场发展报告”，艾瑞网2008年2月20日。

要从事个人对个人的电子商务）已全面实行电子支付。如淘宝公司使用的电子支付系统“支付宝”截至2007年年底，其注册用户已经超过8000万户，日交易总额达到2.5亿元人民币，日交易数超过121万次，每100个在网上购物的人群中，平均82个通过支付宝进行支付，高峰时这一数字达到89个，年交易总额493亿元人民币[①]。

目前，中国电子支付系统的支付规模和电子商务发展的现状，已具备实行通过电子支付系统代扣代缴税款的基本条件。一是电子支付系统的交易流程（其流程是：买家汇款到支付系统——支付系统通知卖家发货——卖家发货到买家——买家收货并通知支付系统——支付系统付款给卖家）可直接监控买卖双方的交易，并完整保留买卖双方的交易记录，为电子支付系统代扣代缴税款提供了保证；二是目前在个人对个人的电子商务平台网站进行交易的卖家大多是小规模纳税人（无须进行销项与进项抵扣），这使电子支付系统代扣代缴税款成为可能；三是一些具有电子支付系统的电子商务服务商愿意成为代扣代缴税款的单位。

鉴于这一情况，税务部门可考虑研究电子支付系统代扣代缴税款的问题。一是研究相关政策；二是与电子商务服务商共同开发支付系统代扣代缴税款的税控软件；三是选择部分具备条件的电子商务服务商作为支付系统代扣代缴税款的试点。待条件成熟后，税务部门可选择更多的电子支付形式（如网络银行、固定电话支付、移动电话支付等）并在更大范围内推行代扣代缴税款制度。

（二）研究、开发和使用电子发票

发票是企业会计记账和纳税申报的原始凭据。电子发票是因应电子商务发展需要，由相关机构提供经营者利用电脑，通过互联网传输的一种电子凭证。

目前，在中国电子商务交易中，基本上是使用纸质发票（通过邮寄或送货时附上），与电子商务交易的即时、快速、便捷不相适应。

近年来，美国、欧盟、日本、中国台湾等国家和地区相继使用和推广电子发票，已形成和积累了较为成熟的技术。中国信息基础设施建设亦发展迅速，国家完成了多项大型全国骨干网工程，计算机设备、通讯设备逐步普及，通讯费用不断下降。同时，国内一些机构正在积极研究、开发电子发票并取得了进展。这些为电子发票的研究和开发提供了必要的基础和有利的条件。

① 淘宝公司介绍材料，2008年6月。

税务部门应在制定和完善有关电子发票的法律规章基础上，积极与金融部门、纳税人、电子支付公司以及相关机构合作，研究、开发和使用电子发票。目前可考虑以税务系统现有的防伪税控开票系统、加油机税控装置和其他计税收款机等为基础，研究、开发电子发票，并率先在电子商务交易中使用。继而研究、开发统一的计算机发票管理系统，涵盖包括电子商务交易在内所有的交易发票。在实行过程中，可提供电子发票和电脑版纸质发票，由纳税人自行选择，并将计算机发票管理系统与企业、金融部门的电子商务交易平台实行对接，以加强税收征管，促进经济的发展。

运用电子技术对电子商务实施税收管理，除上述电子支付系统代扣代缴税款和研究、开发、使用电子发票问题外，还涉及其他一系列技术问题，建议国家税务总局将电子商务税收电子化管理问题列入"金税工程"予以研究，为今后对电子商务进行电子化税收征管做好技术准备。

课题组组长：蔡金荣　李雪若
成　　员：李　伟　夏日红　谭荣华　谢波峰
　　　　　彭启蕾　刘志安　于光潜　邢　堃
　　　　　汪　焰　田艳春　王　超　陈金保
执　　笔：李雪若

国税系统财务监管问题分析及对策思考

国家税务总局财务管理司课题组

经费垂直管理以来，国税系统在财务管理和监督方面作了大量的探索并取得可喜成效。目前已经初步建立了一套较为系统的财务监管制度体系，包括财务基础管理制度、预算管理制度、资金管理制度、资产管理制度、基建管理制度以及财务机构和人员管理制度。但是，从实际执行情况看，财务管理仍然存在一些薄弱环节，仍然存在监管盲点，至少说明了两个方面的问题：一是目前的财务监管制度没有得到有效的贯彻执行，即财务监管制度的有效性不足；二是目前的财务监管制度仍需进一步完善，即财务监管制度的健全性不足。

控制论（Cybernetics）一词，来自希腊语，原意为掌舵术，包含了调节、操纵、管理、指挥、监督等多方面的涵义，是具有方法论意义的科学理论。控制论的研究表明，无论是自动机器，还是神经系统、生命系统，以至经济系统、社会系统，撇开各自的性态特点，都可以看作是一个自动控制系统①。把控制论的思想和方法引入国税系统财务管理领域，将国税系统财务监管理解为一种过程控制，一种对财务管理整个流程的过程控制。在此基础上，按照控制环节的不同，将国税系统的财务监管分为事前监管、事中监管和事后监管三个

---

① Frederick. Mish, et al., Webster's Ninth New Collegiate Dictionary (Springfield, MA: Merriam - Webster, 1986), P. 285.

环节来分别进行研究。

一、事前监管

事前监管的主要任务是在夯实基础，做好各项基础准备工作，构建一个包括制度环境、人员环境、技术环境、业务环境和文化环境五个方面要素的良好的监管环境。

（一）制度和人员环境

1. 建立健全内部财务监管规章制度。坚持依法财务监管是提高国税系统内部财务监管工作水平的重要保证。为此，国税系统必须依据国家的财务监管法规和国家的财经法规建立内部财务监管规章制度，按照内部财务监管规范所规定的程序、方法等开展各项监管工作，从而实现内部财务监管工作的法制化、制度化及规范化。为达到这个目的，首先，内部财务监管机构和人员应加强培训，熟练地掌握内部财务监管有关法律法规；其次，应建立健全内部财务监管的控制制度和激励机制及责任制度，规范内部财务监管机构和人员的行为，克服工作的随意性和盲目性，切实维护内部财务监管工作的严肃性。

2. 提高内部财务监管人员素质。按照建设一支政治强、作风硬、品德好、业务精的内部财务监管工作队伍的目标，通过加强政治思想工作、组织学习和培训、开展财务监管理论和实务的研讨等活动，不断总结内部财务监管工作实践经验的途径，大力加强财务监管队伍的思想作风和业务建设，使财务监管人员政治思想素质、业务水平和工作能力不断得到提高，以适应新形势对行政事业单位内部财务监管工作的更高要求。具体从四方面入手：一是从实际出发，因地制宜地制定和完善国税系统内部财务监管人员的管理办法，妥善解决好他们的激励、待遇等问题，充分调动内部财务监管人员的积极性；二是严把国税系统内部财务监管人员入口质量关，要把那些政治思想和业务素质较高的、责任感和事业心较强的、为人正直的同志调整到内部财务监管岗位上来；三是抓好国税系统内部财务监管人员培训工作，使他们与财务人员一样实行持证上岗制度和后续教育培训制度，加强岗位培训，不断更新内部财务监管人员的知识内容，增强业务技能，切实提高他们的综合业务素质；四是明确财务监管人员职责，严肃财务监管纪律。财务监管部门是监督部门，这决定了财务监管队伍的素质应该更高，财务监管纪律应该更严。

3. 借助外部机构来提高内部财务监管质量。内部财务监管工作因种种原因会影响到整个监管工作的广度和深度，采用内外财务监管结合的办法，可以解决这一弊端。即通过外部监管机构来提高内部财务监管工作的效率和质量。内部财务监管人员和外部监管的有效互补，既可解决内部财务监管机构人手不足、任务繁重的矛盾，又有助于提高内部财务监管人员的专业水准；既可以提高内部财务监管工作的能力和独立性，又可以提高内部财务监管工作的质量和效率；并且，这也有利于内部财务监管机构协调平衡好与单位内部各方面的关系。同时，利用外部监管标准可以有效地检验内部财务监管工作的质量。

（二）技术环境

1. 提升财务监管水平需要借助信息化技术。财务监管信息化建设是提高国税监管水平的重要手段。运用信息化的快捷性、准确性和可靠性，以及在管理上所能达到的规范性、透明性和先进性建立国税管理信息系统，在统一的技术平台上，通过标准化的数据和业务操作流程，集成地体现国税系统日常的资金流、物流和信息流，将有效增强监管工作的过程管理和控制力[①]。根据未来国税监管的需求，利用信息技术平台，在国税系统各层级、各部门财务数据的收集、汇总基础上，逐步开发国税系统的财务动态分析评价等功能，实现对国税系统运行的实时、动态监管是财务监管信息化建设的未来发展方向。主要内容有：第一，开发财务动态分析功能。发挥计算机强大的报表数据处理功能，创建数据库，根据定义好的运算公式完成对报表表内及表间数据的批量运算，实现对行政经费、资产质量、基本建设等情况的动态趋势分析；第二，财务监管信息化建设能够缩短管理链条，实现精细化、扁平化管理。降低管理成本的同时提高监管效率，这是传统监管手段无法达到或难以比拟的；第三，整个系统可根据需要分为若干个子系统，如财务监管系统、绩效考评系统、统计评价系统、重大事项管理系统、资产保值增值系统、职能评价系统、人事管理系统以及决策支持系统等。

2. 尝试自主开发软件以创新财务监管模式。自主开发软件既是适应财务监管形势的需要，也是促进财务监管职能到位的需求。自主开发软件以创新财务监管模式是一项探索性的工作，要保证其准确性和有效性，应注意以下几个问题：一是贴合实际需求。要坚持“有现实需求”的原则，把国税系统监管的实际需求作为软件开发的重要依据，避免重复建设和过度开发，使信息技术成果能给国税员工开展监管工作提供实质性的帮助；二是坚持以人为本。在数据库建设上，要利于检索、追加和更新；在软件开发上，要充分考虑到人性化

---

① 钟晓鸣：“国有资产信息化监管平台的构建”，《商业时代》2006 年第 35 期。

需求，使应用方便和到位，尤其要规范业务流程，达到过程控制的目的；三是注重资源共享；四是着眼长远发展。

（三）业务环境

国税系统一般内设机构多、干部职工多，加之财务监管是一项非常严谨的工作，因此在实施财务监管前要充分做好调查工作，多渠道全方位调查了解被监管部门的业务环节、资金运作情况，确定财务监管重点内容，编制操作性强、较详尽的财务监管实施方案，以便实施阶段有的放矢、有条不紊地开展工作。内部财务监管不能只当事后诸葛亮，应当把目光前移，把工作重点放在事前预防、事中控制和监督上。当问题和风险出现苗头时就及时介入，实施财务监管调查，查清症结所在，全过程、全方位地进行监督和评价。

在财务监管实施前，监管人员还要根据监管前的调查列明财务监管提纲，从被监管单位的机构设置、职责分工及财务事项审批手续等控制点入手，通过张贴财务监管公示、召开定点会议、现场观察、查询等方式，以及抽取样本等财务监管技术方法，了解财政财务收支、财产物资、会计资料及内控制度建立及执行情况。以此确定内控制度的可信程度，发现管理薄弱环节，从而确定财务监管重点方面和关键环节。

（四）文化环境

个人的行为取决于个人的意识，组织的行为取决于组织的文化。要发挥国税系统内部财务监管的作用，必须构建有利于监管的和谐文化氛围。即用监管文化引导监管行为，减少监管成本和磨擦，发挥监管效能，促进自身的发展和国税系统机构的稳健运行，进而促进经济和社会的和谐与进步。监管文化建设的主要内容有：创立学习型文化体系，提高整体素质。着力开展类似于“创建学习型组织、争做知识型员工”等活动，大力营造全员学习、终身学习的浓厚氛围，创造人人都是能手的良好环境。可以制定干部职工业务培训计划及年度计划，对业务培训工作进行了周密的安排和部署；还可积极开展网上培训[①]。打造开放型文化体系，丰富文化内涵。要积极深入地到其他行业调查研究，吸收其文化精髓，扩大监管文化的外延。构建创新型文化体系，增添发展动力。倡导技术创新和管理手段创新，集中优势技术力量，在国税系统中建成办公自动化系统、INTERNET 门户网站等，使公文传输、信息发布、领导决策

---

① Steven J. Root：《超越 COSO—加强公司治理的内部控制》，清华大学出版社 2004 年版，第 47 页。

等效率得以大幅度提高。

二、事中监管

（一）把握财务监管的主要内容与重点环节

1. 财务监管的主要内容。根据当前的国税系统运行形势来看，国税系统财务监管的主要内容是：财会机构和财会人员是否履行法定职责和执行国家会计制度；有无虚编虚报预算、擅自改变财务收支计划；有无编造假决算，挤占挪用事业费和各项专用资金，将预算内资金转预算外，私设“小金库”；有无挥霍浪费国家资财的行为；有无乱收费、乱集资、乱摊派、隐瞒截留收入；有无擅自调拨、转让和变卖公有财产物资；有无贪污、铺张浪费、以权谋私等违法行为；内部控制制度特别是财会制度是否明确具体、严密有效。

2. 财务监管的重点环节。在具体执行国税系统财务监管时，需要关注的重点监管环节有：对重点开支项目的审查。应针对是否存在真发票假内容等虚列支出、套取资金的情况，尤其应将金额大、报销内容显失合理的支出项目进行重点检查。对收入全面性的审查。近几年来国税系统的收入日益多渠道化，除了财政拨入资金外，还有房租收入、利息收入、奖励收入等。收入的多渠道化为国税系统性私设“小金库”提供了便利，要引起高度重视。对往来账项的审查。在核对账账、账表的基础上，逐项核实往来明细账，弄清收入挂账及往来核算收支情况。对专项资金的审查。部分单位或部门对专项资金并未纳入统一核算，且专项资金拨付的项目较多，挤占挪用专项资金仍是突出问题，应进行全面审查。

（二）建立财务监管预警系统

财务监管预警系统是为防止各职能偏离正常运行轨道而建立的报警和控制系统，它以国税系统信息化为基础，利用数据化管理方式，通过对各种财务数据资料的分析，对国税系统管理中存在的财务危机及早警示，对潜在财务风险进行实时监控，为决策提供可靠依据。

1. 预警指标的选定。监测预警指标的设定是监测预警体系的基础，直接影响着决策支持的敏感性和正确性。设立的指标应能及时把握矛盾的主要方面、锁定工作要点，合理地评价工作绩效，为下一步建立风险管理体系奠定基础。其中，一级指标主要包括影响整个国税系统职能发挥绩效的指标，其反映出的问题由预警小组统一控制、管理和评估；二级指标是指那些只反映某一层面问题而不能反映全局情况的指标，这类指标反映出的问题由各科室自行控制、管理和评估。

2. 预警对象的量化。要从庞大的数据库中准确筛选出符合要求的事件，其知识库中的信息必须为具体量化的。监测预警体系操作的第一步，就是对监控指标进行量化，将日常工作中遇到的相应事件转换为对相应指标的量化描述，由计算机系统对监控指标的数值进行监控和分析①。

3. 预警区域的界定。以历史数据和现有数据作为参照，对量化的监控指标动态分别设定红、黄、绿三个警戒区域，各警戒区域表示不同的风险等级。其中，红色区域表示风险程度高，应积极采取有效措施的风险；黄色区域表示可能存在风险，应事先予以防范；绿色区域为安全区域。

4. 整合和综合评价。各职能部门通过对相关指标的监控，能够实时获得必要的数据，但这些数据量大、涉及环节多，单个看并不一定能反映出问题，还必须由各部门共同对所有指标的监控情况进行整合和汇总，才能对内部运行现状作出正确评价。可按月起草预警分析报告，由监测预警小组综合分析各监控指标变动情况，找出主要的具有共性的问题。

5. 提出解决措施。根据监测预警小组提出的分析结论和建议，指定有关的业务科室有针对性地改进和完善工作，如加大管理力度、开展专项或重点检查等，将监控的效果落实到管理工作中去，真正达到预警的目的。

（三）重视沟通与合作

1. 注重取得领导的支持和重视。内部财务监管机构必须在本单位主要负责人直接领导下，独立行使内部财务监管职能，对本单位主要领导负责并报告工作。内部财务监管人员也应该努力创造成绩，写出高质量的财务监管总结汇报，提出自己的合理性建议，使领导充分认识到内部财务监管的重要作用，从而采纳内部财务监管人员提出的合理性建议。

2. 注重财务监管与服务功能的一体性。对财务监管查出的问题，在无保留予以披露的同时，还应该诚恳地与被监管单位及其主管部门进行面对面的交流，共同分析产生问题的根源，提出改进意见和建议，为其完善制度、规范管理提供服务；并通过财务监管综合汇报、情况专报、政府刊物等不同的载体，为领导宏观决策服务。

3. 注重整改时各部门各环节之间的联动性。首先，密切与被监管单位的

① 王凡林："电子商务环境下财务预警系统的瓦解和重构"，《中国管理信息化》2007 年第 12 期。

联系和沟通，通过财务监管小组回访和年终各业务部门、科室交叉回访，促进财务监管意见和建议的落实整改；其次，适时召开国税系统财务监管情况通报会，对一段时期内国税系统财务监管情况及存在的重点问题和倾向性问题进行通报，并向与会人员提出建议；再次，逐步推进财务监管结果公告制，通过社会舆论监督促进依法行政。

4. 注重发现大案要案线索。在国税系统财务监管中发现大案要案线索是一项有重要意义的工作，也是一项艰巨的工作，要求高，难度大，有风险。在监管时要突出对执法执纪单位、重点资金、专项资金和对重点问题的财务检查。在检查方法上要做到五个核对：对部门内部控制的建立和落实情况进行核对，坚持突击盘库和会计出纳账核对，坚持会计总账、明细账等资金账簿和财产账簿核对，坚持会计凭证和报销的原始凭证等收费与罚款票据核对。

（四）事中财务监管的具体应用

1. 预算管理的财务监管。

（1）转变预算管理的观念。首先，预算管理是发达国家政府和企业多年积累的成功的管理经验，实行财务预算管理是单位建立自我约束、自我控制和自我发展的良好机制的有效办法，能够优化资源配置，强化单位管理，提高单位行政及办事效益；其次，预算管理不仅仅是财务部门的工作，而是整个系统或单位内部各项资源的最优整合，它的战略性和系统性要求各职能部门共同参与，是一项系统工程；最后，增强预算法制观念，强化预算约束，实现预算管理的科学化和法制化是全面贯彻《预算法》的要求①。

（2）加强预算执行的监管。加强预算执行监管是深化预算管理的关键环节，单位预算经上级单位批复后，必须严格按照预算批复执行。加强预算执行监管主要是对资金使用情况进行检查考核。不能认为按照预算将有关的资金支付了，预算执行任务就完成了；对资金使用过程进行监管，对资金使用效益进行考核评价，是预算执行的必要延伸。加强预算执行监管，一是要制定必要的内部监管制度，对资金使用过程进行监管，单靠单位财务部门的力量是远远不够的，必须建立相应的内部监管机制，让单位监察、业务主办部门等参与到资金使用监管活动中来，对资金使用的各个环节进行全方位、多角度的监管，做到对资金使用过程监管有制度约束，有人力保障，确保资金安全、合理和有效使用；二是对资金使用效益，尤其是项目资金使用效益，要有考核评价机制；

① 包晓文："部门预算监管中存在的问题及建议"，《财政监督》2005 年第 1 期。

一方面，对资金使用效益的考核评价，是对预算编制水平的检验，实际执行情况与预算差别较大或资金使用效益不理想的，就应考虑调整预算编制的标准和方法；另一方面，在目前对多数项目资金采取以拨代支的预算管理模式下，项目主管部门和实施单位建立项目资金使用效益评价机制尤为重要。效益评价应对项目实施的全过程进行综合评审，对项目资金使用效益进行考核。

2. 基建项目的财务监管。按照总局的规定，在基本建设项目库管理方面，力求统一规划、统一标准、突出重点、统筹兼顾，结合各单位上报的项目及实际情况，经过充分研究和论证，依轻重缓急筛选、审核进行合理排序，建立了全省基本建设项目库，避免了新上项目的随意性和盲目性①。

（1）建设资金来源的监管。在资金来源上，要严格审查基建资金来源，规范使用中央财政拨款，合法合理自筹基建资金，坚决纠正和制止乱拉资金搞基本建设。对各部门、各单位的基建项目要坚持事前审资金、事后审决算的“两审制”，对资金来源不合理的项目，一律不予审批。审计机关要按有关规定进行纠正和处罚。严格基建管理，确保项目建设保质保量按期完工。

（2）基建流程控制的监管。在管理与流程控制上，财务监管要求下的基本步骤有：一是成立基建领导小组和招标小组，招标小组成员由服务中心、财务基建、纪检部门组成，讨论确定维修装饰项目，指定大宗原材料的规格与型号，测算工作量，制定施工要求与标准，以标书形式向有资质的施工单位发出邀请；二是对应纳入采购的项目实行公开招投标；三是纪检部门对招投标实行全程监控；四是对大宗原材料的甲供材也应实行公开招投标，保质保量，并协调好各单位的施工进度与衔接；五是派专业人员严密监管施工进度与质量。如电路改造让电工跟踪，暖气改造派水暖工跟踪等；六是财务严格把关，监督工程支出款，做到不遗漏、不重复、实物与账单签收相符合；七是严查决算款。施工方交工后，由相关人员对项目逐一测量、清点、审计、作好财务监督管理。

3. 行政办公经费的监管。

（1）建立相关的内部规章制度。加强财务制度建设，建立有效的支出约束机制。相关的规章制度有：一是综合性的管理制度，如加强经费管理制度、财务人员岗位职责等；二是单项的管理制度，如加强办公费、电话费、邮资费等管理制度；三是相关性的管理制度，如接待制度、车辆管理制度等。

---

① 王彦：“试论政府投资基本建设项目的财务监管”，《社科纵横》2006 年第 6 期。

（2）强化经费开支的计划性。首先确保人员经费开支，其次保证必要的办公经费需要，然后再按照轻重缓急安排其他项目的开支。计划制定后，还必须严格执行，防止前紧后松，保证计划的有效性。

（3）杜绝经费使用的浪费现象。建立严格的经费开支审批制度，对于每项开支，都必须严格按规定的权限审批后方可报销；制定严格的经费开支报销程序，每一笔开支都必须取得合法有效的票据，并附有关批件，由经办人员负责签字，财务人员审核，领导审批后才能予以报销；统筹安排使用各项经费，加强经费开支的事前监督；健全国税系统内各单位财产物资的管理。

4. 清产核资监管。

（1）清产核资监管的工作目标。首先，全面摸清国税系统内各单位“家底”，如实暴露各部门存在的矛盾和问题，真实、完整地反映国税单位的资产状况和财务情况；其次，全面清查核实各单位、部门各项资产损失和资金挂账情况，并根据国家有关清产核资政策规定进行审批处理；最后，通过清产核资暴露国税系统单位在资产和财务管理制度上存在的问题，分清管理责任，促进国税系统有针对性的改善管理，建章建制，完善资产和财务管理制度①。

（2）监管步骤。

账务清理。这是指以清产核资资产清查点为基准对国税系统的各类账户、会计凭证、会计账簿以及内部资金往来和借款情况进行全面核对和清理，做到账账相符、账证相符、账表相符。

价值重估。这要求对各单位或部门的账面价值和实际价值背离较大的主要固定资产和流动资产按照国家规定方法、标准进行重新估价。

损益认定。依据国家清产核资政策和有关财务会计制度规定，对国税系统内各单位申报的各项资产损益和资金挂账进行认定。

资金核实。根据国税系统内各单位上报的资产盘盈和资产损失、资金挂账等清产核资工作结果，依照国家清产核资政策和有关财务会计规定，组织进行审核并批复准予账务处理，重新核定各单位、部门实际占用的国有资金数额。

完善制度。指国税系统在完成清产核资工作后，认真分析在资产及财务日常管理中存在的问题，提出相应整改措施，逐步健全和完善各项规章制度，巩固清产核资成果，防止前清后乱。

5. 经费支出效益的财务监管。

---

① 喻菡：“财政部门如何完善对财务的监管”，《审计与理财》2006 年第 12 期。

（1）国税系统效益财务监管的执行原则。首先要坚持重要性原则进行效益评价。由于我国目前缺乏科学与系统的经费支出效益评价体系，在实践中财务监管人员只能通过加强与被监管单位的沟通，依据财务监管事实来判断和评价。可以说，经费支出效益的评价较为困难，财务监管结论容易引起争议，存在潜在的风险。为了便于监管和判断，在执行中要坚持重要性原则，尽量选取利用现有法规、行业标准以及人力资源、财务成本和机制组织等管理学知识通过分析论证就可以判断的内容。首先，要将效益财务监管目标依据资金的性质和项目功能定位，分类选择相关考核评价指标，确定指标评价方法，建立适宜的效益财务监管指标评价体系。该评价体系应从资金到位率、使用率、支出效果、项目采购方式和财务制度执行等方面来确定基本财务指标、国家通行指标、公众关注指标等；其次，要从不同侧面选择有代表性的指标来反映，从项目实施对社会产生最大的宏观效益和项目实施后所产生的直接经济效益来确定具体的评价指标①。其次要注重效益监管和经济责任监管的有机结合。以效益为导向，提高财政资金的使用效益是当前国税系统效益财务监管工作的一个基本要求，也是国税系统效益监管工作的一个重要方面。新的财政支出管理体制施行的最终目标，就是要提高财政资金的使用效益。首先，应当注重抓住党政主管领导的“一支笔”，通过对其的监管来促进部门单位增强预算管理的自觉性和规范性，分析预算安排是否合理，防止国有资产的损失和浪费，从而提高财政资金的经济性；其次，应当抓住重大资金、重大投资项目的决策程序，分析其项目立项的科学性，项目资金是否专款专用，逐步探索项目资金使用的效率性；最后，检查国税系统内国有资产保值增值和损失浪费情况，分析其是否促进经济和社会和谐发展，判断其所蕴含事业发展的潜在效益等。

（2）国税系统经费支出效益财务监管的重点。

第一，行政成本的财务监管。行政成本简单地说就是国税系统在履行政府职责时发生的必要的经费支出。开展行政成本财务监管就是审查国税系统经费的真实性、合法性和效益性，进一步揭示经费管理中存在的问题，提出合理化建议，提高资金的使用效益。在具体工作中，一是监管单位经费开支真实性、合法性，重点查处有无乱发放行为，有无招待费用超支问题以及其他不符合规定的支出等，在此基础上准确掌握被监管单位近三年来行政成本的总体规模；二是利用分析对比的方法，审查各项经费的增减变动情况，对一些增支项目要

① 王广辉：“行政单位经费支出核算改革之我见”，《审计月刊》2007 年第 3 期。

进一步分析增长的具体原因，同时计算出人均经费支出情况并加以分析对比，计算出节约浪费的金额；三是根据分析对比的结果，从管理体制和机制上提出合理化建议，达到节约经费，提高效益的目的。

第二，专项资金使用效益的财务监管。以资金运行轨迹为主线，从管理和使用等环节发现问题，确保专项资金发挥更大效益。一是审查政策的执行，看是否按规定分配、拨付专项资金，有无挤占、截留或挪用的问题，有无因资金拨付不及时而影响专项资金效益的问题；二是审查管理使用情况，看管理制度是否健全有效，内部管理机构是否及时跟踪监督，责任人员的作用发挥是否到位，有无因管理不善造成损失浪费的问题；三是审查效益发挥情况，将实际与可行性报告对比，与同行业对比，研究项目的经济、社会和环境效益的发挥情况，对资金运用情况进行总体评价，并提出改进建议。

第三，重点投资项目效益的财务监管。对单位重点投资项目进行财务监管，主要从项目建设、管理和运行等方面揭示存在的问题，提高资金效益。一是在投资决策方面，重点检查投资决策程序是否规范，是否做到民主决策和科学决策，可行性研究是否全面与具体，是否符合环境保护方面的要求，预算编制是否合理，投资计划是否经有关部门批复等；二是在项目管理方面，主要检查项目组织管理、项目招投标手续、合同签证、物资采购等；同时审查工程预算和决算、设计变更及现场签证，还有合同执行、工程进度及造价等，并对工程项目管理目标的实现情况进行分析，进一步评价项目管理是否到位；三是在财务管理方面，突出对财务管理制度健全性、有效性和财务收支的合法性、经济性进行全面财务监管；运用分析对比的方法对项目运行的财务状况进行分析，找出项目财务管理中的薄弱环节，提出合理化建议，以促进提高财务管理水平；四是在投资效果方面，主要检查项目运行效果情况，分析项目运行效益是否达到可行性研究报告的目标，并从中发现问题，提出改进建议。

第四，资产使用效益的财务监管。一是监管资产的完整性，包括资产购置的真实性和合规性，分析资产购置是否进行了政府采购或招投标，有无存在私自购置的问题；资产核算是否规范，看有无账外资产，确保资产的真实完整；二是监管资产的管理环节，看管理制度是否健全以及运行是否有效，管理与使用的责任是否落实到位等；三是监管资产效益的发挥情况，重点审查资产利用率，分析有无因资产闲置或使用不当或管理不善而造成损失浪费问题，同时，有针对性的提出财务监管建议，进一步提高资产利用效率。

（3）经费支出效益的评价方法。目前可用来对行政事业单位经费支出效益进行的评价的方法有以下三种：

成本—效益分析法。成本—效益分析法是针对政府确定的建设目标，提出若干实现建设目标的方案，详列各种方案的全部预期成本和全部预期社会效益，通过分析比较，选择出最优的政府投资项目。选择最优投资项目的依据是计算该项目的净社会效益，净社会效益等于效益减去成本后的余额。在计算成本和效益时，会遇到一个时间问题。

因素分析法。是将影响投入（经费支出）和产出（效益）的各项因素罗列出来进行分析，并将投入产出进行计算据以评价的一种方法。它要求尽量对各相关因素进行量化计算或进行评估，并根据其不同的影响程度进行排列。这种方法的优点是能比较直观地了解各项影响因素的情况，但某些因素的量化难度较大是其主要缺陷。

最低费用选择法。这是不用货币单位来计量备选的财政支出项目的社会效益，只计算每项备选项目的有形成本，并以成本最低为择优的标准。与成本—效益分析法的主要区别是：对于不能运用成本—效益分析法的财政支出项目，可以运用最低费用选择法进行分析，费用选择法多被用于军事、政治、文化、卫生等财政支出项目上①。

三、事后监管

（一）事后监管的目的

国税系统事后财务监管的主要目的是对国税资金运动全过程进行全面的检查和评价，并据此提出调整和控制整个资金运动的依据和建议，使整体国税资金运动健康有序，节约有效地达到预期目标。事后财务监管就是要对国税资金运动全面进行评价，根据综合评价的结果，提出对全过程的控制意见，对国税资金运动过程进行控制，事后财务监管的控制应包括两个方面的内容：一是指出资金运动过程中的偏差，进行事后补偿工作；二是对资金运动过程进行业务再造，从机制上减少主动偏差或被动偏差出现的概率。这两类控制就是我们在工作中所说的财务管理整改和完善财务制度。所以国税系统事后财务监管的主要途径包括综合评价、财务管理整改和完善财务制度。

（二）综合评价的内容和指标选择

1. 综合评价的主要内容。国税系统事后财务监管对国税资金运动的综合

---

① 周敏："关于规范行政事业性收费的思考"，《法制与社会》2007年第11期。

评价从行为和结果两个方面，就其经济性、效率性和效果性三个特征进行评价。经济性评价认为完成既定任务，投入的资金越少越经济，体现在经济管理的原则上就是节约原则。经济性评价主要用于评价经费分配的科学性，目的是使财政资金的分配既能保证各部门顺利实现其工作任务，又做到不浪费，并促使各部门建立科学的需求决策机制和支出安排机制。效率性评价是对资金投入产出的比率进行评价，认为在一定的投入下产出越多，或一定的产出下投入越少，效率就越高；反之，效率越低。效率性评价主要用于主要是审查财政资金的使用成果与所消耗资源的比率关系，经费使用的高效率表示用最科学的方法实现了工作任务，对国税部门来说就是少花钱多做事。效果性评价是对资金运动是否达到其预期目标及其达到目标的程度进行评价，认为资金运动能够达到预期目标则为有效，运动结果与预期目标越接近，效果就越好。效果性评价在国税系统事后财务监管中被更广泛地应用，对于财务管理原则的落实起到直接的反馈作用。

2. 综合评价指标的选择。对国税资金运动进行综合评价，就是对国税财务管理的各个环节、各项工作进行评价，看这些环节和工作的经济性、效率性或效果性是否达到财务管理的要求。对财务管理环节和工作进行评价，就是将其现有状况同理想状况进行对比，需要对财务管理环节和工作状况进行描述，所谓综合评价指标就是描述财务管理状况的工具。指标可以是一种相对值，如预算执行率，也可以是绝对值，如人均支出额，也可以是某种程度，如已全部进行立项审批等。

评价指标的选择应遵循以下原则：一是指标能反映核心管理要求。对于国税资金运动的各个环节或财务管理的各项工作，财务监管的要求有许多而且不同，为了使综合评价能切实取得成效，必须明确财务监管的核心要求，对核心监管要求的落实程度进行评价，指标的选择必须首先反映该环节或工作的核心监管要求。此外，财务管理工作的环境和要求在不断的变化，对同一环节或工作的评价指标应根据核心要求的变化有所增减和改变；二是指标可以量化。所选评价指标必须是可以量化的，可用于进行数量上的比较分析。综合评价的主要方法是定量分析，但某些指标，尤其是效果性分析指标如果具有可质性或可序性，也可视为可量化。可质性是对其性质可进行比较，如好坏、合法不合法，可序性即可以进行顺序上的比较，如大中小；三是指标量化数据客观并方便取得。由于评价指标是可以量化的，所以有了量化数据选取的问题。评价指标的数据必须是客观而且便于取得，量化数据客观使评价公平、可信，为其评价结果的使用奠定了基础；数据方便取得，一方可以使评价工作易于完成；另一方面可以使整改工作容易取得成效，因为数据方便得到，数据的工作来源一般较为单一明确，使整改工作容易抓住切入点，监管客体对需要改进的地方比较明确，使整改工作取得成效。

3. 综合评价标准的确定。所谓评价标准，就是评价对象预期中打算达到的指数、规格。这些指数或规格反映了评价对象的性质和特征，具有代表性，是评价对象可以达到的状态。进行工作评价实际上是对某项工作用量化后的指标同事先确定的标准进行对比，达到或超过标准定义工作完成，未达到标准定义为工作未完成，明确下一步需要做的工作。

评价标准应根据国税财务监管的主要依据，即国家管理财政资金的法律法规、国税系统内部财务管理规范性文件来确定。在确定评价标准时，首先要符合实际，根据监管客体的管理水平确定评价标准，不能标准太低起不到促进管理的作用，也不能标准过高根本就达不到，从而失去了评价的意义；其次要动态管理，根据监管情况循序渐进提高标准，促进财务管理水平不断提高。

（三）综合评价的具体应用

1. 预算管理的综合评价。国税系统的预算管理分为预算编制和预算执行两部分，由于其管理的重点不同，采取不同的综合评价方法。

（1）预算编制的综合评价。预算编制主要是对国税资金的使用进行安排，包括对不同性质资金进行安排和对不同单位进行资金安排，在满足完成工作任务需求的基础上，主要强调资金安排的效果性。

综合评价的对象。国税系统的预算编制分为收入和支出预算的编制，对收入预算编制来说，要落实两方面的管理要求，一是合理分配中央财政拨款收入预算；二是准确地预计其他资金收入，其他资金包括。对支出预算来说，主要强调科学合理，有两层意义：一是支出就满足基本需求，尤其是对于收入弹性不大的支出，总体上讲人员支出的弹性小于公用支出，公用支出中商品和劳务支出的弹性小于资产性支出；二是支出是合理，这里有财务管理价值取向的问题，即落实财务管理原则，对某些支出对会议费、差旅费和招待费进行压缩等。

评价指标的选择。收入预算编制的评价指标应包括评价中央财政拨款收入分配合理性的人均基本支出经费，评价其他资金收入预算准确性的其他收入预算执行误差率和上年结余预算执行误差率；支出预算编制的评价指标应包括评价支出对需求满足程度的支出预算执行误差率，评价支出合理性的会议费、差旅费和招待费预算压缩率。

评价标准的确定。收入预算编制的评价指标人均基本支出经费的评价标准应包括省局机关、市局机关是全系统的2倍和1.5倍、县级预算单位的最低保障线水平，其他收入和上年结余预算执行误差率评价标准应为±10%；支出预算编制的评价指标支出预算执行误差率评价标准应为±10%，会议费、差旅费和接待费预算压缩率评价标准则根据实际管理需求和有关费用管理的现状确定。

综合评价的指标及其评价标准应随着财务管理的环境、工作要求的变化而增减变化，核心目的是客观准确地评价国税资金运动全过程。

（2）预算执行的综合评价。评价对象。预算执行分为预算批复、资金收入、支出审批、实际支出、会计核算等五个环节。预算批复的管理要求主要是及时、严格按预算编制批复，要求不能随意追加预算；资金收入的管理要求主要是在预算批复内按需求及时足额取得中央财政拨款、其他收入取得合法并全额纳入预算；支出审批的管理要求主要是审批权限分级管理、审批事项必须有预算（或追加预算）；实际支出的管理要求主要是成本节约、支出合理性调控；会计核算的管理要求主要是核算科目准确、核算及时。

指标选择。预算批复的评价指标应包括收到上级批复到本级批复的间隔时间、预算批复次数（含本级追加预算次数）、预算批复率［预算批复额/（预算编制额+预算追加额）］；资金收入的评价指标应包括所属单位中央财政拨款收入进度、其他收入性质和收入预算率（实际总收入/纳入预算管理总收入）；支出审批的评价指标应包括分级审批的层次和幅度、预算审批率［审批支出额/（预算编制额+预算追加额）］，所谓分级审批的层级和幅度是指支出审批共有几级、各级支出审批的权限；实际支出的评价指标应包括税收成本压缩率、有关支出（会议费、差旅费和接待费等）压缩率；会计核算的评价指标应包括科目使用差错率、结账及时率（按月结账次数/12）。

标准确定。预算批复间隔时间和次数标准有明确规定，批复率和预算审批率的标准则与预算管理的刚性相关。中财拨款收入进度一般来说应按时间进度均衡收入，但项目支出经费收入进度则应与项目支出需求相关，随着国库集中支付改革的深入，县级预算单位开设国库零余额账户并自行上报用款计划后，通过自报和上级审核，对中财拨款收入进度的监管可以完全依靠事中监管完成，不再需要对此进行事后评价。其他收入性质的评价标准是明确的，取得收入必须合法。收入预算率标准应为100%，即国税各类收入必须全额纳入预算管理。支出审批的层级不应少于三级，审批的幅度则根据本单位的管理要求，但大额支出（超过10万元）应进行集体审批。税收成本压缩率、有关支出压缩率受许多因素的影响，评价标准应在支出分析的基础上确定。科目使用差错率、结账及时率的评价标准与会计核算的要求，一般意义上应该是100%。

从上述预算执行评价标准上看，评价标准一般分为三种：一是财务制度有明确规定的，如预算批复时间、收入预算率、科目使用差错率等；二是由财务管理水平所决定，如预算审批率、支出审批层次和幅度等；三是受非财务因素影响较大，如税收成本压缩率、有关支出压缩率等。

2. 对项目管理的综合评价。国税系统项目管理是以项目支出为中心的财务管理，项目支出经费的预算管理评价包含在整体预算管理评价之中，对项目管理的评价主要侧重于实际项目支出的效果性。

（1）基建项目管理的综合评价。基建项目支出是国税资金运动的重要组成，基建项目管理是国税项目管理的重头戏，基建项目管理采用项目库管理方式，包括立项审批、预算安排、建设前期准备、项目建设、财务核算、竣工验收和审计等环节。

由于基建项目管理环节多、变化大、情况复杂，对其进行事后评价的难度较高，所以综合评价应主要从两个方面入手：一是项目管理要求的遵从度；二是项目支出的效果性。

项目管理遵从度评价应侧重于审批手续的履行情况（立项、设计方案和开工等）和建设要求的执行情况（政府采购、建账核算、施工监理资质、竣工审计和决算），一般来说基建项目履行了各种审批手续、执行了有关建设要求，就达到了项目管理遵从标准。

项目支出的效果性评价应侧重于项目支出情况和建成情况。项目支出情况评价应主要包括实际投资超审批投资情况、每平方米支出水平与当地平均造价的对比情况等，建成情况评价应主要包括实际面积超审批面积情况、工程验收等级和实际使用情况。由于基建项目资金的安排与实际工程进度需求脱节问题较为普遍，资金安排的时滞越长，对工程造价和建成情况影响越大，所以对项目支出的效果性评价应结合项目建设的实际情况合理地确定评价标准。总之，基建项目支出的效果性评价是国税资金运动综合评价的难点，很难对各项目评价结果进行较为量化的对比分析。

（2）其他项目经费管理的综合评价。两证、三代专项经费是收支两条线管理的专项经费，进行综合评价的重点是支出管理，要保证专款专用。办案费、信息化经费（含金税工程运动费）和车购税项目经费虽然是专项经费，但在实际支出的性质更接近于基本支出中的日常公用支出，所以其综合评价的重点是实际支出效率性。上述专项经费首先不得用于人员支出，其次是支出效率。支出效率可采用投入产出率变化情况进行评价，办案费支出占稽查查补收入的比率、信息化经费支出占税收收入的比率以及车购税项目经费支出占车购税收入的比率的变化可以作为评价指标。由于上述专项经费支出不能直接带来税收收入，所以支出效率指标只能做纵向对比，比上年下降则确定为专项经费支出效率提高。

3. 对资产管理的综合评价。国税系统的资产管理环节主要分为新增、保有和减少。对于不同的环节，评价的侧重点不同，对于新增资产评价以经济性为主，以最少的投入达到资产使用功能；对于保有资产评价以效果性为主，评价是否达到预期目标及其达到目标的程度；对于减少资产评价为效率性为主，评价资产处置的效率。

（1）对房屋、建筑物管理的综合评价。在对基建项目管理综合评价中，已对房屋、建筑物的新增进行了评价，在这里只需对其保有和减少进行评价。对房屋、建筑物的保有评价应主要关注其使用情况和核算情况，使用情况评价指标包括房屋建筑物闲置率和人均办公用房面积，核算情况评价指标主要是核算准确率（资产实物账总值/资产财务账总值）。对房屋、建筑物的减少评价应主要关注是否进行处置报批和资产评估以及处置价格的合理性。处置价格是否合理，受两方面的影响，一是资产评估价值；二是房屋、建筑物出售的可能性。

（2）对车辆管理的综合评价。在对车辆管理综合评价中，要重点关注车辆的新增评价。根据车辆的使用需求进行车辆的购置，强调经济性，以最小的支出满足使用需求。新增车辆的经济性评价标准为核定的车辆编制，保有车辆不足编制数，新增车辆是经济的，否则不经济。

（3）对其他资产管理的综合评价。其他资产主要指办公设备和办公家具，办公设备和办公家具是国税部分开展日常业务工作的重要手段，其保有情况的好坏不仅对征管工作影响较大，而且对设备购置支出的效率也有较大的反作用，所以对其他资产管理的评价重点在于保有评价。办公设备和办公家具的保有评价指标主要包括利用率（实际使用设备数量/设备总数量）、更新需求率（每年需要更新的设备数量/设备总数量）和技术先进性。利用率当然是越高越好；各年更新需求率越稳定越好，说明设备的配置和更新是科学的，有利于降低购置成本；技术先进性是一个较中性的指标，先进的设备购置成本一般较高，而且短期内技术先进优势不能充分发挥，所以对于一般的国税部门，不宜过分追加设备的技术先进性。

（四）事后财务监管的落实

1. 事后财务监管落实的手段。事后财务监管从国税资金运动的综合评价入手，根据评价结论对财务管理提出反馈意见，通过绩效考核、工作整改和完善制度三个不同层面进行落实，从而使国税资金运动及其利益关系更加符合监管主体的需求。

绩效考核，是指运用一定的考核方法、量化指标和评价标准，对财务管理的实施过程及完成结果进行综合性考核和评价。事后财务监管的综合评价其实已经实施了绩效考核的前期工作，绩效考核只是将评价结论赋以具体的分值，对各个单位的财务管理工作打分，以得分的多少来总结其财务管理工作的成败。绩效考核只是对前一轮国税资金运动的总结，只是对系统信息的反馈，它只能通过对监管理客体的警示作用来间接地调整其未来的财务管理行为。

工作整改，是指监管客体根据财务管理综合评价所反馈的信息，主动地或被动地改正财务管理工作中的错误或采取措施堵塞管理漏洞。财务工作整改是对国税资金运动状态的局部调整和事后弥补，它可以直接调整财务管理行为。

完善制度，是指监管主体根据财务管理综合评价所反馈的信息，修改国税资金运动的规则，使国税资金运动及利益关系更加符合监管主体的需求。

三种手段的关系。绩效考核只是向国税资金运动这一财务管理系统反馈了信息，没有进行运动调整；工作整改的实施主体是监管客体，虽然它对国税资金运动进行了调整，但调整方式是局部的、不系统的；完善制度则是监管主体全面的、系统地调整国税资金运动的规则，对资金运动的影响和控制作用很明显。三个监管落实手段的层次不同，落实监管的力度依次加强。通过三个手段在不同阶段、以不同方式逐渐强化事后财务监管力度，对国税资金运动进行调整控制，使其运动结果更加符合监管主体的利益需求。

2. 提高事后财务监管落实程度。事后财务监管落实程度由调整措施的响应速度和调整的效果来衡量。调整措施的响应速度是指从监管主体发出调整指令到调整措施开始实施间时间的变化，时间越短，响应速度越快；时间越长，响应速度越慢；调整的效果是指调整措施实施后财务管理的状况与理想状况的差异，差异越小，调整效果越好，差异越大，调整效果越差。

监管主体根据综合评价反馈的信息，提出调整措施由监管客体或监管主体来实施，由于监管信息的传递、理解有一个过程，使监管客体的响应速度比监管主体慢，但由于工作整改比完善制度简单直接，所以实施起来更容易见成效。另一方面，监管客体实施调整措施是对自身工作的否定，容易在主观上形成实施障碍，降低其响应速度和调整工作力度，造成出工不出力现象，影响调整效果。

提高事后财务监管落实程度，要从两个方面入手：一是调整措施明确易行，包括工作整改要求和有关制度要求，使监管客体能充分理解监管主体的要求，同时实施起来问题困难较少，容易见效；二是与监管客体进行充分交流，明确问题存在的主观、客观原因，针对原因解决问题，促使监管客体主动进行管理调整。

参考文献：

1. 徐炎章：“维纳的团队精神与控制论的创立”，《自然辩证法研究》2006 年第 11 期。

2. 蒋丽斌：“我国税务信息化建设分析”，《上海经济研究》2007 年第 4 期。

3. 于维洋：“国外非盈利组织与中国事业单位财务管理的比较研究”，《社科纵横》2006 年第 1 期。

4. 韩传模、张俊民：《财务与会计监管热点问题述评》，经济科学出版社 2004 年版。

5. 温德诚：《政府精细化管理》，新华出版社 2007 年版。

6. 张纯：《非盈利组织理财》，上海财经大学出版社 2007 年版。

7. Lan P. Dewing, Peter O. Russel. The Role of Auditors, Reporting Accounting and Skilled Persons in UK Financial Services Supervision. The British Accounting Review, Volume 38, Issues 2, June 2006.

8. Margaret A. Abernethy and Peter Brownell. Management control systems in research and development organization: The role of accounting, behavior and personnel controls. Accounting, Organization and Society, Volume 22, Issues 3 - 4, April/May 1997.

9. Robert D. McCre. Accounting Controls and Budgeting. Security Operations Management (Second Edition), 2007.

10. 张泓：“现代企业制度下的国有企业财务分层监管机制及其实现”，《天津大学管理学院博士论文》。

11. Ronald K. Mitchell, Bradley R. Agle, Donna J Wood. Toward a theory of stakeholder ridentification and salience: defining the Principle of who and what really counts. The Academy of

Management Review, 1997.

课题组组长：张连顺

成　　　员：林雅献　耿铁鹏　胡　巍　赵小鹍　聂志强

　　　　　　陈义端　王建华　丁　原　郑玲秀　马　静

执　　　笔：耿铁鹏

税收执法服务标准化研究

国家税务总局税收科学研究所课题组

近年来，各级税务部门不断增强税收科学化、精细化、规范化管理力度，税收管理水平有了较大提高。与之相应，如何明确税收科学化、精细化、规范化管理的依据、程序、内容和目的，是摆在税务部门面前的一个新课题。建立一套结构完整、条理清晰、目标明确和易于操作的税收执法服务标准化体系，无疑将顺应税收科学化、精细化、规范化管理的形势，促使税收执法服务迈上新台阶。

一、税收执法服务标准化的内涵和意义

（一）实行税收执法服务标准化的背景

19 世纪末 20 世纪初。美国资本主义经济发展较快，企业规模迅速扩大。但由于管理落后，体制陈旧，企业中存在“生产混乱、效率低下、方向不明”等现象，针对以上情况，美国著名工程师和管理学家泰罗提出了科学管理理论，核心是实现管理的科学化、标准化，它实施的结果是使当时美国 30 多个工种的劳动生产率超出欧洲 3 倍。在泰罗的科学管理理论基础上，近代管理学理论迅速发展，现代管理大师彼得·德鲁克提出了目标管理理论。他指出：企业的目的和任务必须转化为目标，目标的实现者同时也是目标的制定者。目标管理强调参与式管理、自我控制式管理，要求权力下放，民主开放，以相互协作、共同奋斗的形式实现团队目标。近年来，美国管理学家迈克尔·哈默和詹姆斯·钱皮还提出了业务流程再造理论，即对现有流程与系统进行综合分析与

统筹考虑，避免将思维局限于现有的作业流程、系统结构与知识框架中去，以取得目标流程设计的最优。

应该说，西方先进管理学理论和经验，不仅适用于企业，同时也适用于政府机关，尤其像税务机关这种业务规范繁多、业务流程复杂、业务要求明确的部门，引进先进的管理理论，建立一整套规范科学合理的税收执法服务标准化体系，用科学化、标准化的管理替代传统的经验管理，不仅可以大幅度提升工作效率，规范执法服务行为，还可以规避执法风险，展示税务机关良好形象。同时，从税收伦理学角度看，维护税收的公平正义是税务机关责无旁贷的道德义务，因此，建立一整套规范科学合理的税收执法标准化体系，更便于接受社会监督，对进一步营造公平正义的税收环境也有很强的促进意义。

（二）税收执法服务标准化的内涵

1. 税收执法服务标准的概念。税收执法是国家行政机关重要的执法活动之一，它是指税务机关及其工作人员依照法定职权和程序，将国家税收法律法规适用于纳税人及其他管理相对人的一种具体行政行为。税收服务是指税务机关根据国家税收法律、法规和政策的规定，以贯彻落实国家税法，更好地为广大纳税人服务为目的，通过多种方式，帮助纳税人掌握税法、正确及时地履行纳税义务，满足纳税人的合理期望，维护纳税人合法权益的一项综合性税收工作。它是税务机关的法定义务和职责，是贯穿整个税收工作的重点内容。

2. 税收执法服务标准化的概念。税收执法服务标准化是指在国家税收法律、法规和政策规定下，通过流程再造，进一步整合梳理各类执法服务政策，对重复性事项、经常性事项制定和发布实施标准，实行标准化作业、流程化操作、目标式管理的一种税收活动。

3. 实行税收执法服务标准化的目的。实行税收执法服务标准化是要实现税收业务操作、文书管理和岗责评价的“三统一”，以体现管理过程和结果的可测性、可控性，维护税收的公平正义，规避税收执法风险，提升税收执法服务水平，全面释放税收管理效率。

（三）实行税收执法服务标准化的必要性

税收的本质是国家以法律规定向经济单位和个人无偿征收实物或货币所形成的特殊分配关系，不论税款由谁缴纳，一切税源都是来自当年劳动者创造的国民收入或以往年度积累下来的社会财富。税务机关本身不创造税收。因此，税务机关必须对国家负责，依法征收，不断提高征收率，同时也要营造公平公正的纳税环境，提供优质高效的纳税服务，推行税收执法服务标准化，进一步提高税务机关的执法质量和服务水平。

1. 是维护税收正义的有效途径。正义是一个社会的根本行为准则，是制定各类税收政策法规的首要价值判断，正义包括程序正义、制度正义和结果正义，只有实现了程序正义和制度正义才能产生结果正义。因此，建立一套可操作性强、公开理性的制度和程序是不断完善税收体制的重要手段，也是维护纳税人财产权和人格尊严的根本途径，从具体的实务层面上讲，以更加明晰的要求、更加具体的规范和更易操作的标准建立起税收执法服务标准化体系是对税收制度的有益补充和重要完善。

2. 是提升税收管理质效的重要手段。提升税收管理质效有两方面的因素，一方面是税务机关内部要加强制度建设，提升自身能力和工作效率；另一方面纳税人要有社会责任意识，提高自觉纳税遵从度，推行税收执法服务标准化，不仅有利于理顺税务机关内部的制度规范，也有利于为纳税人营造公平公正公开的涉税环境、使纳税人更加准确的掌握税务机关的执法程序，让纳税人享受到更加高效快捷的办税服务，从而让纳税人不断持续的提高自主申报意识成为可能。

3. 是实行税收精细化、科学化管理的有力保障。加强税收科学化、精细化、规范化管理是夯实税收征管基础，强化税源管理的重要途径，从当前的税收环境来看，存在着有些业务工作要求散落于多个文件，流程不统一，要求不明确；有些税务干部部门制作不严谨，业务操作不规范的问题，基层税务机关也存在着“凭原有经验管理，凭传统模式管理”等现象，面对日新月异的税收管理环境，日益完善的税收法律法规，按照“分解工作步骤，统一工作流程，明确工作要求”的原则，建立起一套系统完整、精确细致和易于操作的税收执法服务标准化制度，必将有力地推动税收科学化、精细化、规范化管理进程。

4. 是规避税收管理风险的可行方法。推行税收执法标准化，可以有效克服干部岗位职责不清、执法不严等弊端，杜绝重实体轻程序现象，避免违法操作，最大限度地提高工作的合法性和规范性，同时通过公开执法服务的流程、标准和要求，也有利于全社会对税务机关的执法过程进行监督和制约，有效预防职务犯罪发生，确保干部执法安全。

（四）实行税收执法服务标准化的可行性

随着税收体制改革的不断深入，我国的税收体制已逐步和国际惯例接轨。同时，改革开放30年来，我国的依法治国理念不断深入，各类法律法规迅速完善，依法治国的成效全面体现。应该说，宏观经济环境的不断优化，法治水平的有效提升，为推行税收执法服务标准化提供了可靠的外部环境，税务机关高效有效运转、纳税人社会意识的觉醒也为推行税收执法服务标准化创造了坚实的内部基础。

1. 社会主义市场经济已经建立，征纳关系趋向平等互动。自从 2001 年加入 WTO 以来，我国经济加快了世界经济的融合和接轨，政府经济工作的重心由原来的直接行政干预向宏观调控转变，政府重心的转移带来了政府部门和市场主体之间关系的积极变化，中共十七大也明确提出要“加快行政管理体制改革，建设服务型政府”的发展方向，税务机关作为政府的经济部门，打造“服务型”税务、缔造新型和谐征纳关系是未来发展的方向，在一个相互监督、阳光透明的征纳过程中，推行税收执法服务标准化不仅完全可行，也必将不断促进征纳关系的互信互动。

2. 依法治国进程加速推进，各类税收法律法规不断完善。从党的十六届三中全会以来，我国也开始了以“简税制、宽税基、低税率、严征管”为基本原则的新一轮税收体制改革，随着国家赋予地方适当的税收管理权，基层税务机关出台规范、强化征管也将有明确的法律政策依据，在法律完善、政策允许的情况下，出台税收执法服务标准化既顺应了税收发展的形势，也是完善基层征管体制的有益尝试。

3. 全社会公民素质不断提升，纳税人自主申报意识不断提高。我国纳税人的纳税意识随着经济社会的发展不断提高，纳税人对税收的理解更为全面，社会责任意识也不断增强，表现在自觉纳税遵从度迅速提升，同时，税务机关也突出加强制度管理、队伍管理和行风作风建设，税务人员的学识、能力和素质也有了显著的提升，当税务人员和纳税人对税收的认知趋于一致的时候，塑造一个理性、规范的征纳环境也就成为共同的愿景，推行税收执法服务标准化、公开执法服务的流程、内容和要求也成为征纳双方相互联系的纽带。

4. 信息化建设日新月异，税收科技管理能力迅速增强。征管法第六条明确规定：国家有计划地用现代信息技术装备各级税务机关，加强税收征收管理信息系统的现代化建设。当前，各级税务机关不断加强信息化应用的水平，科技征管能力与程度日益提升。从技术上讲，完全有可能实现税收执法服务标准化的信息化流转，实现标准信息化、管理信息化、维护信息化和控管信息化，有效压缩工作量，提升工作效率，这些为推行税收执法服务标准化工作提供了坚实的技术支撑，使税收执法服务标准化在税务机关方便快速、有效高效的推广。

二、税收执法服务标准化的实践和成效

(一) 改造税收业务流程，形成“标准化”管理模式的基本做法

构建税收服务标准化机制的核心，即是根据流程再造（BPR）理论，重塑税法执法服务过程。其遵循的思路为：围绕依法治税、精简高效、公平正义、风险规避四大绩效目标，坚持以规范流程、控制节点、统一文书、严格标准为重点，以流程导向代替职能导向，整合各类要素和资源，再造组织结构和管理运行机制，建立符合税收管理规律的税收执法服务主流程。

1. 确定流程改造对象。江苏省无锡市惠山地税局从当前基层税收管理现状出发，在对海量基础征管数据进行客观分析的基础上，结合对纳税人及税收管理一线人员的调研成果，积极探索税收管理工作规律和发展趋势，确定了包括税务行政处罚、开业/变更登记、窗口开票、纳税鉴定、欠税管理、稽查案源、稽查实施、稽查审理、稽查执行、稽查案卷在内的十大流程作为首批标准化流程改造对象。这十大流程是税收管理人员日常管理工作最重要的组成部分，也是纳税人最直接最明显体验税收执法的服务过程。

2. 描述执法服务流程。严格依据法律法规，对确定的十大改造流程进行全面梳理，对涉及的具体工作事项进行准确描述，对各流程所要实现的目标要求以及在整个执法服务过程中所处的地位予以明确。从原本松散的流程工作规范出发，按照可操作性、可控制性、可测量性的要求，重建一套完整的税收执法服务管理标准。该标准对现有各项执法服务过程和各个单项事务的处理过程进行归纳，把税收执法服务核心事项清晰地抽象为10个基本活动单元，形成了标准化的主流程。

3. 把握流程节点控制。节点，即在流程中每个过程实施的时间点，节点的控制效果决定了整个流程的走向，只有在严格控制每个节点的前提下，才能确保最后结果的精确性。无锡市惠山地税局在建立“标准化”机制时，将节点控制理论融入其中，以实体和程序“双合法”为要求，建立相关节点控制模型。节点的确定方法为：从具体的执法服务事项出发，将与执法服务事项相关的各类法律法规以及文件规定相融合，以量化为标准，选取直接决定执法服务合法与合理与否的关键点。实施节点控制的优势在于：一是将工作标准事项化。将散落在各个法律法规中的规范性要求加以整理归并，从具体事项出发，明确了各步骤的实施要求；二是实现了工作质量的分段控制。解决了执法过程

模糊、执法责任不明晰的问题；三是减轻了质量监管部门的工作量。将原本的对工作质量的整体审核变为节点要素审核。

4. 遵循“统一性”原则，规范相应文书制作。文书是税务机关依法行政的具体体现，是税收执法服务活动的记录载体和法律依据，也是“标准化”的外在体现形式，但长期以来，基层税务文书一直存在着版式、结构、使用以及归档不统一等各类问题，文书的规范一直游离在整个税收管理的规范进程之外。因此，无锡市惠山地税局将文书制作作为实现“标准化”的重点之一，在ISO9000质量管理体系作业指导书的基础上，对重点业务事项使用的文书进一步深化、细化，对十大标准化流程涉及的各种文书的使用范围、涉及内容、制作时限、填列标准、送达方式等进行了全面的规范统一，突出了依法治税、优化服务的导向，明确了用什么、怎么用及其质量要求，从记录载体上实现了整个执法服务标准过程的一目了然，同时便于执法过错的追究和责任认定。“标准化”的文书创新之处还在于，将文书分为执法文书和服务文书两种。执法文书，即法律法规规定的在执法过程中必须使用的文书；服务文书，即法律法规不作要求的文书，但是惠山地税局为体现人性化管理，更好为纳税人服务，规定了在执法过程中必须要使用的文书，包括提醒式文书等。这两类文书的规范体现了执法与服务的统一。

（二）提升“标准化”管理意识，打造“标准化”管理团队

通过强化发展意识、标准意识、法治意识、主动意识和统筹意识，更新税收管理理念，规范实际操作，提升行政效率，优化服务形象。通过提高标准化培训的针对性和有效性，固化标准化意识，加强标准化操作，提升业务技能和管理水平。

实施管理意识培训。重点围绕树立“发展、标准、法治、主动、统筹”等五方面的意识，进一步强化税务人员“标准化”管理理念；实施管理标准培训。按照重点业务的标准化管理要求，排查当前工作中的不符合、不适应，改进、明晰操作流程，明确实体要求，以培训推进实践，力求实现税收工作标准化；实施管理方法培训。以先进的理念、科学的方法，提高税务人员对税收工作驾驭和管理的能力；实施业务知识培训。使税务人员的基础知识和基本技能得到拓展和提升，能熟练从事税收业务工作，实现自主管理、自我提升、自负其责。

（三）改进税收督导机制，提供“标准化”管理保障

通过建立税收工作督导机制，做到税收执法的全方位规范、全过程控制和

全视角监督，为税收业务工作“标准化”管理提供强有力的保障。

1. 实行督导与巡查相结合。建立税收执法服务“标准化”督导机制，对工作进展进行过程控制。同时定期向巡查部门提供税收业务工作“标准化”管理实施进展情况，提出巡查方向和重点，强化巡查机制，把“标准化”管理落到实处。

2. 实行督导的日常化管理。建立税收业务工作月度通报制度，对税收征管质量实现情况、日常工作和专项工作进行通报，促使基层相互借鉴、相互学习、相互提高。同时使上级领导及时掌握工作进展，为领导决策提供依据。

3. 实行督导的标准化管理。利用征管系统、综合考核软件、基础数据审计平台、税管员工作平台等的监控功能，获取宏观异常信息，筛选出可能影响税收管理的重点异常信息，推送给基层，督促调查分析比对，查找安全漏洞，及时纠正，将税收管理差错控制在萌芽状态。

4. 实行督导的促进式管理。对巡查、日常管理和标准化管理过程中，发现的普遍性问题及时汇总分析，制定切实可行的措施并提出整改意见，使标准化切实产生持续改进的效能。

（四）江苏省无锡市惠山地税局税收执法服务标准化实践的成效

1. 规范执法，规避风险。由于统一了执法标准、规范了执法流程，有效减少了执法不一、执法不公的现象，有利于营造公平、公正的税收法制环境。对照执法标准化手册要求，每位税务干部都明确知道了工作该怎么做、文书该怎么用，质量要达到什么标准，法治理念在日常工作中自然体现，在潜移默化中提升了依法治税能力。同时，程序的到位、文书的严谨、及时到位规范了工作顺序，避免了税务人员非主观故意导致的执法风险，保护了税务人员的执法安全，实现了“零风险”。

2. 按规操作，质量提升。通过标准化建设的深入推进，全体税务干部增强了工作的系统性、预见性和主动性。工作有章可循，遇到问题有据可查，业务管理能力和自我纠错能力在制度保障下全面提高。2008 年上半年，江苏省无锡市惠山地税局共使用标准化流程 1125 次，流程正确使用率达到 100%；全面实现“零新欠”，压缩陈欠 21 万元，压缩率达到 25.7%，行政处罚 135 户企业，处罚正确率达 100%，未出现行政诉讼和行政复议。稽查按照标准化流程对辖区内 41 家企业进行检查，共处理案件 41 个，其中 100 万元以上大案要案 7 个。实现稽查税款 1139 万元，同比增长 602%，户均 75.9 万元，同比增加 67.8 万元，实现了“零差错”。

3. 优化服务，提升效能。在落实标准化管理的过程中，坚持寓服务于管理，通过管理优化服务。对照税收征管流程要求，一丝不苟狠抓落实，服务形象和水平得到明显的提高。例如，通过填写涉税事项告知书，一方面规范了窗口人员的行政行为；另一方面，使纳税人及时了解办税事项流程、所需资料，避免了纳税人往往因资料不全来回跑的情况。在执行过程中，虽然某些岗位的工作量有所增加，但从总体、长远看，效率是提升的。例如，以前提醒书由税管员填写，既分散又耗时，且难以做到统一规范，现在统一编制，利用信息化手段批量生成，工作效能大为提升，全局工作面貌不断改善，税务干部自主管理、自我提升、自负其责的意识不断提高。通过事前介入、提醒服务等手段，体现了人性化管理，降低了处罚率，无形中降低了相关纳税人的税收成本，获得纳税人的好评，优化了地税服务形象，实施标准化工程以来，纳税人满意率不断上升，实现了“零投诉”。

4. 人脑革命，激发动能。探索建立税收执法服务标准化机制的过程，也是一次人脑革命的过程。一开始部分干部不理解这种新方法，习惯于现有的工作固定模式，认为“标准化就是复杂化”，会严重降低工作效率。伴随标准化建设逐渐深入，税务干部也同时经历着思想转化，度过开始的熟悉、理顺、适应阶段后，他们逐渐认识到“标准化的真正内涵是为基层减负和规避风险”，它将以往需要多次找纳税人、多次实地考察的部分进行归并，税务干部的整体工作量不仅没有加重，反而是减少了。同时，明晰的岗位责任，也使干部找准了自己的工作定位和目标要求。现在对于标准化，干部不再是被动接受，而是自主学、主动干，基层工作人员的工作积极性被极大地调动起来。

5. 规范文书、规避风险。文书编号由专人管理，统一编号，税管员提出需求，管理人发放编号，并分门别类做好台账登记。税管员根据发放的文书编号，按照标准化流程的要求，在规定的时间内填制各类相关税务文书，并送达纳税人，最后按照档案管理的要求，将各类文书资料统一整理归档，资料管理更加规范有序，便于查找对比使用。

三、构建税收执法服务标准化需要继续研究的问题

（一）如何合理确定流程，扩大标准的覆盖面

税收执法服务的标准化是指通过对税收执法和服务工作制定标准，并在实施中作为共同遵守的准则和依据，以规范和保障税收工作科学、高效、正常地运行，最终达到最佳社会效果。税收执法服务标准化体系应包括税收执法和服

务两个层面并辐射管理全过程，而当前的税收执法服务标准条款只涵盖了征收、管理、稽查三个维度的内容。因此，当务之急就是要合理确定应该实施标准化的范畴，将税收执法服务工作的各个方面全部纳入标准化体系之中，使税收执法服务各项工作都有据可依、有规可循。

1. 要对照征管法要求，全面梳理确定税收执法流程。税收征管法共六章九十四条，其中大部分都可以细化为标准流程，如有关税款征收的第二十九条至第五十一条可细分为委托代征、代扣代缴、延期缴纳、滞纳金加收、减免税、核定应纳税额、调整定价、扣押（查封、拍卖）货物、税收保全、税收强制执行、欠税追缴、欠税公告、分立（合并）税款清缴、税收代位（撤销）权行使等14个流程，有关税务检查的可细分成案头检查、实地检查、银行存款查询等具体流程。

2. 要对照规范服务要求，细化划分税收服务流程。一方面，要全面按照两个减负的要求，全面精简办税流程，切实减轻纳税人不必要的负担；另一方面，要全面规范窗口服务、推进网上办税、加强国地税协作、纳税咨询辅导、公开办税等程序，切实使税收服务规程更加优化。

（二）如何科学界定节点，体现流程的控制力

税收管理流程中的节点，是流程的交叉连接点，是业务分插交汇点，是税收管理的切入点，是管理效能的放大点和流程推进的再生点。节点的科学性、规范性将直接影响到整个管理流程的性能。因此，税收执法服务标准体系的建设要实现可控可管，就必须从每个流程的节点上下工夫。具体体现在三个方面：

1. 要按照可控原则，最大程度确定每个流程的节点。要根据税收执法服务的每个流程，按照可控、可测、可描述的要求，细化每个步骤，细分流程环节，最大程度确定每个流程的控制点。

2. 要按照量化原则，对每个流程的节点作出具体规定。为确保每个节点的要求可以落实到位，必须对节点实施量化式管理，通过对每个节点的对象、内容、手段、目标进行明确规定，确保每个流程的节点要求明确、责任到人。

3. 按照链式原则，确保每个节点都是可以延续的。每个节点既应该是独立的，也应该是可延续的，并且通过节点与节点的构架，要使整个流程是闭合式的。比如，开业变更税务登记的节点就可以细分为纳税人申请、受理审核、录入发放、实地调查、纳税鉴定、资料归档这6个节点，其中对于违章行为还需要增添行政处罚流程，这样，节点与节点之间分割明确、联系紧凑，而在每

个节点都可以落实到具体责任人员，整个流程就是一个完整的闭合链。

（三）如何规范设计文书，增强记录的有效性

文书既是规范税收执法服务行为的重要载体，也是税收执法服务行为的表现形式。而当前税务系统执行的文书统一标准仍是2005年国家税务总局下发的文书标准，内容、标准都相对滞后。随着全社会法律环境的逐渐形成与完善，公众的法制意识、维权意识不断提升，而税务干部的自我保护意识与法律意识仍相对滞后，从而导致税收行政复议、行政诉讼案例屡屡出现。因此，在实施税收执法服务标准化管理的过程中，最重要的就是要设计规范有效的文书。

1. 要形成范式化的文书范本，确保文书的统一和规范。要制订书写质控标准，从文书书写的基本要求、各种文书书写的内容作出规定，确保各类文书有统一的格式，对每一类文书所需要填列的内容进行明确规定。如税务注销文书要对近三年纳税情况、欠税情况进行说明。

2. 要形成有效化的文书范本，提升文书的作用与效率。税收文书不能只是记录的一个载体，要通过文书切实记录税收工作过程，更要通过文书体现工作绩效、反映工作业绩。比如，纳税评估文书要通过文书反映出纳税评估过程中的疑点与问题，为体现评估成效作出贡献。

3. 要形成信息化的文书范本，实现文书的精简与持续。要依托信息平台，精简文书记录程序与事项，全面强化评估文书的可持续利用，提升文书应用的效率。

（四）如何深化贯彻落实，确保执行的到位率

税收执法服务标准体系建立后要取得既定目标，关键在于制度的执行力。当前，税收执法服务过程中出现的各类违背初衷的行为，究其根源就在于三个方面。

1. 干部对税收执法服务标准体系的意识不到位，对税收执法服务标准体系的运行还存在抵触情况，执行的主动性与积极性有所欠缺。

2. 部分流程的制订未能切合基层工作实际，可操作性不强，导致基层在执行过程中难以落实。

3. 督促推动作用不到位，在监督与制约的环节乏力也是造成部分制度不落实或落实不到位的原因之一。要全面推进税收执法服务标准化管理的落实，就要全面强化对干部的意识引导，切实增强贯彻执行的自觉性；要自下而上形成标准化热潮，对流程的制订、节点的设置，全面进行细化，确保制度的可行

性全面提升；要全面发挥巡查办等职能部门的作用，对税收执法服务行为进行全面巡查，督促推进标准化管理进程；要全面完善岗位考核机制，加强对干部的绩效考核，在加强约束的同时全面强化对干部的激励措施。

（五）如何统筹各项规定，降低执法的风险度

当前，税收法律法规的不完善对标准化制度制订存在制约影响。比如，税务行政处罚决定强制执行的时限与行政处罚法的相关规定不一致，《税务稽查工作规程》与征管法对调取账簿、税收保全、立案标准等问题的规定不一致等。同时，标准化管理与自由裁量权的运用如何实现平衡，也是需要研究的一个问题。因此，在标准化管理的实际操作中，一方面加强对相关法律法规的修改建议，积极推动法律条文与税收规章的一致性；另一方面，要加强对税收征管法中规定的自由裁量权的运用监督。

四、关于完善税收执法服务标准化机制的设想

（一）扣住税收职责职能，加快标准准则建设

提升标准化内容的生命力。为实现税收执法服务标准化提供制度规范。根据各种税收征管程序性法律、法规和规章的要求，制定用以规范税务机关执法活动的切实可行的操作规范。这些行为规范包括：税收征管日常工作规范、税务行政强制操作规范、纳税担保操作规范、税务机关行使代位权、撤销权操作规范、税款优先权操作规范和税务行政执法证据规范等相关执法操作规范。主要是明确各项税收执法行为的法律依据、法律程序，将法律、法规、规章和行政解释中对某一行为的分散规定集中起来，对原则性的规定加以具体化，对有关的知识、方法、手段和各种注意事项加以明确和规范，对各种特殊情况的处理作出明确的说明，形成较为周密、完善的操作流程和操作说明，作为税务机关各项税收征管活动的工作指导和行为规范。

（二）着眼科学规范有效，加强体系法性建设，提升标准化制度的牵引力

作为规范税收行为的税收执法服务标准化机制，其法理依据就是各项税收法律法规以及有关规章制度。因此，要全面提升标准化机制的实效，就要严格履行税收职责职能、全面提升制度的法律刚性、积极推进体系的牵引力度。

1. 要对照税收征管法及其实施细则，全面梳理明确税收执法、管理以及服务的具体要求，明确征税人与纳税人的法定责任和义务，尤其是税务机关在规范税收执法、优化纳税服务方面的具体要求，确保税收执法服务标准化体系全面囊括税收执法、管理和服务的全部内容。

2. 要全面提升标准化体系的法性地位，通过相关法规或规章的形式对制度进行更高层次的定位，体现标准化体系作为一项制度的刚性，避免制度弱化现象的出现，使制度在贯彻落实中具有更强约束力。

3. 要积极营造共同的文化氛围，一项管理策略的执行，只有通过文化引领、机制激励和流程约束三个层面推进，才能真正焕发生命力。作为税务系统要全面规范税收执法服务行为，不仅要通过规范化、模式化的流程来进行约束，更要通过培养系统内一种共同认识来推进和提升。

（三）依托现代科技手段，加快统一平台建设

提升标准化流程的规范力。税收标准体系如果落实在人工操作的基础上落实只能是低效和繁琐的，要全面提高执行效率，实现征纳双向的减负增效，必须全面依赖信息技术手段的提升。

1. 要加快税收执法服务信息化平台建设，对外要全面推进网上申报、短信平台等信息化手段，在巩固完善的基础上进一步深化信息化平台建设，开发建设网上纳税人之家，全面推进税管员勤廉网上测评机制，全面优化征纳沟通渠道；对内要全面深化税管员管理平台、税收征管软件、稽查选案软件等的建设，在规范流程的同时减轻税收工作量。

2. 要将各类文书全面纳入信息化管理平台，目前的税收管理信息平台只包括了审计、会计、统计部分，而对税收征收管理、税务检查以及纳税服务等税收核心工作的文书未有涉及，形成了各地自行开发、自定标准的局面，既造成了信息资源的多重开发和浪费，也造成了税收规范的多重标准和失范。

3. 要形成全国范围内的统一平台，当前全国税务系统内的征管软件仅国税部门当前使用的 CTAIS，而地税部门的征管软件出现各自为政的情况，既未实现全国范围内的统一也未实现与国税部门的接轨。只有通过运用统一的征管平台，才能确保将我们管理创新的成果转化为固化的、人为不可随意改变的、计算机网络化的标准流程和规范，从技术层面切实保证我们的执行力。

（四）把握队伍建设核心，着力优化人力资源，提升标准化管理的内生力

标准化管理的本质更多的是对税务干部的职业化要求，把对税收执法人员的工作要求更多地通过提高职业素质、专业知识固化到每个人的工作习惯之中。

1. 要加强基层领导班子建设。要切实加强领导班子思想、组织、作风建设，提升认识，增强意识、优化结构，改进作风，切实建设学习型组织、创新型团队、实干型集体，真正使标准化管理落实到实处。

2. 要加强干部队伍建设。要着眼提高税务干部的综合素质、岗位技能和激发干部队伍的活力，大力加强教育培训，提高广大干部在应用标准化管理过程中的能力；大力弘扬税务精神，广泛开展创建活动，营造奋发向上、开拓创新、努力工作的良好氛围。

3. 要加强组织体系建设。要以服务税收中心工作为目标，按照税收征管法及其实施细则和其他有关规定完善基层税务机构设置，规范职责职能，形成分工明确、协调配合的运行机制，达到精简、高效、规范、有序的现代行政管理要求；要进一步推进干部人事制度改革和劳动分配制度改革，建立健全干部激励与约束机制，增强运行活力和效率。

参考文献：

1. 弗雷德里克·泰勒：《科学管理原理》，机械工业出版社 2007 年版。

2. 迈克尔·哈默、詹姆斯·钱皮：《改革公司：企业革命的宣言书》，上海译文出版社 1998 年版。

3. 项怀诚：《中国财政 50 年》，中国财政经济出版社 1999 年版。

4. 袁永泉："税收标准化管理实践与思考"，《扬州大学税务学院学报》2006 年第 1 期。

5. 武汉市地方税务局课题组："税收征管标准化的若干问题研究"，《学习与实践》2008 年第 4 期。

课题组组长：石　坚　马　伟

副　组　长：杨建中　杨国良

成　　　员：陈文东　黄　运　宋村杰

执　　　笔：马　伟　杨国良

中国改革开放以后地方税制度的改革[①]

刘 佐

一、改革开放以前中国的地方税

1949 年 10 月 1 日中华人民共和国成立以后，在清理旧中国税收制度的基础上，逐步地建立了新中国的税收制度。从新中国成立到改革开放以前，中国实行高度集中的经济、财政、税收管理体制，税收的归属随着财政、税收管理体制的变化频繁调整，没有形成完整的地方税制度，只有城市房地产税、车船使用牌照税、契税、屠宰税、农业税、牧业税、交易税等税种具有比较典型的地方税的特征。这一时期全国性地方税的立法情况大致如下：

1. 契税。1950 年 4 月 3 日，政务院公布《契税暂行条例》，即日起施行。凡土地、房屋的买卖、典当、赠与和交换，都应当凭土地、房屋所有证，并由当事人双方订立契约，由承受人缴纳契税。其中，买契税以买价为计税依据，税率为 6%；典契税以典价为计税依据，税率为 3%；赠与契税以现值价格为计税依据，税率为 6%。交换的土地、房屋，双方价值相等者，可以免征契

① 本文为联合国开发计划署资助项目《中国地方税制改革中长期建议》的总报告。在 2008 年 6 月 24 日召开的专题研讨会上，中央财经大学教授汤贡亮，财政部财政科学研究所研究员刘尚希、白景明、孙钢，东北财经大学教授孙开，江西财经大学教授匡小平和与会的部分省、市财政厅、地方税务局的专家对本文提出了许多很好的意见，本人在此再次向他们表示衷心的感谢。

税；不相等者，其超过部分按照买卖税率纳税。国家机关、军队、学校、党派、国家补贴的团体、国营和地方国营的企业与事业单位以及合作社等，买、典、承受赠与和交换房地产，可以免征契税。

20世纪50年代中期，实行生产资料所有制的社会主义改造以后，土地的买卖和转让被禁止，房屋产权变动的征税范围也日益缩小，因而使契税在以后的近30年时间内几乎名存实亡。

2. 农业税和牧业税。1950年9月5日，中央人民政府委员会公布《新解放区农业税暂行条例》，即日起施行。新解放区的农业税以户为单位，按照农业人口每人平均的农业收入计征。农业收入的计算，以土地的常年应产量为标准，以市斤为单位。不同来源的收入计算方法不同。每户农业人口全年平均农业收入不超过150斤主粮者免征，超过者按照3%至42%的40级全额累进税率计征，农业税地方附加不得超过正税的15%。荒地（因怠于耕作而致荒芜的除外）；以试验为目的的农场、林场；学校、孤儿院、养老院、医院自耕的土地，经过县（市）以上人民政府批准者；机关、部队的农业生产收入，已经向国家缴纳生产任务者，可以免征农业税。垦种荒地、轮歇地，可以定期免征农业税。遭受自然灾害者和规定的特别贫困者，经过批准可以减征、免征农业税。在老解放区，继续实行不同的农业税制度。

1958年6月3日，第一届全国人民代表大会常务委员会第九十六次会议通过《中华人民共和国农业税条例》，同日以中华人民共和国主席令公布，即日起施行。农业税的纳税人为从事农业生产、有农业收入的单位和个人，征税对象为粮食作物、经济作物、园艺作物等类收入，以粮食作物的常年产量为基本计算标准。农业税实行地区差别比例税率，全国的平均税率规定为常年产量的15.5%，县以上人民委员会对所属地区规定的税率最高不得超过25%。对于个体农民可以按照应纳税额加征一至五成（缺乏劳动力、生活困难者除外）。此外，各省、自治区、直辖市经过本级人民代表大会通过，可以随同农业税征收地方附加，附加比例一般不得超过15%，最高不得超过30%。对于纳税人依法开垦荒地或者用其他方法扩大耕地面积取得的收入，在山地上新垦植或者垦复经济林木取得的收入，从农业科研机关、农业学校进行农业试验的土地和零星种植农作物的宅旁隙地取得的收入，可以定期免征农业税或者免征农业税。纳税人的农作物由于遭受自然灾害而歉收的；农民的生产、生活还有困难的革命老根据地，生产落后、生活困难的少数民族地区，交通不便、生产落后和农民生活困难的贫瘠山区；革命烈士家属、在乡的革命残疾军人和其他纳税人，由于缺乏劳动力或者其他原因而纳税确有困难的，经过批准，可以减征农业税或者免征农业税。全国的农业税制度从此统一。

根据中央人民政府的授权和规定的原则，牧业税由征收此税的有关省自行制定征收办法。从 1950～1999 年，先后有青海、新疆、内蒙古、陕西、甘肃、西藏、四川、宁夏和云南 9 个省、自治区陆续制定了本地区的牧业税征收办法。

3. 屠宰税。1950 年 12 月 19 日，政务院公布《屠宰税暂行条例》，即日起施行。屠宰税的征税对象为屠宰猪、牛、羊等牲畜的行为，纳税人为屠宰应税牲畜者，按照牲畜屠宰以后的实际重量从价计税，税率为 10%。不能按照实际重量计征的地区，可以规定各种牲畜的标准重量，从价计征。自养、自宰、自食的牲畜，可以免征屠宰税。各省（市）人民政府可以规定对辖区少数民族宗教节日屠宰牲畜的免税办法。

4. 特种消费行为税和文化娱乐税。1951 年 1 月 16 日，政务院公布《特种消费行为税暂行条例》，即日起施行。特种消费行为税的纳税人为发生规定消费行为的消费者，征税对象为规定的消费行为，设有电影戏剧及娱乐、舞场、筵席、冷食和旅馆等 5 个税目，以消费金额为计税依据，税率从 5%～50% 不等。凡富有政治教育意义的影片或者戏剧，经过审查证明，可以减半征税。

从 1953 年起，特种消费行为税改称文化娱乐税，部分税目不变，部分税目并入工商业税的营业税部分。

1956 年 5 月 3 日，第一届全国人民代表大会常务委员会第三十五次会议通过《文化娱乐税条例》，同日以中华人民共和国主席令公布。文化娱乐税的征税对象为规定的文化娱乐行为，纳税人为在中国境内经营电影、戏曲、话剧、歌剧、舞蹈、音乐、曲艺、杂技等文化娱乐的企业、组织和举办文化娱乐演出的单位，计税依据为纳税人的售票或者收费金额，按照征税项目和地区的不同，实行从 2%～25% 不等的差别比例税率。为慰劳中国人民解放军、烈士家属、军人家属和为筹募教育、救济基金举办的义务演出，可以免征文化娱乐税。小型文化娱乐的企业和组织，经过批准，可以减征或者免征文化娱乐税。

根据“文化大革命”的需要，1966 年 9 月 19 日，国务院同意财政部报送的《关于停止征收文化娱乐税的请示报告》，并将其转发各地研究执行。此后，文化娱乐税不再被提及（但是，按照法律程序，全国人民代表大会常务委员会通过的《文化娱乐税条例》不能因此而废止——本文作者注）。

5. 城市房地产税。1951 年 8 月 8 日，政务院公布《城市房地产税暂行条例》，即日起施行。城市房地产税的征税对象为规定的城市房地产，纳税人为房地产的产权所有人或者承典人、代管人、使用人。房产税以标准房价为计税依据，按年计征，税率为 1%；地产税以标准地价为计税依据，按年计征，税率为 1.5%；标准房价与标准地价不易划分的城市，可以暂以标准房地价合计金额为计税依据，按年计征，税率为 1.5%；标准房地价不易求得的城市，可以暂以标准房地租价为计税依据，按年计征，税率为 15%。军政机关和人民团体自有自用的房地，公立和已经立案的私立学校自有自用的土地，公园、名胜、古迹和公共使用的房地，规定的宗教寺庙本身使用的房地，可以免征城市房地产税。新建房屋和翻修房屋超过新建费用 50% 者，可以定期免征城市房地产税。

6. 车船使用牌照税。1951 年 9 月 13 日，政务院公布《车船使用牌照税暂行条例》，即日起施行。车船使用牌照税的征税对象为开征此税的地区行驶的应税车辆、船舶，纳税人为应税车辆和船舶的使用人。车辆使用牌照税采用幅度税额标准，从量定额征收（如乘人汽车每辆每季征税 15～80 元）；船舶使用牌照税统一规定税额标准，从量定额征收（如净吨位 3001 吨以上的机动船每吨每季征税 1.10 元）。郊区农民自用的车辆、船舶，专供上下客货及存货用的趸船、浮桥用船，消防车、洒水车、救护车、救护船、垃圾船、义渡船等车辆、船舶，可以免征车船使用牌照税。

7. 集市交易税。1962 年 4 月 16 日，国务院批准财政部制定的《集市交易税试行规定》，具体征税办法由各省、自治区、直辖市人民委员会根据上述规定结合本地区的实际情况制定，并报财政部备案。集市交易税的纳税人为在集市上出售农副产品的单位和个人；征税对象为纳税人在集市上出售的农副产品，征税产品原则上规定为家畜、家禽、肉类、蛋品、干鲜果、土特产品和家庭手工业产品等 7 个种类，由各省、自治区、直辖市人民委员会确定，并报财政部备案；计税依据为应税产品的实际销售收入；税率按照不同产品分别规定为 5%、10% 和 15%。为了照顾农民之间的零星交易，各省、自治区、直辖市人民委员会可以在 7～10 元的幅度以内规定起征点。对于幼畜、幼禽、各种作物的种子、种苗、饲料、柴、草、小农具等产品，可以不征税。对于农民以低于集市上的价格出售给国营商业、供销合作社的产品，人民公社各级生产单位和社员通过贸易货栈、农民服务部出售的产品，可以给予一定的减税、免税照顾。全国的集市交易税制度从此统一。

1966 年以后，征收集市交易税的地区和征税品种逐步减少，直至基本停征。

二、改革开放初期中国的地方税

1978 年 12 月，中国共产党第十一届中央委员会第三次全体会议召开，中国实行改革开放以后，随着财政管理体制的逐步改革，地方税的改革逐步推进。

1979 年，中央对大部分省、自治区、直辖市实行“收支挂钩、超收分成”的财政管理体制。

1980 年 2 月 1 日，国务院发布《关于实行“划分收支、分级包干”财政管理体制的通知》，规定关税、海关对进口商品征收的工商税、铁道部缴纳的工商税列为中央固定收入，盐税、农业税、牧业税、工商所得税、屠宰税、车船使用牌照税、城市房地产税、牲畜交易税、集市交易税列为地方固定收入，工商税列为中央和地方的调剂收入。地方财政收支包干基数确定以后，收入大于支出的地区，收入大于支出的部分按照一定的比例上缴中央；支出大于收入的地区，支出大于收入的部分从工商税收入中按照一定的比例留给地方；全部工商税收入留给地方仍然不能弥补支出的，差额部分由中央定额补助。分成比例和补助数额确定以后，原则上 5 年不变。

1985 年 3 月 21 日，国务院发布《关于实行“划分税种、核定收支、分级包干”财政管理体制的规定》，决定从 1985 年起实行“划分税种、核定收支、分级包干”的新的财政管理体制。该体制的特点是基本上按照国营企业“利改税”第二步改革和工商税制改革以后的税种设置划分中央和地方的财政收入，已经具有一些分税制的雏形：中央国营企业缴纳的所得税、调节税，铁道部等单位缴纳的营业税，烧油特别税，关税和海关代征的产品税、增值税，专项调节税，海洋石油外资企业、中外合资企业缴纳的工商统一税、所得税，石油部等单位所属企业缴纳的产品税、增值税、营业税的 70%，列为中央固定收入；地方国营企业缴纳的所得税、调节税，集体企业缴纳的所得税，农业税，牧业税，车船使用牌照税，城市房地产税，屠宰税，牲畜交易税，集市交易税，契税，城市维护建设税，石油部等单位所属企业缴纳的产品税、增值税、营业税的 30%，待开征的土地使用税、房产税、车船使用税，列为地方固定收入；产品税、增值税、营业税（不包括上述划为中央和地方固定收入的部分），资源税，建筑税，盐税，个人所得税，国营企业奖金税，外资企业、中外合资企业缴纳的工商统一税、所得税（不包括海洋石油企业缴纳的部分），列为中央与地方共享收入。凡是地方固定收入大于地方支出的，定额上缴中央；地方固定收入小于地方支出的，从中央与地方共享收入中确定一个分成比例；地方固定收入和中央与地方共享收入全部留给地方仍然收不抵支的，由中央定额补助。收入分成比例和上缴、补助数额确定以后，一定五年不变（实际上这种体制只实行了3年，从1988年以后改为实行包干办法——本文作者注）。

这一时期全国性地方税的立法情况大致如下：

1. 牲畜交易税。1982年12月13日，国务院发布《牲畜交易税暂行条例》，从1983年1月1日起施行。牲畜交易税的征税对象为买卖牛、马、骡、驴、骆驼5种牲畜的行为，纳税人为购买的应税牲畜的单位和个人，计税依据为牲畜交易的成交额，税率为5%。遭受严重自然灾害地区的人民公社、生产队和社员个人在恢复生产期间持有关证明购买自用的牲畜，配种站、种畜站（场）购买的种畜和科研、教学用畜，省级人民政府规定需要免税的牲畜，可以免征牲畜交易税。全国的牲畜交易税制度从此统一。

2. 城市维护建设税。1985年2月8日，国务院发布《中华人民共和国城市维护建设税暂行条例》，从1985年度起施行。城市维护建设税的纳税人为缴纳产品税、增值税、营业税的单位和个人，计税依据为纳税人实际缴纳的产品税、增值税、营业税税额，实行地区差别税率，税率从1%～7%不等。外商投资企业、外国企业和外国人不纳此税。

3. 房产税。1986年9月15日，国务院发布《中华人民共和国房产税暂行条例》，从当年10月1日起施行。房产税的征税对象为位于城市、县城和建制镇的房产，纳税人为房屋的产权所有人或者承典人、代管人、使用人，计税依据为房产原值减除一定比例以后的余值或者房产租金收入，税率分别为1.2%和12%。国家机关、人民团体、军队自用的房产，由国家财政部门拨付事业经费的单位自用的房产，宗教寺庙、公园、名胜古迹自用的房产，个人所有非营业用的房产，可以免征房产税。外商投资企业、外国企业和外国人不纳此税，继续缴纳城市房地产税。

4. 车船使用税。1986年9月15日，国务院发布《中华人民共和国车船使用税暂行条例》，从当年10月1日起施行。车船使用税的征税对象为规定的车辆、船舶，纳税人为在中国境内拥有并且使用应税车辆、船舶的单位和个人。车辆按照辆数或者净吨位从量定额计征，并实行幅度税额标准。船舶按照净吨位或者载重吨位统一规定税额标准，从量定额计征。国家机关、人民团体、军队自用的车辆、船舶，由国家财政部门拨付事业经费的单位自用的车辆、船舶，载重量不超过 1 吨的渔船，专门上下客货和存货用趸船、浮桥用船，各种消防车船、洒水车、囚车、警车、防疫车、救护车船、垃圾车船、港作车船、工程船，按照有关规定缴纳船舶吨税的船，可以免征车船使用税。外商投资企业、外国企业和外国人不纳此税，继续缴纳车船使用牌照税。

5. 耕地占用税。1987 年 4 月 1 日，国务院发布《中华人民共和国耕地占用税暂行条例》，即日起施行。耕地占用税的征税对象为被占用的耕地，纳税人为占用耕地建房或者从事其他非农业建设的单位和个人，计税依据为纳税人实际占用的耕地面积，实行有地区差别的幅度税额标准，每平方米的税额标准为 1 ~ 10 元（某些经济发达地区的税额标准可以适当提高，但是最高不得超过 15 元）。军事设施用地，铁路线路、飞机场跑道和停机坪用地，炸药库用地，学校、幼儿园、敬老院、医院用地，可以免征耕地占用税。农村革命烈士家属、革命残疾军人、鳏寡孤独以及革命老根据地、少数民族聚居地区和边远贫困山区生活困难的农户，在规定用地标准以内新建住宅纳税确有困难的，经过审批，可以减征或者免征耕地占用税。外商投资企业、外国企业和外国人不纳此税。

6. 城镇土地使用税。1988 年 9 月 27 日，国务院发布《中华人民共和国城镇土地使用税暂行条例》，从当年 11 月 1 日起施行。城镇土地使用税的征税对象为城市、县城、建制镇、工矿区范围以内的土地，纳税人为在城市、县城、建制镇、工矿区范围内使用土地的单位和个人，计税依据为纳税人实际占用的应税土地面积，实行有地区差别的幅度税额标准，每平方米应税土地的年税额标准从 0.2 ~ 10 元不等（经济发达地区的税额标准可以适当提高，经济落后地区的税额标准可以适当降低）。国家机关、人民团体、军队自用的土地，由国家财政部门拨付事业经费的单位自用的土地，宗教寺庙、公园、名胜古迹自用的土地，市政街道、广场、绿化地带等公共用地，直接用于农业、林业、牧业、渔业的生产用地，财政部规定免税的能源、交通、水利设施用地和其他用地，可以免征城镇土地使用税。经批准开山填海整治的土地和改造的废弃土地，从使用的月份起，免征城镇土地使用税 5 ~ 10 年。外商投资企业、外国企业和外国人不纳此税，缴纳土地使用费。

7. 筵席税。1988 年 9 月 22 日，国务院发布《中华人民共和国筵席税暂行条例》。筵席税的征税对象为举办筵席的行为，纳税人为在中国境内设立的饮食营业场所举办筵席的单位和个人，代征人为承办筵席的单位和个人，计税依据为纳税人举办一次筵席所支付的全部金额，起征点为200～500元，实行从15%～20%的比例税率，具体的起征点、适用税率、施行日期和个别免税事宜均由各省、自治区、直辖市人民政府根据本地区的实际情况自行确定。外商投资企业、外国企业和外国人不纳此税。

此外，1983年11月12日，国务院发布了《关于对农林特产收入征收农业税的若干规定》。

三、分税制财政管理体制下中国的地方税

随着中国经济管理体制改革的发展，对于建立分税制财政管理体制的认识逐步深化，并且得到了中共中央、国务院和全国人民代表大会的重视，这项改革先后写入了1987年中共中央代总书记赵紫阳在中国共产党第十三次全国代表大会上所作的报告、1991年第七届全国人民代表大会第四次会议批准的《中华人民共和国国民经济和社会发展十年规划和第八个五年计划纲要》、1992年中共中央总书记江泽民在中国共产党第十四次全国代表大会上所作的报告、1993年中国共产党第十四届中央委员会第三次全体会议通过《中共中央关于建立社会主义市场经济体制若干问题的决定》等一系列重要文件。

1993年12月15日，国务院发布《关于实行分税制财政管理体制的决定》，决定从1994年1月1日起对各省、自治区、直辖市和计划单列市实行分税制财政管理体制：按照中央与地方政府的事权划分，合理确定各级财政的支出范围；根据事权与财权相结合的原则，将税种统一划分为中央税、地方税、中央与地方共享税，中央税、地方税、中央与地方共享税的立法权都要集中在中央，并建立中央税收和地方税收体系，分设中央、地方两套税务机构分别征管；科学核定地方收支数额，逐步实行比较规范的中央财政对地方的税收返还和转移支付制度；建立、健全分级预算制度，硬化各级预算约束。

在中央政府与地方政府财政收入的划分上，国务院规定，维护国家权益、实施宏观调控所必需的税种划分为中央税，同经济发展直接相关的主要税种划分为中央与地方共享税，适合地方征收管理的税种划分为地方税，具体划分情况如下：

1. 中央政府固定收入：关税，海关代征的增值税，消费税，中央企业缴纳的企业所得税，地方银行、外资银行和非银行金融机构缴纳的企业所得税，铁道部门、各银行总行、各保险总公司等集中缴纳的收入（包括营业税、企

业所得税、利润和城市维护建设税），中央企业上缴利润等。外贸企业的出口退税全部由中央财政负担。

2. 地方政府固定收入：营业税、地方企业缴纳的企业所得税、城市维护建设税（以上三项均不包括上述划为中央收入的部分），地方企业上缴利润，个人所得税，城镇土地使用税，固定资产投资方向调节税，房产税，车船使用税，印花税，屠宰税，农业税，牧业税，耕地占用税，契税，遗产和赠与税，土地增值税，国有土地有偿使用收入等。

3. 中央政府与地方政府共享收入：增值税（不包括上述划为中央收入的部分）收入中央分享 75%，地方分享 25%；资源税收入按照资源品种划分，大部分资源税收入作为地方收入，海洋石油资源税收入作为中央收入；证券交易税收入中央与地方各分享 50%。

在实际执行中，上述收入划分陆续做了一些调整。例如，个人所得税已经改为中央与地方共享税（目前的分配比例是 60% 的收入划归中央政府，40% 的收入划归地方政府）；大部分企业所得税已经不再按照企业隶属关系划分中央收入和地方收入，而是按照规定的比例分配（同个人所得税）；证券交易税没有开征，对股票交易征收的印花税收入的分配比例已经多次调整，现行规定是 97% 的收入划归中央政府，3% 的收入划归地方政府；屠宰税、农业税、牧业税已经取消；固定资产投资方向调节税已经停止征收；新增的车辆购置税的收入划归中央政府；出口退税改为由中央政府和地方政府分别负担；海洋石油资源税、遗产和赠与税没有开征。

这一时期全国性地方税的立法情况大致如下：

（1）牲畜交易税、集市交易税。根据 1993 年 12 月 25 日国务院批准的国家税务总局报送的《工商税制改革实施方案》，牲畜交易税、集市交易税从 1994 年起取消。在此以前，部分地区已经停止征收牲畜交易税，绝大多数地区已经停止征收集市交易税。

（2）土地增值税。1993 年 12 月 13 日，国务院发布《中华人民共和国土地增值税暂行条例》，从 1994 年 1 月 1 日起施行。土地增值税的纳税人包括以出售和其他方式有偿转让国有土地使用权、地上建筑物及其附着物（以下简称转让房地产）并取得收入各类企业、单位、个体经营者和其他个人，征税对象为纳税人转让房地产取得的增值额，计税依据为纳税人转让房地产取得的收入减除规定扣除项目金额以后的余额，实行 30% ~60% 的 4 级超率累进税率。建造普通标准住宅出售，增值额不超过扣除项目金额 20% 的；由于城市实施规划、国家建设需要依法征用、收回的房地产，可以免征土地增值税。

（3）契税。1997 年 7 月 7 日，国务院发布《中华人民共和国契税暂行条例》，从同年 10 月 1 日起施行，在此之前施行的《契税暂行条例》同时废止。契税的纳税人为在中国境内转移土地、房屋权属的承受者。计税依据分为三种情况：国有土地使用权出售、房屋买卖，为成交价格；土地使用权和房屋赠与，由征收机关参照土地使用权出售、房屋买卖的市场价格核定；土地使用权和房屋交换，为所交换的土地使用权和房屋的价格的差额。税率采用 3% ~ 5% 的幅度比例税率。各省、自治区和直辖市的具体适用税率，由当地省级人民政府在上述幅度之内确定，并报财政部、国家税务总局备案。国家机关、事业单位、社会团体、军事单位承受土地、房屋，用于办公、教学、医疗、科研和军事设施的；城镇职工按照规定第一次购买公有住房的；承受荒山、荒沟、荒丘、荒滩土地使用权，用于农业、林业、牧业、渔业的；符合免税规定的外交机构和外交人员，可以免征契税。因不可抗力灭失住房而重新购买住房的，可以酌情免征或者减征契税。

（4）牧业税。根据 2005 年 7 月 11 日国务院发布的《关于 2005 年深化农村税费改革试点工作的通知》，牧业税从当年起取消。在此以前，少数开征此税的地区已经陆续停止征收此税。

（5）农业税。根据 2005 年 12 月 29 日第十届全国人民代表大会常务委员会第十九次会议通过的关于废止《中华人民共和国农业税条例》的决定，农业税从 2006 年起取消。在此以前，根据国务院关于农村税费改革的部署，绝大多数地区已经陆续停止征收此税。

（6）屠宰税。2006 年 2 月 17 日，国务院宣布废止《屠宰税暂行条例》，屠宰税从此取消。在此以前，根据国务院关于农村税费改革的部署，各地区已经陆续停止征收此税。

（7）烟叶税。2006 年 4 月 28 日，国务院公布《中华人民共和国烟叶税暂行条例》，即日起施行。烟叶税的征税对象为烟叶，纳税人为在中国境内收购烟叶的单位，计税依据为纳税人收购烟叶时的收购金额，税率为 20%。烟叶曾经被列为农业特产农业税的税目。

（8）车船税。2006 年 12 月 29 日，国务院公布《中华人民共和国车船税暂行条例》，从 2007 年 1 月 1 日起施行。此条例是在合并 1951 年政务院发布的《车船使用牌照税暂行条例》和国务院 1986 年发布的《中华人民共和国车船使用税暂行条例》的基础上形成的，主要改进之处在于统一了税收法规，简化了税制，实现了中外企业、个人平等纳税，调整了税目，提高了税额标准，清理了减免税项目，加大了征管力度。

（9）城镇土地使用税。2006 年 12 月 31 日，国务院公布修改以后的《中华人民共和国城镇土地使用税暂行条例》，从 2007 年 1 月 1 日起施行。此条例修改的主要内容：一是扩大了征税范围，将外商投资企业和外国企业纳入了纳税人的范围；二是较大幅度地提高了税额标准。

（10）耕地占用税。2007 年 12 月 1 日，国务院公布修改以后的《中华人民共和国耕地占用税暂行条例》，从 2008 年 1 月 1 日起施行。此条例修改的主要内容：一是扩大了征税范围，将外商投资企业和外国企业纳入了纳税人的范围；二是大幅度地提高了税额标准；三是从严规定免税、减税项目；四是征收管理方面的规定更加严格。

（11）筵席税。根据 2008 年 1 月 15 日国务院发布的《关于废止部分行政法规的决定》，《中华人民共和国筵席税暂行条例》即日起失效，筵席税从此取消。在此以前，只有少数地区开征此税，而且已经陆续停止征收。

就税制来看，从 1994～2008 年，中国地方税的税种从 14 个（即个人所得税、房产税、城市房地产税、城镇土地使用税、耕地占用税、契税、土地增值税、车船使用税、车船使用牌照税、固定资产投资方向调节税、屠宰税、筵席税、农业税和牧业税）减少到 9 个（即房产税、城市房地产税、城镇土地使用税、耕地占用税、契税、土地增值税、车船税、烟叶税和固定资产投资方向调节税，其中固定资产投资方向调节税已经从 2000 年起暂停征收），取消了一些过时的税种，合并了一些性质相同的税种，改革了一些税种，税制趋于简化和优化。

就收入情况来看，中国地方税的收入从 1994 年的 459.0 亿元增加到 2006 年的 2049.7 亿元，增长了近 3.5 倍。但是，由于中央与地方共享税收入的增长速度更快，地方税收入占地方本级税收收入（包括地方税收入和地方分得的中央与地方共享税收入）、财政收入（包括地方本级税收收入和非税收入）的比重呈逐步下降的趋势：1994 年，地方税收入占当年地方本级税收收入、财政收入的比重分别为 20.0% 和 19.9%；2006 年，上述两个比重分别降至 13.5% 和 11.2%，分别比 1994 年下降了 6.5、8.7 个百分点。地方税收入占全国税收收入、财政收入的比重亦然：1994 年，地方税收入占当年全国税收收入、财政收入的比重分别为 9.0% 和 8.8%；2006 年，上述两个比重分别降至 5.9% 和 5.4%，分别比 1994 年下降了 3.1、3.4 个百分点。

2006年中国地方税的收入有关统计数据参见表1《2006年中国地方税收入和有关比重》和表2《2006年中国地方税收入结构》。

表1　　2006年中国地方税收入和有关比重

项　目	地方税	地方本级税收
收入额（亿元）	2049.7	15233.6
占国内生产总值的比重（%）	1.0	7.2
占全国税收收入的比重（%）	5.9	43.8
占全国财政收入的比重（%）	5.4	39.3
占地方本级税收收入的比重（%）	13.5	
占地方本级财政收入的比重（%）	11.2	83.2
占地方全部财政收入的比重（%）	6.4	47.9

注：1. 全国税收收入包括按照分税制财政管理体制划分的中央税、地方税、中央与地方共享税的收入。

2. 地方本级税收收入包括地方税收入和地方政府分得的中央与地方共享税收入。

3. 地方本级财政收入包括地方本级税收收入和非税收入。

4. 地方全部财政收入包括地方本级财政收入和中央补助收入。

表2　　2006年中国地方税收入结构

项　目	收入（亿元）	占地方税收入的比重（%）
1. 房产税	421.5	20.6
2. 城市房地产税	93.3	4.6
3. 城镇土地使用税	176.8	8.6
4. 耕地占用税	172.1	8.4
5. 契税	862.4	42.1
6. 土地增值税	231.5	11.3
7. 车船使用税	49.3	2.4
8. 车船使用牌照税	0.7	—
9. 固定资产投资方向调节税	0.7	—
10. 烟叶税	41.4	2.0
11. 筵席税	—	—
12. 合计	2049.7	100.0

注：1. 固定资产投资方向调节税、筵席税停止征收，只有少量收回的以前年份的欠税；筵席税于2008年取消。

2. 车船使用税和车船使用牌照税从2007年起合并为车船税。

四、外国地方财政、税收的有关情况和分析

根据国际货币基金组织编辑的《2007 年政府财政统计年报》和《2007 年中国财政年鉴》，对包括中国在内的 63 个不同类型国家的地方财政、税收收入及其结构做了一些统计和分析，得出了以下初步的数据和看法：

（一）外国地方财政收入及其结构

1. 各国地方财政收入中税收收入所占的比重普遍不高。在上述 63 个国家中，州（省）以下地方政府的税收收入（包括地方税和分得的共享税收入，下同）占其全部财政收入（包括税收收入、补助收入和其他收入，其中补助收入包括上级政府的补助和外国政府、国际组织的赠与，下同）的比重不超过 50% 的国家有 44 个，占 69.8%。其中，州（省）以下地方政府的税收收入占其全部财政收入的比重在 30% ~50% 的国家有 29 个，约占 63 个国家的 46.0%。由此可见，税收收入在各国地方财政收入中的地位和作用是比较重要的，也是比较有限的。

各国地方财政收入中税收收入所占比重的具体情况如下：

（1）不超过 20% 的有 9 个国家：秘鲁 4.5%（2006 年）、乌干达 4.9%（2006 年）、荷兰 8.7%（2006 年）、南非 9.1%（2006 年）、爱尔兰 9.4%（2006 年）、希腊 9.6%（2006 年）、萨尔瓦多 9.9%（2006 年）、英国 13.3%（2006 年）、阿富汗 15.4%（2006 年）。

（2）超过 20% ~30% 的有 6 个国家：保加利亚 20.3%（2006 年）、肯尼亚 21.4%（2005 年）、比利时 21.9%（2006 年）、塞浦路斯 25.2%（2006 年）、毛里求斯 25.7%（2006 年）、摩洛哥 29.5%（2004 年）。

（3）超过 30% ~40% 的有 11 个国家：俄罗斯 30.7%（2006 年）、卢森堡 31.4%（2006 年）、亚美尼亚 32.1%（2006 年）、澳大利亚 32.3%（2006 年）、波兰 32.4%（2006 年）、斯洛文尼亚 34.1%（2006 年）、立陶宛 35.3%（2006 年）、匈牙利 35.5%（2006 年）、哥斯达黎加 36.2%（2006 年）、葡萄牙 36.6%（2006 年）、吉尔吉斯 39.6%（2006 年）。

（4）超过 40% ~50% 的有 18 个国家：泰国 40.3%（2006 年）、以色列 40.6%（2006 年）、巴拉圭 41.3%（2006 年）、奥地利 41.6%（2006 年）、乌克兰 41.8%（2006 年）、刚果（布）42.4%（2003 年）、玻利维亚 42.5%（2006 年）、意大利 44.4%（2006 年）、法国 44.6%（2006 年）、挪威 45.1%（2006 年）、芬兰 47.1%（2006 年）、蒙古 47.2%（2006 年）、瑞士 47.6%

(2005年)、中国47.9%（2006年)、摩尔多瓦47.9%（2006年)、智利48.1%（2006年)、捷克48.2%（2006年)、爱沙尼亚48.9%（2006年)。

（5）超过50%~60%的有9个国家：丹麦50.9%（2006年)、斯洛伐克51.7%（2006年)、加拿大52.5%（2006年)、西班牙54.2%（2006年)、印度54.5%（2006年)、新西兰55.0%（2006年)、拉脱维亚55.6%（2006年)、哈萨克斯坦56.3%（2006年)、阿根廷57.9%（2004年)。

（6）超过60%的有10个国家：德国60.3%（2006年)、克罗地亚61.2%（2006年)、瑞典63.4%（2006年)、白俄罗斯67.3%（2006年)、格鲁吉亚66.9%（2006年)、伊朗71.3%（2007年)、冰岛72.9%（2006年)、塔吉克斯坦74.6%（2004年)、罗马尼亚82.5%（2005年)、牙买加100.0%（2006年)。

2. 各国地方财政收入中税收收入所占比重的高低与本国的经济发展水平无必然联系。在上述地方财政收入中税收收入所占比重比较高的国家中，既有德国（60.3%，2006年)，瑞典（63.4%，2006年)，冰岛（72.9%，2006年）等发达国家；也有伊朗（71.3%，2007年)，罗马尼亚（82.5%，2005年)，牙买加（100.0%，2006年）等发展中国家。在上述地方财政收入中税收收入所占比重比较低的国家中，既有秘鲁（4.5%，2006年)，乌干达（4.9%，2006年)，阿富汗（15.4%，2006年）等发展中国家；也有荷兰（8.7%，2006年)，希腊（9.6%，2006年)，英国（13.3%，2006年）等发达国家。由此可见，各国地方财政收入中税收收入所占比重的高低与本国的经济发展水平没有必然联系。

3. 各国地方财政收入中税收收入所占比重的高低与本国的政治体制无必然联系。在上述地方财政收入中税收收入所占比重比较高的国家中，既有加拿大（52.5%，2006年)，印度（54.5%，2006年)，德国（60.3%，2006年）等联邦制国家；也有伊朗（71.3%，2007年)，冰岛（72.9%，2006年)，罗马尼亚（82.5%，2005年）等单一制国家。在上述地方财政收入中税收收入所占比重比较低的国家中，既有秘鲁（4.5%，2006年)，乌干达（4.9%，2006年)，爱尔兰（9.4%，2006年）等单一制国家；也有南非（9.1%，2006年)，比利时（21.9%，2006年)，俄罗斯（30.7%，2006年）等联邦制国家。由此可见，各国地方财政收入中税收收入所占比重的高低与本国的政治体制没有必然联系。

4. 各国地方财政收入中补助收入占有比较重要的地位。从有统计数据的

60 个国家的情况来看，州（省）以下地方政府的补助收入占其全部财政收入的比重不超过50%的国家有43 个，约占72%。其中，州（省）以下地方政府的补助收入占其全部财政收入的比重在30% ~50%的国家有25 个，约占60 个国家的42%。中国2006 年省以下地方政府从中央政府取得的补助收入占其全部财政收入的比重为42.5%。由此可见，补助收入在各国地方财政收入中的地位和作用也是比较重要的。

各国地方财政收入中补助收入所占比重的具体情况如下：

（1）不超过 20% 的有 7 个国家：牙买加 0（2006 年）、塔吉克斯坦 0（2006 年）、伊朗 4.8%（2007 年）、冰岛 8.8%（2006 年）、罗马尼亚 8.9%（2005 年）、新西兰 11.2%（2006 年）、克罗地亚 12.3%（2006 年）。

（2）超过 20% ~30% 的有 11 个国家：瑞典 20.7%（2006 年）、德国 23.1%（2006 年）、加拿大 23.9%（2006 年）、瑞士 24.0%（2006 年）、蒙古 24.3%（2006 年）、阿根廷 25.0%（2004 年）、格鲁吉亚 28.0%（2006 年）、芬兰 28.6%（2006 年）、智利 28.7%（2006 年）、法国 29.1%（2006 年）、巴拉圭 29.6%（2006 年）。

（3）超过 30% ~40% 的有 11 个国家：白俄罗斯 30.2%（2006 年）、拉脱维亚 31.3%（2006 年）、奥地利 34.5%（2006 年）、葡萄牙 35.0%（2006 年）、斯洛伐克 35.1%（2006 年）、挪威 36.1%（2006 年）、玻利维亚 36.6%（2006 年）、爱沙尼亚 37.3%（2006 年）、西班牙 38.5%（2006 年）、丹麦 39.1%（2006 年）、捷克 39.9%（2006 年）。

（4）超过 40% ~50% 的有 14 个国家：哥斯达黎加 40.2%（2006 年）、澳大利亚 41.1%（2006 年）、以色列 42.1%（2006 年）、中国 42.5%（2006 年）、哈萨克斯坦 43.0%（2006 年）、意大利 43.3%（2006 年）、摩尔多瓦 45.2%（2006 年）、肯尼亚 45.8%（2005 年）、吉尔吉斯 45.8%（2006 年）、卢森堡 46.7%（2006 年）、斯洛文尼亚 47.5%（2006 年）、乌克兰 47.9%（2006 年）、匈牙利 48.4%（2006 年）、刚果（布）49.4%（2003 年）。

（5）超过 50% ~60% 的有 8 个国家：波兰 50.6%（2006 年）、亚美尼亚 51.3%（2006 年）、摩洛哥 54.0%（2004 年）、阿富汗 54.8%（2006 年）、立陶宛 57.9%（2006 年）、俄罗斯 58.2%（2006 年）、泰国 58.9%（2006 年）、爱尔兰 59.6%（2006 年）。

（6）超过 60% 的有 9 个国家：萨尔瓦多 61.2%（2006 年）、比利时 62.5%（2006 年）、毛里求斯 67.0%（2006 年）、荷兰 68.0%（2006 年）、英

国68.9%（2005年）、南非69.2%（2006年）、保加利亚69.8%（2006年）、秘鲁83.0%（2006年）、乌干达91.3%（2006年）。

（二）外国地方税收收入结构

在上述63个国家中，地方税收收入结构以所得税为主的国家最多，有23个国家，占36.5%；其次是以财产税为主的国家，有20个国家，占31.7%；再次是以货物和劳务税为主的国家，有15个国家，占23.8%；货物和劳务税、所得税并重的有4个国家，占6.3%。值得注意的是，无论以上述哪类税收为主体税收的国家，都有发达国家，也有发展中国家或者经济转型国家。

各国地方税收收入中主体税收所占比重的具体情况如下：

1. 以货物和劳务税为主的国家（15个）。西班牙47.6%（2006年）、中国53.6%（2006年）、毛里求斯54.0%（2006年）、智利54.4%（2006年）、塞浦路斯56.0%（2006年）、哥斯达黎加59.5%（2006年）、阿富汗62.8%（2006年）、阿根廷65.4%（2004年）、意大利66.3%（2006年）、泰国71.4%（2006年）、玻利维亚72.2%（2006年）、荷兰76.8%（2006年）、刚果（布）81.7%（2003年）、印度86.6%（2006年）、英国99.0%（2005年）。

2. 以所得税为主的国家（23个）。加拿大40.7%（2006年）、吉尔吉斯44.6%（2006年）、白俄罗斯45.9%（2006年）、捷克55.3%（2006年）、波兰58.8%（2006年）、德国61.3%（2006年）、斯洛文尼亚70.6%（2006年）、冰岛72.8%（2006年）、斯洛伐克74.5%（2006年）、摩尔多瓦77.7%（2006年）、格鲁吉亚77.9%（2006年）、瑞士79.9%（2005年）、乌克兰82.4%（2006年）、立陶宛85.8%（2006年）、拉脱维亚86.9%（2006年）、俄罗斯88.2%（2006年）、挪威88.9%（2006年）、克罗地亚89.9%（2006年）、卢森堡90.9%（2006年）、爱沙尼亚92.2%（2006年）、丹麦93.2%（2006年）、芬兰94.8%（2006年）、瑞典100%（2006年）。

3. 以财产税为主的国家（20个）。葡萄牙47.8%（2006年）、澳大利亚48.6%（2006年）、摩洛哥52.6%（2004年）、蒙古53.3%（2006年）、乌干达57.0%（2006年）、亚美尼亚60.3%（2006年）、牙买加60.6%（2006年）、比利时61.7%（2006年）、希腊68.1%（2006年）、巴拉圭68.1%（2006年）、南非71.0%（2006年）、肯尼亚72.6%（2005年）、秘鲁74.9%（2006年）、法国75.5%（2006年）、保加利亚99.4%（2006年）、萨尔瓦多96.2%（2006年）、以色列96.6%（2006年）、新西兰99.1%（2006年）、爱

尔兰100%（2006年）。

4. 货物和劳务税、所得税并重的国家（4个）。奥地利所得税40.8%、货物和劳务税41.3%（2006年），匈牙利所得税44.6%、货物和劳务税42.4%（2006年），罗马尼亚所得税47.9%、货物和劳务税42.5%（2004年），塔吉克斯坦所得税44.6%、货物和劳务税52.3%（2004年）。

5. 以工薪税为主的国家（1个）。哈萨克斯坦43.7%（2006年）。

从上述国家中有州（省）级税收数据的9个国家的情况来看，有4个国家的州（省）级税收以货物和劳务税为主：阿根廷65.4%（2004年）、玻利维亚100%（2006年）、南非100%（2006年）、西班牙46.6%（2004年）；有4个国家的州（省）级税收以所得税为主：奥地利53.3%（2006年）、加拿大50.4%（2006年）、德国54.1%（2006年）、瑞士77.1%（2006年）；澳大利亚的州级税收以财产税为主，2006年为38.3%。

从上述国家中有地方（县市）级税收数据的10个国家的情况来看，有4个国家的地方（县市）级税收以财产税为主：澳大利亚100%（2006年）、加拿大94.5%（2006年）、秘鲁74.9%（2006年）、南非86.7%（2006年）；有3个国家的地方（县市）级税收以货物和劳务税为主：奥地利38.5%（2006年）、玻利维亚58.7%（2006年）、西班牙49.9%（2006年）；有2个国家的地方（县市）级税收以所得税为主：德国81.3%（2006年）、瑞士84.4%（2006年）；阿根廷的地方（县市）级税收为杂税（2004年）。

五、中国现行地方税制度存在的主要问题和改革设想

（一）中国现行地方税制度存在的主要问题

1. 管理体制不完善。税种划分不够合理，税源相对集中、稳定，征管相对便利，收入充足、增收潜力较大的税种，大多列为中央税、中央与地方共享税；而留给地方的大多是税源分散、征管难度大、征收成本高、收入不稳定的小税种，地方政府无法通过地方税更有效地组织财政收入和调节经济，客观上刺激或者迫使地方政府及其所属部门通过各种非税方式筹集预算外财政资金，满足财政支出需要。

此外，税收立法权过度集中在中央（9种地方税均由中央立法），地方缺乏应有的税收立法权和调整权，致使地方在地方税方面缺乏应有的灵活性，不利于地方因地制宜处理当地的税收问题。

2. 税制比较落后。1994年，税制改革时提出了一些关于地方税改革的设

想，但是其中的一些措施时至今日未能出台，如房产税、城市维护建设税的改革。

从地方税的法律地位来看，现行的各种地方税都是根据国务院（包括原政务院）发布的暂行条例征收的，这与立法法关于税收的基本制度只能制定法律规定差距很大。

从地方税的税制设计来看，存在税种老化，设置重复，性质相近，交叉征收，内外不统一，城乡不统一，主体税种不牢靠，税源零散，收入微薄等问题，很难支持地方财政，促进经济发展。

3. 收入规模和结构不合理。就地方本级税收收入占国内生产总值、全国税收收入、全国财政收入、地方本级财政收入、地方全部财政收入的比重而言，中国的比重与外国相比已经不低；但是，中国地方税收入占国内生产总值、全国税收收入、全国财政收入、地方本级税收收入、地方本级财政收入、地方全部财政收入的比重均偏低；地方政府的税收收入和地方本级财政收入主要来自共享税。

从地方税收入的结构来看，来自房地产交易环节的税收比重过大，仅契税和土地增值税两项的收入就超过了地方税收入总额的50%；房地产保有环节的税收和房地产以外的税收比重比较小。

（二）关于中国地方税制度改革的初步设想

针对上述目前中国地方税制度存在的问题，中国地方税制度的改革应当以提高地方政府财力筹集与配置的有效性，增加地方税收入，促进地方经济、社会发展为主要目标，结合中国国情，借鉴国际经验，从改进管理体制、完善税制、合理调整收入规模和结构等方面入手。

1. 改进管理体制。首先应当将地方税制度改革与中央税、中央与地方共享税制度的改革，非税收入管理制度的改革，预算管理制度的改革统筹考虑，有机地结合起来。

在税种划分方面，应当使地方也拥有一些税源相对集中、稳定，征管相对便利，收入充足、增收潜力较大的税种。除了现有的房地产税以外，还可以考虑将某些货物和劳务税、所得税、财产税划归地方，如营业税、地方企业所得税（法人税）、地方个人所得税、地方资源税等。

在立法权方面，可以考虑将地方税的立法权划分为两个层次：一是全国统一征收的地方税种由中央立法，同时赋予地方一定的调整权；二是经中央批准，地方可以结合当地经济和社会发展状况，在本地区开征某些独特的税种。

2. 加快地方税制度改革的步伐。首先应当尽快明确地方税制度改革的指导思想、基本原则和总体目标，据此确定改革方案的基本框架、具体内容和实施步骤。

在地方税的法律地位方面，随着地方财政、税收制度改革的实施，地方税的法律地位也应当逐步提高。但是，考虑到目前地方财政、税收制度改革的艰巨性和外部环境的复杂性，在近期内普遍提高地方税的法律地位可能是不现实的。

在税制设计方面，要合理设置税类和税种，设置重复、性质相近、交叉征收的税种应当简并，所有税种都应当实现内外统一和城乡统一。税类的设置可以考虑包括货物和劳务税、所得税、财产和行为税三类，税种的设置可以考虑包括营业税、地方企业所得税（法人税）、地方个人所得税、地方资源税、房地产税、车船税等主要税种和一些环境保护方面的税收。

在税制要素方面，各个税种的税制要素，包括纳税人、征税范围、计税依据、税率（税额标准）、征税方法、减免税规定等，都应当科学设计。例如，营业税与增值税的纳税人和征收范围应当合理划分，地方企业所得税（法人税）、地方个人所得税、地方资源税与中央企业所得税（法人税）、中央个人所得税、中央资源税的税基和税率（税额标准）应当合理确定，房地产税的征税范围、计税依据、税率和征税方法应当合理制定，各类减免税规定应当合理、规范，等等。

从发展趋势来看，营业税、地方企业所得税（法人税）、地方个人所得税、地方资源税和房地产税5个税种可以考虑作为地方税的主体税种：因为这些税种与地方经济发展密切相关，税源相对集中、稳定，征管相对便利，收入充足、增收潜力较大，而且这样的改革便于与现行税制和财政、税收管理体制衔接。此外，车船税和一些环境保护方面的税收可以作为辅助税种。其中，房地产税和环境保护方面的税收最适合作为县（市）的税收。

3. 确定合理的地方税收入的规模和结构。地方政府本级税收收入占全国税收收入的比重可以暂时不作大的调整，其理由一是与许多国家相比，中国的这一比重已经不低；二是根据中国的现实国情，为了加强宏观调控，中央必须保持足够的财力。鉴于中国地方政府本级税收收入占本级财政收入的比重已经很高，地方财政收入对地方本级税收收入的依赖程度高于许多国家，地方政府应当在增加资源收入和资本收入等其他财政收入方面多下工夫，中央政府也应当适当增加对经济不发达地区的财政转移支付。

地方税收入数额少，地方税收入占国内生产总值、全国税收收入、全国财政收入、地方本级税收收入、地方本级财政收入、地方全部财政收入的比重均偏低，地方政府的税收收入和财政收入对共享税收入的依赖程度过高的问题，应当通过优化地方税税制结构和完善地方税主体税种来解决。

地方税收入中来自房地产交易环节的税收比重过大的问题，应当通过调整房地产税负环节，即适当减少房地产交易环节的税收，增加房地产保有环节的税收，同时增加房地产税收以外的地方税收入来解决。

4. 地方税制度改革的步骤。就近期而言，可以根据条件成熟的程度，逐步调整、完善现行的9个地方税暂行条例，该废止的废止，该简并的简并，该修改的修改，该适当下放权限的适当下放权限，从而为下一步地方税的立法和分税制财政管理体制完善打好基础。就中期而言，可以根据条件成熟的程度，逐步将全国统一征收的地方税主要税种的行政法规上升法律，并根据财政管理体制改革的情况合理确定其归属。就长期而言，应当建立比较完善的地方税法律体系，并与财政管理体制匹配。

(三) 关于中国地方税制度改革的简单测算

根据前述关于中国地方税制度改革的初步设想，我利用2006年的中国财政、税收统计数据，按照以下方法做了一个比较简单的测算：

1. 假设中央、地方的税收分配关系总体格局基本不变，即中央本级税收收入和地方本级税收收入占全国税收收入的比重基本不变。2006年中国的税收收入为34804.4亿元，其中中央本级税收收入和地方本级税收收入分别为19576.1亿元和15228.2亿元，占全国税收收入的比重分别为56.2%和43.8%。

2. 将现行中央与地方共享税中的营业税收入中的地方分享部分4969.2亿元，划为地方税中的营业税，可以增加地方税收入4969.2亿元。

3. 将现行中央与地方共享税中的企业所得税收入7080.9亿元，按照40%的地方分享比例划为地方企业所得税，可以增加地方税收入2832.4亿元(4969.2亿元×40%=2832.4亿元)。

4. 将现行中央与地方共享税中的个人所得税收入2452.7亿元，按照40%的地方分享比例划为地方个人所得税，可以增加地方税收入981.1亿元(2452.7亿元×40%=981.1亿元)。

5. 将城市维护建设税收入939.7亿元并入营业税、地方企业所得税和房地产税，可以增加地方税收入939.7亿元。

6. 将目前划归地方政府的资源税收入 207.0 亿元，划为地方税中的地方资源税，可以增加地方税收入 207.0 亿元。

7. 假设按照基本保持原税负的原则，其他地方各税改革以后收入规模基本不变，仍为 2079.7 亿元。

经过上述改革，总共可以增加地方税收入 9929.4 亿元。这样，地方税收入的总规模就可以达到 12009.1 亿元，比 2006 年的地方税收入规模扩大近 4.8 倍；地方税收入占国内生产总值、全国税收收入、全国财政收入、地方本级税收收入、地方本级财政收入、地方全部财政收入的比重分别可以上升到 5.7%、34.5%、31.0%、78.8%、65.6% 和 37.8%，比 2006 年的上述比重分别上升 4.7、28.6、25.6、65.3、54.4 和 31.4 个百分点。

从发展趋势来看，地方税收入增加和减少的因素同时存在：

（1）增收的主要因素。随着第三产业的发展及其在中国经济总量中比重的逐步上升，各种服务业的营业额将会大量增加，营业税的收入将随之大量增加；随着经济的发展和企业经济效益的提高，企业的利润将会大量增加，地方企业所得税（法人税）的收入将随之大量增加；随着经济的发展和国民收入分配结构的调整，个人的收入将会大量增加，地方个人所得税的收入将随之大量增加；随着经济的发展和房地产市场的逐步完善，单位和个人拥有的房地产将会大量增加，房地产税的收入将随之大量增加；通过税费改革，可以将一些合理的、具有税收性质的地方政府收费改为地方税或者并入地方税，如各种行政管理收费和资源、环境保护方面的收费；预算制度、地方税制度、分税制财政管理体制、税收征收管理制度的进一步完善，必将极大地调动地方政府及其所属税务部门发展地方经济和组织地方税收的积极性，等等。

（2）减收的主要因素。随着经济的发展和税制的完善，固定资产投资方向调节税、土地增值税等不合时宜的税种将会取消，一些设置重复、性质相近、交叉征收的税种将会简并。

从总体来看，地方税收入增收的因素远远大于减收的因素，特别是营业税、地方企业所得税（法人税）、地方个人所得税、地方资源税和房地产税 5 个主体税种和税费改革带来的增收潜力很大，而撤并的那些税种造成的收入损失相比之下要小得多。因此，预期改革以后地方税收入将呈持续、稳定增长的趋势。

本文为联合国开发计划署资助项目《中国地方税制改革中长期建议》的总报告。在 2008 年 6 月 24 日召开的专题研讨会上，中央财经大学教授汤贡亮，财政部财政科学研究所研究员刘尚希、白景明、孙钢，东北财经大学教授孙开，江西财经大学教授匡小平和与会的部分省、市财政厅、地方税务局的专家对本文提出了许多很好的意见，本人在此再次向他们表示衷心的感谢。

参考文献：

1. 全国人民代表大会常务委员会、国务院、财政部和国家税务总局网站。

2. 财政部税务总局：《中华人民共和国财政史料》（第四辑），中国财政经济出版社1987年版。

3. 财政部农业税征收管理局：《中华人民共和国财政史料》（第八辑），中国财政经济出版社1989年版。

4. 《中国统计年鉴》、《中国财政年鉴》、《中国税务年鉴》、《财政研究》、《税务研究》、《中国税务》（月刊）、《中国财经报》、《中国税务报》等报刊。

5. 国际货币基金组织：《2007年政府财政统计年报》。

（作者工作单位：国家税务总局税收科学研究所）

关于中国下一步税制改革重点问题的初步探讨

刘　佐

纵观中国，放眼世界，国内、国际形势的发展迫切要求税收制度在中国的经济、社会发展和经济体制改革中发挥更大的作用。与此同时，应当承认，虽然自1978年改革开放以来，特别是自1994年以来，中国的税制改革已经取得了巨大的进展，但是，已经取得的成果与改革所要达到的最终目标——建立适应完善的社会主义市场经济体制需要的税制体系相比，还是初步的、阶段性的。现行税制中还存在着不少问题，中国经济、社会的发展和国际形势的变化也会给税制带来许多新的问题。因此，完善税制还需要经历一个艰苦的过程。

从生产资料所有制来看，随着党和国家生产资料所有制政策的重大调整，经过近十几年的发展，公有制、特别是国有经济为主体的格局已经彻底改变，非公有制经济、混合经济迅速发展，已经成为中国经济发展的主要因素，私营企业、外商投资企业、股份制企业在创造国内生产总值、进出口贸易、提供就业岗位和缴纳税收等方面都发挥了重要的作用，并将发挥越来越大的作用。但是，中国现行税制从总体上看还是公有制经济为主体的经济体制的产物，非公有制经济的不平等税收待遇依然存在，相关制度、政策迫切需要调整。

从产业结构来看，目前中国的产业结构正在随着经济的发展而调整，需要税收的扶持：农业有了很大的发展，但是仍然比较薄弱，需要工业“反哺”；工业大而不够强，消耗比较大，效益比较低，对资源和环境的保护不够，需要加快技术进步和设备改造；服务业比较落后，第三产业增加值占国内生产总值的比重偏低，甚至低于一般发展中国家的水平，上述问题严重地制约了经济的发展和人民生活的改善。

从分配结构来看，目前无论是国家、企业、个人之间的利益分配格局，地区之间的经济发展速度、水平和财政收入的差距，还是个人收入、消费水平和财产拥有量的差距，都存在着许多不合理的情况，影响着整个国家的协调发展和社会政治、经济的稳定，需要税收的调节。特别是中共中央、国务院已经提出了调整国民收入分配格局，深化收入分配制度改革，逐步提高居民收入在国民收入分配中的比重，提高劳动报酬在初次分配中的比重的任务，在税收方面也应当采取相应的措施。

从贯彻国家有关政治、经济、社会发展政策的需要来看，需要税收的配合，既包括事关国家经济、社会发展的宏观政策，如产业发展、区域发展、对外开放、就业、收入分配、社会保障、资源与环境保护等方面的政策；也包括国家特定的经济、社会政策，如财政、金融、农业、工业、对外贸易、科技、教育、文化、卫生、人口、体育等方面的政策。

从法制建设的需要来看，中国建立完善的社会主义市场经济体制需要建立完善的税收法律体系，而中国现行税收法律体系中只有企业所得税法、个人所得税法、税收征管法和全国人民代表大会常务委员会的 2 个文件共 5 项法律，其余少量为国务院发布的行政法规，大量为财政部、国家税务总局和海关总署等部门发布的部门规章和规范性文件，法律级次偏低，项目比较庞杂，不少内容已经不能适应经济、社会发展和对外开放的状况；税收法律、法规之间，税收法律、法规与相关法律、法规之间不尽协调的问题也迫切需要解决。

从国际形势来看，经济全球化的趋势，特别是国际贸易的迅速发展，跨国投资的急剧增长和国际经济协调的不断增强，正在对各国包括中国经济的发展产生越来越大的影响。因此，研究中国的税制改革应当而且必须注意研究世界经济和各国税制及其发展趋势。特别是中国已经加入世界贸易组织，这意味着中国的对外开放进一步扩大，中国经济与世界经济的联系更加密切，中国税制的建设和税收政策的制订应当更加注意国际“接轨”问题。近十几年来，各国在完善税制和税收政策方面普遍采取了简化税制、扩大税基、降低税率、加强征管等措施，很值得中国借鉴。

从中国现行税制来看，其基本框架是 20 世纪 90 年代初期设计的，增值税、消费税、营业税、资源税等多项税收暂行条例 10 多年来没有修改，还有一些税种是20多年前、甚至50多年前设计的（如1951年制定的城市房地产税暂行条例、1986年制定的房产税暂行条例等），有些税收立法的指导思想、原则、政策和税制要素、管理制度规定乃至用语已经显得比较陈旧甚至过时，从而在一定程度上阻碍了中国经济、社会的发展和对外开放，因此应当继续推进税制改革。

具体而言，中国下一步的税制改革应当重点解决三个问题：一是合理调整税负；二是优化税制结构；三是完善各个税种、特别是主体税种，从而把中国的税制建设大大地向前推进一步，建立健全一套适应中国社会主义市场经济体制的、符合国际惯例的税收制度，以更好地促进中国经济、社会的发展。

一、合理调整税负水平

确定合理的税负水平是税制建设的基础，是保证财政收入，加强宏观调控，促进经济发展的必要条件。目前中国税负水平不够合理的主要表现在宏观税负水平和微观税负水平两个方面。这里所说的宏观税负水平是指全国税收收入占国内生产总值的比重（为了统一口径，便于比较，本文中使用的中国和外国税收收入数据均不包括社会保障税或费）；微观税负水平是指每个税种的实际征收（缴纳）额与税基的比率（如企业实缴增值税税额与企业增值税应税销售收入比率，企业实缴企业所得税税额占企业实现利润的比重，个人实缴个人所得税占个人全部所得的比重，等等）。

（一）从宏观税负水平来看，存在着名义税负偏低、实际财政负担过重的问题

例如，财政部和国家统计局公布的2006年全国税收收入、国内生产总值分别为34804.4亿元和211923.5亿元，宏观税负水平为16.4%，大体相当于本国20世纪80年代后期的水平（1987年、1988年和1989年分别为17.7%、15.9%和16.1%），不仅远远低于同年美国（21.2%）、法国（27.5%）、英国（30.3%）、丹麦（47.7%）、澳大利亚（29.7%）等发达国家，也明显低于同年泰国（18.6%）、毛里求斯（17.6%）、智利（22.0%）、俄罗斯（26.6%）、匈牙利（24.4%）等许多发展中国家和经济转型国家。但是，由于同时存在着大量的非税财政负担（包括各级政府及其所属部门收取的各种基金、收费和乱收费、乱摊派等），中国纳税人的实际财政负担依然很沉重。例如：财政部、原劳动和社会保障部公布的2006年全国财政收入中的非税收入、预算外收入（主要为行政事业性收费）和社会保险费征收收入分别为

3956亿元、6408亿元和6954亿元，合计17318亿元，相当于当年全国税收收入的50%。一些地方政府的预算外收入已经接近或者超过了税收收入和财政预算收入，一些纳税人的非税财政负担已经接近或者超过了税收负担。

1. 影响一个国家宏观税负水平的主要因素。

（1）经济发展水平。一般来说，随着一个国家经济发展水平的提高，其宏观税负水平也会相应上升；发达国家的经济发展水平高于发展中国家，其宏观税负水平通常也高于发展中国家；经济发展水平比较高的发展中国家，其宏观税负水平通常也高于经济发展水平比较低的发展中国家。中国改革开放30年来，特别是步入社会主义市场经济轨道10多年来，国民经济持续、快速发展，国民收入大幅度增长，这是国民负税能力增强的基础。

（2）政府职能范围与程度。随着经济的发展和社会的进步，政府职能应当不断优化，为国民提供更多、更好的公共产品。现代国家的政府不仅要加强自身的政治统治，而且十分注重保持国家的经济发展、社会稳定和优良的自然环境。目前，中国正处在完善社会主义市场经济体制的重要历史时期，政府在促进国家经济发展、社会稳定、环境保护、科技进步、改善民生和国防建设等方面的任务极为繁重，需要强大的财力支持。

（3）政府取得财政收入的形式（为了统一口径，便于比较，本文中使用的中国和外国财政收入数据均不包括社会保障税费收入和债务收入）。在当今世界，绝大多数国家、特别是实行市场经济的国家，都以税收为政府财政收入的主要来源，这是由税收的特点和职能决定的。自从20世纪80年代中期中国实行国有企业“利改税”和工商税制改革以后，税收收入已经成为财政收入最主要的来源。例如，2007年，全国的财政收入为51321.8亿元，其中税收收入为45622.0亿元，占88.9%。但是，从发展趋势来看不容乐观：1994年税收收入占全国财政收入的比重曾经高达98.3%，从1995年起，上述比重呈逐步下降趋势，从2001年起，更是逐年下降，2007年比2000年下降了5.0个百分点，比1994年下降了个9.4百分点。如果考虑到还有预算外大量非税政府收入的存在，中国的税收收入占全部政府收入的比重就更低了。这种状况与税收在中国社会主义市场经济中应有的地位和作用是很不相称的，与现代化的民主、法制国家的要求也不相符。

（4）税制设计和税收管理的水平。前者包括税制结构、税种、纳税人、税目、税率、计征方法和税收优惠等税制要素的设计是否科学、合理，后者包括税务部门的税收管理和相关的社会管理是否严密、有效，而且这些与一个国家的经济发展水平和社会管理水平是密切相关的。从现实情况来看，中国的税制设计和税收管理都需要进一步完善，同时要受到本国经济发展水平和社会管理水平的制约。

此外，在经济全球化的背景下，一个国家的宏观税负水平还会不同程度地受到其他国家宏观税负水平的影响：如果本国的宏观税负水平过高，纳税人难以承受，就可能出现资本外流、移民、偷税和避税等情况。

2. 衡量一个国家宏观税负水平高低的主要方法。

（1）横向比较，即将本国的宏观税负水平与其他国家的宏观税负水平相比较。目前发达国家的宏观税负水平一般不低于 20%（如美国、加拿大、澳大利亚、法国和德国），不少国家超过 30%（如芬兰、挪威、瑞典、英国和新西兰），有的国家甚至超过 40%（如丹麦）；发展中国家的宏观税负水平大多在 10%～20% 之间（如马来西亚、泰国、毛里求斯、罗马尼亚和哥斯达黎加），不少国家超过 20%（如蒙古、越南、匈牙利、俄罗斯、智利和牙买加），也有少数国家超过 30%（如塞舌尔和巴巴多斯）。由此可见，中国的宏观税负水平明显低于发达国家的宏观税负水平，在发展中国家中属于中等偏下的水平。

但是，如果将中国财政预算内外的某些具有税收性质的收入视同税收，上述差距将会明显缩小。

（2）纵向比较，即将本国不同年度的宏观税负水平相比较。20 世纪 80 年代中期税制改革以后，中国的宏观税负水平曾经达到 20% 以上（1985 年曾经达到 22.6%），随后逐步下降，1993 年降至 12.0%。1994 年税制改革以后的 3 年间，这种状况仍然没有扭转，1996 年降至 9.7%。从 1997 年以后逐年回升，2007 年回升到 18.3%。出现上述一段时间宏观税负水平持续下降的主要原因：一是税制改革和税收政策调整时，由于政策上和技术上的原因，国家采取了不少减税让利的措施；二是当时企业，特别是作为国民经济骨干力量和主要税源的国有企业的经济效益，从总体来看还不够理想；三是当时税收征收管理中还存在着不少薄弱环节，税收流失还比较严重。近年来，由于中国经济持续、快速增长，经济结构逐步优化，经济效益不断提高，税制和税收政策逐步稳定、完善，税收征收管理水平迅速提高，宏观税负水平随之快速回升。

3. 中国目前应当采取的措施。上述名义宏观税负偏低、实际财政负担过重的问题，不仅是一个严重的财政、税收问题，也是一个严重的经济问题，甚至可以说是一个严重的政治问题。这个问题不解决，不仅会削弱了国家的财政和宏观调控，而且不利于经济发展和改善人民生活，不利于国家的民主、法制建设。因此，应当从调整国民收入分配和财政分配格局，扩大税基，加强管理入手，采取以下措施，在近期内将中国的名义宏观税负水平逐步提高到20%以上，同时大幅降低纳税人的实际财政负担水平：

(1) 通过税费改革，加强预算管理，规范财政收入制度，调整财政收入结构：将各级政府及其所属部门的所有财政性收入纳入财政预算管理，取消预算外收入，禁止一切违法收入；加大财政收入中税收收入所占的比重，降低非税收入的比重；财政性的各种基金、收费应当尽量并入税收；合理划分中央政府与地方政府的税收收入，充分调动中央和地方两个方面的积极性；坚决制止截留税收的现象；精兵简政，减少不必要的财政支出；加强预算资金使用管理。

(2) 优化税制结构，完善税种的设置和税制要素设计，适时适当调整税收政策。在税制改革的完善工作中，要突破两种不适当的传统观念：一是“既得利益不可侵犯论”，改革不能不考虑各方面的利益，但是必须不断地对各方面的利益作出积极的调整，目的是促进经济的持续发展和社会的长久稳定；二是“税收调节万能论”，税收的调节功能应当充分发挥，但是不能违背经济规律和滥用税收原则。

(3) 积极开发新的税源，发现新的税收增长点（在当前，高新技术产品、新兴产业、第三产业、非公有制经济的发展尤为值得关注）。

(4) 大力加强税收征收管理，减少税收流失，降低税收征纳成本。

(二) 从微观税负水平来看，目前存在着法定税率偏高、实际负担率（征收率）偏低的问题

例如，近年来在各国普遍降低主要税种税率的情况下，中国的增值税、营业税、关税、企业所得税（此税的税率2008年才从33%降低到25%）、个人所得税等主要税种的法定税率已经显得偏高，而纳税人的实际负担率和税务机关、海关的实际征收率并没有那样高，主要原因是各种税收优惠比较多，税制和征收管理不够严密，有些纳税人没有依法纳税，也有些税务机关和税务人员没有严格执法。

因此，微观税负水平的调整，主要应当通过适当降低主要税种的法定税率，并与其他国家特别是发展中国家、周边国家的税率水平协调；合理调整税收政策，减少不适当的和过时的税收优惠；加强征收管理，堵塞漏洞等措施，逐步缩小法定税率与实际征收率之间的差距。

二、优化税制结构

在适度的宏观税负水平下建立合理的税制结构，是充分发挥税收职能作用的必要条件。目前中国优化税制结构应当重点研究合理设置税种和设计直接税与间接税的比例，调整中央税、地方税与共享税等问题。

（一）合理设置税种

从总体上说，应当把税制作为一个整体考虑，对于拟通过税制改革达到的各种目标（如增加税收收入，提高经济效率，实现分配公平，改善税收管理等）加以权衡，对各税种的地位、作用和税种之间的关系加以协调，在合理设置税种的前提下实现税制的简化。1994 年税制改革以后，中国的税制结构已经趋于合理和简化。但是，税种重复、近似、交叉与缺位等问题仍然存在，有些过去在特定情况下设立的税种已经逐渐失去其存在的意义，应当适时加以合理调整。

1. 合并重复设置的税种。应当尽快将对内征收的房产税与对外征收的城市房地产税合并为统一的房产税。中国改革开放初期特殊情况下建立的内外有别的两套税制已经完成其历史使命，建立内外统一的税制是经济发展和对外开放新形势的必然要求。

2. 合并、调整性质相近，征收有交叉的税种。可以考虑将营业税的部分税目分别并入增值税、企业所得税和个人所得税，将城镇土地使用税、耕地占用税并入资源税或者房地产税，将车辆购置税、烟叶税和拟开征的燃油税并入消费税，将印花税分解以后并入增值税、营业税和拟开征的证券交易税，将契税并入房地产税，将船舶吨税并入车船税或者改为港口使用费。

3. 调整特定目的税。对征收某些特定目的税的必要性和征税效果应当重新认真研究，权衡利弊以后决定取舍。有些税种可以考虑并入其他税种，如将作为地方财源的城市维护建设税并入地方政府征收的营业税、企业所得税或者房地产税，将具有特殊所得税性质的土地增值税取消或者并入企业所得税、个人所得税和房地产税，将作为限制占用耕地措施的耕地占用税取消或者并入资源税、房地产税；有些税种则可以考虑取消，如固定资产投资方向调节税作为经济转轨时期的产物已经失去存在的意义，而且已经停征 9 年之久，不宜继续保留。

4. 开征必要的新税种。

（1）适时开征社会保障税（包括医疗、养老和失业等项目），配合企业、劳动、人事和医疗等制度的改革。社会保障税是各国普遍开征的，虽然各国对于这个征收项目的称谓不尽一致，有些国家称之为税收，有些国家称之为捐、费或者基金，其征收管理也并非都是由税务机关负责的，但是普遍将其视为一种特殊的税收，收入专门用于社会保障事业并发挥重要作用，则没有太大的异议。就中国目前的情况而言，虽然财政、税务和社会保障部门对于是否应当将现行的社会保险费改为社会保障税，由税务机关统一征收，一直存在很大的分歧，但是，从实际情况来看，利用税务机关现有的机构、人员、装备征收这个项目，有利于精简机构和人员，节省经费，提高工作效率，降低征纳成本，也有利于保证收入的安全入库，广东、湖北和辽宁等省的做法和经验可供参考。

(2) 适时开征新的房地产税。房地产税是各国普遍征收的一种地方税，是许多国家地方税收入的主要来源。目前中国的房地产税收制度还比较落后，其主要表现是：税种数量偏多，有些税种重复设置，内外税制不统一；有些税种是计划经济时代的产物，部分税收法规过于陈旧，已经不符合当前市场经济发展的要求；有些税种的设置不符合目前各国通行的做法；有些税种的计税依据和税率存在严重的问题；税负不够公平，税负偏重、偏轻的问题同时存在。由于上述问题的存在，中国的房地产税收收入规模很小而且税源零散，占全国税收收入和地方政府税收收入的比重都很低，对于增加财政收入和调节房地产市场的作用都很有限。另一方面，中国各级政府和有关部门在房地产方面的行政性收费很多，管理方面的问题也不少；这些收费不仅加重了纳税人的负担，而且对税收乃至政府的形象都产生了严重的不利影响。因此，可以考虑将现行的若干种房地产税收和某些合理的房地产方面的行政性收费整合，建立新的房地产税。

(3) 适时研究开征遗产税的问题。遗产税是目前许多国家征收的一个税种。征收遗产税的积极意义和作用在于：不仅可以通过对富人的遗产征税为政府增加一定的财政收入，而且可以鼓励富人生前向社会公益事业捐赠，从而有利于调节社会财富的分配，缓解贫富悬殊的矛盾；在处理国际税收关系的时候，有利于维护本国政府和本国公民的权益；从完善税制的角度来看，遗产税是财产税的重要组成部分，与所得税也有着密切的关系。所以，开征遗产税不仅有利于完善税制，发挥税收的调节作用，也有利于加强税收管理，还有利于发展社会公益事业。

近年来，对于开征遗产税出现了一些反对意见，主要是认为开征遗产税会对经济产生不利影响，征收管理难度大，收入太少，征纳成本高，一些国家陆续取消遗产税的做法说明此税不是一个良税。我认为，上述看法从特定的角度来看不无一定的道理，但是并不足以说明遗产税不是一个良税，也不能解释为什么世界上还有许多国家并不打算取消遗产税。从政治上来看，中共中央、国务院、全国人民代表大会及党和国家领导人近10多年来多次提出开征遗产税是经过慎重考虑的，体现着党和国家对于富裕阶层的分配调节政策，不宜轻易否定。从现实可行性来看，考虑到目前中国税制改革的任务很繁重，应当先急后缓，先易后难，开征遗产税的问题可以在完成增值税、消费税、营业税、个人所得税和房地产税等主要税种的改革以后再议。

对于是否有必要开征环境保护税、证券交易税的问题，我的看法是：

第一，国家鼓励发展环境保护事业的政策应当而且可以体现在税收制度当中。但是，这个问题应当尽量通过完善现行税制中的增值税、消费税、关税、企业所得税、个人所得税和资源税等相关税种的方式解决（例如，提高大排气量汽车消费税税率的做法既有利于促进节油，也有利于促进环境保护）。试图为此开征新的税种似乎没有太大的必要，也不太可行。似乎也不宜为此增设过多的、零散的、复杂的小税种，以免增加管理成本和降低工作效率。

第二，在取消印花税，撤并其他征税项目的时候，将原来对证券（股票）征收的印花税改为证券交易税，在现实条件下是可行的。但是，从长远的角度看，为了鼓励发展资本市场，并借鉴其他国家的经验，则应当尽量减少乃至取消在证券（股票）交易环节征收的税收，对证券交易所得征收所得税可能更为适宜。

经过上述调整，由中央立法的税种主要有8种，即增值税、消费税、资源税、关税、企业所得税、个人所得税、社会保障税、遗产和赠与税。其中，增值税、消费税、企业所得税、个人所得税和社会保障税应当成为主体税种。至于地方税，可以考虑在保持中央宏观调控能力的前提下向各省、自治区和直辖市适当放权。

（二）合理调整直接税与间接税的比例

随着中国经济发展水平、经济效益、税务管理和整个社会管理水平的提高，生产资料所有制和收入分配结构的变化，应当合理调整直接税（主要为所得税）与间接税（主要为货物和劳务税）的比例，逐步加大前者在税收总额中所占的比重，降低后者的比重。

目前，中国的间接税收入占税收总额的比重偏大，直接税收入占税收总额的比重偏小。前者带来的问题是：最终消费者，特别是负担增值税、营业税等普遍征收的间接税的中低收入者负担偏重，税收的累退性比较明显；同时导致一些企业税前利润偏少，在一定程度上影响了投资者的积极性。后者带来的问题是：所得税、财产税筹集财政收入和调节个人收入、财产分配的功能受到很大的限制。出现上述问题的主要原因是目前中国的经济发展水平和社会管理水平都还比较低，企业经济效益不高，个体、私营经济成分比较小，个人收入、财产的来源有限而且货币化程度不高，间接税的税基相对宽一些，比较容易征收管理，直接税则反之。

以2007年为例，中国货物和劳务税（包括增值税、消费税、车辆购置税、营业税和关税5个税种）的收入为27591.6亿元，占当年全国税收收入的58.6%；所得税（包括企业所得税、外商投资企业和外国企业所得税、个人所得税以及具有所得税性质的土地增值税4个税种）的收入为13263.0亿元，占当年全国税收收入的28.2%；财产税（包括房产税、城市房地产税、城镇土地使用税、耕地占用税、契税、资源税、车船税和船舶吨税8个税种）的收入为2704.1亿元，仅占当年全国税收收入的5.7%。

从横向比较看，中国直接税收入占税收总额的比重也比较低。以所得税为例，2006年，美国、法国、泰国、俄罗斯和智利5个国家的所得税收入占本国税收收入的比重分别为63.4%、39.4%、39.8%、38.8%和48.2%；而同年中国所得税收入占全国税收收入的比重只有27.5%，不仅低于发达国家，也低于许多发展中国家和经济转型国家，甚至不及本国20世纪80年代中期曾经达到过的水平（如1985年为34.3%）。再以个人所得税为例，2006年，美国、法国、泰国、俄罗斯和萨尔瓦多5个国家的个人所得税收入占本国税收收入的比重分别为47.8%、28.9%、11.0%、13.0%和15.2%，而同年中国个人所得税收入占全国税收收入的比重只有6.9%，与阿富汗相同。

不过，从发展趋势看比较乐观，中国直接税与间接税的比例近年来逐步趋于合理：所得税收入占税收总额的比重已经从1994年的14.8%上升到2007年的28.2%，13年间上升了13.4个百分点；财产税收入占税收总额的比重也已经从1994年的3.8%上升到2007年的5.7%，13年间提高了1.9个百分点；货物和劳务税收入占税收总额的比重则从1994年的72.0%下降到2007年的58.6%，13年间降低了13.4个百分点。我预计，在今后若干年之内这一趋势将会继续发展。

实践证明，中国直接税与间接税比例的调整不能简单地通过两者存量之间的此消彼长方式去实现，而应当从总体税负调整的角度出发，通过增量的安排实现，主要应当考虑如何随着经济发展和体制改革逐步增加所得税收入，扩大财产税收入，并将一部分非税财政收入转化为直接税收入。直接税收入增长得快了，占税收总额的比重提高了，间接税收入占税收总额的比重自然就会下降，因为两者之间的关系是此消彼长，并不需要刻意地通过减少间接税收入去实现直接税收入占税收总额比重的提高。同时，应当着眼于企业管理的改善和经济效益的提高，个人收入的增加，税收管理的加强。但是，为了实现国家特定的分配政策，在必要的时候，也可以直接采取适当的税制调整措施（如降低增值税的税率）和其他措施（如提高职工的工资）。

从近年来各国税制发展趋势来看，发达国家适当保持货物和劳务税收入在税收总额中所占的比重，重在保持税收中性；而发展中国家逐步提高所得税收入在税收总额中所占的比重，则重在发挥税收对于收入分配的调节作用，值得中国借鉴。

此外，在经济全球化、税收全球化的背景下，还应当考虑不同的税制结构对中国财政、经济的影响和国际税收关系的协调。例如，货物和劳务税在生产地征收还是在消费地征收？所得税是按照纳税人的身份（居民或者非居民）征收还是按照所得来源地征收？或者既按照纳税人的身份征收，又按照所得来源地征收？如何做到既能维护国家的税收权益，又有利于鼓励投资、消费、贸易的发展和货物、资本、技术、人员的合理流动？

（三）加快改革地方税

近 10 多年来，中国的中央税、中央与地方共享税改革进展比较大，而地方税的改革相对滞后，不利于增加地方财政收入，发展地方经济和其他各项建设事业。这也是造成一些地方非税收入、预算外收入膨胀，乱收费、乱摊派和乱罚款现象屡禁不止的重要原因之一。因此，目前应当结合税费改革，加快地方税改革的步伐。这里所说的地方税，指在中国现行分税制财政管理体制下，由地方征收管理、收入划归地方政府的税收。

目前中国地方税制度存在的主要问题表现在管理体制、税制、收入规模和结构等方面：

1. 管理体制不完善。税种划分不够合理，税源相对集中、稳定，征管相对便利，收入充足、增收潜力较大的税种，大多列为中央税、中央与地方共享税；而留给地方的大多是税源分散、征管难度大、征收成本高和收入不稳定的小税种（目前包括房产税、城市房地产税、城镇土地使用税、耕地占用税、契税、土地增值税、车船税、烟叶税和固定资产投资方向调节税 9 种，其中固定资产投资方向调节税暂停征收），地方政府无法通过地方税更有效地组织财政收入和调节经济，客观上刺激或者迫使地方政府及其所属部门通过各种非税方式筹集预算外财政资金，满足财政支出需要。此外，税收立法权过度集中在中央（上述9种地方税均由中央立法），地方缺乏应有的税收立法权和调整权，致使地方在地方税方面缺乏应有的灵活性，不利于地方因地制宜处理当地的税收问题。

2. 税制比较落后。1994年，税制改革时提出了一些关于地方税改革的设想，但是其中的一些措施时至今日未能出台，如房产税的改革。从地方税的法律地位来看，现行的各种地方税都是根据国务院（包括原政务院）发布的暂行条例征收的，这与立法法关于税收的基本制度只能制定法律规定差距很大。从地方税的税制设计来看，存在税种老化，设置重复，性质相近，交叉征收，内外不统一，城乡不统一，主体税种不牢靠，税源零散，收入微薄等问题，很难支持地方财政，促进经济发展。

3. 收入规模和结构不合理。就地方本级税收收入占国内生产总值、全国税收收入、全国财政收入、地方本级财政收入、地方全部财政收入的比重而言，中国的比重与许多国家相比并不算低。但是，中国地方税收入占国内生产总值、全国税收收入、全国财政收入、地方本级税收收入、地方本级财政收入、地方全部财政收入的比重均偏低（2007年，上述比重分别为1.2%、6.3%、5.6%、14.9%、12.7%和7.0%）；地方本级税收收入和地方本级财政收入主要来自共享税。从地方税收入的结构来看，来自房地产交易环节的税收比重过大，仅契税和土地增值税两项的收入就超过了地方税收入总额的50%；房地产保有环节的税收和房地产以外的税收比重比较小。

针对上述目前中国地方税制度存在的问题，中国地方税制度的改革应当以提高地方政府财力筹集与配置的有效性，增加地方税收入，促进地方经济、社会发展为主要目标，结合中国国情，借鉴国际经验，从改进管理体制、完善税制、合理调整收入规模和结构等方面入手，采取以下措施：

（1）改进管理体制。首先应当将地方税制度改革与中央税、中央与地方共享税制度的改革，非税收入管理制度的改革，预算管理制度的改革统筹考虑，有机地结合起来。在税种划分方面，应当使地方也拥有一些税源相对集中、稳定，征管相对便利，收入充足、增收潜力较大的税种。除了现有的房地产税以外，还可以考虑将某些货物和劳务税、所得税、财产税划归地方，如营业税、地方企业所得税、地方个人所得税和地方资源税等。在立法权方面，可以考虑将地方税的立法权划分为两个层次：一是全国统一征收的地方税种由中央立法，同时赋予各省、自治区和直辖市一定的调整权（如房地产税）；二是经中央批准，各省、自治区和直辖市可以结合当地经济和社会发展状况，在本地区开征某些独特的税种（如某些特产税和行为税）。

（2）加快地方税制度改革的步伐。首先应当尽快明确地方税制度改革的指导思想、基本原则和总体目标，据此确定改革方案的基本框架、具体内容和实施步骤。在地方税的法律地位方面，随着地方财政、税收制度改革的实施，地方税的法律地位也应当逐步提高。但是，考虑到目前地方财政、税收制度改革的艰巨性和外部环境的复杂性，在近期内普遍提高地方税的法律地位可能是不现实的。在税制设计方面，要合理设置税类和税种，设置重复、性质相近和交叉征收的税种应当简并，所有税种都应当实现内外统一和城乡统一。税类的设置可以考虑包括货物和劳务税、所得税、财产和行为税三类，税种的设置可以考虑包括营业税、地方企业所得税、地方个人所得税、地方资源税、房地产税、车船税等主要税种和一些环境保护方面的税收。在税制要素方面，各个税种的税制要素，包括纳税人、征税范围、计税依据、税率（税额标准）、征税方法和减免税规定等，都应当科学设计。例如，营业税与增值税的纳税人和征收范围应当合理划分，地方企业所得税、地方个人所得税、地方资源税与中央企业所得税、中央个人所得税、中央资源税的税基和税率（税额标准）应当合理确定，房地产税的征税范围、计税依据、税率和征税方法应当合理制定，各类减免税规定应当合理、规范等等。从发展趋势来看，营业税、地方企业所得税（法人税）、地方个人所得税、地方资源税和房地产税 5 个税种可以考虑作为地方税的主体税种：因为这些税种与地方经济发展密切相关，税源相对集中、稳定，征管相对便利，收入充足、增收潜力较大，而且这样的改革便于与现行税制和财政、税收管理体制衔接。此外，车船税和一些环境保护方面的税收可以作为辅助税种。在上述税种当中，房地产税和环境保护方面的税收最适合作为县（市）的税收。

（3）确定合理的地方税收入的规模和结构。地方本级税收收入占全国税收收入的比重可以暂时不作大的调整，其理由一是与许多国家相比，中国的这一比重已经不低；二是根据中国的现实国情，为了加强宏观调控，中央必须保持足够的财力。鉴于中国地方本级税收收入占本级财政收入的比重已经很高，地方财政收入对地方本级税收收入的依赖程度高于许多国家，地方政府应当在增加资源收入和资本收入等其他财政收入方面多下工夫，中央政府也应当适当增加对经济不发达地区的财政转移支付。地方税收入数额少，地方税收入占国内生产总值、全国税收收入、全国财政收入、地方本级税收收入、地方本级财政收入、地方全部财政收入的比重均偏低，地方本级税收收入和地方本级财政收入对共享税收入的依赖程度过高的问题，应当通过优化地方税税制结构和完善地方税主体税种来解决。地方税收入中来自房地产交易环节的税收比重过大的问题，应当通过调整房地产税负环节，即适当减少房地产交易环节的税收，增加房地产保有环节的税收，同时增加房地产税收以外的地方税收入来解决。

三、完善税种

这里主要谈谈我对完善中国现行税制中的增值税、消费税、营业税、企业所得税、个人所得税、房地产税、资源税和关税等主要税种的一些初步的设想，基本思路是从合理调整税基、税率和税收优惠入手解决问题，既要借鉴外国的经验，又不能脱离中国的国情；既要考虑现实情况，又要有长远目标。

（一）增值税

完善增值税的主要任务应当包括实行消费型增值税（以下简称增值税“转型”），调整增值税的征收范围、税率和征收率，清理税收优惠等内容。

1. 尽快在全国实行增值税“转型”，即允许增值税一般纳税人将购进固定资产的时候支付的增值税从其销项税额中抵扣，以利于进一步减少重复征税，鼓励更新设备和改进技术，促进出口。

有些人担心全面实行增值税“转型”会刺激固定资产投资膨胀和大量减少财政收入，我认为这些说法似乎难以成立：一是外国实行消费型增值税和近几年中国部分地区增值税“转型”试点的实践，都不能证明中国全面实行消费型增值税会刺激固定资产投资膨胀；二是增值税“转型”引起财政减收是静态算账的必然结论，但是数量并不是很大，以中国现实的财力而言应当可以承受；如果动态算账，改革的结果很可能不是财政减收，而是增收；三是为了适当减轻财政收入方面的压力，可以考虑先对新增的购进固定资产予以扣税，暂不考虑已经购进的固定资产的扣税问题。还可以考虑分步实施，如先解决用于生产、经营的机器、设备的扣税问题，或者先按照一定的比例扣税、逐年分步到位，或者先解决当前矛盾较为突出的部分资本密集型行业的扣税问题。

2. 对货物和部分与销售货物密切相关的劳务统一征收增值税，对大部分劳务（主要是第三产业）继续征收营业税。现行营业税税目中的某些适宜征收增值税的税目可以考虑改征增值税（如交通运输业、建筑安装业和销售不动产等），目的是解决好增值税与营业税的交叉征收和税负失衡的问题，促进相关行业的发展。印花税的部分税目（如货物购销合同等）可以考虑并入增值税。

考虑到目前增值税“转型”的艰巨性和复杂性，增值税与营业税征收范围的调整不宜操之过急。即便时机成熟，上述调整措施可以实施了，也应当充分考虑这项措施对于地方财政收入的影响，并采取适当的补偿措施（如开辟营业税的新税源，加大增值税收入地方分享的比例或者中央财政的转移支付等）。

3. 税率可以考虑暂维持 0、13%、17% 三档（考虑到增值税“转型”以后固定资产进项税额可以抵扣的因素，实际税负将会下降），以后再适时适当降低，目标应当为一般发展中国家的水平。也可以考虑先行降低粮食、食用植物油等生活必需品的税率。小规模纳税人的征收率也应当考虑适当降低。但是，为了促进保护资源和环境，配合资源产品价格调整，目前矿产品 13% 的税率应当提高到 17%。

为了平衡税负，在实行增值税“转型”和调整增值税税率的时候，增值税小规模纳税人的征收率也应当作出相应的调整。

4. 及时清理不适当的和过时的税收优惠，因为它们不符合增值税的原理和基本原则，而且不利于加强征收管理。

5. 鉴于增值税是中央与地方共享税，地方分享的部分对于地方财政收入影响很大，应当妥善处理跨地区经营的纳税人缴纳的增值税在不同地区之间的分配问题。

6. 为了适当照顾收入微薄的个体经营者，促进就业和平衡税负，应当尽快将增值税的起征点改为免征额，并根据经济发展情况和工资、物价等因素适时适当提高。

（二）消费税

完善消费税的主要任务应当包括调整征税范围、税率和税额标准、征税环节等内容。

1. 继续调整征税范围。非消费品（如酒精、汽车轮胎等）应当停止征税，对各类奢侈品（如私人飞机和高档家具、电器、服装等），高档消费品（如高级食品、饮品等）都应当征税，还可以从资源和环境保护的角度考虑增设一些税目（如电池、一次性塑料制品等）。为了简化税制，车辆购置税和拟开征的燃油税可以考虑并入此税。

我不赞成有些人关于高消费行为和高档房地产应当征收消费税的主张，因为从相关税种的功能看，对前者征收营业税（将来增值税与营业税征收范围调整的时候另论）、对后者征收房地产税可能更为适宜。

2. 适时调整税率和税额标准。为了加大税收调节力度，对于奢侈品、高档消费品和不利于资源、环境保护的应税消费品，税率应当从高。近年来各国普遍提高烟、酒类消费品和某些奢侈品的消费税税率的做法可以借鉴。

3. 适时调整征税环节。可以根据条件成熟的情况，逐步将此税由生产环节征收改为零售环节征收，由价内税改为价外税，目前可以考虑先对小汽车、摩托车、高档手表、贵重首饰和珠宝玉石等消费品试行零售环节征税。

4. 开征地方消费税或者消费税地方附加。由于各地区之间收入水平和消费水平差异很大，可以考虑允许各地在某些应税消费品的零售环节征收一定比例的地方消费税或者消费税地方附加。

（三）营业税

完善营业税的主要任务应当包括调整征税范围、税目、税率、税基和清理税收优惠等内容。

1. 调整征税范围。随着第三产业的发展，应当适当增加营业税的征税项目（如营利性的育儿、养老、教育、培训、医疗、保健、殡葬等服务，宠物服务业，各种无形资产转让等）。在适当的时候，应当将交通运输业、建筑安装业和销售不动产等适宜征收增值税的税目纳入增值税的征收范围，按照国际通行的做法逐步取消对银行的利息收入征收的营业税，将印花税的部分税目（如技术服务合同等）并入营业税。

2. 简化税目、税率。从事第三产业的大部分企业的税负应当相同，并与增值税的税负适当协调，以利于平等竞争。同时，为了保持对于某些特殊行业和特殊项目（如餐饮业、娱乐业、服务业等行业和营利性的培训、医疗等项目）的税收调节，可以考虑对它们实行幅度比例税率。奢侈性消费（如高尔夫球、高级保健和宠物服务等），高档消费（如高档宾馆、饭店、娱乐场所等）项目的税率应当从高。

3. 税基的确定应当更加科学、规范。既要体现普遍征税的原则，又要避免或者减少重复征税。在处理跨地区经营项目收入征税问题的时候，也应当充分考虑相关地区的利益。

4. 及时清理不适当的和过时的税收优惠。例如，某些过去免税的非营利项目改为营利项目以后，应当取消其原来的免税待遇。

5. 为了适当照顾收入微薄的个体经营者，促进就业和平衡税负，应当尽快将营业税的起征点改为免征额，并根据经济发展情况和工资、物价等因素适时适当提高。

（四）企业所得税

完善企业所得税的主要任务应当包括建立法人所得税、规范税基和调整税收优惠等内容。

1. 建立法人所得税。随着中国法人制度的逐步建立和完善，企业所得税最终应当改为法人所得税，与个人所得税一起构成完整的所得税体系。

2. 规范税基。目前中国新的企业所得税法及其实施条例已经公布实施，但是关于税基的许多具体规定还需要制定，企业所得税法及其实施条例也有待于在实践中完善。这里应当特别注意处理好以下问题：一是企业所得税制度应当与通行的企业财务、会计制度适当衔接，同时，为了保证国家的财政收入和体现国家的某些特定政策（如鼓励科学技术进步、环境与资源保护、特定区域和行业发展、安置就业等），两者的处理也可以有一些必要的区别；二是企业所得税制度内部的严密衔接，包括税法及其实施条例和各项配套文件之间的衔接，每项法规的各项条款之间的衔接等；三是企业所得税法规与其他税收和相关法规（如个人所得税法、增值税暂行条例、公司法和会计法等）之间的衔接；四是积极借鉴外国企业所得税制度建设的有益经验，并结合中国国情，更好地适应对外开放的需要。

3. 提前研究进一步降低税率的问题。根据我收集的 216 个开征企业所得税的国家和地区资料，2008 年，在上述国家和地区中，有 93 个国家和地区的企业所得税税率不超过 25%，占 43.1%。这表明，中国的企业所得税税率在世界上处于中等偏下的水平。但是，考虑到越来越多的国家和地区为了提高本国企业的竞争力和吸引外资，将继续降低其企业所得税税率，对此我们应当密切关注，有所准备。

4. 妥善处理优惠待遇问题。中国新的企业所得税制度规范了税收优惠，对于过去的税收优惠作了全面的清理，这是一个良好的开端。但是，随着经济、社会的发展，还会出现许多新的情况和问题，需要适时采取相应的对策（例如，2008 年，为了支持四川等地的抗灾救灾和灾后重建工作，国家规定了大量的企业所得税优惠措施）。原有的大量税收优惠措施执行期满以后，其中的不少措施也可能需要继续执行，甚至长期执行（如涉及农业、城镇就业、残疾人、文化、宣传和西部开发的措施）。

5. 妥善处理征收管理权划分和收入分配问题。从目前中国省以下税务机构分设为国家税务局、地方税务局的现实出发，可以考虑以缴纳增值税为主的企业的企业所得税由国家税务局征收，以缴纳营业税为主的企业的企业所得税由地方税务局征收，征收的企业所得税收入继续作为中央政府与地方政府共享收入，分享比例也暂时不作大的调整，并完善按照生产、经营要素进行地区间收入分配的制度。从长远看，则应当考虑未来财政管理体制、税制和税务机构改革以后企业所得税征收管理权划分和收入分配问题。

（五）个人所得税

完善个人所得税的主要任务应当包括扩大居民纳税人和征税所得的范围、改变征税模式、调整税基和税率、清理税收优惠等内容。

1. 扩大居民纳税人的范围。应当参照多数国家的做法，将认定居民纳税人的时候“在中国境内没有住所而在中国境内居住满 1 年”的期限改为 183 天，以更好地维护中国的税收权益。

2. 扩大征税所得的范围。应当逐步创造条件，将各类应当纳税的个人所得都纳入个人所得税的征税范围。除了少量法定的免税项目以外，各类所得都应当列为征税项目。

3. 改变征税模式。应当尽快将目前实行按照不同的所得分项征收的征税模式改为综合征收与分项征收相结合，以综合征收为主的征税模式。

有些人认为综合征收制度近期难以推行，主要是担心纳税人能否如实申报纳税，税务机构的管理能否跟上。我认为这些担心不无道理，但是不必过虑：其他国家，包括发达国家，在开始实行个人所得税综合征收制度的时候，各方面的条件也不是很完备，甚至至今也有不少问题，但是上述制度可以在执行中逐步完善，外国的做法和经验、教训可以借鉴。近两年中国实行年收入 12 万元以上者按年申报个人所得税的制度已经取得了一定的效果（例如，2008 年年初，全国申报缴纳 2007 年个人所得税的年收入 12 万元以上者已经达到 200 多万人，申报缴纳的个人所得税金额占全国个人所得税收入的 1/3），为下一步实行综合征收制度积累了初步的经验，可以坚定我们改革的信心。

4. 合理确定税基。特别是应当合理确定个人基本生活和赡养人口的费用，保险、住房、医疗和教育（培训）等专门费用，儿童、老人和残疾人的特殊费用等费用的扣除标准，并适时根据工资、物价和汇率等因素对上述费用扣除标准加以适当调整等。为了提高工作效率，可以考虑请全国人民代表大会授权国务院按照税法规定的原则定期调整上述费用扣除标准，以适应经济、社会发展和保障人民基本生活的需要。

如果不考虑上述多方面的因素，只是大幅度地提高统一的扣除额，不仅对生活负担沉重的低收入者帮助不大，甚至无助于那些收入低于扣除额的人，而且会使不应当减税的高收入者获益更多；按照现行税法设计的税基和工资、薪金所得适用的5% ~45%的累进税率计算，提高 100 元扣除额，达不到征税标准的低收入者无税可减；达到征税标准的最低收入者只能减税 5 元，而最高收入者却可以减税 45 元。由此可见，这种做法会明显增加个人所得税的累退性，减少政府本来可以“劫富济贫”的税收，这是不公平的。

我也不赞成有些人关于按照不同地区的收入和物价水平设计个人所得税扣除额的主张，一是因为各地的工资水平通常是在现行税制和当地现实物价水平下设计的，物价水平比较高的地区工资水平也比较高，外国也是如此；二是各国中央政府征收的个人所得税的基本扣除额都是全国统一的，但是并没有因此带来多少负面作用，中国的一些高收入、高物价地区也没有由于个人所得税实行全国统一的扣除标准而导致人才的流失。

5. 适当调整税率。根据我收集的 169 个开征个人所得税的国家和地区资料，2008 年，在上述国家和地区中，有 160 个国家和地区中央政府个人所得税的最高税率不超过 40%，占 81.7%。相比之下，中国个人所得税 45% 的最高税率明显偏高。同时应当注意到，越来越多的国家和地区正在准备降低或者继续降低个人所得税的最高税率。此外，中国对工资、薪金征收的个人所得税实行 9 级超额累进税率，税率档次与其他国家和地区相比明显偏多。因此，中国的个人所得税改革以后，对综合所得可以考虑采用 10%、20%、30%、40% 四级超额累进税率。

我不赞成有些人关于中国应当效法某些国家实行“单一税”，即按照单一比例税率征收个人所得税的主张。因为，无论是中国的实践还是外国、特别是发达国家的经验，都可以证明累进的个人所得税对于适当调节个人收入的差距具有重要的作用。当然，也不能指望依靠个人所得税一个税种解决调节个人收入差距的所有问题。

6. 加强个人所得税与企业所得税之间的协调，主要涉及纳税人、税基、税率和税收优惠等方面。应当以免税法、减税法或者归集抵免法解决企业所得税和个人所得税重叠征收的问题，以鼓励个人投资，促进资本市场发展，增加个人的财产性收入。

7. 及时清理不适当的和过时的税收优惠，免税、减税的重点应当是鼓励为社会做出突出贡献的人才和照顾生活困难的低收入人员。

8. 妥善处理中央与地方的收入分配问题。个人所得税收入可以继续作为中央政府与地方政府共享收入，可以考虑用税率分享的方式划分中央与地方的收入，或者将个人所得税划分为中央政府和地方政府分别征收的个人所得税。从长远看，也应当考虑未来财政管理体制、税制和税务机构改革以后个人所得税征收管理权划分和收入分配问题。

（六）房地产税

完善房地产税的主要任务应当包括统一税法、简化税制、扩大税基、合理设计税率等内容。

1. 统一税法，简化税制。可以考虑将现行的房产税、城市房地产税、城镇土地使用税、耕地占用税、契税和某些合理的房地产方面的行政性收费合并为统一的房地产税。

2. 扩大税基。房地产税的征税范围应当扩大到个人住宅和农村地区，并按照房地产的评估值征收。同时，通过规定适当的免税项目和免征额的方法将低收入阶层排除在征税范围之外。

3. 合理设计税率。房地产税的税率应当根据不同地区、不同类型的房地产分别设计，由各地在规定的幅度内掌握，如普通住宅和生产、经营用房地产的适用税率从低，高档住宅和高尔夫球场的适用税率从高；中小城市房地产的适用税率从低，大城市房地产的适用税率从高。

4. 应当将房地产税作为中国地方税的主体税种加以精心培育，使之随着经济的发展逐步成为县（市）税收收入的主要来源，并且在全国统一税制的前提下赋予地方政府较大的管理权限（包括征税对象、纳税人、计税依据、税率和减免税等税制要素的适当调整），以适应国家之大，各地经济发展水平不同的实际情况，促使地方因地制宜地通过房地产税增加财政收入和调节房地产市场。

（七）资源税

完善资源税的主要任务应当包括调整纳税人、征税范围、计税依据和税负等内容。

1. 扩大纳税人范围，应当对开发、利用应税资源的中外纳税人统一征税。

2. 扩大征税范围，可以考虑将土地、森林、草原和水源等自然资源纳入征税范围，进一步体现国有自然资源有偿使用的原则。

3. 结合资源产品价格调整和收费制度改革，适时取消不适当的减免税，并适当提高税率和税额标准，以利于节约资源和保护环境，调节资源开采企业的资源级差收入，增加财政收入。

4. 对部分价格变化比较频繁、幅度比较大的应税资源产品改从量定额征税为从价定率征税，以保证财政收入的稳定增长。

5. 从理论上说，自然资源为国家所有，资源税可以列为中央税。但是，考虑到地方行政管理、财政和征收管理的实际情况，此税可以继续列为中央与地方共享税，让地方得大头。

（八）关税

完善关税的主要任务，一是继续逐步适当降低进口关税的税率水平，以利于发展对外贸易；二是更加充分地利用进出口关税调节进出口货物的数量和结构，保持并扩大中国货物的国外销售市场，保证国内市场供应，促进国内的资源和环境保护，减少与其他国家和地区的贸易摩擦。

此外，税务机关的征收管理能力对于税制改革的推行乃至成败至关重要。有力的征管可以推动税制改革的顺利开展；反之，再好的税制也将难以实施。因此，从短期来看，在征管能力许可的限度以内改革税制是非常现实的。但是，从长远来看，征管能力是可以逐步提高的，并且是税制改革的一个重要组成部分。目前强化税收征管的主要措施应当包括：建立健全各类规章制度，实行规范化管理；加快税收管理信息化的步伐，提高工作质量和效率；为纳税人提供优良服务，特别要加强税法宣传和指导；严惩偷税、逃税、骗取出口退税和抗税等违法者；不断提高税务人员的政治、业务素质，改进税务机关的工作作风；加强税务机关与各有关部门的配合，改善依法治税的社会环境；努力降低税收征纳成本。

如同中国的经济改革与发展一样，中国税制的改革与发展也是一个循序渐进的过程。税制改革不能超越经济和社会的一定发展阶段，不能超过各级立法、司法、行政部门（包括税务机关）和纳税人的承受能力。我们不能不承认，由于国内政治、经济、科技、文化、法制、道德水平和国际环境等诸多因素的制约，中国在短期之内要建成像发达国家那样的比较理想的先进税制是不现实的。但是，只要我们坚持正确的改革方向，奋发努力，锲而不舍，就一定能够一步一步地实现既定的目标，把中国的税制建设事业不断推向前进，为中国的改革开放和经济、社会发展做出新的、更大的贡献。对此，我们应当充满信心和希望。

参考文献：

1. 全国人民代表大会常务委员会、国务院、财政部、国家税务总局、海关总署、国家统计局和新华社网站。

2.《全国人民代表大会常务委员会公报》、《国务院公报》、《国家税务总局公报》、《人民日报》、《经济日报》、《中国财经报》、《中国税务报》、《中国经济时报》、《财政研究》、《税务研究》、《涉外税务》、《财贸经济》、《中国统计年鉴》、《中国财政年鉴》、《中国税务年鉴》等报刊。

3. 财政部税务总局、国家税务局、国家税务总局编辑的各种税收文件、法规汇编。

4. 财政部财政科学研究所、国家税务总局税收科学研究所的有关研究报告、研究资料和其他材料。

5. 联合国、世界银行、国际货币基金组织、世界贸易组织、经济合作与发展组织等国际组织和部分外国税收专家发表的有关资料、研究成果。

（作者工作单位：国家税务总局税收科学研究所）

推进政府收入结构性改革应对经济增长与转型挑战[①]

王道树[②]

一、新时期我国经济增长与转型面临严峻挑战

从2007年美国次贷危机爆发以来，国内外经济环境发生了深刻的变化。虽然说我国宏观经济的基本面没有发生根本性变化，但是今后一段时期要实现国民经济又好又快地发展将面临更加严峻的挑战。

从全球经济看，据IMF统计，1996～2006年全球GDP平均增长率达到4.2%，而最近5年的平均增速更高达4.9%。但是，从2007年下半年开始全球经济出现回调之势。2007年第三季度世界经济增长5%，2008年第一季度则回落到4.5%；据IMF预测，2008年全年和2009年世界经济将分别增长3.7%和2.2%[③]。进入2008年9月，美国次贷危机进一步演变为全球性金融危机，对世界经济增长的负面影响愈加深重。

---

① 本报告原为国家税务总局税收科学研究所主持召开的“中长期税制结构优化”座谈会的交流论文，提交时间为2008年10月8日。在此发表时，略作修改。

② 陈永跃同志在经济数据处理、郎卉同志在外国数据处理上为本文做出了贡献，特此说明。

③ IMF于2008年7月发布的《世界经济展望》预计世界经济增长率分别为4.1%和3.9%；而IMF于2008年10月预警2009年全球经济将陷入衰退，参见2008年11月7日新浪财经网，http：//www.sina.com.cn。

从我国经济看，进入新世纪以来（2001～2007 年）我国 GDP 以平均 10.2% 的速度迅猛增长，2007 年全年高达 11.9%。但是，自 2007 年第四季度开始 GDP 增速开始下降（当季为 11.3%）；2008 年前三个季度又分别降至 10.6%、10.1% 和 9.0%。据 IMF 预测，2008 年全年和 2009 年我国 GDP 将分别降至 9.7% 和 9.8%[①]。

更为值得我们深入思考的是经济增速回落这一表象背后的影响中长期经济发展的决定因素。从全球来看，以信息技术为标志的新科技革命大大提高了生产率，经济全球化又使得世界范围内不同经济体的比较优势得以充分发挥，两者共同促进是过去 10 多年世界经济出现“黄金增长期”的主要原因。但是，随着新技术扩散效应和“全球化红利”的递减，全球经济势必进入一个较长的调整期。而美国以长期超低储蓄和负债消费为主要特征的经济增长模式所存在的弊端，在本轮金融危机中也充分暴露出来。从国内来看，市场化取向的体制改革释放了巨大的生产力，加入 WTO 又为我国经济拓展了巨大的国际市场空间，使得我国劳动力比较优势充分发挥出来，保证了我国经济长期以接近两位数的速度增长。但是长期以来，我国经济发展方式没有实质性转变，在全球产业链上我国总体上处于简单加工制造这一附加值较低的环节，经济增长高度依赖低成本要素投入和外部市场需求。在全球经济增速减缓、外部需求趋弱的背景下，在国际原油、铁矿石、粮食等大宗商品价格高企（虽然近期已回落），国内环境、资源、土地、劳动力等要素成本快速上升的新阶段，一方面我国经济增长的空间大受制约，经济增速势必放缓；另一方面，出路只能在于实现增长方式转型，这比以往任何时候都要紧迫。这就是当前乃至今后一个时期我国经济面临的双重挑战。

在这一背景下，为企业松绑减负、帮企业顺利转型，社会上“减税”呼声不断，经济决策部门必须正确认识和回应这一要求。笔者认为，有几个问题是不可回避的：一是应对经济增长与转型的双重挑战，应当如何优化国民收入分配格局以减轻企业、居民负担；二是在优化国民收入分配格局过程中，应当如何优化政府收入格局；三是如果需要减轻企业、居民税收负担，那么应当如何优化税制结构？

① 我国数据来自国家统计局发布的统计数据；我国经济预测数据源自 IMF 于 2008 年 7 月发布的《世界经济展望》。

二、拓展经济增长空间要求调整国民收入分配格局

新时期保持我国国民经济平稳较快增长，扩大国内需求至为关键。这也是我国经济作为一个大国经济，保持可持续稳定增长的根本要求。如何扩大内需？众多研究表明，必须优化国民收入分配格局。这就涉及到我们所关心的调整政府收入格局和优化税制结构的问题。以下分几个层次进行分析。

（一）最终消费对于我国国民经济增长的贡献逐年下降，其占 GDP 比重逐年降低，这是我国经济严重依赖外需的内在原因

从表 1 可以看出，长期以来我国 GDP 构成中消费比重过低、投资比重过高、净出口比重较大；特别是最近几年，这种趋势进一步加剧。2007 年，相较于发达国家，我国消费占 GDP 比重（只有 49%）低约 30 个百分点。从对经济增长的贡献率来看，我国经济增长严重依赖外需的局面在最近几年表现得尤为突出，约 1/5 ~1/4 的增长来自外需。另外，值得特别指出的是，虽然我国投资在 GDP 中占有较高比重，但这些投资当中有很大一部分是面向出口导向型制造业的，这类制造业生产的产品主要用来出口。考虑到这一因素，我国经济增长对外部需求的依赖程度就更加严重。

表 1　我国消费、投资和净出口占 GDP 比重及其贡献率　单位:%

年份	占 GDP 比重			对 GDP 增长贡献率		
	最终消费	资本形成总额	货物和服务净出口	最终消费	资本形成总额	货物和服务净出口
1998	59.6	36.2	4.2	57.1	26.4	16.5
1999	61.2	36.2	2.6	76.8	24.7	-1.5
2000	62.3	35.3	2.4	63.8	21.7	14.5
2001	61.4	36.5	2.1	50.0	50.1	-0.1
2002	59.6	37.9	2.5	43.6	48.8	7.6
2003	56.8	41.0	2.2	35.3	63.7	1.0
2004	54.3	43.2	2.5	38.7	55.3	6.0
2005	51.8	42.7	5.5	38.2	37.7	24.1
2006	49.9	42.6	7.5	38.7	42.0	19.3
2007	49.0	42.1	8.9	39.7	38.8	21.5

资料来源：根据《中国统计摘要》（2008）中的数据计算。

（二）我国最终消费当中政府消费所占比重持续增加，而居民消费所占比重持续缩减，居民消费对于我国经济增长的贡献程度明显降低

从表2可以看出，我国GDP中最终消费所占比重，由2000年前后的62%左右降低至2007年的49%，国内最终消费对经济增长的贡献率过低。而在全部最终消费当中，政府消费所占比重又直线上升，居民消费所占比重却直线下降，两个比重在2007年分别是28%和72%，两者一个提高4个百分点，一个降低4个百分点。由此揭示出，我国国内市场需求不振的主要原因在于居民消费没有有效地启动。相对于发达国家居民消费在全部最终消费中所占比重，这既是我国经济结构失衡的突出表现，也是进一步拓展我国经济增长空间的潜力所在。

表2　　我国居民消费与政府消费所占比重变化情况　　单位：%

年　份	最终消费占GDP比重			占最终消费比重	
	合　　计	其中：居民消费	其中：政府消费	居民消费	政府消费
1998	59.6	45.3	14.3	76.0	24.0
1999	61.2	46.1	15.1	75.3	24.7
2000	62.3	46.4	15.9	74.5	25.5
2001	61.4	45.2	16.2	73.6	26.4
2002	59.6	43.7	15.9	73.3	26.7
2003	56.8	41.7	15.1	73.4	26.6
2004	54.3	39.8	14.5	73.3	26.7
2005	51.8	37.7	14.1	72.8	27.2
2006	49.9	36.3	13.6	72.7	27.3
2007	49.0	35.3	13.7	72.0	28.0

资料来源：根据《中国统计摘要》（2008）中的数据计算。

（三）我国政府、企业和城乡居民在国民收入分配中的地位走向各异，政府收入所占比重在不断提高，居民收入所占比重下降明显，企业收入的比重则先降后升

从表3可以看出，1998年以来政府收入占GDP比重由18.03%上升到2006年的21.7%；城乡居民收入占GDP的比重则由68.94%下降到59.23%；企业利润所占比重总体也呈上升之势（近年有些波动）。以上三方面此消彼

长，显现了近年来我国国民收入分配格局的基本特征。这说明，城乡居民收入分配地位下降是影响我国居民消费在国内最终消费以至整个 GDP 中所占比重的内在的、直接的原因。

表 3　我国政府、居民和企业收入占 GDP 的比重　单位：%

年　份	国民总收入	企　业	政　府	城乡居民
1998	100	13.03	18.03	68.94
1999	100	13.95	17.89	68.17
2000	100	15.58	18.91	65.50
2001	100	17.44	18.70	63.87
2002	100	17.68	19.21	63.11
2003	100	18.00	19.56	62.44
2004	100	20.33	19.85	59.81
2005	100	20.04	20.55	59.41
2006	100	19.07	21.70	59.23

注：为可支配收入的比重。

资料来源：根据《中国统计年鉴》有关数据计算。

综合以上三个层次的分析，我们发现，城乡居民收入和支出的相对水平都在下降，而政府部门收入和支出的相对水平却在逐步上升。因此，拓展经济增长空间，必须着力扩大内需，以稳定的内需增强我国经济抗击国际经济波动风险；扩大内需，必须着力提高国内消费所占比重，其中增强居民消费需求最为关键；扩大居民消费，从根本上来说，需要提高企业、居民的相对收入水平，减少政府的相对收入水平。如何实现这一目标，这就涉及到我们所关注的优化政府收入格局的问题了。

三、减轻企业、居民经济负担要求优化政府收入格局

谈到减轻企业、居民的经济负担，人们自然会想到“减税”。近期世界经济增速放缓以来，确有不少国家通过减税（甚至退税）来刺激投资和消费。那么，对于我国来讲，是否也自然地得出“减轻企业、居民负担 = 减税（退税）”这样的公式呢？要认识这个问题，首先得通过国际比较了解我国与其他国家在政府收入结构上的差异。

为了便于国际比较，我们按照 IMF 的分类方法并结合我国实际，将一国政府收入分为三个部分，即税收收入①、非税收入②和社会保障缴款③，相应地一国企业、居民承受的总体经济负担也划分为税收负担、非税负担和社会缴款负担三个部分。以下将我国与发达国家和发展中国家的三类负担水平进行比较。

（一）中外企业、居民总体经济负担水平的比较

从表 4 可以看出，就企业、居民总体经济负担而言，1998～2006 年发达国家④加权平均水平呈先降后升趋势，其间有所波动，近年略有上升，2006 年在 40% 左右；发展中国家⑤自 2002 年以来的加权平均水平呈现上升之势，2006 年为 35% 左右；我国自 1998 年以来基本呈现直线上升之势，由 1998 年的近 19% 上升至 2005 年的 28% 以上，上升 9 个多百分点。以 2005 年的数据进行简单比较，发达国家平均水平比我国高出 10 个百分点左右，发展中国家平均水平比我国高出 5 个百分点。

如果就此来看，似乎可以得出结论，我国企业、居民的总体经济负担水平并不很高。但是，必须注意的是，上述统计中并没有包括一些基层政府擅自设立和收取的制度外收入。这方面目前虽无统计，但从一些典型调查来看，其负担是不轻的。

① 本文所称“税收收入”，按照国际货币基金组织（IMF）的定义，笔者对国家税务总局公布的税收收入数据予以调整，指包括农业税、牧业税、农业特产税、耕地占用税、契税、关税和其他各项税收在内的全部税收收入，减去出口退税；但是，其中不包括社会保障缴款。

② 依照我国财政部的定义（《财政部关于加强政府非税收入管理的通知》，财综［2004］53 号），“非税收入”是指除税收以外，由各级政府、国家机关、事业单位、代行政府职能的社会团体及其他组织依法利用政府权力、政府信誉、国家资源、国有资产或提供特定公共服务、准公共服务而取得的财政资金。本文所称“非税收入”，在财政部定义的基础上，加上地方土地出让收入。

③ 国际货币基金组织（IMF）定义的社会缴款是雇主代表雇员或雇员、自营职业者或无业人员自己缴款形成的实际收入或估算收入，这些缴款使缴款者、受其赡养者或遗属获得享受社会福利的权利，分为社会保障缴款和其他社会缴款。在我国，通常把这些缴款通称为社会保险基金。为了统一名称和行文方便，本文通称为“社会保障缴款”。

④ 表 4 中“发达国家”的选取，主要考虑可获得统计数据的连续性，包括奥地利、比利时、加拿大、丹麦、芬兰、法国、德国、希腊、爱尔兰、意大利、日本、卢森堡、荷兰、葡萄牙、西班牙、瑞典、英国和美国，共 18 个国家；数据来源主要取自经济合作与发展组织（OECD）的《收入统计年鉴》。

⑤ 表 4 中“发展中国家”的选取，主要考虑可获得统计数据的连续性，包括阿根廷、保加利亚、智利、哥伦比亚、捷克、匈牙利、印度、伊朗、马来西亚、墨西哥、蒙古、秘鲁、波兰、罗马尼亚、斯洛伐克、南非、泰国、土耳其和越南，共 19 个国家；数据来源主要取自国际货币基金组织（IMF）的《政府财政统计年鉴》。

表 4　我国与发达国家、发展中国家企业、居民总体经济负担比较　单位:%

年　份	发达国家	发展中国家	中　国
1998	44.46	n. a.	18.76
1999	45.38	n. a.	20.41
2000	46.21	n. a.	21.89
2001	39.87	n. a.	23.97
2002	37.11	25.63	25.24
2003	36.97	31.49	27.85
2004	37.19	31.54	27.07
2005	38.20	33.21	28.20
2006	40.33	35.04	n. a.

资料来源：中国经济数据来自于《中国统计年鉴》（2007），中国税收数据来自于国家税务总局；其他国家数据则根据国际货币基金组织（IMF）《Government Finance Statistics（政府财政统计年鉴）》（2007）和经济合作与发展组织（OECD）《Revenue Statistics（税收收入统计）》（1965～2007）公布的有关数据计算而得。

（二）中外企业、居民税收负担水平的比较

从表 5 可以看出，1994 年以来，发达国家的加权平均税收（不含社会保障缴款）负担水平总体上没有大的变化，由 1994 年的 23.4% 先升后降，至 2006 年为 24.6%；发展中国家的加权平均税负水平在 18%～21% 的区间波动；我国则呈现快速上升之势，在 1994 年（当年为 10.6%）改革之初几年小幅微降以后从 1997 年开始直线上升至 2006 年的 16.8%。以 2006 年的数据进行简单比较，我国比发达国家加权平均的税收负担水平低 8 个百分点，比发展中国家平均低 4 个百分点。

这说明，单纯就税收负担而言，并不能得出结论说，中国的税收负担高于其他国家平均水平，不论是对发达国家，还是对发展中国家，均是如此。

表 5　我国与发达国家、发展中国家税收负担比较　单位:%

年　份	发达国家	发展中国家	中　国
1994	23.43	n. a.	10.63
1995	23.71	n. a.	9.86
1996	24.06	n. a.	9.69
1997	24.36	n. a.	10.78
1998	26.44	n. a.	11.10

续表

年　份	发达国家	发展中国家	中　国
1999	26.33	n. a.	11.90
2000	23.79	18.33	13.18
2001	23.43	18.21	14.06
2002	22.07	16.83	14.26
2003	21.59	19.22	14.89
2004	22.04	19.16	14.68
2005	22.96	20.02	16.04
2006	24.60	20.75	16.79

资料来源：同表4。

（三）中外企业、居民社会保障缴款负担水平的比较

从表6可以看出，1994年以来，发达国家社会保障缴款负担水平基本稳定在10%左右；发展中国家近年来则大体在3.9%～6.6%之间。我国自1994年以来虽然呈快速上升之势，但绝对水平仍然非常之低，2006年才达到4.12%。这一水平，比发展中国家平均水平低2.5个百分点，更比发达国家平均水平低6.4个百分点。

表6　我国与发达国家、发展中国家社会保障缴款负担比较　单位：%

年　份	发达国家	发展中国家	中　国
1994	10.01	n. a.	1.54
1995	10.18	n. a.	1.65
1996	10.17	n. a.	1.76
1997	9.86	n. a.	1.85
1998	9.77	n. a.	1.93
1999	9.88	n. a.	2.47
2000	9.76	n. a.	2.67
2001	10.01	n. a.	2.83
2002	10.11	3.89	3.36
2003	10.15	5.45	3.60
2004	10.00	5.57	3.62
2005	10.15	5.79	3.79
2006	10.48	6.64	4.12

资料来源：中国社会保障缴款数据，取自全国人大预算工作委员会《我国财政体制改革研究》课题组研究成果，刘积斌主编：《我国财政体制改革研究》，中国民主法制出版社2008年版）；其他数据同前表。

（四）中外企业、居民非税负担水平的比较

从表 7 可以看出，1998 年以来，发达国家加权平均的非税负担水平基本保持稳定，大体在 3% ~5% 左右；发展中国家加权平均的非税负担水平在 4.9% ~7.6%之间，近年也有上升之势。我国与其他国家相比，则呈现快速上升之势，由 1998 年的 5.7% 快速上升至 2005 年的 8.4% 。以 2005 年的数据进行比较，我国比发达国家加权平均值高出 3.5 个百分点，比发展中国家也高 1 个百分点。

表 7　　我国与发达国家、发展中国家非税负担比较　　单位：%

年　份	发达国家	发展中国家	中　国
1998	4.25	n. a.	5.73
1999	4.28	n. a.	6.05
2000	4.05	n. a.	6.05
2001	3.08	n. a.	7.08
2002	4.94	4.91	7.61
2003	5.04	6.81	9.37
2004	4.90	6.81	8.77
2005	4.81	7.41	8.37
2006	5.25	7.64	n. a.

资料来源：同表 4。

（五）我国与发达国家、发展中国家不同形式政府收入所占比重的比较

综合以上统计数据，我们可以进一步就政府收入当中不同形式的收入所占比重进行比较。从表 8 可以看出：第一，发达国家和发展中国家税收收入占整个政府收入的比重均在 60% 左右，我国则低 7 ~8 个百分点。这说明，我国税收分配还没有成为政府参与国民收入分配的主导形式；第二，发达国家社会保障缴款收入占整个政府收入的比重近 26%，发展中国家平均水平也达 19%，我国仅占 13%。这说明，我国社会保障在总体上仍处于相对较低的水平；第三，我国非税收入占整个政府收入的比重明显偏高，不仅高于发达国家 22 个百分点，而且高于发展中国家 13 个多百分点。如果考虑到我国基层政府部门制度外收费的情况，那么这一比重还会更高。这说明，我国企业、居民反映总体负担偏重主要是由于非税负担造成的，同时说明我国政府参与国民收入分配的规范化程度还比较低。

表 8　2005 年我国与发达国家、发展中国家不同形式政府收入负担比较　单位:%

类　别	发达国家	发展中国家	中　国
税收（不含社会保障缴款）负担	60.5	60.3	56.9
社会保障缴款负担	26.8	17.4	13.4
非税负担	12.7	22.3	29.7
总体经济负担	100	100	100

综合以上分析，我们认为，在新一轮财税体制改革过程中，必须把改革政府收入格局作为拓展经济增长空间的一项关键举措。而改革政府收入格局，必须实行清费正税的结构性改革思路，要采取切实措施将 10 年前就已明确提出的费改税的艰巨任务落到实处，比如社会保障、道路交通、环境污染以及城镇建设过程中的收费改革等。如果不研究我国政府收入格局的独有特征，单一地指望通过“减税”来达到减轻企业、居民负担，那么不仅不能实现最终目标，反而有可能形成“税退费进”的被动局面，从而进一步恶化本不合理的政府收入格局，使政府参与国民收入分配的方式更加不规范。

四、促进经济增长与转型要求实施有增有减的税制改革

在强调必须实施政府收入格局的结构性改革、大力推进费改税的同时，笔者也主张实施必要的税制改革，以应对我国经济面临的增长与转型的双重挑战。税制改革同样应当坚持有增有减的结构性改革思路，增减什么、增减多少，必须取决于当前和今后一个时期我国推动科学发展、促进社会和谐的总体目标。

众多学者已就各个税种改革的具体内容发表过很多真知灼见，笔者在此仅想就巩固农业基础、发展现代服务业、提升制造业核心竞争力、促进资源有效利用和环境生态保护、推动和谐社会建设等方面，从更新税制改革理念、优化税制结构的角度谈些粗浅的认识。

（一）强化税收政策强农惠农取向，着力打牢我国经济全面协调可持续发展的农业基础

党的十七届三中全会明确指出，“我国总体上已进入以工促农、以城带乡的发展阶段”，“进入破除城乡二元结构、形成城乡经济社会一体化新格局的重要时期”。这是党中央着眼我国经济社会发展全局、着眼开创社会主义新农村建设新局面而做出的重大判断。在税制上，我国从 20 世纪 90 年代末开始农

村税费改革，在此基础上于2006年全面取消农业税这一专门针对农民和农业生产的歧视性税种；在税收政策上，也针对农业基础设施建设、农产品生产流通、农业技术服务和农村金融等方面出台一系列优惠政策，总体上体现了支农惠农的政策导向。但是，按照党的十七届三中全会决定的要求，适应政治经济形势的重大变化，我国涉农税收制度还必须进一步完善，强农惠农的税收政策取向还必须进一步强化。以下从理念认识和政策内容两方面谈点初步的理解：

1. 从涉农税制理念上，要澄清所谓农业税取消后“农村和农民无税”的错误认识。取消农业税之后，农民是不是不交任何税了？答案是否定的。我国实行的是以货物劳务税为主体的复合税制，农民作为农产品生产者、作为各类商品的消费者，都在缴纳增值税、消费税、所得税以及其他税收。比如，农民和城市居民一样，购买任何种类的生活消费品，都已经缴纳了增值税（或者同时缴纳了消费税）；农民生产农产品虽然免征增值税，但是农民购买的农业生产资料中已经含有增值税；农民储蓄存款的一点利息，也已缴纳了个人所得税（利息所得税停征以前）等等。值得我们深思的还有，由于现行税收收入归属机制的缘故，农民缴纳的这些税收，基本上都归属于城镇政府，而没有归属于农民实际所在的乡镇政府，没有成为农村公共产品和公共服务的财力来源。因此，我们不能只看到农业税这一专门针对农民和农业生产的税种，而不看其他税种和有关税收收入的归属机制存在的问题。

2. 从涉农税收政策内容上，要全面贯彻党的十七届三中全会决定关于农村改革发展的部署，强化税收政策强农惠农政策取向。要进一步减轻农业生产税收负担，包括完善农民个人从事农产品生产免征增值税和个人所得税政策、新企业所得税法支农促农政策、农产品出口退税政策和支持科技兴农政策等；要进一步支持农业产业化生产经营，包括完善农产品连锁经营税收优惠政策、连锁经营企业汇总纳税政策，促进农业生产专业合作组织发展的税收政策，鼓励发展农村现代流通业的税收政策，深化改革农产品加工增值税政策等；要进一步加大农村剩余劳动力转移就业的税收政策引导力度，包括对为进城务工农民提供就业培训的机构给予适当税收优惠，探索与建立适应当前农村经济发展水平的农村社会养老保险制度有关的税收制度和税收政策等；要进一步完善鼓励农村公共事业发展的税收政策，包括完善促进农村义务教育、农民文化医疗卫生服务、农村金融保险服务、农业信息科技服务等公共服务项目的税收政策，对投资农村水利、电网、交通等基础设施项目给予税收支持等，引导和鼓励社会资金向农村基础建设和公共服务领域投入，等等。

（二）改革服务业税收制度，着力拓展我国经济增长的空间

当代世界经济发展的一个重要特征就是经济的服务化。2004 年全球经济增加值中 68% 是由服务业创造的（阎坤，2008 年），而 2007 年我国第三产业增加值只占 GDP 的 40%。加快发展服务业，尽快使之成为主导产业，既是党中央确定的我国经济发展的长期战略，也是应对当前经济增长与转型挑战的现实策略。然而长期以来，我国经济政策主要倾向于支持工业尤其是制造业的发展，对服务业重视和支持不够。

表 9　　2001～2007 年我国分产业宏观税负情况　　单位：%

年度	全部税负	第一产业税负	第二产业税负	第三产业税负
2001	13.83	0.09	17.15	14.44
2002	14.12	0.04	18.29	13.56
2003	15.07	0.03	18.97	14.54
2004	16.09	0.02	20.30	15.77
2005	16.79	0.03	20.56	16.80
2006	17.85	0.06	20.64	18.85
2007	19.82	0.05	21.45	22.51

注：1. 表中税收数据来源于《中国税务年鉴》；经济数据来源于《中国统计年鉴》。

2. 表中计算“全部税负”时，其分子仅包含税务机关负责征收的税收收入，没有包含关税和农业税、农业特产税、牧业税、耕地占用税和契税，没有扣除出口退税。

经济发展的这一传统思路，在 1994 年税制改革方案的设计中也有明显的体现。可从两个角度概括地加以分析：第一，从税收制度层面看，1994 年税制改革时将消除工业（尤其是制造业）领域里存在的税制障碍作为主要矛盾予以解决，而对服务业重视不够。对商品生产和流通领域开征与国际惯例比较一致的增值税，重点解决产品税因为重复征税而对有形商品生产和流通的阻碍作用，工业化优先发展意向十分明显。对于批发零售业以外的服务业而言，其重要性在税制设计者眼中显然低于工商业：不但没有着力解决这一领域同样存在的重复征税矛盾，继续对服务业道道环节全额征收营业税，而且将营业税作为整体改革方案的配角，服从于利益格局的总体调整；第二，从税收负担层面看，1994 年税制改革以后，第二产业税负自 2001 年以来有所提高，但幅度不大，税负水平相对比较稳定；第三产业税负则快速提高，从 2001 年到 2007 年提高了 8 个百分点（见表 9）。相对于第二产业近年来的快速增长和效益明显提升，第三产业税负的快速提高表明，在服务业领域里我国税制的收入弹性很

高，边际税收负担很不平衡。

现在，国家加快发展服务业的目标已定，服务业税收制度必须尽快改革。从改革目标来说，既要刺激服务业需求的快速增长，又要促进服务业有效供给能力的快速成长；既要大力发展消费性服务业尤其是面向民生的服务业，更要依据我国工业化发展所处阶段重点促进生产性服务业的发展。从改革内容来说，要以营业税、增值税改革为重点，辅之以其他税种改革。一要扩大增值税征税范围。要将目前矛盾最为突出的、与制造业关系最为紧密的交通运输业、物流业、建筑业纳入到增值税征收范围内，尽快消除重复征税，促进这些服务业专业化分工水平的提高，引导制造业对这些服务业需求的增加，同时降低整体的税收征管成本；二要整体性优化营业税制。营业税制的诸多要素，包括征税范围、税目分类、行业税率、计税依据及优惠政策等，都需要整体性地、统筹性地改革。一些新兴的经济权益转让行为应当纳入征税范围，税目行业之间的分类既需要整合又需要细化，对于服务性外包和代理行业的计税依据应当实行差额征税，行业税率的设计既要与计税依据调整相统筹又要更多地体现国家社会经济政策目标，优惠政策的调整要紧密适应服务业的发展变化并加大公共服务业和生产性服务业的优惠力度等；三要完善其他税种对服务业的优惠措施。如：企业所得税方面，可考虑将符合一定标准的知识和技术密集型生产性服务业认定为高新技术企业，享受优惠税率；出口退税方面，其税种范围不应仅仅局限于增值税和消费税，也可考虑有选择地扩展到部分劳务输出的营业税，尽快拓展服务业外包国际市场；在房地产税制改革中亦应更好地体现政策目标，减轻流转交易环节税负，消除重复征税，等等。

（三）改革制造业税收制度，着力提升我国经济核心竞争力

改革开放以来，我国工业（特别是制造业）快速发展，并获得“世界工厂”之名。据统计，我国工业增加值在 1979 ~2007 年保持了 11.6% 的平均增速，按不变价计算 2007 年的工业增加值是 1994 年的 3.98 倍。这一成就的取得，从一个角度来说，与我国税收制度鼓励工业（特别是制造业）发展是分不开的。1994 年税制改革，消除旧的产品税重复征税之痼疾，有力地促进了商品的生产流通和制造业的社会化、专业化分工，我国制造业生产能力得以极大地提高；同时，在增值税改革的基础上建立出口退税制度、实行加工贸易税收政策，进一步强化了鼓励制造业出口的导向。

但是应当看到，我国制造业变“大”并没有自然地变“强”。据分析（Robert Koopman 和魏尚进，2008），虽然中国出口规模已经很大（2007 年为

93457亿元，占GDP比重达37.5%)，但是从附加值分配角度看，外国从中占有的附加值近乎50%，比10年前还略高[①]；而世界平均的国外附加值水平为21%，美国、日本、澳大利亚都在10%以下，法国和德国大约是15%，韩国和我国台湾地区大约是35%。针对这一现状，党的十七大提出要走新型工业化道路，实现由主要依靠增加物质资源消耗向主要依靠科技进步、劳动者素质提高、管理创新转变，从而提高我国经济的核心竞争力。

为此，必须抓紧相应改革制造业税收制度。首先，从理念上需要打破过去基于传统工业化模式而形成的生产成本概念。在信息社会和知识经济时代，新型工业化对应的生产成本不仅仅是物质资料的投入，更多地表现为技术（以及作为技术载体的先进设备）、服务和人力资本[②]的投入。我国货物劳务税制度典型地体现了传统的成本概念：实行生产型增值税，只允许原材料购进所含税金可以抵扣，不允许购置机器设备所含进项税金予以抵扣；商品生产与生产性服务分别征收增值税与营业税，生产性服务投入所征劳务税不允许从增值税销项中抵扣，等等。在企业所税制度中，原内资企业所得税制不允许工资薪金全部扣除而实行计税工资扣除制度，新企业所得税法及其实施条例对于职工教育培训支出又作出过严限制等等，都是传统观念的反映；其次，落实到具体税收制度上，一要尽快实现全国范围内的增值税转型，消除税制对于技术进步和产业升级的阻碍[③]；二要如前所述将部分与商品生产关系密切的劳务纳入增值税征收范围，承认此类劳务是商品生产不可或缺的投入物；三要在货物劳务税制框架一时难以改变的情况下，允许生产性服务业、无形资产和技术服务所承担的营业税在增值税销项中抵扣，消除人为扭曲，促进现代工业发展；四要进

① Koopman分析了中国61类制造行业，在占中国出口一半以上的13类行业中，中国占有附加值不到50%，比如电脑只为4.6%，通讯设备、视频音频设备以及工业仪器、复印机、电视机等都不到50%；在占中国出口20%的15个行业中，中国占有附加值大约为50%~60%，主要是钢铁、纸张以及化学制品；而另外33个行业，中国占用附加值虽然较高，但占总出口的比重非常低。这里所称外国占有的附加值包含进口的原材料、投入品、中间品、技术以及最终的制成利润。参见《21世纪经济报道》，2008年8月22日。

② 2000年诺贝尔经济学奖得主、美国芝加哥大学经济学教授James J. Heckman指出，从全社会角度看中国教育的实际回报率可能高达30%或40%；但从私人角度看教育回报率只有7%；美国和其他许多国家人力资本的私人回报率则高达15%~20%。这说明，中国教育投资具有很强的正外部性，政府应当制定更加有力的政策，鼓励劳动力素质的提高。参见James J. Heckman："中国的人力资本投资"，刊于《比较》（吴敬琏主编）第22期，中信出版社2006年版。

③ 在本报告编发之际，国务处已决定从2009年1月1日起在全国范围内实施增值税型，实行"消费型"增值税。——编者注。

一步优化企业所得税优惠政策，对企业生产过程中投入的人力成本（如职工培训费用）以充分地、及时地确认和扣除。

（四）改革资源环境税制，着力促进我国经济可持续发展

持续多年传统式工业化发展的结果，不仅存在如上所述的产业竞争力不强的问题，而且带来日益严重的资源和环境问题。据统计，我国单位资源的产出水平（按现行汇率计算）仅相当于日本的1/20、美国的1/10以及德国的1/6；单位产值能耗是世界平均水平的 2 倍多；目前我国大气受污染城市占到44.8%，9.1%的城市空气污染严重，1/3 的国土面积受到酸雨影响（曾智泽等，2008 年）。随着我国对国际大宗资源需求量不断增加，随着我国碳排量跃居世界第二位，我国经济进一步发展面临来自国际上的资源和环境压力越来越大。面对这一状况，我们必须按照党的十七大要求，把建设资源节约型、环境友好型社会放在工业化、现代化发展战略的突出位置。在税制改革方面贯彻党的十七大这一精神，要求我们尽快改革完善资源类税收制度，促进资源产品价格机制的形成；尽快建立健全环境类税收制度，引导市场主体经济行为符合可持续发展目标。

在资源类税收制度改革方面，一要抓紧改革资源税制，扩大资源税征收范围，将森林、水等资源纳入进来；调整资源税计税依据，建立资源税与资源品价格联动机制；适当调高资源税额（或税率）标准，真实反映资源稀缺程度；二可以适当考虑进一步调高城镇土地使用税和耕地占用税税额标准，以更加充分地体现土地资源稀缺程度和国家保护耕地的政策目标；三要尽快推进燃油税改革，结合消费税目及其税率调整，取消养路费、改征燃油税或消费税，正确引导国内成品油消费需求，力争引导国际市场预期，掌握应有的定价权。通过资源类产品税收制度的改革完善，配合国家资源产品价格形成机制的改革，达到进一步完善价格体制的改革目标。

在环境类税收制度改革方面，我们既要着力消除市场主体环境污染的负外部性，又要着力鼓励市场主体在环境方面的正外部性行为；既要着力引导企业的生产行为，又要着力改进消费者的消费方式；既要重视单个环境税的设立，又要重视整个税制的“绿化”；既要着力环境行为的引导，又要着力环境交易市场的培育。具体地说，一要推进费改税，将排污费改为独立的环境保护税；二要改革和完善消费税，对破坏生态环境的消费品加大课征力度，以抑制此类商品的消费需求；三要进一步完善企业所得税优惠政策，鼓励企业购置环境保护设备、研发及应用环境保护技术、提供环境保护技术服务等；四要综合运用

相关税收政策，抑制“高能耗、高污染、资源消耗型”产业的发展，鼓励恢复与治理已遭破坏的生态环境；五要支持碳排放交易等环境市场的建立和发展，在初期对市场主体及其交易行为，在税收上予以鼓励。

（五）强化税收调节功能，着力促进社会主义和谐社会建设

当前我国经济和社会发展仍处在矛盾凸显期，社会经济生活当中还存在许多不平衡。党的十七大把建设社会主义和谐社会、改善民生作为新时期的重要任务予以突出强调。基于这一背景，在着力应对经济增长与转型双重挑战的过程中，更应该充分发挥税收职能，调节收入分配、促进社会就业再就业、推动社会公共事业发展和基本公共服务均等化，努力为经济转型创造稳定和谐的社会环境（杨元伟、黄运，2007 年）。

在调节收入分配方面，一要改革个人所得税制，切实探索实行综合与分类相结合的税制，强化对高收入行业和个人的税收监管，减轻低收入者税收负担；要本着以人为本的理念，加大赡养、教育扣除，实行基本生计扣除标准指数化，尝试进行家庭联合申报等；二要调整增值税，降低人民群众生活必需品的增值税税率，帮助弱势群体提高生活水平；三要建立健全财产税制体系，加大对个人存量财富的调节力度，防止社会财富分配两极分化；四要尽快开征社会保障税，设定适度税率标准，扩大社保覆盖范围，提高全国范围统筹力度。

在鼓励就业再就业方面，一要继续完善促进就业再就业的税收政策，将政策扶持范围扩大到所有需要就业的人口，包括进城农民工，改变现行歧视政策；二要进一步鼓励自主创业，提高增值税、营业税的起征点，并将起征点改为免征额，既加大税收优惠力度，又简便税收征管；三要加大对职业技能教育培训活动的税收支持力度，增强劳动力的技能水平，提高就业再就业的可能性。

在促进社会事业发展方面，一要加大对城镇居民服务业发展的税收支持力度；二要进一步健全推进文化体制改革、鼓励公共文化事业发展的税收政策；三要如前所述，鼓励农村公共服务体系建设，完善促进农村义务教育、农村文化医疗卫生服务、农村金融保险服务、农业科技信息服务以及农村合作经济组织发展的税收政策；四要在规范管理的基础上，进一步鼓励非营利组织公益性活动，引导社会成员热心慈善捐赠事业，发挥非营业组织在弥补公共产品和服务不足当中的作用。

从以上所述各个方面的税制改革内容来看，不同税种之间税收有增有减、不同行业之间以及不同社会阶层之间税收负担有增有减，增减变化的方向及其

幅度完全取决于国家社会经济发展战略以及特定发展阶段和税收经济形势对于税制改革的要求。我们认为，贯彻这一有增有减的、结构性的税制改革思路，将有利于我国应对全球经济衰退的挑战，有利于应对经济发展方式转型的挑战，也有利于我国税制结构的自身优化。

需要说明的是，从长期看，税制改革引起的税收收入变化应当保持增减相抵以后的适度增长，以保证实现客观上不断扩大的政府职能、满足社会基本的公共需求；但是，从短期看，如果为了应对特定时期的经济衰退，亦不应排除税制改革后税收收入增减相抵出现零增长甚至负增长；在此类特殊情况下，需要国家各项财税政策的整体配套，例如费改税之后削减原有行政支出水平从而调剂产生新增可支配财力，又如可以发行一定数量的国债以填补财政收支的缺口等。这些政策预案，应当成为推进政府收入结构性改革的题中应有之义。

参考文献：

1. Robert Koopman、魏尚进："How much of Chinese exports is really made in China?"，《21 世纪经济报道》2008 年 8 月 22 日。

2. 曾智泽等："全面提升我国产业技术水平"，国家发展改革委宏观经济研究院《宏观经济信息研究》2008 年第 14 期。

3. 刘积斌主编：《我国财政体制改革研究》，中国民主法制出版社 2008 年版。

4. 杨元伟、黄运等：《当前的宏观形势和税制改革》，国家税务总局税收科学研究所编：《国家税务总局税收专题研究成果》2007 年。

5. 阿瑟·侯赛因（Athar Hussain）、尼古拉·斯特恩（Nicholas Stern）：《中国的公共财政、政府职能与经济转型》，《比较》（吴敬琏主编）第 26 期，中信出版社 2006 年版。

6. 特雷莎·米纳西安（Teresa Ter - Minassian）、安娜丽莎·费代利诺（Annalisa Fedelino）：《中国的财税政策与改革》，《比较》（吴敬琏主编）第 26 期，中信出版社 2006 年版。

7. James J. Heckman：《中国的人力资本投资》，《比较》（吴敬琏主编）第 22 期，中信出版社 2006 年版。

8. 许善达、杨元伟、王道树等："减轻农民的税收负担任重道远"，《乡镇论坛》2005 年第 11 期。

9. 龚辉文著：《促进可持续发展的税收政策研究》，中国税务出版社 2005 年版。

10. 王道树著：《转轨经济中的税收政策》，人民出版社 1999 年版。

（作者工作单位：国家税务总局收入规划核算司）

企业集团税收管理问题初探

靳万军

1992 年，中国开始建立社会主义市场经济体制，至今已有 17 个年头，但由于经济体制处于转型之中，市场经济意识和市场经济实践均在建立和摸索过程当中，与此相应，企业作为市场主体在这个渐进式改革活动中不断成长起来，企业自主性和独立性也在探索过程中逐步建立和得以强化，距离成熟状态仍然尚需时日。因此，培育和发展跨国公司或者企业集团①开展国际化经营，不仅需要配合国家宏观政策配套实施一系列税收政策措施，而且还需要实施匹配性税收管理办法。在目前中国国情下，对企业来说，关键是帮助其能够按照国际规则和惯例参与跨区、跨国经济活动，维护其合法权益；对政府来说，主要是规范管理，提供一个有序化生产、经营环境，其中，包括税收管理，一个公开、公平、法治、规范之税收环境。

本文旨在分析企业集团税收管理特点，尝试性梳理企业集团税收管理措施及其主要问题，提出企业集团税收管理建议，以促进企业所得税法及其实施条例有效实施，保障税收秩序规范井然。

一、企业集团税收管理具有特殊性

（一）企业集团之特征

① 为了叙述上方便，以下统称“企业集团”。关于企业集团概念及其发展历程，请参阅付广军：“企业集团发展及税收政策刍议”，《税务研究》2008 年第 5 期。

1. 企业集团以法人制度为基础。由于法人制度下公司可以承担有限责任，企业集团因而避免了无限责任，极大地降低了经营风险，进而为其设立分机构、扩展业务范围提供了前提条件。

2. 企业集团主要以产权控制为纽带。在企业集团内部，各组成主体之间一般以资本及产权为联结，母公司、子公司、分公司、参股公司或者其他关联公司多以资本投入方式建立控管关系，通过相互之间关联交易降低交易成本，通过协调与整合各项经济活动获得规模效益。

3. 企业集团以母子公司运营为主要形式。母公司作为控股公司，享有企业集团发展决策规划权，负责整个企业集团战略管理，各个子公司或者其他关联公司，按照母公司既定计划和安排，开展具体生产经营活动，实现整个企业集团运营要求和利益目标。

4. 企业集团以层级组织为结构。企业集团一般呈现金字塔式分层组织结构，核心企业位于金字塔顶端，发挥主导作用，一般称为母公司、总公司、企业集团总部、集团公司或者控股公司，从税收征管角度，又称为总机构、汇缴企业[①]；子公司或者分公司或者其他关联企业执行总机构决策、从事具体生产经营活动，一般称为分机构、成员企业[②]。

5. 企业集团以多法人为特点。企业集团是一个多法人企业联合体，建立在控股、参股基础上，由若干个不同企业法人形成集合群体，企业集团整体上不以一个法人对外行使民事权利和承担民事责任。在企业集团中，分公司、事业部、业务分部或者地区分部，等等，不是独立法人，它们都作为企业集团总部直属管理组织或者业务部门而存在。但是，还有另一情况，同样在企业集团中，母公司、子公司和其他关联公司均是独立法人企业，具有法人资格，能够依法行使民事权利，独立承担民事责任。这样，就有效地将子公司的经营风险限制在一定范围之内，母公司只是在其出资范围内承担有限责任和经营风险，不会因子公司经营失误遭受额外损失。

6. 企业集团以跨区经营为主要生产方式。由于企业集团一般以大型企业为核心企业，分公司或者子公司为成员企业，既跨行业，又跨区域[③]。大型企

---

① 本文关于企业集团之核心企业称谓，涉及企业集团一般问题时，称为“企业集团总部”，涉及企业集团税收管理时，称“总机构”，具体到汇总纳税或者合并纳税问题时，称为“汇缴企业”。

② 本文关于企业集团子公司或者分公司称谓，与“企业集团总部”、“总机构”对应时，称为“分机构”；与“汇缴企业”对应时，称为“成员企业”。

③ 本文“区域”是指省级人民政府管辖区域。

业集团作为国民经济增长支点和经济结构优化载体，决定着区域经济增长潜能和核心竞争力强弱。市场瞬息万变，竞争日益激烈，企业集团立于不败之地，跨区经营是其生存和发展的重要选择。从概念上看，跨区经营包括国内跨区经营和国际跨区经营，由于目前中国国内市场对境内、境外企业都有巨大空间，考虑到跨国经营存在诸多门槛与困难，国内多数企业集团都把国内跨区经营暂时作为其发展的重点或者起点。中国企业集团“走出去”，实施跨国经营战略，对于中国经济发展和对外开放具有重要意义。在市场经济条件下，全球经济一体化日益发展，企业外部环境发生了重大变化，有限竞争、供需平衡、规则市场以及雷同式生活方式，等等，将可能不复存在。而且，企业之间竞争，已由传统式要素竞争逐渐转向企业营运能力竞争，企业之间合作也由一般合作模式逐步转向供应链条协作、国际战略联盟，等等，不一而足。此情此景之下，跨区经营成为不二法门。

（二）企业集团税收管理主要特点

企业集团税收管理，与单一企业作为纳税人进行税收管理存在明显不同，自有独特之处。

1. 企业集团税收管理特点。与企业集团特征相适应，企业集团税收管理实行汇总纳税或者合并纳税管理办法[①]。单一企业，无论是企业法人，还是“独立经济核算”单位，作为纳税义务人，仅就其自身生产经营活动履行纳税义务，不会与其他企业发生汇总纳税或者合并纳税问题。但是，企业集团则不是一个单一企业或者单位，其属于一个联合体，一个体系性组织。在企业集团内部，既有法人组织，也有非法人组织；既有控股机构，也有受控机构；既可能是总分型集团，也可能是母子型集团，还可能是总分与母子混合型集团；既有汇缴企业，也有成员企业，等等。而且，在当今市场经济条件下，企业集团跨区经营已经成为一种常态，利用不同区域之间资源优势、区位优势、政策优势或者其他优势作出整体性、功能性生产经营布局，以优化生产要素配置、最大限度降低成本、实现经济利益最大化，业已成为一种通常做法。一些地方政府大力发展总部经济，追求产业集群、价值积聚及税收利益最大化，为此给出了一个典型注脚。在中国 35 个城市总部经济能力排行中，北京、上海、广州、深圳 4 个城市荣列第一能级，其次是南京、杭州、天津、成

① 关于企业集团汇总纳税或者合并纳税相关问题，请参阅付广军：“企业集团发展及税收政策刍议”，《税务研究》2008 年第 5 期。

都、青岛和武汉①。因此，对企业集团实施税收管理，特别是跨区经营税收管理，就不宜因循传统思维和原有做法，必须充分认识到其丰富性、复杂性，以便有的放矢。

企业集团实行汇总纳税或者合并纳税管理办法，其中涉及属地管理和税收收入归属问题，收入归属就是利益归属，就是税收收入取得权和支配权，最终归结为可支配财力。因此，后者尤为重要，为各级政府所关注，更为实际从事经营活动企业（无论是企业集团总机构，还是其分机构）所在地政府所高度关注，关注其应得税收是否真正归属到了其政府国库，成为其财政资金。

2. 企业集团税收管理方式。与上述情况相连，并且密不可分者，就是不同主管税务机关职责划分以及收入指标考核问题。换句话说，就是汇缴企业所在地主管税务机关与成员企业所在地主管税务机关在税收监督管理活动中各自应担当什么角色，承担什么责任，这种角色与责任应当通过什么机制得到贯彻落实，从而使税收征收管理规范、有效。

就第一个问题来说，原有税收管理措施并未取得理想效果。例如，成员企业分月或者分季按照规定比例于其所在地预缴税款，汇缴企业在年度终了一定期限内进行汇算清缴，结果发现成员企业税收多缴了，依照税法规定对超缴税款部分办理退库即可，但是实际上却难以做到，致使这一管理措施不能得到全面执行，许多地方就变通执法，不愿或者不再执行这个预缴办法②，“执法必严”、“依法治税”遂成纸上谈兵。

第二个问题涉及激励机制安排问题。众所周知，长期以来，税务机关一直执行税收任务考核，“任务压倒一切”、“任务一票否决”曾经既是潜在意识，也是潜在规则。随着中国法治建设进程不断加快，依法治国、依法行政、依法治税逐渐深入人心，逐渐变为一种实践，税收法治对税务机关从事税收管理活动、筹集财政收入逐渐产生重要制约，正确处理税收任务与依法治税之间关系、确保税法得到准确实施，已经成为一种共识，一种规则，一种制度。但是，潜在意识改变、潜在规则调整，是一个过程，需要时间。而且，在社会主义初级阶段，完全做到“依法征税、依法纳税”似乎尚不具备条件，完全放弃税收任务考核也许并不现实，并不符合中国国情。因此，不将税收任务列入

① 参阅姚远：“总部经济大势渐成”，《经济》2007 年第 11 期；暮宾：“未来城市竞争的制高点”，《经济导报》2007 年第 46 期。

② 参阅张志勇：“大型企业汇总与合并纳税管理研究”，《税务研究》2007 年第 5 期；靳万军、付广军：“汇总纳税管理与区域税收分配问题”，《税务研究》2007 年第 5 期。

税务机关及其工作人员业绩考核，就一定会影响其加强汇总纳税或者合并纳税企业监管积极性，特别是成员企业所在地主管税务机关积极性，也一定会使税收监管出现漏洞，使税收执法出现真空地带。毋庸讳言，税收实践已经真真切切地告诉了我们，已经证明了这一点①。

二、企业集团原有税收管理问题述要

（一）企业集团原有税收管理主要措施素描

在中国，企业集团与经济体制改革密切相关，伴随着经济体制改革逐步深入、深化。20 世纪 80 年代以来，企业集团不断发育、成长起来。根据统计，2005 年全国企业集团总数达到 2845 家，其中，国有及国有控股企业集团 1446 家②。与此相应，政府财税机关陆续发布实施了一些有关企业集团税收政策和管理措施，以适应企业集团发展形势和需要，统一其税收政策适用，规范其税收管理要求。

从企业集团涉及税种看，既有流转税，也有所得税，但主要是企业所得税；从具体税收内容看，主要是企业集团所得税汇总纳税或者合并纳税问题③。由于《企业集团发展及税收政策刍议》④ 已对税收政策有关问题进行了详细梳理，作出了全面分析，因此，本文主要探讨企业集团所得税管理有关问题⑤，其中，企业集团合并纳税问题点到为止，笔墨重点在企业集团汇总纳税管理有关问题。

按照《国家税务总局关于大型企业集团征收所得税问题的通知》（国税发［1994］27 号）规定，企业集团分别以核心企业、独立经济核算之其他成员企业为企业所得税纳税人；国务院批准成立之企业集团，其核心企业对紧密层企业资产控股为 100% 者，报经国家税务总局批准，可由控股成员企业选择由核

---

① “就北京而言，目前管理的 91 户合并纳税企业中有 32 户为亏损企业，如实行就地预缴，既对北京国税收入造成重大影响，也给企业现金流带来沉重负担”。参见张志勇：“大型企业汇总与合并纳税管理研究”，《税务研究》2007 年第 5 期。

② 参阅付广军：“企业集团发展及税收政策刍议”，《税务研究》2008 年第 5 期。

③ 其他税种，例如营业税，参阅《财政部　国家税务总局关于非金融机构统借统还业务征收营业税问题的通知》（财税［2000］7 号）、《国家税务总局关于贷款业务征收营业税问题的通知》（国税发［2002］13 号）。

④ 参阅付广军：“企业集团发展及税收政策刍议”，《税务研究》2008 年第 5 期。

⑤ 本部分梳理 2007 年 12 月 31 日以前企业所得税管理措施，并作出具体分析，目的在于探讨 2008 年 1 月 1 日企业所得税法及其实施条例生效、实施后企业集团所得税管理有关问题。

心企业统一合并纳税。

自 1995 年开始，国家税务总局陆续对全国性金融、保险、军工以及行业企业集团（即国务院已批准成立 55 户试点企业集团）实行企业所得税汇总纳税或者合并纳税管理办法[①]。随着汇总纳税企业集团逐渐增多，汇总纳税企业集团在纳税申报、纳税检查以及汇缴企业所在地主管税务机关与成员企业所在地主管税务机关联系和配合方面出现了一些问题，特别是税收征收管理问题也日益显现。

为了解决上述问题，国家税务总局先后下发了《国家税务总局关于印发〈加强汇总纳税企业所得税征收管理暂行办法〉的通知》（国税发［1995］198 号）、《国家税务总局关于印发〈加强汇总纳税企业所得税征收管理暂行办法的补充规定〉的通知》（国税发［1996］172 号）以及其他补充类规范性文件[②]，对汇总纳税征管办法进行了完善，在一定程度上加强了汇总纳税管理工作。

特别是从 2001 年起，国家税务总局连续下发了《关于汇总（合并）纳税企业实行统一计算、分级管理、就地预交、集中清算所得税问题的通知》（国税发［2001］13 号，以下简称 13 号文件）和《关于汇总（合并）纳税企业实行统一计算、分级管理、就地预交、集中清算所得税问题的补充通知》（国税函［2002］226 号）两个税收规范性文件，对实行汇总纳税企业集团开始实行“统一计算、分级管理、就地预交[③]、集中清算”征管办法。

上述税收规范性文件[④]，规定了企业集团所属紧密层企业享受法定税收优惠政策问题，跨省管理费提取列支问题，就地监督管理问题，税收预缴清算问题，汇总纳税或者合并纳税企业集团范围问题，以及企业集团改革、重组导致汇总纳税或者合并纳税成员企业发生变化以后有关税收征收管理问题，等等。

---

① 1995 年 4 月 4 日，国家税务总局印发《关于大型企业集团征收所得税问题的补充通知》（国税发［1995］62 号）。

② 虽然中国没有专门针对企业集团税收管理印发税收规范性文件，但是，根据企业集团跨区经营这一显著特点，国家有关跨区经营企业汇总纳税问题若干文件对企业集团税收管理可以适用。

③ 原文为“就地预交”，似乎应为“就地预缴”。2008 年 1 月 15 日，财政部、国家税务总局和中国人民银行印发财预［2008］10 号文件《跨省市总分机构企业所得税分配及预算管理暂行办法》，已经改采“预缴”一词。以下除引用原文沿用“预交”外，其余皆采“预缴”。

④ 2001 年 2 月 9 日，国家税务总局印发《关于汇总（合并）纳税企业实行统一计算、分级管理、就地预交、集中清算所得税问题的通知》（国税发［2001］13 号）；2006 年 1 月 17 日，国家税务总局印发《关于规范汇总合并缴纳企业所得税范围的通知》（国税函［2006］48 号），等等。

必须指出，在企业集团所得税汇总纳税管理问题上，13 号文件最具代表性。13 号文件规定，对企业所得税汇总纳税或者合并纳税实行“统一计算、分级管理、就地预交、集中清算”征收管理办法。

所谓统一计算，是指汇缴企业按照《中华人民共和国企业所得税暂行条例》及其实施细则和有关规定，在汇总成员企业年度企业所得税纳税申报表基础上，统一计算年度应纳税所得额、应纳所得税额。企业集团总部作为汇缴企业，应当依照税法规定，统一汇总成员企业年度企业所得税纳税申报表，统一计算年度应纳税所得额以及应纳所得税额。

所谓分级管理，是指汇缴企业及成员企业，其企业所得税征收管理，由所在地主管税务机关分别属地进行监督和管理。无论是汇缴企业所在地主管税务机关还是成员企业所在地主管税务机关，都应当依照税法规定对汇缴企业或者成员企业实施属地税收管理，就地了解其生产经营活动，监督其税收事项，依法履行税收监管职责。同样，无论是汇缴企业还是成员企业，也应当依法接受监管，依法履行有关税收义务。

所谓就地预交，是指成员企业根据《中华人民共和国企业所得税暂行条例》及其实施细则和有关政策规定，计算本企业每一纳税年度应纳税所得额和应缴纳的企业所得税，并按照规定比例就地预交部分税款，年终办理年度清算。成员企业根据税法规定税率和预缴比例计算其年度应纳税所得额以及应纳所得税额，并将税款缴入所在地国库。

所谓集中清算，是指在年度终了后，汇缴企业在汇总成员企业年度企业所得税纳税申报表基础上，合并计算年度应纳税所得额、应纳所得税额，抵减成员企业就地预交的当年企业所得税款后，进行企业所得税年度清算和汇算清缴。

13 号文件发布以后，国家税务总局根据经济发展和社会实践情况适时发布了一些补充规定，不断丰富、完善企业所得税汇总纳税或者合并纳税管理办法，以确保所得税征收管理规范有序，努力实现企业集团发展和税收收入双赢目标。

（二）企业集团原有税收管理要点

浏览企业集团原有税收管理措施，可以看到，企业集团税收管理问题具有以下要点：

1. 企业集团汇总纳税或者合并纳税均实行审批制度。无论是试点企业集团还是国有骨干企业，其税收政策均由国务院决定；企业集团适用所得税汇总纳税政策或者合并纳税政策，需要提出申请报经国家税务总局审核批准。换句话说，并非任何企业集团都可以成为所得税汇总纳税或者合并纳税人，其是否具备资格取决于行政审批，未经规定程序审查批准，就不能实行所得税汇总纳税或者合并纳税管理办法。按照国税函［2006］48 号文件规定，仅有 5 类企业集团具备这一资格。成员企业因改组、改造或者资产重组发生股权变化者，应当将有关情况报告所在地主管税务机关，并自股权发生变化年度起，依照税法规定就地缴纳企业所得税，不再执行汇总纳税或者合并纳税管理办法。不仅如此，企业集团提取管理费在标准和数额以及分摊、税前列支方面，也必须报请所在地主管税务机关审核批准，等等。

2. 企业集团汇总纳税或者合并纳税范围狭小，性质单一。根据国税函［2006］48 号文件规定，实行所得税汇总纳税或者合并纳税办法之企业集团主要是以下 5 类：（1）国务院确定的 120 家大型试点企业集团；（2）国务院批准执行试点企业集团政策和汇总纳税政策的企业集团；（3）企业所得税暂行条例及其实施细则规定的铁路运营、民航运输、邮政、电信企业和金融保险企业（包括证券等非银行金融机构）；（4）文化体制改革试点企业集团；（5）执行汇总纳税政策企业重组改制后具有集团性质的存续企业。显然，只有上述 5 类企业集团能够执行汇总纳税或者合并纳税办法，而且全部属于国有企业或者国有控股企业，并无私营企业集团，企业性质比较单一，政策覆盖范围极其狭小。

3. 企业集团按月或者按季办理纳税申报。成员企业必须按月或者按季向所在地主管税务机关报送纳税申报表，附报财务、会计报表和其他有关资料，接受所在地主管税务机关监督管理；主管税务机关应当对上述材料进行审核，签字盖章后留存并退交成员企业另行报送汇缴企业一份。汇缴企业所在地主管税务机关一方面应当对汇缴企业本身之纳税申报表依照规定程序审核；另一方面对其汇总之纳税申报表进行逻辑审核，于签字盖章后留存并退交汇缴企业备查。汇总纳税或者合并纳税企业，其年度纳税申报表实行逐级汇总申报办法，直至汇缴企业及其所在地主管税务机关。

4. 企业集团成员企业实行预缴办法。按照 13 号文件所定管理办法，成员企业应当依照规定接受所在地主管税务机关属地监管，就其当期应纳所得税税额依照事先确定比例就地预缴企业所得税税款，履行相应税收义务。汇缴企业作为纳税义务人，则应负责总合成员企业纳税申报表，按照当期应纳所得税税额扣除成员企业就地预缴部分、统一计算预缴企业所得税税款。实际预缴比例，根据具体情况由国家税务总局审批决定。成员企业履行预缴义务、缴纳税款，其数额具有不确定性，须待年度终了之后由汇缴企业进行清算、清缴，最终确认成员企业应当缴纳税收数额以及所在地政府应得税收收入数额。

5. 汇缴企业和成员企业所在地主管税务机关联合检查。税务机关依据纳税申报表进行税收检查。年度检查以税政管理部门为主，稽查部门配合，对跨区汇总纳税或者合并纳税企业进行联合检查，由汇缴企业所在地主管税务机关牵头，其他税务机关参加。遇有查补税款、滞纳金及罚款，就地限期缴入国库，其他税收检查事项，依照税收征管法办理。

6. 纳税信息在汇缴企业和成员企业所在地主管税务机关互通。国税发［1996］172 号文件和其他有关税收规范性文件都对加强汇总纳税企业或者合并纳税企业税收管理作出了具体规范，明确规定汇缴企业所在地主管税务机关与成员企业所在地主管税务机关应当建立工作联系制度，及时交流情况，沟通信息，加强就地监管和预缴工作。特别是汇缴企业所在地主管税务机关应在所得税汇算清缴结束、年度终了后 6 个月之内，将各个成员企业纳税情况反馈给汇缴企业，汇缴企业将其分别送达各个成员企业，成员企业将其报送所在地主管税务机关备案，作为主管税务机关就地监管、检查之依据。无论是处于同一省区，还是横跨不同省区，汇缴企业所在地主管税务机关与成员企业所在地主管税务机关都应当建立工作联系，及时沟通税收管理和缴纳情况，相互反馈税收信息，确保税收属地管理及时、规范。

（三）企业集团原有税收管理措施评析

1. 就地预缴是其突出特点。按照 13 号文件规定，成员企业就地预缴企业所得税的，其比例除另有规定外，一般为年度应纳所得税额的 60%。在经济特区、上海浦东新区，以及西部地区属于国家鼓励的汇总纳税成员企业，可按年度应纳税所得额的 15% 就地预缴。各成员企业盈亏相差悬殊，就地预缴税款与集中清算结果差额较大者，可由总机构报请国家税务总局批准后，对个别影响较大之成员企业就地预缴比例予以适当调整。

2. 就地预缴办法存在瑕疵。第一，如果所缴税款全部为中央级收入，就地预缴除了能体现当地税务机关所谓“政绩”（考核指标）外，没有其他实际意义；第二，以这种方式分配企业集团各分机构所在地政府应分享收入，其准确性较低，区域政府对分配结果是否公平、合理，可能会产生异议；第三，以这种方式预先分配各区域政府收入，然后在汇缴结束后再按上述计算公式进行总体清算，增加了工作量，也徒增税收分配复杂程度；第四，就地预缴可能会使汇总纳税管理或者合并纳税管理更加复杂。例如，对成员企业技术改造国产设备投资可抵免所得税额，按照现行规定，应以成员企业就地预缴所得税收入抵免。但，到底是按 100% 还是 60% 在当地抵免？不够抵免时又怎么处理？[①]另外，由于汇总或者合并层次较多，预缴政策和比例又各不相同，税收征纳成本较高，管理难度也大。而且，各地税务机关政策掌握和管理力度不同，反而造成企业之间相互攀比，税收负担公平问题又浮出台面，依法治税原则面临挑战。

因此，全部或者部分就地预缴税款方式，其主要弊端在于没有在“三个区分”基础上考虑企业集团税收管理具有独特之处。“三个区分”，一是区分税收收入级次，仅限于共享收入；二是区分企业及其行业特点，只对资源性集团公司，例如石油、煤炭以及其他类似大型企业集团实行；三是区分企业集团盈利状况，对成员企业盈亏悬殊、就地预缴税款与集中清算结果差额较大，尤其是整体亏损企业集团不宜实施，以免出现已预缴税款当地不给退、汇缴地不让抵诸如此类问题，从而造成地方政府怨怼情绪以及政策执行障碍。

根据有关调查，在汇总纳税企业管理体制建立之初，成员企业所在地主管税务机关监管积极性较高，政策效果较为明显，各成员企业就地预缴企业所得税数额也有所增加，然而，从 2004 年以后实行按一定比例就地预缴所得税的汇总纳税企业却逐年减少[②]。究其原因，可能是国家税务总局对汇总纳税企业采用一户一批办法，有些为“应纳税所得额”的 15%，有些为“应纳税额”的 15%，有些为“应纳税额”的 60%，成员企业预缴比例多种多样[③]。更有甚者，有些企业汇总之后，盈亏相抵，根本无须缴纳所得税，使预缴程序似乎显得多此一举，加上会计报表与纳税申报表之间也无法逻辑对应，主管税务机关实际操作起来难度较大，税收成本无谓增加。

---

① 参见税收与税源问题研究课题组编：《区域税收转移调查》，中国税务出版社 2007 年版，第 27 页。

② 根据辽宁省调查，截至 2005 年，在辽宁省境内只有中国石油天然气股份有限公司、中国石油化工股份有限公司所属成员企业以及华夏银行、福建兴业银行、上海浦东发展银行和新华人寿保险股份有限公司所属成员企业实行就地预缴所得税办法，其他大部分汇总纳税成员企业都不再实行就地预缴企业所得税办法。以上，参见税收与税源问题研究课题组编：《区域税收转移调查》，中国税务出版社 2007 年版，第 219 页。

③ “企业集团汇总纳税利弊分析及政策读解”，2007 年 4 月 7 日，资料来源：http://www.cnr.cn/hnfw/cspd。

三、企业集团现行税收管理措施综论

（一）企业集团现行税收管理主要措施描述

企业所得税法自2008年1月1日施行后[①]，为了加强跨区经营汇总纳税企业所得税征收管理，2008年3月10日，国家税务总局《关于印发〈跨地区经营汇总纳税企业所得税征收管理暂行办法〉的通知》（国税发［2008］28号，以下简称28号文件）规定，居民企业在中国境内跨地区[②]设立不具有法人资格营业机构、场所（分机构）的，该企业为汇总纳税企业。

28号文件第3条规定，汇总纳税企业实行“统一计算、分级管理、就地预缴、汇总清算、财政调库”企业所得税征收管理办法。与13号文件相比，16字规则变成了20字规则，内容和提法有所变化，有所进步，在一定程度上适应了经济发展和企业税收管理特点，但也有一些瑕疵和不妥，似乎仍须加以改进。以下分别论述。

所谓统一计算，是指企业总机构统一计算包括企业所属各个不具有法人资格营业机构、场所在内之全部应纳税所得额、应纳税额。与13号文件汇总成员企业年度所得税纳税申报表相比，28号文件改为由总机构直接计算企业年度应纳税所得额和应纳所得税额，更加符合汇总纳税题中之意。

所谓分级管理，是指总机构、分机构所在地主管税务机关都负有责任，对当地企业实施企业所得税属地管理，总机构和分机构应分别接受机构所在地主管税务机关管理。与13号文件不同，28号文件明确规定了总机构、分机构所在地主管税务机关都负有对企业税收事项监管责任。

所谓就地预缴，是指总机构、分机构应当按照本办法规定，分月或者分季分别向所在地主管税务机关申报预缴企业所得税税款。28号文件对就地预缴办法进行了统一。

所谓汇总清算，是指在年度终了后，总机构负责企业所得税年度汇算清缴，统一计算企业年度应纳税所得额和所得税额，抵减总机构、分机构当年已就地分期预缴企业所得税款后，多退少补税款。28号文件明确了由总机构负责年度汇算清缴，统一计算企业年度应纳税所得额和企业所得税额，不再采用13号文件有关总机构汇总成员企业纳税申报表、合并计算企业应纳税所得额

---

① 本部分主要介绍企业所得税法施行后有关企业集团税收管理措施。

② 指跨省、自治区、直辖市和计划单列市。

和应纳所得税额这一办法。

所谓财政调库，是指财政部定期将缴入中央国库的跨区总分机构企业所得税待分配收入，按照核定系数调整至地方国库。与 13 号文件相比，28 号文件增加了财政调库环节，目的是调剂总机构、分机构税收分配不公问题，但效果如何，有待验证。

（二）企业集团现行税收管理措施概览

虽然截至目前，中国尚无针对企业集团制定税收管理制度，但是，企业集团具有两个显著特征：跨区经营和多层级性。这两个特征成为企业集团执行汇总纳税或者合并纳税管理办法之重要前提，有关跨区经营汇总纳税或者合并纳税管理办法自然适用于企业集团税收管理。

企业所得税法及其实施条例和有关配套文件对汇总纳税管理问题作出了一些规定，特别是 28 号文件对此作了具体规定，以下仅作简述。

1. 汇总纳税不再采取审批制，改采法定制。按照企业所得税法第 50 条规定，不具有法人资格的分机构，可以由具有法人资格的总机构汇总纳税，也就是汇总纳税采取法定制。由于企业集团具有多层级性，除总机构具有法人资格外，其分机构既有法人资格子公司，也存在不具法人资格分公司。遇有第 2 种情形，即可依法实施汇总纳税管理办法，不再需要报请税务机关办理审批程序。

2. 合并纳税仍然采取审批制。企业所得税法第 52 条规定，具有法人资格的分机构（例如子公司），除国务院另有规定外，不得合并纳税。也就是说，合并纳税仍然实行审批制①。如果允许部分企业集团合并纳税，合并纳税与汇总纳税除定义和依据有所不同外，其税收管理情况并无本质区别。

3. 汇总纳税在文字表述上更为准确。相对 13 号文件，28 号文件在文字表述上有了不少改进，用词上更求准确，13 号文件采用“就地预交”、“集中清算”，28 号文件改为“就地预缴”、“汇总清算”。“汇总清算”是指应纳税所得额、税前扣除和其他管理费用，通过纳税申报表和其他附表汇集到总机构计算，税收汇集到总机构缴纳并进行最终清算，进一步切合税收管理实际情况。

4. 就地预缴分门别类。28 号文件第 2 条规定，铁路运输企业（包括广铁

① 企业所得税法实施前，国家从国民经济发展全局出发，鼓励企业做大做强，对大型企业集团（特别是试点企业集团）采取允许合并纳税方式，目前，这一政策仍在实际延续，但是未来政策取向还不明确，我们认为这一政策似乎应当保留，以促进企业集团在国民经济发展和国际经济竞争中担当重要角色，发挥重要作用。

集团和大秦铁路公司）、国有邮政企业、中国工商银行股份有限公司、中国农业银行、中国银行股份有限公司、国家开发银行、中国农业发展银行、中国进出口银行、中央汇金投资有限责任公司、中国建设银行股份有限公司、中国建银投资有限责任公司、中国石油天然气股份有限公司、中国石油化工股份有限公司以及海洋石油天然气企业（包括港澳台和外商投资、外国海上石油天然气企业）缴纳所得税未纳入中央和地方分享范围企业，不适用本办法，因为这部分企业税收为中央级收入，属于中央政府所有及支配，其在何地征收入库，对地方政府利益并无任何影响，在分机构所在地缴入国库与在总机构所在地缴入国库，其主要不同体现在对税务机关工作量考核上。28 号文件作出这种规定，提高了管理效率，减少了征管成本，实事求是，值得充分肯定①。此外，规定其他 7 种分机构不就地预缴企业所得税②。

5. 跨区经营税收分配办法逐步明确③。28 号文件根据《财政部　国家税务总局　中国人民银行关于印发〈跨省市总分机构企业所得税分配及预算管理暂行办法〉的通知》（财预［2008］10 号，以下简称 10 号文件），具体解释了计算方法和有关指标内涵，同时对计算方法、指标数据产生异议时规定了解决办法，特别是规定了总机构和分机构如果处于不同税率地区，应当先由总机构统一计算全部应纳税所得额，然后按照法定方法计算不同税率地区其分机构应纳税所得额，再分别按照总机构和分机构所在地适用税率计算应纳税额。这种税基分配④方式，避免了直接分配税额但因税率不同带来之繁琐和麻烦，使税收分配趋向科学和规范，操作性显著增强。

6. 不同税务机关税收管理职责有所不同。28 号文件第 30 条规定，总机构和分机构均应依法办理税务登记，接受所在地主管税务机关税收监督和管理。总机构所在地主管税务机关于收到汇缴企业《中华人民共和国企业所得税汇总纳税分机构分配表》后 10 日内，应当通过国家税务总局跨区经营汇总纳税企业信息交换平台或者邮寄或者以其他适当方式，及时传送给各成员企业所在

---

① 参阅靳万军、付广军：“法人所得税制必须妥善解决收入分配问题”，《财政研究》2008 年第 1 期。

② 参阅国家税务总局《关于印发〈跨地区经营汇总纳税企业所得税征收管理暂行办法〉的通知》（国税发［2008］28 号；曾思德：“八种分机构无须就地缴纳企业所得税”，《中国税务报》2008 年 3 月 31 日。

③ 本文主要论述企业集团税收管理问题，对企业集团税收分配问题将另文论述。

④ 参阅靳万军、付广军：“法人所得税制必须妥善解决收入分配问题”，《财政研究》2008 年第 1 期。

地主管税务机关，以使不同税务机关之间实现信息沟通，确保税收征收管理正常进行。

（三）企业集团现行税收管理措施评析

1. 汇总纳税管理法定化有助于企业集团健康发展。现行制度规定，企业集团非法人分机构可以由总机构统一计算应纳税所得额，并由总机构统一申报纳税，分机构只要不具有法人资格，均可以采用汇总纳税方式，这就解决了原来只有国有企业集团才允许实行汇总纳税，其他经济类型企业集团无法执行汇总纳税政策和管理办法的问题，体现了在市场经济条件下，税法面前不分企业性质一视同仁以及税收负担公平原则。但是，对企业集团中法人分机构合并纳税问题仍然需要依照企业所得税法第五十二条规定通过审批方式办理。

2. 预缴方式和比例得到统一，但更加复杂化。汇总纳税仍然采用预缴方式，而且较之过去更加复杂。10 号文件规定，总分机构统一计算当期应纳税额地方分享部分，25% 由总机构所在地分享，50% 由各分机构所在地分享，25% 按照一定比例在各有关区域进行分配。换句话说，也就是企业全部应纳税额，10%[①]由总机构所在地分享，20% 由各分机构所在地分享，10% 按照一定比例在各有关区域进行分配。28 号文件对此又作了进一步细化，总机构和分机构应分期预缴的企业所得税，50% 在各分机构之间分摊预缴，50% 由总机构预缴。总机构预缴部分，其中 25% 就地缴入地方国库，25% 预缴划入中央国库，依照 10 号文件有关规定进行分配。这个办法虽然在预缴方法和比例上作出了统一规定，但是，其操作复杂性较之原办法明显增强，难度增大。我们认为，采用成员企业就地预缴办法，似乎是一种将征管方式、入库地点与收入分配相混淆的思路[②]，应予改进。

3. 增加了财政调库环节。与预缴方式相配套，增加了财政调库环节。我们理解，其目的是解决退库不能或者不够及时以及超缴如何退库问题。但是，必须指出，采用财政调库方式存在两个突出问题：一是采取了“先税后分”模式，即先由总机构汇总纳税，然后由财政部门通过财政划转方式再次分配给各区域政府，这种划转要重新考虑区域之间存在的税收政策差异，头绪增多，其分配科学性和合理性有待检验；二是税收于总机构所在地征收入库后，由财

① 企业所得税收入采用中央与地方分享体制，其中中央分享 60%，地方分享 40%，10% =40% ×25%。

② 参阅靳万军、付广军：“法人所得税制必须妥善解决收入分配问题”，《财政研究》2008 年第 1 期。

政部门通过财政划转分配给各个区域，环节增加，链条拉长，时间延长，与直接在税收征管环节进行分配相比，效率降低，成本增加。

四、企业集团税收管理初步建议

我们认为，针对企业集团税收管理特点，总结原有税收管理经验和教训，抓住主要问题，以企业所得税法及其实施条例实施作为契机，全面梳理原有税收管理措施，评估其成败得失，并在此基础上提出初步建议，推进税收管理秩序实现渐进性规范，正当其时。

在企业集团税收管理问题上，主要表现在以下两个突出问题：一是企业集团汇总纳税管理；二是总机构及分机构所在地主管税务机关职责划分。

（一）企业集团汇总纳税管理建议

企业所得税法第五十条规定，居民企业在中国境内设立的非法人分机构，其所得税应当由总机构汇总缴纳。企业集团分公司不具有法人资格，应由总机构汇总缴纳企业所得税，这是法定制度。子公司具有法人资格，能否由总机构合并缴纳企业所得税，则需要依照规定批准，这是二者主要区别。如果允许合并纳税，则管理上则可按汇总纳税管理办法执行。

我们认为，应对 28 号文件之 20 字规则进行修改，调整为“属地管理、汇总计算、分别入库、年度清算”为宜①，以进一步符合汇总纳税管理本意。

属地管理，指总机构、分机构所在地主管税务机关按照各自职责负责征收管理。总机构所在地主管税务机关负责分机构纳税申报审核，与各分机构所在地主管税务机关建立信息沟通，以及企业应纳税所得情况审核。各分机构所在地主管税务机关负责本区域分机构生产、经营状况和财务状况监督以及确认分配系数之真实性。

汇总计算，指由总机构汇总各个不具有法人资格分机构全部应纳税所得额。总机构作为汇缴企业，按照企业所得税法规定汇总企业全部机构（非法人机构）所有经营成果和经营成本，计算出其应纳税所得额。这里，我们主张首先计算应纳税所得额，是借鉴了美国做法；其次分别会同各个分机构所在

① 我们曾建议将此规则调为“汇总计算、分级管理、分别入库、年度清算”，并在“法人所得税制必须妥善解决收入分配问题”（《财政研究》2008 年第 1 期）一文中加以阐述，但是，随着进一步调研，认识逐步深化，认为“属地管理、汇总计算、分别入库、年度清算”这一提法更为符合汇总纳税管理实际，逻辑关系更加清晰。

地主管税务机关依据当地适用税率和其他政策因素计算应纳企业所得税额①。

分别入库，指由总机构所在地主管税务机关根据税法规定或者事先约定比例，会同分机构所在地主管税务机关，按照分得的应纳税所得乘以各个分机构所在地适用税率，并考虑其他税收政策（例如减税免税）因素后取得之收入分别缴入各分机构所在地地方国库。中央级收入部分，由总机构所在地主管税务机关负责其征收，直接缴入中央国库。

年度清算，指在年度终了后，按照企业所得税法和相关利益方事先约定加以清算。汇缴企业所在地主管税务机关和所有成员企业所在地主管税务机关，就汇总纳税企业纳税情况进行联合审核，有关各方对审核结果不存异议后，宣告清算结束。

以上建议，与 28 号文件有所不同，主要区别是：不采用预缴方式，不进行财政调库，将收入分配问题解决在税收环节②。

（二）企业集团税收征收管理建议

关于企业集团汇总纳税征收管理问题，此前已有论述③，主要观点是，总机构、分机构所在地主管税务机关都可以依照税收征管法第十二条和实施细则第二十一条行使税收征收管理权。但是，为了简化手续、方便管理，根据税收执法主体唯一性和分享收入分别入库原则，在进行企业集团所得税征收管理时，分机构所在地主管税务机关可以委托总机构所在地主管税务机关为主行使税收征收管理权。

我们认为，在所得税纳税申报上，应由汇缴企业将纳税申报表以及其他有关附表集中统一审核，不仅进行逻辑审核，而且进行实质审核，并将纳税申报表主表报送其所在地主管税务机关，副本抄送各成员企业所在地主管税务机关。经所有相关主管税务机关确认无异，并将意见反馈到汇缴企业所在地主管税务机关得到确认后，由汇缴企业依法办理汇总纳税手续。

根据 10 号文件及 28 号文件规定精神，企业集团汇总纳税时，应先按要素系数将其应纳税所得额分配给各分机构所在区域，再依据所得税分享比例，划

---

① 参阅靳万军、付广军："法人所得税制必须妥善解决收入分配问题"，《财政研究》2008 年第 1 期。另，2008 年 3 月 10 日，国家税务总局《关于印发〈跨地区经营汇总纳税企业所得税征收管理暂行办法〉的通知》（国税发［2008］28 号）已经改采此办法。

② 参阅靳万军、付广军："汇总纳税管理与区域税收分配问题"，《税务研究》2007 年第 5 期。

③ 参阅靳万军："关于区域税收与税源背离问题的初步思考"，《税务研究》2007 年第 1 期；靳万军、付广军："汇总纳税管理与区域税收分配问题"，《税务研究》2007 年第 5 期；靳万军、付广军："法人所得税制必须妥善解决收入分配问题"，《财政研究》2008 年第 1 期。

分中央级收入和地方级收入，分别缴入各分机构所在地中央国库和地方国库。各相关区域可以在汇缴企业所在地银行开设中央国库和地方国库账户，由汇缴企业按照税收分配办法分别缴入其成员企业所在地中央国库或者地方国库。

在企业集团内部，汇缴企业、成员企业税务登记、账簿凭证管理、纳税申报、纳税评估、涉税事项审批、税收检查、税务行政处理和其他税收管理事项，可由汇缴企业所在地主管税务机关为主（包括国家税务局、地方税务局，下同）负责管理。

应当注意，依据规定，对企业集团税收检查应当每年进行一次，由汇缴企业所在地主管税务机关牵头、会同各成员企业所在地主管税务机关实施。各成员企业所在地主管税务机关对企业集团税收征收管理享有知情权和异议权，各成员企业所在地主管税务机关就有关税收事项发生争议，不能达成一致时，可以报请国家税务总局裁决。

（三）企业集团税收管理之其他配套措施

企业集团整体规模大，生产经营跨区域、跨行业，组织结构严密，因此，应当以信息网络技术为依托，探索跨层级、跨部门信息协调和共享机制，创新企业集团税收管理方式和手段，建立科学高效税收管理信息系统。

1. 因地制宜，积极实施企业集团税收专业化集中管理。为解决税收属地管理与企业集团跨区经营矛盾以及税企双方信息不对称问题，按照“以申报纳税和优化服务为基础，以计算机网络为依托，集中征收、重点稽查、强化管理”34 字税收征管模式要求，在税收属地管理基础上，建议国家税务总局结合实际对企业集团税收实施专业化集中管理。一是对成员企业分布在同一区域者，一般由一个主管税务机关实施税收专业化集中管理；二是对大型企业集团可以借鉴一些发达国家成功做法，建议设立专业化管理机构或者驻厂管理组或者采取其他有效形式①，对其实行税收重点管理；三是对暂时不具备集中管理条件地区，从税收管理专业化、成本最小化、服务最优化出发，仍按汇缴企业及其成员企业所在行政区域，实行税收属地管理。

2. 明确职责分工，建立企业集团税收分级监控机制。税务机关应将企业

① 部分国家设置大型企业或者企业集团税收管理专门机构，例如，美国设立大中型企业税收管理司，瑞典、挪威设立大企业管理办公室，埃及设立大企业管理中心；西班牙设立大企业管理局；英国设立大企业管理局等等。参阅瑞严：“部分国家税务机构概况”，《税收研究资料》2007 年第 12 期；省局西班牙税收征管和纳税服务考察团：“西班牙税收征管和纳税服务考察报告”，《浙江税政》2007 年第 11 期；杨焰：“学习英国经验　共建和谐社会”，《厦门特区税务》2007 年第 2 期。

集团纳入重点税源监控范围，建立税收分级监控制度。成员企业所在地主管税务机关负责辖区内所有成员企业日常税收管理、政策宣传、纳税辅导，采集成员企业生产经营信息，调查核实其生产经营、财务核算情况；汇缴企业所在地主管税务机关负责整个企业集团有关税收信息分析，开展纳税评估，协调各个成员企业所在地主管税务机关各种税收信息沟通，实现企业集团有关税收信息交换和共享。建议国家税务总局定期发布企业集团全国行业税负及其他宏观信息，对企业集团税收问题进行宏观分析，协调全国范围内跨区税务机关税收征管合作，促进全国企业集团税收管理信息共享，研究制定企业集团税收管理有关政策和管理措施。

3. 依托信息网络技术，建立企业集团税收管理信息系统。建议国家税务总局依托信息网络技术，逐步建立企业集团有关税收信息采集、交换、比对、分析及反馈日常监控管理机制和信息共享机制。一是建立跨区税收协调制度，对跨区企业集团及其主要关联企业，由国家税务总局负责跨区税收协调①，在汇缴企业和成员企业所在地主管税务机关之间加强信息交互，实行税收问题及处理情况通报制度；二是充分运用信息网络技术，逐步建立企业集团税收分级数据分析系统，形成企业集团税收分级监控信息网络，实现税收数据增值利用；三是依托税收综合征管软件，建立一体化设计、分级操作企业集团关联交易税收信息交换平台，将跨区经营企业集团相关税收信息通过信息交换平台，在有关税务机关之间实现信息沟通，达到资源共享。

企业集团由于其生产经营具有跨区域性和组织结构多层级性，因而，其税收管理必然具有复杂性。但由于现代科技日新月异，为我们带来了信息网络技术，创造了新条件，我们可以利用这一先进手段，在“金税工程”三期体系中设计、建立企业集团税收管理信息系统，免费提供企业集团使用，强制规定②汇缴企业和成员企业必须将其生产经营信息通过这一税收管理信息系统进行自动采集，并传递到主管税务机关，接受主管税务机关监管。同时，赋予汇缴企业所在地主管税务机关相应权限，确保其有权依法取得汇缴企业和成员企业各种生产经营信息，以保证企业集团生产经营信息和税收征收管理信息能够实时传递，实时监控，对有关税收问题及时了解，及时处理，以维护税收管理

① 省区以下，则由省、自治区、直辖市主管税务机关负责协调。

② 现行增值税管理信息系统即强制规定，增值税一般纳税人必须使用防伪税控系统开具增值税专用发票，自动采集有关发票信息。

秩序。

参考文献：

1. 姚远："总部经济大势渐成"，《经济》2007 年第 11 期。

2. 暮宾："未来城市竞争的制高点"，《经济导报》2007 年第 46 期。

3. 张志勇："大型企业汇总与合并纳税管理研究"，《税务研究》2007 年第 5 期。

4. 付广军："企业集团发展及税收政策刍议"，《税务研究》2008 年第 5 期。

5. 税收与税源问题研究课题组编：《区域税收转移调查》，中国税务出版社 2007 年版。

6. 靳万军、付广军："汇总纳税管理与区域税收分配问题"，《税务研究》2007 年第 5 期。

7. 曾思德："八种分支机构无须就地缴纳企业所得税"，《中国税务报》2008 年 3 月 31 日。

8. 靳万军、付广军："法人所得税制必须妥善解决收入分配问题"，《财政研究》2008 年第 1 期。

9. 瑞严："部分国家税务机构概况"，《税收研究资料》2007 年第 12 期。

10. 杨焰："学习英国经验共建和谐社会"，《厦门特区税务》2007 年第 2 期。

11. 省局西班牙税收征管和纳税服务考察团："西班牙税收征管和纳税服务考察报告"，《浙江税政》2007 年第 11 期。

（作者工作单位：国家税务总局税收科学研究所）

企业集团发展及税收政策刍议

付广军①

2008年，是中国改革开放30周年。

回顾历史，细述中国从计划经济发展到今天社会主义市场经济体制这一演进过程，曲折，辉煌，成就巨大，举世瞩目，值得认真总结。

特别应当指出，总结1992年以来经济体制改革实践，可以明显地勾勒出一条主线，这就是坚持改革开放，坚持把经济发展作为第一要务，作为国家中心工作。目前，社会主义市场经济体制已经初步建立，市场经济观念已经渐入人心，经济社会发展已经进入一个崭新阶段，具体表现在：中国经济总量跃居世界第4，进出口总额位居世界第3，人民生活从温饱不足发展到总体小康，农村贫困人口从2亿5千万减为2千万，政治建设、文化建设、社会建设取得了重大进展②。在这一新阶段、新形势和新历史条件下，我们不仅应当继续改革开放，继续引进外资、技术、市场观念、管理经验，等等，而且还应当"走出去"，积极开展对外投资，推动中国企业参与境外经济合作和资本运作，促进中国企业做大做强，特别是形成一批具有国际竞争力的大型企业集团，逐步使中国经济融入世界经济体系，最终实现强国富民。

实现上述目标，国家必须培育企业这一市场主体，发展更多企业主体，推

① 本文由作者与国家税务总局税收科学研究所副所长靳万军研究员反复讨论，形成主要观点和框架，并由作者执笔完成。

② 参阅胡锦涛："高举中国特色社会主义伟大旗帜　为夺取全面建设小康社会新胜利而奋斗——在中国共产党第十七次全国代表大会上的讲话"，2007年10月15日。

进企业主体以营利为目的做大做强，逐步走出国门，把“引进来”和“走出去”更好地结合起来，创新对外投资和合作方式，支持企业在研发、生产、销售以及其他领域开展国际化经营，培育中国跨国公司和国际知名品牌，促进中国跨国公司（一般表现为大型企业集团，为叙述方便，以下统称“企业集团”）在经济全球化条件下参与国际经济合作和竞争①。

一、发展企业集团具有重要意义

（一）构建企业集团是企业自身发展的需要

构建企业集团从企业自身发展看来主要有三个动因②：

1. 企业追求垄断经营的必然冲动。充分发挥企业集团的垄断优势是其得以壮大的直接动因。这种垄断优势可以分为来自产品市场上的不完全竞争垄断优势、来自要素市场上的不完全竞争垄断优势、规模经济所形成的垄断优势和来自政府政策扶持的垄断优势。

来自产品市场上的不完全竞争垄断优势，是指企业集团所拥有产品特殊功用、商标品牌价值、分销渠道或其他市场特殊技能以及包括价格联盟在内的各种操纵条件；来自要素市场上的不完全竞争垄断优势，包括专利、特许经营权、工业生产技术和其他知识产权，企业集团独特而具有竞争力的管理技能和企业文化，特别信息渠道，获得的自然资源独享权以及企业集团自身良好信誉，从银行或资本市场上能够较快地以较低价格筹集资金能力；规模经济所形成的垄断优势，是指企业集团由于大规模集成化生产而在成本方面形成竞争优势以及通过生产规模扩大而形成对原材料供应者和下游产品分销渠道的交易优势；来自政府政策扶持的垄断优势，一方面指企业集团可以从政府提供的有关政策优惠补贴、税收减免、出口退税及授信额度和其他经济政策中得到某种垄断优势；另一方面，可以利用其在资金和公共关系方面的垄断优势，积极参与政府招标活动，通过获得诸如许可证等独享经营权益或提高行业准入门槛而得到的某种垄断优势。

2. 企业寻求规模经济发展的内在要求。规模经济效益是企业集团的重要制胜法宝。关于企业集团如何体现规模经济效应，国内外学者已经进行了卓有

---

① 参阅胡锦涛：“高举中国特色社会主义伟大旗帜 为夺取全面建设小康社会新胜利而奋斗——在中国共产党第十七次全国代表大会上的讲话”，2007 年 10 月 15 日。

② 参阅王君彩主笔：《现代企业集团财务管理研究》，中国财政经济出版社 2005 年版。

成效的研究①。规模经济是指由于企业生产和经营规模扩大带来的企业生产经营成本下降。在厂商理论中，随着各种生产要素增加，生产规模扩大，产品平均成本一般应先下降，然后保持不变，最后再次上升。规模经济导致企业集团萌芽、发展成为一种必然。

3. 企业探索降低交易成本的演进结果。当企业通过市场交换产品或劳务时，会因为摩擦而产生交易费用，这一方面是由于交易者的机会主义行为，总有一部分交易者在进行交易时会采用一些不当手段；另一方面是由于交易者的有限理性，在现实生活中，从事经济活动者总是面对一个复杂而又充满不确定性的环境，而且交易者的理解和洞察能力也总是有限的。为降低交易成本和费用，构建企业集团这种生产组织形式，并在其内部以行政命令或指定进行的交换替代市场交易，降低了市场上交易双方为达成最终交易而花费的各种成本，从而提高了企业生产效率。

（二）构建企业集团是提高国家竞争力的需要

1995 年，江泽民同志指出，“要集中力量抓好一批大型企业，一个国家的经济发展，工业化的实现，经济整体素质的提高，主要依靠大型企业和企业集团。”② 之后，中央决策高层达成一个基本共识，这就是“中国要有一批在国际上响当当的，可与国际著名大公司一决雌雄的企业集团。”③

今天，经济全球化日益发展，国家之间竞争明显地体现为企业之间竞争，特别是体现为大企业集团之间竞争，哪个国家拥有形成规模经济的大型公司、大型企业集团越多，这个国家经济实力就越大，竞争力越强；反之亦然。

但是，到目前为止，中国企业集团距离真正形成一批具有自主知识产权、主业突出、核心竞争力强大的企业集团还有很长的路途。当前，主要问题是，普遍存在着经营机制尚未根本转换、公司治理结构还不完善、兼并重组存在障碍、研发费用比重偏低、产品竞争力不强，等等。要实现做大做强，进一步缩小与国际大型企业集团（主要是跨国公司）之间差距，中国企业集团以及政府仍然任重道远。因此，从提高国家竞争力角度看，中国亟待扶植一批具有国际竞争力的大型企业集团。

1. 加快企业集团改制改造步伐。中国企业集团，特别是大型企业集团主

---

① 参阅王君彩主笔：《现代企业集团财务管理研究》，中国财政经济出版社 2005 年版。

② 参见江泽民：“统一思想，齐心协力，奋发进取，讲求实效，做好明年经济工作——在中央经济工作会议上的讲话”，1995 年 12 月 5 日。

③ 赵达：“国资授权经营从头说”，《上海国资》2008 年 2 月 13 日。

要是国有及国有控股企业集团，其体制因素仍然是制约其进一步发展壮大的关键问题。体制决定机制，机制决定竞争力。因此，必须加快企业集团现代企业制度建设，建立现代产权制度、健全公司治理结构、建立经营者激励与约束机制，通过进一步加强体制和机制建设，从根本上提高企业集团竞争力。

2. 加大企业集团技术创新力度。中国企业集团与世界一流企业的差距，不仅仅表现在量上，更重要地体现在质上。企业技术创新是企业集团竞争力形成的动力和源泉。通过比较研究发现，为了保持竞争优势，国际大型企业集团都把技术创新放在重要位置，并通过不断增加研发投入获取新技术，提高技术创新能力。反观中国企业集团，技术创新能力薄弱已成为影响其进一步发展的瓶颈。为此，中国企业集团必须加大技术创新投入力度，在建立健全技术研发中心、加大研发资金投入和新产品开发力度上有所作为，以逐渐提高企业集团技术创新竞争力。

3. 发挥政府行业指导和政策辅助作用。从政府角度讲，要积极运用市场经济手段支持企业集团发展，为中国大型企业集团，特别是国有企业集团发展创造良好的外部环境。因此，在目前竞争激烈的国际国内市场中，中国企业集团要实现做大做强的目标，“看不见的手”固然重要，但也越来越需要政府这只“看得见的手”实施调节和扶持。当然，政府这只“手”不能直接干预企业集团的具体经营活动，而应把自身职能更多地放在产业指导和政策引导上，制定有利于企业集团发展的政策措施，对具备潜力、符合国家经济发展方向的企业集团给予扶持。

4. 提高企业集团国际化水平，鼓励其积极参与国际竞争。一个国家如果没有一批世界级企业集团（跨国公司），就不能发挥其对整个世界经济的影响，也无法参与国际经济竞争。中国要使一批企业集团成为技术创新能力强、规模经济效益好，具有持续盈利能力和抗风险能力强的国际性企业集团，就必须进一步推动企业集团“走出去”，到海外上市，开拓境外市场。目前，中国企业集团进入国际市场的主要形式仅仅表现为产品出口，能够到境外设立生产基地者寥若晨星，能够建立起全球性销售网络者则更是微乎其微，能够拥有跨国经营的人才数量也殊为凤毛麟角。中国企业集团要实现全球范围内的资源优化配置目标，从现在起就应着眼于整合全球资源，建立全球化采购体系，面向全球化生产、全球化研发，从而尽快形成具有国际竞争力的跨国大型企业集团。

（三）构建企业集团是国家经济发展的战略布局

发展企业集团既是一种国际趋势，也是中国经济发展的重要战略布局。

2001 年，国务院办公厅转发国家经贸委联合其他部门《关于发展具有国际竞争力的大型企业集团指导意见》的通知（国办发［2001］90 号）指出，《中华人民共和国国民经济和社会发展第十个五年计划纲要》要求“形成一批拥有著名品牌和自主知识产权、主业突出、核心能力强的大公司和企业集团”，确定这是一项对中国经济发展具有重大战略意义的中心工作。

企业集团是市场经济发达国家普遍存在的一种企业组织形式，但是，国家发展阶段不同，其企业集团产生的背景和方式也有不同，发展中国家企业集团与市场经济发达国家企业集团（巨型企业）存在本质差别。前者是要素市场不发达的产物，后者却截然相反，是要素市场发达的结果。发展中国家企业集团成长的背后往往潜有政府影子，一般由政府主导成立（例如，中国企业集团就表现为政府主导成立国有大型企业集团）。但在发达国家，企业集团一般拥有自身核心业务，发展中国家企业集团则呈现出“章鱼式”盲目扩张倾向，表现为多业、混业经营，跨行业、跨区域经营，核心业务并不突出。

中国作为发展中国家，其企业集团发展具有明显的发展中国家企业集团的基本特征。由于中国企业集团是在市场发育不完全情况下形成的，其存在本身就是为了克服生产要素市场的不够完善。这也仅仅是企业集团成长的必要条件。如果没有政府出口导向战略、税收优惠、低于市场利率贷款和对某一产业领域进入给予特许以及其他各种宏观政策扶持，由一般性企业发展为企业集团，其可能性几乎没有。因此，中国企业集团要想发展并超越发达国家企业集团，必须获得国家有关政策大力支持，国家必须将发展企业集团当作一项非常重要的战略布局进行制度性安排。否则，中国企业集团在国际竞争中将可能逐渐被淘汰，中国国家竞争力也可能会受到严重削弱，中国企业集团超越发达国家企业集团亦将成一句空话。

在充分认识上述企业集团发展重要意义的前提下，认真总结中国企业集团发展过程中的经验和教训，研究制定未来企业集团发展有关战略和政策，十分必要。培育和发展企业集团开展国际化经营，需要配套实施一系列政策措施，因为中国发展市场经济时间不长，企业自主性和独立性尚待进一步增强，企业集团需要扶持和引导。我们认为，这些措施未必一定是优惠政策，对企业集团来说，关键是帮助其能够按照国际规则和惯例参与跨区、跨国经济活动，维护其合法权益；对政府来说，主要是政策引导和规范管理，提供一个有序化生产、经营环境，其中，包括税收政策，一个公开、公平、法治、规范之税收政策环境。

回顾中国改革开放30年之历程，总结中国企业集团发展经验，梳理中国企业集团宏观经济政策及税收政策，特别是提出企业集团税收政策建议，可以有力地促进中国企业集团更好更快地发展，并在新企业所得税法下研究制定企业集团所得税政策，促进新企业所得税法及其实施条例有效实施，保障税收秩序规范井然。

二、企业集团发展宏观政策措施述要

中国企业集团是在市场发育不够健全、政府职能尚未完全转变情况下发展起来的。在企业集团发展历程中，经历了初创、发展、深化、做强几个不同阶段。企业集团从政府行政性推动、契约形式联合，到以资本为纽带联结，已初步形成了一批引领国民经济发展的大型企业集团，并在国民经济中发挥着越来越重要的作用。

（一）中国企业集团发展历程及政策回顾

1980年7月，国务院颁发了《关于推动经济联合的暂行规定》，提出要在所有制关系不变、隶属关系不变、上缴利税渠道不变原则下，鼓励企业之间发展横向联合。1986年3月，国务院颁发了《关于进一步推动横向经济联合若干问题的规定》，要求通过企业之间横向经济联合，逐步形成新型经济联合组织，发展一批企业群体或企业集团。这些政策措施有力地促进了横向经济联合，也为企业集团发展创造了有利条件。1987年，国务院发布了《关于大型工业联营企业在国家计划中实行单列的暂行规定》，国家体改委和国家经贸委联合发布了《关于组建和发展企业集团的几点意见》，对企业集团含义、组建原则以及内部管理问题第一次作出了明确规定。在这些政策推动下，全国企业集团进入了一个新型组建阶段。

随着中国社会主义市场经济体制逐步建立，国家把组建企业集团当作增强国有企业竞争力、加快资产重组、促进国有企业改革的一项战略举措。1991年12月，国务院批转了国家计委、国家体改委和国务院生产办《关于选择一批大型企业集团进行试点的请示》，确定了首批55家大型企业集团进行试点。1993年11月14日，中共十四届三中全会通过《中共中央关于建立社会主义市场经济体制若干问题的决定》，指出要“发展一批以公有制为主体，以产权联结为主要纽带的跨地区、跨行业的大型企业集团，发挥其在促进结构调整，提高规模效益，加快新技术、新产品开发，增强国际竞争能力等方面的重要作用”。“决定”明确了大型企业集团定义、作用和功能，指出了中国组建大型企业集团的发展方向。1997年，国务院又批转了国家计划委员会、国家经济贸易委员会、国家体制改革委员会《关于深化大型企业集团试点工作意见的通知》，试点企业集团达到120家，发展大型企业集团的试点工作进入了发展阶段。

1998年，中央提出3年改革目标，中国企业集团开展了较大规模的兼并重组，包括中国石油天然气集团公司、中国石油化工集团公司、上海宝钢集团公司在内，一批国有大企业集团顺利组建。1999年，中共十五届四中全会提出，“要着力培育实力雄厚、竞争力强的大型企业和企业集团，使之成为国民经济的支柱和参与国际竞争的主要力量。”重点行业企业兼并重组力度加大，宝钢和上钢实现了联合重组，5大军工行政性公司改组为10大企业集团，电信业4大集团公司开始组建。

中国加入世界贸易组织（World Trade Organization，简称WTO）后，企业集团直接面对实力强劲的全球知名跨国公司竞争，真正能参与竞争者寥寥无几。在这种情况下，国家对企业集团发展政策作出了重大调整，即由原来过分强调企业集团数量到注重企业集团质量上来，也就是通过强强联合，形成具有国际竞争力的大型企业集团。至此，中国企业集团开始步入做大做强阶段。

（二）企业集团发展政策评析

国家为进一步推动和规范规模化企业集团发展，相继出台了一系列配套政策措施，例如，对运作规范的大型企业集团在国家计划中实行了单列；批准建立企业集团财务公司；建立母子公司体制以及对部分企业集团进行了国有资产授权经营试点，扩大企业集团投资权限；赋予一批企业集团外事审批权和自营产品进出口权以及少部分企业集团实行由集团公司统一合并纳税，等等。这些政策措施，对推动政企分开，转换企业经营机制，落实企业自主权，促进企业组织结构调整，推动生产要素合理流动，强化企业集团功能建设以及规范政府对企业集团强化管理都具有重要意义，为试点大型企业集团创造了良好外部环境条件，标志着中国企业集团已步入发展规模经济轨道。

中国企业集团特别是大型企业集团，根据建立现代企业制度要求，在理顺产权关系，推进公司制改造时，逐步确定了以产权为纽带母子公司组织模式。截至2000年底，120家试点企业集团中，已建立母子公司体制框架的有92

家，占其总数的76.7%[1]，从而在企业集团内部母公司（也称集团公司或核心企业）与全资企业、控股企业之间形成了以资本为联结纽带的母子公司关系以及建立起相应的法人治理结构。其中，集团公司负责战略规划、资本运营、技术创新和其他重大经营活动，是决策中心；全资企业、控股企业在集团公司统一管理、统一规划、统一指导下实行独立核算，是利润中心；全资企业、控股企业下属生产单位是成本中心。

随着改革不断深化，许多集团公司改造成为国有独资公司，有些开始改组成为国家授权投资机构，也有部分集团公司实现了投资主体多元化；全资企业、控股企业逐渐改建为集团公司全资子公司、控股子公司或分公司。母公司将生产经营功能向子公司转移，调动了子公司积极性，同时又有利于母公司集中精力加强经营管理，负责整体规划、投资决策、财务控制、协调分配关系和重要人事管理，发挥整体性调控功能。

从上述中国企业集团发展历程可以清楚地看出，企业集团从其产生到发展，都直接受到政府政策推动、指引、规范和扶持。在这种背景下，政府一方面推动企业集团（主要是国有企业集团）发展，从而发挥其在国民经济发展中的带动作用；另一方面，政府通过行政影响，通过企业集团控制重要行业、掌握重要资源和保障社会稳定。

贯彻国家产业发展战略，应当在规模经济特征明显的产业领域引导企业集团大力发展规模经济，以形成产业发展的支柱力量。推动产业间协调发展及不断升级，需要将产业政策细化，明确不同时期产业主攻方向，促进重点产业优先发展。对每个产业企业集团，不可能都予以扶持以形成规模经济，应有选择地实行重点扶持。在扶持方法上要从企业集团总量规模、生产批量和产品结构合理性、管理和技术先进性、资源利用高效性以及国际竞争力方面来考虑作为选择和扶持标准。通过重点扶持，逐步形成大型企业集团，并吸引其他同类企业加入到集团中来，按专业化分工协作要求进行生产经营，实现横向成系列，纵向一条龙，以形成规模经济，形成少数在国内、国外市场具有较强竞争力的大型企业集团，彻底结束中国目前企业投资分散、乱上项目、重复建设、小批量、小生产、低效益、恶性竞争的混乱局面。实现重点扶持，需要倾斜政策相配套。政策扶持主要体现在资源分配和利益调整，应当通过政策倾斜来推动企业集团形成规模经济。

---

① 参见孟韬："企业网络与中国企业集团的比较研究"，《中国软科学》2002年第11期。

根据中国国情，借鉴发达国家成功经验，强化政府宏观调控功能，实行政策倾斜办法，主要是在各产业中扶持少数大型企业集团，使之尽快形成具有最佳规模经济生产能力的市场竞争主体，例如，在汽车产业，可考虑重点扶持2~3家大型汽车企业集团。要利用经济政策（比如财政税收政策、金融政策）使一些企业集团在资源需求上优先得到保证，贷款予以优惠，企业财产权优先得以落实，经济利益优先实现，还包括允许企业集团成立财务公司，成为集团融资中心、投资中心、结算中心，形成新型投融资机制，理顺集团内部资产关系，真正发挥集团公司的主导作用，提高集团公司对成员企业的管控能力，使企业集团形成协调运作经济体系。

（三）企业集团发展主要问题分析

尽管中国政府在企业集团发展上倾注了大量精力和物力，但由于中国企业集团发展过程中存在天生不足，企业集团发展仍存在一些问题，例如，现行经济管理体制阻碍着企业集团发展成为规模经济。由于企业隶属于不同地区或部门，因而牵涉到人员管理、税收管理、地方财政收入分配、集团公司总部管理费提取、利润分成诸多利益关系，导致各种关系难以有效协调。本来适宜于组建更大规模企业集团，却受到多方掣肘，各地或企业之间自行其是，存在着同行业或同类型企业集团过度繁衍，导致企业集团之间恶性竞争，都难以实现低成本扩张，很难有效地发挥规模经济效用。

三、企业集团原有税收政策述要

企业集团税收政策应当服从服务于国家宏观政策需要，并与其保持调控方向一致性，以增强各种政策合力。总结改革开放以来企业集团税收政策得失，更好地促进企业集团发展，十分必要。

在中国，企业集团与经济体制改革密切相关，伴随着经济体制改革逐步深入、深化，20 世纪 80 年代以来，企业集团不断发育、成长起来[①]。根据统计，1997 年，全国企业集团总数为 2369 家，其中，国有及国有控股企业集团 1455 家；2005 年全国企业集团总数达到 2845 家，其中，国有及国有控股企业集团 1446 家[②]。与此相应，政府财税机关陆续发布实施了一些有关企业集团税收政

① 1991 年，国务院批转《关于选择一批大型企业集团进行试点的请示》，确定首批进入试点企业集团 55 家；1997 年，国务院批准第二批试点企业集团 63 家；1999 年，国家试点企业集团已有 126 家。

② 国家统计局：《中国大企业集团 2005》，中国统计出版社 2006 年版。

策，以适应企业集团发展形势和需要，统一其税收政策适用，规范其税收管理要求。

从企业集团涉及税种看，既有流转税，也有所得税，但主要是企业所得税；从具体税收内容看，主要是企业集团所得税汇总纳税或者企业集团合并纳税有关税收政策问题①，因此，本文主要就企业所得税政策有关问题进行详细梳理②。

（一）企业集团原有税收政策素描

1991 年，《关于选择一批大型企业集团进行试点的请示》（以下简称《请示》）第 7 条规定，"试点企业集团要坚持税利分流的改革"③，对第一批 55 家试点企业集团给予政策优惠。

1994 年，《国家税务总局〈关于大型企业集团征收所得税问题的通知〉（国税发［1994］27 号）》规定，"经国务院批准成立的企业集团（第一批试点企业集团 55 家），其核心企业对紧密层企业资产控股为 100% 的，可由控股成员企业选择由核心企业统一合并纳税，并报国家税务总局批准。"首次明确了试点企业集团可以经批准实行合并纳税，开启了企业集团合并纳税先河，为企业集团发展在税收上提供了政策支持。

1995 年，国家税务总局发布《关于大型企业集团征收所得税问题的补充通知》（国税发［1995］062 号），对集团公司提取管理费问题和集团公司所属紧密层企业集中纳税后，可否享受国家统一规定税收优惠政策问题给予明确。文件规定，"为了加强对集团公司的税收征管，规范管理费的提取和列支，对合并纳税的企业集团向其所属紧密层企业提取管理费，暂按以下规定执行：集团公司（总机构）及所属紧密层企业是跨省（区、市）的，其提取管理费的标准或数额，报国家税务总局审核批准后，据此分摊并允许在税前列支；集团公司及所属紧密层企业均在同一省（区、市）范围内，其提取的管理费，报经所在省（区、市）国家税务局或地方税务局审核同意后，据此分

① 其他税种也有一些，例如营业税，参阅《财政部 国家税务总局关于非金融机构统借统还业务征收营业税问题的通知》（财税［2000］7 号）、《国家税务总局关于贷款业务征收营业税问题的通知》（国税发［2002］13 号），等等。

② 本文梳理 2007 年 12 月 31 日以前企业集团所得税政策，并作出具体分析，目的在于探讨 2008 年 1 月 1 日企业所得税法及其实施条例生效、实施后企业集团所得税政策有关问题。

③ 国务院批转了国家计委、国家体改委、国务院生产办公室《关于选择一批大型企业集团进行试点的请示》。

摊并允许在税前列支。”① “集团公司所属紧密层企业，合并纳税后仍可享受国家税收法规统一规定的优惠政策。”②

1996 年，国家税务总局关于印发《总机构提取管理费税前扣除审批办法》的通知（国税发［1996］177 号）又进一步对总机构管理费在所得税前提取和扣除问题进行了明确。文件规定，“凡具备企业法人资格和综合管理职能，并且为其下属分支机构和企业提供管理服务又无固定经营收入来源的经营管理与控制中心机构（以下简称总机构），可以按照细则的有关规定，向下属分支机构和企业提取（分摊）总机构管理费。具有多级管理机构的企业，可以分层次计提总机构管理费。”

从以上规定可以明显地看出，由于企业集团具有多层级性或者多法人性，在税收政策上突出地表现为允许企业集团汇总纳税或者合并纳税。

（二）企业集团汇总纳税、合并纳税政策有所不同

原企业所得税暂行条例规定，企业所得税按照是否“独立核算”确定纳税人。因此，对汇总纳税或者合并纳税并不进行严格区分，而是将由总部集中汇缴情况统称汇总（合并）纳税。

1. 汇总纳税与合并纳税。企业集团对成员企业的组织管理形式基本有两种：一种是总公司、分公司型，它们属同一法人；另一种是母公司、子公司型，它们分属不同法人。在税务处理上，这两类总分支机构就有汇总纳税与合并纳税两种不同形式。

汇总纳税，是指总公司将所属分公司的应税所得全部汇总到总公司，由总公司就全部所得计算纳税；合并纳税，则是指总分支机构内母公司、子公司所得合并，由母公司就合并所得计算纳税③。

企业集团实行汇总纳税与合并纳税，其实质有所不同。在中国，铁道、邮电、民航、电力公司以及中央所属金融、保险大型企业集团按照原企业所得税暂行条例规定可集中缴纳或由集团公司总部（有时称集团公司、核心企业、总机构）统一缴纳所得税。由企业集团总部集中缴纳税收，称为汇总纳税。

---

① 参见国家税务总局发布《关于大型企业集团征收所得税问题的补充通知》（国税发［1995］062 号）第 1 款。

② 参见国家税务总局发布《关于大型企业集团征收所得税问题的补充通知》（国税发［1995］062 号）第 2 款。

③ 参见靳万军、付广军：“汇总纳税管理与区域税收分配问题初探”，《税务研究》2007 年第 5 期。

对于集团成员企业（也称汇缴成员企业、分支机构）汇总纳税，其理论依据是分支机构是总机构的分公司，无论设立于异地还是与总机构同属一地，只要不具独立法人资格，其与总机构是一个独立法人，这与母公司、子公司分别是独立法人，由母公司、子公司合并纳税存在本质区别。

2. 企业集团汇总纳税或者合并纳税享有益处。虽然，从理论上讲，企业集团汇总纳税和合并纳税有所区别，但由于两者都是将分支机构应纳税收由企业集团总部集中统一缴纳，因此，在过去往往将两种形式不加区分，常常将二者混称。而且，两者除含义、方式不同外，其对企业集团纳税益处几乎相同，下面一并论述。

（1）可以减轻企业集团整体税收负担。在集团公司和成员企业发生亏损情况下，汇总纳税或者合并纳税可以允许集团公司与成员企业之间盈利和亏损相互抵消，可以减少企业集团当期应纳税所得额，企业集团部分成员企业亏损可以在成员之间横向弥补，相对企业集团成员企业单独纳税是一种优惠①。

（2）可以增强企业集团风险承受能力。汇总纳税或者合并纳税使企业集团内部各成员之间风险相对分散，单个成员大量亏损可以通过集团内部其他成员减少当期应纳税所得额来分担风险，这在客观上就减少了企业集团整体经营风险，使得企业集团能够实现经营多元化和全球化。

（3）可以避免企业集团内部交易征税负担。允许企业集团汇总纳税或者合并纳税，可以抵消内部交易税收事宜，真实反映企业集团作为一个经济整体的盈利状况和纳税能力，避免对内部交易产生营业额征税。组建企业集团一个重要原因就是节省交易费用，通过内部交易来实现这一目的是其主要方式。如果对企业集团内部交易征税，无疑会增加企业集团额外费用，加重其税收负担。

（三）企业集团汇总纳税政策存在一些问题

原企业所得税暂行条例规定，企业所得税纳税人按照是否“独立核算”确定，对企业集团汇总纳税方式，按照规定也须报经批准。现实中存在这种情况：一是一些本应执行汇总纳税政策的企业集团，由于种种原因没有获得批准；二是由于企业集团跨区经营，总、分机构处在不同区域，加上税收管理和税收分配上存在一些问题，使得企业集团汇总纳税较为复杂。一些企业集团汇

① 参见林刚、宋华齐：“论我国企业集团所得税合并纳税政策的完善”，《技术与市场》2007年第9期。

总纳税政策执行不够全面。这都造成符合汇总纳税条件的企业集团不能充分享受此项政策扶持。当然，随着新企业所得税法及其实施条例施行，汇总纳税已经采用法定制，原有状况已经成为历史。

（四）企业集团合并纳税政策存在一些问题

1. 企业集团合并纳税条件限定过严。按照国家税务总局规定，企业集团核心企业对紧密层企业资产控股为 100% 的，可由控股成员企业选择由核心企业统一合并纳税，并报国家税务总局批准。我们认为，严格规定合并纳税条件是必要的。但是，随着证券市场活跃和股权分散，以及公司法股东人数规定，一个企业全资控股另一企业的情况大大降低，可以满足合并纳税条件的企业集团愈来愈少，这与国家希望通过合并纳税支持企业集团发展的政策宗旨背道而驰。

2. 企业集团合并纳税范围过小。中国现有企业集团数量超过 2800 家（2005 年为 2845 家），但允许合并纳税的企业集团仅有 180 家①。随着国有企业战略重组以及民营经济不断壮大，大型企业集团数量与日俱增，企业集团数量已今非昔比，然而，相当一部分适合合并纳税企业集团却并不在合并纳税政策范围之内，这从企业集团发展和税收公平两个角度分析都极为不当。

四、一些国家企业集团税收政策介绍

对企业所得课征所得税或法人税，通常是以一个独立法人为纳税主体进行，企业集团合并纳税是以企业集团为一个纳税主体，将在法律上相互独立的集团成员企业盈亏汇总，合并计算应纳所得税款，这种课税方式突破了传统会计主体和纳税主体。从经济学角度看，企业集团合并纳税实行盈亏抵补机制，无异于由国家为企业承担了部分投资风险，体现了鼓励投资、鼓励企业集团化的政策倾向。

对于企业集团合并纳税，早在 1917 年美国就有母公司与 100% 持股子公司适用合并纳税之规定。随着国际竞争加剧，政府认为必要的企业规模是本国企业参与国际竞争的重要条件，因此，将企业集团合并纳税作为鼓励集团化经营的一种税收优惠并不鲜见。目前，许多国家已引入企业集团合并纳税制度，主要有澳大利亚、奥地利、塞浦路斯、丹麦、芬兰、法国、德国、爱尔兰、卢森堡、墨西哥、荷兰、新西兰、挪威、葡萄牙、西班牙、瑞典、英国、美国、

① 参见张志勇："大型企业汇总与合并纳税管理研究"，《税务研究》2007 年第 5 期。

日本，等等；还有一些国家尚未实行企业集团合并纳税制度，计有意大利、瑞士、比利时、加拿大、新加坡，等等①。

实行企业集团合并纳税制度，其约束条件主要体现在两个方面：一是集团公司拥有所属公司一定持股基准比例。这不但是防止避税的需要，也是实现税收公平的要求；二是绝大多数国家将国外子公司排除在合并范围之外。这是因为如果把国外子公司纳入到合并纳税范围内，则意味着可以用一国集团成员企业的应税所得抵补另一国家集团成员企业的亏损，也就减少了盈利成员企业所在国家税收收入，导致国民收入跨国分配，有损一国税收管辖权。

允许企业集团汇总纳税符合现代税制的发展方向。对企业所得以法人为单位课征法人所得税，不具有法人资格分支机构由集团总部（总机构）汇总缴纳，这是各国公司税制或法人税制的通常做法。在对不具有法人资格分支机构（如分公司）实行汇总纳税情况下，如果对具有法人资格的分支机构（如子公司）实行独立课税，就会造成两种纳税方式之间税收负担出现差异，甚至造成效率损失。因此，越来越多的国家开始引入企业集团（总分支机构的合称）税制，在限定控股比例前提下，允许母子（分支机构具有法人资格）公司合并纳税，作为法人税制的特例。

在现代经济中，企业集团在刺激投资、增加需求、促进经济增长几个主要方面有着巨大潜力，各国均视财力和发展要求，在不危害公平竞争前提下，制定适应和鼓励企业集团发展的税收政策，至少是不限制和制约其发展。允许合并纳税就是这种政策的一个具体体现。

从不同国家税收实践看，有关企业集团汇总纳税的规定基本上没有多大区别，考虑到经营地利益和反避税需要，大多规定了税收抵免条款。但在母公司、子公司合并纳税方面，各国根据各自国情，分别作出了不同规定：

1. 不允许合并纳税。所持理由是，企业集团母公司、子公司都是独立法人实体，法律上应分别承担民事责任，税收上应分别承担纳税义务，例如，日本、韩国、泰国、加拿大和巴西税法规定，企业集团内各成员企业（分支机构）必须分别申报纳税，子公司经营亏损不得在母公司盈利中冲抵。

2. 在符合一定条件的前提下，允许合并纳税，即根据母公司拥有子公司

① 北京市国家税务局课题组："大型企业汇总与合并纳税管理的几点意见"，国家税务总局税收科学研究所《研究报告》2006 年第 34 期。

的股权比例决定是否可以合并纳税，例如，法国规定，允许合并纳税者必须是母公司直接或间接拥有子公司 95% 以上股权的，并且这种控股关系在一个会计年度内不得发生变化；西班牙规定，集团公司在提出合并纳税申请的前 2 年，母公司必须拥有子公司股权至少达到 90%；英国规定，营业利润和损失，可以在控股 75% 的关联公司间抵补，但资本利得与损失除外；澳大利亚规定，集团内子公司之间盈亏可以相抵，但条件是这两家公司 100% 的股权均由同一母公司拥有；美国规定，企业集团申请合并纳税必须符合 4 个条件：一是母公司为居民公司；二是母公司拥有子公司 80% 或以上的表决权股份；三是除加拿大、墨西哥以外，国外注册公司不能与美国集团公司合并申报纳税；四是母子公司各方面同意①。

3. 在严格限定和约束下，经过批准允许合并纳税。部分国家采用对企业集团合并纳税政策，但有严格限定和约束。在对企业集团总公司、成员企业（子公司），特别是对跨国企业集团所得税管理中，合并纳税方式比较普遍，但实行合并纳税企业事先必须报经主管税务机关批准，并且有严格条件限制，例如，意大利规定，企业集团实行全球范围内统一合并纳税，必须是企业集团中所有受控非居民公司全部参加，本国集团母公司与其直接或间接控制的居民公司，只要控制股本达 50% 以上，或前者对后者利润有 50% 以上的权利，可以选择实行合并纳税，一旦选定，除子公司停止被母公司控制外，3 年内不得变更，且合并纳税前发生的亏损由企业集团自行处理②。德国限制条件更为严格，首先，明确合并纳税政策只适用于母公司与其子公司之间。其中，母公司只限于具有德国居民身份，在德国设有管理中心的公司，从事商务经营的德国居民合伙组织，独立的德国企业以及在德国注册登记的外国公司在德分支机构，可以是资合公司、人合公司或个人公司；子公司限于经营和管理机构均设在德国国内的股份公司、股份两合公司或有限责任公司，不得为外国公司；其次，规定母公司必须对下属子公司或分公司具有财务、经济、组织等方面的控制关系。此外，还要求符合上述条件的企业集团内部各方必须签订“利润与损失汇算协议”，明确规定在合并纳税期间，所有子公司的利润都必须转移给母公司，同时由母公司

① 各国税制比较研究课题组：《公司所得税制国际比较》，中国财政经济出版社 1996 年版。

② 湖北省国际税收研究会课题组：“总、分支机构所得税管理和财政收入划分的国际经验与借鉴”，《涉外税务》2006 年第 4 期。

承担所有子公司同期发生的亏损。而且，该协议有效期不得少于 5 年，其生效、变动与终止必须得到子公司至少 75% 的股东同意[①]。

因此，就中国来说，从税收支持经济发展、税收体现先进生产力发展要求、税收中性以及符合国际惯例和现代税制发展方向这些基本原则出发，允许企业集团汇总纳税或者合并纳税的方向应该坚持。以法人为纳税主体，对非法人分支机构实行汇总纳税，同时对法人子公司实行附有条件合并纳税，并在合理规范区域横向税收分配的前提下逐步扩大合并纳税范围，似为正确选择。

五、企业集团未来税收政策刍议

新企业所得税法按法人为单位划分纳税人，因此，汇总纳税和合并纳税就体现出本质区别来了。按照企业所得税法规定，不具有法人资格的分支机构（分公司）其所得税汇总到总机构（总公司）缴纳，具有法人资格的分支机构（子公司），其所得税可以经过批准程序允许其合并到总机构（母公司）缴纳。

企业集团税收政策应当适应国家宏观经济政策和行业发展政策的需要，例如，国家提出企业集团要加快建立现代企业制度，建立母子公司体制，在制定企业集团税收政策时就要体现有关政策宗旨。母子公司制中的母公司和子公司均为独立法人，按照新企业所得税法第五十二条规定，“除国务院另有规定外，企业之间不得合并缴纳企业所得税。”要适应母子公司体制，就要按照新税法规定，采用批准方式允许企业集团实行合并纳税办法。

（一）企业集团汇总纳税政策采取法定制

企业所得税法已经于 2008 年 1 月 1 日起施行，在此之前，中国就对部分企业集团分支机构（分公司）企业所得税实行由集团总部（集团公司）汇总纳税政策，只不过当时汇总纳税还没有在法律上统一规范。新企业所得税法实行国际上通行的法人所得税制，企业所得税由法人在其所在地汇总缴纳，这就使早已成为事实的汇总纳税在法律上具有了合法性、法定性。

按照企业所得税法第五十条规定，“居民企业以企业登记注册地为纳税地点；但登记注册地在境外的，以实际管理机构所在地为纳税地点。居民企业在中国境内设立不具有法人资格的营业机构的，应当汇总计算并缴纳企业所得税。”其与原来规定的差异在于：按原企业所得税暂行条例规定，居民企业可

---

① 湖北省国际税收研究会课题组：“总、分支机构所得税管理和财政收入划分的国际经验与借鉴”，《涉外税务》2006 年第 4 期。

以以独立核算地为所得税纳税地点，企业集团是否实行汇总缴纳取决于企业有否这种意愿以及国家税务总局是否批准；新企业所得税法强调居民企业以法人所在地为纳税地点，按此规定，凡是不具有法人资格的分支机构，由企业集团总部（核心企业）直接依法办理汇总纳税，将不再需要国家税务总局批准。

实行汇总纳税有利于企业扩大经营规模，提高整体竞争力。但是，实行汇总纳税有可能会导致税收收入向集团总部所在地转移，这样会使分支机构或分公司所在地面临有税源而无税收之困境，并可能产生引税、买税、卖税诸多不良现象，影响企业跨地区经营，不利于全国市场统一竞争。

（二）企业集团合并纳税政策采取审批制

国家税务总局于 1994 年 2 月 8 日颁布了《关于大型企业集团征收所得税问题的通知》（国税发［1994］27 号），明确规定，为了支持企业集团发展，增强企业集团凝聚力，经国务院批准成立的企业集团（第一批试点 55 家），其核心企业对紧密层企业资产控股为 100% 的，可由控股成员企业选择由核心企业统一合并纳税。可见，中国也是实行允许企业集团合并纳税制度的国家之一。

企业集团从税收角度考虑，可以将分支机构中的法人单位改为非法人单位，例如将子公司改为分公司。但是，这种做法增加了企业集团总部经营风险，一旦分公司经营出现亏损甚至破产，其风险就要由集团总部全部承担。如果是子公司（不论全资子公司、控股公司），因是独立法人，总公司仅就出资额为限承担风险。这就是企业集团为什么未必一定要将子公司改为分公司的主要原因。集团公司在发展中，考虑的不仅仅是税收问题，还有其他问题需要综合考虑，所有考虑必须符合企业集团利益最大化。

按照企业所得税法规定，作为企业集团主要采用母子公司型组织结构，其成员企业大部分为法人机构，按照企业所得税法第五十二条规定①，企业集团执行合并纳税政策需要批准，现实情况是，试点企业集团，按原政策可以合并纳税，未来这项政策能否继续实行？这就存在一个原政策与新税法衔接问题。为了保障企业集团合并纳税良好运行，我们认为要解决好以下两个问题：一是企业集团合并纳税如何实施有效税收管理；二是企业集团合并纳税如何实现合理税收分配。

从企业集团合并纳税税收管理来看，这样做可能要增加税收管理难度，但

① 企业所得税法第五十二条规定：“除国务院另有规定外，企业之间不得合并缴纳企业所得税”。

是，从鼓励企业集团发展角度，我们认为应当允许其采取合并纳税办法。企业集团合并纳税的优点，前面我们已经论述，此处不赘。

从企业集团合并纳税收入分配来看，只有妥善处理了区域之间合理分配问题后，合并纳税政策才能正确实施。企业集团合并纳税政策体现了国家促进企业集团发展壮大，提升本国企业在国际市场上竞争力的政策倾向，从中国当前国企改革需要出发，适度放宽企业集团合并纳税范围十分必要，对优化配置存量资产，实行产权制度改革具有积极促进作用，但是必须掌握标准，控制仅仅因为避税动机引发的集团化倾向。

现阶段，中国企业集团合并纳税适用范围为国务院批准成立的试点企业集团，按照规定，核心企业对紧密层企业资产控股为100%的，可由控股成员企业选择由核心企业统一合并纳税。我们认为，应在总结经验基础上，逐步扩大范围，以配合建立现代企业制度，促进企业集团发展壮大。

（三）企业集团实行合并纳税政策建议

按照企业所得税法规定，对企业集团汇总纳税实行法定制，因此，对有关企业集团汇总纳税问题，已不存在法律障碍，如前所述，可能存在的主要问题只是税收管理和税收分配问题，对此问题我们将有专文论述。对企业集团合并纳税采用审批制，这就给企业集团合并纳税留下了可操作的政策空间，符合什么样条件才能允许？如何审批？等等。这些都需要我们进一步探讨。

1. 适当放宽企业集团合并纳税的母公司持股比例。以母公司持股比例作为界定企业集团母子公司合并纳税范围的标准，是各国普遍做法。中国规定母公司拥有子公司100%的持股比例才能合并纳税，由于受少数股东利益调整影响，一开始将持股比例定在100%，可以减少不少麻烦。但从长期来看，如果考虑到中国企业允许职工持股的基本国情，公司法对公司股东人数的规定①，以及市场主体多元化，一个企业100%控股另一企业的可能性越来越小。从中国实际出发，将合并纳税条件适当放宽才更加符合实际②。这样可以使更多企业集团得到合并纳税政策扶持，特别是可以促进民营企业不断发展壮大，同时可以避免控股比例过高，增加企业集团成本负担。

2. 扩大企业集团合并纳税政策适用范围。允许企业集团合并纳税是对企业集团整体的一种税收优惠，同时也能体现企业集团经济联合体的特色，也是

---

① 按照公司法规定：设立公司至少要有两个股东，国有独资企业例外。

② 建议母公司拥有子公司90%以上的股份就可以合并纳税。

税收对企业集团组织形式的一种积极适应。随着国有企业战略性重组逐步到位，大型企业集团数量将会逐渐增加。同时，社会主义市场经济体制逐渐建立，股份制企业和民营企业迅猛发展，具备了实施合并纳税政策条件。因此，在市场经济以及公平原则下，我们不能把企业集团合并纳税政策仅限定在国有企业集团或国有企业改制后的股份制企业集团范围内，应该对不同所有制性质的企业集团一视同仁，特别是对符合国家产业政策、需要税收政策给予必要扶持的企业集团，无论是何种所有制或者经济性质，又鉴于多数企业集团跨区经营这一现实，我们建议，应当允许企业集团实行合并纳税办法，但应当根据国务院授权或有关管理办法，报经国家税务总局审批。

参考文献：

1. 胡锦涛："高举中国特色社会主义伟大旗帜　为夺取全面建设小康社会新胜利而奋斗——在中国共产党第十七次全国代表大会上的讲话"，2007年10月15日。

2. 王君彩主笔：《现代企业集团财务管理研究》，中国财政经济出版社2005年版。

3. 江泽民："统一思想，齐心协力，奋发进取，讲求实效，做好明年经济工作——在中央经济工作会议上的讲话"，1995年12月5日。

4. 赵达："国资授权经营从头说"，《上海国资》2008年2月13日。

5. 孟韬："企业网络与中国企业集团的比较研究"，《中国软科学》2002年第11期。

6. 国家统计局：《中国大企业集团2005》，中国统计出版社2006年版。

7. 靳万军、付广军："汇总纳税管理与区域税收分配问题初探"，《税务研究》2007年第5期。

8. 林刚、宋华齐："论我国企业集团所得税合并纳税政策的完善"，《技术与市场》2007年第9期。

9. 张志勇："大型企业汇总与合并纳税管理研究"，《税务研究》2007年第5期。

10. 北京市国家税务局课题组："大型企业汇总与合并纳税管理的几点意见"，国家税务总局税收科学研究所《研究报告》2006年第34期。

11. 各国税制比较研究课题组：《公司所得税制国际比较》，中国财政经济出版社1996年版。

12. 湖北省国际税收研究会课题组："总、分支机构所得税管理和财政收入划分的国际经验与借鉴"，《涉外税务》2006年第4期。

（作者单位：国家税务总局税收科学研究所）

中国改革开放30年税制改革回顾与展望①

陈文东

改革开放30年来，伴随着经济体制改革的不断深化和社会主义市场经济的建立与发展，中国的税收制度也经历了不断变革的历程，对税收事业的发展起到了积极的推动作用。

一、30年税制改革的历程

（一）改革开放初期中国税制改革的酝酿与起步（1978～1982年）

1978年召开的党的十一届三中全会明确提出了改革经济体制的任务，中国的社会主义建设进入了一个崭新的历史时期，中国的税制建设也从此步入全新的发展阶段。

这一时期的税制改革以适应对外开放需要、建立涉外税收制度为突破口。1980年9月10日，第五届全国人民代表大会第三次会议通过《中华人民共和国中外合资经营企业所得税法》和《中华人民共和国个人所得税法》。1981年12月13日，第五届全国人民代表大会第四次会议通过《中华人民共和国外国企业所得税法》。同时，对外资企业和外国人继续征收工商统一税、城市房地

① 本文经国家税务总局税收科学研究所刘佐、靳东升、靳万军和石坚同志多次提出修改意见，特别是刘佐同志反复十数次审阅修改并提供了许多宝贵资料，在此表示衷心的感谢！

产税和车船使用牌照税。这样，就初步形成了一套大体适用的涉外税收制度，适应了中国改革开放初期引进外资和开展对外经济技术合作的需要。

在建立涉外税收制度的同时，国内税制改革开始启动。从 1979 年开始，陆续在一些地区进行了国营企业“利改税”（即将国营企业上缴利润改为缴纳所得税）试点和征收资源税、增值税的试点。1981 年 9 月 5 日，国务院发出通知，原则同意财政部报送的《关于改革工商税制的设想》。

（二）两步“利改税”和工商税制全面改革（1982～1993 年）

在 1983～1993 年期间，以国营企业“利改税”为突破口，通过税制改革，中国初步建立了一套比较完整的工商税制体系，在调整国家与企业和个人分配关系上迈出了重要步伐。

1. 改革货物和劳务税制度。将 1973 年以来实行的工商税按照征税对象划分为产品税、增值税、盐税和营业税。1984 年 9 月 18 日，国务院发布《中华人民共和国产品税条例（草案）》、《中华人民共和国增值税条例（草案）》、《中华人民共和国营业税条例（草案）》、《中华人民共和国盐税条例（草案）》和《中华人民共和国资源税条例（草案）》。

2. 完善所得税制度。从 1983 年 6 月 1 日起，在部分国营企业中试行第一步“利改税”；从 1984 年 10 月 1 日起，在国营企业中全面推行第二步“利改税”。1984 年 9 月 18 日，国务院发布《中华人民共和国国营企业所得税条例（草案）》和《国营企业调节税征收办法》。此后，国务院陆续发布了《中华人民共和国集体企业所得税暂行条例》（1985 年 4 月 11 日）、《中华人民共和国城乡个体工商业户所得税暂行条例》（1986 年 1 月 7 日）、《中华人民共和国个人收入调节税暂行条例》（1986 年 9 月 25 日）、《关于征收私营企业投资者个人收入调节税的规定》（1988 年 6 月 25 日）和《中华人民共和国私营企业所得税暂行条例》（1988 年 6 月 25 日）。1991 年 4 月 9 日，第七届全国人民代表大会第四次会议通过《中华人民共和国外商投资企业和外国企业所得税法》，将中外合资经营企业所得税法和外国企业所得税法合并，实现了外资企业所得税法的统一。

3. 开征一批特别目的和行为税。1982 年 4 月 22 日，国务院批转国家计委、财政部报送的《关于征收烧油特别税的报告》和该报告所附的《关于征收烧油特别税的试行规定》。1983 年 9 月 20 日，国务院发布《建筑税征收暂行办法》。1987 年 6 月 25 日，国务院在该办法基础上发布《中华人民共和国建筑税暂行条例》。1991 年 4 月 16 日，国务院在该条例基础上发布《中华人民共和国固定资产投资方向调节税暂行条例》。1984年6月28日，国务院发布《国营企业奖金税暂行规定》。1985年7月3日、8月24日和9月20日，国务院先后发布《国营企业工资调节税暂行规定》、《集体企业奖金税暂行规定》和《事业单位奖金税暂行规定》。1987年4月1日，国务院发布《中华人民共和国耕地占用税暂行条例》。1988年8月6日和9月22日，国务院先后发布《中华人民共和国印花税暂行条例》和《中华人民共和国筵席税暂行条例》。1989年2月14日和4月1日，根据国务院的决定，原国家税务局先后发出《关于对彩色电视机征收特别消费税有关问题的通知》和《关于对小轿车征收特别消费税有关问题的规定》。

4. 完善地方税。1985年2月8日，国务院发布《中华人民共和国城市维护建设税暂行条例》。1986年9月15日，国务院发布《中华人民共和国房产税暂行条例》和《中华人民共和国车船使用税暂行条例》。1988年9月27日，国务院发布《中华人民共和国城镇土地使用税暂行条例》。

随着涉外税收制度的建立、国营企业“利改税”的实施和工商税制改革的全面推进，中国初步建立了一套适应改革开放和社会主义有计划商品经济要求、内外有别的，以货物和劳务税、所得税为主体的税收制度。截至1993年，中国税制一共设有37个税种。

（三）1994年的税制改革与完善（1994~2000年）

1992年，邓小平同志视察中国南方并发表重要谈话和党的十四大召开之后，中共中央、国务院作出了关于加快改革开放和经济发展的一系列重要决定，改革开放和社会主义现代化建设的新形势迫切需要加快税制改革步伐，以构建适应社会主义市场经济体制的税收制度。

1993年12月13日，国务院发布《中华人民共和国增值税暂行条例》、《中华人民共和国消费税暂行条例》、《中华人民共和国营业税暂行条例》、《中华人民共和国企业所得税暂行条例》和《中华人民共和国土地增值税暂行条例》。同年12月25日，国务院批转国家税务总局报送的《工商税制改革实施方案》，并发布《中华人民共和国资源税暂行条例》。上述改革方案和税收暂行条例均从1994年1月1日起实施。

1994年税制改革的主要内容：一是全面改革货物和劳务税制度。废止了工商统一税，将过去对内资企业征收的产品税、增值税、营业税和对外资企业征收的工商统一税合并为增值税、消费税、营业税，实现了货物和劳务税制度的统一；二是改革所得税制度。将对国营企业、集体企业和私营企业分别征收的多种所得税合并为统一的企业所得税；将对外国人征收的个人所得税、对中国人征收的个人收入调节税和城乡个体工商业户所得税合并为统一的个人所得税；三是对财产税、特别目的和行为税作了大幅度的调整，扩大了资源税征收范围，开征了土地增值税，取消了烧油特别税、集市交易税等若干税种，将屠宰税、筵席税的管理权下放到省级人民政府。至此，中国税制一共设有25个税种（实际开征23种）。

此后至2000年期间，国务院陆续改革了农业特产农业税制度，修改了契税暂行条例，发布了车辆购置税暂行条例，暂停征收固定资产投资方向调节税，从2000年开始进行农村税费改革的试点，全国人民代表大会常务委员会修改了个人所得税法。

1994年税制改革是新中国成立以来，规模最大、范围最广泛、内容最深刻的一次税制改革，总体上取得了巨大的成功。经过这次改革和后来的逐步完善，到20世纪末，中国初步建立了适应社会主义市场经济体制发展要求的税制框架，对于保证财政收入，加强宏观调控，深化改革，扩大开放，促进经济和社会发展，起到了重要的作用。

（四）2001年以来的税制改革与完善

随着经济的发展和社会主义经济体制改革的深化，党的十六大提出进一步推进税制改革，党的十六届三中全会提出按照“简税制、宽税基、低税率、严征管”的要求推进税制改革，党的十七大进一步提出实行有利于科学发展的财税制度。按照中央的要求和部署，近年来，税制改革以农村税费改革为突破口，并逐步向增值税、企业所得税等税种推进。

1. 逐步取消农业税。从2001年起，农村税费改革试点逐步扩大，从2006年起废止《中华人民共和国农业税条例》。从2005～2006年，国务院先后取消了牧业税和屠宰税，对过去征收农业特产农业税的烟叶产品改征烟叶税。

2. 稳步推进增值税改革。从2004年7月1日和2007年7月1日起，先后在东北老工业基地和中部地区的26个城市分别选择部分行业和产品进行扩大增值税转型改革试点；从2008年7月1日起将东北老工业基地的增值税改革试点扩大到内蒙古自治区的东部地区；2008年11月5日国务院常务会议作出决定，将在全国所有地区、所有行业全面实施增值税转型改革，鼓励企业技术改造，减轻企业负担1200亿元。

3. 统一企业所得税制度。2007年3月16日，第十届全国人民代表大会第五次会议通过《中华人民共和国企业所得税法》，从2008年1月1日起实施，对内资企业和外资企业分别征收的所得税从此统一。

4. 推进出口退税机制改革。从2004年1月1日起，中国实施了较大规模的出口退税机制改革，主要内容为适当降低出口退税率的总体水平，建立中央与地方共同负担出口退税的新机制，加大中央财政对出口退税的支持力度。此后，根据产业结构发展和改善进出口贸易的需要，对于部分高耗能、高污染、资源性产品，或取消其出口退税，或降低其出口退税率；2008年10月21日，经国务院批准，财政部、国家税务总局发出通知，明确从2008年11月1日起，适当调高部分劳动密集型和高技术含量、高附加值商品的出口退税率。

5. 适时修改个人所得税法。从2005～2007年，全国人民代表大会常务委员会先后三次修改个人所得税法：两次提高工资、薪金所得的费用减除标准，修改了关于纳税申报和储蓄存款利息所得征税的规定；经国务院批准，财政部、国家税务总局发出通知，明确自2008年10月9日起，对储蓄存款利息所得暂免征收个人所得税。

6. 完善其他税收制度。在消费税方面，调整了部分消费税税目和税率（税额标准），从2006年4月1日起将一些高档消费品和资源消耗性产品纳入征税范围。在地方税方面，从2006～2008年，国务院先后将车船使用税与车船使用牌照税合并为车船税，公布了《中华人民共和国车船税暂行条例》，实现了车船税制度的内外统一；修改了《中华人民共和国城镇土地使用税暂行条例》和《中华人民共和国耕地占用税暂行条例》，实现了土地税制度的内外统一；取消了筵席税。此外，陆续提高了资源税部分应税产品的税额标准。

经过上述改革，目前除海关负责征收的关税、船舶吨税和已暂停征收的固定资产投资方向调节税外，税务部门负责征收的税种共有17个。中国税制进一步简化、规范，税负更加公平，增强了税收筹集收入的功能，提高了税收对宏观经济的调控能力，加强了税收调节收入分配的作用，促进了经济社会稳定协调发展。

二、30年税制改革的巨大成绩与基本经验

（一）税制改革的巨大成绩

随着税制改革的不断深化，中国税收事业发展取得了巨大成绩：

1. 实现了税收收入的持续、稳定、快速增长，为国民经济和社会发展提供了重要的财力保障。1978～2007年，税务部门共组织税收收入（不含农业税、牧业税、耕地占用税、契税、关税和船舶吨税，未扣除出口退税，下同）

28.23 万亿元。其中，1978～1993 年共组织税收收入 2.76 万亿元，1994～2007 年共组织税收收入 25.47 万亿元。年度税收收入规模由 1978 年的 451.29 亿元快速增长到 2007 年的 49451.80 亿元，增加了 108 倍多，年均增长 17.3%。其中，1994～2007 年年均增长 19.1%。国家财政实力的增强，为各级政府履行职能，实现全面建设小康社会奋斗目标提供了可靠的财力保障。

2. 税收法制建设逐步完善，税收调控经济、调节分配的职能作用得到有效发挥。30 年来，随着税制的不断改革和完善，中国已建立起一套与社会主义市场经济体制初步适应的税制体系。公民的依法纳税意识普遍增强，税法遵从度不断提高。税收制度和政策安排在促进产业结构优化，支持区域经济协调发展，支持农业、能源、交通、高新技术等产业发展，支持科技、教育、文化、卫生、民政、社会保障、环境保护、就业等社会事业发展，增加城乡居民收入，调节收入分配等方面都发挥了不可替代的重要作用。

3. 税收征管不断加强，征纳关系和谐发展。在总结多年税收征管经验的基础上，确立了"以申报纳税和优化服务为基础，以计算机网络为依托，集中征收，重点稽查，强化管理"的税收征管模式，并初步建立起税收经济分析、企业纳税评估、税源监控和税务稽查的互动机制。税收管理信息化不断得到加强，并逐步成为税收工作的重要依托。通过强化纳税服务理念，建立健全纳税服务制度，不断改进和优化纳税服务。

4. 推动了税务机构和队伍建设，税务干部的综合素质不断提高。改革开放以来，为适应税制改革和税收法制建设的需要，税务机构逐步恢复和加强，税务人员大量增加。1988 年 5 月，国务院将财政部税务总局升格为国家税务局（后改称国家税务总局）。1993 年 12 月，国务院将国家税务总局从副部级机构升格为正部级机构。1994 年，为适应分税制财政体制改革的要求，国务院决定省以下税务机关分设为国家税务局、地方税务局两套机构。1979 年，全国税务系统的人员为 17.9 万人；2006 年底达到 85.4 万人，其中国家税务局系统 46.0 万人，地方税务局系统 39.4 万人。各级税务机关大力实施人才兴税战略，分级分类开展全员教育培训，努力打造一支政治素质高、业务技能强的专业化队伍，为中国税收事业健康发展提供了坚强的组织保障。

（二）税制改革的基本经验

30 年来中国税制改革成效显著，积累了以下基本经验：

1. 以科学理论为指导。为了建立科学的税收制度，中国税制改革坚持以中国特色社会主义理论和科学发展观为指导，以建立适合中国国情、适应经济发展需要的科学的税收制度为目标，体现了以人为本，全面、协调、可持续发展和为纳税人服务的理念，促进了税收增长、资源节约和环境保护，促进了地区之间、行业之间、个人之间以及征纳关系之间的协调发展。

2. 坚持依法治税的原则。依法治税是依法治国的重要组成部分，中国的税制建设坚持税收法定原则，强调税收分配活动必须依法进行。在税收立法中注意征纳双方关系的协调，保护国家利益和纳税人的合法权益，提高征纳双方税法的遵从度，收到了良好的效果。

3. 逐步推进民主立法。为了提高税收法律、法规的执行效果，税法起草部门和立法机关越来越注意深入调查研究，广泛听取相关部门、地方政府、专家学者和民众的意见。

4. 以适合国情为标准。中国的税制改革，既注意借鉴外国的经验，又不照搬照抄外国的做法，坚持实事求是，一切从实际出发，结合本国的国情，与整个经济体制改革进程相适应，妥善处理各方面的利益关系，保持了改革、发展与稳定的协调。

5. 以公平税负为核心。中国在税制改革中基本采取了维持总体税负稳定，结构适当调整的策略，注意处理好公平与效率的关系，注重公平，关注效率，强调合理负担，为各类企业的平等竞争营造了越来越公平的税收环境，促进了经济发展和社会和谐。

6. 渐进改革与跃进突破相结合。中国税制改革既有渐进式的改革，也有跃进式的突破：1978～1982年，在探索和试点中积累经验，1983～1993年，以“利改税”为突破口全面展开，1994～2000年，初步建立适应社会主义市场经济体制的税制框架，2001年至今，继续逐步完善税制。

三、未来税制改革展望

（一）调控宏观税负，推进税费改革

随着中国经济持续发展、经济效益的改善和税收征管质量的不断提高，税收收入快速增长、宏观税负水平随之提高，有其必然性和合理性。但是，作为发展中国家，经济总量和经济效益水平决定了中国的税收规模不可能过大，宏观税负的提高也应当是一个逐渐上升的过程。再统筹考虑未来的税费改革等因素，中国宏观税负上升的空间不会太大。这就要求我们及早考虑税收增长速度、宏观税负水平的上升幅度与控制问题。

目前中国非税收入种类繁杂、金额庞大、管理多头、挤占税收收入，不利

于财政预算管理，不利于建立纳税人与政府之间的和谐征纳关系，也难以体现公共财政民主法治、科学透明的要求，这个问题无论从政治上还是经济上来说都必须抓紧解决。因此，应当加快推进税费改革，取消一切不合理的政府收费，用税收取代一些具有税收特征的合理的政府收费。

税费改革应当结合地方税制度的建设展开，在统一税政的前提下赋予地方适当的税政管理权。进一步完善分税制，使中央、地方的财力与事权相匹配，健全公共财政体制。

（二）优化税制结构

目前中国的税制结构正处于从货物和劳务税为主体向货物和劳务税与所得税双主体过渡的过程中。近年来，中国的税收收入过分倚重增值税、消费税、营业税和关税等货物和劳务税的现象已经逐步改变，所得税收入占税收总收入的比重上升很快：从 1994 ~ 2006 年，中国的货物和劳务税收入占当年税收总收入的比重已经从 72.0% 降至 63.1%；同期的所得税收入占当年税收总收入的比重已经从 14.8% 升至 27.5%。上述变化符合市场经济发展到一定阶段以后所得税在税制结构中所占比重提高，货物和劳务税所占比重适当下降的规律。我们应当遵循这一规律，积极促进税制结构中主体税收地位的转变。

优化税制结构中的另一项任务是合理调整中央税、地方税和中央与地方共享税之间的比例关系。1994 年推行的分税制财政体制改革初步搭建了中央政府与省级政府间的财政关系框架，但是政府职能“越位”和“缺位”、政府间事权模糊不清等问题并未得到根本解决，近些年来还出现了一些体制简单复归的迹象。一是由于过多地采用中央与地方共享税模式，有复归“比例分成”的可能，表现在中央与地方共享税收入比重偏高、税种数量偏多。例如，2006 年中央与地方共享税收入占全国税收收入的比重高达 83.4%，中央与地方共享税种数量在 2008 年多达 7 个，占税种总数的 35.0%；二是“小地方税、大转移支付”的格局有复归“统收统支”的倾向。例如，2006 年，地方财政预算中 44.1% 的支出来自中央政府的税收返还和转移支付。要逐步缩减中央与地方共享税数量，构建完整的地方税制度，进一步完善分税制，就必须按照党的十六届三中全会的要求健全公共财政体制，明确各级政府的财政支出责任，在统一税政前提下，赋予地方适当的税政管理权。只有实现地方税的稳定增长并辅之以其他配套措施，才能改变中央与地方共享税过多和“小地方税，大转移支付”的格局，并杜绝各种乱收费和乱摊派等非税收入甚至制度外收入滋长的现象。

（三）继续推进税制改革，构建有利于科学发展的税收制度

根据党的十六届三中全会的决定、“十一五”规划纲要和党的十七大关于实行有利于科学发展的财税制度的要求，今后一段时期应当实施、推进和研究下列税制改革：

1. 推进所得税制度改革。全面贯彻落实新的企业所得税法及其实施条例。推进个人所得税制改革，尽快实行综合与分类相结合的个人所得税制度。

2. 深化货物和劳务税制度改革。进一步完善增值税制度，积极研究制定在全国范围内实施增值税转型的方案，并将增值税的起征点改为适度的免征额。继续改革出口退税制度。研究调整消费税的征税范围和税率（税额标准）。适当调整营业税的征税范围和税率，并将营业税的起征点改为适度的免征额。

3. 推进房地产税改革。全面总结开展房地产模拟评税试点工作经验，继续研究房地产税改革方案及其配套措施。

4. 推进其他税制改革。实施资源税改革，完善城市维护建设税和印花税。继续研究开征燃油税、社会保障税和环境保护税等问题。

此外，税制改革要着力研究建立促进城乡税制一体化、推进社会主义新农村建设、促进自主创新、推动产业结构优化和区域协调发展、促进收入公平分配、促进就业再就业、促进资源环境保护和可持续发展的税收制度，为提高开放型经济水平服务。

总之，作为经济体制改革的突破口之一，税制改革为中国的改革开放事业，为中国社会主义市场经济体制的建立与完善，已经作出了历史性的巨大贡献。纵观30年来中国税制改革的历程，税制改革与经济转轨的全过程密切相关，相互促进。展望未来，随着税制改革的进一步深化，必将为中国社会主义经济的发展与和谐社会的建立作出新的、更大贡献。

参考文献：

1. 刘佐：《中国税制概览》，经济科学出版社 2003～2007 年版。

2. 对肖捷专访：“税收：为改善民生提供财力保障”，《人民日报》2008 年 4 月 28 日。

3. “30 年税收‘账本’”，《人民日报》2008 年 4 月 28 日。

4. 王振宇：“关于适度降低‘两个比重’的思考”，《中国经济时报》2007 年 8 月 20 日。

（作者工作单位：国家税务总局税收科学研究所）

2007年世界税收形势回顾

靳东升

2007年世界经济形势好转，许多国家经济发展都有了新起色。世界经济形势的趋暖，增强了许多国家的信心，为各国税制改革创造了良好的经济环境。总体来看，各国都在进行调整性税制改革，同时，伴随着国际交往的加强，税收协调和税务合作也逐渐活跃起来。

一、税制改革的总体情况

2007年各国税制改革继续延续了降低税率，扩大税基，简化税制的基本思路，减税仍然是大趋势，创新趋势不明显。如果说有什么新的特点的话，应该表现在税制结构的调整，许多国家在降低税率，扩大税基的同时，开展了鼓励投资，鼓励科技创新，鼓励资源利用和提高间接税比重的调整。

2007年元旦，西班牙议会通过决议，公司所得税自1月1日起从35%降到32.5%，2008年降至30%。个人所得税级距从5级减为4级，最低税率由15%提高到24%，最高税率由45%降低至43%，储蓄收入和资本利得均统一按18%征税。

2007年1月1日，土耳其通过法令（2006/11449号和2006/11447号），降低预提税税率，对居民、非居民个人和非居民公司的职业所得预提税税率从22%降到20%；付给居民、非居民个人和非居民公司的超过一年的建筑服务报酬的预提税税率从5%降到3%；非居民个人和非居民公司的知识产权销售收益预提税税率从25%降到20%；对居民、非居民个人和非居民公司的不动产出租所得的预提税税率从22%降到20%；付给居民、非居民个人和非居民公司的特许权使用费的预提税税率从22%降到20%。

2007年6月14日，坦桑尼亚宣布税改方案，自7月1日开始执行。具体内容包括：公司所得税税率由18.5%降低至15%，扩大增值税免税范围，加工纱线的免税改为零税率，一系列产品的消费税税率提高至7%，每升汽油或柴油的燃油税由100先令提高到200先令。

乌拉圭于2007年6月18日颁布了两个法令，对《税制改革法案》补充修订。新法令规定增值税标准税率由23%降低为22%，低税率由14%降低为10%，公司所得税税率由30%降低为25%，分配股息适用7%的预提税，个人所得税对雇佣所得采取从10%～25%累进税率，而对资本利得统一适用12%税率。这项改革还取消或合并了一些税种，对税制进行了简化。新税法自2007年7月1日起实行。

2007年7月1日，巴西《小型企业法》中的税收内容生效，小型企业开始适用简化税制，即符合条件的企业可以缴纳单一税（single tax）来代替以下税收：企业所得税、联邦消费税（进口国外货物除外）、就净所得缴纳的9%的社会缴款、社会保障缴款、社会综合缴款项目、社会保障工薪税、州增值税和市服务税。

2007年7月6日，俄罗斯议会联邦委员会通过了税法修订案，包括对企业所得税、增值税以及简化税制体系的修订，此次修订旨在鼓励高技术产业和其他创新活动。主要包括以下内容：企业税收方面，对企业来自于研发基金的应税所得免税，并且对从事高新技术活动的纳税人采用加速折旧方法，同时允许公司纳税人从总所得中扣除不超过研发费用1.5%的支出；允许适用于简化税制体系的纳税人从应税所得中扣除研发费用、获得拥有知识产权的专利费用以及获得知识产权许可合同的费用支出；对发明、工业设计、软件、数据库、集成电路以及获得知识产权许可合同等相关交易和活动免征增值税。

2007年7月12日，格鲁吉亚议会通过了税法修订草案，主要包括以下内容：将企业所得税税率从现行的20%降低到15%；将现行12%的个人所得税与20%的社会税合并成单一税种，减按25%征收；受雇于免征社会税的法律实体的个人需在新法实施后的3年继续缴纳12%的个人所得税；免除欠缴的土地税以及对未缴纳2005年1月1日前应纳税额的纳税实体进行的处罚。

2007年7月30日，保加利亚政府决定在2008年引入单一税制，所有个人所得税纳税人和商业企业均按10%的税率缴纳单一税。实行单一税制是保加利亚政府广泛的税制改革进程中的一项内容。同时，这一改革可以减少保加利亚国内不断增加的逃税和不如实申报收入的现象。

2007 年 9 月 18 日，荷兰公布了 2008 年预算案，计划在 2009 年将增值税税率由 19% 提高到 20%，开征新的机票税，并且提高燃油、烟草和酒精消费税。2008 年预算将增加 8.3% 的政府支出，达到 1440 亿欧元，主要用于医疗、教育、能源和沿岸海上防御。预算通过延长两项降低企业所得税政策适用时间给中小企业带来实惠，通过简化计算方法和减轻管理负担增强企业研发能力；为了鼓励工作，预算将扩大所得税税收抵免范围。

2007 年 9 月 26 日，乌兹别克斯坦政府发布 2008 年预算草案，主要税收内容包括：商业银行的公司税税率从 17% 降到 15%，微型和小型企业的单一税率从 10% 降到 8%，提高个人所得税最低档税率 13% 所适用的扣除额；天然气的消费税税率从 25% 降到 20%，国内制造的一些消费品的消费税将被取消。

2007 年 10 月 15 日，白俄罗斯总统发布了一项法令，对简化税制改革方案进行了修订。根据修订后的规定，简化税制是除了对进出口商品的征税、注册和许可税、离岸税、印花税、车辆购置税以及付给劳工组织的强制性社会保障基金以外的其他税种的合并简化征收。简化税制适用于月平均聘用人员不超过 5 人而且年总所得不超过 6 亿白卢布的个体户和法人。涉及的所得包括纳税人在一个纳税期限内从事销售货物、工作或服务，知识产权和其他非销售交易所获得的总收入，简化的税基为总收入与纳税期内售出货物的购买价的差值，税率为 20%。如果纳税人不符合简化税制要求的条件，他将从不符合条件当月的下个月起，不再适用简化税制，改为适用普通税制。

2007 年 10 月，挪威政府计划对航运公司实行新税制，即把过去按航运公司利润征税的制度，改为按公司船只的总吨位征税这一目前欧盟国家的惯用做法。挪威是世界第五大海运国，2007 年商船数量和总吨位均创历史新高，因此挪威船东协会表示此项改革将使轮船公司的税收负担加重，降低盈利能力和国际竞争力，同时导致更多航运公司到海外注册等不利影响。

2007 年 11 月，马其顿制定并实施了一系列的促进投资的税收政策，包括：降低企业和个人所得税，实行单一税率税制，税率都为 10%，资本利得税税率也为 10%，并且只有 70% 的资本利得收益是应纳税的；间接税中也有多项优惠政策，如软件、硬件和其他电子产品的增值税税率仅为 5%，区别于 18% 的一般税率；建立高技术园区，实施特殊的财税优惠，在这些地区，投资者有 10 年的免税期，从 2008 年起，头 5 年个人所得税税率为 5%，为出口而进口的产品免关税和进口增值税；实行再投资退税，且没有数量限制；和其他国家订立了避免双重征税协定，实行低税率的预提税，分回英国和荷兰的股利分红的预提税为零；建立完善的国外税收信用体系，对本国公司的外国分支机构的国外已纳税款实行税收抵免。这些措施不仅使税收收入上升，得到了世界银行的好评，促进了经济发展，增加了就业，并被评为“2008 年最佳经济发展地区”。

实践表明，对公司设立和重组投入的资本征税，有碍经济发展。欧盟委员会向各成员国建议，在 2010 年前逐步废除资本税，以鼓励欧盟公司的发展。

毕马威税务咨询公司发表一份关于全球公司税和间接税税率的调查报告，报告指出，各国为吸引外资的税收竞争导致公司税税率不断降低，间接税比重不断提高。据该公司分析，经调查 92 个国家，公司税税率不断降低，20 世纪 90 年代降低幅度较大，2000 年以来降幅较小。2007 年，全球公司税平均税率从 27.2% 降低至 26.8%。欧盟公司税平均税率降低了 1.6%，2007 年为 24.2%。经济合作与发展组织（OECD）成员国公司税平均税率降低了 1%，2007 年为 27.8%。欧盟增值税的平均税率为 19.5%，OECD 国家为 17.7%，亚太地区为 10.8%，拉美地区为 14.2%。OECD 各国的增值税收入占税收收入的比重逐步上升，2007 年从 31.7% 增加至 32.1%。

尽管各国税制改革均不断降低税率，但是税收总体负担仍在逐渐爬升。以欧盟为例，近年来，欧盟个人和公司所得税的最高边际税率明显呈下降趋势，其中公司所得税下降最为明显。2007 年 6 月 26 日，欧盟统计局与海关税务总署联合发表欧盟税收趋势报告，欧盟 27 国总体平均税负（未加权平均）从 2004 年的 39.2% 上升到 2005 年的 39.6%，上升了 0.4 个百分点。欧元区，则从 39.6% 上升到 39.9%，上升了 0.3 个百分点。这是自 2000 年总体平均税负下降以来的首次回升。

根据 OECD 最新年度统计资料，OECD 国家 2006 年税收收入占 GDP 的比重已经恢复到 2000 年 36.2% 的水平，这是自 2001 年至 2004 年降低后重新回归到历史最高水平。

近年来，许多欧洲国家废除了遗产税，例如，斯洛文尼亚、瑞典、葡萄牙、塞浦路斯、意大利和奥地利。有些国家正在讨论是否废除遗产税。但是也有的国家决定不废除遗产税，例如，德国下议院于 2007 年 5 月 23 日讨论决定，虽然遗产税收入只占全年预算总收入的 1%，但是遗产税是对不劳动致富者征收，理应保留，不准备取消此税。

二、增值税的变动

经过 50 多年的实践，增值税已经是一个比较成熟的税种。2007 年增值税的减税和政策调整是主流。但是，由于增值税的固有问题，关于增值税是否有必要的议论也开始增多，增值税的优劣之争难见分晓，取消增值税的呼声渐多。

印度尼西亚 2007 年 1 月宣布，免除种植园产品、园艺产品、食用植物、畜牧产品、林业产品以及水产品的增值税。免税产品还包括资本货物、饲料、种子和政府提供的饮用水等。

2007 年 2 月 15 日，委内瑞拉总统宣布，3 月 1 日起增值税税率将从 14% 降至 11%，7 月 1 日起将进一步降至 9%。查韦斯总统宣称增值税具有累退性，不利于税收公平，主张废止增值税。

2007 年 6 月 1 日，从即日起，英国国家税务和海关总署对移动电话和计算机芯片实行新的增值税征收方法，即“反向征税”（Reverse Charge）政策。此法是英国针对日益猖獗的增值税骗税行为，严防骗税者利用欧盟成员国间进出口货物免税政策进行“循环式骗税”而采取的措施。所谓循环式骗税，是指在欧盟内，贸易商充分利用欧盟成员国间进出口货物相互免征增值税的优惠政策，以跨国间循环式、链条状购销货物为手段，蓄意骗取增值税税款的违法行为。循环式骗税行为每年使英国损失几十亿英镑的税收收入，移动电话和计算机芯片两种货物出口额占涉嫌骗税的外贸出口货物总值的 80% 以上。按照反向征税的规定，进口移动电话和计算机芯片并在英国境内销售的销售方，不需向税务局缴纳增值税，而购买其货物并在境内继续销售的零售商或批发商必须向税务局申报缴纳增值税。欧盟委员会认可了英国此项新政策。

2007 年 6 月 1 日，土耳其政府下调部分行业的增值税税率。从即日起，食品的增值税税率由原来的 18% 降为 8%；旅游业的增值税税率自 2008 年起由现在的 18% 降为 8%；纺织品服装加工业和疗养业的增值税税率也降为 8%。

2007 年 7 月 19 日，俄罗斯总统普京签署了一项增值税免税的联邦法律，主要是对转让知识产权，包括专利与某些非专利所有权免税。另外，鉴于增值税严重阻碍了某些行业的发展，制度过于复杂，征管难度日益加大，俄罗斯总统首席顾问建议采用简单易行的销售税代替增值税。

2007 年 9 月 18 日，荷兰公布了 2008 年预算案，计划在 2009 年将增值税税率由 19% 提高到 20%，开征新的机票税，并且提高燃油、烟草和酒精消费税税率。

欧盟成员国的企业界代表在毕马威国际税收大会上提出改革增值税，简化税制，统一税政。代表指出，增值税制度已经实行多年了，早已过时又过于复杂，各国税政也有不同，常使公司在跨国贸易中处于困境，严重阻碍欧盟成员国之间的贸易。

三、公司所得税的变动

由于税收竞争的存在，越来越多的国家已经或正在降低公司所得税，这一趋势可能还会持续下去。在降低公司所得税的同时，公司所得税政策调整的重点主要集中在鼓励创新，鼓励投资和照顾中小企业的发展。进一步简化税制也是一些国家采取的公司所得税改革措施。

哥伦比亚修改所得税法，自 2007 年 1 月 1 日起公司所得税最高税率从 35% 降至 34%，2008 年再降至 33%。丹麦政府提出公司所得税改革法案，定于从 2007 年 1 月 1 日起降低税率，从 28% 降为 22%。

斯洛文尼亚为增强竞争力，减少行政管理负担，改革了公司所得税，其中最重大的变化是降低了基本税率。自 2007 年 1 月 1 日起基本税率由 25% 降低至 23%，预计今后几年每年降低一个百分点，至 2010 年降低至 20%。税前扣除也采取了更宽松的政策。

波兰修改了企业所得税法规，其中一个重要内容是自 2007 年 1 月 1 日开始，波兰公司从另一个波兰公司或欧盟/欧中经济区成员国或瑞士的居民公司收到的股息取消 19% 的征税，在满足一定条件下，可以免税。

哈萨克斯坦修改后的公司所得税自 2007 年 1 月 1 日开始生效，除调整扣除项目外，比较重要的修改是对居民法人收到的股息免缴公司所得税。

白俄罗斯 2007 年 3 月 9 日发布总统令，对符合条件的法人实行简化的税收制度，即单一税。上述法人主要是指小企业，税基是销售产品、提供加工和服务及知识产权的收入总额和非营业性的收入。一般税率为 8% 和 10%，位于一些村庄和小城市的超小型实体实行特殊的 3% 和 5% 低税率。对适用单一税的实体免除其他税收。

2007 年 4 月 26 日，韩国国民议会财政与经济委员会通过一项法案，对于韩国投资者把在国内挣到的钱投资到海外股市，可享受 15.4% 的资本利得税免除。此免税规定从 5 月中旬开始实施，有效期到 2009 年末。目前，韩国人投资于海外股市的资金约为 30 万亿韩元，投资者主要看好印度、中国和越南等新兴经济体。

英国自 2007 年 4 月起公司税税率从 30% 降至 28%，同时对新投资和研究开发费用加大税前扣除力度。

从 2007 年 5 月 11 日起，摩尔多瓦公司所得税税率为零，但是股息分配要适用 15% 的税率。

2007 年 5 月 17 日，新西兰公布 2007 年预算，其税改方案主要内容包括：公司税税率从 2008 年 4 月 1 日起从 33% 降到 30%，降低的税率可以使公司留有更多的利润，增加新西兰公司的国际竞争力，使其税率接近 OECD 的平均税率 28%；股息所得归集抵免比率 33% 的优惠延长到 2010 年 3 月 31 日；增加研究与开发费用的税收抵免优惠；给予新西兰受控外国公司的积极所得（来源于如制造等工业活动的积极经营所得）免税的优惠。

印度尼西亚公司税率为 30%，2007 年 6 月宣布，预备对符合条件的上市公司适用 28% 或 25% 的低税率。

丹麦财政部于 2007 年 4 月 2 日宣布所得税法修订，自 7 月 1 日起公司所得税税率从 28% 降低到 25%，资本弱化及长期资本税收折扣的规定更加严格。

瑞士宣布进行公司税改革，改革的主要目的是减轻中小型公司的税收负担，对一些资本性收入消除重复征税、免征、减征或延期纳税。

2007 年 7 月 29 日，韩国国民议会批准了简化公司所得税制度议案，从 2008 年 1 月 1 日起，年净利润低于 5 亿韩元并且交易透明的公司，允许采用复式记账。该简化税制提供了扣除折旧费用、捐赠支出、招待费和其他非经营性支出等简单计算方法。符合条件的公司并且属于制造业、建筑业、零售业三者中的一种，其抵免限额为公司估算纳税额的 25%。

2007 年 9 月 7 日，马来西亚首相巴达维向众议院递交了 2008 年预算草案。该预算草案要求继续降低公司税税率，逐步采用公司单层（single - tier）税制代替完全归集抵免制。马来西亚公司税税率已由 2006 年的 28% 降低到 2007 年的 27%，并且计划在 2008 年降低到 26%。2008 年预算将继续这种渐进式的减税政策，在 2009 年将税率降到 25%。巴达维称，采用公司单层税制的目的是简化税收管理，经过 6 年过渡期后对股息将不再征税。

2007 年 9 月 9 日，联合国贸易发展委员会在第十一届中国国际投资贸易洽谈会上发布的资料显示，越来越多的国家已经或正在降低公司所得税税负，这一趋势可能还会持续下去。2004 年以来，全球外商直接投资（FDI）出现增长的趋势，全球 FDI 政策和立法的发展趋势也继续朝有利于投资的方向发展。各国争夺 FDI 的竞争也在继续，其中包括采取积极主动的投资定位和财政激励手段，越来越多的国家已经或正在降低公司所得税税负。目前，新加坡已经批准把公司所得税从 20% 降低到 18%，以便与中国香港地区 17.5% 的低税率竞争。越南最近也宣布，把公司所得税从 28% 降低到 25%，与中国持平。新上任的法国总统萨科齐已经建议把公司所得税从 34.4% 降低到 25%。到 2008 年，德国公司所得税的总体税率将从 38.7% 降至 29.8%。

2007 年 10 月 1 日，墨西哥公布一揽子税制改革方案，其中一项重要内容是企业税改革。墨西哥将从 2008 年 1 月 1 日起实行新的单一企业税，用来替代原来的资产税，使其具有最低替代税的性质。单一企业税征收对象为企业的大部分现金收入，税率 2008 年为 16.5%，2009 年为 17%，2010 年提高到 17.5%。

2007 年 12 月，意大利政府提出了 2008 年预算草案，其中关于税收改革的建议将使中小型企业的企业所得税负担减少 13 亿欧元，尽管大型企业的所得税负担会有所增加。此次企业所得税改革最重要在于其目标是降低名义所得税税率，扩大税基。其主要内容：将所得税税率从 33% 调整到 27.5%，地方税税率从 4.25% 调整到 3.9%，从而将综合税率从现行的 37.25% 下调至 31.4%，接近欧盟其他成员国的水平。扩大税基的主要动机之一在于消除纸币贬值影响，新规定将有效地排除财务报表上超额的成本和费用扣除。为了简化税制，地方税的应纳税所得是基于财务报表上的数据计算，而不用经过税务调整。同时关于资本和利息扣除的复杂规则将会被简化。最后，为了回应欧盟关于意大利税法存在歧视性规定，意大利政府计划将从本国付给欧盟其他国家的股利分红预提税从 27% 下降到 13.75%，与国内股东股息适用的实际税率趋于一致。

四、个人所得税的变动

减免个人所得税仍是个人所得税改革的主旋律，具体做法有许多选择，有的国家直接降低税率，有的国家提高免税额，有的国家增加扣除，还有的国家减少税率档次。对个人征税采取简便的单一税制，也成为有些国家改革个人所得税的选择。

保加利亚 2007 年 1 月 1 日开始实行修改后的个人所得税，免税金额从每月的 180 列弗提高到 200 列弗，4 档税率，最高边际税率 24%。

2007 年 4 月 16 日，爱尔兰宣布一项削减开支和减税 71 亿欧元的综合预算法案，该法案于 2008 年开始实施，其减税主要内容包括：个人所得税的标准税率从目前的 20% 降至 18%，高档税率从 41% 降至 40%；对个人所得征税的计算指数化，并同工资增幅保持同步；社会保障税税率从 4% 降到 2%；家庭护理人员费用加倍扣除。

英国自 2007 年 4 月起个人所得税第二档税率从 22% 降至 20%，取消 10% 的最低档税率，将原来的三档税率改革为两档。

2007 年 5 月 9 日，澳大利亚财政部长公布 2007/2008 财政年度（新财年从每年的 7 月 1 日开始）预算报告，主要涉税内容是减免个人所得税。澳大利亚目前个人所得税共有 0、15%、30%、40% 和 45% 五个级距税率，该报告指出现有个人所得税税率保持不变，通过提高适用不同级距税率的所得额、提高起征点、放宽税收减免和退税等措施来达到减轻个人所得税负担的目的。从 2007 年 7 月 1 日起，适用 30% 税率的个人所得额从 25000 澳元提高到 30000 澳元，从 2008 年 7 月 1 日起，适用 40% 税率的个人所得额从 75000 澳元提高到 80000 澳元，适用 45% 税率的个人所得额从 150000 澳元提高到 180000 澳元。预计按照这个方案，澳大利亚 80% 的纳税人都将在 30% 或者更低的税率区间内纳税，200 多万工薪者获益最大。

2007 年 5 月 16 日，俄罗斯总统普京签署一项法令，涉及股息税收的重大变化：俄罗斯机构获得的股息，只要符合参股条件，适用零税率，即参股免税；外国机构获得的股息不能适用零税率，适用降低后的 9% 税率（原税率为 15%）；按照国内法律，俄罗斯机构支付给非居民个人的股息适用税率从 30% 降到 15%。

2007 年 6 月 7 日，孟加拉国 2007/2008 年度预算案提交审议，其主要税收变化包括：个人所得税免税额从 12 万塔卡提高到 15 万塔卡；对无息债券所得免税，取消对政府债券征收预提税的规定等。

2007 年 7 月，法国国民议会和参议院先后审议并通过了《劳动、就业及购买力法案》，这是总统萨科齐上台后通过的第一个经济法案，年减税超过百亿欧元。该法案主要包括以下内容：免除加班工资和学生打工收入的所得税；购房贷款利息可享受减税优惠；降低纳税额占个人总收入的比例；应缴纳巨富税的纳税人，如果投资未上市的中小企业或向教育和研究机构、公认的公益事业捐赠等，每年最多可享受 75% 的巨富税减免，最多不超过 5 万欧元；取消未亡配偶间的继承税。此外，法案限制了被称为“金降落伞制”的企业高层离职优厚待遇，同时设立“积极就业团结收入”，对领取最低生活保障金和单亲家庭补助金的人，如果重新就业造成其收入下降，各省可依照试行的“积极就业团结收入”方案，弥补这些人收入下降的差额。

2007 年 9 月 4 日，OECD 在发布的乌克兰经济调查中称，乌克兰必须对其税收制度进行实质性的改革，采用减少工资税负担来扩大税基和增加收入。OECD 认为，乌克兰虽然简化了个人和企业所得税，减少了税收减免，但是税收制度仍然过于复杂，主要表现在纳税人必须根据公司类型、活动种类、职员数量以及年收入确定不同的税率和各种免税政策。调查显示，乌克兰过高的工资税税率削弱了工作积极性，缩小了个人所得税税基。

2007 年 9 月 7 日，越南财政部计划对个人来自证券的收入征收 25% 的个人所得税，这项个人所得税议案在 8 月 15 日之前公开征求了意见，虽然收到的大部分评论认为现在还不是对资本利得征税的最佳时机，但是财政部认为，过去两年越南股市的繁荣说明对来自证券的收入征税是合乎情理的。

2007 年 11 月 20 日，越南国民大会通过了个人所得税改革的法律：每月应税所得扣除限额为 400 万越南盾（约 250 美元）；最低税率为 5%，最高税率 35%；应纳税所得包括工资、股息、继承所得、奖学金、证券和房产转让所得；自然灾害、意外灾害损失可以从应税所得中扣除。新法适用于越南人和一年中在越南居住满 183 天的外国人，居住不满 183 天的外国人适用统一的 20% 税率。与现行税制的区别在于，按先前规定，在越南工作的外国人当其月收入超过 500 美元时才需缴纳个人所得税，所以尽管税率从 10% ~40% 下降到 5% ~35%，改革后将使更多的外国人负有纳税义务。同时，由于将房产转让收益纳入个人所得税征收范围，新税法将有利于抑制房地产过热的现象。该法从 2009 年 1 月 1 日起生效。

2007 年 12 月 7 日，保加利亚议会通过一项法律修订案，即从 2008 年 1 月 1 日起，个人纳税人实行单一税，税率为 10%。单一税制从 1994 年由爱沙尼亚开始实行，目前已有 20 个中欧和东欧国家采用这种税制。

五、电子商务税收政策和环境保护税收

电子商务征税问题是国际税收争论多年的问题，虽经多方交换意见，仍没有达成一致，美国坚持不征税，欧盟坚持征税。各自的立场在 2007 年都变成了现实。资源、能源和环保问题越来越受到各国的重视，发达国家已经有了相当多的环境保护税收，但是，2007 年仍有许多国家开征新的与资源、能源和

环保有关的税收，提高资源利用，降低能源消耗，保护环境。

2007年10月底，美国总统布什在国会通过的延长《互联网免税法案》备忘录上签字，使得这项法案的有效期延长了7年，至2014年，即2014年前，联邦政府禁止各州及地方政府对互联网接入服务征税，也不允许在现行税制的基础上增加新税种。

2007年12月4日，欧盟27国的财政部部长就欧盟增值税改革方案达成一致。其中最引人注目的变化是，今后对欧盟范围内的电子商务、卫星电视和网络电话等商业活动将不再由服务商所在国征税，而改由发生实际服务消费的国家征收。此举旨在避免网络和电信公司为了减轻税负而将机构设在增值税税率偏低的国家，为欧盟所有成员国创造平等的机会。同时讨论了如何在打击增值税欺诈行为方面加强协作等问题。

英国自2007年4月起对生物燃料油减征消费税40%，对生物气燃料减征消费税80%。对严重污染的汽车增加消费税。同时，增加垃圾填埋税，从每吨1.6磅提高至每吨1.95磅。

从2007年4月30日起，罗马尼亚政府对所有电子产品、电视机和其他电子设备征收固定的绿色环保税，不论产品重量，每件产品税额统一为7列伊（约合2.1欧元），并要在产品标价中予以明示。对电子产品征收绿色税旨在为电子和电器设备及其零配件垃圾的收集、回收和循环使用筹集必要资金，以防止其中有毒和危险物质污染环境，危害人体健康。

泰国将对小排放环保汽车实施优惠的17%消费税税率，而一般的轿车适用30%~50%的消费税税率。该办法自2009年10月1日开始执行。

从2007年5月30日起，越南燃油进口税税率由5%下调到0，这是越南一个月内第二次下调燃油进口税，原来税率为10%。越南取消燃油进口税是为了减少燃油销售公司的亏损，同时避免燃油涨价给市场造成影响。

2007年5月，印度决定对含铁量低于62%的低品位铁矿石每吨征收50卢比（约合1.2美元）的出口关税，含铁量高于62%的高品位铁矿石每吨征收300卢比（约合7美元）的出口关税。印度此举旨在既保护了国内资源，又增加了财政收入。

2007年8月4日，美国国会众议院以221票对189票通过能源法案，要求向石油公司征收160亿美元税款，同时提供数10亿美元的减税和其他激励措施，推动可再生能源利用和节约能源。根据该法案，美国政府将废止2004年以来对国内石油企业实行的税收优惠政策，同时取消针对海外石油生产收益的税收优惠；要求国内私有电力企业使用风能、生物能等可再生能源生产的电力至少应达到其发电总量的15%；提高家用电器、照明等方面的能源效率标准，并鼓励建设能源利用率更高的“绿色”建筑物。该法案还提出利用贷款担保、联邦政府拨款和减税等措施，支持替代能源项目。其中，对靠风力、太阳能发电的企业所享受的“投资税收抵免”（最高为投资额的30%），有效期将从2007年延长至2012年。购买混合动力汽车的消费者可以享受4000美元的税收抵免。

2007年8月，英国伦敦市市长宣布一项新的税收计划：准备从2008年2月起，对所有驶入市中心区的大排量汽车征收污染税。所涉及的大排量汽车包括客车、四轮驱动越野车、轿车等。污染税具体征收额取决于车辆的二氧化碳排放量，每公里二氧化碳排放量225克的汽车，日缴污染税8英镑，排量越大，污染税税额越高，最高为一天25英镑。而对那些每公里二氧化碳排放量低于120克的小型汽车和汽电混合动力汽车，则免征污染税。

六、加强税收征管

2007年，加强税收征管的重要改革是一些国家实行机构重组，简化申报制度。据世界银行调查，目前多数国家的税务征管要求过于苛刻，纳税遵从成本已经成为企业的沉重负担。不过，这一点在发展中国家与发达国家差异很大，例如，巴西企业每年填报申报表需要2600小时，而瑞典企业平均只需要68小时。

2007年1月17日，法国税务局公布了简化增值税申报制度的3F－1－07指南，小企业可以适用简化的增值税申报制度。根据简化申报制度，企业提交年度增值税申报，按季度预缴税款。

2007年4月，美国最大律师事务所之一的詹肯斯 & 吉尔克里（JG）律师事务所接受了美国联邦税务局（IRS）对其协助客户恶意避税的指控，向IRS支付了7600万美元罚金后，宣布关门。此案件是IRS在2002年12月调查美国安永会计师事务所涉嫌向客户兜售非法避税方案的过程中，发现了JG律师事务所有参与避税操作迹象的。据IRS估算，约1400位富人通过JG律师事务所提供的方法，藏匿了大量财富，其非法避税款项高达数10亿美元。

2007年5月2日，巴西新的联邦收入局正式运行。新局是由原来的联邦收入局和社会保障收入局合并而成，由于合并，致使4990名职员下岗，其中3512名来自于原联邦收入局，1478名来自于社会保障收入局，这些职员都是由原来不同部门负责人任命的国家公务员。受影响的这些职员大部分将被安排到公共服务岗位，成为税务检查员或者助征员，只有少部分人留在新局的管理岗位。新的联邦收入局有 31800 名职员，包括 12900 税务检查员和 13000 助征员。

2007 年 10 月，法国预算部部长宣布，法国两大税务部门——税务总局和财务总局将进行合并，这一措施在 2008 年春季开始试点，然后逐渐推广到全国。目前，法国预算部下设税务总局和财务总局，税务总局负责税收计算，财务总局负责税收收缴，两个部门各成体系，独立运行。改革后，纳税人将不必再与两个不同的税务部门打交道，此次合并对于简化机构，提高公共服务质量和效率具有重要的意义。

2007 年 12 月，阿塞拜疆引入“一窗式”管理原则，让税务局负责商业法律实体的注册，该做法将从 2008 年 1 月 1 日起实施。届时，在阿塞拜疆欲注册商业法律实体的申请人，只需将一套文件呈递给税务局，而不用到多个相关的国家机构填表。

七、税务信息化应用的发展

发展中国家税务信息化应用正在完善中，例如，巴西发布一项法令，企业会计账簿应该实现电子化以方便税款征收。发达国家税务信息化应用比较成熟，但也不是无懈可击，例如，英国出现的事故为我们敲响了警钟。

2007 年 11 月 19 日，巴西税务总局发布一项法令，从 2008 年 1 月 1 日起企业会计账簿应该实现电子化以方便税款征收。根据该法令，分类账、日记账、平衡表和其他基于特殊规定的会计记录都应该实现电子化，而且这些电子文档都必须经过税务系统特殊程序的有效性审查。企业应在第二年 6 月的最后一个工作日之前提交这些文档，逾期将受到每月 5000 雷亚尔的罚款。按照该项法令，税收申报表将被简化，条件是企业要按照税务机关的要求提交并保存会计报表。

2007 年 11 月 21 日，英国皇家税务及海关总署署长保罗·格雷因该部门丢失两张电脑光盘一事而引咎辞职。这两张光盘里面保存着大约 2500 万份个人资料，记录着英国所有拥有 16 岁以下孩子家庭的详细情况，包括他们的姓名、住址、出生年月、国民保险账号及相关的银行账号等，足够使盗取者以他人名义申请贷款、信用卡和购买货物。英国总理兼财政大臣布朗和保守党领袖大卫·卡梅伦将此次事件归结于没有很好执行恰当的安全措施，而反对派认为这是系统出现问题的一个证据，并将此归结于降低机构成本以及税务部门和海关部门的合并等政府改革所致。英国皇家税务及海关总署成立于 2005 年，由原英国海关与税务局合并而成，属英国政府所辖的最大规模部门。英国政府众多重要资料就保存在该部门。目前，英警方已指定一位综合犯罪科的专家负责调查整个事件，政府同时聘请咨询机构对皇家税务及海关总署的信息及其安全程序进行评估，2008 年初提交最后报告。

八、国际税收竞争与协调

2007 年国际税收竞争形势总体平稳，没有大的冲突和事件发生。国际税收协调取得了一些进展。OECD 是在国际税收领域发挥重要作用的国际组织，该组织的扩大是国际税收组织的重要事件。在解决争端问题上也取得了一些进展，中美签订了一项谅解备忘录，OECD 财政事务委员会公布了一份题为《更好地解决税收协定中纠纷》的报告。

2007 年 5 月 16 日，OECD 宣布已经邀请智利、爱沙尼亚、以色列、俄罗斯和斯洛文尼亚等 5 国参与 OECD 谈判，此举将进一步扩大 OECD 的全球政策影响力。目前 OECD 有 30 个成员国，基本上涵盖了世界上最发达国家，该组织在许多税收事务如税收协定范本、转让定价准则、电子商务税收咨询、协调有害税收竞争等方面发挥了重要作用。OECD 欢迎非成员国特别是巴西、印度尼西亚、印度、南非和中国等在世界经济中占重要地位的国家同 OECD 加强合作与沟通，在不久的将来这些国家可能成为 OECD 成员国。近年来，该组织积极谋求与中国建立正式合作关系，并已正式建议中国加入 OECD。国内有人反对中国加入，反对的理由：第一，OECD 是发达国家俱乐部，宗旨是为发达国家服务，中国加入会受制于人；第二，中国是联合国常任理事国，外交方针之一是不加入有损于联合国权威的国际组织。而 OECD 税收协定范本存在与联合国税收协定范本的不一致，中国不便加入该组织；第三，中国现阶段经济发展水平和政策成熟程度难以承担与发达国家一样的国际义务；第四，OECD 制定国际规则往往受少数大国的操纵。也有人认为加入 OECD 更有利，如果中国加入发达国家的组织，便于表达自己的权益，承担大国的责任，维护发展中国家的利益，摆脱少数国家操纵制定国际规则，促进世界和谐发展。

2007 年 5 月 22 日和 23 日，世界海关组织（WCO）和 OECD 联合在 WCO 总部布鲁塞尔召开会议，讨论在关联方交易评估方面直接税与间接税集中的可能性。

2007 年 5 月 24 日，英国成为第 15 个签署《经济合作与发展组织与欧盟委员会税收事务相互管理援助协定》的国家。该协定是 OECD 和欧盟委员会共同努力的结果，从 1988 年 1 月 25 日开始两个组织的成员国可以申请签署该协定。该协定的目的就是加强签署国税法有效运行的国际合作，同时尊重纳税人的基本权利。该协定基本框架是为签署国在纳税评估和税款征收方面提供多种形式的税收管理合作，尤其是在针对避税和逃税方面。目前已签署并获得批准的国家包括：阿塞拜疆、比利时、丹麦、芬兰、法国、冰岛、意大利、荷兰、挪威、波兰、瑞典和美国；加拿大和乌克兰已经签署该协定，现处于批准阶段。

2007 年 8 月，OECD 把马绍尔群岛从其避税地“黑名单”中删除。目前，这一名单中只剩下安道尔共和国、列支敦士登和摩纳哥 3 个国家。2000 年 6 月，OECD 公布了 35 个与其不合作的避税港国家（地区）的黑名单。2001 年有 26 个避税港国家（地区）因为承诺增强税法透明度并交换税收情报，OECD 将其从“黑名单”从删除。此后，有 5 个避税地被“平反”。2007 年 7 月 25 日，利比里亚被从名单中删除。此次把马绍尔群岛从名单中删除，是因为“该国承诺增加税法透明度，建立有效的税收情报交换制度。”

2007 年 11 月 29 日，中美签订了一项谅解备忘录，就美国在世界贸易组织（WTO）会议上提出的中国为鼓励出口货物和鼓励购买国内产品给予纳税人 12 项税收补贴的争论达成一致。美国认为中国政府对钢铁、木材产品、信息技术和其他行业的税收补贴会扭曲贸易，因此经过磋商，在备忘录中中国政府承诺将在 2008 年 1 月 1 日前取消这些补贴，并且保证新企业所得税不会导致贸易扭曲。中美此次谅解备忘录表明了中国政府对于 WTO 规则的遵守，避免了复杂的诉讼，但是将来中国可能会面临更多此类争议，包括国有企业的计划价销售，特别是在钢铁行业和半导体行业的税收优惠。

OECD 财政事务委员会于 2007 年 2 月公布一份题为《更好地解决税收协定中纠纷》报告，对即将修订的 OECD 国际税收协定范本增列了有强制约束力的仲裁条款。此举效仿了 WTO 的做法，旨在增强协定的强制性和约束力。

九、国际税务合作

伴随着经济全球化的发展，生产要素的自由流动越来越容易，国际反避税的任务也日益艰巨。加强国际税务合作成为各国的共同愿望和反避税的客观要求。2007 年国际税务合作也取得了一些新的进展，国际税收避税地信息扩大，巴西、印度和南非签订了税收和海关技术合作协议，表明国际税务合作方兴未艾。

国际税收避税地信息中心（Joint International Tax Shelter Information Center, JITSIC）宣布，计划在伦敦设立第二家中心，并计划逐步把合作领域从北美和欧洲扩大到亚洲地区。目前，日本已同意加入该中心，并派驻代表。

2007 年 8 月，46 个英联邦国家税务部门有关负责人聚会，讨论加强税收管理、减少偷逃税尤其是跨国公司偷逃税问题。会议认为：税收欺诈、逃税、非法避税和洗钱是发展中国家尤其是非洲国家税务部门面临的主要挑战，发展中国家必须健全税收制度，利用现代化手段进行税制的结构性改革，同时要努力提高纳税人的纳税遵从度。

2007 年 10 月 17 日，巴西、印度和南非签订了税收和海关技术合作协议，内容如下：加强信息交换；通过税务机关和海关进行风险管理；建立人才交流机制；跨国机构的税务控制和检查；提供国内市场价格和关税信息，防止高价或低价的关联交易；在信息技术上加强合作；在国际论坛上加强合作和联系；建立针对跨国贸易的经济监管机构。

参考文献：

1. IBFD：Tax News Service 2007 年 1～12 月。
2. IBFD：Tax Notes International 2007 年。
3. 《中国税务报》，2007 年各期环球专刊。
4. 福建省国家税务局：《东南税务》，2007 年 1～12 期。
5. 大连市国际税收研究会：《税务视线》，2007 年 1～12 期。
6. 福建省国际税收研究会等：《国际税讯》，2007 年 1～12 期。
7. 中国国际税收研究会：《世界税收信息》，2007 年 1～12 期。

（作者工作单位：国家税务总局税收科学研究所）

中澳非营利组织税收优惠和税务管理的比较与思考[1]

靳东升

非营利组织，从字面意义上理解，就是不以营利为目的的组织，也常常被称为“非政府组织”、“第三部门”、“公益性组织”、“非企业单位”、“独立部门”、“公民社会”，等等。非营利组织的产生和发展有着较长的历史，目前在世界许多国家都发挥着越来越重要的作用。然而，对这一概念，国内外理论界至今还没有统一、严格的界定，概念依然比较模糊。从职能上讲，非营利组织为社会提供特殊形式的公共物品，对政府职能的欠缺提供必要的补充，其存在不以营利为目的。从活动领域上讲，它主要从事慈善、科学、教育、文化、卫生等事业。从性质上讲，它提供的服务或产品往往有着明显的公益性或互益互助性。从机构性质上讲，它区别和独立于作为公共管理部门的政府和作为营利部门的企业，是第三部门。另外，不少学者还从法律、资金来源、税收待遇等不同角度定义非营利组织，有的还对非营利组织的各种称谓进行比较详细的区分。但是，不论对非营利组织如何界定，鉴于其在社会发展中的特殊作用，在税收政策方面往往给予不同程度的鼓励。本报告主要对中国和澳大利亚非营利组织的税收优惠政策和税务管理进行比较分析，并对中国支持非营利组织发展

① 本报告是根据作者在中国民政部和澳大利亚人权与机会平等委员会联合主办的中澳培育发展非营利组织研讨会上的发言整理而成。

的税收优惠政策和税务管理提出可供参考的思路。

一、澳大利亚对非营利组织的税收优惠和税务管理

澳大利亚是一个福利水平比较高的市场经济发达国家，在支持非营利组织发展过程中有许多比较成熟的经验，也有一些教训。

由于澳大利亚实行联邦制政体，因此，澳大利亚税收政策的制定仅涉及联邦税收的税种，地方税收是否对非营利组织给予税收优惠待遇由地方政府自行决定。澳大利亚税收政策的制定是由澳大利亚联邦政府负责的，政府在制定政策的过程中通常会向公众征求意见，澳大利亚联邦税务局也会参与政策的制定过程。

（一）澳大利亚的非营利组织

澳大利亚的非营利组织主要分为三类：慈善组织、减税免税捐赠接收机构和其他非营利性组织，并享受不同的税收政策。

1. 慈善组织。慈善组织是指为了公众利益或者部分公众的利益而设立的以慈善为目的的非营利性组织。慈善目的包括：第一，救助穷人、病人或者有需要的老人（如一些向穷人、医院和养老院提供住房的组织）；第二，发展教育（如开办学校、学院、大学、科研机构等）；第三，推进宗教事业的发展（如创办犹太教堂、天主教堂等）；第四，其他对公众有益的事业（如修建图书馆、体育馆，成立艺术和文化组织、救灾组织等）。

与其他两类非营利组织相比，慈善组织享受的税收优惠幅度最大，而且，不同的慈善组织享受的税收优惠待遇也不同。为此，澳大利亚联邦税务局将慈善组织分为四种。第一种是普通慈善组织，其唯一目的是促进慈善事业的发展；第二种是公共慈善组织（PBI），其目的是直接救助穷人、病人、处于困境中的人、抑郁的人、不幸的人、残疾人或者无助的人。PBI 的活动包括：向无家可归者提供住所；为病人提供治疗；向年老体弱者提供家庭帮助；救助无家可归者；第三种是健康促进慈善组织（HPC），它主要从事人类疾病的预防和控制工作，包括向病人、卫生专业人员、护理人员和公众提供相关信息；研究如何发现、预防和治疗疾病以及为病人开发或者提供相关的援助和设备等；第四种是慈善基金。它们有的是以信托基金为依托成立的，有的是以慈善为目的成立的。慈善基金主要管理信托资产以及/或者将慈善资产发放给其他实体或者人群。如果一个组织认定自己属于这几种慈善组织之列的，那么就可以向澳大利亚联邦税务局申请备案。

2. 减税免税捐赠接收机构。减税免税捐赠接收机构（DGR）是指那些有资格接受可享受减税免税捐赠者捐赠的机构。这些机构需要在澳大利亚联邦税务局登记备案，以便能够享受应得的税收优惠待遇。DGR还可以通过举办晚宴和拍卖或者经澳大利亚联邦税务局批准进行的活动来筹集资金。公众参加DGR筹资活动所作的出资或者购买了DGR在筹资活动中出售的物品，那么他们的这种捐赠性质的出资可以申请减税。

现实中，DGR大多数是慈善组织，但并非所有的慈善组织都是DGR。实际上，澳大利亚联邦税务局有两种不同的登记备案程序，一种是针对慈善组织的，另外一种是针对DGR的。澳大利亚联邦税务局一共列举了47种DGR，主要涉及以下11个方面：

- 健康（如医院和健康促进机构）；
- 教育（如公立大学、学校建设基金和奖学金）；
- 研究（如得到批准的研究机构）；
- 福利和权利（如公共慈善组织和澳大利亚减灾基金）；
- 防御（如战争纪念物维修基金）；
- 环境（如用于环境组织注册的公共基金）；
- 家庭（如用于得到批准的婚姻辅导组织的公共基金）；
- 国际事务（如海外援助基金）；
- 运动娱乐（如童子军和指导分部）；
- 文化组织（如公共图书馆和体育馆）；
- 附属基金：指接受捐赠和向其他DGR提供捐赠的基金。

目前，澳大利亚大约有21950家经备案的DGR，其中以上述前五种组织的数量居多。

在全部备案的DGR中，公共慈善组织占的比例为45%；学校或者学院建设基金占的比例为18%；文化组织占的比例为14%，文化组织中包括宣传文学、音乐、社区艺术、表演艺术、电影和音像等方面的组织；附属基金占的比例为6%；健康促进机构占的比例为3%。

3. 其他非营利性组织。其他非营利性组织通常可以自我评定其是否有资格享受税收优惠待遇。一些组织无需缴纳所得税（如体育俱乐部和社区服务组织等），另外一些组织则应当纳税（如社交俱乐部）。

（二）澳大利亚对非营利组织的税收优惠

澳大利亚税收政策制定的指导思想是实质重于形式。税收优惠政策的制定以帮助非营利组织的建立和发展为目标，收到了比较好的税收政策效果。

1. 公司所得税优惠。已经进行免缴所得税备案的慈善组织无需缴纳联邦公司所得税，也无需提交所得税申报表。

享受免税待遇的其他非营利性组织包括体育俱乐部和社区服务组织。这些组织不需要缴纳联邦公司所得税，也不需要提交联邦公司所得税申报表。他们也无需从澳大利亚联邦税务局获得免税的确认书。

不能享受免税待遇的非营利性组织应缴纳联邦公司所得税。这些组织可以享受特殊的所得税税率和关于提交联邦公司所得税申报表的特殊安排。

2. 个人所得税优惠。对于非营利组织来说，了解某个人是志愿者还是员工是非常重要的。这影响到该组织对此人支付的报酬应如何纳税的问题。通常情况下，以志愿者身份获得的报酬或者福利无需纳税，该组织也没有义务为这笔支付纳税。另外，志愿者从事志愿工作而承担的费用通常不能申请税前扣除。

3. 捐赠扣除。在澳大利亚，纳税人对慈善组织的捐赠可以在所得税前全额扣除。但是，只有 DGR 才有权接受捐赠，而且只有捐赠给 DGR 的捐赠才可以在所得税前全额扣除。DGR 必须在澳大利亚联邦税务局登记备案。

另外，纳税人在 DGR 筹资活动中的捐赠性出资，可以按其出资额减去其所获得的好处后的余额在所得税前扣除，不过，出资额不应低于 150 澳元，而所获得的好处的价值不应高于出资额的 20%。

4. 货物和劳务税优惠。已经进行备案的慈善组织可以减免货物和劳务税，即其提供的货物和劳务在澳大利亚境内消费的一般可以减征 10%。另外，一个慈善组织已经进行了货物和劳务税登记，并且已经进行了货物和劳务税减免的备案，那么该组织出售别人捐赠的二手产品，无需缴纳货物和劳务税。

5. 其他税收优惠。对非营利组织的另外一项税收优惠待遇是免缴附加福利税（FBT）。FBT 是公司在向员工发放非工资性福利时所征收的。公共慈善组织和健康促进慈善组织可以在规定限额内享受免缴 FBT 待遇。普通慈善组织符合条件的可以享受退还 FBT 的待遇。这一退税待遇能够帮助减轻慈善组织的税负。退税数量相当于 FBT 总额的 48%，但有最高限额。虽然慈善基金组织也是慈善组织，但不能享受 FBT 的退税待遇。

（三）澳大利亚对非营利组织的税务管理

澳大利亚除制定了针对非营利组织的特殊税收优惠政策以外，还设立专门的组织机构从事非营利组织的涉税事务的管理和服务，税务机关注重对非营利组织的监督和管理，规定了专门的税务管理办法和税收优惠政策的申请和办理。

1. 税务管理的环境。澳大利亚是一个比较发达和成熟的市场经济国家，市场经济秩序比较规范，社会诚信体系比较健全，法制思想深入人心。税务管理的良好环境为澳大利亚联邦税务局加强税务管理、优化纳税服务提供了良好的社会环境。

澳大利亚联邦税务局设立了一个名为非营利组织中心的专门机构，这个机构在澳大利亚各地共有 60 名工作人员。该中心负责管理非营利组织的税收事务。澳大利亚联邦税务局还有 30 名工作人员参与非营利组织的税务管理。2007 年，在澳大利亚联邦税务局登记注册的非营利组织大约有 200000 家。

2. 注册手续。非营利组织需要在澳大利亚联邦税务局注册，获得澳大利亚商业代码或者税务档案编号，这样才能享受各种税收优惠待遇并履行其纳税义务。注册对于任何需要纳税的组织来说都是必要的。

澳大利亚商业编码（ABN）是一个独立的公共识别号码，凭借该编码，非营利组织可以办理两件事：一是向澳大利亚联邦税务局申请作为减税免税捐赠接收组织或者作为享受税收优惠待遇的慈善组织而备案；二是进行各种税务登记，例如，货物和劳务税登记。一个组织的 ABN 注册情况将在澳大利亚商业登记处存档，以供公众查阅。

税务档案编号（TFN）是澳大利亚联邦税务局用来进行识别和记录工作的唯一编码。如果某个人或者某个组织准备在澳大利亚从事经营活动，他们通常需要获得一个 TFN 并提交所得税申报表。

对于非营利组织来说，及时更新其注册信息是非常重要的。如果某个组织的情况发生了变化，那么这个组织可能需要注销其一个或者多个税项。该组织还需要更新其联络方式，包括该组织的联系地址发生改变，或者该组织授权和澳大利亚联邦税务局办理税务事宜的工作人员发生变动。这样能够帮助澳大利亚联邦税务局保护一个组织的隐私。

3. 备案手续。非营利组织的注册登记和作为享受税收优惠待遇的慈善组织以及减税免税捐赠接收组织进行备案是两种独立的工作程序。慈善组织必须在澳大利亚联邦税务局备案之后，才能享受税收优惠待遇。例如：一个健康促进机构已经进行了免缴附加福利税的备案，那么该组织将无需缴纳附加福利税（每名员工的最高限额为 30000 澳元）。已经完成享受一项或者多项慈善税收优惠待遇备案的慈善组织被称为税收优惠慈善组织。作为一个税收优惠慈善组织备案并不意味着某个组织能够接收减税免税捐赠。作为减税免税捐赠接收组织需要进行特殊的备案。

(1) 关于税收优惠慈善组织的备案程序。申请进行备案的慈善组织要填写一个专门的申请表。申请组织可以给澳大利亚联邦税务局打电话领取表格，或者从澳大利亚联邦税务局的网站上下载该表格。申请组织在申请备案之前必须已经获得了澳大利亚商业编码（ABN）。

如果某个组织申请免缴所得税的备案，那么该组织必须通过一些测试。慈善组织和慈善基金会将接受不同的测试。

如果某个组织准备获得附加福利税、货物和劳务税的减免优惠待遇，那么该组织必须在澳大利亚联邦税务局备案。该组织可以利用同一申请表格办理关于获得这些税收优惠待遇的备案。

澳大利亚联邦税务局收到申请表之后，将对申请进行评估。如果通过了评估，那么该组织就会得到一张备案通知书。如果申请没有被通过，那么澳大利亚联邦税务局将以书面方式明确说明备案申请已经遭到拒绝。申请遭到拒绝的组织有权要求复核。

已经备案的慈善组织应履行其责任，包括定期进行自我评估，如果不再有资格备案，应及时告知澳大利亚联邦税务局。澳大利亚联邦税务局提供了工作表，还在网站上提供在线自我评估工具，以帮助非营利组织自我评估，了解其是否有资格备案。

(2) 关于减税免税捐赠接收组织（DGR）的备案。申请 DGR 备案的非营利组织需填写 DGR 专用申请表向澳大利亚联邦税务局申请备案。申请组织可以给澳大利亚联邦税务局打电话索要这种表格，也可以从澳大利亚联邦税务局网站下载。

如果非营利组织通过了评估，那么该组织就会得到备案通知书。从备案之日起，捐赠者就可以为其向该组织所捐赠的物品申请减免所得税。如果申请没有成功，那么澳大利亚联邦税务局将会以书面形式确认备案申请遭到拒绝。

备案的 DGR 应履行其职责，包括遵守对接受捐赠物品的规定，如果该组织不再有资格进行 DGR 备案，应及时告知澳大利亚联邦税务局；定期自我评估等。

4. 捐赠申请减税免税。若要享受免税减税待遇，即捐赠支出可以全额或部分在所得税前扣除，则捐赠必须符合以下条件：第一，捐赠必须是赠与。澳大利亚法律将捐赠视为赠与。赠与的物品是捐赠者已经自愿支付的。而且，捐赠者在赠与之后，不得接受任何物质好处作为对赠与支付的交换；第二，捐赠的对象必须是经备案的 DGR；第三，捐赠的物品必须是货币或者某种类型的实物，如股份、土地等。

与捐赠类似，纳税人的捐赠性出资也必须符合一些条件才能够申请所得税前扣除。这些条件必须是：第一，出资金钱或者某种实物；第二，出资的接收对象是 DGR；第三，出资的目的是为了一个合乎规定的筹资活动。

5. 对非营利组织的监督。虽然多数非营利组织都能履行其纳税义务，但是，有时也存在一些违规问题，这主要是因为很多非营利组织在管理税务方面的资源非常有限，这些组织主要依靠志愿者的工作，而志愿者们的税务经验有限。澳大利亚联邦税务局通常的做法是：确保非营利组织能够获得足够的信息和支持，便于它们遵守相关规定。在设计产品和服务时，通过用户调查、参加慈善咨询委员会和俱乐部论坛以及行业机构论坛等方式，向来自非营利组织的代表征求意见。

澳大利亚联邦税务局所采用的另一种常用方法是，在澳大利亚商业登记处的网站上公布备案组织的详细情况，鼓励相关组织遵守有关规定，这意味着捐赠者能够查阅某个组织的税务情况。

澳大利亚联邦税务局还密切监督非营利组织的变化趋势，对于那些违规风险很高的组织提出警告。同时，澳大利亚联邦税务局会对组织进行审查，确保它们的活动符合其税务状况。例如，在对慈善组织的检查工作中，将主要检查那些开展政治游说活动和商业活动的组织。

如果非营利组织出现违规行为，澳大利亚联邦税务局就会采取行动。例如，如果某个组织忽视其纳税义务或者滥用税收优惠待遇，就可以对其予以惩罚。另外，如果某个组织不再具备备案资格，也会取消其备案。

澳大利亚联邦税务局每年都会公布遵守规定项目，介绍违规的风险领域以及应对防范措施，以帮助非营利组织遵守规定。

为了确保只有符合条件的组织才能备案，澳大利亚联邦税务局对全部备案申请进行审查。如果申请文件中的信息和组织情况不符，澳大利亚联邦税务局就会审核。

澳大利亚联邦税务局规范备案组织的具体措施是每年对很多备案组织进行检查，了解这些组织的活动是否发生了变化，而这些变化是否影响它们享受税收优惠待遇的资格。检查的方法有：第一，分析从很多项目中获取的信息，这些项目包括存储的非营利组织过去的违规行为以及从非营利组织提交的纳税申报表中获取的数据；第二，将非营利组织提交的信息与澳大利亚交易报告和分析中心（AUSTRAC）等第三方提交的信息比对；第三，跟踪了解社区提供的信息。

在检查时，澳大利亚联邦税务局会考虑活动的性质是否影响组织的备案。如果某个组织的活动不符合备案要求，就会取消其备案。

澳大利亚联邦税务局可能还会检查这些组织是否符合一些行政管理要求，例如非营利组织条款等。通常情况下，如果发现一些轻微的违规行为，澳大利亚联邦税务局会要求该组织根据非营利组织的条款纠正这些错误，而不是取消其备案。

6. 纳税服务。澳大利亚联邦税务局设有专门的非营利组织服务部门，该部门主要从事非营利组织涉税问题的解决，如宣传、培训、注册、备案、检查，等等。

澳大利亚联邦税务局提供的捐赠指南对 DGR 捐赠有明确的解释。澳大利亚联邦税务局提供的《非营利组织和筹资活动》一书解释了筹资活动的税收待遇和政府对于筹资活动的其他要求，如对举行筹资活动的限制等。澳大利亚联邦税务局还提供一些印刷成册的指导性文件，非营利组织也可以从澳大利亚联邦税务局的网站上下载。

澳大利亚联邦税务局为志愿者提供培训，使之了解关于税务和备案方面的要求。因此，澳大利亚联邦税务局提供了一系列出版物、咨询服务、教育和电子服务设施，帮助志愿者了解对于其所在的非营利组织的税务和备案要求。

澳大利亚联邦税务局还提供一些说明表格，介绍减税免税捐赠接收组织和税收优惠慈善团体的备案手续。

澳大利亚联邦税务局还在网站上开辟了向非营利组织提供服务的专栏。这个专栏提供的内容包括：第一，和非营利组织相关的税收；第二，可以申请的免税和减税待遇；第三，关于筹集资金、保留记录、志愿者和减税免税捐赠的一些信息。通过澳大利亚联邦税务局网站上的订阅链接，公众还可以订阅非营利组织新闻服务。

澳大利亚联邦税务局还提供电子邮件更新服务，以便提醒订阅者注意影响非营利组织的重要税收问题；提供澳大利亚联邦税务局发布的关于非营利组织出版物的信息；及时介绍税收法律的最新变化。

除了书面和网络产品之外，澳大利亚联邦税务局还开通了电话专线，公众可以直接向接受过专门训练的人员咨询有关非营利组织的相关事宜。

二、中国对非营利组织的税收优惠和税务管理

中国是单一制国家，绝大部分税权集中在中央。中央不仅可以决定中央税收的税收优惠政策，而且有权制定共享税和地方税的税收优惠政策。对非营利组织的税务管理以行政审批为主，缺乏专门针对非营利组织的特殊税务管理措施。

（一）中国的非营利组织

在中国，非营利组织是指那些不以营利为目的、不分配收益，活动有公益性或互益互助性，主要从事慈善、科学、教育、文化、卫生、扶贫和法律援助等事业活动。其组织形式主要有三类：社会团体、民办非企业单位和基金会，以及原有的事业单位。

1. 社会团体。《社会团体登记管理条例》规定："社会团体是由公民自愿组成，为实现会员共同意愿，按照其章程开展活动的非营利性社会组织"。社会团体的组织形式主要包括慈善组织、协会、学会、联合会、研究会，等等。社会团体在我国的非营利组织中占有很大的比重。

2. 民办非企业单位。《民办非企业单位登记管理条例》规定："民办非企业单位，是指企业事业单位、社会团体和其他社会力量以及公民个人利用非国有资产举办的，从事非营利性社会服务活动的社会组织"。主要包括各种民办学校、医院、博物馆、文化艺术团体、福利院、科研机构，等等。

3. 基金会。《基金会管理条例》规定："基金会是指利用自然人、法人或者其他组织捐赠的财产，以从事公益事业为目的，按照规定成立的非营利性法人"。基金会的活动宗旨是通过资金资助推动科学研究、文化教育、社会福利和其他公益事业的发展。

另外，有一些游离于营利性组织与政府和非营利组织之间的特殊社会组织也可以认定为非营利组织。例如，特殊社会团体法人、各种单位内部不需登记的公益活动团体和以企业法人形式存在的非营利组织。

（二）中国对非营利组织的税收优惠

中国历来重视和支持非营利组织的发展。因此，有关非营利组织的税收优惠政策比较繁杂。对非营利组织本身，中国税法规定了比较丰富的税收优惠政策，基本上涵盖了向非营利组织征收的各个税种。

1. 企业所得税优惠。新的企业所得税法第二十六条第四款规定，"符合条件的非营利组织的收入"为免税收入。企业所得税法实施条例第八十四条从

七个方面明确了非营利组织的免税条件：第一，依法履行非营利组织登记手续；第二，从事公益性或者非营利性活动；第三，取得的收入除用于与该组织有关的、合理的支出外，全部用于登记核定或者章程规定的公益性或者非营利性事业；第四，财产及其孳息不用于分配；第五，按照登记核定或者章程规定，该组织注销后的剩余财产用于公益性或者非营利性目的，或者由登记管理机关转赠给予该组织性质、宗旨相同的组织，并向社会公告；第六，投入人对投入该组织的财产不保留或者享有任何财产权利；第七，工作人员工资福利开支控制在规定的比例内，不变相分配该组织的财产。

2. 捐赠扣除。企业所得税法第九条规定，“企业发生的公益性捐赠支出，在年度利润总额12%以内的部分，准予在计算应纳税所得额时扣除。”企业所得税法实施条例第五十一条规定，公益性捐赠是指企业通过公益性社会团体或者县级以上人民政府及其部门，用于《中华人民共和国公益事业捐赠法》规定的公益事业的捐赠。

公益性社会团体，是指同时符合下列条件的基金会、慈善组织等社会团体：第一，依法登记，具有法人资格；第二，以发展公益事业为宗旨，且不以营利为目的；第三，全部资产及其增值为该法人所有；第四，收益和营运结余主要用于符合该法人设立目的的事业；第五，终止后的剩余财产不归属任何个人或者营利组织；第六，不经营与其设立目的无关的业务；第七，有健全的财务会计制度；第八，捐赠者不以任何形式参与社会团体财产的分配；第九，国务院财政、税务主管部门会同国务院民政部门等登记管理部门规定的其他条件。

年度利润总额，是指企业依照国家统一会计制度的规定计算的年度会计利润。纳税人直接向受益人的捐赠不能在所得税前扣除。

个人向非营利组织捐赠的，主要有以下几项税收优惠政策：一是个人将其所得通过中国境内的社会团体、国家机关向教育和其他社会公益事业以及遭受严重自然灾害地区、贫困地区的捐赠，捐赠额未超过纳税人申报的应纳税所得额30%的部分，可以从应纳税所得额中扣除，超过部分不得扣除；二是个人通过非营利性的社会团体和国家机关向农村义务教育、红十字事业、公益性未成年人校外活动场所和福利性、非营利性的老年服务机构的捐赠，向中国红十字会、中国福利会、中华慈善总会、中国扶贫基金会、中国教育发展基金会、中国医药卫生事业发展基金会、中国老龄事业发展基金会、中国父女发展基金会、中国儿童少年基金会、中国关心下一代健康体育基金会、中国残疾人福利基金会、中国法律援助基金会、中国绿化基金会、中国生物多样性保护基金会、中国光彩事业基金会、中国华文教育基金会、中国煤矿尘肺病治疗基金会、中华见义勇为基金会、中华健康快车基金会、中华环境保护基金会、宋庆龄基金会、孙冶方经济科学基金会捐赠的，在计算缴纳个人所得税时，准予在税前的应纳税所得额中全额扣除；三是个人资助非关联的科研机构、高等学校研究开发新产品、新技术、新工艺的研究开发经费，可全额扣除。四是个体工商户将其所得通过中国境内的社会团体、国家机关向教育和其他社会公益事业以及遭受严重自然灾害地区、贫困地区的捐赠，捐赠额不超过其应纳税所得额30%的部分可以据实扣除。纳税人直接给受益人的捐赠不得扣除。

3. 流转税优惠。

（1）营业税。有关非营利组织的营业税免税项目主要包括以下几个方面：第一，托儿所、幼儿园、养老院、残疾人福利机构提供的养育服务、婚姻介绍、殡葬服务；第二，医院、诊所和其他医疗机构提供的医疗服务。非营利性医疗机构、疾病控制机构、妇幼保健机构等按国家规定取得的医疗卫生服务；营利性医疗服务机构取得的收入直接用于改善医疗卫生条件的，自取得执业登记之日起 3 年内取得的医疗服务收入也可免税；第三，学校和其他教育机构提供的教育服务。这里的学校和其他教育机构，是指普通学校以及经地、市级以上人民政府或者同级政府的教育行政部门批准成立、国家承认其学员学历的各类学校；第四，纪念馆、博物馆、文化馆、美术馆、展览馆、书画馆、图书馆、文物保护单位举办文化活动取得的门票收入，宗教场所举办文化、宗教活动的门票收入。这里所称的纪念馆等单位举办的文化活动，是指这些单位在自己的场所举办的属于文化体育税目征税范围的文化活动，其门票收入，是指销售第一道门票的收入。宗教场所举办文化、宗教活动的门票收入，是指寺庙、宫观、清真寺和教堂举办文化、宗教活动销售门票的收入；第五，财政性收费、社会团体收取的会费；第六，非营利性科研机构从事技术开发、技术转让业务和与之相关的技术咨询、技术服务所得的收入。

（2）增值税。直接用于科学研究、科学实验和教学进口的仪器、设备，免征增值税。因此，进口上述规定产品的非营利组织可以享受该税收优惠政策。

（3）关税。中国税法规定，外国政府、国际组织无偿赠送的物资可以免征进口关税。

4. 其他税收优惠。

（1）房产税。中国对非营利组织制定了比较优惠的房产税税收减免政策。

房产税暂行条例规定以下三类非营利组织可以免缴房产税：第一，国家机关，人民团体、军队自用的房产。其中，人民团体是指经国务院授权的政府部门批准设立或登记备案并由国家拨付行政事业费的各种社会团体；第二，由国家财政部门拨付事业经费的单位自用的房产。实行差额预算管理的事业单位本身自用的房产。由国家财政部门拨付事业经费的单位，其经费来源实行自收自支后，从事业单位经费实行自收自支的年度起，免征房产税3年。自用的房产是指这些单位本身的业务用房。企业办的各类学校、医院、托儿所、幼儿园自用的房产，可以比照由国家财政部门拨付事业经费的单位自用的房产，免征房产税；第三，宗教寺庙、公园、名胜古迹自用的房产。宗教寺庙自用的房产是指举行宗教仪式等的房屋和宗教人员使用的生活用房屋。公园、名胜古迹自用的房产，是指供公共参观游览的房屋及其管理单位的办公用房屋。

（2）城镇土地使用税。中国对非营利组织征收城镇土地使用税的免税政策主要有：第一，国家机关、人民团体、军队自用的土地。这里的人民团体，是指经国务院授权的政府部门批准设立或登记备案并由国家拨付行政事业费的各种社会团体。这里的自用土地，是指这些单位本身的办公用地和公务用地；第二，由国家财政部门拨付事业经费的单位自用的土地。这里的由国家财政部门拨付事业经费的单位，是指由国家财政部门拨付经费，实行全额预算管理或差额预算管理的事业单位。不包括实行自收自支，自负盈亏的事业单位。自用的土地，是指这些单位本身的业务用地。另外，企业办的学校、医院、托儿所、幼儿园，其用地能与企业其他用地明确区分的，可以比照由国家财政部门拨付事业经费的单位自用的土地，免征城镇土地使用税。集体和个人办的各类学校、医院、托儿所、幼儿园用地是否免税，由所在省、自治区、直辖市的税务部门确定；第三，宗教寺庙、公园、名胜古迹自用的土地。其中，宗教寺庙自用的土地是指举行宗教仪式等的用地和寺庙内的宗教人员生活用地。宗教寺庙包括寺、庙、宫、观、教堂等各种宗教活动场所。公园、名胜古迹自用的土地，是指供公共参观游览的用地及其管理单位的办公用地；第四，非营利性的医疗机构、疾病控制机构、妇幼保健机构等机构，政府部门和企业、事业单位、社会团体、个人投资兴办的福利性、非营利性老年服务机构，非营利性科研机构，企业办的学校、托儿所、幼儿园，公益性未成年人校外活动场所自用的土地免征城镇土地使用税。营利性医疗机构取得的收入直接用于改善医疗条件的，自其取得执业登记之日起3年内，自用土地也可免税。

（3）土地增值税。如果房产所有人、土地使用权人将房屋产权、土地使用权通过中国境内的非营利社会团体、国家机关赠与教育、民政和其他社会福利公益事业的，可以享受免税待遇。

（4）耕地占用税。对学校、幼儿园、养老院、医院占用耕地，可以免征耕地占用税。

（5）契税。事业单位、社会团体承受土地、房屋用于办公、教学、医疗和科研设施的，免征契税。

（6）印花税。财产所有人将财产捐赠给社会福利单位、学校所立的书据，免纳印花税。

（7）车辆购置税。中国对非营利组织征收车辆购置税并没有特殊的免税政策，但税法规定，纳税人自产、受赠、获奖或者以其他方式取得并自用的应税车辆的计税价格，按照最低计税价格核定。

（三）中国对非营利组织的税务管理

中国并没有专门建立一套与非营利组织有关的税务管理制度。对各种非营利组织的税务管理、税收执法和救助，都是与营利性的企业相同，按照税收征管法及其实施细则以及其他各种具体税法的规定来进行。

1. 税务管理的环境。中国是一个正在实现由计划经济向社会主义市场经济体制转轨的国家，市场经济发展初期的一些特征比较明显。例如，社会诚信制度正在建立，人们的诚信理念比较淡薄，市场体系还不健全。整顿和规范市场经济秩序的任务比较艰巨。非营利组织的发展迅速，各种非营利组织良莠不齐，鱼目混珠的情况在所难免。

2. 登记多部门管理。中国对各种非营利组织的收入来源和使用有着比较明确的规定，要求必须有合法的资产和经费来源，并严格按照规定使用，对非营利组织的日常管理和审计监督，也都制定了比较严格的管理制度。

（1）成立非营利组织的登记管理。社会团体在成立时，要经业务主管单位审查同意，并由发起人向登记管理机关申请筹备。社会团体成立以后，必须严格执行国家规定的财务管理制度，并接受财政部门的监督。社会团体的资产来源属于国家拨款或者社会捐赠、资助的，还应当接受审计机关的监督。《社会团体登记管理条例》明确规定，社会团体应当于每年3月31日前向业务主管单位报送上一年度的工作报告，经业务主管单位初审同意后，于5月31日前报送登记管理机关，接受年度检查。工作报告的内容包括：本社会团体遵守法律法规和国家政策的情况；依照条例履行登记手续的情况；按照章程开展活动的情况；人员和机构变动的情况以及财务管理的情况。

民办非企业单位成立以后，还要接受业务主管单位和登记管理机关的双重管理。登记管理机关负责民办非企业单位的成立、变更、注销登记，年度检查，监督检查和行政处罚，等等。业务主管单位负责民办非企业单位成立、变更、注销登记前的审查，监督、指导民办非企业单位依法照章开展活动，年度检查的初审，协助查处违法行为，指导清算，等等。

设立基金会，应当向登记管理机关提出申请，国务院民政主管部门和省、自治区、直辖市人民政府民政主管部门是基金会的登记管理机关。民政主管部门登记注册发给《基金会法人登记证书》，具有法人资格后，方可开展业务活动。基金会变更或者注销，也要按照相应的程序办理登记手续。基金会、境外基金会办理登记后，应当依法办理税务登记，依照法律、行政法规的规定享受税收优惠政策。

（2）税务登记。中国税法规定，从事生产、经营的非营利组织，以及非从事生产经营而有应税收入的非营利组织，都应按照税收征管法及其实施细则的有关规定，依法办理税务登记。

非营利组织应在领取营业执照等有关成立文件之日起 30 天以内，向税务机关申请办理税务登记。在办理税务登记时，应提供以下相关资料：营业执照或者事业单位法人证书等批准成立文件、社会团体登记证书、民办非企业单位登记证书、其他核准执业证件或证明；有关章程、合同、协议书；银行账号证明；法定代表人身份证；组织机构统一代码证书等等。

非营利组织税务登记的内容发生变化的，应当在有关部门办理变更登记之日起 30 日内向主管税务机关办理变更登记。申请办理注销登记的，应在注销登记之前持有关证件向税务部门办理注销登记。

3. 免税组织仍需要纳税申报。各类非营利组织必须依照税法规定的纳税申报期限、申报内容如实办理纳税申报，报送纳税申报表，财务会计报表以及税务机关根据实际需要要求报送的其他纳税资料。需要强调的是，税法规定，无论非营利组织是否有应纳税所得额，都应按照规定的期限和要求向税务机关进行纳税申报。非营利组织不能按期办理纳税申报的，经税务机关批准，可以延期申报。

非营利组织享受税法规定的免税项目，应当向主管税务机关提出申请，并提供有关材料。享受税收优惠政策需要在申报纳税时提供相关材料。在接受税务部门检查时，应根据税务部门的要求提供有关的证明材料。

4. 监督管理比较宽松。从总体看，非营利组织也需要同其他纳税人一样，受税收法规中规定的保障性和处罚性条款的约束，主要包括：

（1）对未按规定期限解缴税款的，从滞纳税款之日起按日加收滞纳税款万分之五的滞纳金。

（2）对未按规定办理税务登记的，由税务机关核定其应纳税款，责令缴纳，不缴纳的，税务机关可以扣押其价值相当于应纳税款的商品、货物，直至纳税人缴纳税款；扣押后仍不缴纳的，税务机关可以依法拍卖或变卖所扣押的商品、货物，以拍卖或变卖所得抵扣税款。

（3）纳税人有明显的转移、隐匿其应税商品、货物或者其他财产以逃避纳税义务的，税务机关可以责成纳税人提供纳税担保。如果纳税人不能提供担保的，税务机关可以采取诸如冻结银行存款，扣押、查封纳税人的商品、货物或财产等税务保全措施。

（4）纳税人未按规定的期限缴纳税款的，税务机关责令其限期缴纳，逾期仍未缴纳的，税务机关可以采取强制执行措施。第一，从纳税人的银行存款中扣缴税款；第二，扣押、查封、依法拍卖或者变卖纳税人相当于税款的商品、货物或者其他财产，以拍卖或者变卖所得抵扣税款。

（5）对欠缴税款的纳税人或者其法定代表人需要出境的，应在出境之前向税务机关结清税款、滞纳金或者提供担保。未结清税款、滞纳金，又不提供担保的，税务机关可通知出入境管理机关阻止其出境。

中国税法规定，税务机关可以对各类非营利组织的所有涉税事项进行税务检查。可以检查其账簿、记账凭证、报表和有关资料、商品、货物和其他财产，以及有关的单据、凭证、有关资料等等。税务机关在进行税务检查时，发现纳税人有逃避纳税义务行为，并有明显的转移、隐匿其应税商品、货物以及其他财产、收入的迹象的，可以采取税收保全措施。

另外，对于纳税人在税务登记、账簿管理、纳税申报等方面出现违法行为以及出现偷、骗、抗税行为的，税法都规定了相应的行政处罚措施。

5. 纳税服务。中国税务机关正在全面推广纳税服务，为纳税人申报纳税和办理各种涉税事宜提供方便。非营利组织可以通过电话、互联网和到办税服务厅等方式咨询和办理涉税事宜。但是，中国目前还没有单独的税务机构为非营利组织纳税人提供服务。

如果非营利组织与税务机关在纳税上发生争议时，必须先依照税务机关的纳税决定缴税或者提供相应的担保，然后可以依法申请行政复议；对行政复议决定不服的，可以依法向法院提起诉讼。非营利组织对税务机关的处罚决定、强制执行措施或税收保全措施不服的，可以依法申请行政复议，也可以依法向人民法院起诉。

中国对非营利组织的税务管理滞后，尚未形成完善的税务管理系统。鉴于非营利组织出现时间较短，发展很快，政府管理的各项工作还不能适应非营利组织成长的需要。例如，许多非营利组织的设立不能进行民政登记，只能进行工商登记，被纳入经营性管理的范围。税务部门没有单独针对非营利组织的票证管理体系，迫使许多非营利组织使用经营性单位的纳税申报表，财务报表等。不能结合非营利组织的特点进行税务管理，一定程度上影响了非营利组织的正常运行。

三、中澳非营利组织税收优惠和税务管理的差异

中澳历史、文化、法律制度、社会环境、经济发展等有许多差异，但支持非营利组织发展的政策目标是一致的。由于各种背景的差异，中澳难免对非营利组织的税收优惠和税务管理存在一些差异。

（一）非营利组织税收优惠的差异

中澳制定税收优惠政策的标准有着明显的差异：澳大利亚以符合条件的主体和资金最终使用为标准，无论非营利组织从事何种经济活动，只要取得的资金用于非营利组织的活动，都可以给予减免税收。中国除符合条件的主体外，更加注重非营利组织从事活动的标准，将非营利组织的活动划分为宗旨相关的活动和不相关活动，相关活动可以得到减免税，不相关经济活动不能得到减免税。主要差异表现在以下两个方面：

1. 税收优惠主体范围。澳大利亚被认定为享受税收优惠政策的主体比较少，仅慈善组织、减税免税捐赠接收机构和其他非营利性组织三种类型。而中国非营利组织是指那些不以营利为目的、不分配收益，活动有公益性或互益互助性，主要从事慈善、科学、教育、文化、卫生、扶贫和法律援助等事业活动。其组织形式主要有三类：社会团体、民办非企业单位和基金会，以及原有的事业单位。中国认定非营利组织的范围要比澳大利亚认定非营利组织的范围宽泛许多。

2. 税收优惠程度。虽然澳大利亚税收优惠政策的税收种类较少，但是税收优惠政策的力度比较大，公司所得税、货物和劳务税彻底免征，非营利组织的税收负担较轻。而中国虽然能够实行对非营利组织税收优惠政策的税收种类不少，但是普遍适用性不强，税收减免有许多限制，非营利组织得到的实惠可

能比较有限。

（二）非营利组织税务管理的差异

中澳对非营利组织税务管理理念存在较大的差异，澳大利亚以帮助和服务为主，监督为辅。而中国以管理和监督为主，服务为辅，表现出经济和社会发展的程度不同。主要差异表现在以下六个方面：

1. 税务管理的环境。澳大利亚市场经济秩序比较规范，社会诚信体系比较健全，法制思想深入人心。因此，澳大利亚联邦税务局可以把主要精力用于涉税服务。中国社会诚信制度正在建立，人们的诚信理念比较淡薄，市场经济秩序初步建立。因此，中国税务机关主要精力用于规范非营利组织的涉税行为，辨别真伪，建立和完善税收秩序。

2. 税务登记。澳大利亚非营利组织只要在澳大利亚联邦税务局注册，获得澳大利亚商业代码和税务档案编号，就能享受各种税收优惠待遇，并履行其纳税义务。中国非营利组织首先要到相关管理机关注册，再到税务机关登记，要接受多个部门的监督和管理。

3. 税收优惠申请。澳大利亚非营利性组织只要在澳大利亚联邦税务局备案，就可以自动享受各项税收优惠政策。中国非营利性组织需要提供有关资料，经过税务机关审批后才能够享受税收优惠政策。

4. 捐赠扣除管理。必须通过经批准的慈善机构的捐赠才可以扣除，中国和澳大利亚是相同的。不同之处是澳大利亚对慈善购买也可以有条件地扣除，范围比较宽。中国只能直接捐赠可以扣除。另外，澳大利亚采取标准管理的办法认定可以接受捐赠的慈善组织，中国一直采取审批的办法，今后有可能作出调整。

5. 监督管理。澳大利亚联邦税务局对非营利组织是否符合条件以日常监督为主，并公布符合条件的非营利组织名单，接受社会监督。中国对非营利组织是否符合条件以资格审批为主，符合条件的非营利组织范围比较窄。

6. 纳税服务。澳大利亚联邦税务局设有专门机构为非营利组织提供纳税服务和管理，该部门主要从事非营利组织涉税问题的解决，如宣传、培训、注册、备案、检查，等等。中国目前对非营利组织尚没有采取特殊对待，非营利组织与普通纳税人一样得到相应的纳税服务，接受税务管理。

四、完善中国非营利组织税收优惠政策和税务管理的思考

中国非营利组织是随着经济体制改革和社会主义市场经济的发展而逐渐发

展壮大的，社会对于非营利组织的了解和认识也是逐步深入的。因此，中国对非营利组织的税收制度完善也需要一个渐进的过程。

（一）关于税收优惠政策问题

完善中国对非营利组织的税收优惠政策并不是税收越优惠越好，也不是享受税收优惠的组织越多越好。税收优惠政策的选择应该是简便和有效，使真正的非营利组织得到实惠。完善中国非营利组织税收优惠政策的总体思路是有增有减，结构调整，加大力度。

1. 企业所得税优惠。中国新的企业所得税法已经公布实施，依据该法第二十六条第四款的规定，符合条件的非营利组织的收入为免税收入。此项规定符合现阶段中国的实际情况。但从长远发展考虑，为了加大对非营利组织的税收政策支持力度，可以考虑逐步扩大符合条件的非营利组织的免税收入范围。

2. 流转税优惠。中国流转税实行增值税与营业税并存的制度，现实中大部分非营利组织的活动只要收费或取得收入，都要缴纳营业税。非营利组织拍卖收到的捐赠物品还要缴纳增值税。收入不多，矛盾很大。如果时机成熟，应该对非营利组织从事宗旨内的活动取得的收入逐步减免营业税，对非营利组织拍卖收到的捐赠物品取得的收入逐步减免增值税。由于这种拍卖一般都是偶然行为，影响税收收入几乎微乎其微。也可以考虑对慈善义卖和慈善募捐销售的收入减免增值税。

3. 其他税收优惠。中国除了所得税和流转税对非营利组织实行税收优惠政策以外，其他对非营利组织实行税收优惠政策涉及多个税种。这些税种的税收优惠政策既发挥不了有力的支持作用，又难以管理，产生许多税收漏洞，房地产等财产性的税收优惠政策也不利于有效使用资源，不符合节约型社会的要求。因此，建议除保留印花税和关税对非营利组织实行税收优惠政策以外，其他对非营利组织实行的财产性的税收优惠政策一律取消。

（二）关于税务管理问题

完善中国非营利组织的税务管理是要实现从管理服务型向服务管理型的根本转变，改善征纳关系，构建和谐征纳关系的基础。

1. 非营利组织主体认定。关于非营利组织主体认定问题，要实现由审批为主向标准为主的转变。有关部门制定符合条件的非营利组织标准，将非营利组织标准向社会公开，非营利组织申请合格并得到批准后，向社会公布符合条件的非营利组织名单，实现公开、公正、公平、透明。

2. 税务登记。为了结合非营利组织的实际情况进行管理，实行单独的非营利组织税务登记管理办法，区分公益性非营利组织和非公益性非营利组织，分类管理。

3. 税收优惠申请。税收优惠申请逐步由审批制转变为备案制，符合条件的公益性非营利组织可以自动享受企业所得税的免税待遇，发生应税行为时申报纳税，无需经常性申报纳税。对一般的非营利组织，可继续使用现行税收优惠申请办法。

4. 捐赠扣除管理。由于中国信用体系不健全，捐赠扣除的票据相当重要。由于目前票据不统一，造成捐赠扣除管理的困难和混乱，阻碍跨地区捐赠，也容易产生税收漏洞。当务之急是规定和制作全国统一的捐赠票据，作为捐赠扣除的法律依据。

5. 监督管理。加强税务与民政部门的沟通和联系，交换相互掌握的信息资料，加强对非营利组织，特别是对公益性非营利组织的监督管理。加大对非营利组织的税收宣传力度，帮助非营利组织了解在税收问题上拥有的权、责、利，促使非营利组织自觉遵守税法。

6. 纳税服务。由于非营利组织已经是一股不可忽视的社会力量，并且不断发展壮大，税务机关对非营利组织的纳税服务越来越重要。在将来的税务机构改革中应设立非营利组织的纳税服务机构。现阶段可以加强对非营利组织的税收宣传和培训，在税务网站设立专门的窗口，使非营利组织便于了解涉税事宜。设计和完善适合非营利组织特点的纳税申报表和减免税申请表。简化非营利组织纳税手续，减轻非营利组织的纳税负担。

参考文献：

1. 利昂·E. 爱力舍、靳东升、卡拉·W. 西蒙：《中国非营利组织（NPOs）适用税法研究》，世界银行委托课题研究报告 2004 年 12 月版。

2. 国家税务总局：《中华人民共和国税收基本法规（2008）》，中国税务出版社 2008 年版。

3. 刘佐：《中国税制概览（2008 年）》，经济科学出版社 2008 年版。

4. 澳大利亚联邦税务局：http：//www. ato. gov. au。

5. 国家税务总局：http：//www. chinatax. gov. cn。

（作者工作单位：国家税务总局税收科学研究所）

世界税制改革趋势及我们的对策

陈　琍

进入新世纪以来，世界经济发展平稳，发展仍然是国际经济关系的主流。世界各国的税制改革取得了新的进展，值得我国在深化税制改革中研究借鉴。

一、20 世纪中后期以来世界税制改革的趋势

新世纪，世界各国的税制改革延续了20 世纪后期以来的发展趋势，而且在此基础上呈现一些新的特点。

（一）宏观税负[①]变化的特点

1. 工业化国家[②]的整体宏观税负基本稳定，上升下降的幅度不大，趋势不明显；发展中国家[③]的整体宏观税负呈上升趋势，变化幅度较大。

---

① 本文计算宏观税负时的税收口径用不含社会保障税的税收收入，因为社会保障税不能提供政府可支配收入，而且我国还没有将社会保障基金改变成税收，便于同口径比较。

② 根据国际货币基金组织（IMF）对国家的分类，我们把纳入比较分析范围的国家划分为两大类，即工业国家和发展中国家。工业国家包括澳大利亚、加拿大、冰岛、日本、新西兰、挪威、瑞士、美国以及欧盟 15 个老成员国，共计 23 个国家。

③ IMF 把其余国家划为发展中国家，考虑到各国 GDP、税收收入数据是否充分以及与我国经济发展状况是否具有可比性两个因素，我们选择了捷克、智利、匈牙利、印度、马来西亚、墨西哥、波兰、罗马尼亚、泰国、土耳其、阿根廷、保加利亚、伊朗、蒙古、秘鲁、南非、越南、哥伦比亚、斯洛伐克等 19 个发展中国家作为分析对象。

从 1990 年、1995 年以及 2000 ~ 2005 年工业化国家宏观税负①的加权平均值来看，最高的是 2000 年的 23.79%，最低的是 2004 年的 22.04%，变化幅度为 1.75 个百分点，其余年度呈现降低和上升的波动趋势，但变化幅度都不大。具体情况是，从 1990 ~ 1995 年下降了 0.92 个百分点，从 1995 ~ 2000 年上升了 1.50 个百分点，2001 年、2002 年以及 2003 年逐年有一个小幅度回落，2004 年、2005 年又出现小幅度上升。

从 1990 年、1995 年以及 2000 ~ 2005 年发展中国家宏观税负的加权平均值来看，最高的是 2006 年的 20.67%，最低的是 1990 年的 16.57%，变化幅度为 4.1 个百分点，其余多数年度上升，少数年度下降，上升的幅度大，下降的幅度小，总体上看，主要呈上升趋势。具体情况是，从 1990 ~ 1995 年上升了 0.54 个百分点，从 1995 ~ 2000 年上升了 1.22 个百分点。进入 21 世纪以后，发展中国家的宏观税负在 2001 年、2002 年有小幅度下降，2003 年回升幅度较大，2004 年又稍有下降，2005 年又较大幅度上升，2006 年达到最高点。

2. 工业化国家的宏观税负普遍高于发展中国家的宏观税负，但差距逐渐缩小。

工业国家宏观税负加权平均值在 1990 年和 1995 年分别为 23.21% 和 22.29%，2000 ~ 2005 年分别为 23.79%、23.43%、22.07%、21.59%、22.04% 和 22.96%。发展中国家宏观税负的加权平均值在 1990 年和 1995 年分别为 16.57% 和 17.11%，2000 ~ 2005 年分别为 18.33%、18.21%、17.17%、19.34%、19.16% 和 20.67%。1990 年、1995 年以及 2000 ~ 2005 年工业化国家宏观税负的加权平均值比发展中国家宏观税负的加权平均值分别高出 6.64、5.18、5.46、5.22、4.90、2.25、2.88 和 2.29 个百分点，由此可见，工业国家宏观税负与发展中国家宏观税负的差距明显在逐渐缩小。

3. 无论是工业化国家之间，还是发展中国家之间，宏观税负都存在一定差异。工业化国家之间的宏观税负存在较大差别，发展中国家之间宏观税负存在的差别较小。

在工业化国家中，宏观税负最高的是丹麦，其宏观税负一直在 45% 以上，而在 2000 ~ 2005 年期间一直保持在 47% 以上，2005 年已经达到

① 本文有关宏观税负的数据由国家税务总局计统司郎卉、税收科学研究所陈琍根据 ZMF《政府财政统计年鉴》（1990 ~ 2006 年）、OECD《税收收入统计》（2000 ~ 2006 年）以及 ZMF 官方网站上公布的相关国家的 GDP 计算得出。

49.2%；宏观税负比较高的国家是比利时、芬兰和瑞典，这3个国家2004年和2005年的宏观税负都在30%以上；宏观税负最低的是日本，日本的宏观税负在2004年和2005年分别只有16.40%和17.30%；希腊和美国的宏观税负也较低，希腊的宏观税负在2004年和2005年分别只有17.40%和17.70%，美国的宏观税负自20世纪90年代以来基本上保持在20%左右，2004年和2005年分别只有19.20%和20.60%；其余国家的宏观税负基本上在20%～30%之间。

在发展中国家中，宏观税负偏高的是匈牙利、南非和土耳其，自20世纪90年代以来，匈牙利的宏观税负一直在24%以上，在1995年曾高达32.94%，2005年为24.87%；南非的宏观税负一直在23%以上，而且逐年上升，2005年达到29.41%；2000年以来，土耳其的宏观税负均未低于23.8%，2005年达到25.1%。保加利亚近几年的宏观税负也比较高，呈增长态势，2004年和2005年分别达到了23.42%和24.54%。宏观税负偏低的是伊朗和秘鲁，自20世纪90年代以来，伊朗的宏观税负均未超过8.24%，2004年为7.53%。秘鲁的宏观税负均未超过14%，2004年和2005年分别为13.59%和13.80%。

4. 工业化国家的宏观税负变化不大，发展中国家的宏观税负变化相对要大一些。

工业化国家的宏观税负自20世纪90年代以来的变化不大，大多数国家宏观税负的变化都没有超过2个百分点。

相对于工业化国家宏观税负的变化情况而言，发展中国家的宏观税负自20世纪90年代以来的变化相对要大一些，比如，阿根廷2004年的宏观税负比2002年上升了13.47个百分点；哥伦比亚2005年的宏观税负比2002年上升了4.52个百分点。

（二）税收收入结构变化的特点

自从20世纪90年代以来，世界各国的税收收入结构也发生了不同程度的变化，归纳起来，最为突出的特点有以下几个：

1. 发展中国家所得类税收收入占税收总收入的比重有所上升，货物和劳务税收入占税收总收入的比重有所下降，税收收入结构向所得税、货物和劳务税并重的格局发展，但是仍以货物和劳务类税税收为主。

泰国、秘鲁和印度在这方面具有代表性。泰国所得类税收收入占税收总收入的比重1990年为25.10%，2004年上升为36.07%，上升了近11个百分点；货物和劳务税收入占税收总收入的比重在1990年是69.71%，2004年则下降为60.76%，下降了近9个百分点。秘鲁所得类税收收入占税收总收入的比重1990年为6.25%，2004年上升为29.62%，上升了23个多百分点；货物和劳务税收入占税收总收入的比重1990年是76.35%，2004年则下降为74.14%，下降了2个多百分点。印度中央政府所得类税收收入占税收总收入的比重1990年为18.60%，2006年上升为46.69%，上升了28个多百分点；货物和劳务税收入占税收总收入的比重1990年是80.79%，2004年则下降为53.25%，下降了近28个百分点。

2. 工业化国家所得类税收收入、货物和劳务税收入占税收总收入的比重呈现出上升、持平、下降等不同的变化趋势，到目前为止，大多数工业国家的税收收入仍然主要依赖于所得类税收，其余少数国家可以说是所得税、货物和劳务税并重。

美国和日本是税收收入主要依赖所得类税收的典型例子。美国所得类税收收入占税收总收入的比重1990年为56.08%，2005年为61.69%，2006年63.39%，稳中有升；货物和劳务税收入占税收总收入的比重1990年为23.33%，2005年、2006年分别为23.29%、22.08%，基本保持不变。日本所得类税收收入占税收总收入的比重1990年为73%，2005年为46.67%，下降了26个多百分点；货物和劳务税收入占税收总收入的比重1990年是19.23%，2005年则为15.90%，下降了3个多百分点。

法国和德国可以说是所得税、货物和劳务税并重的国家。法国所得类税收收入占税收总收入的比重1990年为31.55%，2006年上升为39.43%，上升了近8个百分点；货物和劳务税收入占税收总收入的比重1990年是50.55%，2004年则下降为40.32%，下降了10个多百分点。德国所得类税收收入占税收总收入的比重在1990年为53.59%，2006年为52.54%，下降了1个多百分点；货物和劳务税收入占税收总收入的比重1990年是42.15%，2004年为43.87%，上升了近2个百分点。

（三）税制改革呈现扩展与创新并重

1. 以“降低税率，扩大税基”为特点的所得税改革继续风靡全球。

（1）公司所得税。一是降低税率。作为此次所得税改革领引者的英国率先于1984年将公司所得税税率从50%降至35%，随后，美国也于1986年实施全面的税制改革，把联邦公司税税率从50%降至34%。在这之后，发达国纷纷降低公司所得税税率。根据OECD的统计，OECD成员国公司所得税平均税率从1996年的37.6%降至2003年的30.9%[①]，平均每年下降约1个百分点。从近几年的情况来看，这种下调的趋势并未减弱。据相关统计，世界上43个主要国家在2001~2005年的5年时间内，有29个国家都不同程度地下调了公司所得税税率，有的幅度还相当大。43个国家公司所得税综合税率（包括地方所得税税率）的算术平均数从2001年的32.9%下降至2005年的29.5%，而且，诸如加拿大、捷克、荷兰、希腊、以色列、墨西哥等国家已明确表示还将进一步降低公司所得税税率[②]；二是扩大税基。为了避免因降低税率导致税收收入的减少，扩大公司所得税税基成为公司所得税改革的另一大主题，各国主要是通过规范税前扣除，削减税收优惠，特别是削减对投资的优惠来扩大税基；三是在公司税制度上逐渐由古典制度转向减轻或免除股息重复征税的现代制度。进入20世纪90年代以来，各国纷纷采取措施缓解或免除公司税制中股息（红利）所得在公司和股东两个层次上的重复征税。截至2005年，欧盟15个老成员国中有芬兰、法国、西班牙和英国4个成员国对公司分配的股息采用归集抵免制；奥地利、比利时、丹麦、德国、意大利、卢森堡、葡萄牙和瑞典8个成员国对股东获得的公司分配的股息或是按照低于其他所得适用的税率征税，或是对一部分（通常是一半或3/5）的股息免税；希腊和荷兰2个成员国对股东获得股息（无论股息是公司从完税利润中支付的还是从免税利润中支付的）全部免税；只有爱尔兰对公司分配的股息征税仍然采取古典制度，在公司和股东两个层面上都要征税，而且不提供任何抵免，但是爱尔兰的公司税税率远远低于其他成员国的公司税税率[③]。另外，2000~2004年期间，美国、斯洛伐克、韩国等也纷纷采取了减轻或免除股息重复征税的措施。

（2）个人所得税。一是降低最高边际税率。自20世纪80年代以来，个人所得税税率的变化表现在降低最高边际税率、减少税率档次两个方面。根据OECD的统计，OECD成员国个人所得税最高边际税率平均值在1980年高达67%，2000年已降至47%，下降了20%[④]。进入21世纪之后，降低个人所得税最高边际税率的趋势还在继续，美国已经由2000年的42%降低到2008年的

---

① 福州市国际税收研究会：《国际税讯》2004年第4期。

② 靳东升、李本贵主编：《企业所得税理论与实践》，经济科学出版社2006年版，第90~95页。

③ 陈琍："欧盟直接税协调的比较分析及其借鉴"，国家税务总局税收科学研究所《研究报告》2005年第18期。

④ Tax Analysts（税收咨询家）：《国际税收评论》（International tax notes）2002年7月1日。

35%，瑞典也由 2000 年的 51% 降低到 2007 年的 25%，降幅都较大；二是减少税率档次。在降低最高边际税率的同时，减少税率档次也是个人所得税改革的一个重要方面。比如，美国的个人所得税税率由 20 世纪 80 年代的 10 档减少为现在的 6 档，加拿大由 10 档减少为 4 档，比利时由 13 档减少为 6 档，荷兰由 9 档减少为 4 档，日本由 15 档减少为 4 档，英国由 6 档减少为 3 档，新西兰由 6 档减少为 3 档等等。有的国家甚至实行了单一税制，比如，俄罗斯从 2001 年 1 月 1 日开始用 13% 的单一税率取代了原有的三档税率；挪威也于 21 世纪初实行了单一税制，2007 年地方个人所得税税率为 28%，对工资、薪金所得（包括实物补贴）额外征收最高税（相当于国税），具体规定是所得在 400000 挪威克郎和 650000 挪威克郎之间的纳税人适用 9% 税率，所得超过 650000 挪威克郎的纳税人适用 12% 税率。此外，巴西政府于 2007 年颁布生效的《小型企业法》中规定，符合条件的小型企业可以缴纳单一税，来代替以前缴纳的企业所得税、联邦消费税、社会保障缴款、工薪税、州增值税和市服务税等；三是扩大税基。与公司所得税的改革思路一样，为了避免因降低税率造成税收收入的减少，扩大税基也是各国个人所得税改革中的重要环节，各国采取的主要方法是降低个人减免额，减少应纳税所得的扣除项目、税收优惠项目、减免项目等等。比如，俄罗斯 2001 年实行单一税制之后，取消了大部分减免税政策；四是对股息减免个人所得税。与公司所得税制度改革相对应，为了缓解或免除公司税制中股息（红利）所得在公司和股东两个层次上的重复征税，有不少国家对股东获得的公司分配股息或是按照低于其他所得适用的税率征税，或是对一部分（通常是一半或 3/5）的股息免税；有的国家则对股东获得股息（无论股息是公司从完税利润中支付的还是从免税利润中支付的）全部免税。

2. 最符合税收中性原则的增值税在世界各国迅速推广并不断趋同。

（1）增值税的迅速推广。自 1954 年法国率先开征增值税以来，在 54 年的时间里，开征增值税（包括属于增值税性质的货物和劳务税、消费税、销售税）的国家已经达到 134 个。在最近几年，一些发展中国家和经济较为落后的欠发达国家也陆续开征了增值税，比如，2005 年印度开征，2006 年多米尼克、伊朗、波黑、伯里兹开征，2007 年安提瓜和巴布达开征。在没有开征增值税的国家和地区中，诸如马来西亚、叙利亚、中国香港等都已有意向开征或明确要开征增值税①。

（2）增值税制度的简化和趋同。增值税制度的简化和趋同在欧盟成员国表现得最为突出，这主要得益于欧盟自1967年以来进行的增值税协调。按照欧盟增值税指令要求，成员国增值税标准税率不得低于15%，低税率不得低于5%，低税率档次不得超过2档的要求，截至2007年，欧盟27个成员国的增值税标准税率均已调整到不低于15%，最高是瑞典的25%，最低是塞浦路斯和卢森堡的15%；除希腊、爱尔兰、波兰和瑞典以外，其他成员国的低税率均未低于5%。另外，与2000年的情况相比，到目前为止，共有10个国家减少了低税率的档次，其中5个国家取消了对国内某些货物和劳务按零税率征收增值税的政策。目前，欧盟成员国只有卢森堡、瑞典实行3档低税率，10个国家实行2档低税率，14个国家实行1档低税率，捷克只实行标准税率，不实行低税率，而且所有成员国都不再对国内某些货物和劳务实行零税率。与此同时，欧盟也致力于增值税征税原则的趋同，要求各成员国在1993年之后对一般纳税人采用消费地征税原则（也称目的地征税原则），对非一般纳税人的个人采用原产地原则，目前欧盟成员国基本达到了上述要求。除此之外，OECD第九工作组也正在积极研究协商对跨国劳务和无形资产采取消费地原则征收增值税，目前正在起草相关文件。

3. 从开征污染税到全面“绿化”税制成为世界各国应对环境变化的重要手段。

（1）开征单独的、个别的环境税。为了应对20世纪50～60年代开始日益严重的环境污染问题，西方发达国家纷纷从20世纪60年代末开始陆续出台了以治理污染为目的的各种污染税。最早开征的污染税当数前联邦德国于1969年对润滑油制造商征收的润滑油税，该税款以补助金的形式再分配给那些对废油进行收集和处置的公司②；之后，挪威于1974年开征了饮料容器税；前联邦德国于1981年开征水污染税；法国、瑞典、西班牙、意大利分别于1990年、1992年、1995年、1998年开征了氮氧化合物税；法国、瑞典、挪威、芬兰、西班牙、丹麦、意大利分别于1985年、1991年、1991年、1993年、1995年、1996年、1998年开征二氧化硫税；芬兰于1990年开征了二氧

① 靳东升、龚辉文主编：《经济全球化下的税收竞争与协调》，中国税务出版社2008年版，第27页。

② 国家税务总局环境保护税收研究课题组：“环境保护税收问题研究”2006年3月，第17页。

化碳税，之后瑞典、挪威、荷兰和丹麦也相继开征了二氧化碳税。目前，各国开征的环保税还有垃圾处理税、噪音税、农业污染税、能源消费税、机动车税等等。2007年，诸如英国、罗马尼亚、泰国、印度、美国、英国又实施了新的与资源、能源、环境有关的税收政策。

（2）全面“绿化”税制。从20世纪90年代末期开始，随着人们环保意识的提高，环保措施也开始从注重“末端治理”转向“全程防治”，西方发达国家，特别是欧盟成员国的环境保护税收政策也开始从简单开征单独的、零散的污染税转向了全面、系统的调整税制，使整体税制符合环境保护要求，即“绿化”税制的阶段。全面“绿化”税制包括两个方面：一方面是取消原税制中不符合环境保护要求，不利于可持续发展的规定，比如，取消对煤等污染能源的税收优惠等；另一方面是调整原有税种，采取新的有利于环境保护的税收措施，主要是对消费税、所得税和机动车税进行调整和修订，具体措施包括调高含铅汽油的消费税税率，鼓励使用无铅汽油，提高污染型能源的消费税税率，取消不符合环保要求的税收优惠，对清洁能源减税，鼓励环保技术的研究、开发，给予环保设备加速折旧，对节能车给予税收优惠，等等①。

4. 创新税种的改革也在积极进行。

（1）社会保障税②的改革。社会保障制度的建立始于19世纪末期，20世纪40~50年代社会保障税在各国得到了空前的发展，60年代以来，已经成为一些经济发达国家的头号税种。目前，发达国家的社会保障税收入占税收总收入的比重普遍较高。发展中国家随着经济的发展，社会保障税收入占税收总收入的比重也普遍上升。针对社会保障税与个人所得税相互作用导致综合税率结构变形，产生贫困陷阱的问题，不少国家着手开始研究社会保障税和个人所得税的一体化问题，荷兰已经付诸实践，于21世纪初把社会保障税和个人所得税合二为一③。此外，格鲁吉亚政府在2007年7月12日通过的税法修订草案中提出，把现行税率为12%的个人所得税与税率为20%的社会保障税合并成单一税种，减按25%征收。

（2）遗产税的改革。近年来，诸如斯洛文尼亚、瑞典、葡萄牙、塞浦路

① 国家税务总局环境保护税收研究课题组：《环境保护税收问题研究》2006年3月，第4、第23页。

② 在很多国家称之为社会保障缴款，由于各国实行的社会保障缴款均具有税收的性质和特征，我们在此统一称为社会保障税。

③ 靳东升：《税收国际化趋势》，经济科学出版社2003年版，第343页。

斯、意大利和奥地利等欧洲国家废除了遗产税；美国、日本正在讨论是否要废除遗产税；也有的国家决定保留遗产税，比如德国于2007年5月决定，由于遗产税是对不劳动致富者征收，因此不取消此税。

（3）电子商务征税问题。多年来，对电子商务是否征税以及如何征税一直是国际上争论不休的问题。美国坚持不征税，而欧盟则坚持征税，各自的立场都在2007年变成了现实。2007年10月底，美国《互联网免税法案》的有效期又延长了7年，即2014年之前，联邦政府禁止各州及地方政府对互联网接入服务征税，也不允许在现行税制基础上增加新的税种。欧盟则规定，今后欧盟范围内的电子商务活动不再由服务商所在国征税，而是改由发生实际服务消费的国家征收。

（四）有害税收竞争得到缓解，税收协调得到加强

1. 税收竞争。在市场经济条件下，各国政府为了追求和维护本国利益，争相降低税率、实施税收优惠政策，从而引发了世界范围的税收竞争。美国实施减税政策的1986年可以说是全面税收竞争的始发点，从那以后，公司所得税和个人所得税的世界性减税趋势就一直在持续，增值税迅速推广，税收区域一体化趋势明显。适度的税收竞争是有利于经济发展的，而过度的税收竞争则会侵蚀各国税基，扭曲税负分配，破坏税收中性，扭曲国际资源的地域流向，引发新的不公平等①。在过去的十几年时间里，OECD、欧盟等国际组织和相关国家政府都在积极进行反有害税收竞争的斗争。OECD及其成员国在这方面的工作应该说是卓有成效的。OECD于1998年4月公布了题为《有害税收竞争：一个正在出现的全球性问题》的工作报告，界定了有害税收优惠制度和避税港的概念，并提出了一些抵制有害税收竞争的建议和措施。在此之后，OECD又陆续于2000年6月、2001年11月、2004年5月、2006年5月分别公布了《走向全球税收合作：确认和消除有害税收活动的进展》、《OECD有害税收活动研究项目：2001年进展报告》、《OECD有害税收活动研究项目：2004年进展报告》、《OECD有害税收活动研究项目：2006年成员国工作的最新进展报告》。通过这些报告，OECD制定了消除有害税收竞争活动时间表，制定了有害税收活动的审查程序，公布了成员国潜在有害优惠制度，公布了非合作避税港名单，建立承诺机制，拓展与合作性管辖地区（避税港）的对话，

① 靳东升、龚辉文主编：《经济全球化下的税收竞争与协调》，中国税务出版社2008年版，第38～39页。

督促有关管辖权地区公布政治承诺消除有害税收活动，使用统一方法限制有害税收活动并及时总结各成员国取得的进展。同时，欧盟在反有害税收竞争方面也作出了努力，1997 年 12 月欧盟公布的《行为守则》中就消除有害税收竞争提出了一揽子措施和建议，有些措施比 OECD 的相关措施更具可操作性。通过上述国际组织的努力以及成员国的通力合作，相关国家在反有害税收竞争方面取得了实质性进展。

2. 税收协调。随着经济全球化的日益发展，为了消除关税壁垒、国际重复征税以及有害税收竞争等阻碍国际经济发展的税收障碍，促进货物、资本、劳务和服务在区域性贸易或经济组织内部以及非区域性经济贸易或经济组织国家之间的自由流动，促进各国共同繁荣，税收协调得以产生并成为重要的手段。

应该说，税收协调始于 1843 年比利时和法国签订世界上第一个双边税收协定，使签订双边税收协定成为税收协调的最初形式。截至 2005 年 1 月，世界各国政府之间已经签订了 2000 多个避免国际重复征税的双边税收协定，同时也有一些多边税收协定在执行，但影响不大。

从 20 世纪 20 年代开始，国际组织就开始涉足引导各国在税收制度和税收管理方面进行协调。最早涉足该领域的是联合国的前身——国际联盟，国际联盟从 1921 年开始组织专家专门对国际双重征税的经济问题、国际逃税所涉及的管理问题和实际问题进行研究，于 1923～1927 年期间起草了 4 部双边税收协定范本及其注释，并于 1928 年、1943 年、1946 年先后出台了 1928 年税收协定范本、墨西哥范本和伦敦范本，这些范本对欧美国家之间相互签订双边税收协定起到了积极的推进作用。在此基础上，经济合作与发展组织和联合国分别于 1963 年、1979 年公布了《关于对所得和财产避免双重征税的协定范本》（简称《经合组织范本》）和《关于发达国家与发展中国家间避免双重征税的协定范本》（简称《联合国范本》）。《经合组织范本》分别于 1992 年、1995 年、1997 年、2000 年和 2002 年进行了修订，《联合国范本》也分别于 1999 年、2001 年进行了修订。这两个范本对世界各国之间签订双边或多边避免所得和财产重复征税协定起到了积极的推动作用，对协调各国国际税收、涉外税收制度和税收管理作出了重大贡献。随着时间的推移，其他国际组织也开始涉足税收协调，例如，世界贸易组织在 1994 年颁布的《世界贸易组织成立协议》中就有关于所得税的重要规定，主要是防止将所得税作为隐蔽的贸易壁垒或出口补贴。另外，国际组织对税收的协调正在逐步深入、细化，例如，经济合作与发展组织于1995年发布了转让定价准则，并于1996年、1997年和1998年多次修改补充，要求成员国遵循。再如，经济合作与发展组织和欧洲理事会共同发布了《多国税收征管协助公约》。由国际组织引导各国进行税收协调的最大特点是，国际组织发布的范本、公约、协议等类似文件只具有指导性作用，约束力较弱，因此对各国的税收协调只能起到引导的作用。

20世纪50年代出现了一种新兴的税收协调方式，即由在谈判和协商基础上形成的区域性超国家机构，对区域性贸易或经济组织内部的税收制度和税收管理进行协调，欧盟主要采用这种形式进行税收协调，而且最具代表性。这种税收协调形式主要有三个特点：一是由超国家的专门机构就税收协调问题提出建议，征求成员国的意见，起草、通过并颁布有关指令、规定以及决定，各成员国严格遵守这些指令、规定、决定，从而达到税收协调的目的；二是协调的范围扩大到了各成员国国内税收制度和税收管理，最终目的是促使各成员国的税收制度和税收管理趋同，这是目前通过签订双边或多边税收协定所不能实现的；三是由于区域性贸易或经济组织内部各成员国的利益紧密相关，所以超国家的专门机构制定的各种指令具有较强的约束力，因此，由超国家的专门机构进行税收协调的力度更大、效率更高、成效也更加显著。欧盟从1957年签订罗马协定至今，协调的范围已经覆盖了增值税、消费税、公司所得税、个人所得税、社会保障税以及税收管理方面，并取得了可喜的成效，尤其是在增值税方面的协调取得了实质性的进展，各成员国的增值税制度在近几年趋同程度不断提高。值得一提的是，近几年，中国—东盟自由贸易区也正在积极研究和寻求双方都能接受的税收协调方式。

二、未来几年世界税制改革趋势及我们的对策

由近几年世界税制改革的变化可以推断近期世界税制改革的趋势，世界税制改革的趋势对于我国深化税制改革具有重要的借鉴意义。

（一）世界税制改革的趋势预测

1. 宏观税负。由于工业化国家政治、经济运行机制已经比较规范，税收制度也相对完善、稳定，所以宏观税负在未来会相对稳定，预计不会有太大变化。就发展中国家而言，由于这些国家经济发展还具有很大的潜力，而且正在追求政治、经济制度、税收制度的完善以及税收征管水平的提高，所以，宏观税负还可能会延续上升的趋势，在未来几年还会有不同程度的提高，因此发展中国家和工业化国家的整体宏观税负水平之间的差距还有可能会进一步缩小。

2. 税收收入结构。20 世纪以来，尽管工业化国家一直在不断降低所得税税率，但是由于同时实施“扩大税基”，再加上其经济发展水平稳定、企业经济效益提高、税收征收管理进一步加强。因此，在未来几年内，所得类税收收入占税收总收入的比重还会保持稳定，不会出现大的下降，其税收收入结构也会保持相对稳定，大多数工业化国家的税收收入还是主要依赖所得类税收收入。而发展中国家由于经济发展速度的加快，个人收入水平和企业利润率会得到进一步提高，加之税收征管水平的提高，所得类税收收入占税收总收入的比重会得到较大幅度提高，多数发展中国家的税收收入结构会更加趋向于所得类税收、货物和劳务税收并重的格局。

3. 各税种的改革。在未来几年，“降低税率，扩大税基，简化税制”将仍然是公司所得税和个人所得税改革的主旋律。考虑到降低税收征收成本和纳税成本，以及减少逃税和不如实申报收入的现象，实行“单一税制”的国家还会增多，据相关报道，保加利亚政府已经决定于 2008 年实施“单一税制”，所有个人纳税人和商业企业均按 10% 的税率缴纳单一税。增值税的改革趋势将主要体现在以下几个方面：一是扩大增值税征收范围，使增值税向普遍征收转变；二是简化税率档次；三是各国增值税税制的进一步趋同，征税原则将进一步统一。借鉴发达国家在开征环境保护税和绿化税制方面的经验和教训，发展中国家将更加注重税收在环境保护和资源可持续利用方面的调节作用，陆续开征环境保护税并全面绿化税制。在社会保障税方面，发展中国家社会保障税占税收总收入的比重还会进一步提高。此外，为了简化税制，避免产生贫困陷阱，可能还会有更多的国家把社会保障税与个人所得税合并。随着经济全球化的深入发展，也可能会出现满足特殊需要的世界范围的新税种。

4. 税收竞争与协调。在税收竞争方面，各国将更加注重优化本国的整体税制，致力于提高本国的税制竞争力，这样将使税制更有效率、更有竞争力、更加简化、更有利于吸引投资。随着竞争的加剧，所得税的地位将进一步降低。在税收协调方面，将可能出现以下趋势：一是区域性贸易或经济组织内部的税收协调在未来 5～10 年内将成为税收协调的主要形式。这主要是因为：区域性贸易或经济组织的发展壮大以及深化相互之间经济合作的需要，使其必须在内部进行税收协调；区域性贸易或经济组织内部的税收协调比两个国家或两个以上国家通过自愿签订各种双边或多边税收协定、条约、协议以及双边或区域性多边自由贸易协定进行的税收协调更有效；在近期，在世界范围内成立专门处理税收事务的国际性税收组织仍然不太可能，因此区域性贸易或经济组织将是税收协调的主要承担者；二是避免国际重复征税、消除相互之间的关税障碍仍然是各国之间在近期进行税收协调的重点内容；三是区域性贸易或经济组织成立超国家的专门机构进行税收协调将是大势所趋。为了更有效地进行税收协调，预计大多数区域性贸易或经济组织都将仿照欧盟成立一个超国家的专门机构对税收乃至经济进行协调，不具备条件的也会在区域性贸易或经济组织内部成立一个经济委员会或税收委员会，唯有如此，区域性贸易或经济组织内部的税收协调才能得以顺利进行；四是税收管理协调与合作将进一步加强。为了应对跨国纳税人的避税，加强税收管理协调与合作已经成为许多国家的共识。

（二）我们的对策建议

考虑到世界税制改革的趋势，联系我国税制改革的实际情况，我国深化税制改革应该继续坚持“分步实施税制改革”的总体指导思想，逐步完善我国的税制结构。

1. 正确评估和定位我国的宏观税负水平。以 2005 年的数据进行比较，我国不含社会保障缴款的宏观税负（15.66%）比工业化国家不含社会保障缴款的宏观税负的加权平均值（22.96%）低 7.3 个百分点，比发展中国家不含社会保障缴款的宏观税负的加权平均值（20.67%）低 5.01 个百分点。由此可以判断，虽然近几年我国宏观税负水平呈较快提高趋势，但仍处于世界较低水平。但是，仅仅从数据上进行比较是不够的。从我国的实际情况来看，企业除了依法纳税之外，还要承担大量的诸如各级政府和职能部门收取的各种基金、收费等非税财政负担，因此企业实际承担的财政负担并不轻。如何解决我国宏观税负水平偏低和企业实际财政负担偏重的矛盾，进而准确定位我国宏观税负水平是一个值得深思的问题。我们认为，应该尽快清理各种基金和收费，将具有税收性质的基金和收费纳入税收征收范围，保留部分合理的基金和收费，取消不合理的基金和收费，坚决取消乱收费、乱摊派，如此一来，才可能使宏观税负水平能够比较准确地体现企业的实际财政负担。另外，我们认为，在还没有彻底完成清理和整顿各种基金和收费、取消不合理的基金和收费工作之前，随着我国经济的进一步发展、产业结构的调整和经济效益的改善，加上税收征收管理质量和效率的不断提高，我国的宏观税负水平还会呈上升趋势，逐渐接近发展中国家的平均水平，这也是正常和合理的。

2. 顺应“简化税制、降低税率、扩大税基、绿化税制”的世界性税制改革潮流，逐步完善我国的各项税收制度。

新企业所得税法的颁布和实施充分体现了“简税制、宽税基、低税率、严征管”的税制改革原则，新企业所得税法不仅统一了内、外资企业所得税，还大幅度降低了企业所得税的名义税率，统一了所有企业的税前扣除办法和标准，以产业税收优惠为主导、提高了税收优惠政策的法律级次和透明度，按照国际惯例增加和规范了不少新的内容。但是，仍有学者认为，新企业所得税法中存在一些不足，需要我们继续解决和完善。

个人所得税制与完善社会主义市场经济体制的要求差距较大，主要表现在：我国现行个人所得税最高边际税率（45%）在世界上已处于中等偏上水平；9 级税率档次偏多；对工资、薪金所得和对个体工商户的生产、经营所得及对企事业单位的承包经营、承租经营所得实行不同的税率，导致税制复杂化；没有考虑生计扣除和其他必要的扣除项目，使纳税人实际税收负担偏高；分项征收制度不合理；等等。鉴于此，我们可以考虑在近几年对个人所得税制进行改革。

增值税转型和扩大增值税的征收范围已经成为当务之急。与世界主要国家的增值税制度相比，我国增值税标准税率 1 档，低税率 1 档，符合简税制的目标；17% 的增值税标准税率是适当的，13% 的低税率则略微偏高，基本合理。但是，我国增值税制度存在两个亟待解决的问题：一是与世界上大多数实行增值税的国家不同，我们实行的是“生产型”的增值税。“生产型”增值税的弊端严重，主要表现在：存在重复征税，降低了产品在国际和国内市场上的竞争力，影响了科技进步和产业结构的优化等。因此，应尽快在全国范围内实行“消费型”增值税，这不仅能解决上述问题，还能使我国的增值税制度进一步国际化，有利于吸引更多的外资和先进技术；二是与世界上大多数国家实行的增值税制度相比，我国增值税的征收范围窄，除了对货物征收增值税以外，只对部分劳务征收增值税，对大部分劳务征收营业税，这不仅导致增值税链条的中断、破坏了增值税的中性原则，而且两税并行，还增加了税制的复杂性和操作难度，不符合“简税制”的原则。分阶段扩大增值税的征收范围也是我们近几年应当实施的改革之一。

加快“绿化税制”的步伐。我国无论是在开征单独的污染税方面，还是在全面“绿化税制”方面，都远远落后于西方发达国家。西方发达国家从开征单独的污染税到全面“绿化税制”的经验启示我们，税收在保护环境、促进资源合理利用方面能够发挥很大的作用。从我国的实际情况来看，开征环保税、全面“绿化税制”是控制环境污染、节能减排的长效手段。可以考虑在近期开征污染排放税、污染产品税以及生态保护税，时机成熟时可以开征碳税，最终应当把现行排污费全部纳入环境税体系，从而建立起完整的环境保护税体系。与之同时，应当调整和修订诸如所得税、消费税等其他税种的相关规定，进一步支持环境保护、节能减排的行为，限制污染行为，配合环境保护税，从整体上达到保护环境、节能减排的作用。

3. 跟踪并研究税收竞争和协调问题，并积极参与“中国—东盟自由贸易区”建设过程中的税收协调。

在经济全球化和区域经济一体化不断发展的进程中，税收竞争和税收协调还会出现新动向、新情况，唯有跟踪研究反有害税收竞争的进程和问题以及其他区域性贸易或经济组织，尤其是欧盟税收协调的进程问题，才能积累资料和信息，为我国下一步税制改革以及参与税收协调打下基础。

在税收协调方面，目前我们就面临参与“中国—东盟自由贸易区”建设过程中的税收协调问题。尽管“中国—东盟自由贸易区”还不具备欧盟进行税收协调的诸多条件，但是在近期还是可以在以下方面积极推动税收协调：一是中国和东盟各国积极完善国内税收制度，并加强国际税收合作；二是建立和完善税收协调机制，包括探讨制定类似《罗马条约》中有关税收协调的法律框架，授权成立税收协调专门机构，建立税收利益补偿机制，建立和完善税收争端解决机制和共同协商程序，组织专家对各成员国税收政策协调问题进行研究并对成员国税制改革提出建议，等等①。

在国际税收领域，中国已经成为举足轻重的大国，我国税制改革的经验和教训，对许多国家都有极其重要的参考价值，国际社会也热烈期待我国参与国际税收合作。随着我国进一步对外开放和实施“走出去”战略，跨国纳税人避税问题会越来越突出，加强国际税收合作越来越重要，向我们提出新的挑战。

参考文献：

1. 靳东升著：《税收国际化趋势》，经济科学出版社 2003 年 5 月版。

2. 靳东升、龚辉文主编：《经济全球化下的税收竞争与协调》，中国税务出版社 2008 年 1 月版。

3. 刘新利、陈琍：“关于我国宏观税负问题的比较分析”，《税收经济调研》2005 年第

① 靳东升、龚辉文主编：《经济全球化下的税收竞争与协调》，中国税务出版社 2008 年版，第 265～266 页。

40 期。

4. 国家税务总局环境保护税收研究课题组："环境保护税收问题研究"，国家税务总局税收科学研究所《研究报告》2006 年第 4 期。

5. 陈琍："欧盟直接税协调的比较分析与借鉴"，《税务研究》2006 年第 6 期。

6. 孙红梅："世界税收大事记"，《税收研究资料》2006 年、2007 年、2008 年相关期。

（作者工作单位：国家税务总局税收科学研究所）

日本保有环节汽车税研究

刘馨颖

一、引言

日本汽车税制由9个税种组成（见表1），它们是中央和地方政府在汽车购置、保有和使用各环节征收的消费税①（指购买汽车和燃料时征收的消费税部分）、汽车购置税、汽车重量税、汽车税、轻型汽车税、汽油税、地方道路税、石油液化气税和轻油交易税。2007年度，汽车诸税收入占中央和地方政府税收总额的比重已达9.4%，成为政府税收的第四大来源。

表1　日本的汽车税制

各环节的税种		征收主体使用目的	2007年各税额（亿日元）	各环节税收占总额比重（%）
购置环节	①消费税	中央政府　作为一般财源使用	7701	14.0
	②汽车购置税	都道府县政府　用于地方道路建设	4855	
保有环节	③汽车重量税	中央政府道路特定财源 1/3归地方　用于地方道路建设	10740	33.2
	④汽车税	都道府县政府的普通税	17477	
	⑤轻型汽车税	市町村政府的普通税	1636	

① 日本的消费税性质属于消费型增值税，与中国的消费税不同。

续表

<table>
<tr><th colspan="2">各环节的税种</th><th>征收主体使用目的</th><th>2007 年各税额（亿日元）</th><th>各环节税收占总额比重（%）</th></tr>
<tr><td rowspan="5">使用环节</td><td>⑥汽油税</td><td>中央政府道路特定财源
1/4 归地方　用于地方道路建设</td><td>28449</td><td rowspan="5">52.8</td></tr>
<tr><td>⑦地方道路税</td><td>中央政府道路特定财源
全额归地方　用于地方道路建设</td><td>3044</td></tr>
<tr><td>⑧石油液化气税</td><td>中央政府道路特定财源
1/2 归地方　用于地方道路建设</td><td>280</td></tr>
<tr><td>⑨轻油交易税</td><td>都道府县政府　用于地方道路建设</td><td>10360</td></tr>
<tr><td>消费税</td><td>中央政府　作为一般财源使用</td><td>5378</td></tr>
<tr><td colspan="3">2007 年汽车税收总额占国家税收总额的比重</td><td colspan="2">9.4</td></tr>
</table>

注：根据日本汽车工业协会网站相关资料计算制作。

从汽车进入消费全过程来看，政府来自汽车使用环节的燃油税收入最多，占汽车税收总额的一半以上，来自汽车保有环节的税收次之，占汽车税收总额的1/3，来自汽车购置环节的税收最少，占汽车税收总额的比重不足15%（见表1）。也就是说，日本政府通过实行汽车税制[①]，在实现财政收入目的，主要提供道路准公共产品服务（包括道路建设、维护、修缮、公共停车场的建设、城市交通状况的改善等）的同时，把引导消费者重视节能环保放在了首要位置，也把汽车作为资产在保有环节的税收作用给予了极大的重视，这将有助于消费者理性消费，同时，在购置环节最少征税，有利于生产商最终阶段的产品——汽车尽早进入消费市场，从而促进汽车产业持续发展。

2009 年 1 月 1 日，我国成品油税费改革、提高成品油消费税税率政策开始实施[②]，这意味着我国燃油税（包含汽车使用环节的燃油税）以增加成品油消费税的方式引入。在此背景下，研究和借鉴日本征收保有环节汽车税之经验，试图从中得到对我国保有环节车船税改革的有益启示，具有现实而深远的意义，而这也是本文以下考察和分析之目的所在。

① 详见刘馨颖："日本汽车税制研究"《中国税务年鉴（2007 年）》中国税务出版社 2007 年版，第 873 ~ 883 页。

② 详见《国务院关于实施成品油价格和税费改革的通知》（国发［2008］37 号）、《关于提高成品油消费税税率后相关成品油消费税政策的通知》（财政部、国家税务总局 2008 年 12 月 19 日）以及《关于提高成品油消费税税率的通知》（财政部、国家税务总局 2008 年 12 月 19 日）。

二、保有环节汽车三税引入的背景和依据

日本对车征税的历史较长。1873 年开始对马车、人力车，1880 年开始对自行车课征作为国税的车税，当时的府县地方政府征收车税附加税，1888 年市町村地方政府也开始征收车税附加税。1896 年，作为国税的车税被废除，其税源移交给地方，作为府县地方政府的杂税征收，而市町村地方政府征收杂税附加税。1940 年，杂税更名为汽车税，作为现在的都道府县地方政府的法定税种征收，同时，市町村地方政府征收汽车税附加税。1950 年，随着现行的《地方税法》公布实施，汽车税附加税被废除，1958 年修改后的《地方税法》规定，将汽车税中的两轮小型汽车和轻型汽车的征税权移交给市町村，创设市町村地方政府法定的轻型汽车税①。于是，1940 年创设的法定的汽车税，1958 年创设的法定的轻型汽车税，分别成为都道府县和市町村地方政府征税权和课税对象都很明确的一项财产税。1971 年，中央政府以扩充道路建设财源为由，开征了汽车重量税，其课税对象为《道路运输车辆法》规定的必须进行车检的汽车和轻型汽车。

无论从历史还是现在看，保有环节各类汽车（除政府拥有的外），属于私人（个人和法人）拥有的一项财产。中央与地方各级政府征收这一环节汽车重量税、汽车税和轻型汽车税三税，均是以拥有汽车为由，意味着这些个人和法人拥有较大的资产和税收负担能力，而对其课征的一项财产税。这项财产税除了具有固定资产税收性质的一面外，还与道路有着直接的受益关系，兼有作为损伤道路负担金性质的一面。因此，从税收使用目的看，中央政府的汽车重量税，作为损伤道路负担金，用于全国道路建设、维护和管理，而地方各级政府的汽车税和轻型汽车税，作为像固定资产税那样的财产税收，为当地居民提供一般公共产品服务，以维护社会秩序、安全及公共利益（见表 1“征收主体使用目的”）。

三、保有环节汽车三税的内容与特点

（一）内容

1. 课税对象与纳税人（见表 2）。

---

① 参见日语文献《地方税制的现状及其运营实态》各年版中的“汽车税”和“轻型汽车税”相关资料。

表 2

税　目	课税对象	纳税人
汽车重量税	《道路运输车辆法》规定的必须进行车检的汽车和轻型汽车	汽车所有者或管理者
汽车税	适用于《道路运输车辆法》规定的汽车，不包括轻型汽车税的课税对象和大型特殊机动车（固定资产税的课税对象）	
轻型汽车税	《道路运输车辆法》第 3 条规定的轻型汽车、小型特殊汽车、二轮小型汽车和摩托车	

2. 非课税范围（见表 3）。

表 3

税　目	非课税范围
汽车重量税	◎中央与地方政府、非课税独立行政法人、国立和公立大学法人、地方开发事业团等的机动车 ◎日本红十字会拥有的急救车
汽车税	
轻型汽车税	

3. 税率（见表 5～表 7）。

表 5　汽车重量税的税率表　（日元/年）

课税对象	区　分			营业用车	私家用车
乘用车 卡车 巴士等	◎乘用车	自重每 0.5 吨		2800	6300
	◎卡　车	总重量 2.5 吨以下	每吨	2800	4400
		总重量 2.5 吨以上	每吨	2800	6300
	◎巴　士	自重　每吨		2800	6300
	◎轻型汽车	每辆		2800	4400

表 6　汽车税的税率表　（日元/年）

	区　分	营业用车	私家用车
乘用车	总排气量 1000cc 以下	7500	29500
	超过 1000cc～1500cc 以下	8500	34500
	超过 1500cc～2000cc 以下	9500	39500
	超过 2000cc～2500cc 以下	13800	45000
	超过 2500cc～3000cc 以下	15700	51000
	超过 3000cc～3500cc 以下	17900	58000
	超过 3500cc～4000cc 以下	20500	66500
	超过 4000cc～4500cc 以下	23600	76500
	超过 4500cc～6000cc 以下	27200	88000
	6000cc 以上	40700	111000

续表

区　分			营业用车		私家用车
货车	卡车	最大载重量 1 吨以下	6500		8000
货车	卡车	超过 1 ~ 2 吨以下	9000		11500
货车	卡车	超过 2 ~ 3 吨以下	12000		16000
货车	卡车	超过 3 ~ 4 吨以下	15000		20500
货车	卡车	超过 4 ~ 5 吨以下	18500		25500
货车	卡车	超过 5 ~ 6 吨以下	22000		30000
货车	卡车	超过 6 ~ 7 吨以下	25500		35000
货车	卡车	超过 7 ~ 8 吨以下	29500		40500
货车	卡车	8 吨以上每吨增加额	4700		6300
货车	牵引车	小型牵引车	7500		10200
货车	牵引车	普通牵引车	15100		20600
货车	挂车	小型挂车	3900		5300
货车	挂车	普通挂车（最大载重量 8 吨以下）	7500		10200
货车	挂车	普通挂车（最大载重量 8 吨以上每吨增加额）	3800		5100
货车	客货兼用机动车增加额				
货车	客货兼用机动车增加额	1000cc 以下	3700		5200
货车	客货兼用机动车增加额	超过 1000cc ~ 1500cc 以下	4700		6300
货车	客货兼用机动车增加额	1500cc 以上	6300		8000
巴士			公共汽车用	大客车用	
巴士		乘坐 30 人以下	12000	26500	33000
巴士		30 人以上 ~ 40 人以下	14500	32000	41000
巴士		40 人以上 ~ 50 人以下	17500	38000	49000
巴士		50 人以上 ~ 60 人以下	20000	44000	57000
巴士		60 人以上 ~ 70 人以下	22500	50500	65500
巴士		70 人以上 ~ 80 人以下	25500	57000	74000
巴士		80 人以上	29000	64000	83000
三轮小型机动车			4500		6000
上限限制税率：上述标准税率的 1.5 倍					

表 7　　轻型汽车税的税率表

区　分		年税额（日元）
摩托车（125cc 以下）	（1）总排气量 50cc 以下的 或定额功率 0.6kw 以下的（下述（4）的内容除外）	1000
摩托车（125cc 以下）	（2）二轮的：总排气量超过 50cc ~ 90cc 以下的 或定额功率超过 0.6kw ~ 0.8kw 以下的	1200
摩托车（125cc 以下）	（3）二轮的：总排气量超过 90cc 的 或定额功率超过 0.8kw 的	1600
摩托车（125cc 以下）	（4）三轮以上的：总排气量超过 20cc 的 或定额功率超过 0.25kw 的	2500

续表

区	分			年税额（日元）
轻型机动车（660cc 以下）及小型特殊机动车	（1）二轮的：排气量超过 125cc ~ 250cc 以下的			2400
	（2）三轮的			3100
	（3）四轮以上的：	乘人用车	营业用	5500
			私家用	7200
		货物用车	营业用	3000
			私家用	4000
二轮小型机动车（超过 250cc）				4000
上限限制税率：上述标准税率的 1.5 倍				

注：上述各表根据日本总务省地方税制网站相关资料翻译制作。

4. 汽车税的绿化措施（见表 8）。

表 8

税 目	优 惠 措 施
汽车税	减免措施： ◎对达到 2010 年燃油标准且超过其标准 25% 以上的机动车，税额可减免 50%。 ◎对达到 2010 年燃油标准且超过其标准 15% 以上的机动车，税额可减免 25%。 ◎电动汽车、燃料电池汽车、天然气机动车，税额一律减免 50%。 重课措施： ◎对车龄超过 10 年的柴油车加征 10% 课税。 ◎对车龄超过 13 年的汽油车、石油液化气机动车加征 10% 课税。

注：根据日本东京都主税局“汽车税”网站相关资料翻译制作。

（二）特点

1. 课税对象明确、范围宽广。

（1）汽车三税的课税对象是资产课税对象之一。因日本固定资产税课税对象只包括土地、建筑物、大型折旧资产（其中包括船舶、大型特殊机动车），所以，汽车重量税、汽车税和轻型汽车税是政府针对除大型特殊机动车之外的乘用车、卡车、巴士、摩托车等课征的税收，是对具有较大经济能力的财产所有者——汽车拥有者或管理者征税，以此作为固定资产税征税的一环，促进资产课税的税收公平。

（2）汽车三税的非课税范围限定严格。汽车三税的课税对象与国土交通省执行的《道路运输车辆法》管理对象保持了一致，非课税范围也仅限于中央和地方政府、非课税独立行政法人等的机动车以及日本红十字会的急救车。

2. 兼顾税源分配、税收中性和节能环保的税率设计。从原理上讲，机动车价值的大小，可以通过其设计规定的自重量（载重量）或排气量大小来体现。机动车设计规定的自重量（载重量）或排气量越大，其价格就越高，反之越低。因此，在保有环节，可以机动车设计规定的自重量（载重量）或排气量大小，设计差别税率，以体现不同价值的机动车所有者承担不同的税负，实现税收公平之目的。日本汽车三税的税率设计在实现上述目的同时，还有如下特点：

(1) 按照机动车设计规定的自重量（载重量）、巴士的乘坐人数设计差别定额税率，以实现机动车自重（载重）越重，行驶起来对道路损伤越大，排放的废气越多，缴税也越多之目的。比如，作为道路特定财源的汽车重量税，采取了对各类汽车以自重量（载重量）计税方式，汽车税中的各类货车也采取了同样计税方式，巴士按照乘坐人数多少计税也是同样道理。

(2) 按照汽车排气量设计差别定额税率，来达到多排放废气、多缴纳税收之目的。比如，汽车税中的乘用车和轻型汽车税均采用了按照排气量大小计税方式。

(3) 汽车三税按照汽车的自重量（载重量）或排气量或乘坐人数计税同时，均采用了营业用车轻课、私家用车重课的计税方式，即各类私家用车车主比营业用车车主要多缴纳 1.2～3.9 倍不等的税款。这样，保有环节具有资产性质的汽车三税不仅可以实现财政收入目的，而且能够体现税收中性原则和政府节能环保政策的意图。

(4) 设置上限限制税率，适时调整标准税率。根据日本《地方税法》规定，在限制税率范围内，地方各级政府拥有调整地方税率的权限。汽车税和轻型汽车税中上限限制税率的设置，使都道府县地方政府和市町村地方政府可以因地制宜设定税率，以满足当地政府提供公共服务的需求。同时，政府根据经济发展、通货膨胀情况，适时调整定额标准税率（汽车重量税自 1971 年创建以来，税率已调整 2 次，汽车税和轻型汽车税自 1960 年以来，税率已调整 4 次以上），以促进保有环节汽车三税税收的稳定发展①。

3. 奖罚严明的税收优惠措施。由于保有环节汽车三税课税对象明确而宽泛，税率设计基本体现了政府节能环保政策的意图，因此，京都会议以前，本

① 参见日本汽车工业协会网站“各种机动车税概要”相关资料和日语文献《地方税制的现状及其运营实态》各年版相关资料。

环节没有鼓励环保车的优惠措施。1997 年《京都议定书》公布以后，政府为了推进作为全球气候变暖综合对策一环的现行税制“绿化”进程，开始了“绿化”汽车税制的工作。于是，从 2001 年度开始，在保有环节，政府增加了汽车税的环保车优惠措施。

这项措施的特点为：一是优惠对象范围界定严格。即优惠的对象仅限于符合国家法律规定的电动汽车、燃料电池汽车、天然气机动车，以及提前达到经济产业省和国土交通省共同发表的新耗油标准（领跑者标准）① 的或者超过其标准的乘用车和货车；二是优惠对象的内容不断更新和扩充。一般而言，鼓励环保车的优惠期限每隔两年延长一次，同时，优惠对象会随着不断升级的新耗油标准而更新和扩充；三是对老旧车采取惩罚措施。即对车龄超过 10 年或者 13 年的各类老旧车采取加重课税的措施。

四、保有环节汽车三税的税收状况

日本自高速经济成长后期进入汽车社会以来，包括乘用车、卡车、巴士和特殊用途机动车的各类四轮汽车保有量（以下简称汽车保有量）一直在持续增长，但是，自 1998 年以后，一方面由于日本泡沫经济的破灭，经济增长几乎持续呈现着停滞态势；另一方面由于日本老龄化、少子化社会的到来，汽车保有量的数量增长呈现出缓慢上升趋势，而其增长比率则持续下降，2007 年两指标与前年相比都出现了下降（见图 1）。

与此同时，保有环节汽车三税收入状况也与汽车保有量的变化基本上保持了相同趋势。具体而言，2007 年以前，随着汽车保有量的持续增长，汽车重量税、汽车税和轻型汽车税的税收收入也保持了持续增长的态势，并分别成为占中央政府税收总额的比重为 2% 左右、占都道府县政府税收总额的比重为 11% 左右、占市町村政府税收总额的比重为 0.8% 左右的各级政府比较稳定的财源。特别是汽车税，无论从其总量还是从其比重看，它都是日本最上级地方政府都道府县一项较大的财源，在都道府县地方政府提供的公共服务中发挥着相当大的作用。不过，自 2007 年起，随着汽车保有量的下降，汽车重量税和汽车税的税收收入开始了减少，两者所占比重也开始了下降，其比重分别为

① 参见刘馨颖“日本汽车税制研究”（三）、日本汽车税制的“绿化”进程《中国税收研究报告（2006 年）》第 501 ~ 504 页以及日本经济产业省资源·能源厅网站“乗用車等の新燃費基準（トップランナー基準）の策定について07 年 7 月 2 日”。

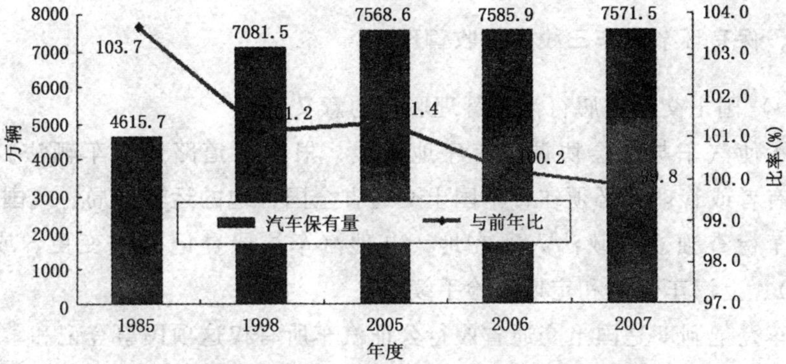

图1 1985～2007年日本汽车保有量及其增长比率

注：根据日本汽车工业协会网站“机动车保有数量”资料制作。

（1）汽车保有量为四轮汽车保有量，四轮汽车包括乘用车、卡车、巴士和特殊用途机动车。

（2）与前年比是各年四轮汽车保有量与前年之比率。

1.9%和9.3%（见表9）。

表9　1985～2007年保有环节汽车三税收入状况

各项收入（亿日元）	1985年	1998年	2005年	2006年	2007年
1. 汽车重量税收入额（A）	6031	10887	11361	11055	10740
（A）占中央政府税收总额的比重（%）	1.6	2.1	2.2	2.0	1.9
2. 汽车税收入额（B）	10380	17369	17528	17659	17477
（B）占都道府县政府税收总额的比重（%）	10.2	11.3	11.5	11.4	9.3
3. 轻型汽车税收入额（C）	698	1159	1515	1573	1636
（C）占市町村政府税收总额的比重（%）	0.5	0.6	0.8	0.8	0.8

注：根据日语文献《图说日本的税制（2007年版）》“资料篇”数据计算制作。

尽管如此，根据日本汽车工业协会的调查显示，2005年日本平均每户家庭拥有汽车为1.5辆①，多辆乘用车汽车保有率从2003年的35.9%上升到2005年的38.3%，乘用车用户的汽车保有期间（使用时间）依然呈现出长期化趋势②，也就是说，仅次于美国的日本汽车保有量，今后一段时期，仍将以较大规模持续存在，因而，保有环节汽车三税的税收收入仍将是日本各级政府的一项较大财源。

① 根据《日本统计年鉴（2008）》中的2005年家庭户数计算。

② 参见日本汽车工业协会网站“2005年乘用车市场走势调查概要”等相关资料。

五、保有环节汽车三税的征收管理

（一）国土交通省履行汽车管理职能的意义

为了使汽车与社会协调、有序地发展，根据《道路运输车辆法》规定，汽车所有者或管理者必须在日本国土交通省全国各地的运输分局、或国家认可的机动车检查独立行政法人所在地，办理汽车注册登记（或变更、或转让、或注销）、上汽车牌照和定期车检手续。

汽车登记制度是国土交通省履行公证汽车所有权这项民事登记和掌握汽车保有状况这项行政登记的政府职能，目的在于保护汽车所有者的所有权和使用权，维护汽车社会安定、有序地发展。

车检制度也是国土交通省定期行使对汽车的结构、各种装置检查的政府职责，以确保汽车行驶安全，防止公害发生，从而促进公路交通顺畅发展，节能环保政策有效实施。

因为国土交通省履行汽车管理职能，就是在交通领域国家最高行政管理机构依照《道路运输车辆法》对全国道路运输车辆实行统一管理、执法的过程，所以，该机构掌握的汽车登记注册情况、汽车保有状况、车检现状，就成为各级政府税务部门征收保有环节汽车三税的第一手可靠资料和共享信息，国土交通省全国各地的运输分局等部门也成为税务部门征税管理的最有力的协助者。

（二）登记制度与汽车税的征收管理

《道路运输车辆法》规定，汽车所有者或管理者对汽车有注册登记（或变更、或转让、或注销）的义务。汽车注册登记事项包括车名、型号、车牌号、所有者住址以及汽车的大小、重量、排气量等定期车检的事项，这项登记所记载的详细信息均是中央与地方政府税务部门征收保有环节汽车三税的必要资料和数据。据此，各都道府县地方政府每年向所在地汽车所有者发送汽车税纳税通知书。缴税日期通常为 4 月 1 日 ~ 5 月末，纳税方式既可通过电子申报纳税，也可到当地政府税务局缴纳。

（三）车检制度与汽车重量税的征收管理

《道路运输车辆法》规定，汽车所有者或管理者有车检的义务。在车检时，车主必须提交汽车重量税缴税书，交纳车检手续费、汽车保险费等。也就是说，中央政府的汽车重量税在车检时一并征收。另外，轻型汽车、小型汽车车检时，车主必须提交轻型汽车税完税证明书。

（四）轻型汽车税的征收管理

各市町村地方政府条例规定，轻型汽车税课税对象的车主必须在所在地政府办理汽车注册登记，该地政府根据汽车登记证，每年向汽车所有者发送轻型汽车税纳税通知书。缴税日期通常为4月1日～4月末，纳税方式既可通过电子申报纳税，也可到当地政府税务局缴纳。

六、日本的经验及对中国的启示

（一）日本的经验

1. 保有环节汽车税作为财产税能够增加财政收入，发挥较大公共财政作用。日本保有环节汽车三税是固定资产税链条上一环的财产税，在汽车社会到来之前就已经建立起来。因课税对象明确而宽泛，征收管理严明，所以，其随着汽车社会的发展，已经成为日本中央与地方各级政府一项较大的财产税收，在实现增加财政收入目的的同时，发挥着较大的公共财政作用——提供道路准公共产品和其他公共服务，特别是汽车税，是日本最上级地方政府都道府县的一项重要的财产税收，占本级政府税收总额的比重近10%。

2. 保有环节汽车税制设计周全，不仅有助于实现税收目的，而且有利于促进节能环保政策的落实。日本通过将汽车节能环保的复合指标与差别定额税率相结合的汽车税制设计，以及实行奖罚严明的“绿化”汽车税的优惠措施，保障了保有环节汽车三税收入稳步增长和发展，同时，比较充分地体现了国家节能环保政策的意图，有助于引导消费者理性消费，从而推进节能环保政策的有效落实。即中央与地方各级政府均按照汽车重量和排气量大小、巴士乘坐人数多少、自家用车与营业用车不同，设计了多档次的、有差别的定额税率，同时采取鼓励环保车、重课老旧车的措施，使得汽车越重、排气量越大、属于私家用车的车主缴纳的汽车税越多，而拥有环保型汽车的车主，不仅可以少缴税，还可以享受税收优惠。

3. 保有环节汽车税的征管工作，需在税务与交通等相关执法部门的协力下，方能有效开展。日本的经验表明，保有环节汽车税作为财产税能够发挥作用的基础和前提是，完备的汽车登记、车检制度和科学的环保车认证等制度的存在，以及相关执法部门的配合与协作。

（1）日本各级政府税务部门与中央政府国土交通省协调、合作，保证了汽车三税征收管理的严明、顺畅、简便。这主要体现在：

第一，执法上的协同一致。由于中央政府的汽车重量税、都道府县地方政府的汽车税和市町村地方政府的轻型汽车税的征收范围均与国土交通省《道路运输车辆法》的汽车管理范围保持了一致，因此，保有环节汽车三税课税对象的全面性、不重复性得到了保证。同时，相关法律规定一致，也就意味着两部门在征管上和执行上取得了一致和协力，从而保证了汽车三税税法执行的更加严明、有效。

第二，信息上的共同分享。国土交通省全国各地的运输分局，通过执行汽车注册登记（或变更、或转让、或注销）制度和车检制度，能够为中央与地方各级政府税务部门提供征收汽车三税所需的基本、全面、真实可靠的信息资料，比如，汽车所有者的汽车重量、排气量等数据，有助于各级税务部门从源头上严格管理汽车三税的征收工作。

第三，工作上的行之有效。由于税务与交通部门均为国家行政管理和执法机构，并在执法上协同一致，信息上共同分享，所以，一直以来，各级政府税务部门汽车三税的征管工作能够行之有效开展，促进了征纳双方纳税成本的节约。

（2）同样作为国家行政管理和执法机构的日本经济产业省和国土交通省，定期更新和公布汽车新耗油标准，负责达标环保车的认定工作，推动了税务部门"绿化"汽车税优惠措施的有效落实。

综上所述，日本保有环节汽车税收是中央与地方各级政府征收的一项财产税收。它既是汽车税制的一环，也是固定资产课税的延续，在实现增加政府财政收入的目的，体现财产课税的特点，保持与国家节能环保政策的一致性方面，均发挥了良好的作用。

（二）对中国的启示

1. 我国汽车保有状况及未来发展趋势。我国虽然在 20 世纪 50 年代才开始建立自己的汽车工业，但是，经历了创建阶段（1949 ~ 1965 年）、成长阶段（1966 ~ 1980 年）、全面发展阶段（1981 ~ 1998 年）和快速增长阶段（2000 年至今）后，汽车工业取得了举世瞩目的成就。特别是，我国在 2001 年正式成为 WTO 成员之后，汽车工业产量每年以百万级的速度递增，使我国于 2006 年一举成为超越德国（582 万辆）、排在日本（1148 万辆）、美国（1126 万辆）之后的世界第三大汽车生产国（719 万辆），并于同年一举成为超越日本（574 万辆）、排在美国（1705 万辆）之后的世界第二大汽车消费市场（722 万辆）[①]。

① 参见日本汽车工业协会网站"汽车与世界"中的"全球生产/销售/保有量"相关数据。

自2000年以后，随着国民经济快速成长、汽车产业迅猛发展和人均GDP不断提高，我国汽车保有量正以每年近500万辆的速度递增，2006年，民用和私人汽车保有量分别达到了3697.4万辆和2333.3万辆（见图2）。而2003年，我国摩托车保有量已达5955.8万辆，是世界摩托车保有量最多的国家。据预测，2010年，我国汽车保有量将达到17335万辆，将超过日本和德国的汽车保有量，2020年，我国汽车保有量将达到24700万辆，将与美国汽车保有量相当，成为世界汽车保有量最多的国家之一（见表10）。

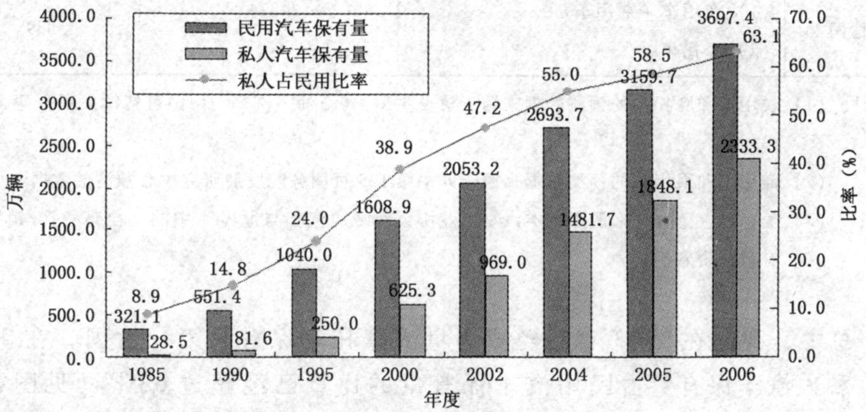

图2 1985~2006年我国汽车保有量的变化

注：根据《中国统计年鉴（2007）》“运输和邮电”相关数据计算制作。

表10　　　　我国未来汽车保有量的预测　　　　（万辆）

车辆类型	2010年	2020年
（1）商用车（包括货车、客车）	2166	3094
（2）乘用车（包括轿车、微客）	3534	10006
小　计	5700	13100
（3）农用车①	2600	2100
（4）摩托车	9035	10500
合　计	17335	24700

① 从2006年6月1日起，“三轮农用运输车”更名为“三轮汽车”，“四轮农用运输车”更名为“低速货车”，参见《国家发展改革委关于规范三轮汽车、低速货车管理有关事项的通知》（发改产业[2006] 823号）。

续表

与美、日、德汽车保有量之比较　　（万辆）

国别	车辆类型	2006 年	合　计
美国	（1）商用车 + 乘用车	24402	24939
	（2）摩托车	537	
日本	（1）商用车 + 乘用车	7586	8892
	（2）摩托车	1306	
德国	（1）商用车 + 乘用车	4974	5539
	（2）摩托车	565	

注：（1）农用车和摩托车的预测数据来源于黄炎主编：《石油·汽车与中国可持续发展》第 132 ~ 133 页。

（2）商用车和乘用车的预测数据来源于同书第 125 页国务院发展研究中心预测的数据。

（3）美、日、德数据来源于日本汽车工业协会网站“汽车与世界”中的“全球生产/销售/保有量”资料。

总之，我国在 2003 年已经成为世界摩托车保有量第一大国，在 2006 年，私人汽车保有量占民用汽车保有量的比重已经超过 63%（见图 2），到 2020 年，也将成为汽车保有量（商用车 + 乘用车）和摩托车保有量均超过亿万辆的世界汽车保有大国（见表 10）。这意味着，我国正以较快的速度步入以私人拥有汽车（商用车 + 乘用车 + 摩托车等）为主流的汽车社会。为此，在保有环节，政府交通部门要认真履行汽车登记制度、车检制度等汽车管理职能，政府税务部门要加快完善汽车作为财产的税收制度，才能更好地维护汽车所有者的权益，促进汽车与社会协调、有序、环境友好地发展。

2. 我国保有环节汽车税的现状及问题。

（1）保有环节汽车税的现状。2007 年 1 月 1 日起，我国保有环节车船使用税和车船使用牌照税统一合并为车船税，纳税人为车辆和船舶的所有人或者管理人。车船税是地方税务机关负责征收的一项财产税，纳入地方财政预算，用于地方公共服务事业。从表 11 中可以看到，1995 ~ 2007 年期间，车船税收入增长缓慢，其占地方税收的比重徘徊在 0.5% 上下。

表 11　　1995～2007 年我国车船税税收收入的变化　　（亿元）

年　度	车船税（车船使用税）(A)	地方税收（B）	(A) / (B)
1995	13.4	1596.8	0.8%
1998	19.1	2950.8	0.6%
2001	24.6	4716.3	0.5%
2003	32.2	6303.6	0.5%
2004	35.6	7863.7	0.5%
2005	38.9	9531.3	0.4%
2006	50.0	11448.3	0.4%
2007	68.2	15026.7	0.5%

注：根据国家税务总局网站“税收收入统计”数据计算制作。

（2）保有环节汽车税的问题。

第一，车辆征税范围尚需宽泛。我国现行《中华人民共和国车船税暂行条例》（以下简称新条例）仅将应当在车辆管理部门登记的机动车纳入车船税征收范围，而将无须办理登记手续、没有领取牌照的车辆（不属于免征车辆），排除在征收范围之外。此类车辆财产的所有人或管理人不缴纳车船税，有失税收公平。

第二，车辆税目有待规范和细化。新条例中设置的车船税税目依然沿用旧车船使用税税目，未能与 2002 年 3 月 1 日正式实施的中华人民共和国国家标准《GB/T3730.1—2001 汽车和挂车类型的术语和定义》（以下简称新国标汽车分类）保持一致。也就是说，新条例没有按照乘用车、商用车、挂车、汽车列车分类进行税目设置，也没有在此基础上进行子税目设计，如乘用车中有普通乘用车、小型乘用车、多用途乘用车等分类；商用车中有客车、货车等分类；挂车中有牵引杆挂车、半挂车等分类。根据 2004 年 5 月颁布实施的《道路交通安全法》规定，我国的车辆登记注册等统一由公安部门管理，如果该部门按照新国标汽车分类统一管理车辆登记注册后，税务部门的车船税征管工作必然会出现税目调整等诸多困难。

第三，车辆子税目和税率设置不够周全，税制欠公平且不利于节能环保。日本经验表明，作为财产的汽车价值与其排气量和自重有一定相关关系，通过细化设置汽车子税目和差别税率，保有环节汽车税收能够较好体现汽车价格低、自重轻、排气量小、污染少的车主少缴税，反之多纳税的税收公平原则，也能够较好发挥节能环保的促进作用。

表12　　车船税中车辆税目税额表

新条例中车辆税目税额表

税目	计税单位	年税额
载客汽车	每辆	60~660元
载货汽车	按自重每吨	16~120元
三轮汽车、低速货车	按自重每吨	24~120元
摩托车	每辆	36~180元

*注：根据国家税务总局网站和相关省、直辖市地方税务局网站车船税资料制作。

北京市车船税中车辆税目税额表

税目		计税单位	年税额
载客汽车	大型客车	每辆	600元
	中型客车		540元
	小型客车		480元
	微型客车		300元
载货汽车		按自重每吨	96元
专项作业车、轮式专用机械车			96元
三轮汽车、低速货车			60元
摩托车		每辆	120元

上海市车船税中车辆税目税额表

税目		计税单位	年税额
载客汽车	大型客车	每辆	540元
	中型客车		510元
	小型客车		450元
	微型客车		300元
载货汽车		按自重每吨	90元
专项作业车、轮式专用机械车			72元
三轮汽车、低速货车			72元
摩托车	两轮、三轮摩托车	每辆	120元
	轻便摩托车		48元

广东省车船税中车辆税目税额表

税目		计税单位	年税额
载客汽车	大型客车	核定载客≥20人	600元
	中型客车	核定载客10~19人	480元
	小型客车	核定载客≤9人	420元
	微型客车	排气量≤1升	240元
载货汽车、专项作业车、轮式专用机械车、三轮汽车、低速货车、客货两用车		按自重每吨	96元
摩托车		每辆	96元

如表12所示，我国现行车船税中车辆子税目和税率设置有两大突出的问题：一是无论新条例还是有关省、直辖市条例，车辆子税目和税额设置比较单一；二是车辆子税目最高与最低税额之间差距比较小。

具体而言，首先，对载客汽车，新条例既未按自重也未按排气量设置子税目和税额，有关省、直辖市条例则按车辆大小简单设置了子税目和税额，但两者对载客汽车子税目和税额设置，均不如现行消费税条例对小汽车子税目和税率设置得细致；其次，无论新条例还是有关省、直辖市条例，对车辆子税目最高与最低税额之间差距设置较小。比如，在载客汽车中，大型与微型客车之间的税额差距，广东省为2.5倍，北京市为2倍，上海市为1.8倍；在货车中，各条例几乎没有考虑三轮汽车和低速货车（原农用运输车）与载货汽车的不同而设置差别税率。而在日本汽车税中，排气量最小与最大的乘用车之间的税额差距，营业用车是5.4倍，私人用车是3.8倍；自重最轻与最重的卡车之间的税额差距，营业用车是5.3倍，私人用车是5.9倍。

总之，我国作为财产税的车船税，尚未按照汽车排气量和重量细化子税目、设置较大差别税率，还不能较好体现税收公平，也不利于节能环保。

第四，征管问题——税务与公安交管部门仍需加强协作。我国现行车船税征收采取由税务机关自征和保险机构代征两种方式。在实际运行中，地方税款征收过于依赖保险机构。由于保险机构尚属营利性机构，不是国家统一管理车辆的行政执法机关，所以，该机构自身存在着管理不规范，代理层级过多等问题，同时，对于纳税人不办理交强险缺乏有效的应对措施，容易造成税款流失，往往导致车船税收执法难以到位，征管成本过高。因此，加强国家行政执法部门——税务与公安交管部门之间协作，有助于推进车船税征管工作有效开展，是日本经验给予我们的启示。

第五，车船税收有待与汽车保有量同步增长和稳定发展。由于上述车船税制要素中和征管工作中均存在诸多问题，造成我国车船税收占地方税收的比重一直徘徊在0.5%左右，还不能与快速增大的汽车保有量同步增长（见表4、图2），其作为财产税收的作用尚需时间，有待发挥。

（三）我国保有环节车船税改革的未来之路

1. 车船税改革现实而深远之意义——成品油税费改革将为进一步完善车船税排出一项重大障碍。日本汽车税制50多年的经验表明，在汽车社会时代，汽车税收作为一种经济手段，在发挥增加政府财政收入之积极作用的同时，可以根据不同时期国家经济政策及行业发展方向，设计税种、税目和税率，调节汽车购置、保有和使用各环节的汽车税标准，达到促进汽车产业发展、公路基础设施建设及环保车辆推广之作用的目的①。

从这个广义的汽车税收意义讲，在我国正以较快速度步入汽车社会的过程中，2006年，在汽车购置环节，我国已对消费税中小汽车和摩托车子税目和税率进行了完善和绿化；2009年1月1日起，在汽车使用环节，我国将通过

① 详见刘馨颖“日本汽车税制研究”《中国税收研究报告（2006年）》中国税务出版社2006年版，第492~512页。

提高成品油消费税税率方式引入燃油税，绿化汽车使用环节税收。为此，在2012 年之前，即《京都议定书》要求发达国家（美国未签署该议定书）完成削减温室气体目标之年，我国作为排在美国之后的世界第二大 CO_2 排放国，在汽车保有环节，应完成按汽车排气量和重量设置车辆子税目和税率的车船税改革，以实现汽车购置、保有和使用各环节汽车税收绿化之目的，从而在税收领域，有准备地应对后《京都议定书》时代全球削减温室气体的挑战①。

从狭义的汽车保有环节税收看，即将开始的成品油税费改革，将为今后车船税的进一步完善，排出一项重大障碍，提供宽松的社会环境。也就是说，这次成品油税费改革，将从 2009 年取消公路养路费等 6 项收费。而公路养路费自开征以来，一直以一项“以路养路，专款专用”的事业费形式②，存在于汽车保有环节，并以高于车船税的征收标准征收，如北京市客车公路养路费月额为 220 元，年额为 2640 元③，而该市大型客车的车船税年额仅为 600 元。这项以重复征税形式存在于汽车保有环节的最大收费即将取消，代之以提高成品油消费税税率方式引入燃油税，筹集公路建设和养护资金。这不仅有助于绿化汽车使用环节税收，而且排出了一项重大障碍——消除了汽车保有环节的重复征税，为今后车船税的改革提供了比较宽松的空间。

2. 拓宽税基，合理设置子税目，扩大子税目最高与最低税率之间差距，实现税收公平，促进节能环保。在未来几年，随着《道路交通安全法》逐步有效实施，新国标汽车分类和 2006 年 6 月 1 日起《国家发展改革委关于规范三轮汽车、低速货车管理有关事项的通知》（发改产业［2006］823 号）广泛执行，乘用车、商用车、挂车、汽车列车以及三轮汽车和低速货车（原农用运输车），均将纳入我国车辆登记注册的统一管理与执法机关——公安交管部门管理，这将使新条例中应在车辆管理部门登记的车辆征税范围逐渐扩大，同时，再将未纳入车辆管理部门登记的机场、港口等作业用车辆纳入征税范围，以拓宽车船税税基，实现税收公平。

与此同时，我国应根据机动车排气量和重量与其价值量之间存在一定相关关系的原理和日本经验，合理设置车辆子税目和差别税率，扩大子税目最高与最低税率之间的差距，以完善作为财产税的车船税，同时，达到促进节能环保

① 参见日语文献日本环境省《環境白書》（2005 年版）第 1 章 京都議定書で地球の未来を拓く。

② 参见《公路养路费征收管理规定》（91）交公字 714 号。

③ 参见北京市路政局养路费征收稽查处网站“养路费征收标准”。

之目的。进一步地说，我国应结合征管工作的实际情况，按照新国标汽车分类，第一，在乘用车税目下，按汽车排气量细化其子税目；第二，在商用车税目下，按客车和货车分设子税目，并在客车中按乘坐人数多少，在货车中按自重量大小，再分别设置子税目；第三，在挂车税目下，按牵引杆挂车和半挂车及其相应自重，分别设置子税目；第四，在上述三大类子税目下，设置差别定额税率，扩大子税目最高与最低税额之间的差距；第五，由于三轮汽车和低速货车主要服务于“三农”，并且，按照我国现行规定，两者均不能在高速公路和高等级公路上行驶，所以，应予以税收优惠，按每辆设置低定额税率。

3. 适时增加对环保车的优惠政策。日本经验表明，针对保有环节汽车税，政府可以根据国家油耗标准定期公布制度以及环保车认定制度的不断完善，进一步增加奖罚严明的税收优惠政策，鼓励人们拥有环保车，加快淘汰老旧车，推动汽车产业可持续发展和节能环保政策落到实处。目前，我国一方面应加快各类汽车油耗标准定期公布制度以及环保车认定制度的建设与完善，并随之适时增加对环保车的优惠政策，引导人们注重绿色消费；另一方面应运用灵活的经济手段，如采取对车龄长而污染大的老旧车加重课税方式，加快其淘汰速度，促进节能环保。

4. 加强相关行政执法部门之间协作，推动征管工作有效开展。我国可以借鉴日本在保有环节汽车税收征管上的一些做法，将车辆的注册登记、检查制度作为车船税征管的基本前提和保障，通过加强税务部门与公安交通管理部门之间协作，协调双方车辆管理中的非和谐之处，分享彼此工作中的共同信息。

5. 结合地方财政体制改革和地方税制改革，合理分配汽车税收。从我国未来汽车保有量的预测看（见表10），在我国步入汽车社会的过程中，三轮汽车、低速货车和摩托车三者之和的保有量与乘用车、商用车之和的保有量几乎相同。这意味着，反映城市与农村二元经济结构的汽车二元市场，还会存在较长时间。主要服务于“三农”，用途定位于农村与城乡间货物运输的三轮汽车、低速货车，穿梭于城乡间的摩托车，是适于最下级地方政府征管的财产课税对象，而行驶速度更快，可以在更大的城乡区域间移动的乘用车、商用车，是更适于最上级地方政府征管的财产课税对象。为此，我国可以借鉴日本经验，结合地方财政体制改革和地方税制改革，适时将乘用车、商用车作为省级地方政府汽车税的征收对象，将三轮汽车、低速货车和摩托车作为省级以下的县、市地方政府轻型汽车税的征收对象，使这两项财产税收在各级地方政府的公共财政中发挥有益的作用。

6. 适时分离船舶与机动车的征管工作，完善分别征税制度。包括日本在内的发达国家经验证明，船舶与机动车分属于水上（内河航运和对外贸易运输）和陆上的运输用财产，因两者在计税依据、征收管理等诸多方面存在较大差异，对其分别设置税种，分别进行征收管理更为有效。我国同样存在上述问题，理应随着汽车社会的到来、内外航运制度的不断完善，适时分离船舶与机动车的征管工作，将船舶纳入船舶吨税等，对机动车征收独立的车辆税，从而完善船舶与机动车作为财产分别征税的制度。

参考文献：

1. 刘馨颖："日本汽车税制研究"《中国税务年鉴（2007 年）》中国税务出版社 2007 年版。

2. 刘馨颖："财税政策在汽车产业发展中的作用"《汽车工业研究》2007 年 6 期。

3. 陈清泰等著：《迎接中国汽车社会》中国发展出版社 2004 年版。

4. 中国国家发展改革委网站和中国汽车报网站的相关资料。

5. ［日］内山和宪等著：《地球环境世纪的机动车税制》劲草书房 2003 年版。

6. ［日］国土交通省道路局监修：《道路行政》（2003 年度）。

7. ［日］《地方税制的现状及其运营实态》各年版。

8. 日本总务省"地方税制"网站和东京都主税局"汽车税"网站的相关资料。

（作者工作单位：国家税务总局税收科学研究所）

企业集团跨区经营税收分配初论

靳万军　付广军

一、企业集团跨区经营必然涉及税收分配

（一）跨区经营税收利益涉及不同主体

企业，特别是大型企业，常常会存在跨区域①经营现象，其税收也会因跨区经营带来区域之间分配问题。由于企业集团一般以大型企业为核心企业，以不同区域子公司或者分公司为成员企业，因而可能既跨行业，又跨区域；在组织结构上，核心企业一般称为母公司、总公司、集团总部、集团公司或者控股公司，从税收征管角度看，又称为总机构、汇缴企业②；子公司或者分公司或者其他关联企业主要从事具体生产经营活动，一般称为分机构、成员企业③，其税收由总机构负责缴纳。

在市场经济条件下，中央政府和地方政府分别属于不同的、独立的利益主体，相互不能替代，特别是在分税制财政管理体制（以下简称分税制）下，中央政府、地方政府分别承担着不同政府职能，各有事权和财权。只有事权，没有财力，就会在一定程度上影响政府全面履行职责。在这种情况下，税收作

---

① 本文“区域”是指省级人民政府管辖区域。

② 本文关于企业集团之核心企业称谓，涉及企业集团一般问题时，称为“企业集团总部”，涉及企业集团税收管理时，称为“总机构”，具体到汇总纳税或者合并纳税问题时，称为“汇缴企业”。

③ 本文关于企业集团子公司或者分公司称谓，与“企业集团总部”、“总机构”对应时，称为“分机构”；与“汇缴企业”对应时，称为“成员企业”。

为政府财政收入的主要来源，也就越来越受到政府重视，越来越为利益各方所特别关注①。

企业集团通常是由多个分机构（也称成员企业）组成，分机构往往分布于不同区域，因此，企业集团跨区经营是其最显著特点之一。按照现行分税制，企业集团缴纳税收中既有中央级收入，也有地方级收入。由于各个区域政府分属于不同利益主体，在企业集团缴纳税收中，地方级收入部分应在所有成员企业所在地政府之间实行利益分享。

（二）不同区域政府都有权取得税收

总机构、分机构所在地政府都为企业集团成长和发展提供了公共产品和公共服务，按照税收与税源一致性原则，它们均有权取得税收，也即都享有税收收益权。

对企业集团来说，把税收缴给中央政府还是地方政府，或者缴给哪个地方政府，并不重要。但是，对政府来说，不同区域政府甚或不同层级政府各有自身利益诉求，因而，税收能否归属于本区域地方国库则是重大事项，必须尊重有关区域政府税收管辖权和税收收益权，确保其因享有税收管辖权能够取得相应税收收入。

（三）现行税制尚未完全解决区域之间税收分配问题

企业集团各项税收最终归属于哪个政府，本应由分税制规定。然而，现行分税制至今未能就此作出明确规定，也就难以完全解决实际收入归属问题。

应当指出，假如中国不实行中央与地方分税制，企业集团税收就不会涉及区域税收分配事项，区域政府之间也就不会就税收分配发生争议，问题似乎就变得简单了。至于各级政府行使事权所需财力，则可以采取财政分配方式加以解决；在现行体制下，假如企业集团税收全部属于中央政府收入，则中央税仅涉及税收管理，并不涉及区域之间税收分配，但共享税则不同，不仅涉及税收管理，而且涉及区域之间收入分配，地方政府所需财力部分则在一定程度上由其地方级税收收入提供保障。

众所周知，1994 年分税制改革，规范了中央政府与地方政府利益分配，但并未涉及地方政府与地方政府之间利益分配。当然，2002 年以来，国务院财税部门制定了跨区经营、集中缴库企业所得税分配办法，但仅限于企业所得税，并未涉及其他税种。至于流转税和其他税种收入在区域之间分配问题，基

① 参阅靳万军："关于区域税收与税源背离问题的初步思考"，《税务研究》2007 年第 1 期。

本制度规范至今仍然阙如①。

在市场经济发展过程中，企业跨区经营已经成为一种常态，又由于实行分税制，不同政府各有利益诉求，在税收属地管理法律原则下，区域税收分配也就不可避免。为了解决区域税收分配问题，国务院财税机关在实践中也制定了一些具体分配办法，既有针对某个具体个案制定政策规范，例如，三峡电站增值税分配、龙滩电站税收分配；也有针对某类企业某项税种制定政策规范，例如跨省市总分机构所得税分配办法。但是，这些办法仍是仅仅就某些税种、某些个案解决具体问题，尚未上升到税收制度（例如由国务院颁布税收行政法规甚至由权力机关制定税收法律）层面，在税收执法中还难以作为普遍性依据，实现一体性遵从。

（四）企业所得税区域分配具有典型性

按照现行分税制，企业所得税是共享税，除了法定中央收入以外，中央与地方 60：40 分成；同时，现行企业所得税法实行法人所得税制，企业集团可以依法实行汇总纳税，这在法律上已经没有障碍。

2002 年，企业所得税实行新的中央与地方共享办法后，财政部制定了跨地区经营集中缴库企业所得税地区之间分配暂行办法，2003 年根据经济发展和税收实践作了修改，并会同中国人民银行和国家税务总局印发执行，规定跨区经营、集中缴库企业所得税中依法由地方分享部分按照企业经营收入、职工人数和资产总额三个因素在相关地区之间分配，权重分别为 0.35、0.35 和 0.30。2008 年，根据企业所得税法及其实施条例对原有办法作了修订，发布了新办法，规定跨省市总分机构企业所得税地方分享部分按照以前年度（1～6 月按上上年，7～12 月按上年）各省市分机构经营收入、职工工资和资产总额 3 个因素，将统一计算的企业当期应纳税额的 50% 在各分机构之间分摊（总机构所在省市同时设有分机构的，同样按 3 个因素分摊），各分机构根据分摊税款就地办理缴库，所缴税款收入由中央政府与分机构所在地政府按照 60：40比例分享。

根据企业集团跨区经营以及可以实行汇总纳税办法这个特点，并考虑到企业所得税属于共享税，我们认为，企业跨区经营所得税分配有关政策和管理，适用于企业集团跨区经营税收分配事项。

① 例如，三峡电站增值税收入分配已有规范文件规定，但没有全国性增值税收入在区域之间如何分配制度性规范。

二、跨区经营所得税原有分配办法述要

（一）跨区经营所得税原有分配办法描述

根据《国务院关于印发所得税收入分享改革方案的通知》（国发［2001］37 号），2002 年，财政部制定了《关于印发〈跨地区经营集中缴库的企业所得税地区间分配暂行办法〉的通知》（财预［2002］5 号）。2003 年，财政部、中国人民银行、国家税务总局印发了《跨地区经营集中缴库企业所得税地区间分配办法》（财预［2003］452 号，以下简称 452 号文件）。

452 号文件适用于确定地方政府分享企业所得税收入基数和分配集中缴纳的企业所得税收入，可以说是企业所得税在区域政府之间分配最为重要、最为基本之执法依据。

452 号文件第四条规定，集中缴纳的企业所得税中地方分享部分按照企业经营收入、职工人数和资产总额 3 个因素在相关地区之间分配，其权重分别为 0.35、0.35 和 0.3。并且，452 号文件第五条、第六条和第七条对上述 3 个指标作了具体解释：

企业经营收入，是指企业在销售商品或者提供劳务以及其他有关经营业务中实现的全部营业收入。其中，生产经营企业经营收入，是指生产经营企业销售商品、提供劳务等取得的全部收入；金融企业经营收入，是指金融企业取得的利息和手续费等全部收入；保险企业经营收入，是指保险企业取得的保费等全部收入。

企业职工人数，是指年度平均职工人数，为企业年初和年末在编职工人数的平均值。其中，在编职工为人事关系和工资关系均在企业的固定职工、劳动合同制职工，不包括离休、退休人员。

企业资产总额，是指企业拥有或者控制的能以货币计量的经济资源，包括各种财产、债权和其他权利。

452 号文件第八条规定，各省企业所得税分配额按下列公式计算：

某省分配额 = 集中缴纳的企业所得税 × 地方分享比例 × 该省分配系数

某省分配系数 = 0.35 × 该省企业经营收入/各省企业经营收入之和 + 0.35 × 该省企业职工人数/各省企业职工人数 + 0.30 × 该省企业资产总额/各省企业资产总额之和

（二）跨区经营所得税原有分配办法简要评析

上述企业所得税区域之间分配办法，主要是解决跨区经营集中缴库的企业

所得税在区域之间如何分配问题。由于企业集团跨区经营是其主要特点，其所得税地方分享部分在汇缴企业和成员企业所在地政府之间分配问题同样适用452号文件，这在税收实践中也是普遍做法。

1. 跨区经营所得税原有分配办法存在一些问题。一是适用范围有限。按照452号文件规定，列入其范围者，只是部分中央企业及地方金融企业（具体名单由财政部确定），大部分企业没有列入，即使按照规定可以采用该办法，由于执行中存在操作性问题，实行该办法企业数量也在逐年减少①，跨区经营税收分配办法效果因而不够明显；二是分配权数简单比照美国做法，并不完全符合中国实际；三是收入分配由中央财政进行，不仅增加了管理层次，也难以充分体现税收分配效率，难以体现各地税务机关税收征管“业绩”，不利于调动税收管理积极性；四是采用直接分配企业所得税办法，没有采用汇总计算应纳税所得额方式，以至于遇有不同区域税率存在差异、应当分别计算所得税情形时，显得程序繁琐，特别是难以明确区分时从高适用税率计算所得税这一做法，可能增加企业税收成本。

2. 跨区经营所得税原有分配办法可以去粗存精。一是借鉴了美国做法，开启了企业所得税区域分配制度性解决问题之先河，对未来区域税收分配具有引导和方向性意义；二是这种分配尽管由中央财政进行，但是，它已不是通过财政转移支付方式进行，而是采用税收分配方式，说明税收分配措施可与财政转移支付措施并行不悖，发挥其应有作用；三是根据企业生产要素按照对税收贡献大小分配，符合税收分配原则，符合税收与税源一致性原则，使收入归属与税收来源实现了对应和一致，初步解决了区域税收与税源背离问题。

三、跨区经营所得税现行分配办法论要

（一）跨区经营所得税现行分配办法描述

2008年，为了有效实施企业所得税法及其实施条例，财政部、国家税务总局、中国人民银行印发了《跨省市总分机构企业所得税分配及预算管理暂行办法》（财预［2008］10号，以下简称10号文件）。10号文件规定，中央

---

① 根据辽宁省调查，截至2005年，在辽宁省境内只有中国石油天然气股份有限公司、中国石油化工股份有限公司所属成员企业以及华夏银行、福建兴业银行、上海浦东发展银行和新华人寿保险股份有限公司所属成员企业实行就地预缴所得税办法，其他大部分汇总纳税成员企业都不再实行就地预缴企业所得税办法。以上参见税收与税源问题研究课题组编写的《区域税收转移调查》，中国税务出版社2007年8月版。

与地方共享企业所得税收入，应当按照统一规范、兼顾总机构和分机构所在地利益原则，实行“统一计算、分级管理、就地预缴、汇总清算、财政调库”处理办法，对地方分享部分，25% 由总机构所在地分享，50% 由各分机构所在地分享，25% 按一定比例在各地之间进行分配。

1. 分机构分摊预缴税款。总机构在每月或者每季终了之日起 10 日内，按照以前年度（1～6 月按上上年，7～12 月按上年）各省市分机构经营收入、职工工资和资产总额 3 个因素，统一计算企业当期应纳税额，50% 在各分机构之间进行分摊（总机构所在省市同时设有分机构的，同样按 3 个因素分摊），各分机构根据分摊税款就地办理缴库，所缴税款收入由中央政府与分机构所在地政府按照 60：40 比例分享。税款分摊依据 3 个因素，其权重依次为 0.35、0.35 和 0.3。当年新设分机构则从第二年起参与税款分摊；当年撤销分机构则于第二年起不再参与税款分摊事宜。

分机构经营收入，是指企业在销售商品或者提供劳务以及其他有关经营业务中实现的全部营业收入。其中，生产经营企业经营收入是指生产经营企业销售商品、提供劳务等取得的全部收入；金融企业经营收入是指金融企业取得的利息和手续费等全部收入；保险企业经营收入是指保险企业取得的保费等全部收入。

分机构职工工资，是指企业为获得职工提供的服务而给予各种形式的报酬及其他相关支出。

分机构资产总额，是指企业拥有或者控制的除无形资产外能以货币计量的经济资源总额。

各分机构分摊预缴额按下列公式计算：

各分机构分摊预缴额 = 所有分机构应分摊的预缴总额 × 该分机构分摊比例

其中，所有分机构应分摊的预缴总额 = 统一计算的企业当期应纳税额 ×50%

该分机构分摊比例 =（该分机构经营收入/各分机构经营收入总额）×0.35 +（该分机构职工工资/各分机构职工工资总额）×0.35 +（该分机构资产总额/各分机构资产总额之和）×0.30

在上述公式中，分机构仅指需要参与就地预缴之分机构。

2. 总机构就地预缴税款。总机构应当统一计算企业当期应纳税额，并将 25% 就地办理缴库，所缴税款收入由中央政府与总机构所在地政府按照60：40 比例分享。

3. 总机构预缴中央国库税款。总机构应将统一计算的企业当期应纳税额的剩余25%，就地全额缴入中央国库，所缴税款收入60%为中央收入，40%由财政部按照2004~2006年各省市3年实际分享企业所得税占地方分享总额的比例定期向各省市作出分配。

（二）跨区经营所得税现行分配办法简要评点

1. 就地预缴办法存在瑕疵①。根据10号文件，国家税务总局印发了《跨地区经营汇总纳税企业所得税征收管理暂行办法》（国税发［2008］28号，以下简称28号文件）。28号文件第十九条规定，企业应当根据当期实际利润额，按照规定预缴分摊方法计算总机构和分机构企业所得税预缴额，分别由总机构和分机构分月或者分季就地预缴。根据北京市国家税务局调查反映，企业一般在一季度预缴时难以完成上年汇算清缴，因此无法按照上年应纳税所得预缴，只能选择按照实际利润预缴。但季度预缴时，由于没有考虑到弥补以前年度亏损和免税收入问题，在预缴申报表上没有相应减除栏目，极有可能造成预缴数与年终汇算差额较大。同时，由于退税一律由总机构预缴的25%中央国库部分承担，数额过大时，可能会造成一定压力，退税也可能得不到保证，极有可能进一步增加企业经营成本。另外，由于退税是由中央国库从总机构所在地缴纳所得税中支付，地方预缴所得税不受影响，可能会成为企业与地方政府调节税收分配的一个渠道，如果人为地加大地方预缴分配系数，必然会导致总机构汇算清缴时发生大量退税。

2. 直接采用分配税额办法，不同区域适用税率存在差异时，有关处理办法尚不明确。根据北京市国家税务局调查，分机构适用不同税率时，采用现行汇总纳税办法预缴分摊税款方式和原来汇总（合并）纳税分税率汇算方式，计算应缴所得税存在差异，有些地区采用两次加权分配预缴数额，即先按照权重比例分配不同税率分机构应预缴税额，再按照权重比例在相同税率分机构之间分配应预缴税额；有些地区则采用一次加权分摊，即只在相同税率分机构之间按照权重计算应分配预缴税额。

分析上述情况，我们认为，如果不采用税额分配法，改采税基分配法，亦即分配应纳税所得额这一办法，由各个区域按照分得的应纳税所得额乘上适用税率计算应纳所得税，似乎更为简单明了，可以避免预缴复杂性，提高税收管理效率。

① 参阅靳万军："企业集团税收管理问题初探"，《税务研究》2008年第6期。

3. 不同企业经营情况存在差异，将所得税地方分享部分统一按照 25% 比例分配给总机构所在地，似有不妥。因为，总机构情况不同，甚至差异很大，有些总机构只是一个管理机构，其主要生产经营放在分机构进行；有些总机构，既是管理机构，也是生产经营机构。如果不加区分，不同区域为了税收利益，必然采取各种不当手段争取企业集团总机构落户，可能导致畸形总部经济，以至于损害国家全局利益，影响公平竞争和经济健康发展。

4. 分配比例更加复杂。按照 10 号文件规定，企业所得税地方分享部分，25% 由总机构所在地分享，50% 由各分机构所在地分享，25% 按照一定比例在有关区域之间分配。这种分配方式不仅复杂，而且限定了只有 50% 地方分享部分在各分机构所在地之间采用因素分配，其余两部分（25% 由总机构所在地分享部分和 25% 按照一定比例在有关区域之间分配部分）不采用因素分配办法。这样做，就人为地将地方分享部分割裂为 3 块。同时，按照 10 号文件规定，各分机构根据分摊税款就地办理缴库，所缴税款收入由中央政府与分机构所在地政府按照 60：40 比例分享；总机构应当统一计算企业当期应纳税额，并将 25% 就地办理缴库，所缴税款收入由中央政府与总机构所在地政府按照 60：40 比例分享；总机构应将统一计算的企业当期应纳税额的剩余 25%，就地全额缴入中央国库，所缴税款收入 60% 为中央收入，40% 由财政部按照 2004～2006 年各省市 3 年实际分享企业所得税占地方分享总额的比例定期向各省市分配。

按照我们对 10 号文件的理解及北京市国家税务局调查，企业所得税中央分享部分也分成了 3 块。这样，作为企业集团，其缴纳的全部企业所得税就分成了 3 个板块 6 个部分：第一，25% 是总机构所在地分享板块，并由中央政府与总机构所在地政府按照 60：40 比例分享，这一板块变成 2 个部分；第二，50% 是各分机构所在地分享板块，并由中央政府与各分机构所在地政府按照 60：40 比例分享，这一板块也变成 2 个部分；第三，25% 是财政调库板块，并由中央政府与各分机构所在地政府按照 60：40 比例分享，这一板块也变成 2 个部分，并分别缴入中央国库①。这种分配办法，人为增加了分配环节和难度，不利于各个区域税务机关对所得税分配信息了解和掌握，不利于提高税收征管效率和质量。

① 也许我们对 10 号文件和 28 号文件理解存在偏差，但是，我们调查时，有些地方与我们理解一样，也按照其理解执行这个办法。

5. 财政调库方式与税收分配不相对应。10 号文件增加了财政调库环节，规定财政部根据 2004~2006 年各省市 3 年实际分享企业所得税占地方分享总额的比例，定期向中央总国库按目级科目开具分地区调库划款指令，将“企业所得税待分配收入”全额划转至地方国库。地方国库收款后，全额列入地方级“总机构预缴所得税”下的目级科目办理入库，并通知同级财政部门。我们认为，这样做似有两点不妥：第一，10 号文件是今后执行企业所得税分配之主要依据，2008 年企业所得税分配可以按照 2004~2006 年各省市 3 年实际分享企业所得税占地方分享总额的比例执行，2009 年及以后呢？第二，企业所得税分配应按照各个区域分机构税收贡献大小分配，如果按照各省市实际分享企业所得税占地方分享总额比例分配，我们认为是将企业微观税收分配变成区域政府宏观税收分配。这样做与区域税收贡献大小无关，却与财政转移支付功能相同，有违效率原则，似乎也显失公平。

四、企业集团跨区经营所得税分配办法初步建议

（一）跨区经营所得税中央分享部分处理办法建议

按照现行分税制，企业所得税属于共享税，既有中央级收入，也有地方级收入。对于中央分享部分，要否按照系数法进行区域之间税收分配，曾有两种观点：一是按照系数法在各区域之间分配，并缴入各区域中央国库；二是不在区域之间分配，在总机构所在地直接缴入中央国库。

根据我们对跨区经营所得税原有和现行分配办法所作粗略分析，对企业所得税中央分享部分采用第一种分配方式，不妥。因为是中央级收入，最终归入中央国库，如果先在各个区域之间分配，并缴入地方中央国库，再由地方汇总到中央级总国库，这种办法除了能分别体现各个区域税务机关所谓征收“业绩”外，并无其他价值和意义。因此，我们主张，对中央分享部分，采用第二种方式处理。

我们这个建议并非空想臆测，原有收入分配办法就是这样。452 号文件规定，集中缴库企业所得税中央分享部分就地缴入中央国库，地方分享部分按分配系数划转到地方国库，年度终了时中央与地方清算。当然，10 号文件并非“一刀切”，也有例外，铁路运输企业（包括广铁集团和大秦铁路）、国有邮政企业、中国工商银行股份有限公司、中国农业银行、中国银行股份有限公司、国家开发银行、中国农业发展银行、中国进出口银行、中央汇金投资有限责任公司、中国建设银行股份有限公司、中国建银投资有限责任公司、中国石油天

然气股份有限公司、中国石油化工股份有限公司以及海洋石油天然气企业（包括港澳台和外商投资、外国海上石油天然气企业）总分机构企业所得税（包括滞纳金、罚款收入）为中央收入，全额上缴中央国库，不实行区域税收分配办法。

（二）跨区经营所得税地方分享部分处理办法建议

企业所得税地方分享部分如何分配呢？考虑到财政转移支付存在效率问题以及其主要职能应当放在公共服务均等化和社会公平方面，我们认为，应当完善现行区域税收分配有关办法，在税收征收入库时给予同时解决。具体分配办法要点叙述如下：

1. 关于跨区经营所得税分配办法中因素指标①。建议完善现行区域税收分配办法中指标设计，实行三要素规则，亦即销售（经营）收入、职工人数②、资产总额。为何采用这三个要素，而不是采用其他经济或财务指标？我们认为，采用这三个要素，比较科学、合理，易于为各方所接受，以下略作分析。

销售（经营）收入是企业生产、经营成果的集中反映，销售收入多，表明企业经营效果好；销售收入少，表明企业经营效果差。采用这一指标主要是考虑企业产出。

职工人数是指企业投入的活劳动数量，属于人力投资。一般说来，企业职工人数越多，其生产规模可能越大；职工人数越少，其生产规模可能越小。10 号文件采用职工工资数额，似有不妥。如果采用职工工资数额，由于各分机构所在地消费水平和平均工资水平存在差异，高工资水平区域，同样职工人数，其职工工资数额要大，其权重就大，分配收入就多，对低工资区域可能存在严重不公。采用这一指标主要是考虑企业投入。

资产总额是指企业投入和积累性物化劳动数量，属于物质投资和财富积累。一般说来，企业资产总额越大，其生产规模越大；反之，其生产规模越小。采用这一指标主要是考虑企业投入和经营绩效。

利用以上 3 个指标，既考虑到了投入，也考虑到了产出，它们是集中全面反映企业生产、经营情况的主要指标。我们认为，按三要素进行分配这个做法应当坚持，但是，直接进行应纳所得税分配，似有不妥，应当区分不同区域适

① 关于指标问题，我们曾发表文章论述过（参见靳万军、付广军：《法人所得税制必须妥善解决收入分配问题》，《财政研究》2008 年第 1 期）。

② 现行办法采用职工工资这一因素，我们建议采用职工人数这一因素。

用税率和优惠政策以及其他因素，在按三要素分配应纳税所得额之后，再分别会同各个分机构所在地税务机关另行计算应纳所得税。

按照现行规定，在三项指标中，企业经营收入、职工工资和资产总额，其权重分别为0.35、0.35和0.3。我们认为，经营收入是最主要指标，直观、实际反映企业生产、经营情况，也是三项指标中唯一一项产出指标，建议提高其权重[①]。

2. 关于总分机构所得税汇总纳税收入分配方式。按照现行企业所得税制度和总分机构税收征收管理体制，对汇总纳税企业所得税分配可以采取两种方式：一是分配应纳税所得额（税基分配方式）；二是分配所得税（税额分配方式）。

所谓税基分配是指按照总机构、各个分机构经营收入、职工人数、资产总额占全部总数的比重，乘上相应系数[②]，得出总机构、各个分机构分配比例，再按照比例对企业全部应纳税所得额（由总机构、分机构汇总计算得出）进行分配。

所谓税额分配是指按照总机构、各个分机构经营收入、职工人数、资产总额占全部总数的比重，乘上相应系数，得出总机构、各个分机构分配比例，按照比例对企业全部应纳所得税（所得税由总机构、分机构汇总计算得出）进行分配。现行企业所得税区域之间收入分配就是采用此种办法。

现行企业所得税区域之间收入分配，涉及不同区域不同税率时，由于是采用分配所得税办法，享受优惠税率区域相应扣减本区域所享优惠所得税额。这一办法，是由总机构汇总各个分机构纳税申报表，再送由总机构所在地税务机关审核、确认，然后计算各个分机构应纳所得税，显然给总机构和其所在地税务机关增加了工作量。

我们认为，采用应纳税所得额分配办法似乎更为简捷[③]。至于总机构、分机构所在地政府能够得到多少收入，则应由各个分机构所在地税务机关按

---

① 建议改为企业经营收入、职工人数和资产总额，其权重分别为0.4、0.3和0.3。但本文暂按10号文件规定系数计算。

② 452号文件规定：企业经营收入、职工人数和资产总额，其权重分别为0.35、0.35和0.3。

③ 美国对企业集团总机构、分机构公司所得税收入分配，主要通过划分应纳税所得额确定最终收入，对于跨州经营企业应纳税所得划分主要根据各州相关因素及其权重计算划分。最为常见者是“资产、工薪和销售额三因素结合法”，计算公式为：本州分配的公司所得 = 公司总所得 ×（本州资产总比例 + 工资额比重 + 销售额比重）/3（参阅湖北省国际税收研究会课题组：“总、分机构所得税管理和财政收入划分的国际经验与借鉴”，《涉外税务》2006年第4期）。

照上述办法以分得应纳税所得额乘以本区域适用税率并考虑其他税收政策（例如税收减免）因素，计算出其应分所得税，提交给总机构所在地税务机关审核。总机构所在地税务机关审核无误后，会同全部分机构所在地税务机关作出最终确认，最后由总机构所在地税务机关于其所在地直接缴入相关区域地方国库。

（三）跨区经营所得税分配建议要点评述

1. 跨区经营非法人分机构可以实行汇总纳税办法。按照企业所得税法第50条规定，非法人分机构应当依法实行汇总纳税，由其法人汇总缴纳企业所得税。按照10号文件和28号文件规定，总机构应当统一计算包括各个不具有法人资格分机构在内的企业全部应纳税所得额、应纳税额，也就是总分机构型企业（例如企业集团）可以作为一个整体计算并缴纳所得税。同时，由于企业跨区经营，各个区域政府又分属不同利益主体，使企业所得税在不同区域之间分配成为一种常态，一种必然选择。

2. 企业所得税分配应当划分层次。按照现行分税制，企业所得税为中央和地方共享税，因而企业所得税在整体上应当首先分为2个层次，中央政府和地方政府按照60：40比例分享，中央分享部分直接在总机构所在地缴入中央国库，这是第一层次。地方分享部分，在相关区域之间分配，这是第二层次。在第二个层次，中央政府不再参与。

3. 地方分享部分按因素法分配，亦即按照各个分机构经营收入、职工人数、资产总额3因素分配。

4. 似可不必就地预缴。就地预缴与税收分配是两个概念，税收分配应采用因素法。10号文件和28号文件虽然规定，就地预缴采用因素法，但我们认为，税收分配是一项制度，就地预缴是一种税款缴纳方式，与税收分配有所区别，不宜混为一谈。税收分配可以通过预缴方式实现，也可以不通过预缴方式实现，无论如何都不会影响各个区域税收收入归属。而且，我们认为，采用预缴方式可能会带来超缴退库问题，不采取就地预缴方式或许可以避免这一问题。

5. 似可不设财政调库环节。与就地预缴一样，财政调库增加了分配环节，肢解了税收分配完整性，增加了分配难度。因为，财政调库把本来属于地方分享部分缴入中央国库，然后按某种比例分配，不仅混淆了中央和地方收入级次，而且容易造成地方政府为了争取更多收入，争相“跑部钱进”。

五、模拟案例说明

企业集团A，其总部在北京，三个分机构（不具法人资格）分别位于上海、广州和南京，适用所得税税率均为25%。该企业集团经过汇总计算，得知应纳税所得额为420万元，应纳所得税为105万元，其中，中央分享部分为63万元，地方分享部分为42万元。2008年该企业集团生产、经营情况详见表1。

表1　　2008年企业集团A生产、经营情况表　　单位：万元

机构名称	经营收入	职工人数（人）	职工工资	资产总额
北京总部	200	20	16	60
上海分部	520	180	126	90
广州分部	410	130	78	70
南京分部	280	70	42	30
合计	1410	400	262	250

（一）按照10号文件办法分配

10号文件规定，总分机构统一计算的当期应纳税额的地方分享部分，25%由总机构所在地分享，50%由各分机构所在地分享，25%按一定比例在各地之间进行分配。

一种理解是先按60：40比例将企业集团A所得税分为中央级收入和地方级收入两部分，再按照10号文件规定的25：50：25比例在相关区域分配；另一种理解是先按25：50：25比例将企业集团A所得税分为总机构所在地分享、各分机构所在地分享和按一定比例在各地之间分配3部分，再分别按照60：40比例将这3部分在中央和地方之间分配。

从计算结果可以知道，按照两种理解进行计算可以得到同样分配结果，只是分配程序存在差别。从10号文件文字表述来看，似乎第二种理解更加符合原意。以下我们以第二种理解为例，对企业集团A所得税分配进行计算：

企业集团A应缴全部企业所得税105万元，首先按照10号文件规定分成3块，然后将每块分成2个部分：（1）26.25（105×25%）万元在北京总部就地按照60：40比例分别缴入中央国库（15.75万元）和地方国库（10.5万元）；（2）52.5（105×50%）万元由各分机构按照因素法分配后，再按照

60：40比例分别缴入分机构所在地中央国库和地方国库，这部分分配情况详见后面介绍；（3）26.25（105×25%）万元在北京总部按照60：40比例分别缴入中央国库，其中15.75（26.25×60%）万元为中央收入，10.5（26.25×40%）万元由财政部调库分配①。

我们现在对各分机构所在地企业所得税分配部分进行详细说明：

分机构应分所得税按因素法进行区域分配：

汇总计算上海分部应分所得税：

经营收入所占比重＝520/1210＝0.4298

职工工资所占比重＝126/246＝0.5122

资产总额所占比重＝90/190＝0.4737

分配系数＝0.4298×0.35＋0.5122×0.35＋0.4737×0.3＝0.4718

分配应纳所得税＝0.4718×52.5＝24.7695（万元）

再按照60：40比例在中央级和地方级分配，中央级为14.8617万元，地方级收入为9.91万元。

同样方法，可以计算出广州和南京分机构应分配企业所得税以及其中央级和地方级部分，详见表2。

表2　　企业集团A分机构应纳所得税分配表　　单位：万元

项目 机构名称	经营收入（0.35）	职工工资（0.35）	资产总额（0.3）	分配系数	应分配所得税	中央级	地方级
分机构：							
上海	0.4298	0.5122	0.4737	0.4718	24.7695	14.8617	9.9078
广州	0.3388	0.3171	0.3684	0.3401	17.8553	10.7132	7.1421
南京	0.2314	0.1707	0.1579	0.1881	9.8753	5.9252	3.9501
合　计	1.0000	1.0000	1.0000	1.0000	52.5	31.5	21.0

该方法评点：第一，如果各分机构所得税税率不同，计算就十分困难，甚至无法计算。因为10号文件规定，地方分享部分25%在总部缴纳，税率不同，全部企业所得税及地方分享部分就无法计算，是按总机构所在地税率计

① 10号文件规定，由财政部按照2004～2006年各省市3年实际分享企业所得税占地方分享总额的比例定期向各省市作出分配。

算，还是按分机构所在地税率计算，抑或就高适用税率计算？10号文件没有明确；第二，总机构首先分享25%究竟合理与否，目前尚无依据，前面我们论述了，总机构情况不同，如果仅为管理机构所在地，甚至只是总部注册地，不仅企业缴纳的全部中央分享部分收入在其所在地入库，而且，拿走了1/4地方分享部分，这就可能导致严重不公以至于地方政府会因税收分配原因，片面、畸形地发展总部经济；第三，用于财政调库地方分享部分也先入中央国库，再按10号文件规定由财政分配，似与税收分配原则不符。

显而易见，本来可以一次性完成税收分配，但按照10号文件计算、分配，却需要经过多层关系、多个环节才能完成，增加了分配环节和程序，特别是当税率存在差异时，复杂性和难度进一步增加。

（二）以我们所提建议方法分配

企业集团A应缴全部企业所得税105万元，首先按照60：40比例在中央政府和地方政府之间分配，其中中央分享部分63万元，在北京总部就地缴入中央国库。中央分享部分为中央政府所有，并不涉及分配问题，分机构所在地也不必参与税收入库有关问题。

地方分享部分：北京总部及其他分机构（上海、广州、南京）合计为42万元。这里，直接由相关区域取得收入，不设财政调库环节。

现就分机构应分应纳税所得额按因素法进行区域分配：

汇总计算北京总部应分所得额：

经营收入所占比重 = 200/1410 = 0.1418

职工人数所占比重 = 20/400 = 0.05

资产总额所占比重 = 60/250 = 0.24

分配系数 = 0.1418 × 0.35 + 0.05 × 0.35 + 0.24 × 0.3 = 0.13913

分配应纳税所得额 = 0.13913 × 420 = 58.4346（万元）

汇总计算上海分机构应分所得额：

经营收入所占比重 = 520/1410 = 0.3688

职工人数所占比重 = 180/400 = 0.45

资产总额所占比重 = 90/250 = 0.36

分配系数 = 0.3688 × 0.35 + 0.45 × 0.35 + 0.36 × 0.3 = 0.39458

分配应纳税所得额 = 0.39458 × 420 = 165.7236（万元）

同样方法，可以计算出广州和南京分机构应分应纳税所得额，详见表3。

表 3 企业集团 A 总机构、分机构应纳税所得额地方分享部分分配表

项目 / 机构名称	经营收入（0.35）	职工人数（0.35）	资产总额（0.3）	分配系数	应纳税所得额（万元）
总机构：北京	0.1418	0.05	0.24	0.13913	58.4346
分机构：				0	0
上海	0.3688	0.45	0.36	0.39458	165.7236
广州	0.2908	0.325	0.28	0.29953	125.8026
南京	0.1986	0.175	0.12	0.16676	70.0392
合 计	1.00	1.00	1.00	1	420

根据各区域分得应纳税所得额，按照其适用税率及地方分享比例，就可以计算出应纳企业所得税不同区域地方分配部分：

北京总部：5.84346（58.4346×25%×40%）万元；

上海分部：16.57236（165.7236×25%×40%）万元；

广州分部：12.58026（12.58026×25%×40%）万元；

南京分部：7.00392（70.0392×25%×40%）万元。

这种方法，其实质就是先分应纳税所得额，不涉及企业所得税计算和分配，也不涉及各区域所得税税率差异①和其他特有政策因素。

这一方法表明：第一，如果各分机构所得税税率不同，计算也不复杂，因为是先分应纳税所得额，各区域用分得的应纳税所得额乘上适用税率再乘上地方分享比例即可；第二，总机构、分机构均按照其经营收入、职工人数、资产总额三要素分配，其地位平等，税收分配结果基本上实现了公平；第三，保持了企业所得税地方分享部分完整性，区域之间税收分配一次性完成，收入分配效率和质量得以进一步提高。

（三）两种分配方法比较

以上，我们以 10 号文件和建议方法分别进行了模拟计算、分配，并将两种分配方法之结果列表如下（见表 4），其繁简之不同似乎显得更加清楚。

① 如果税率不同时，将标准税率 25% 换成适用税率即可。

表 4　两种分配方法之结果比较表　单位：万元

入库地点		方法：10 号文件方法 25%总机构分摊	10 号文件方法 50%各分机构分摊	10 号文件方法 25%财政调库	我们建议方法
中央国库	北京	15.75		26.25	63
	上海		14.8617		
	广州		10.7132		
	南京		5.9252		
地方国库	北京	10.5			5.8435
	上海		9.9078		16.5724
	广州		7.1421		12.5803
	南京		3.9501		7.0039

注：财政调库部分 26.25 万元，按照 60 : 40 比例分成 2 部分，60%（15.75 万元）直接缴入中央国库；40%（10.5 万元）按照 10 号文件规定方法，在各省之间分配。

根据表 4，可以分析得出两种方法主要差异：

1. 企业所得税是否分块处理。按照 10 号文件方法，将企业所得税按照 25 : 50 : 25 比例分为 3 块，25%由总机构分摊，并按照 60 : 40 比例分别缴入中央国库和地方国库；50%在各分机构之间分摊，分摊后各分机构按照60 : 40 比例分别缴入中央国库和地方国库；25%在总机构按照 60 : 40 比例分别缴入中央国库，其中 60%部分直接缴入中央国库，40%部分在各省之间分配。按照我们建议方法，不必分块处理。

2. 关于中央分享部分。按照 10 号文件方法，将中央分享部分也进行分割，并分别在总机构、各分机构所在地缴入中央国库。按照我们建议方法，这个部分不必分割，全部在总机构所在地缴入中央国库。

3. 关于地方分享部分。按照 10 号文件方法，在企业所得税分成 3 块基础上，每一块都要作出分享处理，而且地方分享部分处理办法存在差异，按照 3 种不同方式处理，25%是总机构分摊板块，按照 60 : 40 比例分成，40%由总机构所在地地方政府分享；50%是各分机构分摊板块，按照要素法在各分机构分摊；25%财政调库板块中地方分享部分在各省之间分配。按照我们建议方法，将地方分享部分作为一个整体，不设财政调库环节，全部采用因素法在所有机构所在地之间分摊，而且这部分是分配重点，为相关地方政府最为关注。

简而言之，按照 10 号文件方法，将企业所得税分成 3 块，每块又分成两个部分。按照我们建议方法，不分板块，只分两个部分（中央级收入和地方级收入），而且对中央级收入处理采取最简单方式。

六、其他建议[①]

为使企业集团汇总纳税以及区域之间税收分配办法顺利实施，在实行区域横向税收分配时，还需要制定若干配套措施，以保障分配合理性，使各个区域政府利益不致受到损害。

（一）设立区域税收协调委员会

借鉴美国州际税收委员会（multistate tax commission，MTC）运作模式和经验，国家税务总局设立区域税收协调委员会，专司区域税收分配职能，具体承担区域税收分配政策和管理，解决税收分配争议。

（二）科学划分总机构、分机构所在地主管税务机关职责

总机构所在地税务机关可以由国家税务总局授权，借助金税工程直接采集各分机构财务收支及其他指标信息，并强化与各区域税务机关信息沟通和联系，统筹审核总分机构纳税情况，协调各方利益分配。分机构所在地税务机关，负责对所属区域分机构税收事项实施监管，主要是了解和掌握分机构生产经营、资产负债、职工人数、财务状况和其他涉税情况，以便审核、确认总机构所计算的应纳税所得额正确与否，保障所在地政府税收利益。

（三）制定省辖范围区域之间税收分配办法

10 号文件已经作出授权规定，分配给地方的跨省市总分机构企业所得税收入，以及省区域内跨市县经营企业所得税收入，可以参照本办法制定省以下分配与预算管理办法。因此，省级财政、税务机关可以参照 10 号文件，结合本地实际，以简捷、效率为原则，制定具体办法，妥善解决本辖区内市域之间和县域之间税收分配问题，促进区域经济统筹、协调、健康发展。

参考文献：

1. 税收与税源问题研究课题组：《区域税收转移调查》，中国税务出版社 2007 年版。

2. 湖北省国际税收研究会课题组："总、分机构所得税管理和财政收入划分的国际经验与借鉴"，《涉外税务》2006 年第 4 期。

3. 许善达："财政转移不能替代税收与税源一致性原则"，《第一财经日报》2008 年 3

① 作者曾在"法人所得税制必须妥善解决收入分配问题"（《财政研究》2008 年第 1 期）一文中作过同样分析，但考虑到企业集团跨区经营税收分配是一个命题，其内容应当完整，因而在此作简要叙述。

月3日。

4. 付广军："企业集团发展及税收政策刍议"，《税务研究》2008年第5期。

5. 靳万军："企业集团税收管理问题初探"，《税务研究》2008年第6期。

6. 靳万军、付广军："法人所得税制必须妥善解决收入分配问题"，《财政研究》2008年第1期。

7. 财政部《跨地区经营集中缴库的企业所得税地区间分配暂行办法》（财预［2002］5号）。

8. 财政部、中国人民银行、国家税务总局《跨地区经营集中缴库企业所得税地区间分配办法》（财预［2003］452号）。

9. 财政部、国家税务总局、中国人民银行《跨省市总分机构企业所得税分配及预算管理暂行办法》（财预［2008］10号）。

10. 国家税务总局《跨地区经营汇总纳税企业所得税征收管理暂行办法》（国税发［2008］28号）。

（作者工作单位：国家税务总局税收科学研究所）

地方税务机关重点课题

税收跨区域转移对安徽国税宏观税负的影响

安徽省国家税务局课题组

当前，中国区域间发展不平衡问题十分突出，造成这种发展差距的因素很多，除了人文的、地理的、历史的、资源禀赋等客观因素外，税收跨区域转移是对地方经济发展影响较大的一个政策性、体制性因素。税收跨区域转移，是指在某区域经济活动产生的税收，由于某些原因，税收利益被转移到其他区域的一种税收现象。目前的趋势是，这种税收利益的转移，更多的是由欠发达区域向发达区域转移，从而导致“穷地区”和“富地区”经济发展差距进一步拉大，突出地影响到区域经济协调发展和区域之间社会公平。因此，深入研究税收跨区域转移问题，对促进区域之间横向税收分配的制度规范，平衡地区税负水平，促进区域间生产要素合理流动和优化配置，实现全社会均衡发展，具有重大意义。

一、2006 年安徽省国税税负分析

自 1994 年以来，安徽省国税税负一直处于上升趋势。1995 年为 4.8%，2004 年升至 6.2%，2005 年为 6.7%，2006 年，在高基数上进一步提高 0.5 个百分点升至 7.2%。2006 年安徽国税系统共组织各项收入 441.8 亿元，比上年增长 22.7%。其中国税收入（计划口径）完成 428.1 亿元，比上年增长 21.9%，增收 76.9 亿元，收入总量居全国第 19 位、中部地区第 5 位，收入增

幅与全国平均数持平，居全国第 16 位、中部地区第 4 位。对安徽省国税税负比较分析，明显特征为：

（一）可比税负低于全国，产业税负差距偏大

2006 年，全国国税收入 21041 亿元，第二、第三产业完成增加值 186134 亿元，可比口径税负为 11.3%；安徽国税收入 428.1 亿元，第二、第三产业完成增加值 5120 亿元，可比口径税负为 8.4%，低于全国 2.9 个百分点。全国 4 大经济区中，安徽税负比中部地区平均水平高出 0.3 个百分点，区域特征较为明显。与中部 6 省相比，居山西、湖北两省之后，列第 3 位，高于湖南、江西和河南。

2006 年，全国第二、第三产业分别完成增加值 103162 亿元、82972 亿元，税负分别为 16.5%、10.2%；安徽第二、第三产业分别完成增加值 2648 亿元、2472 亿元，税负分别为 12.5%、3.9%，低于全国 4.0 个和 6.3 个百分点，在各省（市、区）中的位次大体接近中等水平。与中部地区平均水平相比，第二产业税负高 1.5 个百分点，居山西（16%）、湖北（13%）、湖南（12.7%）之后，高于江西（8.3%）、河南（7%）；第三产业税负居山西（8.2%）、湖北（5%）、河南（4.1%）之后，高于江西（3.6%）、湖南（3.2%）①。

（二）主税税负相对略低，微观税负相对较高

宏观上看，2006 年安徽工业增值税税负为 10.8%、商业增值税税负为 2%，分别比全国平均水平低 1 个和 0.9 个百分点。微观上看，根据 2006 年全国重点税源监管企业分地区税负情况比较，国内增值税：安徽增值税税负为 3.6%，高于全国平均水平 0.1 个百分点，在中部 6 省中，居山西（5.6%）、湖南（4.5%）、河南（4%）之后，高于江西（2.6%）、湖北（2.9%）。国内消费税：安徽消费税税负（14.1%）高出全国 4.2 个百分点。在中部 6 省中，居山西（25.9%）、湖南（24.2%）、河南（14.6%）之后，高于江西（13.8%）、湖北（7.8%）。

虽然 2006 年安徽重点税源企业②平均税负比全国平均水平略高，但是分行业看，却存在结构性差异。国内增值税：制造业、电力燃气及水的生产供应业税负分别高于全国平均水平 0.5 个和 0.8 个百分点，批发零售业税负与全国

① 国家税务总局计划统计司：2006 年《税收会统年报表》。

② 全省各市监控重点税源企业的确定标准为：上年度两税入库合计 500 万元，或上年度入库企业所得税 500 万元，或上年度主营业务收入 5000 万元以上的企业。

持平，采矿业税负低于全国平均水平2.8个百分点。国内消费税：制造业税负高出全国4.1个百分点，批发零售业税负低于全国0.2个百分点（见表1）。

表1　2006年安徽与全国重点税源监管企业分行业税负比较表　单位:%

行业	国内增值税税负			国内消费税税负		
	全国	安徽	差额	全国	安徽	差额
合计	3.5	3.6	0.1	9.9	14.1	4.2
1. 采矿业	8.3	5.6	-2.7			
其中：煤炭	7.5	6.2	-1.4			
金属矿	6.4	2.7	-3.7			
2. 制造业	3.6	4.1	0.5	10.0	14.1	4.1
其中：食品	3.5	2.8	-0.7			
饮料	6.6	6.6	0.0	10.7	21.4	10.7
烟草	10.5	11.1	0.6	34.5	33.2	-1.3
纺织	3.2	4.7	1.5			
石油加工	1.7	0.5	-1.2	3.5	4.0	0.5
化工	4.1	3.7	-0.5	9.0	10.9	1.9
医药	8.4	6.8	-1.6			
橡胶	2.6	2.8	0.2	4.0	5.2	1.2
冶金	3.8	4.9	1.2			
机械	3.4	3.3	-0.1			
交通运输设备	3.0	2.4	-0.6	5.3	3.9	-1.4
电气机械器材	2.8	3.1	0.3			
通信电子设备	2.5	3.0	0.5			
3. 电力燃气及水的生产供应	4.7	5.5	0.8			
4. 批发和零售	1.3	1.3	0.0	5.1	4.9	-0.2
其中：批发	1.2	1.2	0.0			

资料来源：安徽省国家税务局编：《安徽经济税收视窗》。

（三）税收与经济总量背离，税收移出情况明显

GDP是衡量地区经济总量的有效指标，理论上说，在税负相同的情况下，GDP越高，税收规模就越大，GDP越小，税收规模就越小。

据此理论，国家税务总局“税收与税源问题研究课题组”提供了一个区域税收与税源是否背离的判定方法①。该方法假定区域税收收入总量所占比重

① 税收与税源问题研究课题组：“规范区域横向税收分配　促进区域经济协调发展”，《区域税收转移调查》中国税务出版社2007年8月版，第99页。

减去经济总量所占比重，如其差为零，则表示该区域税收与税源一致，不背离。如其差为正，则表示该区域为税收移入地。如其差为负，则表示该区域为税收移出地。运用此法，我们计算出 2006 年安徽地区生产总值及税收收入占全国比重情况如下：

表 2　　2006 年安徽税收（含地税收入）与税源背离情况表

指标	GDP（亿元）	GDP 所占比重（%）	税收收入（亿元）	税收收入所占比重（%）	比重差（%）
全国	210871	100	37636	100	0
安徽	6148.7	2.916	664.9	1.766	-1.15

数据来源：《安徽经济税收之窗》、《2006 年全国分地区国地税税负情况表》。

从表 2 分析，2006 年，安徽省经济总量占全国的 2.916%，税收收入（其中国税收入 428.12 亿元，地税收入 223.67 亿元）占全国的 1.766%，税收收入所占比重低于经济量所占比重 1.15 个百分点，也就是说，按地区生产总值所占比重，安徽应分享全国税收收入的 2.916%，其实际占有税收收入低于按地区生产总值应分享的税收收入。从比重差为负值上可以看出，安徽是税收移出区域。当然，如果部分地区税收管理不到位，也会在客观上造成税收收入比重下降。

二、安徽省国税税收跨区域转移情况

数据显示，安徽国税综合税负低于全国平均水平，宏观税负虽相对较低，但纳税人微观税负较高。通过调查分析，我们认为，在税收管理上，无疑存在一些管理不到位的问题，但导致安徽宏观税负偏低的主要因素，还是由于政策性、体制性的原因造成的各种显性和隐性的税收跨区域转移。

（一）总部经济形成的税收转移

主要是指分支机构实行汇总和合并纳税而产生的税收跨区域转移，涉及内、外资企业所得税。

1. 内资企业所得税的转移。根据现行汇总（合并）纳税企业所得税的有关规定，目前汇总（合并）纳税企业的范围包括国务院确定的 120 家大型试点企业集团以及铁路、民航、邮政、电信企业和金融保险企业（含证券等非银行金融机构）。根据安徽省国税局 2006 年度汇算清缴数据统计，2006 年，全省所管辖的汇总（合并）纳税的内资企业户数为 83 户，其实现的企业所得税主要由总机构统一在北京或上海缴纳。

金融保险企业：安徽涉及跨省企业所得税转移的金融保险企业有 42 家，其中包括中国工商银行安徽省分行等 11 家银行企业，中保寿险安徽分公司等 18 家保险公司，海通证券股份有限公司合肥美菱大道证券营业部等 13 家证券公司，2006 年实现企业所得税 267230 万元，全部汇总外地缴纳，占全省 2006 年度入库企业所得税的 70.9%。

邮政通讯企业：安徽涉及跨省企业所得税转移的邮政通讯企业有 7 家，2006 年实现企业所得税 21460 万元，全部汇总外地缴纳，占全省 2006 年度入库企业所得税的 5.7%。

石油化工企业：安徽涉及跨省企业所得税转移的石油化工企业有 3 家（根据政策规定，其实现企业所得税的 60% 在省内就地缴纳、40% 在总机构汇总缴纳），2006 年共实现企业所得税 972 万元，省内缴纳税款 583 万元，汇总外地缴纳税款 389 万元，汇总外地缴纳税款占全省 2006 年度入库企业所得税的 0.1%。

电力企业：安徽涉及跨省企业所得税转移的电力企业有 4 家，2006 年实现企业所得税 1410 万元，全部汇总外地缴纳，占全省 2006 年度入库企业所得税的 0.4%。

民航企业：安徽涉及跨省企业所得税转移的民航企业有 2 家，2006 年实现企业所得税 990 万元，全部汇总外地缴纳，占全省 2006 年度入库企业所得税的 0.3%。

其他行业企业：安徽涉及跨省企业所得税转移的其他行业企业有 24 家，2006 年实现企业所得税 5467 万元（扣除了企业当年就地弥补亏损额和国产设备投资抵免的税额），全部汇总外地缴纳，占全省 2006 年度入库企业所得税的 1.5%。

表 3　　2006 年安徽省内资企业所得税转移情况表　　单位：万元

行业	户数	应税收入	利润总额	应纳税所得额	应纳税额	税收移出额
银行	11	3141272	671548	795848	262157	262157
保险	18	1374835	-104861	9638	3180	3180
证券	13	11919	4429	5741	1893	1893
邮政	1	186451	-21599	0	0	0
通讯	7	754282	102412	116244	21460	21460

续表

行业	户数	应税收入	利润总额	应纳税所得额	应纳税额	税收移出额
石化	3	2264502	-138229	2949	972	389
电力	4	419242	-1006	4275	1410	1410
民航	2	118430	2722	3301	990	990
造船	5	92675	-205	3884	1145	1145
材料	1	40250	449	449	148	148
服务	6	829	-56	33	11	11
建筑	1	155131	7960	12847	3543	3543
运输	3	6459	-2175	341	113	113
商业	6	67404	482	576	190	190
其他	2	85711	1463	962	318	318
合计	83	8719392	523334	957088	297529	296946

数据来源：安徽省国税局 2006 年度汇算清缴统计表。

从表 3 看，全省所管辖的 83 户内资汇总（合并）纳税企业中，盈利企业为 53 户，盈利面为 63.9%，共实现企业所得税 297529 万元，汇总外地缴纳的企业所得税 296946 万元。

2. 外资企业所得税的转移。根据现行外资企业所得税法律法规，外资企业所得税实行法人所得税制，即不论分支机构是否独立核算，分支机构的应税所得都汇总到总机构统一纳税①。

截至 2006 年 12 月 31 日，外省的外资法人企业在安徽设立的有营业活动的分支机构 189 户，在安徽设立分支机构最多的 3 个省（直辖市）分别为江苏、上海和广东，均为经济发达省份。安徽省总部在外省的外资法人企业其总机构所在地的区域情况见表 4。

表 4　　安徽省总部在外省的外资法人企业其总机构所在地区域情况表　　单位：户

区域	北京	上海	广东	江苏	山东	浙江	福建	湖南	辽宁	内蒙古	河南	天津	云南
户数	14	39	28	57	3	16	10	2	16	1	1	1	1

2006 年度，在有经营活动的分支机构中，盈利的分支机构有 113 户，盈

① 本次调查对象定为 2006 年 12 月 31 日以前外省外资法人企业在安徽设立的分支机构（不含处于筹建期的分支机构），调查内容是这些分支机构基本情况和 2006 年度的财务数据。

利面59.79%，同期全省涉外企业的盈利面为36.86%。上述分支机构的主营业务收入592497.36万元，产生的净利润为28008.29万元，平均净利率4.73%。假设按照净利润征税，预计应征所得税款为8402.49万元。有关分支机构主营业务收入情况见表5。

表5　　安徽省外资企业分支机构主营业务收入情况表　　单位：万元

总部所在地	盈利户（户）	主营业务收入	净利润	应纳所得税额
北京	6	217402.66	9804.41	2941.32
上海	25	190265.74	5921.74	1776.52
广东	17	57460.29	3391.81	1017.54
江苏	37	59864.73	5892.28	1767.68
山东	3	15584.17	116.51	34.95
浙江	11	25838.00	1896.65	569.00
福建	8	17873.42	733.20	219.96
湖南	1	6565.00	105.04	31.51
辽宁	2	405.24	50.07	15.02
内蒙古	1	538.77	31.03	9.31
河南	1	352.00	21.65	6.50
天津	1	347.34	43.90	13.17
云南	0	0.00	0.00	0.00
合计	113	592497.36	28008.29	8402.48

表5中的应纳所得税额，是假定分支机构不到总部所在地汇总，采取就地缴纳方式计算的。从表5看，分支机构产生利润最多的3个省（直辖市）分别为北京、上海、江苏，从税收转移中获得的税收收益分别为2941.32万元、1776.52万元、1767.68万元，占外资企业预计所得税税收转移总额的77.19%。

在安徽境内189户外资分支机构中，中国联通安徽有限公司是最大的外资企业分支机构，其总部在北京。2006年度，该公司销售收入为199242.62万元，占在皖的全部外资分支机构销售收入的比例为33.63%，是销售收入最大的分支机构，实现净利润8005.1万元，净利率4%，占全部分支机构净利润的28.58%。据测算，联通安徽分公司2006年度形成税收转移2401.53万元。

3. 企业总部在安徽，分支机构所得税向区域内的转移。由于统计资料的局限性，我们只对2006年全省835户监控重点税源企业在省外设立分支机构情况进行了统计分析。在全省 835 户监控重点税源企业中，有 378 户应缴所得税额为 0 或负数。在已缴纳所得税的 457 户重点税源企业中有分支机构的 135 户，但其中分支机构大都设在本省，在外省建有分支机构的企业数量十分有限。统计结果，只有马钢股份、铜陵有色、海螺集团在外省设有分支机构，其中较多的是海螺集团，有 58 家分支机构。这 3 家企业集团的分支机构在总部上缴的税收情况见表 6。

表 6　2006 年安徽省重点税源企业总部在皖及分支机构汇总缴纳税款统计表

企业名称	总部所在地	在省外分支机构数（户）	2006 年汇总缴纳国税税款（元）
海螺集团	芜湖市	58	0
马钢股份	马鞍山市	6	0
铜陵有色	铜陵市	8	0
合计		72	0

从表 6 看，全省监控重点税源企业总部在安徽，其在外省的分支机构向本省国税部门汇总缴纳的所得税统计结果为零（在本省地税部门汇总缴纳的所得税未加计算），这的确出乎我们的意料。这说明，一是分支机构在当地预缴的所得税比例较高；二是本省国税征管部门对外省的汇总纳税企业税收管理不到位，造成这部分税收流失。

（二）产品定价导致的税收转移

主要是指企业由于某些原因，通过产品定价，使产品增值由区域内转向区域外，导致增值税由区域内转移到区域外。

企业营销引起的价格转移。企业为了占领区域外市场，对区域外销售产品的价格定价明显低于区域内销售价格。

企业内部管理引起的价格转移。企业为了成本核算或统一市场价格的需要，对关联企业产品先按确定的定价在集团内部调拨，后由集团或销售公司统一对社会销售，其所需主要材料和辅助材料也通常由集团统一定价来采购。

地区政策差异引起的价格转移。一些地区或区域为了吸引外资，实行一些优惠政策，如将增值税收入中地方分成部分通过财政返还企业等。一些企业为享受这种优惠，在实行优惠的地区或区域设立分支机构，以明显低于区域内的销售价格，将产品销售给分支机构，使产品较大的增值部分在实行优惠政策的地区或区域实现。

国家对一些重要的资源性产品，为了稳定市场，防止垄断经营，采取政府定价制度，当这些资源性产品流转到下一环节进入市场，其价格会高出数倍，结果使得部分税收利益向区域外转移。

我们经过对相关行业的调查并根据防伪税控系统和综合征管系统有关数据测算，2006年，安徽省由产品定价方式而被转移到区域外的增值税主要分布在10个重点行业，分别是：石油化工生产加工业、煤炭开采和洗选业、批发业、农副食品加工业、非金属矿物制品业、黑色金属矿采选业、非金属矿采选业、有色金属矿采选业和电力生产供应业。其中石油化工生产加工业、煤炭开采和洗选业是增值税跨区域转移的主要行业。

1. 安庆石油化工分公司增值税的转移。安庆石化是中国石油化工股份公司的全资分公司，主要生产汽油、柴油、液化气、石脑油以及腈纶等。其中，成品油占其产出的70%以上，且由国家统一定价，其余产品定价由总公司统一规定。

2006年，安庆石油化工分公司的经营收益，因国家对石油产品的价格控制而亏损严重，税收大幅减少，主要体现在增值税上，为历年来最低水平，仅入库增值税2953万元，比2005年减少23976万元。其主要原因是原油价格基本上与国际接轨，而成品油价格却由国家发改委统一定价。2006年，随着国际原油价格的不断攀升，国内成品油虽经3月份、5月份的两次调价，但与国际原油价格仍有差距，石油炼化企业进销价格仍然倒挂，是造成增值税锐减的主因。

2006年，安庆石化进厂原油443.6万吨，实际加工原料油444.39万吨；生产出汽油86.89万吨，单位平均成本4078元/吨；生产出柴油193.75万吨，单位平均成本4324元/吨；实际销售汽油87.56万吨（上年有库存），售价4497元/吨（不含税，下同）；实际销售柴油193.34万吨，售价3850元/吨。亏损情况明显，见表7。

表7　　2006年安庆石化原油产品进销价格对比表

产品	生产成本（元/吨）	销售价（元/吨）	单位盈亏（元/吨）	销售量（万吨）	盈亏总额（万元）
汽油	4078	4497	419	87.56	36687.64
柴油	4324	3850	-474	193.34	-91643.16
合计				280.9	-54955.52

再比较安庆石化近3年实际综合增值税税负，2004年为3.01%、2005年

为 1.8%，2006 年仅为 0.86%。2006 年比 2005 年低了近 1 个百分点，比 2004 年低了 2.15 个百分点。

另外，安庆石化产品受总公司销售模式影响也较明显。中石化总公司规定下属分公司汽、柴油只能以出产价销售给大区销售公司，安庆石化产品由武汉中石化华中销售公司销售，每吨加价 500 元销售给各级批发商。由此可计算出影响到 2006 年安庆石化增值税额为 20407 万元①。

安庆石化产品在原油进口环节增值税转移情况也较突出。具体情况另在“进出口环节的税收转移”中叙述。

综上所述，可测算出 2006 年安庆石化因国家统一定价和石化总公司销售模式的影响而导致转移的增值税为 23976 万元 +20407 万元 =44383 万元。

2. 煤炭产品增值税的转移。安徽淮南、淮北都是蕴藏量较大的煤炭开采地，煤炭采掘企业有淮南矿业集团股份公司、国投淮南新集能源股份有限公司、淮北矿业集团股份公司，还有淮南平圩发电有限公司、洛河发电厂、田家庵发电厂等大型坑口发电厂。

长期以来，我国的煤、电的价格都由政府控制，在销售环节按照计划与市场相结合原则定价，且一直压低电、煤等资源产品价格，并多年不变。这种原因加之部分企业运用转移定价的方法，导致电、煤等资源产品价格在资源输出地与输入地相差较大，使利润向受益地大量转移，从而造成增值税的流失。

如 2006 年，淮南原煤产地价格为 322 元/吨，但同期销售市场平均价达到（浙江北仑港价格）540 元/吨，价格相差 218 元/吨，由此推算全省煤炭产品省外销售税收转移情况。如表 8。

表 8　　2006 年安徽省煤炭产品省外销售增值税转移情况

项目	全省生产量（万吨）	省外销售量（万吨）	产地价格（淮南）（元/吨）	浙江北仑港价格（元/吨）	价格差额（元）	转移增值税额（万元）
原煤	8152	5706	322	540	218	161700

数据来源：根据安徽统计年鉴、淮南统计年鉴、中国煤炭市场网、淮南信息网数据计算②。

---

① 计算方式：500 元/1.17（不含税价）×0.17（税率）×280.9 万吨（销售量）=20407 万元。

② 省外销售数量以淮南矿业集团有限公司、国投新集能源有限公司 2006 年省外销售情况测算全省，产地价格综合淮南向省外销售动力煤计算。省外销售数量中 74%（淮南地区）销往江浙沪，15% 左右为闽粤，到户价格约比江浙沪高 20~40（元/吨），表 8 中向省外转移税额（增值税）的计算仅以浙江北仑港价格综合计算，少量的进项税额没有计算。

由表 8 可见，测算出 2006 年安徽省因煤炭产品外销而转移的增值税为 161700 万元。

3. 其他 8 个重点行业增值税的转移。其他 8 个重点行业，分别是：批发业、农副食品加工业、非金属矿物制品业、黑色金属矿采选业、非金属矿采选业、有色金属矿采选业和电力生产供应业。见表 9。

表 9　安徽省向省外转移增值税有关情况表　单位：万元

转移行业	转移金额（不含税）	转移税额
批发业	568161	7841
农副食品加工业	196493	5639
非金属矿物制品业	56799	3039
木材加工及木、竹、藤等制品业	11750	452
黑色金属矿采选业	805	53
非金属矿采选业	861	66
有色金属矿采选业	111	8
电力、热力的生产和供应业	3	0. 2
合计转移金额和税款	834983	17098. 2

数据来源：从增值税防伪税控系统和综合征管系统中提取数据计算①。

由表 9 可见，2006 年安徽省 9 个重点行业，由产品定价方式而被转移到区域外的增值税税款约 17098. 2 万元。

（三）跨区域经营出现的税收转移

铁路客货运输属于一种跨区域经营方式，因为运输主要依靠的铁路线，往往有数百或数千公里，必须跨越省际运行，因此铁路运输这种跨区域经营的税收，必须有独特的方式，按现行税收管理制度，铁路运输企业营业税、所得税由铁道部集中在北京缴纳。

1. 安徽铁路运输业税收管理方式。2005 年，铁道部对其铁路运输管理体制进行改革，主要变化是整合路局、取消分局，实行扁平化管理。传统的铁道

① 数据统计方式：首先，从增值税防伪税控系统中抽选购货方不是安徽、销售方是安徽的一般纳税人企业；其次，从综合征管系统中选定上述企业 2006 年度销项税额小于等于进项税额的一般纳税人企业；再次，根据在综合征管系统中选定的企业，反推增值税防伪税控系统中上述企业开具给省外的专用发票注明的金额；最后，根据本省对外经济贸易的情况，选定规模较大的主要行业，利用总局公布的 2006 年重点税源企业增值税税负率，测算主要行业开具给省外的销售额应负担的增值税税额，即是理论上安徽省转移到外省的增值税税额最小值。

部下的铁路局——铁路分局——站段的三级管理，变为铁路局——站段两级管理；在财务上实行两级管理、一级核算的管理体制，铁路局为一级法人单位，站段为非法人单位，不进行独立核算。我省原蚌埠铁路分局在这次铁路体制改革中由分局降级为蚌埠段，并上划到上海铁路局统一管理，财务上由上海铁路局统一核算，实现的收入并入上海铁路局，在总机构实行汇总缴纳企业所得税。

2. 测估安徽铁路运输业的税收额及转移的税款。由于铁路运输业在总机构实行汇总缴纳企业所得税，安徽国税没有 2006 年铁路运输业相关的纳税资料，但我们可以通过下列方式来测算其税收额和所得税额。

根据 2007 年中国铁路行业分析及投资咨询报告，2006 年，中国国家铁路总里程为 76600 公里。又根据安徽省 2005 年有关铁路建设和规划的统计数据，安徽省铁路总里程为 2500 公里，占全国总里程的 3.3%，因为没有查到 2006 年安徽省实有的铁路里程数据，我们只按 2005 年的数据按照比例估算法测算。见表 10。

表 10　　2006 年安徽省铁路运输业税收转移情况测算表　　单位：亿元

项目	总里程（公里）	占总里程比率（%）	运输总收入	实现运输利润	应纳所得税
国家铁路	76600	100	2366	78	25.74
安徽铁路	2500	3.3	78.08	2.57	0.85

资料来源：2007 年中国铁路行业分析及投资咨询报告。

由表 10 看，初步估计安徽省铁路业 2006 年度实现收入约 78.08 亿元，利润 2.57 亿元，应缴纳企业所得税 0.85 亿元。

（四）进出口环节的税收转移

安徽是内陆省份，企业进出口货物往往要通过沿海或远洋船舶容易到达城市的海关来报税。由于这些海关大都在省外，一些税收利益被转移出去，这种转移是由进出口税收政策造成的，涉及的税种主要是增值税。

1. 进口货物过程中的税收转移。

（1）进口货物税收征收地与进口企业注册地不一致造成的税收转移。根据合肥海关提供的统计数据，2006 年，安徽进口额为 54.1 亿美元，但安徽口岸报关进口额只有 22.2 亿美元，只占 41%。按此比例计算，2006 年安徽进口税收为 13.2 亿元（不含关税），如全部进口物资都在安徽纳税，2006 年安徽进口税收收入可增加 18.5 亿元，达到 31.7 亿元（表 11）。

表 11　　**2006 年安徽海关转移进口增值税情况表**　　单位：亿元

进口总额	本省报关进口额	省外报关进口额	进口实现增值税	本省入库增值税	转移进口增值税额
54.1	22.2	31.9	31.7	13.2	18.5

在统计的安徽省 2006 年进口产品中，安庆石化产品在原油进口环节增值税转移情况最为突出。2006 年该公司自主进口原油 69.2 万吨，在宁波港异地报关缴纳进口增值税 45421 万元；通过仪征长岭输油管道购进国内其他企业进口的原油 129.02 万吨，异地缴纳进口环节增值税 83413 万元；合计在异地缴纳进口环节增值税 128834 万元，占全部转移进口增值税额 185000 万元的 69%。

（2）报关价格与结算价格不一致造成的税收转移。这种情况只涉及少数特殊产品或行业。如安徽金隆铜业有限公司是铜陵市的一个以电解铜为主的加工型企业，主要生产原材料是从南美等地进口铜精砂。结算方式为：企业进口铜精砂时先以临时报关价向海关申报纳税，临时报关价一般是按进口铜精砂装船前 15 日伦敦金属交易所的铜精砂平均价来确定，中外双方的实际结算价格则由双方合同来约定，一般以装船 1～3 个月后伦敦金属交易所铜精砂的实际挂牌价为准。当铜精砂国际市场价格波动大和难以预测时，1～3 个月后的挂牌价就会低于临时报关价，形成海关多征增值税税款。经铜陵市国税局核实，2006 年 6 月～2007 年 2 月，因报关价格比实际结算价格高，江苏南通海关多征金隆铜业有限公司税款达 8052 万元。根据《国家税务总局关于纳税人进口货物增值税进项税额抵扣有关问题的通知》（国税函〔2007〕350 号）规定："纳税人进口货物取得的合法海关完税凭证，是计算增值税进项税额的唯一依据，其价格差额部分以及从境外供应商取得的退还或返还的资金，不作进项税额转出处理"，其取得的合法海关完税凭证可以进行内销应税收入的进项抵扣；根据《中华人民共和国海关进出口货物征税管理办法》第六十七条第二款规定，进口环节增值税已予抵扣的，该项增值税不予退还。也就是说，金隆在海关多征的增值税税款可以先在铜陵市作为进项税抵扣，而其价格差额部分以及从境外供应商取得的退还或返还的资金，不作进项税额转出处理，直接减少了铜陵市的税收收入，不仅影响了铜陵市和安徽省宏观税负，也减少了铜陵市地方财政收入[①]。

2. 出口货物过程中的税收转移。主要是出口环节不征税，出口企业所在地与货源所在地不一致造成的。外（工）贸企业购进货物出口，由于出口环节是免税的，货源地与出口企业所在地不一定一致，如果货源地是外地，出口地是无税的，而出口收入统计在出口地 GDP 中，这无疑会对出口地的宏观税负产生影响。2006 年安徽外（工）贸企业出口货物购进金额为 184.47 亿元，其中在本省购进的只有 52.33 亿元，只占 28.36%，省外货源达 132.14 亿元[②]，占 71.63%，相当于安徽外（工）贸企业有 70% 多的出口货值是无税 GDP，降低了安徽宏观税负水平。2006 年安徽外（工）贸企业与购进货物对应的出口销售收入（离岸价）为 27.83 亿美元，折成人民币约 222 亿元，出口增值约 39 亿元，如实行按出口离岸价计算先征后退或“免、抵、退”税，可增加安徽税收收入 6 亿元左右（见表 12）。

表 12　　安徽省 2006 年出口货物货源分布情况表　　单位：亿元

供货地区	安徽	江苏	浙江	山东	宁波	广东	上海	福建	其他	合计
供货金额	52.33	39.54	35.3	8.06	7.42	6.61	5.85	5.62	23.74	184.47
占比（%）	28.36	21.43	19.13	4.36	4.02	3.58	3.17	3.04	12.86	100

数据来源：系从出口退税审核系统中筛选取得。

3. 出口退税负担机制引起的税收转移。2003 年以前，我国的出口货物退税是由中央全额负担的，2004 年国务院对出口退税机制进行了改革，2005 年对出口退税机制又进行了完善。目前，出口退税是以 2003 年实退税为基数（国务院批准核定），超基数部分中央与地方按照 92.5∶7.5 的比例共同负担。

从严格意义上说，出口退税负担机制问题是一个财政体制问题，由此而引起的税收转移对区域的宏观税负没有直接的影响。但是出口退税负担机制对区域经济的发展有着重大的影响，从而潜在地、间接地对区域的税收收入和宏观税负产生影响。实际上，核定退税基数较少地区如安徽省，存在着税收向中央财政转移的因素。可能造成越是需要中央财政支持的欠发达地区，越是较多地

---

① 案例中提到的被跨区征收的 8052 万元税款，虽然后经安徽省国税局、铜陵市政府、铜陵市国税局和金隆铜业有限公司等多方的协调努力，南通市海关按规定于 2007 年 10 月份将多征的 6708 万元税款退回给金隆铜业，铜陵市国税局随后将之征收入库，大大减少了税收跨区域转移的影响，但是，由于目前缺乏一套的规范机制解决此类问题，可以预料，此类税收跨区域转移现象仍将发生。

② 数据来源：《安徽省 2006 年出口货物货源分布情况表》。

承担出口贸易发展的财政压力。

由于出口退税基数是2003年出口退税实退指标，并不是2003年当年出口货物实际需要的退税数额。2003年出口退税实退指标是建立在国家税务总局下达的退税计划基础上的，而计划的分配既受陈欠退税额大小及分配的计算方法等客观条件的限制，又有太多人为因素的影响，难以做到公平合理（安徽2003年办理出口货物退免税34.7亿元，其中以前年度陈欠24.8亿元，占71.46%）。以此为基数，势必导致地区负担不均衡，一些地区在出口增长较大的情况下，地方可能都不需要负担出口退税；而另一些地区即使出口是零增长甚至负增长，地方可能还要负担出口退税。负担较重的地方为减轻负担不得不采取限制外购产品出口、甚至限制引进出口型外资项目等办法，这势必对经济的发展产生消极的影响。

我国的出口贸易70%左右集中在广东、江苏、浙江、上海、山东等经济发达地区，这些地区的出口退税基数是中西部地区的十几倍甚至几十倍，他们是在中央全额负担出口退税的基础上发展起来的。但是在现行出口退税负担机制下，欠发达地区要赶上发达地区，地方财政不得不付出很多。安徽2006年实际办理出口货物退免税58.6亿元，比2003年增加近23.9亿元，年平均增长20%多，当年地方政府应负担1.8亿元左右。以此计算，当安徽出口货物退免税规模达到500亿元时，地方财政累计需负担数百亿元。

根据以上测算，2006年安徽进口跨区域转移的税收为18.5亿元，出口货物过程中的税收转移为6亿元左右，合计为24.5亿元。该数据不包括报关价格与结算价格不一致造成的税收转移以及无法实际统计的出口退税负担机制引起的税收转移。

（五）隐性的税收转移

此类转移是指农业初级产品免税政策引致的税收隐性转移和区域外消费性购买引致的税收隐性转移。由于缺乏完整的统计数据，只对农业初级产品免税政策引致的税收隐性转移情况作笼统叙述。

安徽是传统的农业大省。对农业生产者销售农业初级产品实行免征增值税政策，是我国一项基本国策。但从税收角度看，作为农业大省的安徽省，免税政策却减少了安徽税收收入总量，并使得发往外省的农产品因价格较低出现税收隐性转移，导致大量税收利益隐性转移到以农产品为原料的其他地区。

安徽省的优质水稻、棉花、茶叶等主要农产品产量均居全国前列，具有较强的市场竞争力，但由于本省农产品加工行业技术水平落后，加工企业规模化程度较低，初级农产品大量外流。资料显示，安徽省农产品加工企业虽从 1999 年的 1519 家上升到 2005 年的 1836 家，但农产品加工业发展总体水平不高，2001 年全省农业总产值为 1258.1 亿元，分别为河南、山东的 59.8% 和 51.3%，农产品加工业总产值为 497.7 亿元，仅相当于河南的 45.73%、山东的 16.01%，与农业大省的地位很不相称。主要表现在：一是农产品加工转化率低。安徽省主要农产品加工转化率为 20% 左右，比全国低 5 个百分点；2001 年农业加工业总产值占农业总产值的比重为 0.39%，低于全国的 0.9%，更低于山东的 1.26%；二是新型食品加工业发展起步慢。肉、奶、果蔬、水产等新型食品加工明显落后，山东的肉类加工量是安徽省的 2 倍，乳制品是安徽省的 13 倍，省外加工产品已基本主导本省市场；三是企业规模偏小。2001 年安徽省规模以上农产品加年企业年产值为 3442 万元，相当于全国平均水平的 83%，山东的 53%，2002 年，全省农产品加工业出口交货值为 75.4 亿元，占规模以上工业企业出口交货值的 22.9%；四是加工技术水平较低。农产品加工业的科技进步率也只有 35% 左右；五是大宗的原料型初级农产品质量上仍不尽如人意。虽然正常年景下，安徽省粮食、棉花、油料产量分别位居全国第 6、第 6、第 3 位；肉、蛋、牛、羊、禽出栏总量位居全国前列，但小麦、稻谷、玉米、油菜籽、棉花等大宗农产品原料的品质、品种不适应标准化加工要求，加工业专用农产品缺乏，直接影响了工业产品质量和市场竞争力，减少了安徽税收收入总量，并使得发往外省的农产品因价格较低出现税收隐性转移①。

三、税收跨区域转移对安徽国税宏观税负的影响

宏观税负是税收收入与地区生产总值的比值。税收跨区域转移对宏观税负的影响主要表现在三个方面：一是在分母不变的情况下分子减小（转出）或增大（转入），如总部经济引起的税收转移；二是分子不变的情况下，分母增大（转出），如出口货源在外区域；三是分子和分母同时减小，但分子减少的幅度大于分母减小的幅度，如转移定价及初级产品定价过低。

（一）2006 年安徽国税跨区域转移税收总额

据统计：2006 年安徽省所管辖的 83 户内资汇总（合并）纳税企业，共实现企业所得税 297529 万元，汇总外地缴纳的企业所得税为 296946 万元。外资汇总（合并）纳税企业汇总外地缴纳的企业所得税为 8402.48 万元。企业总部在安徽，

① 数据来源于中国食品产业网：www.foodqs.com。

分支机构所得税向安徽省区域内的转移的税收为0万元。安庆石化分公司因国家控制定价和总公司统一定价导致增值税的转移为44383万元。煤矿产品外销而转移的增值税为161700万元。8个重点行业，由产品定价方式而被转移到区域外的增值税税款约17098.2万元。铁路运输业汇总缴纳的企业所得税为8500万元。进出口环节跨区域转移的税收约245000万元。计算如表13。

表13　2006年安徽国税跨区域税收转移总额表　单位：万元

税收类别	税收移出	税收移入	占总数比率（%）
内资汇总（合并）纳税企业所得税转移	296946.00		38
外资汇总（合并）纳税企业所得税转移	8402.48		1
总部在安徽的分支机构所得税转移		0	0
9个重点行业由产品定价方式而被转移的增值税	17098.20		2
安庆石化因国家和总公司控制定价导致增值税转移	44383.00		6
煤炭产品因国家控价导致增值税转移	161700.00		20
铁路运输业汇总缴纳企业所得税	8500.00		1
进出口环节跨区域税收转移	245000.00		31
合　计	782029.68		100

这一数字还不包含资源性产品和农产品隐性价格、购买力和劳动力转移以及其他因素形成的税收转移。

（二）税收跨区域转移对宏观税负的影响

2006年，安徽国税入库税款总额为441.3亿元，但向外省跨区域转移出去的税收不低于78.2亿元。分子加大后，安徽实际宏观税负达到8.5%。具体统计数据如表14。

表14　2006年安徽国税收入及宏观税负统计表　单位：亿元

	GDP	国税收入	宏观税负（%）	相比全国平均税负（%）	全国位次
不含转移税款	6148.7	441.8	7.2	低5.2	24
含转移税款	6148.7	520.0	8.5	低3.9	17

2006年，全国宏观税负率为17.8%，国税收入综合税负为12.4%。由表14统计数据可见，如果没有税收转移，安徽国税宏观税负会达到8.5%，与全国平均税负可以相差3.9个百分点，比实际税负可以提高1.3个百分点，在全国位次可以提升7位。

（三）影响宏观税负的主要税种和行业

分析2006年安徽国税跨区域转移税收的构成及比率（见表13），其中内资汇总（合并）纳税企业转移的所得税占转移总数的38%，出口退税环节转移的税收占转移总数的31%，煤炭产品的增值税转移占转移总数的20%，都是比重较大的类别。

根据2006年安徽国税汇算清缴表统计，全省全年入库企业所得税为297529万元，而2006年安徽汇总外地缴纳的内资企业所得税为296946万元、外资企业所得税为8402.48万元，合计转移出去的所得税为305348.48万元。如果把入库和转移的所得税合并视为全省已经实现的所得税，可以计算出入库所得税、汇总转移所得税占总数的比率。见表15。

表15　　安徽省2006年入库企业所得税与汇总省外缴纳所得税的比较表

项　目	税额（万元）	占全省已实现企业所得税比重（%）	占全部汇缴省外税款比重（%）
全省已实现企业所得税	682165.48	100.00	
全省入库企业所得税	376817.00	55.24	
全省汇总外地缴纳的所得税	305348.48	44.76	100.00
其中汇总外地缴纳的内资企业所得税	296946.00	43.52	97.24

由表15可见，2006年，全省汇总省外缴纳的所得税企业与全省入库的企业所得税税款占全省已实现企业所得税的比重分别为44.76%和55.24%，大体相当，可见企业所得税税款跨区转移的情况较为突出。而其中，汇总省外缴纳的内资企业所得税占全省汇总省外缴纳的所得税总数的97.24%，是主要的转移对象。

再仔细分析汇总省外缴纳的内资企业所得税，其构成如表16。

表16　　汇总省外缴纳的内资企业所得税构成表　　单位：万元

行业	户数（户）	应纳税所得额	应纳税额	税收移出额	占税收移出总额的比率（%）
银行	11	795848	262157	262157	88.3
保险	18	9638	3180	3180	1.1
证券	13	5741	1893	1893	0.8
通讯	7	116244	21460	21460	7.2
其他	49				2.6
合计	83	957088	297529	296946	100.00

数据来源：安徽省国税局2006年汇算清缴统计表。

从表16可以看出，银行、保险、证券、通讯汇总省外缴纳税款为285828

万元，占总数的97.4%。其中中国工商银行安徽省分行、中国农业银行安徽省分行、中国建设银行安徽省分行、中国银行安徽省分行、中国农业发展银行安徽省分行、中国国家开发银行安徽省分行、交通银行安徽省分行7大银行汇总到北京缴纳的企业所得税262157万元，占全部汇缴外省税款的88.28%。由此可见，目前企业所得税跨省转移主要集中在金融、保险、通讯企业，而7大银行占据了重中之重的地位。

另一个占跨区域转移税收总额比率较大的是出口退税环节转移的税收，为31%，这说明，海关代征货物进出口环节增值税对区域宏观税负水平失真有较大影响。代征进出口环节增值税入库在直接增加海关所在地税收收入总量的同时，进出口企业在注册地的税款抵扣减少了区域宏观税负水平，对安徽等一些内陆省份的影响尤为显著。在安徽省的进口产品中，安庆石化产品在原油进口环节增值税转移情况最为突出，为128834万元，占全部转移进口增值税额185000万元的69%。

再就是煤炭产品的增值税转移占转移总数的20%，这表明国家对煤炭资源性产品非市场定价引致的税收转移对安徽税负产生了较大影响。

（四）税收跨区域转移的影响趋势

1. 总机构汇总纳税企业将越来越多。在经济全球化背景下，集团化经营已成为企业适应市场化管理，做大做强、增强市场竞争力的必然要求和趋势。企业的集团化发展，可以使总机构和分支机构盈亏互抵、利润抵消、风险共担，采取关联企业转移定价、汇总纳税等形式，实现企业集团总体利益最大化。

允许跨区域经营企业汇总纳税，也符合现代税制发展方向。按原《中华人民共和国企业所得税暂行条例》规定，我国铁道、邮电、民航、电力公司以及中央所属金融、保险企业以及中石油、中石化甚至于区域性的集团等都可集中缴纳或由总机构统一缴纳企业所得税。两法合并后新出台的《中华人民共和国企业所得税法》，由于实行法人所得税制，对按原企业所得税暂行条例规定应视为独立纳税人的分支机构，因不具有法人资格，其原由分支机构所在地主管税务机关征收的所得税，也将改为由法人总机构所在地主管税务机关征收管理。因而，实行法人所得税制后，由总机构汇总纳税的企业数量将比实行企业所得税制时增加很多，由此可以推断，税收跨区域转移的总体趋势是被转移的税收将会越来越多。如果集团企业总部在当地，转入的税收会增加；如果总部在省外，分支机构在当地，转移出去的税收就越来越多。

2. 税收跨区域转移的情况短期内不会明显改善。在安徽，由于跨区域转移的税收中，内资企业汇总纳税转移的所得税和进出口环节转移的税收占全部转移税款的主要部分，而其中银行、保险、证券、通讯业汇总省外缴纳税款，占全部汇总转移的内资企业所得税总数97.39%。可以预计，在短期内，国家相关政策不会有大的改变，税收跨区域转移的情况不会明显改善。地方政府无论如何努力发展总部在本地的集团企业，汇总纳税转入的税收总量比率都不会快速提高。

3. 安徽与经济发达地区的税收总量和税负水平差距进一步拉大。安徽属于中部地区。由于多种原因，近几年，无论是从税收收入总量还是从税收收入占全国收入的比重来看，中部地区与发达地区（东部地区）之间差距都呈扩大趋势。见表17、表18。

表17　　安徽省国税收入与发达省份的比较表　　单位：亿元

省份＼年份	2004		2005		2006	
	国税收入	占全国比例（%）	国税收入	占全国比例（%）	国税收入	占全国比例（%）
安徽	275.04	2.05	351.19	2.06	428.12	2.03
广东	1514.24	11.26	1882.73	11.04	2336.19	11.1
山东	855.88	6.37	1101.72	6.5	1407.80	6.7
江苏	1222.06	9.09	1494.95	8.8	1868.26	8.9
浙江	961.76	7.15	1177.45	6.9	1455.62	6.9
福建	372.01	2.77	450.79	2.6	547.80	2.6

数据来源：《全国税务统计》、《全国税收月度快报》、《安徽经济税收视窗》。

表18　　安徽省国税税负与发达省份的比较　　单位：%

省份＼年份	2004		2005		2006	
	国税税负	与全国平均数比较	国税税负	与全国平均数比较	国税税负	与全国平均数比较
全国	8.7	0	9.3	0	10.0	0
安徽	5.7	-3.0	6.5	-2.8	7.0	-3.0
广东	9.4	0.7	8.4	-0.9	9.2	-0.8
山东	5.5	-3.2	5.9	-3.4	6.4	-3.6
江苏	7.9	-0.8	8.2	-1.1	8.7	-1.3
浙江	8.6	-0.1	8.8	-0.5	9.3	-0.7
福建	6.1	-2.6	6.9	-2.4	7.3	-2.7

数据来源：《全国税务统计》、《全国税收月度快报》、《安徽经济税收视窗》。

四、对策建议

以上研究的是安徽国税向省外跨区域的问题，其实，这种税收跨区域转移的情形在本省内各市县之间也大量存在。

近年来，区域之间税收转移的问题已经引起政府有关部门高度重视，有关研究部门已经对解决此类问题提出了不少建议，如制定完善区域间横向税收分配的配套措施；调整税收优惠政策导向，压缩区域性税收优惠政策空间；改进进出口货物征退税办法，进一步完善出口退税负担机制；尽快完善市场定价机制；规范企业内部关联交易等等。

正如前分析，在市场经济和国家宏观政策不可能作大调整的背景下，安徽税收跨区域移出的情况在短期内不会有大的改观，但各级政府及各级税务部门仍有必要提高对税收转移问题的关注和研究，采取一些措施，减少税收跨区域移出，为地方经济发展争取到一些实实在在的利益。

（一）各级税务部门要加强管理，将国家有关汇总纳税的政策执行到位

汇总（合并）纳税政策造成安徽税收跨区域转移情况突出，但如果地方政府和税务部门对有关税收政策理解不深，管理不到位，将会使税收移出现象雪上加霜。为此，各级税务部门应当加强汇总（合并）纳税的管理。

1. 在税收征管上坚持税收属地管理原则。要求合并纳税企业和汇缴企业都必须在当地办理税务登记，临时经营超过法定期限的企业也要及时办理税务登记，并认真做好户籍管理工作。由于当前合并纳税企业层次多，机构设置经常变化，撤户、合并、变更名称等情况导致企业性质呈现多样性和不确定性，税务部门要及时掌握和变更有关信息。

2. 当地税务部门要着力提高纳税评估水平，加强对汇总（合并）纳税成员企业日常税收监督，积极推广或参与以联合税务审计为核心的集团税收审计、稽查，形成跨区域税源监控网络。

3. 落实好现有的跨地区经营税收收入的分配制度，实行好“按一定比例就地预缴、年终汇算清缴”的征收制度。地方税务部门要加强税务管理，争取在分配权数中增加应税所得额或应纳所得税额因素。

4. 认真处理好集团公司内部交易的税务事宜，依照目前的规定，“必须在汇总成员企业和本级纳税申报表的基础上，填报汇总纳税申报表，不得简单地按照汇总的财务报表编制汇总纳税申报表。”税务机关要参与集团总部制定详细可行的关联企业内部转让定价办法，规范企业内部交易行为，避免

企业集团通过不正当价格转移方式扰乱社会经济秩序。

5. 不同区域的税务部门之间要加强联系沟通，及时向企业核算地税务部门提供其分支机构信息和动态，或向分支机构所在地税务部门提供总部税收信息。税务部门还要与其他部门建立畅通的信息传递机制，增强反避税的整体协作能力。

（二）积极通过政府沟通渠道，和有关方面协调解决税收转移问题

对经济实践中存在的税收跨区域转移活动，各级税务主管部门要积极采取措施，主动与企业、上级税务主管部门、海关和当地政府等有关部门加强工作联系，力争通过政府和部门之间的沟通渠道，及时解决有关问题。如 2006 年，安徽金隆铜业有限公司在江苏南通海关多缴的 8052 万元增值税税款，在安徽省国税局、铜陵市政府、铜陵市国税局和金隆铜业有限公司与江苏、南通市政府和海关、税务部门的多方协调努力下，南通市海关于 2007 年 10 月份将多征的 6708 万元税款退回给金隆铜业，铜陵市国税局随后将之征收入库，大大减少了税收跨区域转移的影响。

税务部门可以积极建议，由政府协调有关部门和企业，进一步提高企业进口货物在当地报关的比例，同时，要在加强工作联系、协调的基础上，与外地海关达成长期共识，建立一套相对稳定的成文机制和制度安排，以此来规范此类问题的解决，尽量避免出现海关多征税款或出现多征税款能及时退税，以降低行政成本和费用，共同解决好税收纵横向的分配问题。

对跨区域经营出现的税收转移，税务部门要积极争取，在地方政府的主导下，尽快制定区域政府之间横向税收分配办法或者省际税收协定，形成科学合理的办法或方案，并建立向中央政府备案制度，以确保横向税收分配依法、合理、规范，便于执行，并起到补充、丰富和完善分税制的作用。

（三）积极培植和吸引总部机构扎根当地，鼓励向外发展分支机构

总部经济是指多个企业的总机构入驻一个中心城市或某个经济领域核心并形成集群，进而拉动整个行业领域和关联产业发展的经济活动。总体看，总部经济的发展符合国际惯例和现代税制发展方向。目前，多数地区都把发展总部经济作为未来经济发展的重点。客观来讲，一些企业集团决定把企业总部设在哪个城市，一般都会有多方面的考虑，包括该地区的人力资源、金融发展、政府效能、交通、信息、物流、区域文化以及生态环境等等。市场经济条件下的经济主体为提高竞争力，出于对采购、生产加工、销售、管理等经营环节的战略布局和总分机构汇总纳税利益最大化等考虑，实现总分机

构汇总纳税便是集团化企业的理性选择，总分机构跨区域、集团化经营现象日益增多。根据统计，我国目前省级以上大型企业（集团）已达2000多家。由于汇总纳税形成实际上的所得税属人管理税收形态，造成分支机构所在地税源的转移流失。目前安徽发展总部经济的现有条件还处于相对弱势，因此，必须有建立区域中心城市的长远发展战略，优先发展合肥省会经济圈和实施皖江开放开发战略，努力建立起交通便利、通讯网络完善、政府职能高效、人力资源丰富的城市群，积极承接长三角地区的产业转移，不断提升地区的经济发展水平和辐射能力，从而达到长期吸引企业集团把总部落户安徽，以提升安徽的综合竞争力和影响力，同时，争取不断扩大税收向区域内转移的比率。

（四）调整和优化产业结构，鼓励初级产品尽量就地深加工

安徽是农业大省，同时也是资源大省，煤炭、水利、金属矿产资源极其丰富，但这些产品作为初级产品，附加值较低，社会经济效益不高。因此，要在安徽实行农业产业化经营，支持农业产品精深加工，延长农业产业链条，挖掘农产品增值潜力，扶持农业产业化龙头企业，发展各种新型专业合作方式。同时，安徽要通过改善发展环境，整合配置资源，加强对产业集群的规划引导和政策扶持，着力培育一批技术先进的企业集团，使之成为带动产业优化升级的主导力量。积极发展建立以钢铁加工、金属开采为主的冶金工业基地，以煤炭、电力制造为主的能源加工基地，以生物医药、软件开发为主的高新技术产业基地，以农产品深加工为主的食品、轻纺生产业基地。

参考文献：

1. 靳万军：“关于区域税收与税源背离问题的初步思考”，《税务研究》2007年第1期。

2. 靳万军、付广军：“汇总纳税管理与区域税收分配问题初探”，《税务研究》2007年第5期。

3. 靳万军、付广军：“实行法人所得税制必须妥善解决收入分配问题”，《财政研究》2008年第1期。

4. 高培勇：《西方税收——理论与政策》，中国财政经济出版社1993年版。

5. 税收与税源问题研究课题组：《区域税收转移调查》，中国税务出版社2007年版。

6. 国家税务总局计划统计司编：《税收月度快报》，2006年版。

课题组组长：胡道新

副　组　长：谢国良

成　　　员：刘成跃　刘东方　冯家明　宋　健

邵东驰　程卫国　范颖超　刘胜涛

吴六平　陈建斌　赵志华　李新军

新会计准则、财务通则对税收管理的影响分析

——兼论“两则”与新企业所得税法的协调

北京市国家税务局课题组

一、新会计准则、财务通则与企业所得税法的主要精神与主要变化

（一）新会计准则的主要精神与主要变化

为顺应中国经济快速市场化、国际化的需要，尽快建立完整的会计准则体系，规范企业会计核算行为，提高会计信息质量，加快与国际会计准则接轨，为投资者和社会公众提供更加有用的会计信息成为当务之急，财政部于2006年2月15日发布了新会计准则（以下简称新准则）体系，并于2007年1月1日率先在上市公司实行（其他企业可比照执行）。该准则体系包括1项基本准则、38项具体准则及相关应用指南，其中38项具体准则又由16项具体准则修订版本和22项新增具体准则组成。新准则体系的重大变革主要有以下几项：

1. 公允价值被引入会计计量属性。新基本准则专门单设一章对会计计量的概念和相关计量属性进行了详细规定，历史成本原则不再作为会计核算基本原则，除了历史成本、重置成本、可变现净值、现值等计量属性外，特别增加了公允价值计量属性。新增或修订的《债务重组》、《非货币性交易》、《投资性房地产》、《企业合并》及涉及金融工具的准则等许多具体准则中都可见公

允价值的“身影”。虽然公允价值早已得到国际会计界的认可与应用，但由于中国市场经济体制仍在建立健全过程之中，新准则体系对公允价值的运用还是比较谨慎的。

2. 强调“会计信息质量”概念，防范利润操纵成为重点。“会计信息质量”概念在新基本准则中受到特别强调，并在新具体准则中得到切实体现。如：新存货准则取消了“后进先出”法，使企业利用变更存货计价方法来调节当期利润的惯用手段不能再被使用；新《资产减值》准则中规定了计提的减值准备不得转回，“封死”了企业调节利润的另一条重要途径，促使企业真实反映资产减值的经济实质；非同一控制下企业合并处理方法改为购买法，但同一控制下企业合并仍沿用以账面价值为基础的权益结合法，可有效地阻止企业利用合并虚抬价格，“一夜暴富”；新增《合并财务报表》准则不再强调重要性原则，更强调实质性控制，母公司对能控制的所有子公司均需纳入合并范围，可阻断企业利用分离经营状况不好的子公司来粉饰集团整体业绩的惯用手段。

3. 实质重于形式原则被进一步强调。实质重于形式原则已成为一项国际惯例，新《基本准则》中虽然没有直接使用“实质重于形式”的表述，但明确指出，企业应当按照交易或者事项的经济实质进行会计确认、计量和报告，不应仅以交易或者事项的法律形式为依据。这实际上已将实质重于形式原则作为会计核算基本原则纳入企业会计准则。例如，收入、固定资产、无形资产等涉及融资事项的计量引入了“货币时间价值”概念，以现值为基础进行计量，更贴切地反映了交易或资产的实际价值；无形资产按实际性质被划分为使用寿命确定的无形资产和使用寿命不确定的无形资产，并分别规定不同的折旧处理办法；借款费用资本化的资产范围和借款范围扩大，包括需要较长周期才可达到预定可使用状态的固定资产、存货及投资性房地产等，借款范围不仅包括了为构建固定资产而借入的专门借款，还增加了一般借款，更加真实地反映了资产和成本、费用之间的经济关系。

（二）新财务通则的主要精神与主要变化

中国旧《企业财务通则》在实行 10 余年间一成不变，与会计制度发展相比显得极不协调，也无法满足现代市场经济条件下对财务管理的需要，不利于促进现代企业制度建设与政府职能转变。为此，财政部于 2006 年 12 月 4 日公布了新《企业财务通则》（以下简称新《通则》），于 2007 年 1 月 1 日开始实施，适用于国有及国有控股企业（金融企业除外），实行企业化管理的事业单位比照执行，其他企业可参照执行。新《通则》着力财务观念的转变，紧扣当前实际与热点问题，进行了多方面的创新改革。

1. 还原财务管理本质。新《通则》的一个重大变化是，不再重复会计与税收承担的功能，吸纳新财务管理思路与理念，还原财务管理本质，强化了资金筹集、资产营运、成本控制、收益分配、重组清算和信息管理的作用。

2. 引入产权理论，设置企业财务管理体制。新《通则》将产权理论引入财务管理，明确划分了投资者、经营者与政府监管部门的权限与责任，支持了现代企业制度建设，有利于促进政府职能转变，解决长期以来政府对企业财务管理的“越位”与“缺位”问题。新《通则》同时从政府宏观财务、投资者财务、经营者财务三个层次，设计了资本权属清晰、财务关系明确、符合法人治理结构要求的企业财务管理体制，解决了过去只强调企业建立自身财务管理体制而缺乏具体指导的问题，为企业根据自身情况制定具体财务规定指明了方向。

3. 认可薪酬“特殊化”。薪酬激励是现代企业常用的一种职工激励手法。新《通则》中特别提到：“企业可以根据法律、法规和国家有关规定，对经营者和核心技术人员实行与其他职工不同的薪酬办法”。这表明中国已开始认可企业核心人才薪酬“特殊化”做法。新《通则》第五十条同时规定“以回购股份对经营者及其他职工实施股权激励的，在拟订利润分配方案时，应当预留回购股份所需利润”。这就限制了企业分配的随意性。

4. 明确国有利润应上缴财政。1994 年税制改革后，国企税后利润暂归企业所有，用来扩大经营和进行分配。新《通则》中一个引人注目的创新，在于明确规定“属于各级人民政府及其部门、机构出资的企业，应将应付国有利润上缴财政”。新《通则》同时还要求，“在向投资者分配利润时，企业以前年度未分配利润，并入本年度利润，在充分考虑现金流量状况后，向投资者分配”。这是新《通则》对社会财富的公平分配，乃至和谐社会的建立新贡献的积极力量。

鉴于金融企业的特殊性以及金融企业近年来改革和外部环境发生的巨大变化，财政部单独发布《金融企业财务规则》（以下简称《规则》），自 2007 年 1 月 1 日起施行，《金融保险企业财务制度》等金融财务制度同时废止。《规则》以“防范和化解金融企业财务风险，维护金融企业相关各方权益和社会经济秩序”为立法目的，并单设了“财务风险”一章。此外，在筹资管理、资产营运管理、成本费用管理、收益分配管理、财务信息披露、绩效评价指标，以及对社会审计和资产评估等方面，《规则》与新《通则》也存在明显区别。

（三）新企业所得税法及其实施条例的主要精神与主要变化

新企业所得税法及其实施条例（以下简称新税法）针对原内资、外资企业所得税制度在执行中暴露出的问题与经济社会形势发展需要，根据科学发展观和完善社会主义市场经济体制的总体要求，按照“简税制、宽税基、低税率、严征管”的改革原则，借鉴国际经验，建立了各类企业统一适用的科学、规范的企业所得税制度，为各类企业创造公平的市场竞争环境。其主要变化体现在“四个统一”上：内资、外资企业适用统一的企业所得税法；统一并适当降低企业所得税税率；统一和规范税前扣除办法和标准；统一税收优惠政策，实行“产业优惠为主、区域优惠为辅”的新税收优惠体系。同时，新税法强化了反避税条款，增强了反避税的力度。

二、新《准则》涉税事项与新税法对应事项的主要差异分析

在新《通则》不再承担纳税扣除职能后，其与新税法不再存在重复交叉的问题，也就不再存在二者差异问题。因此，以下所探讨的主要是新《准则》与新税法之间的差异。由于新、旧《准则》都与企业所得税制度存在比较明显的差异，以下分析的主要是新、旧《准则》与新、旧企业所得税制度之间发生了变化的差异，不包括在旧《准则》中存在、在新《准则》中予以保留的差异。

（一）总体差异变化分析

1. 资产计价和收益确认基本假设的差异变化。会计计量主要包括资产计价和收益确认两大部分。新《准则》的精髓在于开始由以“收入费用观”为基础的制定模式转向以“资产负债观”为基础的制定模式。新《准则》规定，财务报告的目标是向财务会计报告使用者提供与企业财务状况、经营成果和现金流量等有关的会计信息，反映企业管理层受托责任履行情况，有助于财务会计报告使用者做出经济决策。为此，新《准则》按照国际上通行做法，采用了“资产负债观”。所谓“资产负债观”，是指会计准则制定者在制定规范某类交易或事项的会计准则时，应首先定义并规范由此类交易产生的资产或负债的计量，然后再根据所定义的资产和负债的变化来确认收益。相反，原“收入费用观”要求制定准则时首先考虑与某类交易相关的收入和费用的直接确认与计量。二者核心差别体现在以下两点：一是应当以历史成本作为资产与负

债计量的基础，还是应当以公允价值作为资产与负债计量的基础；二是应当以收入与费用相配比为基础来计量收益，还是应当以净财富的变动为基础来计量收益？在“资产负债观”下，收益计量体现净财富的变动，并试图以价值计量而非历史成本计量作为主要计量基础，可较好体现企业发展的最终表现——“财富”变动，以此计量的净收益可为投资者提供更有用的信息和促进企业的可持续发展。而在“收入费用观”下，配比原则的广泛运用为收益平滑敞开了大门，在一定程度上助长企业和管理层追求短期利益而不是着眼于长远发展。当然，新《准则》并非完全放弃“收入费用观”，因为配比原则仍然有较为广泛的使用，彻底的“资产负债观”要求采用完全的公允价值计量模式，这在未来相当长时期内还难以做到。

新税法则继续沿用了原企业所得税制度的“收入费用观”，按照“收入总额减去各项扣除（成本费用）”确认应纳税所得额。由此可见，在会计计量采用“资产负债观”情况下，会计在确认、计量中发生了一系列重大的变化，直接影响到其与新税法的差异。

2. 谨慎性原则的差异变化。事实上，会计准则与企业所得税法都存在谨慎性原则，但对谨慎性原则的理解不一致。新《准则》对谨慎性原则的解释是在面临不确定性因素时，既不高估资产或收益，也不低估负债或损失；而税法对谨慎性原则的理解着重强调防止税收收入流失，更多地从反避税角度出发。新《准则》充分体现了谨慎性原则的要求，规定企业可以计提坏账准备、存货跌价准备等 8 项准备。但新税法维持了过去的做法，不允许除坏账准备外的其他资产准备在税前扣除。

3. 重要性原则的差异变化。新《准则》强调了重要性原则，即在选择会计方法和程序时，要考虑经济业务本身的性质和规模，根据特定的经济业务对经济决策影响大小，来选择合适的会计方法和程序。而新税法沿袭过去不承认重要性原则的做法，只要是应纳税收入或不得扣除项目，无论金额大小均需按规定计算所得。例如，会计准则对以前年度的重大和非重大会计差错给予了不同的更正方法，而税法则从不采用“重要性”原则。

4. 实质重于形式原则的差异变化。实质重于形式原则的目的是为真实地体现经济交易的实质，然而，会计政策与税法的出发点不同，对此的处理亦不同。新《准则》强调实质重于形式原则，规定企业应当按照交易或事项的经济实质进行会计核算，而不应当仅仅按照它们的法律形式作为会计核算依据。而税法中并不承认实质重于形式原则，而更偏向于确定性原则。在实质重于形式原则下，新《准则》对“货币时间价值”、“使用寿命不确定的无形资产”等概念的引入与应用，加大了会计与税法核算口径上的差异。

5. 权责发生制与收付实现制原则的差异变化。会计核算采用权责发生制确认收益，强调风险转移和经济利益流动。原税法更多采用收付实现制确认应税所得，强调产品转移和表见利益，要求确认收入的时点为收讫销售额或取得销售额凭据当天，仅在扣除项目上运用权责发生制，即纳税人应在费用发生时确认扣除。新实施条例对此差异作出突破性调整，规定企业计算应纳税所得额以权责发生制为原则，属当期的收入和费用，不论款项是否收付，均作为当期收入和费用；不属于当期收入和费用，即使款项已在当期收付，也不作为当期收入和费用。

（二）具体差异分类分析

会计利润与计税所得的差异在会计上具体体现在“所得税会计”中。按原会计制度规定，企业所得税核算可采用应付税款法和纳税影响会计法（包括递延法和债务法），对应的差异分为永久性差异和时间性差异两项。与“资产负债观”的制定模式相对应，新《准则》规定企业所得税核算只采用资产负债表债务法，同时引入计税基础概念，注重暂时性差异的处理。所谓暂时性差异，是指资产或负债的账面价值与其计税基础之间的差额。其中，资产的计税基础，是指企业收回资产账面价值过程中，计算应纳税所得额时按税法规定可以自应税经济利益中抵扣的金额；负债的计税基础，是指负债的账面价值减去未来期间计算应纳税所得额时按税法规定可予以抵扣的金额。暂时性差异可进一步分为应纳税暂时性差异与可抵扣暂时性差异，即递延所得税负债与递延所得税资产。“资产负债表债务法”更强调截至某时点累计资产或负债的账面价值与计税基础之间的差额，更体现对差异动态变化的关注，加大了企业资产、负债账面价值与计税基础之间的暂时性差异。

应予说明的是，在资产负债表债务法下，仅确认暂时性差异的所得税影响。从资产负债表角度考虑，原按利润表下纳税影响会计法核算的永久性差异，不会产生资产、负债的账面价值与其计税基础的差异，即不形成暂时性差异，对企业在未来期间计税没有影响，不产生递延所得税，因此不在资产负债表债务法的核算范围之内。

还有一点需要指出的变化是，原时间性差异已经从所得税会计中淡出，但暂时性差异并不等于原时间性差异，二者存在不一致的地方。

1. 有些时间性差异不一定是暂时性差异，但作为特例仍列作了暂时性差异。主要有两种情况：

（1）未作为资产、负债确认的项目产生的时间性差异。某些交易或事项发生以后，因为不符合资产、负债的确认条件而未体现为资产负债表中资产或负债，但按照税法规定能够确定其计税基础的，其账面价值与计税基础之间的差异构成时间性差异。如企业在开始正常生产经营活动以前发生的筹建等费用，会计准则规定应于发生时计入当期损益，不体现为资产负债表中的资产。按照税法规定，企业发生的该类费用可以在开始正常生产经营活动后 3 年内分期摊销，可税前扣除，两者之间的差异形成时间性差异。这种差异按税法规定可以确定其计税基础，可视作一种特殊性的暂时性差异。

（2）可抵扣亏损及税款抵减产生的时间性差异。对于按税法规定可结转以后年度未弥补亏损及税款抵减，不是因资产、负债的账面价值与计税基础不同产生的，不属于严格意义上的暂时性差异，但本质上可抵扣亏损和税款抵减，与可抵扣暂时性差异具有同样的作用，均能够减少未来期间的应纳税所得额和应缴所得税，也可视同为一种特殊性的暂时性差异，在符合确认条件的情况下，应确认与其相关的递延所得税资产。

2. 有些暂时性差异不是时间性差异。主要情况：

（1）子公司、联营企业或合营企业没有向母公司分配全部利润。

（2）重估资产而在计税时不予调整。

（3）购买企业合并的购买成本，根据所取得的可辨认资产和负债的公允价值分配计入这些可辨认资产和负债，而在计税时不予调整。

（4）作为报告企业整体组成部分的国外经营主体的非货币性资产和负债以历史汇率折算。

（5）资产和负债的初始确认的账面金额不同于其初始计税基础。

从差异变化的原因来看，新《准则》与新税法的差异（以下简称“差异”或“二者的差异”）可分为四种情况：一是新《准则》实施增加的差异；二是新《准则》实施减少的差异；三是新税法实施增加的差异；四是新税法实施减少的差异。

从分析结论看，新《准则》与新税法都既有增加差异的一面，也有减少差异的一面。但新《准则》所增加的差异远远大于所减少的差异，而新税法所减少的差异略大于所增加的差异。因此，从总体来看，新《准则》与新税法实施后二者的差异是扩大的。

三、“差异”扩大趋势对税收管理的挑战与对策

（一）税收政策管理方面

1. 按照独立性与统一性相结合原则，协调好所得税处理与会计准则、财务通则的关系。“差异”扩大的趋势对当前税收政策管理的挑战，首先是面对“差异”扩大的趋势，如何协调税收政策与会计准则、财务通则的关系。长期以来，三者关系并没有很好地理顺。建国后在三者关系的处理上可分为以下三个阶段：

第一阶段：1994年税制改革之前。在此阶段，中国经济组织构成以国有企业为主，由于国有企业改制尚未到位，其作为市场主体的特征并不明显，财务会计制度与税收法规的功能存在重叠，其目标都在于调节国有企业与国家的分配关系。国有企业与国家的分配关系主要表现为上缴利润形式，调节这一分配关系的主要是国家财务会计制度，税收法规从属于国家财务会计制度，换言之，税收法规的规定与国家财务会计制度的相关规定基本是一致的。当然，根据外资企业的特点，1991年通过的《外商投资企业和外国企业所得税法》中已开始出现税法与财务会计制度的分离，对外商投资企业和外国企业在中国境内的机构、场所的财务会计处理办法同国务院有关税收规定有抵触的，要求依照国务院有关税收规定计算纳税。

第二阶段：从1994年税制改革到新财务通则和会计准则的颁布。在此阶段，三者的关系表现为相互交叉、重复，“差异”开始出现，并呈现出扩大化趋势。一方面，财务会计制度仍然沿袭过去的做法，包含部分税收管理的职能。1992年财政部发布《企业财务通则》与《企业会计准则》时，二者的分工是：《通则》负责会计要素的确认和计量，确定纳税扣除项目并向国家缴纳税金；而会计要素的具体核算与披露工作则由《准则》负责；另一方面，内资企业所得税管理开始借鉴外商投资企业和外国企业所得税的做法，与国际接轨，强调独立性。1993年国务院发布的《中华人民共和国企业所得税暂行条例》第九条规定：纳税人在计算应纳税所得额时，其财务、会计处理办法同国家有关税收规定有抵触的，应当依照国家有关税收规定计算纳税。《税收征管法》第二十条也有类似规定：“纳税人、扣缴义务人的财务、会计制度或者财务、会计处理办法与国务院或者国务院财政、税务主管部门有关税收的规定抵触的，依照国务院或者国务院财政、税务主管部门有关税收的规定计算应纳税款、代扣代缴和代收代缴税款。”1994年发布的《中华人民共和国企业所得

税暂行条例实施细则》，尤其是2000年国家税务总局发布的《企业所得税税前扣除办法》，对企业纳税扣除事项做出了全面规定，已经基本取代了企业财务制度的纳税扣除功能。从企业所得税纳税申报表的3次演变来看，由过去的以利润表为基础，逐步改变为以税法口径的“收入总额”减“扣除项目”格式设计，也愈来愈显示出税法的“独立性”。可以说，这一阶段是三者关系开始向国际惯例靠拢、同时又带有明显过渡性特点，也可说是三者关系比较混乱的阶段。

目前可以说是第三个阶段，也可以说是三者关系良性发展的一个新阶段。主要表现是，随着财务通则的重新定位，三者关系开始明晰化，并与市场经济发展要求和国际惯例基本相符。一方面，随着会计制度不断发展，其覆盖的领域不断扩大，财务制度作为会计要素确认和计量的功能已经基本被会计准则所取代。与此同时，税收制度也已从财务领域里独立出来；另一方面，在原《通则》与企业财务制度存在“越位”现象的同时，“缺位”现象也较为严重，企业财务管理对所涉及的财务预测和决策，财务分析、财务风险控制、财务监督和财务信息的科学化管理，具有日渐强烈的要求。在此情况下，新《通则》顺应财务管理发展的趋势，吸纳新财务管理思路与理念，跳出传统框架，还原财务管理的本质，交还会计与税收承担的功能，不再重复税收管理制度和企业会计制度的内容，同时强化资金筹集、资产营运、成本控制、收益分配、重组清算和信息管理的作用，实现了企业财务制度的创新。新《规则》也把协调好财务与税务、会计关系的需要作为重要内容，与税收制度相互强调、互为依托。经过重新界定的税收与财务会计的关系如下：企业会计制度是对资产、负债、所有者权益、收入、费用、利润等会计要素进行确认、计量和报告，为有关方面提供决策依据，会计核算为企业财务管理和税收管理提供基础，重在对财务行为的过程核算和结果反映。会计核算同时要准确反映企业纳税情况，税务会计是企业会计的重要组成部分；税收管理是对企业财务成果的法定分配，规范的财务管理为税收征管奠定良好的基础，而企业财务管理需要遵循依法纳税的原则。企业纳税属于财务行为，但不是财务行为的全部内容。由此可见，国家税收制度与企业财务会计制度尽管联系密切，但却是并行的制度体系。三者关系的明晰化与规范化，为各自良性发展，尤其为加强企业所得税管理提供了机遇，有利于扭转长期以来税收制度从属于财务会计制度的局面，减少交叉和矛盾，提升税收制度的权威性。

但应当看到，当前三者关系良性发展的机遇时期同时也是税收政策管理的挑战时期。随着财务会计制度中税收管理职能的分离，三者的差异也会越来越大，如何协调差异就成为一个突出的问题。笔者认为，传统的财税合一以及财税彻底分离倾向都是不可取的，正确的做法应该是财税适度分离模式，这也是国际通行的做法。在此模式下，对“差异”的处理应坚持独立性与统一性两项原则，做到两项原则的有机结合。

（1）独立性原则。众所周知，从理论上讲，税法与财务会计制度间的“差异”是不可避免的。如果以税法为依据进行会计核算，会导致会计信息失真；而如果以会计核算的收入和利润作为所得税的计税依据，将会弱化税收职能。只有保持各自的独立性，才能保证会计信息的真实性和应纳税额的准确性。为此，在新《准则》与《通则》分离税收职能的同时，新税法进一步强调了税法的独立性。《企业所得税法》第二十一条规定：“在计算应纳税所得额时，企业财务、会计处理办法与税收法律、行政法规的规定不一致的，应当依照税收法律、行政法规的规定计算纳税。”按此原则，企业在进行会计核算时，必须严格执行会计制度的相关要求，进行会计要素的确认、计量和报告；在履行纳税义务时，必须按税法规定计算税额，申报纳税。

（2）统一性原则。尽管税法与财务会计的差异不可避免，但由于其内在联系，如果过度分离会无端产生许多不必要的差异，引发较多问题，如：导致“差异”的处理错综复杂，同时提高了税务机关征管成本与纳税人遵从成本；对会计有规定而税法没有明确规定的事项，容易造成税收流失；征、纳税双方容易引起争执，并且难以仲裁。因此，在肯定“差异”的同时，把握“差异”的尺度至关重要。例如，现行《企业所得税税前扣除办法》对借款费用停止资本化的时间确定在“有关资产交付使用时”，而《企业会计准则第17号——借款费用》确定停止资本化的时间在“有关资产达到预定可使用或者可销售状态时”。如果“预定可使用状态”与“交付使用”之间还有一个时间段，就会造成固定资产的会计成本与计税成本的差异，直接影响到会计折旧与税法折旧的差异。像这类不具实质意义、仅仅属于操作口径上的差异其实是不必要的，应当协调一致。还有一些“差异”可能会被纳税人“为我所用”，即选择差异真空地带进行财务和税务处理的选择和设计，以达到特定的目的。比如有的纳税人利用损益调整方面两个标准的时间差采取极其隐晦又合法合规的处理，达到利用长期股权投资的损益调整增加企业会计利润，而依新所得税法又不计算应纳税所得额的目的。再如纳税人在财务报表报出后至企业所得税年终汇算清缴期间的销售退回，不用调整报告期的会计报表，即虚增了利润，而此时企业所得税年终汇算清缴尚未完成，可以将销售退回影响的应缴企业所得税冲回，不会导致多缴税。对此，相关部门应进一步深入研究和协调，从而消除这些不应该有的差异。

新《准则》与新税法在很多方面都体现了这种统一性原则，在缩小“差异”方面做了很多努力，但在更广阔的范围内加大或催生了新的差异，这就为新一轮的“差异”协调留下了课题。目前看来，这种统一性原则还做得很不够，需要对现有差异进行清理，逐一分析其存在的必要性，逐步消除不必要的差异。从长期来看，未来税法还应逐步体现会计核算原则，适当引入公允价值，使税额征收更符合实际。同时，应考虑适当承认新《准则》中的谨慎原则精神，按照世界普遍做法允许合理的准备金税前扣除，以适应企业防范风险的需要，增强企业竞争力，促进税源质量的提高。此外，还有一类方法与结果相同、程序不同的差异，即会计与税收处理上基本相同、只是税收处理上要履行一定审批程序的差异。随着国家行政审批体制改革的深入推进，这类差异将会越来越少。例如，《企业财产损失税前扣除管理办法》（国家税务总局第13号令）已将财产损失审批范围缩小，即正常损失当年直接扣除，非正常损失需审批后在当年扣除。如固定资产盘亏损失属于非正常损失，需出具资产丢失的有关证明以及责任认定及赔偿说明等证据，经董事会会议通过，报税务机关审批后在税前扣除。

2. 适应“差异”扩大趋势，尽快完善所得税相关处理规定。“差异”扩大趋势对当前税收政策管理的挑战，还在于新企业所得税法及其实施条例出台后，如何解决大量悬而未决、涉及会计准则与财务通则的税收事项。

从税法与新《通则》的差异看，新《通则》不再对纳税扣除方面做出规定，对传统税收管理带来很大的挑战。例如，新《通则》不再规定企业职工福利费、职工工会费与职工教育经费的提取比例，对企业支付的职工社保费用也不再有限制性规定。由此，必须转变过去依赖或比照财务制度的传统观念，适应新《通则》所形成的新局面、新形式，深入研究，未雨绸缪，及时弥补新《通则》所留下的纳税扣除方面的空白，其中，有的纳税扣除限制性规定还需要与政府相关部门以及有关行业协会做好协调工作。

从税法与新《准则》的差异看，未明确的差异可分为几类：

1. 新税法及实施细则已明确，但在具体操作上还需要进一步细化的差异。例如，财税［2007］80号文件规定，对持有至到期投资、贷款等按照新会计准则规定采用实际利率法确认的利息收入，可计入当期应纳税所得额。此项规定缩小了与会计的差异，但同时也引发了两个新问题：

（1）新《准则》规定的四项金融资产中，不只持有至到期投资及贷款这两项金融资产会涉及采用实际利率法确认利息收入的情况，可供出售金融资产中涉及债权投资的部分在确认公允价值变动的同时也会涉及采用实际利率法确认利息收入的情况，且这种情况非常普遍，最好不要用规定中的一个“等”字代替，若能给予同样的说明和强调，将减少纳税人对税收政策的误解。

（2）会计实务中在运用实际利率法确认债权投资收益时，不只涉及“投资收益”和“应收利息”科目，还会对相应资产的“利息调整”明细科目进行调整，若税法上不对该资产的计税基础做出同步调整，将使该资产在处置时造成永久性差异，即会因债券取得时的“折价”或“溢价”的不同，而造成税款的多征或少征。

2. 新税法及实施细则尚未明确，但争议不大的差异。例如，新《准则》为准确反映固定资产价值，在固定资产后续支出符合资产确认条件时，不仅将后续支出计入固定资产成本，还需将被替换部分账面价值从固定资产的成本中扣除，同时增加当期“营业外支出”金额，目前税法还未对固定资产改建中涉及替换原固定资产价值的情况做出处理规定。

3. 目前争议仍然较大的差异。如对企业支付的股票期权费用，会计上在成本费用列支，但新税法还没有明确的规定，在实际操作中税务机关多数不允许在税前扣除；企业在进行重组、改制等事项时，根据辞退职工计划或方案事先提取的补偿金，会计上计入成本费用，但在税前扣除上尚没有明确规定；在金融性资产的利息分摊、融资租入固定资产等方面，新《准则》要求采用实际利率法，而新税法对此没有明确规定；对各项准备金的计提，新税法与实施条例还没有做出具体规定。对这些差异，需要认真分析，尽快予以明确。尤其是会计上公允价值与谨慎原则的运用为企业职业判断提供了空间，有可能造成企业操纵会计利润。如何在适应企业的正常需要的同时避免国家税收收益受此损害，将是一个十分棘手的难题，需要审慎处理。

为适应新《准则》体系的需要，国家税务总局曾下发《关于执行〈企业会计准则〉有关企业所得税政策问题的通知》（财税［2007］80 号），但只是解决了新《准则》体系实施后的部分涉税问题，尤其是其出台时间在新税法及实施细则之前，从法理上已经失效，因此亟待出台新的文件规定。

（二）税收征管方面

1. 加强对纳税人的指导和管理，夯实税收征管的基础。“差异”的扩大对企业的纳税管理同样是一个挑战，而企业的纳税管理是税收征管的基础。从此意义上讲，税务机关有责任和义务加强对纳税人的指导和管理，帮助其妥善处理“差异”。为了减轻企业申报纳税的工作量，提高准确性，比较可行的办法是兼顾财务会计制度与税法的要求，协调好“差异”，在制定自身具体财务会计制度时尽量考虑税法的要求和规定。换言之，从企业角度讲，对财务会计制度与税法允许的“差异”也要结合企业实际情况逐项认真分析，尽量减少“差异”，只保留一些必要的差异。

同时，中国原来的所得税会计处理方法是应付税款法和纳税影响会计法二者选择其一，但大部分企业实际上采用应付税款法核算所得税费用，其核算方法简单，但不能正确反映“差异”。新发布的《所得税具体会计准则》将所得税会计方法统一改为国际通行的资产负债表债务法，运用这种方法明细核算每一项暂时性差异，可以彻底取代纳税调整台账（或备查簿），“差异”的准确把握问题将在较大程度上迎刃而解。但这种方法相对复杂，对会计核算工作提出了更高的要求，加大了所得税核算难度，在过渡阶段容易造成税款的计算错误。对此问题税务部门需要引起关注，辅导纳税人做好所得税会计工作。

2. 适应“差异”变化，做好所得税征管各项工作。“差异”的变化对所得税征管各个环节都将产生不同程度的影响，特别是以会计资料为基础的纳税评估及税务稽查工作，其影响更为直接，需要认真研究，对其变化趋势做到心中有数，及时转变工作思路和方法。例如，新《存货准则》及新税法实施条例同时删除了存货计价方法中的“后进先出法”，若企业采用的计价方法正好为“后进先出法”，且处于较高的通货膨胀行业环境下，采用新《准则》将使企业当年的毛利率略有上涨，在经营业绩不变的情况下促成应纳税所得额的增加；新《准则》对部分资产的后续计量引入了以公允价值模式为基础的计量方法，企业的会计利润会随公允价值的不断变化而同向波动。若企业在取得资产到处置资产的过程中，资本市场处于“牛市”状态，将造成企业在持有资产的过程中调减应纳税所得额，而在资产处置时调增应纳税所得额。相反，若企业在取得资产到处置资产的过程中，资本市场处于“熊市”状态，则会形成相反的情况。因此，税务机关应对纳税人资产的后续计量给予更多关注，注意企业在资产处置时是否调整应纳税所得额；新《准则》在分期收款销售商品的收入确认上与新税法产生了重大暂时性差异，当纳税人因会计当期确认分期收款收入而对应税收入做出大幅调减行为时，税务应密切关注企业在未来期间是否调增应纳税所得额；新《无形资产准则》对使用寿命不确定的无形资产不再计提摊销，只确认资产减值，而税法仍然允许按期扣除摊销额，这就可能造成使用寿命不确定的无形资产在处置时，因未及时确认资产减值而需要大幅调增应纳税所得额的情况，需要税务人员重视这类资产处置的税务处理。

（三）税务人员培养方面

这次变革不仅给企业财务人员带来了“烦恼”，也给广大税务工作者布置了“学习任务”，对其专业素养提出了新要求，使税务人员面临巨大的挑战。税收征收、管理、稽查等工作，无不依托于具备财税知识的税务工作者来开展。税务工作者的知识层次、更新速度，直接关系到税收工作的质量与效率。面对这场变革，税务工作者应当未雨绸缪，提早动手，加大培训力度，多层次、多形式地开展培训工作，做到应对变革，胸有成竹，切实提高自身素质，适应“差异”的变化趋势，认真做好新形势下的企业所得税管理工作。

参考文献：

1. 戴德明主编：《新企业会计准则阐释、应用与难点解析》，中国人民大学出版社 2007 年版。

2. 陈昌龙主编：《新企业会计准则讲解》，清华大学出版社、北京交通大学出版社 2006 年版。

3. 张玉玲、卢菲：“新企业所得税实施条例缩小了税法与会计准则间的差异”，《中国税务报》2007 年 12 月 24 日。

4. 邹国金：“准确处理差异，规避涉税风险”，《中国税务报》2007 年 4 月 30 日。

课题组组长：张志勇

成　　员：邓远军　张　珺　西城区国税局

燕山地区国税局　通州区国税局

河南省增值税扩大抵扣范围政策执行情况调查

河南省国家税务局增值税调研组

继东北地区实行增值税转型改革试点之后，为支持中部地区老工业基地振兴和资源型城市转型，促进中部地区崛起，中部6省26个老工业基地城市被作为第二批试点单位，自2007年7月1日起实行增值税扩大抵扣范围政策（以下简称“扩抵政策”），对试点地区8行业（以下简称“试点行业”）增值税一般纳税人购进的生产用机器设备进项税额给予退税。

一、河南省扩抵政策执行概况

（一）主要工业城市和支柱产业基本纳入了试点范围

1. 试点城市在河南省经济税收总量中占有重要地位。郑州、开封、洛阳、平顶山、焦作等5个试点城市不仅是河南省老工业基地，而且在全省经济税收总量中占有举足轻重的地位。2007年，5市GDP总量为6245亿元，占全省的43.87%；5市国税收入总量为411.14亿元，占全省的51.1%；5市增值税收入252.06亿元，占全省的48.06%。

2. 试点行业囊括了全省的支柱产业。扩抵政策适用的试点行业包括装备制造、石油化工、冶金、汽车制造、农产品加工、电力、采掘、高新技术业等8行业。煤化工、铝、食品、装备制造、汽车及零部件制造和高新技术产业是河南省的6大支柱产业，2007年，实现工业增加值2790.5亿元，占规模以上工业增加值的 51.31%，实现利润 1087.1 亿元，占规模以上工业利润的 55.5%，其中：面制品、肉制品产量居全国第 1 位，铝工业整体实力居全国首位，食品工业主营业务收入居全国第 2 位，装备制造、汽车及零部件产业实现主营业务收入居全国第 7 位①。扩抵政策将全省的 6 大支柱产业全部囊括其中，符合河南省产业结构特点。

从税收指标来看，2007 年，5 市试点行业一般纳税人数量占全省 8 行业一般纳税人的 61.36%，占全省工业一般纳税人的 48.37%；5 市试点行业占 5 市增值税收入的 70.26%，占全省 8 行业增值税收入的 49.35%，全省工业增值税收入的 33.77%（见表 1）。

表 1　　2007 年试点城市主要经济和税收指标　　单位：万元

地区	GDP（亿元）	8 行业实现增值税	增值税	8 行业增值税占全部增值税比重（%）
全省	14234	3589555	5245100	68.44
郑州	2400	571899	978606	58.44
洛阳	1610	504832	673723	74.97
开封	570	67093	98327	68.23
焦作	850	290620	362731	80.11
平顶山	815	337078	407932	82.63
5 市小计	6245	1771522	2521319	70.26

数据来源：GDP 来自河南省及 5 城市统计局网站；税收指标来自 CTAIS（中国税收征收管理系统）。

（二）河南省扩抵政策执行情况

截至 2008 年 6 月底，5 市符合条件向国税机关备案的增值税一般纳税人共 9759 户，占试点城市工业一般纳税人的 59.22%，占全省工业增值税一般纳税人的 28.65%；发生购置生产用机器设备行为的共 3690 户，占全部备案户的 37.81%。

扩抵政策实施一年来（2007 年 7 月 ~2008 年 6 月，下同），试点企业共购置固定资产 345 亿元，其中机器设备投资总额为 162 亿元，申报可抵扣固定资产进项税额共计 27.4 亿元。截至 2008 年 6 月底，应退税额为 17.8 亿元（含抵减欠税，下同），在全省各级政府、财政、税务部门的共同努力下，已退抵

① “河南六大支持产业发展规划实施”，《中国经济导报》2008 年 2 月 26 日。

税 16.59 亿元，留待以后各期退税的金额为 10.81 亿元，退抵率达到 93.2%，退税程度为 60.55%。

从备案户来看，较多地集中在装备制造业、石油化工业和农产品加工业，3 行业总计备案户数为 8269 户，占当期全部备案户数的 84.73%。

从退税情况来看，工业化程度越高，退税额和退税比例（退税占当期实现增值税比例）就越高，扩抵政策对经济发展的支持力度就越大。如郑州、洛阳、平顶山工业化程度相对较高，分别退税 6.62 亿元、4.98 亿元、2.58 亿元，退税比例分别为 6.14%、6.92%、5.66%；而开封、焦作工业化程度相对较低，分别退税 0.55 亿元、1.86 亿元，退税比例为 4.75%、4.72%。

从退税额度来看，主要集中在电力（6.61 亿元）、石油化工（2.36 亿元）、冶金（2.26 亿元）、采掘（2.17 亿元）和装备制造（1.93 亿元）5 行业，退税额达到 15.33 亿元，占全部退税额的 92.41%。

从退税程度来看，电力（75.8%）、高新技术（66.67%）、农产品加工（66.67%）、采掘（61.65%）高于全省平均水平（60.55%）（见表 2）。

表 2　　2007 年 7 月～2008 年 6 月试点行业抵退税情况统计表　　单位：亿元

行业	户数	本期新增固定资产	其中：可抵扣固定资产	新增进项税额	已退税额	退税程度（%）	待退税额
采掘	630	51.46	20.92	3.52	2.17	61.65	1.35
电力	141	106.60	51.6	8.72	6.61	75.80	2.11
高新技术	94	3.94	2.52	0.42	0.28	66.67	0.14
农产品加工	1809	11.91	6.81	1.14	0.76	66.67	0.38
汽车制造	101	9.6	2.59	0.44	0.21	47.73	0.23
石油化工	1878	68.5	26.7	4.5	2.36	52.44	2.14
冶金	524	48.07	31.51	5.32	2.26	42.48	3.06
装备制造	4582	45.15	19.87	3.34	1.93	57.78	1.41
总计	9759	345.32	162.52	27.40	16.59	60.55	10.81

注：退税程度 = 本期已退税款/本期新增固定资产进项税额，反映了纳税人当期新增固定资产进项税额的抵扣或退税程度。

数据来源：全省增值税扩大抵扣范围统计表。

二、河南省扩抵政策执行效果分析

（一）促进了试点行业和企业的发展，政策“洼地效应”有所显现

1. 缓解了企业资金压力，促进了企业技术改造和可持续发展。一年来，

河南省共为2394户企业办理退税16.59亿元，如果加上按照一年期贷款利率（7.47%）计算利息1.23亿元，相当于直接给企业注入了17.76亿元的货币资金。通过对5市1448户省控重点企业问卷调查，56.67%的纳税人认为非常需要"所退税款"，67.78%的纳税人表示会将所退税款用于补充流动资金，有26.11%的纳税人表示会将所退税款用于再投资。

退税款的及时到位，缓解了企业资金压力，有利于缩短投资回收期，从而促进试点行业积极进行设备更新和技术改造，为行业可持续发展奠定基础。如开封市晋开化工集团将1203万元退税款全部用于20万吨稀硝酸改造项目；平顶山平东热电有限公司一年来退税1454万元，占实现税款的38%，企业积极购进环保脱硫设备，2008年上半年减少二氧化硫排放量400吨，促进了企业节能减排和可持续发展。

2. 减轻了税收负担，有利于企业轻装前进。政策实施后，5市试点行业增值税税负为3.4%，比非试点地区同行业低0.38个百分点（其中石油化工、冶金、采掘分别低1.59、1.34、0.66个百分点）；比退税前下降0.28个百分点，降幅较大的是电力、石油化工和装备制造行业，分别下降了0.56、0.3、0.22个百分点，降幅分别为12.64%、10.33%和7.55%。河南省电力公司是全省受惠最多企业，一年来共退抵税4.43亿元，税负下降0.8个百分点，下降25.4%。与此同时，其设备更新及技术改造投资额2007年增长了108%，2008年上半年增长了83%（见表3）。

表3　　2007年7月~2008年6月试点行业增值税税负变化表

行业	销售额（亿元）	应纳税额（亿元）	退抵前税负（%）	退抵后税负（%）	下降百分点	降幅（%）
采掘	752.2	54.71	7.27	6.98	0.29	3.97
电力	1172.0	52.30	4.46	3.90	0.56	12.64
高新技术	103.7	5.16	4.98	4.71	0.27	5.43
农产品加工	525.8	15.20	2.89	2.74	0.15	5.07
汽车制造	196.1	4.73	2.41	2.30	0.11	4.44
石油化工	790.0	22.85	2.89	2.59	0.30	10.33
冶金	1566.1	39.56	2.53	2.38	0.14	5.71
装备制造	879.0	25.55	2.91	2.69	0.22	7.55
小计	5985.0	220.10	3.68	3.40	0.28	7.54
非5市8行业	5166.0	195.50	3.78	—	0.38	—

数据来源：中国税收征收管理系统。

3. 政策“洼地效应”有所显现。由于政策吸引，5 市试点行业新办企业数量增长速度快于非试点城市。统计显示，5 市试点行业企业增速高于非试点城市同行业 1. 07 个百分点，企业数量在全省同行业中所占比重增长了 0. 25 个百分点，政策的“洼地效应”已有所显现，但尚不明显。因为税收政策虽然具有调节资源配置作用，但不是主要和唯一因素，政策导向作用主要体现在促进企业技术改造和产品更新换代，增强企业可持续发展能力上（见表4）。

表 4　　试点行业纳税人数量变化统计表

地　区	8 大行业一般纳税人		
	2007 年 6 月末	2008 年 6 月末	增幅（%）
非试点城市	13486	14328	6. 24
郑州	4315	4575	6. 03
洛阳	3362	3649	8. 54
开封	1253	1391	11. 01
焦作	1674	1783	6. 51
平顶山	1070	1129	5. 51
5 市小计	11674	12527	7. 31

数据来源：中国税收征收管理系统（CTAIS）。

（二）对投资规模总量影响不大，但会对投资结构和企业投融资决策产生一定影响

1. 对工业投资规模总量影响较小。

（1）试点城市的工业投资情况。从比重看，试点城市工业投资在全省所占比重并没有上升。2005 ~ 2007 年 3 个年度，试点城市工业投资在全省所占的比重分别为 40. 6%、41. 25% 和 40. 4%，2008 年上半年为 32. 4%，有所下降。

从环比看，试点城市工业投资增幅略有所回落。2005 ~ 2008 年上半年，增幅分别为：57. 8%、46. 5%、48. 8% 和 39. 28%。

从区域看，扩抵政策实施后，只有郑州和开封 2007 年、2008 上半年两期的工业投资增幅均高于全省平均水平，其中郑州分别高于全省 11. 3 和 4. 4 个百分点，开封分别高于全省 42 和 30. 9 个百分点。主要原因在于郑州是省会城市，在吸引投资方面有得天独厚的条件，而开封则因为“郑汴一体化”受益，加之其工业投资基数较小，因此增幅明显高于全省平均水平。其他 3 个城市中，洛阳是高低参半，焦作和平顶山则两期均低于全省平均水平，其中焦作分

别低于全省2.8和6.1个百分点，平顶山分别低于全省32.3和34.3个百分点(见表5)。

表5　　**试点城市工业投资规模统计表**　　单位：亿元

地区	2005年	增幅(%)	2006年	增幅(%)	2007年	增幅(%)	2008年上半年	增幅(%)
全省	1668.2	53.9	2406.4	44.9	3656.1	51.9	2544.7	39.2
郑州	212.1	55.4	326.3	53.8	532.6	63.2	326.8	43.9
洛阳	209.3	49.5	298.2	42.5	410.1	35.1	230.3	48.7
开封	39.4	51.2	56.2	42.4	108.9	93.9	51.1	70.1
焦作	126.5	58	176.9	39.8	263.8	49.1	130.1	33.1
平顶山	90.4	102.4	135.1	49.4	161.6	19.6	86.3	4.9
5市合计	677.7	57.8	992.7	46.5	1477.0	48.8	824.6	39.28

数据来源：河南省及试点城市历年发布的统计公报。

(2)试点行业投资情况。从比重看，在2005年7月~2008年6月3个跨年度周期中，固定资产购置占试点城市工业投资比重略有下降，分别为29%、25%、24%[①]。

从增速看，试点企业固定资产购置规模增速亦有所回落。2007年7月~2008年6月，固定资产购置规模同比增长17%，比同期回落6个百分点。这一点与全省工业投资情况相符，2008年上半年，河南省整个传统优势产业，如食品、纺织等行业投资增速均大幅回落，其中食品工业投资增幅同比回落39.4个百分点，纺织工业投资增幅同比回落26.8个百分点[②]。

(3)试点企业投资情况。具体到试点企业，一年来发生机器设备购置的只占备案户的37.81%，也就是说，政策出台后仍有6成以上符合条件企业并没有发生机器设备投资行为。另外，通过对试点行业省控重点工业纳税人的问卷调查也表明：认为扩抵政策对固定资产购置规模“没有影响”的占12.22%，认为“会加以考虑，但不是主要因素”的占67.20%，认为“影响很大”的占20.58%。这也从另一个角度再次说明绝大部分企业的固定资产投资是理性和审慎的。

① 固定资产购置数据，来自对纳税人的调查，调查表样附后。

② 石玉：“铝业产能调整拉低河南投资增幅”，《第一财经日报》2008年7月23日。

2. 对固定资产构成及企业投融资[①]方式产生一定影响。据调查，2005 年 7 月 ~2006 年 6 月，试点行业购置的固定资产中机器设备等资产的比例为 32%，2006 年 7 月 ~2007 年 6 月为 31%，2007 年 7 月 ~2008 年 6 月达到了 47%，扩抵政策实施第 1 年就增长了 16 个百分点。这说明，扩抵政策有效地刺激了企业投资行为，促进了企业设备更新和升级改造投资，优化了企业投资构成(见表 6)。

表 6　　试点行业 3 年来固定资产（可抵扣）购置规模表　　单位：亿元

时期	2005 年 7 月 ~2006 年 6 月	2006 年 7 月 ~2007 年 6 月	2007 年 7 月 ~2008 年 6 月
固定资产	240	295	345
可抵扣	76.8	91.5	162

数据来源：来自对相关纳税人的调查。

另外，调查反映出扩抵政策会对企业投融资方式的选择产生影响。如洛阳一拖 2007 年拟投资一套价值数千万元的大型设备，因资金紧张，原定通过银行融资租赁，恰逢扩抵政策出台，考虑到 17% 的进项税额可以退税，企业最终放弃了融资租赁改为贷款购置。

综上所述，扩抵政策并非是影响固定资产投资的主要因素，也不会加剧固定资产的非理性投资，但它对于促进企业设备更新和改造，提高企业产品竞争力和盈利能力，加大节能减排、环保安全投入等起到了积极作用。

（三）对税收收入形成直接影响

1. 对全省收入总量影响较小，但对试点城市收入和增幅有一定影响。从对税收增速的影响看，5 试点城市在扩抵政策实施后第 1 年增值税增幅为 16.38%，与 2006 年 7 月 ~2007 年 6 月增值税增幅 19.32% 相比，增速下降 2.94 个百分点。如果加上抵退税款 16.59 亿元，增幅达 23.37%，政策影响 5 市增值税增幅 7 个百分点。

从税收所占比重看，5 市税收占全省比重为 50.02%，其中：增值税占全省 46.84%，与同期相比两项指标分别下降了 1.9 和 2.5 个百分点。

从抵退税额占税收收入比重看，5 市实际抵退税额占当期国税收入的 3.71%，占实现增值税的 6.1%。

---

① 此处所称的投融资是指企业在有明确的固定资产购置意向下的融资和投资的过程。——作者注。

表7　　河南省扩抵试点城市抵退税情况统计表　　单位：亿元

地　区	实现税收						抵退税额
	2005年7月～2006年6月		2006年7月～2007年6月		2007年7月～2008年6月		2007年7月～2008年6月
	国税收入	其中：增值税	国税收入	其中：增值税	国税收入	其中：增值税	
郑州	137.5448	81.7321	193.40	95.31	218.25	107.76	6.62
洛阳	66.3607	49.5028	87.30	60.48	109.95	71.98	4.98
开封	9.6874	7.4602	12.01	8.90	15.24	11.57	0.55
焦作	35.0478	26.1414	43.70	33.12	49.27	39.36	1.86
平顶山	37.8083	34.1312	44.68	39.59	54.44	45.61	2.58
5市合计	286.4490	198.9677	381.09	237.40	447.15	276.28	16.59
全省总计	560.8356	398.2813	733.89	480.66	893.86	589.79	16.59

数据来源：中国税收征收管理系统（CTAIS）、全省扩抵退税统计表。

2. 对相关税种收入影响在一定时期内持续作用。

（1）增值税会在一定时期内减收。目前扩抵政策实行"增量计税、按季退税"办法，除退税款影响退税当期税收收入外，对于企业当期发生的固定资产进项税额，由于增量或应纳税额不足需结转后期退税的，将影响以后收入。一年来的4次退税，从2007年第三季度的2.65亿元到2008年第二季度的6.29亿元，期末待抵扣固定资产进项税余额逐渐增多。同时，原来作为当地增收因素的新办企业，目前在可抵扣固定资产进项税额退完税以前，无法实现增值税税款，成为相对隐性减收因素，且其抵退税额的消化，视企业盈利程度在一定时期内存在，这一点在机器设备投资占总投资额比重较大行业或企业体现更明显。

（2）所得税会在一定时期内相应增收。实行扩大增值税抵扣范围政策后，企业新增的固定资产抵扣税款不再计入固定资产成本并在所得税税前扣除，减少的增值税税基部分转化为所得税税基，企业所得税将相应增加。在不考虑企业亏损等其他因素情况下，按平均10年折旧期限和25%企业所得税税率计算，一年来，5市新购置机器设备进项税额减少成本27.4亿元，所得税累计将增加6.85亿元，年均约增加6850万元。

（四）对地方财政收入影响较小

1. 对各级财政整体影响不大。按照现行有关税种的中央地方分成比例，一年来扩抵政策使试点城市地方留成部分减少 4.15 亿元，占当期 5 市一般预算收入总量的 0.57%。其中，2007 年减少地方财政收入 2.37 亿元，占 0.55%；2008 年上半年减少地方财政收入 1.78 亿元，占 0.62%。由于城市维护建设税和教育费附加不受扩抵政策影响，若再考虑到企业所得税增加，从绝对额来看，扩抵政策对地方财政的影响更小（见表 8）。

表 8　试点城市扩抵退税占同期一般预算收入　单位：亿元

地　区	2007 年			2008 年上半年		
	扩抵退税	一般预算收入	比重（%）	扩抵退税	一般预算收入	比重（%）
郑州	0.93	219.51	0.42	0.82	142.98	0.57
洛阳	0.83	100.17	0.83	0.40	64.99	0.62
开封	0.07	20.32	0.34	0.05	13.19	0.38
焦作	0.20	46.53	0.43	0.18	29.88	0.60
平顶山	0.35	50.1	0.70	0.32	33.11	0.97
总计	2.38	436.63	0.55	1.77	284.15	0.62

注：表中"扩抵退税"仅指扩抵退税中地方分成部分，即扩抵退税总额乘以 25%。

2. 县区级财政收入减收出现差异。由于试点城市所辖县（市）区经济发展程度不一，扩抵政策退税对各单位影响不均衡。总的来说，工业化程度越高，财政状况越好的城市，退税额占当期增值税总额的比重就越高，扩抵退税对财政产生影响的承受力也越强。但对严重依赖少数重点税源企业的县区来说，若企业发生大规模的投资行为，在一段时期内对地方财政会形成较大压力。如洛阳市商业为主的某区，退税占增值税收入的比重为 2.38%，而该区财政一般预算收入中增值税地方分成部分仅占 1% 左右；在工业集中的某区，由于该区一重点税源集中购进固定资产，退税占同期增值税收入的 25.91%，该区财政一般预算收入增值税地方分成部分占 9% 左右。

3. 实际影响远小于预期。在扩大增值税抵扣范围政策实施前，各级政府和国税部门普遍担心各级财政能否承受由此产生的支付压力。尤其是影响财政减收的因素比较复杂，企业投资的不确定性等，准确测算减收数据较为困难，往往对减收规模估计过高，更增加了地方政府的顾虑。政策实施前，河南省测算 2007 年当年（半年）增值税将减收 18.9 亿元，减少地方留成 4.73 亿元，当年实际退税只有 9.1 亿元，地方留成减少 2.27 亿元（这还包括当年全额退税的情况），因此，财政实际减收数远小于测算数值。

扩抵政策在固定资产购置的当期或固定资产进项税额抵扣期间，会造成税收收入减少，但整体所占比重较小。这一影响会通过固定资产规模的扩大，设备更新改造，以及产品的升级换代转化为发展动力，成为税收的稳定增长点，也必然带来经济发展和财税收入增长的良性循环。

三、政策存在的缺陷

综上所述，作为增值税全面转型前的试行政策，中部扩抵政策在河南省实施过程中对于减轻企业负担，促进企业技术改造、优化升级，促进试点地区和行业可持续发展等方面发挥了一定的积极作用，但其存在的缺陷也影响了政策积极效应的发挥：

1. 政策制定上有违增值税中性原则。由于选择在部分城市、部分行业实施增值税扩抵政策，客观上造成了不同区域、不同行业、不同企业之间的政策歧视，这种因不同地区、不同行业和不同企业而形成的政策差别，势必会打乱增值税全面完整、相互连贯的征扣税机制并影响全国统一的大市场，从而导致新的税制不公。

2. 政策执行上达不到预期效果。增量退税办法造成企业受益不均或最终无税可退，长期来看，增量抵扣政策使税收增量较小或没有增量的企业不能充分享受扩抵政策，还可能增加企业所得税税负，使政策执行效果打了折扣。另外，从整体过程看，增量退税只是把一部分应退未退的税额推迟，并不是减少而是推迟了财政负担，形成了对应退税款的认账、挂账、还账过程。

3. 政策操作上加大了税收管理难度。企业购进固定资产专用发票需要单独认证，会计需要单独核算，退税需要单独申报，审核退税手续繁杂（调查问卷中 33.63% 的纳税人反映），同时固定资产的界定，如通用设备与零配件的划分问题较为困难，这就加大了税务机关的操作难度，实际工作中易形成征管漏洞。

扩抵政策从 2004 年开始已经相继在东北和中部等地区进行了几年试点，也为增值税全面转型积累了经验。2009 年，即将在全国范围内实施的消费型增值税全面转型，使现行扩抵政策由一种局部的税收优惠政策转化为全国范围内的制度安排，克服了现行政策缺陷，尤其是在当前全球及中国宏观经济形势发生重大变化之时，增值税转型不仅可以进一步降低技术创新成本，刺激和鼓励企业投资和产品升级，促进企业技术进步和产业升级目标的实现，而且将进一步减轻企业税收负担，增强企业发展后劲，提高企业竞争力和抗风险能力，克服国际金融危机对中国经济带来的不利影响，保障中国经济的持续稳定健康发展。

附表 1　　河南省控重点企业问卷调查表汇总（共 1448 户）

	调查项目	合计票数	所占比重（%）
一、	扩抵手续办理		
	（1）非常繁琐	487	33.63
	（2）一般化	692	47.79
	（3）不繁琐	269	18.58
二、	扩抵政策对固定资产（机器设备）购置规模的影响		
	（1）影响很大	298	20.58
	（2）会加以考虑，但不是主要影响因素	973	67.20
	（3）没有影响	177	12.22
三、	对所退税款的需要程度		
	（1）非常需要	821	56.70
	（2）比较需要	442	30.52
	（3）无所谓，占企业当期的流动资金的比例极少	185	12.78
四、	对退税资金的利用		
	（1）归还贷款（利息）	88	6.08
	（2）再投资	378	26.10
	（3）补充流动资金	982	67.82
	（4）利润分配		0

附表 2　　河南省试点企业固定资产购置调查表　　单位：万元

购置时间 / 行业	2005 年 7 月 ~2006 年 6 月		2006 年 7 月 ~2007 年 6 月		2007 年 7 月 ~2008 年 6 月	
	固定资产	其中：可抵扣	固定资产	其中：可抵扣	固定资产	其中：可抵扣
装备制造	361274.29	137279.6	382913.69	162328.6	356042.53	156942.01
石油化工	206408.1	29789.08	256780.02	44475.83	383121.73	162832.32
冶金业	390145.22	101222.7	413440.86	43250.98	392649.68	135014.05
汽车制造	22988.64	2552.549	28949.74	4573.742	44659.36	10940.973
农产品加工	239845.23	37040.83	263954.32	32984.74	272976.69	38130.335
高新技术	45427.02	14815.2	26456.66	8239.319	23589.49	11523.96

续表

购置时间 行业	2005 年 7 月 ~2006 年 6 月		2006 年 7 月 ~2007 年 6 月		2007 年 7 月 ~2008 年 6 月	
	固定资产	其中：可抵扣	固定资产	其中：可抵扣	固定资产	其中：可抵扣
电力业	446603.35	83490.3	122166.32	29597.89	116523.3	66999.146
采掘业	687875.6	361346.9	1452842.74	589694.6	1855477.45	1038217.5
合计	2400567.45	767537.16	2947504.35	915145.7	3445040.23	1620600.3

注：1. 用途：分析统计 3 年来固定资产规模增减变动情况，是否与扩抵政策有关。

2. 纳税人口径：试点行业内，2005 年 7 月前已办理税务登记，并且 2008 年 6 月底仍正常经营的纳税人，以保证前后各期可比。

3. 可抵扣固定资产主要是指固定资产中机器设备等应征增值税的货物。

4. 本表所称固定资产：在原会计制度下，是指纳税人资产负债表中“固定资产净额”（第 43 行）+“工程物资”（第 44 行）+“在建工程”（第 45 行）。在新会计准则下，是指“投资性房地产”、“固定资产”、“在建工程”、“工程物资”、“生产性生物资产”、“油气资产”6 项之和。

调研组组长：杨贵荣

副　组　长：李天义

成　　　员：杨　莉　许利强　徐利彬　阎红政

地震灾害对甘肃省国税的影响及灾后重建政策建议

甘肃省国家税务局课题组

2008年5月12日14时28分，四川汶川地区发生里氏8.0级特大地震，是建国以来最大地震灾害之一，波及甘肃10个市州的70个县（市、区），尤其是邻近四川省的陇南、甘南、天水三个地区受灾最为严重。据甘肃省权威部门发布，截至6月25日，甘肃省因地震造成的直接经济损失已达到593.33亿元。如何正确认识和分析震灾对税收造成的影响，总结甘肃省国税系统在处理重大自然灾害过程中遇到的问题，提出应对和预防对策，提出支持经济恢复与重建的税收政策建议，是税收科研工作当前最为迫切而重大的课题。基于此，我们结合甘肃受灾实际情况，通过对6个受灾较重地区的调研，分析震灾对甘肃省国税工作和税收收入造成的影响，提出完善应急管理机制对策和支持经济恢复与重建的税收政策建议，以供领导决策时参考。

一、甘肃省地震受灾概况

“5·12”大地震以来，甘肃省受灾情况仅次于四川，受灾范围之广、破坏之大、损失之重、重建任务之艰巨，是甘肃省近现代史上罕见的。根据权威发布，截至6月底，地震造成全省129.80万户、526.61万人受灾，因灾遇难人员365人；受伤10158人；紧急转移安置179.7万人；倒塌房屋132.2万间，倒塌居民住房29.39万户；损坏房屋243.8万间；农作物受灾面积15057

公顷；损坏耕地面积 16117 公顷；灾害造成直接经济损失目前统计为 593.33 亿元；其中：城乡住房损失 380.17 亿元，基础设施损失 103.96 亿元，公共服务设施 23.23 亿元，工商企业损失 34.19 亿元，通信系统损失 11.49 亿元，其他损失 40.29 亿元。同时，由于甘肃省是个多山省份，地形以山地、高原为主，地震破坏具有放大作用，导致山区受灾严重，次生灾害频发加重了受灾程度；房屋抗震设防能力差，造成大量房屋倒塌或严重损毁；交通、电力、通讯、水利等生命线工程遭受严重破坏，工农业生产受灾严重，救灾难度大，重建任务十分艰巨。

二、甘肃省国税系统受灾情况

此次地震使甘肃省国税系统也造成了严重损失。截至目前，甘肃省国税系统接到 6 例受伤报告。陇南、天水、甘南、临夏、兰州、平凉、庆阳、金昌、定西、白银市国税局和省税务干部学校等 11 个单位不同程度受损，其中，陇南、天水、甘南 3 市国税局损失较大。具体情况是：

（一）人员受伤情况

据 2008 年 6 月两次灾情核查，全系统受灾 821 户 2647 人，因灾受伤 6 人，其中重伤 1 人（庆阳市环县国税局干部家属 1 名），轻伤 5 人（1 名在职干部、1 名离退休人员、3 名干部家属）。

（二）财产受损情况

经初步不完全统计，截至目前，甘肃省国税系统受损共计 22578.57 万元人民币。

1. 不动产损失 22227.61 万元。

（1）办公业务用房受损情况。全省国税系统办公用房受损共计 173 间，面积 126559.24 平方米，金额 13371.37 万元。其中：危房 25 间，面积 25482 平方米，金额 10316.23 万元。需维修 115 间，面积 101077.24 平方米，金额 3055.14 万元。需拆除 33 个税务分局（所）办公业务用房。

（2）职工住宅受损情况。全省国税系统职工住宅楼受损共 2533 户，面积 131795.22 平方米，金额 8856.24 万元。其中：危房 308 间，面积 21473 平方米，金额 2209.24 万元。需维修 2225 间，面积 110322.22 平方米，金额 6647 万元。

2. 动产可统计损失 350.96 万元，主要是信息化设备。

三、地震灾害对甘肃国税收入的影响

甘肃省属于能源、原材料生产省份，能源、原材料生产企业在甘肃省国税的纳税户中居多，尤其是陇南地区金属矿资源和水电等产业是当地经济和税收的主要支柱。“5·12”地震使陇南、天水、甘南等重灾区工矿企业厂房倒塌、设备受损、交通中断、生产经营出现停顿。由于矿山企业关闭停产、无法正常生产经营。据陇南市国税局调查，年内直接影响该市国税收入2.5亿元。综合全省情况，初步估算因震灾每月将直接减少国税收入1亿元以上。同时，加上企业在震灾过程中发生的公益性捐赠行为、税收减免等优惠型减收，这些因素对税收的总体影响将在2008年下半年及今后几年内逐步显现。从甘肃省2008年上半年的国税收入情况看，已初露端倪。2008年上半年国税收入增幅比2007年上半年放缓了13.6个百分点，比计划短收3.2个百分点，除价格因素外，地震灾害及其连锁反应造成企业生产经营不正常、效益下滑，是导致税收大幅减少的主要原因。以下以受震灾影响最重的陇南为例分析：

（一）震灾对陇南国税收入的影响

陇南是甘肃省受灾最严重地区，也是全国重灾区之一。“5·12”地震波及到陇南市8县1区全境195个乡镇，2343个行政村，176.72万人口，造成直接经济损失442.6亿元。陇南市国税局通过对所辖8县1区税源初步调查，全市因地震受灾停产的纳税人共2361户，其中企业642户，个体工商业户1719户（不含不达起征点户），经初步统计，直接影响税收收入2.5亿元左右。分行业看：

1. 有色金属行业。有色金属行业是陇南国税税源支柱行业，2007年，来自有色金属行业的国税收入占到全市国税收入的63.05%，2008年前4个月有色金属行业入库国税收入12894万元，占到当期入库国税收入的42.18%。“5·12”地震发生后，造成全市矿山企业全部停产，有92户有色金属采选企业和14户有色金属冶炼企业不同程度受灾。按乐观测算，地震将影响全年国税收入19800万元。其中：有色金属采选企业影响税收在14150万元左右；有色金属冶炼企业影响税收在5650万元左右。陇南几个主要有色金属企业的受灾情况及对国税收入影响见表1：

表 1　　陇南市主要有色金属企业受灾情况及对国税收入影响表

主要税源企业	企业受损情况	影响税收收入
白银公司厂坝铅锌矿	矿区生产全面停产	减少 2100 万元
甘肃成州锌业有限责任公司	直接损失 282.5 万元，停产 21 天，期间损失 3500 万元	停产期间损失税收 400 万元左右
甘肃洛坝集团有限责任公司	矿区停止生产	3 个月内将造成税收收入减收 1500 万元
西和县尖崖沟铅锌矿	因部分厂房倒塌，矿洞坍塌，停产	近 4 个月内将影响税收收入约 1500 万元左右
西和县恒安工矿贸易有限公司	因部分厂房倒塌，矿洞坍塌，停产	近 4 个月内将影响税收收入约 500 万元左右
甘肃文县万利铁合金厂	库房倒塌、厂房顶篷报废	月平均影响税收 50 万元

2. 黑色金属行业。这次地震使硅矿、铁矿及冶炼企业全面停产，3 户矿山企业影响税收 80 万元，11 户硅铁冶炼企业，由于厂房倒塌，炉体倾斜，损失严重，恢复生产还需一定时间。据测算，影响税收 320 万元。黑色金属行业共影响税收 440 万元。

3. 其他行业。其中，电力行业：发电、供电共影响 1040 万元左右；商户流通行业据测算，影响税收 1240 万元；医药行业税收减少税收收入 120 万元左右；白酒行业影响增值税、消费税 1600 万元左右；建材行业，据测算，影响税收 28 万元左右；以及其他因素形成减收约 730 万元左右。

（二）地震对天水、甘南等其他灾区国税收入的影响

除陇南之外，此次地震对天水市（州）国税收入影响较大，全市预计上半年税收收入减少 3500 万元左右。天水长城开关厂等 16 家重点工业企业、部分重点商业企业和砖瓦行业受损严重，其中，海林中科科技股份有限公司由于锻压分厂山墙倒塌、车间倒塌需要重修，造成损失尚无法估计。如：中航天水飞机工业有限责任公司由于厂房、机器等生产设施主体结构变形损毁严重，据权威部门认定，损失总计 2939.23 万元，重建资金需 7915.36 万元，预计后续影响所得税在 700 万元左右，3 年之内不会实现企业所得税。

甘南虽然是重灾区，但由于经济发展落后，税源较少且较为分散，从当前看，对国税收入直接影响不大。据统计，地震造成 3 户采矿业和部分水利发电厂停产或减产，5 月份减少增值税为 111.5 万元。

此外，定西、庆阳、平凉等地企业也不同程度受损，预计直接影响税收1600万元左右，间接影响目前尚无法精确估算，将在今后一段时间内陆续显现出来（见表2）。

表2　“5·12”地震甘肃省重灾区国税收入情况对比表　单位：万元

地　区	2007年5月	2008年5月	增加（减少）额	同比增长(减少)率(%)
陇南市（9县区）	10647	6351	-4296	-40.3
其中：成　县	4773	2625	-2148	-45.0
武都区	1427	556	-871	-61.0
文　县	451	597	146	32.4
康　县	554	363	-191	-34.5
宕昌县	82	102	-20	-24.4
西和县	1605	1061	-544	-33.9
礼　县	62	86	24	38.7
徽　县	1658	884	-774	-46.7
两当县	35	77	42	120.0
甘南州（7县1市）	745	957	212	28.5
其中：合作市	397	433	36	-9.1
夏河县	24	120	96	400.0
临潭县	90	68	-22	-24.4
卓尼县	55	39	-16	-29.1
舟曲县	67	152	85	127.9
迭部县	44	97	53	120.5
玛曲县	42	24	-18	-42.9
碌曲县	26	24	-2	-8.3
天水市（7县区）	11811	11188	-623	-5.3
其中：秦州区	2696	2821	125	4.6
麦积区	8371	7200	-1171	-14.0
清水县	157	52	-105	-66.9
秦安县	115	119	4	3.5
甘谷县	183	520	337	184.2
武山县	186	251	65	34.9
张家川县	103	225	122	118.4
合　计	23203	18496	-4707	-20.3

四、震灾中暴露出管理方面问题及对策建议

（一）管理方面存在的问题

1. 应急机制缺乏具体规范。近年来，甘肃省国税系统按照国务院、国家税务总局有关规定，制定了预防突发事件的各项预案，建立了相应工作机制。"5·12"地震发生后，甘肃省国税系统有力、有序、有效地应对，将地震灾害造成的损失降至最小，并确保了灾后各项工作正常运转，未因突发事件造成税收工作中断。但也暴露出了一些不足，具体表现为：一是缺乏专项应急预案和应对专项（如地震）灾害措施；二是缺乏应对突发事件和自然灾害的宣传教育和日常演练，广大税务干部和工作人员防灾意识淡薄，应对灾害的常识普遍缺乏，自救知识基本空白；三是缺少救灾专项资金，使各级在面对突如其来的事件和灾害时，缺乏应急处理资金支持。

2. 征管资料及档案保管存在隐患。国税系统对发票、征管资料、档案管理都有明确规定，但个别单位对此认识不足，重视不够，没有切实做好档案、资料管理工作。如没有对信息中心机柜、服务器等设备加以固定。一旦发生地震、火灾、水灾等突发灾害，没有采取加固、防火、防水、防盗措施的设备和资料就存在安全隐患。同时，数据缺乏有效的异地备份机制。全省进行省级数据集中后，绝大多数税收征管数据已经集中到了省局，但也有部分数据备份存放在本地数据机房中，并按照要求使用不同的备份进行保存。此次地震灾害，使本地存放数据的脆弱性显而易见，如果房屋倒塌将导致所有数据丢失，对税收工作将会造成巨大影响。

（二）对策及建议

1. 建立完善的法规。中国幅员辽阔，各种自然灾害发生频繁。因此，建立和完善应对突发事件和自然灾害的相关法律法规十分必要。应总结"5·12"地震中的一些经验和教训，制定包括灾情预测和发布、救灾救援、因灾受损等在内的行之有效的评估和统计制度，为防灾、抗灾、救灾和灾后恢复重建提供制度保障和决策依据。

2. 完善应急机制。要从此次灾害中总结经验，加强灾害应急机制和重建机制建设，提高灾害应变和管理能力。一是制定处理突发事件的具体应急预案，包括应急组织、信息发布与报告、人员疏散、财产抢救、对外求救等涵盖突发事件和自然灾害处理各个环节，应急预案要突出操作性，以指导基层制定更为具体的应急预案，做到应对突发事件有准备、有能力、有秩序；二是经常

开展应急知识宣传教育与演练，使每一位干部职工熟知在突发事件面前应当怎么做、怎么应对，使防灾抗灾制度落到实处；三是应建立救灾准备金，以备灾情发生时使用。

3. 加强税收资料及档案管理。一是建立“税收资料及档案灾备中心”，灾备中心和原始资料存放地相隔距离应在300公里以上，防止因客观原因造成档案、资料、数据丢失和损毁；二是加强征管数据备份管理。定期对重要征管数据进行备份，采取纸质资料和电子资料两种备份形式；三是定期开展安全管理检查。定期开展安全大检查，特别是对档案资料室、发票库房、办税服务厅、机房等重点部位要严格检查，排除隐患，加强管理，切实防止不安全事故的发生。

4. 把心理疏导和情感抚慰作为灾后重建的重要内容，做深做细思想工作。心理学研究表明，当人受到外界某种强烈刺激后，便会引发机体变化和反应，并激起神经冲动，传至中枢神经系统便会产生过度紧张情绪，时间一长，就会产生负面影响，如健忘、消沉、悲伤、注意力不集中、工作效率低下等。甘肃省国税系统有2647人受到震灾影响，有6人受伤。这些干部及其家庭是地震灾害的受害者，同时也是心灵心理的受伤者，亟待心理疏导与情感抚慰。因此在做好物质方面重建的同时，还必须做好思想心理方面的重建工作。如果说重建房屋、设施等属于硬件方面重建，那么税务干部职工的心理疏导、情感抚慰则属于灾后重建的软件建设。从一定意义上讲，软件比硬件更为重要，因为世界上一切事物中人是第一要素，人的工作做好了，任何困难都可以克服，任何工作都可以做好。

五、支持灾后经济恢复与重建的税收政策建议

目前，地震灾区工作重点已由抗震救灾转到灾后重建。支持企业全面恢复生产和灾后重建，是税务部门义不容辞的责任，甘肃省是仅次于四川省的重灾区，工矿企业受损严重，要使其尽快得到恢复与重建，亟待税收政策方面给予支持。现结合甘肃省实际情况，提出以下几点税收政策建议。

（一）促进纳税人尽快恢复生产的税收政策建议

1. 对受灾地区企业实行“消费型”增值税。甘肃省的企业大多是能源、原材料生产企业，陇南、甘南、天水在“5·12”大地震中受损企业主要是采矿业、发电业、机械制造业，而这类企业恢复重建又需要大量固定资产投资。现行“生产型”增值税对购进固定资产所含税金不允许抵扣，这对因灾受损、

恢复重建企业十分不利。《国务院关于支持汶川地震灾后恢复重建政策措施的意见》（国发［2008］21 号）规定，自 2008 年 7 月 1 日起，对受灾严重地区实行增值税扩大抵扣范围政策，允许企业新购进机器设备所含增值税进项税额予以抵扣。这一规定，对灾区企业重建有扶持作用，但力度仍显不够。为了使灾区企业尽快恢复重建，为国家创造更多财富、增加税源，建议在灾区实行“消费型”增值税，同时将“消费型”增值税范围和行业扩大到全额、全部行业，即允许对所有投资房屋、基础设施和购进设备等固定资产投资进项税全额抵扣，以最优惠的政策支持灾区重建。

2. 建议对受灾企业在重建期给予所得税优惠。《国务院关于支持汶川地震灾后恢复重建政策措施的意见》（国发［2008］21 号）规定：对受灾严重地区损失严重企业，免征 2008 年度企业所得税。我们建议加大优惠力度，对受灾地区损失严重企业，在灾后重建期内免征企业所得税；重建期满后，在发展期内比照高新技术企业实行 15% 优惠税率。同时，对灾区现有企业固定资产允许缩短折旧年限和采取加速折旧法计提折旧。

3. 对于灾区受灾企业以前年度呆账税金予以全额豁免，以便企业轻装上阵，及时恢复生产。

4. 甘肃省经济落后，专业市场和个体税收在甘肃省陇南、甘南、天水等重灾区仍然占有一席之地。“5·12”地震发生后，由于玻璃、瓷砖等建材行业市场损失严重，同时，又缺乏相关税收优惠政策，使商户无力继续经营，从而大量提交停歇业申请。建议对个体经营者因地震造成的损失，在缴纳增值税时予以减免。

（二）鼓励社会各界支持抗震救灾和灾后重建的税收政策建议

“5·12”地震发生后，社会各界积极捐款、捐物，为灾区前期的抗震救灾工作提供了大量资金和物质帮助。但灾后重建和恢复生产仍然任重道远，还急需大量物资。有专家估计，所需重建资金将是赈灾救助资金的 3～4 倍。在这紧要关头，税收应当发挥其杠杆作用，对企业向灾区提供急需物资的捐赠，给予相应税收优惠，鼓励社会各界积极支持灾后重建和恢复生产。具体建议：

1. 对企业为支持灾区救援和重建而援助或捐赠的急需物资，如矿泉水、食品、药品、帐篷、活动板房，以及重建中需要的钢材、木材、水泥、工程机械等，在增值税方面给予免予按照视同销售征税的优惠政策。具体为：对小规模纳税人捐助物资，可直接免征增值税。而一般纳税人由于实行扣税法，可以凭受赠地方政府或相关慈善机构开具单据，作进项税额转出。对于利用本企业产品直接为地震灾区援助医院、学校、交通、通信、电力等公共基础设施的，予以免征增值税，并对本企业产品的进项税允许抵扣。

2. 中国现行税法规定，企业发生的公益性捐赠支出，税前扣除额不能超过年度利润总额的12%。此次震灾波及面广、破坏性大，在党和政府的号召下，各行各业各企业纷纷伸出援助之手，出现了大量的捐助行为。公益性捐赠税前扣除比例明显偏低，在一定程度上不利于鼓励社会捐助。建议对企业给予灾区的公益性捐赠支出允许其税前全额扣除。

（三）吸引企业和投资者到灾区投资的税收政策建议

针对灾区恢复重建的迫切任务，应通过提供税收方面的鼓励和优惠政策，鼓励外地企业和投资者到灾区投资兴办企业。

1. 对地震后在灾区新办企业，吸纳招用当地因地震灾害失去工作的城镇职工人数达到职工总数30%以上的，在灾后重建期内免征企业所得税。重建期满后，在发展期内比照高新技术企业实行15%优惠税率。这样，一方面为招商引资创造良好的外部环境；另一方面缓解了当地就业压力。

2. 此次震灾中，甘肃省倒塌房屋面积132.2万间，造成城乡住房损失380.17亿元。为了鼓励房地产企业到灾区投资建房，建议对参与灾后重建的房地产企业在灾后重建期内免征企业所得税。

课题组组长：杨继元

副　组　长：刘金良　贾曼莹

成　　　员：王应科　张国斌　张学显　任　伟　郑　飞

执　　　笔：任　伟　郑　飞

加强企业所得税管理问题研究

——基于对上海市企业总分机构税收分配情况的分析

上海市国家税务局、地方税务局课题组

《中华人民共和国企业所得税法》（以下简称“企业所得税法”）已于2008年1月1日起正式施行，其中对企业总分机构的纳税政策作了重大调整。根据企业所得税法，居民企业在中国境内设立不具有法人资格营业机构的，应当汇总计算并缴纳企业所得税；非居民企业在中国境内设立两个或者两个以上机构、场所的，可以选择由其主要机构、场所汇总缴纳企业所得税。随着全球经济一体化的发展，越来越多的企业通过改制、跨地区经营、集团化经营、发展规模经济、合理配置资源，实现企业价值最大化。根据公司法人身份来确定纳税主体的法人所得税制正是适应了现代企业制度下税收管理的需要，体现了税收中性和先进生产力发展的要求，并实现了与国际惯例相一致。

但是，由于所得税入库地点不同，会出现企业经营地与纳税地不一致情况。加之总机构与分机构在收入、成本、损失、费用等项目上的归属划分不尽一致，税收与税源背离矛盾日益突出。出现这种情况，既有企业的因素，也有分税制财政管理体制（以下简称分税制）造成地方间收入互不关联，互不协调的问题。

为此，财政部、国家税务总局、中国人民银行联合出台了《跨省市总分机构企业所得税分配及预算管理暂行办法》（财预［2008］10号）（以下简称10号文），国家税务总局出台了《跨地区经营汇总纳税企业所得税征收管理暂行办法》（国税发［2008］28号）（以下简称28号文），在汇总纳税基础上，实行“统一计算、分级管理、就地预缴、汇总清算、财政调库”的处理方法。这两个办法的出台，力求化解税收与税源背离矛盾，缩小地区间财政收入差距，促进社会公平，符合科学发展观和构建和谐社会的要求。当然，用税收政策强制性地解决财政体制上的缺陷，并不能根除地区间税收恶性竞争弊端，短期内似乎公平了税收分配，但从长远看，则会影响企业投资经营策略。

2008年以来，上海市积极贯彻执行企业所得税法，严格按照国家税务总局规定加以落实。作为总部经济发达的地区之一，实现了税收向全国尤其是中西部地区转移，为协调地区经济利益，从而带动相对欠发达地区经济发展做出了贡献。然而，由于各地税务机关对政策理解程度存在差异，加上相关配套措施尚未跟上等原因，部分企业从自身利益出发，利用政策上的不足之处，在实际操作过程中产生了执行部门操作口径不统一、执行力度不一等问题，造成地区间企业总分机构税收分摊比例不均衡，企业纳税成本提高。这实质上已成为一种税收与税源背离现象，影响企业经营期初目标、成长后劲和地区经济有序发展，需要认真研究解决。

为此，国家税务总局税科所立项组织各地基层调研机构就如何加强企业所得税管理问题进行探讨，上海市国家税务局和地方税务局在接受课题调研任务以后，围绕企业总分机构在执行纳税新政策过程中出现的新情况展开调研，并选择典型案例进行剖析，提出完善企业总分机构纳税政策与税收管理的相关对策建议。

一、企业跨区经营与税收政策的发展历程

（一）企业跨区经营发展历程

上海市是中国最重要的工商业基地之一。从建国后到改革开放前，上海市对国有企业实行高度集中的统收统支经济管理体制，企业没有经营自主权，利润全部或大部分上缴国家。1978年党的十一届三中全会以来的30年，是中国企业改革逐步深化的30年。政府通过出台一系列政策措施，逐步改革完善对国有企业的分配关系，搞活国有企业。在这30年的改革进程中，上海市企业发展经历了几个阶段。

第一阶段，扩大企业经营自主权。1978年11月，上海市在国营工业企业中推行企业基金的做法，就是企业在上缴利润以后，可提取一定比例的企业基金，其中大部分用于职工集体福利，其余用于各种奖励。1979年4月，国家

经委选择上海柴油机厂、上海气轮机厂、上海彭浦机器厂等京津沪8家国营大中型工业企业进行以利润留成为主要内容的扩大企业自主权试点。同年8月，上海市对拖拉机汽车等6个工业公司所属102家工厂参加扩权试点，主要实行基数留成和增长分成的利润留成制度，留成部分一般按4∶3∶3的比例，分别用于生产发展、集体福利和职工奖励。到1982年，全市11个主要工业局实行利润留成制度，平均留利率为12%。

第二阶段，推行企业承包制。1987年4月，584家大中型国有工业企业逐步推行多种形式的承包责任制，1988年，全市工业系统实行保上缴利润、保技术改造、保出口创汇、工资总额同经济效益挂钩的“三保一挂”承包经营责任制，还有部分企业试行“税利分流、税后还贷、税后承包”。

第三阶段，转换企业经营机制。为增强国营大中型企业活力，从1991年起，上海市分三批对国营工业企业进行完善经营机制改革和改组为股份制企业的试点。9月，上海轮胎橡胶（集团）公司等3家企业签约参加首批试点；10月，上海机床厂、上海柴油机厂、上钢三厂等3家企业参加第二批改革试点。试点企业按照《关于国营工业企业进行完善经营机制改革试点的意见》，执行《中华人民共和国中外合资经营企业会计制度》；流转税比照同类产品的工商统一税税率征收，所得税税率为27%；不再执行国营企业的一些财政税收政策；11月，上海天原化工厂、微型轴承厂等9家企业和自动化仪表行业被批准为实行税利分流、税后还贷、劳动制度配套改革试点单位。

1994年1月1日起，中国进行了税制改革，实行分税制，国有企业所得税税率由原来执行55%，统一改按33%的比例税率征收，企业税后利润由企业自主支配。

第四阶段，建立现代企业制度。1993年11月，在《中共中央关于建立社会主义市场经济体制若干问题的决定》中，明确提出建立以“产权清晰、权责明确、政企分开、管理科学”为特征的现代企业制度。从1994年起，上海市把企业改革的重点转向探索建立现代企业制度。

为加强对建立现代企业制度工作的领导，市政府成立了现代企业制度试点工作领导小组及其办公室，制定了试点方案和工作进度。从1995年起，按照中央统一安排，率先在全国进行建立现代企业制度基本框架的试点工作，140家大中型工业、商业、外贸等企业列入试点名单，1996年，试点企业扩大到250家，涉及独立核算企业2000多家，总资产覆盖全市国有资产的80%。至1998年末，各试点企业按照《公司法》陆续进行改制，现代企业制度的基本框架初步形成。

在这期间，市政府提出了加快产业结构调整，提高企业抗风险能力，进一步深化企业改革，推进“抓大放小”战略。要求在已经组建的36家企业集团和实体性公司基础上，进一步巩固、完善和发展企业集团。为了应对激烈的国际竞争，进入2000年以后，上海市各类所有制企业纷纷做大做强，组建了108家跨区经营大型国有企业集团，并带来企业兼并的浪潮，大型企业集团由此成为推动中国经济发展的重要力量。

企业自身实力增强以后，就有能力为全国区域经济发展做出贡献。目前全国省级以上大型企业已经超过3000家，而这些企业集团总部大都设在北京、上海、广东、江苏、浙江等经济发达、政策环境较好地区，生产、销售等分机构则设在资源丰富、劳动力成本比较低廉的中西部地区。

第五阶段，总部经济兴起。20世纪80年代以来，随着改革开放与市场经济的建立，上海市涌现出数量众多的企业集团。据统计，到2007年底，上海市企业集团达377家，成员企业达2300家，其中：本地成员企业2100余家，外省市成员企业有140余家。这些企业集团的总部与分机构除了为上海市经济的繁荣发展做出重要贡献，还走出上海市，到全国各地投资经营，为各地的社会经济注入了活力。

上海市在为全国做出贡献的同时，也积极对内、对外开放，吸引国内外企业投资上海市。2002年7月，市政府出台《上海市鼓励设立外国跨国公司地区总部的认定工作》和鼓励外资投资性公司、外资研发中心的一系列相关政策法规。规定在本市设立地区总部，母公司的资产总额不低于4亿美元、已在中国投资累计总额不低于3000万美元、在中国境内外投资或者授权管理的企业不少于3个，且对其负有管理和服务职能。在本市设立的具有研究开发功能的地区总部，可以按照规定享受高新技术企业优惠政策；在浦东新区注册的地区总部，可以按照规定享受浦东新区优惠政策。同时建立政府与在沪跨国公司的对话沟通机制，提出“要大力发展总部经济，使上海成为跨国公司地区总部、研发中心、营运中心和采购中心的集聚地”，将吸引跨国公司总部当作招商引资的重点目标。当年，市政府就认定批准两批16家跨国公司地区总部。2003年底，包括阿尔卡特、联合利华、通用电气等在内的53家著名跨国公司在上海设立了地区总部。

2004年，上海浦东新区又出台《关于鼓励国内大企业在浦东设立总部的暂行规定》，吸引了大批国内外企业总部入驻浦东新区，为上海市经济发展提供强大的支撑。青浦、闵行、松江、奉贤等郊区成为国内外企业的生产、研发基地。截至 2007 年底，上海市已经聚集了 300 多家上市公司总部、183 家跨国公司地区总部、165 家跨国公司投资性公司以及 244 家跨国公司研发中心。各地民营企业总部落户上海也取得了重大进展，截至 2006 年底，落户的民营企业总部有 160 家之多，使内外资企业价值链与上海区域资源实现“最优空间耦合”。

目前，在浦东新区陆家嘴——中心城区徐家汇——南京路——淮海路——静安寺——虹桥开发区等吸引国内外企业总部或分机构的黄金走廊，集聚了全市 70% 以上的总部经济。上海市还将细化并出台相关鼓励政策和法规，继续大力吸引跨国公司全球总部和地区总部、投资性公司、研发中心、营运中心、金融结算中心、仓储和分拨中心、跨国采购中心等“总部经济”外资企业投资落户，将总部经济资源优势扩大到杨浦、普陀、闸北、宝山等传统工业城区和郊区。

（二）支持企业跨区经营发展的所得税政策在改革中逐步完善

企业所得税是中国现行税制结构中一个重要税种。2008 年 1 月 1 日施行的《中华人民共和国企业所得税法》是经过 30 年的探索，在渐进式、分步走的过程中，不断深化完善的结果，对总分机构缴纳企业所得税的政策同样是逐步完善起来的。

1. 从发展轨迹看，企业所得税政策在适应社会主义市场经济需要中逐步完善。1993 年 12 月，国务院发布《中华人民共和国企业所得税暂行条例》（以下简称《暂行条例》），从 1994 年 1 月 1 日起执行。《暂行条例》遵从法制化、科学化、规范化原则，将原国营企业所得税、集体企业所得税、私营企业所得税合并为统一的内资企业所得税。

当时出台的《暂行条例》在调节国家与企业的分配关系方面，以是否独立核算作为判定企业所得税纳税人的标准，并根据中央的意图，鼓励大型企业对所属成员企业实行汇总或合并缴纳税收。

1994 年，按照国家税务总局规定，铁道部直属运输企业，由铁道部汇总缴纳；中国民航总局直属运输企业，由中国民航总局汇总缴纳；中国工商银行、中国农业银行、中国银行、中国人民建设银行、中国投资银行、交通银行、中国国际信托投资公司，一律由总行集中缴纳。1996 年，上海航空工业集团资产 100% 控股的成员企业，由上海航空工业集团公司汇总缴纳；邮电部直属邮电通信企业的所得税，由邮电部集中缴纳。2000 年，中国船舶工业集团公司的所属14家全资控股企业的所得税，由上海船舶工业集团公司合并缴纳；中国海洋石油运输集团为所属企业实行汇总纳税；中国农垦（集团）总公司全资控股的14家二级公司及所辖49户三级企业，由中国农垦（集团）公司合并缴纳。

2001年起，对证券公司所属营业部，保险公司及其分机构、中国光大银行、中信集团所属各成员企业，实行汇总缴纳企业所得税。2006年，国家税务总局在《关于规范汇总合并缴纳企业所得税范围的通知》（国税函［2006］48号）中，规定可以申请汇总纳税的企业是：国务院确定的120家大型试点企业集团；国务院批准执行试点企业集团政策和汇总纳税政策的企业集团；《暂行条例》及其实施细则规定的铁路运营、民航运输、邮政、电信企业和金融保险企业（含证券等非银行金融机构）；文化体制改革的试点企业集团；汇总纳税企业重组改制后具集团性质的存续企业。

上海市在执行企业所得税汇总（合并）纳税政策过程中，严格按照国家税务总局的规定加以落实，明确对企业实行查账征收方式的实行汇总缴纳，纳税方式按年计算，按月或者按季预缴，月份或者季度终了后的15日内预缴，年度终了后4个月内汇算清缴，多退少补。从2001年起，上海市对汇缴企业所属成员企业，按年度缴纳企业所得税60%就地预缴；在上海市汇总缴纳的金融、保险企业，以分行（分公司）为就地预缴所得税的成员企业；还对上年度未执行汇总（合并）纳税，但当年申请汇总（合并）纳税，并报市国家税务局和主管税务机关备案的企业（包括汇缴企业和成员企业，下同），在国家税务总局尚未批准前，当年按当期实际实现数全额预缴所得税。经批准汇总（合并）纳税后，多预缴的所得税在以后各期预缴中抵扣。对上年度执行汇总（合并）纳税，当年继续申请汇总（合并）纳税，并报市国家税务局和主管税务机关备案的企业，在国家税务总局尚未批准前，当年按上年度应纳所得税的1/4或1/12预缴所得税，经批准汇总（合并）纳税后，多预缴的所得税在以后各期预缴中抵扣，少缴的所得税应在批准之月补缴入库。实行汇总（合并）纳税企业，按当期实际实现的应纳所得税额和规定的就地预缴比例计算预缴所得税。由于严格执行国家税务总局的政策精神，上海市汇总（合并）缴纳企业所得税管理工作已经成为一项日常工作，透明规范地运作着。

针对内外资总分机构纷纷投资落户上海，并且大多是一些重点管理的税源大企业的特点，上海市积极探索如何合理分配和协调地区间税收与税源矛盾，并且采取了一些措施，如各主管税务分局都出台了“重点税源管理办法”，实行专人专责，深入管户，同时根据“两级政府，两级管理”的体制，对跨区经营的内外资总分机构在财政体制上实行市与区县分级管理，在财力结算上充分考虑户管企业所在区县的利益，同时兼顾外省市的经济利益，促进地区间经济的协调发展。

1997 年，为了缓解区域间税收竞争矛盾，保持本市区域经济协调发展，根据本市区县强烈反映的要求，按照国家税务总局文件精神，本市财税部门先后发出两个通知，调整内外资商业企业跨区经营上缴财政收入分成办法。对市属大型商业连锁经营集团公司，在全市范围内新开设的直营连锁分机构，并由总机构统一核算、统一纳税的，可按其新设分机构实现的销售额（营业额）占总机构销售额（营业额）比例的 70% 计算其缴纳税收税额，纳入分机构所在地财政收入。

从事经营销售日用百货零售和各类餐饮业的外商投资商业企业在全市范围内设立跨区分机构，包括分公司、分店、连锁店或超市等，实际缴纳的税收，根据各分机构实现的销售额（营业额）占企业总销售额（营业额）比例的 70% 计算纳入分机构所在地政府财力。

1998 年，为了进一步调动区县政府增收节支的积极性，减少政策执行中的差异，市财税部门再次发出通知，对区县招商引资的外商投资企业和外省市投资企业试行税收就地征收，收入按比例分配办法。注册在各区县的外商独资企业缴纳的各类地方税收收入，按现行预算管理办法，缴入所在地区县市级国库。其中 70% 纳入所在地区、县级的财政收入，30% 纳入市级财政收入。外省市投资的地方企业缴纳的各类地方税收收入，缴入所在地区县级国库，纳入所在地区县级的财政收入。由市、区县和外商共同投资的外商合资、合作企业，市区县按谁投资、谁得益的原则，其各类税收按投资比例在市级或区县级财政之间分配。原来由区县征管的投资总额在 500 万美元以下的外商投资企业，追加投资后投资总额超过 500 万美元的仍由区县征管，其收入缴入所在地区、县市级国库后作为区县财政收入。

2002 年，为了扩大对内开放，进一步服务全国，鼓励中央部委来沪投资，市财政部门决定，对来沪的外省市中央单位独资成立的企业；市级单位、区县级单位与外省市来沪中央单位共同投资的企业，且市级与区县级投资中，区县级单位投资控股的企业；区县级单位与外省市来沪单位共同投资的企业等的税收实行就地征收，按比例分配各级财政收入的管理办法。

由于严格按照国家税务总局规定的政策执行，上海市每年缴纳的企业所得税收入中，来自汇总（合并）纳税企业缴纳的税收占据了较大比重。其中：总部经济集聚最多的浦东新区，在其企业所得税总量中，来自总部经济缴纳的税收占了1/10。在历年统计的上海市100家纳税重点企业中，总分机构纳税户数呈逐年上升势头，2002年只有20家，到2006年已经超过50家。在这些纳税企业中，先进制造业占16%，现代服务业占60%。而在现代服务业中，金融证券保险业增加尤其显著，从2004年只有工商银行上海分行1家入围，增加到2007年的24家。可以说，总部经济为上海市经济社会发展发挥了不可替代的作用。

尽管国家税务总局从1994~2006年先后出台了9个规范汇总（合并）纳税企业纳税方式的管理办法①，明确汇总合并纳税企业实行“统一计算、分级管理、就地预交、集中清算”。但是，上述9个文件内容重叠交叉，规定不太统一，行政约束能力较弱，操作有一定难度，尤其是随着1994年分税制的实行，地方政府将可支配财力与按照包括隶属关系缴纳的企业所得税在内的收入挂钩，各地掀起招商引资热潮，使得各地企业集团蓬勃发展以后，特别是总分机构的纳税问题产生了区域之间、行业之间、中央与地方之间的税收竞争。而北京、上海等经济发达城市的税收竞争能力强，吸引了全国各地总分机构的重要税源，而中西部地区税收竞争能力相对较弱，税收与税源严重背离。税收分配的不均衡性，给区域经济发展带来制约瓶颈，影响了区域之间公共服务的均等化与和谐社会的构建。

2. 从协调区域经济发展来看，企业所得税法进一步完善了总分机构税收政策。企业所得税法出台以后，为了缓解地区间的税收矛盾，缩小地区间发展差异，加强对跨区经营总分机构的管理。财政部、国家税务总局改革了对企业总分机构跨区经营缴纳企业所得税政策。

---

① 国家税务总局出台的9个文件分别是：(1)《国家税务总局关于大型企业集团征收所得税问题的通知》(国税发［1994］027号)；(2)《国家税务总局关于大型企业集团征收所得税问题的补充通知》(国税发［1995］062号)；(3)《国家税务总局关于印发加强汇总（合并）纳税企业所得税征收管理暂行办法的通知》(国税发［1995］198号)；(4)《国家税务总局关于印发加强汇总（合并）纳税企业所得税征收管理暂行办法的补充规定的通知》(国税发［1996］172号)；(5)《国家税务总局关于汇总（合并）纳税企业所得税若干具体问题的通知》(国税发［1998］127号)；(6)《国家税务总局关于进一步加强汇总（合并）纳税企业所得税管理的通知》(国税发［2000］185号)；(7)《国家税务总局关于汇总（合并）纳税企业实行统一计算、分级管理、就地预交、集中清算所得税问题的通知》(国税发［2001］13号)；(8)《国家税务总局关于汇总（合并）纳税企业实行统一计算、分级管理、就地预交、集中清算所得税问题的补充通知》(国税函［2002］226号)；(9)《国家税务总局关于规范汇总（合并）纳税企业所得税范围的通知》(国税发［2006］48号)。

《中华人民共和国企业所得税法》第五十条第二款规定：居民企业在中国境内设立不具有法人资格的营业机构的，应当汇总计算并缴纳企业所得税。根据该法精神，在实施条例的基础上，财政部、国家税务总局、中国人民银行印发了10号文，国家税务总局出台了28号文，明确了跨区经营汇总纳税企业所得税的征收管理办法，即居民企业在中国境内跨省、自治区、直辖市和计划单列市设立不具有法人资格的营业机构、场所的，就是适合28号文规定的汇总纳税企业。跨省市总分机构企业汇总缴纳的企业所得税，按照统一规范、兼顾总机构和分机构所在地利益的原则，实行"统一计算、分级管理、就地预缴、汇总清算、财政调库"的处理办法。28号文还充分考虑了企业的实际要求，规定总机构和分机构应分期预缴的企业所得税，50%在各分机构间分摊预缴，50%由总机构预缴。总机构预缴的部分，其中25%就地入库，25%预缴入中央国库。总机构在分摊税款时，应该按照以前年度分机构的经营收入、职工工资和资产总额三个因素计算各分机构应分摊所得税款的比例，三因素的权重依次为：0.35、0.35、0.30。尽管国家税务总局后来发出补充通知，对于实行总机构统一核算的企业，实行汇总纳税，但是已经分出去的税款再要回来，难度不小。

二、跨区经营企业所得税纳税政策调整后对上海的影响及其分析

（一）新政策出台以后，上海市积极贯彻落实

从申报情况看，2008年一季度，申报纳税的内外资企业跨区经营的总机构有1267家，上海市在外地的分机构有4890家，外地在上海市的分机构有2208家；二季度，申报纳税的内外资企业跨区经营的总机构有1267家，上海市在外地的分机构5662家，外地在上海市的分机构有3231家，申报户数仅为总户数的53.06%。

（二）预缴企业所得税在总分机构间分摊，显示上海市积极参与中西部经济发展

2008年上半年，上海市按照要求，对预缴的企业所得税在总机构和分机构间分摊。据统计，一季度，上海市向外地分机构所在地分配企业所得税21.5亿元，外地总机构分配给上海市的企业所得税9.7亿元，净流出11.8亿元；二季度，上海市向外地分机构所在地分配企业所得税17.6亿元，外地总机构分配给上海市的企业所得税10.1亿元，净流出7.5亿元。综合前两个季度，2008年上半年，上海市共向外地分机构所在地分配企业所得税39.1亿

元，外地总机构分配给上海市的税款19.8亿元，一进一出相抵，税款净流出19.3亿元，占上半年上海市企业所得税征收量的2.41%。据我们预测，全年上海市将净流出税收40亿元左右，按照所得税中央与地方现有的六四分成办法，上海市全年将损失16亿元（见表1）。

表1　　上海市总分机构企业所得税分配情况表　　单位：亿元

项　目	流入税款	流出税款	净流（出）入（流入为+）（流出为-）
一季度	9.7	21.5	-11.8
二季度	10.1	17.6	-7.5
上半年	19.8	39.1	-19.3
下半年	19.3	40.0	-20.7
全年	39.1	79.1	-40.0
中央财政	60%×40	中央财政所得部分24亿元在任何一个地方都能得到。	
地方财政	40%×（-）40	-16	

一些原来按照汇总纳税方式的企业，积极参与税收分配。如注册在浦东新区的跨国公司——国际商业机器（IBM）全球服务（中国）有限公司在全国将近10个多个城市设有分机构，2006年汇总缴纳企业所得税7969万元，2007年汇总缴纳企业所得税16484万元。2008年上半年，该公司分出的企业所得税税款2711万元。其中在第二季度分出的税款中，北京521万元，广州66.7万元，沈阳8.46万元，深圳24.25万元，武汉8.43万元，南京10.63万元，成都10.08万元，宁波0.69万元，南宁0.25万元。

而企业所得税分摊以后，税款净流出最多的行业是金融业。由于金融证券保险业中的企业总部设在上海的有39家，而分机构设在外省市的有525家，本市金融业总部在外省市，分机构在上海市的56家。2008年上半年，上海市分配给外地的金融业企业所得税税款27.64亿元，占总分出税款的70.69%，外省市分入上海市的金融业企业所得税税款11.4亿元，占总分入的57.58%，净流出20.09亿元。

据分析，上海市净流出的税收，主要流向是华东地区占10%，东北地区占10%，西北地区占21%，华南地区占10%，华北地区占30%，中部地区占19%，说明上海市为缓解地区间税收与税源矛盾，缩小地区间发展差距，尤其是为开发西部、振兴东北、崛起中部做出了一定的贡献。

（三）总分机构预缴企业所得税中存在的主要问题及典型案例

尽管上海市为全国企业所得税的横向分配做出了贡献，各地税务机关对上海市的企业所得税征收管理工作也给予了积极配合。但是，毋庸讳言，对上海市的负面影响还是客观存在的。我们认为，这些负面影响，有的是在实际操作与管理过程中出现的，只要加强管理，上海市可以自己消化，但是不少涉及政策的完善与地区间的横向税收转移方面的问题，单靠上海市自身力量无法消化。因为新政策出台后，出现了新的税收竞争态势。种种迹象表明，企业分机构所在地政府与企业联手，利用分税制和横向税收分配政策上的漏洞，在行政管理、财政体制、税源管理等方面与总机构所在地政府展开新一轮博弈，造成总部经济发达地区税收管理上的被动。因此，需要财政部、国家税务总局从宏观层面进行协调解决。

1. 关于企业所得税分配的计算。根据 28 号文规定，总机构应按照以前年度（1~6 月份按上上年度，7~12 月份按上年度）分机构的经营收入、职工工资和资产总额 3 个因素计算各分机构应分摊所得税款的比例，3 个因素的权重依次为 0.35、0.35、0.30。28 号文和 10 号文都对分配比例的计算进行了规定，但在具体操作中仍有一些特殊情况有待总局进一步明确。

（1）经营收入方面。

第一，根据增值税、营业税有关要求，部分总分机构间交易应开具发票，总分机构分别确认销售收入。在编制总机构汇总报表时，这部分内部交易收入与成本相互抵消，不确认为收入。如果在“分配表”中分机构收入总额按分机构确认的收入额填列，其合计数将大于汇总收入总额，使得各分机构分摊税款比例之和大于 1，即各分机构分摊预缴所得税款的总额超过该企业应缴所得税的 50%；如果按抵消后的收入额填列，有内部交易收入的分机构税款分摊比例降低，其他分机构税款分摊比例提高，这与企业的实际经营情况不符。

我们认为，在计算分机构的经营收入比例时可以各分机构确认的收入数为分子，以未经抵消的总分机构收入合计数为分母计算。这样，既能保证各分机构税款分摊比例之和为 1，又能如实反映各分机构的经营情况。同时，要求企业在“分配表”中说明合并会计报表中经营收入与计算分配比例所用收入合计数的差异，由税务机关审核。

第二，由于分机构不具备法人资格，有些企业在对外签订合同时多以总公司名义签订，而具体项目的实施特别是涉及到产品安装、售后服务项目则由各地分机构派遣人员完成。这种经营收入由总公司确认，成本费用由分公司负担的情况造成税收分配的不尽合理。

（2）工资方面。

第一，兼职职工工资、劳务工工资，特别是银行业中作为临时人员工资在劳务费中列支的兼职客户经理、非在职前台服务人员工资等，是否应纳入职工工资范围有待总局进一步明确。

第二，某些企业由于内部管理需要，各分机构高级管理人员工资由总公司统一发放，而一些普通员工的工资采用服务外包形式。在分机构会计账目中不体现这部分工资成本。如果在“分配表”中分机构工资总额以零填列，分机构分配比例将减少，不能体现各单位实际用工情况；如果以分机构员工工资总额实际数填列，与相关会计账目不一致，而且不便于税务机关核实。由此造成各地税务机关对所得税分摊比例的异议。

（3）资产方面。

第一，28 号文中对资产总额没有具体定义。若总分机构间有内部往来，可能会出现分部资产负债表中因存在大量负数内部往来（如“应收账款”为负数）导致资产合计也为负数。如果在“分配表”中分机构资产总额以零填列，可能会出现分机构资产总额合计大于汇总资产总额；如果直接以负数填列，可能分配比例也会为负数。

典型的如证券公司，按照财政部制定的《企业会计准则》，其营业部的客户保证资金从所有权来看并不属于证券公司，而这部分恰恰又是证券公司财务报表中资产组成部分。同时证券公司旗下的各营业部，又存在着资金拆借业务，这样各分机构的资产总额就会出现“虚增”现象。使得如以汇总报表资产总额为分母，其对应的分机构资产总额为分子时，各分机构资产总额的合计数可能远大于总机构汇总报表的资产总额。

第二，在一些特殊行业，企业容易通过对构成分配比例的资产等要素进行重新整合和调配，使分配比例向在低税率地区的分机构倾斜，以达到税收筹划避税目的。以本市一家大型物流企业为例，其拥有的大型运输船舶造价都在几千万美元以上，在总资产中所占比例达到 70%，在计算各分机构所占资产比例时起到决定性作用，进而也对所得税的分摊产生影响。而船舶与房屋等其他大额固定资产相比，显然更具有流动性和可调拨性，这就给税收筹划与合法避税提供了可能。

2. 关于总分机构适用不同税率的处理。按照 28 号文第十六条规定，总机构和分机构处于不同税率地区的，先由总机构统一计算全部应纳税所得额，然后依照本办法第十九条规定（50% 在各分机构间分摊预缴、50% 由总机构预缴）的比例和第二十三条规定的三因素（经营收入、职工工资和资产总额）及其权重（0.35、0.35、0.30），计算划分不同税率地区机构的应纳税所得额后，再分别按总机构和分机构所在地的适用税率计算应纳税所得额。在实际操作中，就会出现按文件计算的应纳税所得额与实际不相符，从而导致纳税人多缴或少缴企业所得税。我们就一个实例来说明存在的问题。

例如，某总机构适用税率 18%，其本身具有独立生产经营职能部门；另有一跨区经营分机构，适用税率 25%。假设总机构独立生产经营部门和外埠分机构按照营业收入、职工工资、资产总额三因素计算的分配比例分别为 78% 和 22%。2008 年一季度总机构统一计算的应纳税所得额 4000000 元，其中，外埠分机构实现的应纳税所得额 1000000 元。

按照 28 号文第十六条规定以及 10 号文规定，计算如下：

总机构应分摊的应纳税所得额（28 号文第十九条）= 应纳税所得额 × 由总机构在各分机构间分摊预缴 50% 部分 = 4000000 × 50% = 2000000 元

总机构就地预缴的企业所得税（就地入库，4∶6 分享部分）= 总机构应分摊的应纳税所得额 × 由总机构预缴 50% 部分 × 适用税率 = 2000000 × 50% × 18% = 180000 元

总机构就地预缴的企业所得税（入中央库）= 应纳税所得额 × 由总机构预缴 50% 部分 × 企业所得税税率 = 2000000 × 50% × 18% = 180000 元

在各分机构分摊的应纳税所得额 = 应纳税所得额 × 各分机构分摊 50% 部分 = 4000000 × 50% = 2000000 元

总机构具有独立生产经营职能部门根据分摊的应纳税所得额计算应缴所得税额① = 总机构应纳税所得额 × 总机构独立生产经营部门按照营业收入、职工工资、资产总额三因素计算的 78% 分配比例部分 × 过渡性低税率 = 2000000 × 78% × 18% = 1560000 × 18% = 280800 元

跨区经营的分机构根据分摊的应纳税所得额计算应缴所得税额② = 分机构应纳税所得额 × 分机构按照营业收入、职工工资、资产总额三因素计算的

① 说明：总机构及其独立生产经营部门按照 28 号文件计算的应纳税所得额为 3560000 元，实际应纳税所得额为 3000000 元，总机构由于应纳税所得额多计 560000 元，多征收企业所得税 100800 元。

② 说明：该分支机构按照 28 号文件计算的应纳税所得额为 440000 元，实际应纳税所得额为 1000000 元，造成分支机构所在地少征收企业所得税 140000 元，总分支机构共计少征企业所得税 140000 - 100800 = 39200 元。

22%分配比例部分×税率=2000000×22%×25%=440000×25%=110000元

当总分机构适用不同税率的，就有可能造成多缴或少缴企业所得税，虽然是预缴，但对于分机构所在地的财政收入产生影响。因此，只有在应缴企业所得税计算正确的前提下，10号文涉及的财政分配方案才能得以更好、更合理地落实。

我们认为，对总分机构企业所得税要按照各自实际的应纳税所得额以及适用税率分别计算，然后加总，即为总机构汇总后的应缴企业所得税，据此再按照28号文第十九条规定的比例和第二十三条规定的三因素及其权重计算总机构就地预缴企业所得税和分机构分摊的企业所得税。

按上例的数据，总机构汇总后的应缴企业所得税=总机构实际应纳税所得额×过渡税率+分机构实际应纳税所得额×税率=3000000×18%+1000000×25%=790000元。

总机构就地预缴的企业所得税（就地入库，4：6分享）=总机构就地预缴企业所得税×税率=790000×25%=197500元

总机构就地预缴的企业所得税（入中央库）=总机构就地预缴企业所得税×税率=790000×25%=197500元

总机构独立生产经营部门分摊缴纳企业所得税=总机构就地预缴企业所得税×总机构分摊企业所得税50%部分×总机构独立生产经营部门按照营业收入、职工工资、资产总额三因素计算的78%分配比例部分=790000×50%×78%=308100元

跨区经营分机构分摊缴纳企业所得税=分机构就地预缴企业所得税×分摊比例×外埠分机构按照营业收入、职工工资、资产总额三因素计算的22%分配比例部分=790000×50%×22%=86900元

3. 各地对二级分机构的级别判定存在异议。根据28号文第九条规定：总机构和具有主体生产经营职能的二级分机构，就地分期预缴企业所得税。二级分机构及其下属机构均由二级分机构集中就地预缴企业所得税；三级及以下分机构不就地预缴企业所得税，其经营收入、职工工资和资产总额统一计入二级分机构。由于28号文对二级、三级分机构的级别判定没有作详细规定，导致各地政府及税务主管部门在实际操作过程中引发了争议。

案例1：HT证券股份有限公司上海田林东路证券营业部是HT证券股份有限公司在上海市设立的分机构。该公司总机构是一家国有控股非上市公司，隶属Y省K市国家税务局直属税务分局征管，2007年度应纳税额5689万元。

2008 年 1 月 1 日前，该分机构企业所得税由总机构汇总缴纳，不就地预缴；2008 年一季度出具的企业所得税分配表分机构分配比例为 2%，分得税额为 0；2008 年 7 月本市徐汇区税务局收到该企业总公司出具的《分机构不需预缴企业所得税证明》，证明该分机构为三级分机构，根据 28 号文精神，不参与税收分配。经与企业了解，原来该总机构新近成立了一个内部二级分机构，名为“HT 证券股份有限公司异地分机构核算中心”。至 2008 年 7 月止，该二级核算中心无营业执照、无税务登记证，仅用于内部结算。

案例 2：本市户管的 A 银行在全国省会城市设立了 49 个分支行，其中 30 家为直属分行。在今年所得税一季度申报中，企业根据自己的管理级别将 30 家直属分行作为二级分机构进行分配。但企业的分配方法遭到部分地方的否定，其中有 4 个非直属分行为满足地方税务机关的要求将该分行自行升级作为二级分行参与分配。

案例 3：B 银行，其在全国省市设有 100 多个境内分机构，企业在所得税申报中将 95 个分行都作为二级分机构进行所得税的分配。但税务机关在对该企业年度审计报告的披露中发现，该银行境内分机构实行以省为界进行管理，总体架构为总行——省分行（区属分行）——省辖分（支）行三级。

我们认为，国家税务总局可否进一步规定，对跨省市的多个三级分机构，设在同一省市的，应该合并为一个二级分机构管理。

4. 缺少配套的认定文书。目前，对不实行就地预缴的分机构，没有统一的不实行就地预缴确认文书，以及汇总纳税之后分机构的纳税证明文书。这样，结果就是极有可能造成不实行就地预缴分机构所在地主管税务机关完全放弃或丧失对其企业所得税的管理，对其是否汇总缴纳，缴纳情况一无所知，应该掌控的税源却白白流失。

另外，对于上年度认定为小型微利企业的，其分机构不就地预缴企业所得税。在目前征管中还没有正规的小型微利企业认定文书，税务机关无法正确判断分机构是否应当参与就地预缴。

5. 对不参与分配的分机构企业所得税管理。

（1）挂靠或加盟的分机构。挂靠或加盟总机构的分机构，其实质只是借用总机构的品牌或特定资质，缴纳管理费后，在资产、人员、财务核算上全部独立。原来这种分机构都是独立经营、自负盈亏，与总机构经营无关。实施新的总分机构预缴政策后，总机构需要汇总核算。但是总机构对分机构没有实质的管理权，不能统一负责核算分机构税款，分机构也不愿意与总机构统一核算税款。

对于这种情况，我们认为，应该由国家税务总局督促总机构所在地主管税务机关出具分机构未在总机构核算的纳税证明，分机构所在地主管税务机关也应将分机构作为独立纳税法人进行管理。

（2）总机构撤销的分机构。新的总分机构预缴政策是以总机构为主体核算缴纳税款，如果总机构撤销，分机构就无法缴纳税款。因此，在这种情况下，应该由分机构单独核算缴纳税款。

（3）总机构核定征收的分机构。现实中有不少分机构为查账征收，而其外地总机构为核定征收的情况。总机构无法开具分配单，分机构则无法申报。为了减少此类问题发生，目前上海市采取的做法是：对在上海市设立总机构并跨区设立分机构纳税人明确规定作为特殊纳税人不适用核定征收办法。就全国而言，国家税务总局应该对企业所得税核定征收的总、分机构申报预缴办法作统一规定。

6. 总分机构所在地税务机关缺乏沟通协调。

（1）地区间税务登记信息交换平台缺失。目前，外省市总机构在上海市设立的近6000家分机构，由于征管系统有登记信息，基本能掌握；本市外资企业在外省市设立分机构，由于外资企业原本实行汇总纳税，在汇算清缴信息中能反映，因此也能基本掌握；而内资企业在外省市设立的分机构普遍独立核算，未纳入上海市征收管理系统中，征管系统登记信息也缺失，因此，市属内资企业中虽有3000多家在外省市设有分机构，并且申报纳税，但是仍有部分分机构经营情况有待进一步准确掌握。

（2）对跨区经营企业所得税分摊比例认定有异议。根据28号文第二十八条规定：分机构所在地主管税务机关对总机构计算确定的分摊所得税款比例有异议时，应于收到《中华人民共和国企业所得税汇总纳税分机构分配表》后30日内向企业总机构所在地主管税务机关提出书面复核建议，并附送相关数据资料。总机构所在地主管税务机关必须于收到复核建议后30日内，对分摊税款比例进行复核，并做出调整或维持原比例的决定。分机构所在地主管税务机关应执行总机构所在地主管税务机关的复核决定。

文件虽然规定分机构应执行总机构税务机关的复核决定，但由于对上述问题的认定，总、分机构税务机关仍存在不同看法。我们接到部分总机构的来电、来函称分机构的税务机关对总机构税务机关执行政策不认同，不断发出税务通知书要求分机构提供大量的数据材料，逾期按征管法的规定予以处罚。这其实是将总分机构税务机关的政策执行矛盾推给了企业，大大提高了企业纳税成本，容易造成纳税秩序的混乱和纳税环境的破坏。

7. 各地税务机关对政策的执行力度不一。目前，各地税务机关在贯彻 28 号文和 10 号文上存在不同步现象。特别是总机构开具分配单的执行力度参差不齐，尤其是对新增财力渴望程度较高的地区，对分入的税款持积极态度，而对需要分出的税款缺乏执行主动性。主要有以下几种表现：一是只要分机构不主动索取分配单，就不予开具；二是借各种理由延迟开具，往往待申报期结束，分机构仍未取得分配单；三是以本地区操作明细尚未制定完善等理由，委婉地回绝分机构，不予开具。根据反馈，到第二季度申报期结束之后，仍有部分外省市税务机关尚未执行上述政策。

案例 4：BW（W）国际啤酒有限公司上海分公司的总机构 BW（W）国际啤酒有限公司，是美国最大的啤酒生产商 AHS—BX 公司旗下的啤酒生产企业。据企业介绍 AHS—BX 公司根据在华业务的发展和市场竞争情况，于 2007 年全面调整了在中国的销售模式，由自产自销转变成产销分离销售模式。从 2007 年起由 BW（中国）销售有限公司全面负责销售业务，BW（W）国际啤酒有限公司上海市分公司从 2007 年 3 月起中断经营业务。2008 年一季度起，上海市主管税务机关多次敦促其执行税款分配程序，但是，BW（W）国际啤酒有限公司以此理由拒绝将税款予以分配。而在该总公司的分配表上显示分配给上海分公司的比例为 19%，估计税款达 200 万元。

据了解 BW（W）国际啤酒有限公司是 W 市 H 区第一纳税大户，当地政府和财政出于自身利益的考虑，自 28 号文出台后，多次通过当地税务机关给企业施加压力，要求以企业调整经营模式为理由，暂时不按照 28 号文的相关规定分配税款，让企业的税款全部在当地缴纳。并且 HB 省 W 市国税局等还就企业所得税分配预缴问题下发了操作细则，规定一季度暂不分配给其外地分机构。至今 BW（W）国际啤酒有限公司上海分公司尚未取得经税务机关确认的分配表，而其税款已缴入总机构所在地国库，造成区域税收转移。

案例 5：上海市 SMK 建材有限公司在外地设有分机构 24 家，2008 年第一、第二季度汇总应纳税所得额均为负数，应缴所得税均为零。第一季度，该公司经税务局审核获得“分配表”，并将分配表原件分别寄送到各分机构，各分机构也及时将所得税汇总纳税分机构分配表报送至所在地主管税务机关。但仍有 11 家营业单位所在地的税务机关没有报送分配表，由分机构按账面利润在当地税务机关申报企业所得税。其中，大部分分机构由于亏损而未缴税，可有常州（查账征收）和太原（定额缴纳600元）营业单位由于盈利已经在第一季度分别在当地缴纳了企业所得税，郑州经营部一季度亏损，4月盈利，当地税务机关已在5月按当月利润将其税款征收入库。发生上述情况后，该公司向上海市主管税务机关递交了相关情况说明及税务信息资料，希望能够协助解决，同时该公司也请以上营业单位的财务主管再次向当地税务机关进行说明和沟通，希望能得到解决。经分机构再次与相关税务机关沟通，当地税务机关要求必须由上海市主管税务机关出具“中华人民共和国企业所得税汇总纳税分机构分配表”的函后方可根据规定办理纳税申报。上海市主管税务机关根据要求先后给两个税务机关出具了“中华人民共和国企业所得税汇总纳税分机构分配表”函。截止到6月30日，该公司在申报第二季度所得税时，还有两家营业单位所在地税务局暂不执行相关政策，其余企业已按规定执行。

三、完善跨区经营企业所得税纳税政策的建议

在完善跨区总分机构企业所得税管理方面，除了上海市本身需要做好基础性管理工作，提高纳税服务水平之外，我们分别向国家税务总局和财政部提出如下建议。

（一）向国家税务总局提出的建议

1. 统一分配因素计算口径。建议修改28号文第十六条规定，当总分机构适用不同税率时，应先按不同税率分别计算总分机构各自应缴纳的企业所得税后，再将合计的应缴企业所得税按照28号文第十九条、第二十三条的规定计算总分机构就地预缴税额。

对于在执行10号文和28号文过程中出现的政策执行口径问题，国家税务总局应尽快予以书面文件明确，避免政策理解上的歧义。特别是对总分机构间的内部交易抵消、总机构统一发放工资、兼职人员工资、劳务工工资等问题的操作进行规范，统一全国范围的口径。对三因素的解释可以在普遍的原则基础上，对一些特殊行业、特殊的认定范围作进一步明确，使行业统一规范。

同时，各地税务机关应加强对容易进行税收筹划、调节各地税款分摊比例的船舶物流等企业核心资产的进行跟踪管理，建立各分机构固定资产比率、固定资产利润率等指标体系，对畸高或畸低的企业进行分析和关注。

2. 制定相关配套政策。

（1）细化分机构的级别判定标准。鉴于各地税务机关对二级分机构认定标准不统一，给征收管理带来较大的操作空间。部分地区出于维护本地税收利

益考虑，干涉企业经营机构设置，或将三级分机构比照二级分机构预缴所得税的做法扰乱了跨区经营企业合理的生产经营布局和纳税秩序，增加了税收征管的随意性，更严重损害了税法的严肃性。对此，国家税务总局应尽早对二级分机构级别做出明确和统一的判定标准。

（2）制定分机构独立纳税的例外。对那些无法实施汇总预缴企业所得税的分机构，建议规定分机构独立纳税的例外。这类企业包括挂靠、加盟型分机构、总机构已撤销的分机构等。为加强企业税收管理、避免税收征管漏洞，对这类企业应允许其作为独立纳税人在主管税务机关申报纳税。

（3）完善企业所得税核定征收办法。由于目前的《企业所得税核定征收办法（试行）》未对适用核定征收的企业规模作具体规定，一些大型跨国企业、跨区经营企业采用核定征收，给总分机构汇总预缴企业所得税带来不便。我们认为，跨区经营企业一般都具备了一定的资产规模、经营水平和利润水平，具有较为完备的企业管理结构和财务核算体系，应当实施查账征收。比如上海市就对在沪设立总机构并跨区设立分机构的纳税人明确规定作为特殊纳税人不适用核定征收办法，这就给外地分机构所得税预缴指明了方向。

3. 统一认定文书。由国家税务总局统一制作企业所得税汇总纳税分机构分配表、总机构不汇总缴纳所得税证明单、分机构不就地预缴企业所得税证明单和小型微利企业认定等全国统一版式的相关文书，以便于进一步规范新政策实施过程中的税收征管。

对不实行就地预缴分机构，借鉴原外商投资企业总分机构管理办法，由总机构税务机关出具《企业汇总申报缴纳企业所得税确认单》给分机构主管税务机关，作为不就地预缴凭据。同时年度终了，汇算清缴之后，给予分机构主管税务机关一份《企业汇总申报缴纳企业所得税通知单》，作为其汇总纳税缴纳企业所得税情况的证明。这样就实现了两地税务机关的共同管理。

4. 建立全国联网的信息查询、交换平台。由国家税务总局尽快建立一个全国范围的总分机构信息库，对总分机构信息予以共享，包括总分机构的设立、拆分、合并、变更、注销等情况，以及主管税务机关联系方式，便于各级税务局机关查询、管理，相互沟通。

同时，参考出口退税函调系统，对所得税分配函调需复核的内容也可在信息平台上共享。对同类问题可进行归类，以避免信息重复和信息资源浪费。对总分机构税务机关的协调也可在平台上进行。总局可通过信息平台数据、资源收集，及时更新规范文件。对因税款分配引起的总分机构变更情况做到及时监控。实现税务机关之间信息的即时传递，避免因税务系统内部沟通不畅给纳税人造成不必要负担。

5. 加强各地税务机关的沟通协调。对于地方利益不均衡，各地税收政策执行力度不一，造成的横向税收转移、外出经营企业怨言无数，总机构税务机关工作压力大等问题，应由国家税务总局出面协调，并联合地方税务局加以监管督促，以维护税法的严肃性，保障税收分配政策全面顺利地贯彻实施。

为避免税款在各级政府之间的分配矛盾影响企业税款的缴纳，建议对分机构级次多，分机构数量多的总机构，可以拟定分配原则，即在同一个省存在多个两级分机构的企业，可以各省、直辖市为单位进行税收分配，省、直辖市以下的市、县、区的分配制度和办法由各省、直辖市自行制定。

（二）向财政部提出的建议

实施企业所得税法后，通过半年的预缴和对跨区经营企业所得税分配情况的分析，总部经济较发达地区都存在所得税净流出较多现象，当然从积极的角度看，发达地区支援欠发达地区的横向税收分配政策效应已经显现出来，但是对于地方财力总量受到较大影响，形成新的不均衡性的现实状况同样不应回避。这些地区为发展总部经济，付出了大量土地资源、劳动力资源、公共基础设施资源和公共服务资源，高额的企业所得税净流出势必削弱地方政府发展总部经济的积极性，不利于中国社会主义市场经济的长远发展。

建议财政部在设计完善新一轮财政体制改革过程中，在研究完善税收返还模式时，对于因横向分配企业所得税净流出多的地区，考虑新增企业所得税横向分配因素，即在返还系数中再增加0.2系数，这样，在增值税、消费税、企业所得税上海市平均每增长1%，中央财政对上海市的税收返还就增长0.5%。其理由是：0.2系数是加总了总机构就地预缴税收流入的1%系数与总分机构间分摊以后税收流出的1%系数。这样的计算是考虑总部经济发达地区在积极参与中西部地区经济发展，综合平衡各地税收增长速度的同时，也充分兼顾这些地区的既得利益，尽可能匹配好经济发达地区财力与事权，如在年终与地方财力清算时，增加这一因素，鼓励地方理财积极性；这样，既有效地解决了地区税收与税源背离问题，又在一定程度上维护了总部经济发达地区的既得利益；既有利于规范横向税收分配秩序，又能促进总部经济持续快速发展。

参考文献：

1.《中华人民共和国企业所得税法》。

2.《中华人民共和国企业所得税法实施条例》。

3. 财政部、国家税务总局、中国人民银行《跨省市总分机构企业所得税分配及预算管理暂行办法》（财预［2008］10 号）。

4. 国家税务总局《跨地区经营汇总纳税企业所得税管理暂行办法》（国税发［2008］28 号）。

5. 靳万军、付广军："汇总纳税管理与区域税收分配问题"，《税务研究》2007 年第5 期。

6. 贾康、阎坤、鄢晓发："总部经济、地区间税收竞争与税收转移"，《税务研究》2007 年第 2 期。

7. 付广军："企业集团发展及税收政策刍议"，《税务研究》2008 年第 5 期。

8. 靳万军："企业集团税收管理问题初探"，《税务研究》2008 年第 6 期。

9. 金合赋："企业集团跨区经营税收分配初论"，《税务研究》2008 年第 8 期。

课题组组长：许建斌

副 组 长：陈 华 金亚萍

成 员：许毅榕 韩 曙 谢 丹

市财税三分局、七分局、青浦区税务局、浦东新区税务局、长宁区税务局、静安区税务局、闵行区税务局、所得税处、综合规划处、税收科学研究所

执 笔：许建斌 陈 华 金亚萍

许毅榕 韩 曙 谢 丹

关于中国风力发电现状及开发利用的调研报告

刘景溪

一、大力发展风力发电等可再生清洁能源是大势所趋

在能源形势日趋严峻、传统能源日渐枯竭、环境污染日益严重的情况下，大力发展风力发电等可再生清洁能源具有重要的经济意义和社会意义。据世界有关能源机构预测，全球传统工业原料的枯竭峰值将在 2020 ~ 2030 年出现，并在本世纪基本开采殆尽。中国人均拥有的能源资源更少，只有世界平均值的 40%。中国又是世界上少数几个以煤炭为主要能源的国家，煤炭在能源消耗中占 67%，其探明储量将在 80 年内采尽。石油、天然气等资源更为短缺，石油可开采储量仅占世界石油储量的 3%，并将在 15 年内出现枯竭，天然气资源也将在 30 年内用尽，其时间表均早于全球工业原料平均枯竭速度。

风能是一种可再生清洁能源，在新能源中开发技术比较成熟，商业化发展前景较好。风力发电（以下简称风电）与火力发电（以下简称火电）相比，不仅节能节水无污染，而且对保护生态环境大有好处。1980 年，世界上第一个大规模利用风能的并网型风电场在美国加利福尼亚州建起。其后，欧洲的丹麦、德国、英国、荷兰、意大利、西班牙和亚洲的印度也奋起直追，成为利用风能和风能技术的大国。到 2006 年年底，全球已有 50 多个国家开始利用风能，全球风电装机容量累计达到 7422 万千瓦，13 个国家风电装机容量超过

100万千瓦，其中西班牙总发电量中有40%来自风能。美国能源部的一项调查显示，对风能的需求是其国内增长最快的市场之一，未来20年中风能产业增加值将达到5000亿美元。到2007年年底，中国风电装机容量为605万千瓦，世界排名第5位。根据国家发改委规划，到2020年，中国风电总装机容量将达到2000万~3000万千瓦。根据目前开发态势，这一数字肯定会被突破，预计届时将达到6000万千瓦以上。

中国幅员辽阔，风能资源十分丰富。据中国气象科学院估算：大陆地区100米以下高度层现行技术可开发的风能储量约为4亿千瓦左右。其中内蒙古100米以下高度层年平均风速为3.7米/秒，开发风电的自然条件最好，现行技术可开发的风能储量约为1亿千瓦左右，占全国总储量的25%左右，为各省区市之首。内蒙古风能资源不仅丰富，而且具有分布广泛、稳定性高、持续性好的风能品位，锡林郭勒盟、乌兰察布市、呼伦贝尔市、赤峰市等地都是优质风能富集区。为了开发这些宝贵的风能资源，近年来，华能北方电力、大唐发电、国华能源和中国电力投资等一大批实力雄厚的财团纷纷登陆内蒙古，开始投资开发风能资源。到2007年年底，内蒙古已建成12座现代化的风电场，总装机容量160万千瓦，为全国总装机容量的26%。

二、制约风力发电快速发展的不利因素

中国对包括风电在内的可再生能源一直采取战略扶持计划，2006年1月1日起实施的《中华人民共和国可再生能源法》明确规定：可再生能源发电优先上网和电网企业全额收购上网电量。在税收政策方面规定风电机整机进口税率为8%，部件为3%，进口自用设备可以免征关税和进口环节增值税；自2001年起对风电实行增值税应纳税额减半征收，一定程度上缓解了风电增值税负过重问题；对外商投资风力发电项目采购规定范围的国产设备，退还增值税进项税金；风力发电企业采购国产设备，可以按规定抵免企业所得税；原企业所得税法规和新企业所得税法都对风力发电产业规定了一些所得税优惠政策。尽管如此，与西方发达国家的扶持政策相比，与日益严峻的传统能源短缺形势和环境压力相比，中国对风电开发的产业扶助政策和发展战略研究还不够有力。

（一）电网整体规划和建设速度滞后于风电建设步伐

风电产业的健康有序发展，电网传输与分配至关重要。近年来风电场建设发展迅速，但电网系统却接纳能力有限，电网企业的规划建设与风电发展速度不匹配。据统计，乌兰察布市辉腾锡勒电网每年能消纳和送出的电量是

30万~40万千瓦，但目前已建和在建的项目就达100万千瓦。众所周知，风电场一般都远离负荷中心，远离常规电厂，建设输电线路费用高昂。这就要求政府部门和电网公司协调配合，及时对现有电网结构和框架进行规划、改造和扩建，提高电网的电压等级，建设新的输电线路并安装相应的控制装置，以此来保证大规模风电输出，满足风电发展的需要。

（二）目前风电成本和上网电价偏高

相对国际水平而言，中国风电成本和上网电价比较高，2000年以前建成的风电场，上网电价均在0.50元/千瓦时以上，远远高于火电。就生产成本而言，风电成本也远远高于火电成本，我们就此调查了6家风电企业，分析原因主要有三点：一是风电固定资产折旧费用大、比例高。火电成本中折旧费用比重为20%~22%，而风电成本中折旧费用比重却高达70%以上，且设备维修费用居高不下；二是风电容量系数低、发电量小。在相同容量条件下，风电年发电量仅相当于火电的1/2；三是风电的固定资产投入比例较大，资金运转周期较长，形成的贷款利息较高（见表1）。

表1　2007年部分风电企业固定资产折旧、贷款利息、增值税负统计表

企业名称＼指标	企业投产时间	批准上网电价（元）	固定资产折旧占生产成本比率（%）	贷款利息与生产成本比例	固定资产与贷款利息之和占总经营成本比例（%）	增值税实际负担率（%）
内蒙北方龙源风力发电有限责任公司	2004年	0.51~0.67	64	22:100	71	7.8
东电茂盛林风电有限公司	2004年	0.79	76	41:100	78	8.1
大唐赛罕坝风力发电有限公司	2005年	0.54	88	76:100	93	8.3
大唐（赤峰）新能源有限公司	2006年	0.54	76	54:100	84	8.7
北京国际新能源有限公司辉腾梁公司	2007年	0.382	82	51:100	88	8.5
内蒙华电辉腾锡勒风力发电有限公司	2007年	0.382~0.51	因陆续投产，生产成本中工资和管理费用较大，其数据不具典型性故未统计			8.5
平均值			77	49:100	83	8.3

注：根据各风电企业财务报表计算得出。

（三）风电生产缺乏优惠信贷政策支持

风电属国家鼓励发展的新兴产业，但目前仍执行一般竞争性领域固定资产投资贷款利率，贷期相对较短，一般为 6～10 年，造成风电项目建成后财务费用居高不下。现行的风电金融信贷主要还是以常规商业信贷为主，风电成本回收周期长，属长线投资产业，在生产前期企业所负担的利息比较高，严重影响了风电的市场竞争力。此外，风电每千瓦的投资为 8000 元左右，高出火电 2～3倍，金融机构要求必须有第三方连带责任担保，使风电企业融资更加困难。

（四）风电设备国产化水平低

中国风电技术市场创新能力较弱，缺乏自主知识产权的核心技术，兆瓦级风电机组研发一直没有取得实质性突破，自主生产能力至今尚未形成。目前，中国大型风电设备虽然已经部分摆脱了进口，但风电设备的核心技术仍然没有取得突破性进展，价位高昂的核心部件依赖进口也是造成风电成本较高的原因之一。此外，我们也缺乏高素质的风电技术人才，多数风电场需花巨资聘请外籍管理人员。

（五）风电特许权招标竞价制度不尽合理

国家正在制定对于可再生能源实施配额政策，在发电企业的所有发电资产中，必须有大约 3% 的可再生能源发电。中国北方的可再生能源中只有风能比较容易开发利用，所以在现阶段，企业不惜代价夺取风电资源，就是为实施配额制后奠定一个良好基础。如大唐、华能等大型电力集团，即使风电项目亏损也要抓紧上马，一定程度上造成了能源浪费和重复建设。而实力较弱的民营企业和国外投资者则采取谨慎态度，等待国家电价补贴政策的出台。

（六）风电生产企业的税收负担过重

中国增值税税率一般为 17%，风电享受减半征收的优惠政策，但是风电不像火电那样，有燃料的进项税抵扣，风电成本的 80%～90% 是由固定资产折旧和财务费用构成，增值税几乎没有可抵扣的内容，实际税负在 8.5% 左右。据 2006 年全国分行业增值税预警标准表显示，火电增值税预警下限是 5.42%，实际税负率是 8.6%，风电与火电税负不分高下，没有体现出利用可再生资源应该给予的鼓励。此外，现行所得税减免政策也不适合风电发展。国家对西部地区新建的电力企业在 2010 年前给予两免三减半及 15% 税率的优惠政策，由于风电投资巨大，融资额度高，折旧费和财务费用几乎占风电经营成本的 85%，导致企业前期负担过大，基本难以实现利润。而这段时间企业正处于企业所得税优惠政策的前期减免阶段，减免额度过低，导致部分企业很难真正享受到优惠政策。

（七）风电生产相关产业税收优惠不明显

1. 对于风机生产企业没有税收优惠政策。近几年，中国风机企业的订单已经签到2010年，虽然效益非常可观，但对技术改造和设备更新方面的投资缺乏后劲，税收政策没有充分体现调节和扶助作用。

2. 对金融单位进行低息信贷或者贴息信贷形成的收益损失，亦无相应的税收优惠政策作支持。对科研机构研究风电发展相关项目，鼓励和扶持措施也不够明显（见表2）。

表2　2008年外资风电企业采购国产设备退税情况统计表　单位：万元

序号	企业名称	所在地	投资总额	采购国产设备总额	预计申报退税额	地方负担退税额
1	通辽泰合风力发电有限公司	扎鲁特旗	45000	38000	5521	414
2	国华（通辽）风电有限公司	科左中旗	50000	40000	5700	428
3	国华（呼伦贝尔）风力发电有限公司	新左旗等	160874	137349	3174	238
4	国华（锡林郭勒）风能有限公司	阿巴嘎旗	97751	70562	7548	566
5	内蒙古中广核风力发电有限公司	锡林浩特市	242257	180585	8946	671
6	太仆寺申花风力发电投资有限公司	太仆寺旗	47100	32000	4650	349
7	二连长风协合风能开发有限公司	二连浩特	21548	15700	2300	173
8	宏腾能源（包头）有限公司	达茂旗	55033	44701	6495	487
9	龙源（包头）风力发电有限公司	达茂旗	160000	128000	7000	525
10	龙源（兴安盟）风力发电有限公司	突泉县	40919	32735	4756	357
11	化德县汇德风力发电有限公司	化德县	55200	39600	5754	432
12	龙源（四子王）风力发电有限公司	四子王旗	43800	37000	4795	360
13	龙源（巴彦淖尔）风力发电有限公司	乌拉特中旗	130000	90000	12649	950
14	龙源（赤峰）风力发电有限公司	松山区	150000	138968	20192	1514
15	大唐（赤峰）新能源有限责任公司	克什克腾旗	201623	155786	21944	1646
16	宏腾能源（锡林）有限公司	西乌旗				
17	大唐（霍林河）新能源有限责任公司	霍林郭勒市				
18	港建新能源四子王旗风能有限公司	四子王旗				
	合计		1501105	1180986	121424	9107

注：根据各外资风电企业财务报表计算得出。

（八）现行财政分配体制限制地方发展风电积极性

就全国而言，优质风能大多分布在偏远地区、欠发达地区和少数民族地区，这些地方经济发展相对落后，人民生活较为贫困。比较而言，风电建设投资大、周期长、占地广，但就业人数不多，税收比例分成较少。以乌兰察布市察右中旗为例，2007年装机容量33万千瓦，征收税款1400万元，平均每万千瓦产生税款42.39万元，按照现行财政分配比例，中央75%为31.79万元，省级5.5%为2.33万元，地市3.75%为1.59万元，旗县15.75%为6.68万元；如果是外资企业购进国产设备地方财政还要负担超过当地出口退税基数7.5%的退税，据统计，2008年将有18户外资企业在内蒙古搞风电开发，预计采购国产设备118亿元，申请退税12.14亿元，地方承担9107万元，使其发展风电积极性受到一定的影响。

三、国外促进风电发展的扶持措施

（一）丹麦的激励补贴政策

政府不直接支持制造厂商，而是对购买风电机的用户给予补贴，开始时补助机组费用的30%，以后随着产业的发展逐步减少补贴数额，直到1987年风电产业强大起来，这项补贴才取消。此后，丹麦政府又开始对煤电征收能源税和二氧化碳排放税，对使用风电的电价给予补贴，由此培育了稳定的风电市场。丹麦政府对风电产业给予的补贴政策，使风电产业稳步健康持续发展，规模不断扩大，技术不断领先，风电设备制造已成为丹麦出口支柱产业。

（二）德国的高额补贴政策

1. 对设备制造商补贴。政策规定对每台风电机组提供不超过5万马克（同时不超过机组价格的60%）的资金补贴。另外，某些州还提供额外补贴，数额在机组价格的20%～45%。

2. 对风电投资者进行直接补贴。如使用450～2000千瓦风电机组则每千瓦补贴120美元，并提供优惠的低息贷款。

3. 实施发电量直接补贴。从1991年开始，对风电上网提供每千瓦时电量给予0.06马克的补贴。

（三）美国的风电价格补贴和可再生能源配额制政策

1992年，美国开始对风电进行生产补贴，法案规定对风电等可再生能源发电给予1.5美分/千瓦时的价格补贴，从项目投产期始共补贴10年，并随通货膨胀率调整补贴价格，这相当于降低了25%的风电成本。另外，美国政府还实行了对包括风电在内的可再生能源生产的税收优惠政策。

（四）西班牙对风电产业的法律支持

支持可再生能源的国家法律于1994年引入，要求所有的电力公司保证在5年期内以补贴价格购买绿色电力。1997年的法律又制定一个目标，要求到2010年至少12%的能源来自可再生能源，这个目标与欧盟目标相一致。规定风电以零售电价80%～90%的上网电价进行销售，政府同意在2003年将这一价格确定在6.38欧分/千瓦时，目前，风电在西班牙已成为一项很有吸引力的投资。

（五）印度在发展风电方面的激励政策

1. 调整关税税率来促进风电技术的引进和国产化，即进口国内不能制造的部件可获免税，进口已国产化的部件则征高税，塔架进口税为65%，整机为25%。

2. 政府允许风电场在第一年100%折旧，头5年免除所有税收。

3. 政府鼓励企业投资风电，在接闸限电时有优先给予供电使用的权力。

4. 风电项目可以得到比商业贷款利率低的“软贷款”。近年来，印度政府和工业界进行合作，成功地培育了一个强大的国内风机制造行业，并形成了一批自主风电品牌（见表3）。

表3　世界部分国家风电上网电价补贴表

国家	欧分/千瓦时	说　明
德国	9.10	适用于最初5年运行，随后将根据所在场址的能源价值来调整总体供电比例。
丹麦	3.63	由北欧电力市场的价格加1.2欧分/千瓦时（无绿色证书的补偿）组成。2020年前对改造项目所发电量给予优惠电价8.4欧分/千瓦时（风机前12000满发运行小时）。
西班牙	6.27	政府批准风电电价为6.27欧分/千瓦时，其中补贴为3.0欧分/千瓦时。
法国	8.36	适用于最初5年运行，在随后10年里，对风资源好的风场降为3.05欧分/千瓦时。
英国	7.35～7.8	政府要求可再生能源电力达到3%，否则罚款4.5欧分/千瓦时。
瑞典	5.25	生态奖励为2.25欧分/千瓦时。小于1.5兆瓦的项目，再获得额外的1.2欧分/千瓦时，拟实行绿色证书市场，政府补贴15%的资本金。
荷兰	8～9	由于用户对绿色能源的强劲需求，可再生能源发电商得到此电价。
挪威	3.20	政府补贴资本金为25%。

续表

国家	欧分/千瓦时	说 明
意大利	11.70	最初 8 年为此电价，随后为 5.35 欧分/千瓦时。2002 年电网公司必须提供 2% 的可再生能源电力。将引进绿色证书市场，价格为 6.7 欧分/千瓦时，加上市场的能源价格 5.0 欧分/千瓦时。
比利时	7.50	5.0 欧分/千瓦时（电价）+2.5 欧分/千瓦时（绿色证书）
奥地利	7.80	2003 年开始实行，以前为 10.9 欧分/千瓦时。
澳大利亚	4.40	电价和环境奖励各一半。
日本	10.50	2002 年和 2003 年的电价，另外对公共公司可获得高达 50% 的资本金补贴，对于私人可获得 33%。
美国	5.53	包括 1.8 美分/千瓦时税收抵扣。

资料来源：李俊锋、时景丽、施鹏飞：《风力发电在中国》，化学工业出版社 2005 年版。

四、加快中国风电发展的政策建议

风电发展是一项系统工程，与传统能源发电相比，更需要在技术、资金、政策等方面给予强有力的支持。

（一）不断强化产业政策扶持力度

1. 继续加大电网建设力度规范风电市场开发。国家要加大风电场接入的电网建设力度，为风电输出创造良好条件，真正落实好风电就近上网全额收购的规定。进一步拓展风电销售市场，协调建设国家主力电网风电输送通道，合理确定上网电价，彻底解决风电输送和电量销售问题。进一步采取措施制止无序化竞争，统一制订风电发展规划，统筹建设公用输电线路和变电站，降低风电投资和产业成本，促进风能资源开发利用。对于风电企业垫资建设接入电网系统，可在建成后由电网经营运行，定期还本，有关部门予以支持。

2. 制定有利于风电产业发展的金融信贷政策。国家应把发展风电产业纳入能源建设规划，采取金融贴息等激励保护措施进一步扶持其发展。如投资风电的贷款期限可延长至 15 年，国家给予贴息。如发改委审核批准风电上网价格后，高于火电价格部分在国家主力电网分摊，有条件的地区也可以对风电企业进行直补。再如制定用于可再生能源发展的固定资产投资优惠信贷政策，进一步降低利率，延长贷款期限，使还贷期均衡于风电机运行寿命期，进而降低风电成本。

3. 采取有效措施鼓励风机制造业发展。由于中国风电机研发制造水平落后，设备供不应求，一定程度上制约了风电发展。近年来建设起来的为数不多的几个制造商，也都远离风能丰厚区，运输、安装、调试和培训等很不方便。

为了降低成本，增大竞争优势，国家应有计划地在风能丰厚区建设风电机制造厂和风电配件制造厂，并在政策上予以扶持。

（二）不断强化税收政策扶持力度

1. 增值税政策方面。对于风电生产企业，应充分考虑其抵扣项目少和对生态环境有利等因素，进一步降低增值税负，按不超过现行小水电6%征收率的税负水平来征收风电增值税，同时，仍按17%税率对外开具增值税专用发票。应借鉴外商投资项目采购国产设备退税的政策鼓励风电产业发展，根据国务院规定的对国家鼓励发展的国内投资项目进口设备，以及西部大开发税收优惠政策中规定的西部地区内资鼓励类产业、外商投资鼓励类产业及优势产业的项目在投资总额内进口的自用设备，在规定范围内免征关税和进口环节增值税的精神，平衡国产设备与同类进口设备的税负，对所有风电企业购置国产设备均实行退税。根据鼓励节能减排的财政补助政策精神，相应退税资金由中央财政全额负担，从而进一步降低风电税收负担，鼓励企业投资风电项目；对于风电制造企业，除给予金融信贷方面的优惠政策外，同样应给予增值税优惠政策，实行消费型增值税的抵扣办法，从而降低其税收负担，进而降低下游产品风电的上网价格。此外，也有利于风机生产企业加强新技术的发明、革新和创造，使中国的风电技术迎头赶上。

2. 所得税政策方面。对于风电生产企业，所得税优惠政策应从成立年度开始享受改为获利年度开始享受，使企业真正得到支持。同时对减免的企业所得税加强管理，减免所得税额必须有60%用于技术革新、新产品的推广应用和风电科研开发等；对于金融信贷企业，如出现风电信贷形成的政策性亏损，允许在税前全额双倍列支成本，为风电产业迅速发展提供良好的资金保证；对于生产制造风电设备的企业，用于技改、革新、研究方面的费用允许全额抵扣。企业与科研院所共同联合研制的风电尖端技术产品，其科研项目经费允许据实全额计入其生产经营成本中加以扣除；对于科研人员研究成果奖励所得，免收一次性收入个人所得税，不断提高科研人员的个人待遇。

3. 其他政策方面。风电生产企业风场占用的土地，主要是风力发电机组基础部分的“点状”占地，国家除在土地使用费方面已给予的一定优惠外，考虑到这种土地占用方式不影响畜牧业生产的实际情况，应在一定的期限内，如投资回收期内，予以免征土地使用税；可借鉴国外发展模式，把火电增容时征收的排污费改为排污税，转移支付成为对风电发展的补贴，逐步减少电力行业对一次性能源的依赖，加大对可再生能源的开发利用。此外，清洁发展机制补贴（CDM）是发达国家给予发展中国家的一种特殊清洁能源补贴，涉及水电、风电等新能源建设项目。按现行税法规定企业的这种补贴收入应该征收企业所得税，这与国家鼓励新兴可再生资源的战略部署是相背离的，应比照取得财政补贴收入进行处理。

（三）内蒙古发展风电亟待采取的鼓励措施

1. 积极争取国家发改委支持，统筹规划全区风电发展，杜绝企业盲目投资和开发，保护有限的风力资源，进一步降低风电成本。目前的主要问题是确保在北京地区、华北电网和东北电网范围内销售风电，及时分摊高于电网电价差额部分。

2. 应对风电企业直接进行贴息补助，贴息率应占企业贷款利息的 20%，贴息期以五年为宜，这样可以使企业平稳地渡过生产的重压期。近年来，风力资源并不丰富的山东省风电开发速度非常快，主要原因就是一些地方政府扶助措施有力，如财政给予补贴 0.25＋0.40 元/千瓦时，所得税给予 15% 优惠等。内蒙古自治区财政可以设立风电发展专项基金，专门用来扶持风电企业，支持风电技术研发，促进风电产业健康有序发展。

3. "十一五"期间，应充分利用区位优势和能源优势建设 1～2 个风机制造基地，进一步带动风电制造业的良性发展。据悉，包头市汇全稀土公司、爱能控制工程公司与内蒙古科技大学联合攻关，已自行设计完成了 1.5 兆瓦双电机调速风电机组的科技攻关项目，目前正在试验运行过程中。如风电机组生产本地化，具有完全知识产权的设备研发成功并进行批量生产，风电成本预计将下降 20% 左右。

参考文献：

1.《中国风电产业现状及发展》，中国风能协会，2006 年 5 月 16 日，中国风电发电网发布。

2.《全球风能委员会（GWEC）年度报告》，2007 年 5 月 11 日，中国风电发电网发布。

3. 国家发改委：《可再生能源中长期发展规划》（国务院新闻办新闻发布会材料，2007 年 9 月）。

4. 李俊锋、时景丽、施鹏飞：《风力发电在中国》，化学工业出版社 2005 年版。

（作者工作单位：内蒙古自治区国家税务局）

我国航空运输分公司营业税问题研究

陈红伟　汤镇国

在我国的营业税条例中，航空运输归属“交通运输业”税目，税率3%。多年来，我国民航事业蓬勃发展，贡献的营业税也逐年增长，据测算，2008年将达到65亿元。

通过一项专题调研，我们将航空运输营业税征管情况简单地概括为：总体规范、局部隐忧。总体规范是指：民航有一套完备的票务网络和资金结算体系，管理相对规范，计税简洁、入库及时。局部隐忧是指：由于航空公司分公司的大量涌现，航空运输营业税的原有格局在被不断地改变着，有关的税收收入能否真正落入财政口袋，具有相当大的不确定性。

一、我国航空运输业蓬勃发展带来了丰厚的税源

这些年，我国航空运输业蓬勃发展，各项指标的增幅都超过了国民经济的增长速度，也超过了世界航空运输业的平均水平。

2007年，民航全年总周转量、旅客周转量、货邮周转量、旅客运输量、货邮运输量的增长速度分别为国民经济增长速度的1.71倍、1.56倍、2.06倍、1.43倍、1.32倍。国际航线的货邮周转量增速为全年进出口总额增速的1.36倍。其中，旅客周转量增长高于世界平均水平10个百分点，货邮周转量增长高于世界平均水平19个百分点。

（一）航空运输供给能力不断提高

在国家民航管理部门的正确领导下，我国航空运输供给能力逐年提高。表

1 清楚地反映了这种趋势[①]。

表 1 我国机场数量、运力和航线数量表

年　　份	2003	2004	2005	2006	2007
境内定期航班通航机场（个）	126	133	135	142	148
年末在册运输飞机（架）	661	754	863	998	1134
其中：客机数量（架）	643	725	835	952	1076
航线数量（国内外，条）	1155	1279	1257	1336	—

（二）航空运输生产规模不断扩大，增速超过了其他运输方式

相对稳定的国内政治环境、持续繁荣的国民经济对航空客货运提出了越来越大的需求。各民航公司对外加快重组步伐，对内强化管理，在市场开拓、飞行安全、机票销售和服务质量等方面狠下工夫，有效需求随之也不断增加。

5 年来，航空运输的几个主要指标增长速度很快。航空运输生产规模的增幅超过了铁路、公路和水运。2007 年，民航旅客周转量在综合交通运输中的比重已达到 12.9%（见表 2）。

表 2 航空运输生产规模表

年　　份	2003	2004	2005	2006	2007
运输总周转量（亿吨公里）	171	231	261	306	365
旅客运输量（亿人）	0.88	1.21	1.38	1.60	1.90
货邮运输量（万吨）	219	277	307	349	402
民航在综合交通中的比重（%）	9.7	11.1	11.7	12.3	12.9

（三）航空运输业成绩喜人，提供了丰富的税源

2003 年，受“非典”等因素的影响，我国航空运输业总体亏损。2004 年之后，连续 4 年盈利，成绩喜人（见表 3）[②]。

① 我国民航事业发展迅猛，以至于国家民航管理部门为了预防超速增长中可能出现的弊端，促进民航全面协调可持续发展，于 2007 年 7 月下发实施了《民航总局关于调控航班总量、航空运输市场准人和运力增长的通知》。

② 根据国际航空运输协会的统计数据，2001～2006 年，全球航空运输业 6 年累计亏损 420 亿美元。2007 年是近年来全球航空运输业表现最好的一年，实现盈利 56 亿美元。

表 3 各航空公司主要财务指标汇总① 单位：亿元

年 份	2003	2004	2005	2006	2007
主营业务收入	830	1165	1345	1589	1910
主营业务成本	685	893	1131	1357	1840
盈 亏	-27	62	16.5	23.8	94

航空运输业的快速发展带来了丰富的税源。根据测算②，各年度航空运输业的营业税税收规模如图 1 所示（其中 2003 年 5～12 月，国家免征民航营业税、城市维护建设税和教育附加等税费 14.3 亿元）。

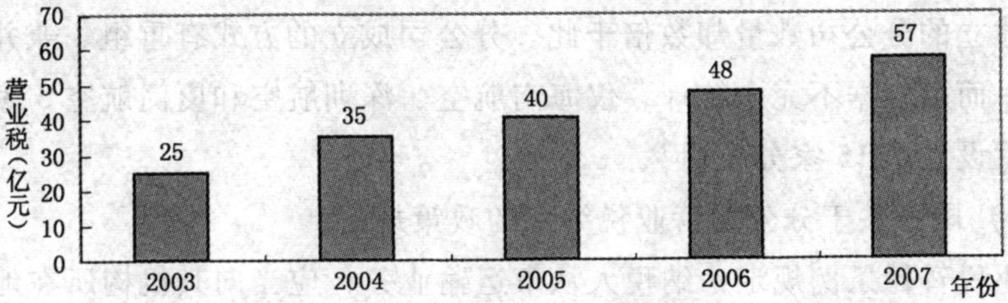

图 1 我国航空运输营业税测算

按中国民用航空局的有关预期推算，2008 年航空运输业营业税有望达到 65 亿元人民币。

二、航空营业税征管中的隐忧：分公司纳税问题

近年来，国内各航空公司为了开拓市场，纷纷在总部之外成立（基地）分公司。地方政府对分公司征税时，地区税收竞争的目的而出台了一些不规范的财税政策。随着分公司数量的增多和经营规模的扩大，分公司营业税就成了航空运输营业税征管中的一个热点和难点问题。

（一）航空公司外地分公司不断涌现

成立分公司，对航空运输公司非常有利。与营业部相比，分公司（和基地）的优势在于可以以该地作为一个航线运作中心、办公后勤中心，拥有始发航线，可以停放更多飞机，机务、维修以及营销都将在当地形成一定市场规

① 数据来源于中国民用航空局官方网站公布的各年度《中国航空运输发展报告》。未经一一核实。

② 本表根据中国民用航空局公布的有关数据推算，由于公布数据的口径可能与计税口径有所不同，因此推算的税收数据可能与事实有出入。

模。同时，分公司还有调度飞机等权力。

目前，中国南方航空股份有限公司、中国国际航空股份有限公司、中国东方航空集团公司三大航空公司在京沪穗重要市场的三方割据局面已被打破，其在全国各地的传统分割格局也受到挑战。不仅境外航空公司和国内二三线航空公司纷纷进入、参与了激烈的竞争，而且三大航空公司也都已在对方大本营设置了基地或分公司。国家民航管理部门也有意逐渐放开三大枢纽市场，以便让更多的航空公司设立分公司或建立基地，使市场竞争更加充分。在国内其他重要地区，各家航空公司也都努力开拓市场，纷纷设立了分公司或运营基地。

目前，在国家民航管理部门注册的航空公司只有 28 家（包括客、货运），但他们建立的分公司数量却数倍于此。分公司成立的方式有重组、兼并、新设等，不一而足。据不完全统计，仅海南航空、深圳航空和厦门航空 3 家，2004 年以来就设立了 15 家分公司①。

（二）国家关于分公司营业税纳税的政策规定

营业税暂行条例规定：纳税人从事运输业务，应当向其机构所在地主管税务机关申报纳税。营业税实施细则规定：从事水路运输、航空运输、管道运输或其他陆路运输业务并负有营业税纳税义务的单位，为从事运输业务并计算盈亏的单位。

国税发［1994］159 号文件又对细则中的“从事运输业务并计算盈亏的单位”进行了界定。

鉴于各航空公司对其所属分公司的核算制度不同，下属分公司是否负有营业税纳税义务情况不一，为加强征收管理、统一税收政策，国家税务总局决定（国税发［1998］210 号），“从 1999 年 1 月 1 日起，各航空公司所属分公司，无论是否单独计算盈亏，均应作为纳税人向分公司所在地主管税务机关缴纳营业税。”

（三）在政策执行时的不同做法

分公司在生产运营、财务核算等很多方面有异于独立的公司，在确定营业税应税收入上确实存在一定的难度。

我们对 4 家航空公司（均有多家分公司）进行了初步的调研，发现在对

① 海航从 2004～2007 年，连续成立了新疆、广州、兰州、大连 4 家分公司；深航在 2004～2007 年间成立了无锡、广州、常州、沈阳、郑州、重庆、西双版纳等 7 家分公司；厦门航空也不甘人后，从 2005～2008 年在福州、南昌、杭州、天津设立了 4 家分公司。

分公司征税方面，都是两地共同分享分公司的税收收入。由某一地方政府独享税收的情况没有出现。

在调查时还发现，同一个地方的税务机关，可能会对不同的分公司分别采用两种不同的方法计税；同属于一个航空公司的两个分公司，在不同地方也可能会采用不同的方式纳税。

具体做法上，至少有以下三种：

1. 以起运地原则确认应税收入。这是比较普遍的做法。在分公司的运营收入中，自分公司所在地始发的航班收入，由分公司向所在地税务机关申报纳税；其他收入则归由总公司向总公司所在地税务机关申报纳税。超过半数的分公司都采用类似的纳税办法。

2. 按资产归属确认应税收入。有些分公司，账面上有固定资产（主要指飞机），在确认应税收入时，就采用资产在哪里就在哪里申报的办法。

3. 由共同的上级政府协调。调查中发现了一个个别案例，某航空公司改制成为本省另一家航空公司的分公司，经各方磋商，以省政府会议纪要的形式确定了营业税收入的划分方法。由分公司所在地税务机关按上年收入基数加上一定的增长幅度向分公司征收部分营业税，其他则由总公司所在地税务机关征收。

（四）税收分享背后的隐忧：不恰当的政府竞争及其衍生问题

1. 税收分享折射出的是不同地方政府之间的博弈。航空公司在外地成立一家分公司需要很复杂的程序，要具备很多严格的条件，还要经过民航管理机关的批准。

对于引入航空分公司的地方政府来说，则相当于一块简单的牌照便可以带来一块营业税蛋糕，无异于“天上掉馅饼”，再加上引入分公司本身就对本地社会经济发展是一个刺激因素，因此，各地政府纷纷欢迎外地航空公司到本地设立分公司。

对于总公司所在地政府而言，航空公司在外地设立分公司，就等于把原来属于本地财政的一部分应税收入转移到外地，自然不很情愿。但在市场经济中，企业有自主选择经营模式的权力，因此总公司所在地政府能够做的便是尽可能从设在外地的分公司那里，分享到一部分税收。

在两地政府这样的心态下，航空公司就会以某种协商方式与两地税务机关达成默契，按一定方法分别向两地纳税。

2. 不恰当的政府竞争——税收返还。航空公司在外地设立分公司，筹备期间和成立后的初期，必然会遇到种种困难。各地政府为了支持分公司在本地的发展，除了在办公用地、职工生活区建设等方面给予政策倾斜，往往还会在航空运输营业税这一“天上掉下来的馅饼”上做出一定的让步，通过财政给予一定比例的税收返还。在城市分布比较密集的地区，这种情况最容易出现，而且返还比例相当高，这是因为那里的城市在引入分公司时往往会受到一个或几个邻近城市潜在的竞争。

从国家财政总体上考虑，税收归属于国内哪个地区并不太重要。但令人担忧的是，在不恰当的竞争下，这块“天上掉馅饼”一样的营业税收入到底有多少从政府财政的口袋又流回到企业的口袋里。

分公司税收返还的规模为多大?

我们曾对一家年营业税规模在 2 亿元的航空公司进行过测算。2004 年，该公司拥有一家分公司；2005 年拥有 2 家分公司；2006 年和 2007 年拥有 3 家分公司。4 年来，分公司向外地政府缴纳的营业税占总营业税的比重持续上升(见图 2)。

2008 年上半年，该公司的这一比重已经超过 20%。它意味着，2008 年将会有 5000 万元左右的营业税是在外地缴纳。必然有相当数量的税收以返还形式流出了财政口袋。

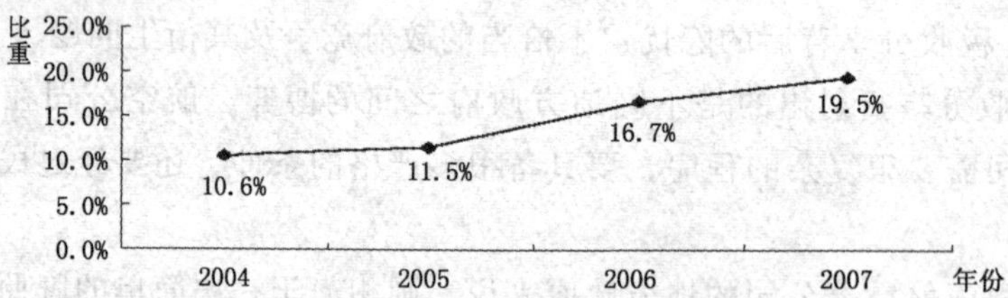

图 2　某航空公司分公司在外地纳税比重图

由于各家航空公司的体制不同、所设分公司的情况存在差异，因此可能享受到的税收返还比例也不尽相同。我们以分公司在外地纳税占航空公司总纳税 15%、分公司税收返还比例 40% 测算，2008 年，全国将有 4 亿元营业税返还给航空分公司。

3. 衍生的问题。

(1) 出现了不公平的市场竞争政策环境。由于税收返还都是暗箱操作，企业获益的多寡各不相同，进而就会造成企业之间的不公平竞争，当情况严重时，会损害航空市场的正常发展。所以从航空市场总体看，这种现象的存在是有害的。

（2）容易诱发企业“逃避税”行为。企业在考虑是否在外地设立分公司时，主要是根据自身发展战略出发的。但面对着显而易见的地区之间的税收差异，企业难免受到一定的诱惑，那就是不仅要在业务量大的地方尽可能申请成立分公司；而且可以在“不引人注意”的限度内，将一部分营业收入转移到返还比例高的分公司那里，从而增加企业收益。

三、几点建议

根据上面分析，现有的财政体制、税收政策和征管方法对航空运输营业税收入分割问题的地方税收竞争缺乏制约，造成国家财政收入流失并衍生出其他问题。对此，本文提出以下几点建议。

（一）对于税务机关而言

作为各地区航空运输营业税的主管税务机关，应坚持依法治税，加强税收管理、堵塞税收漏洞，决不能违反国家的统一税收政策、盲目争抢税源。

要深入到航空公司、机场认真开展税收调研，了解纳税人的经营状况和纳税情况，对纳税人遇到的困难和问题，要在法律许可和职责权限范围内给予力所能及的支持，用足用活税收政策，提供更好的纳税服务。

对本地航空公司设在外地的分公司，要通过总公司主动了解其纳税情况，积极配合对方税务机关做好税收征管工作。同时，要通过纳税评估、纳税提醒等有效方式方法，防止纳税人人为转移营运收入的行为。

对外地航空公司设在本地的分公司，要一视同仁、公平税负。

（二）对于各地地方政府而言

随着航空运输分公司的纷纷成立，越来越多的地方政府会卷入其中。对此，各地政府要采取有效措施积极应对，更要有大局意识。

1. 要尊重企业的自主选择，不干预企业“走出去”的战略扩张行为。对于本地航空公司出于市场竞争和战略扩张需要而在更多地方设立分公司的行为，所在地政府应给予支持，不能由于税收份额的减小而阻碍或限制企业“走出去”。

从长远看，企业扩张了，在激烈竞争的市场上站稳了、发展壮大了，政府才会有更长久、更充裕、更稳定的税收来源。

2. 要在规范的前提下有意识地引导外地航空公司在本地设立分公司。吸引外地航空公司在本地设立分公司，不仅有利于本地社会经济的发展，更可以使当地政府从中取得一部分财政利益。

一个分公司就相当于一个缩小的航空公司，需要有经营场所以及工作人员生活区，政府可以制订一些适当的鼓励政策和措施。

但是，在引导过程中，要依法办事，不能强迫，更不能违反国家财经纪律、给予特殊税收政策待遇，不能随便采取给予减免税或财政返还的做法。

（三）对于中央政府而言

调研中发现的分公司航空运输营业税管征中的问题，在全国相当普遍，如果再考虑到分公司所得税因素，这一问题更加复杂、更加严重。在我国现行财政体制下，单纯依靠税务机关加强征管或寄希望于各地政府的自律，是难以解决这一问题的。需要国家一方面要重申财经纪律；另一方面要组织专题研究，对有关的税收政策加以完善。

1. 在现行税收政策下，要严格纠正违反财经纪律的行为。中央政府对于各地不恰当的税收竞争特别是变相的税收减免，要严格查处、予以纠正，因为这种竞争不仅违反了财经纪律、造成国家财政收入的损失，而且也破坏了市场竞争的公平性。

2. 适当调整行业税收政策。从现行政策的执行情况可以看出，关于分公司营业税纳税的规定还不够细化，造成征税方法的多样化。

建议有关部门加强政策调研。对于航空运输以及水路运输、管道运输等跨地区的经营行为，要结合其行业特点，进一步研究出切合我国国情的税收政策和征管措施。

我们认为，完善航空营业税政策，必须坚持几个原则：一是政策一定要细化，不能引起多种理解或多种做法；二是要平衡各地财政关系，以往由部分城市享有航空营业税的做法是否公平，值得思考；三是要便于计征，不能给征纳双方带来更多的麻烦。

基于前两个原则，比较理想的调整思路是：将航空运输营业税的纳税地点统一确定为起运地，而不论航空公司设在哪里、更不论是否设有分公司。这样做，一方面由于起运地只有一个，因此征收无异议；另一方面，各地政府对起运自本地的航班拥有征税权，就不会有分公司税收是“天上掉馅饼”的心态，也不会再出现盲目争抢税源的现象。统一按起运地征收航空运输营业税，既符合属地管理的原则，有利于税收征管，又可以保证税收分配更加合理，避免地区之间的税收竞争，有助于税收法治的实现。

但是，在实务中，统一按起运地征税是否具有可操作性，特别是是否造成征纳双方的麻烦，还值得进一步研究。

毕竟，一项政策的完善要考虑多方面因素，因此，我们建议有关部门组织专题调研，制订出更加符合我国航空运输行业特点的营业税政策，更好地促进我国民航事业的发展。

（作者工作单位：厦门市地方税务局税收科学研究所）

关于完善税务部门职务与级别管理工作的思考

——浅谈税务职级制度的建立和推行

段光林

新国家公务员法明确提出了国家公务员实行分类管理、职务和职级双轨制，这是对我国传统的公务员人事管理的重大变革。然而，如何结合不同部门或地区的具体情况加以落实，需要我们深入研究。本文就完善税务部门公务员职务和级别管理制度，建立税务职级制度进行了探讨。

一、完善税务部门职务和级别管理制度的必要性和紧迫性

一个有效率的制度安排最根本的特征在于它能够提供一组科学的权利、责任和义务规则，从而形成充分的激励和严格的约束，为生产性或创造性劳动提供最大空间。税务部门现行的职务和级别管理制度是我国计划经济体制下传统的干部管理制度的产物，其制度设计存在一些问题，不能很好地适应新时期发展要求，会影响税务组织自身的全面协调可持续发展。

（一）制度性失衡导致组织“生态”异化

职务和级别管理制度是公务员职业发展环境的主要体现，直接决定着每个公务员职业生涯的发展机会、发展选择和发展结果。目前，在行政级别不同的税务机关之间，税务公务员的职业发展空间差距较大，同等条件下存在“两

种前途、两种命运”现象。

1. 基层税务公务员的职业发展权利难以得到保障。按照现行规定，县级税务机关提任主任科员和副主任科员的职数，只能占局领导班子人数比例的1/3，也就是最多只有3人有机会晋升到科级，这意味着一个规模百余人的县局，只有10%左右的人可以晋升到科级，80%以上的公务员一辈子只能是科员或办事员级别；地市级税务机关科级干部只能占总人数的50%，这意味着一个上千人的局，将有一半人员不能晋升到科级。而具有极大反差的是，高层税务机关公务员在科级层次上不受限制，处级干部比例可以达到75%左右。这导致同样工作时间、学历和资历的公务员会因为其所服务的税务机关的行政级别不同，而走出两条差异极大的职业发展道路。基层公务员和高层机关公务员的工作其实只是分工不同，他们应该拥有相等的职业发展权。特别是在当前，税收执法和服务工作要求不断提高，基层公务员承受的压力及工作难度、强度未必会比高层机关税务公务员少，但制度设计的不合理所造成的结果却是，剥夺了广大基层税务公务员职业发展的权利。

2. 人力资源价值与价格背离。1994年国地税分设以后，我国各级税务机关全面采用了公开招考方式录用公务员，税务系统公务员整体素质有了很大改观。1994年国地税分设时，我国省以下税务机关大专以上学历人员占全部税务人员（包括国、地税）的比例为37.3%，中专学历人员为28.8%，高中以下学历人员为33.9%，同期，高层税务机关这三项比例分别为82.3%、6.3%、11.4%[①]，人力资源素质明显高于基层税务机关。但到了2006年，随着基层税务公务员队伍素质的不断提高，省以下税务机关的三项比例已经演变为78.8%、7.8%、13.4%[②]，高层税务机关则没有太大变化，两者之间差距已经极大缩小。可以预见，这种差距还会因录用公务员质量的不断提高而继续缩小。与人力资源素质的差距不断缩小形成鲜明反差的是，基层税务机关人力资源价格与价值背离问题却日渐突出了。新公务员法出台前，因津贴、补贴的存在，基层税务公务员个人收入与职务和级别的关系不是特别大。但在新公务员法出台后，随着规范津贴、补贴工作的开展，基层税务公务员因职务和级别普遍较低，而职务和级别又与工资直接挂钩，导致收入出现较大幅度的下滑，严重影响了基层税收队伍的工作积极性。此外，长期以来，与市场上同类、同

① 《1995年中国税务年鉴》，中国税务出版社1996年版。

② 《2007年中国税务年鉴》，中国税务出版社2008年版。

资质的企业财务管理或中介专业人员相比，基层税务人员的待遇也具有一定差距。这些问题的存在，必然打击基层税务机关税收执法人员和专业技术人员钻研业务的积极性，甚至可能导致优秀专业人才流失。

（二）制度性缺陷导致“短板”效应凸现

作为人力资源管理激励和保障机制的重要组成部分，职务和级别管理是激活组织内部活力的动力源，是人力资源开发的基础与核心。这不仅仅因为职务和级别管理影响到了每一个人，还因为它几乎与所有的人力资源管理制度都衔接紧密，录用制度、培训制度、考核制度以它为前提，工资制度、晋升制度和奖惩制度以它为基础。当前，由于没有科学的职务和级别管理制度进行有效激励，事实上导致了许多人力资源开发工作效用降低。职务和级别管理制度已经成为税务系统人力资源管理的“短板”，主要问题表现为两个方面：

1. 发展通道“单一化”。税务部门作为国家行政部门的一个重要组成部分，具有政策性、专业性强的特点，尤其是税收执法类岗位，工作技术性强、压力大、风险高。但是，目前税务部门职位体系中没有设置行政执法和专业技术类职务，所有的税收执法和专业技术人员与其他综合类的公务员一道，按照领导类和非领导类职务等次来发展。一方面，现有职位和级别管理体系，难以体现税收执法和专业技术人员的工作特性，难以反映他们技术水准的高低；另一方面由于工作成绩最终只能体现为行政职务的晋升上，以致有些公务员虽然对行政管理没有兴趣或并不擅长，但组织上为了表彰其业绩，只能靠行政职务晋升来实现。这既导致人才使用效能的损失，又无形中强化了人们的“官本位”意识，不利于税务组织形成良好的内部环境。

2. 正反向激励同时不足。近年来，按照中央要求，全国税务系统认真贯彻《党政领导干部选拔任用条例》等一系列制度，大力开展税务干部教育培训工作，这些工作对于提高我国税务队伍整体素质，发挥了积极作用。但是，由于税务职务和级别管理制度不能提供有效的激励和保障，在很大程度上影响到了诸多人力资源开发工作的实际效果。这种缺陷可以从两个方面来看：从正向激励看，税务公务员特别是基层人员职业的发展通道狭窄、发展空间有限，以致难以广泛、全面调动税务干部追求职业发展的积极性；从反向激励看，公务员的退出机制并未真正建立起来，只有犯了严重错误才会免职、降级甚至开除。一方面使得公务员队伍失去了正常的新陈代谢功能；另一方面也不能有效激励税务公务员更好履行自身职责。

（三）制度性障碍导致诸多负面影响产生

1. 政策风险和不稳定因素增加。为了尽量发挥职务激励的作用，一些单位出现超职数配备现象，一方面是基层领导班子承担的政策风险加大了；另一方面即使是违规带来的有限激励，也并不能满足广大基层税务干部职业发展的要求。基层税务机关常常是在对上违规，还是对下受怨之间摇摆，队伍的思想政治工作难做，保持内部和谐稳定不易。

2. 组织和业务变革受到阻滞。当前，为适应建设服务型政府的需要，以及适应信息化条件下税收工作的发展要求，世界各国税务机关的税收管理模式正日益向着扁平化的方向发展。近年来，随着我国服务型税务机关建设活动的深入开展，以及以金税工程建设为代表的税收信息化建设的深入推进，各级税务机构已经进入组织和业务变革的关键时期。但必须正视的是，业务管理模式的扁平化，必然会要求机构的精简和领导职务的减少，如果没有建立科学完善的职务和级别管理制度，就势必大大压缩现行体制下税务干部的职业发展空间，各种阻力也就在所难免。

（四）制度性差距是导致税收管理水平落差的一个重要原因

比较我国税务机关与发达国家或地区税务机关的整体管理水平，不难发现，我们在税源管理效能、征税成本水平、服务响应能力等方面还有一定差距。虽然，导致这一现象的因素很多，但人力资源管理制度的激励和保障功能偏弱是一个重要原因。比如，美国国内收入署的公务员采用因素评价制度确定职位与级别，利用职位所要求的知识、监督管理、工作指导方法、工作复杂性、工作范围与效果、人员接触范围、接触目的、体力要求、工作环境等9种因素对职位进行分级。同时，按照职位分类，工作责任大小、难易程度、所需资格等因素确立薪酬分配制度，并重点考核工作行为表现。又比如，我国台湾的税务公务员职务序列分为5级官阶、8个职级，同一职级内部至少分为3个职等。这种职等的明细划分，有利于在同一职称的公务员中营造竞争激励氛围，同时满足了一部分能力较强但受职位所限暂时无法升迁的公务员的需求。综合分析发达国家和地区税务公务员职务和级别管理的经验，可以发现，分类管理、职级分离、注重能力和实绩评价、讲求责酬相配是其具有较强活力的主要原因，值得我们在推进我国税务公务员职务和级别管理制度改革过程中学习和借鉴。

二、公务员法为完善税务系统职务与级别管理制度指明了方向

2006 年公务员法正式实施，这是我国第一部干部人事管理的法律，对于促进政府部门人事管理科学化、民主化和法制化，提高公务员素质，保障公务员合法权益，促进行政能力提升具有重要意义。与原有的《暂行条例》相比，公务员法的一个重大改进就是界定了公务员职务分类、职务序列以及职务和级别的关系等基本人事制度，确定了我国公务员管理实行职务与级别相结合的制度。在公务员法中，专门设置了一章用于阐述公务员职务与级别的问题，其核心要义体现为四个方面。

（一）我国公务员实行职位分类制度

科学管理的基础是科学的分类，对公务员实行分类管理是公务员管理制度的核心内容。在公务员法第三章中就明确提出我国实行公务员职位分类制度，根据公务员职位的性质、特点和管理需要，将职位类别明确划分为综合管理类、专业技术类和行政执法类，而且国务院可以根据实际需要在条件成熟的时候建立新的职位类别。因此，公务员法在职位分类上要比《暂行条例》有了更加明确的规定，使公务员分类管理进入了一个实际操作的阶段。

（二）我国公务员根据职位类别设置职务序列

在关于职务设置的基本安排上，公务员法为公务员提供多样化的职业发展阶梯的思路。从数目上来看，公务员法对职务序列明确了四条通道，综合管理类、专业技术类、行政执法类分别有各自的公务员职务序列（详见表 1）。公务员法还明确了关于专业技术类和行政执法类的职务名称将由中央一级行政主管部门提出，经中央一级公务员主管部门批准后设置（见表 1）。

表 1　　两大类型多种职务序列

共有职务序列	专有职务序列
领导职务	综合管理类非领导职务
	行政执法职务
	专业技术职务

（三）我国公务员采用职位分类和品位分类相结合的管理模式

所谓职位分类，是以职位为对象的分类制度，是以“事”为中心，将职位按照工作性质、责任轻重、难易程度和所需资格条件要求分为不同的类别。品位分类则是以人为对象的分类制度，是以“人”为中心，根据个人学历的

高低、资历的深浅、职务的高低和工资的多少为标准，注重纵向的等级之分。公务员法第十九条明确规定："公务员的职务应当对应相应的级别。"这一规定是总结吸取了职位分类和品味分类管理的优点，强化了各层次职务与级别的关系，使公务员能够按照职务对应的范围确定相应的级别。

（四）我国公务员拥有职务晋升和级别晋升的"双梯"制发展通道

公务员法明确规定："公务员的级别根据所任职务及其德才表现、工作实绩和资历确定。公务员在同一职务上，可以按照国家规定晋升级别"。显然，在职务晋升之外，公务员增加了一条级别晋升的职业发展通道。在增加了级别晋升这一渠道后，公务员如果因为种种原因不能够再进行晋升职务，则可以晋升级别。可以说，职务晋升和级别晋升"双梯"的制度设计，是整个公务员法的一大亮点，对于推进公务员管理改革具有重要的历史意义。

总之，公务员法就公务员管理的基本制度作出了明确的规定，也为包括税务部门在内的政府部门完善公务员管理制度体系指明了方向。我们理应按照公务员法的要求，紧密结合税务工作的特点和新形势下税收工作的发展需要，加快建立健全具有税务行业特点的职务和级别管理制度体系。

三、完善职务和级别管理，建立税务职级制度

完善税务系统职务和级别管理制度，必须以公务员法及相关制度规定为依据，借鉴公共部门人力资源管理理论以及国内外公务员职务和级别管理制度实践成果，围绕促进税收事业和税务公务员的全面协调可持续发展这一目标，建立税务职级制度，搭建起新型的税务公务员职业发展管理机制。

（一）建立税务公务员职级制度的总体思路和基本原则

针对现行税务公务员职务和级别管理存在的不足和弊端，要通过制度上的改革，拓宽并释放公务员职业渠道，多渠道疏导公务员职业发展压力，促进人们切实转变传统的职务本位观念。

建立税务公务员等级制度的总体思路是：在对税务公务员职务类别进行科学分类基础上，实行职务与等级分离制度；建立健全分类等级序列和等级确认（评定）办法；改革工资构成，体现岗位和等级对工资的决定作用，有效发挥其对税务公务员积极性的主体激励作用，力争使每个干部都能各安其位、各显其能、各得其所、各享其禄。

税务公务员等级制度的建立和完善必须在党管干部原则的大前提下，遵循以下原则，有步骤、有计划地进行：

1. 分类管理原则。以公务员法行政执法、综合管理、专业技术三类为基础，充分考虑现有的工作岗位、未来税收工作需要以及满足税务公务员专业发展的要求，进一步梳理、细分岗位类别，使税务公务员的分类体系更科学、更合理、更专业。对税务公务员的分类要广泛征求各级税务公务员和社会的意见，以便更好地发挥职业发展的导向作用。

2. 职级分离原则。“职级分离”是相对于“职级结合”而言。也就是税务公务员的所任职务与等级，分别由两套不同的办法来规范，由不同的晋升渠道来实现，彻底打破职务终身制和职务只升不降的局面，使职务不决定等级，等级不决定任职。营造出不当“官”也能晋升，也能实现社会价值和自我价值，不当“官”也能获得较高工资、福利待遇的局面。

3. 责酬相称原则。市场经济规律要求劳动者的报酬应当与岗位职责相称。税务公务员所得报酬应当与其岗位职责、工作资历（熟练程度）、工作效果等相称，以更好地激发工作责任心、积极性和创造性，同时，对于工作不力、任务完成不好、目标达不到的，应当形成级别和待遇降档机制，形成正负结合的激励机制。

4. 注重实绩原则。无论是职务激励还是级别激励，都必须建立在注重实绩的基础上。注重实绩考核是建立等级激励主体作用的基础，要将工作实绩与公务员等级确认（评定）紧密结合起来，发挥等级的激励作用和导向作用。

（二）建立税务公务员职级制度的实施策略

1. 建立健全职务和级别管理框架，明晰税务公务员职业发展路径。借鉴国外税务机关公务员管理的经验，完善税务人员职务和级别管理制度，必须首先确定相应的管理框架（如图 1 所示）。

（1）根据税务部门的特点和实际，确定职位分类，开辟税务人员职业发展的通道。

（2）按照一定的条件确定各个级别的标准，明确晋升台阶。

（3）通过级别定级以及级别调整，实现对人力资源的优化配置和管理。

（4）根据职务和级别设定薪酬，合理拉开收入差距，以充分调动税务人员工作积极性。此外，还要配套建立健全员工培训以及能力考评、绩效考评等配套制度体系，形成一个较为完整有效的职务和级别管理架构。

2. 科学进行职位分类，合理设置职务级别。职务和级别的划分与设置是一项重要的基础性工作。税务部门可以通过改革和完善职务岗位设置，规范非领导职务管理，科学设置级别结构，建立既体现能力素质，又反映业绩水平的

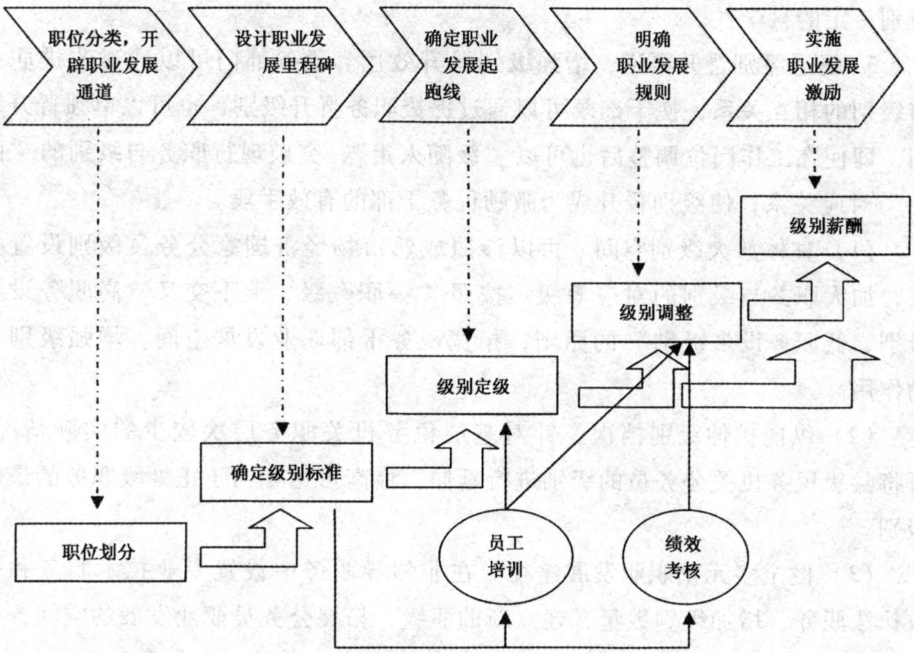

图1　税务职级制管理框架

税务人员级别发展体系，搭建级别晋升的职业发展阶梯。具体思路：

（1）按照公务员法的要求，将现有岗位统一划分为综合管理类、行政执法类和专业技术类三大类别。将具有纯技术性、与其他职位相比具有不可替代性（低替代性）以及技术权威性的岗位设置为专业技术类，例如涉外部门的翻译、统计部门的统计、财务部门的会计、信息部门的计算机维护和管理等；将具有纯粹执行性和现场强制性的岗位设置为行政执法类，例如基层税务部门的征收、管理和稽查等岗位；而其余的岗位通通归为综合管理类，例如行政管理以及对行政管理予以支持的人事、监察、文秘、后勤等岗位。

（2）在职位划分的基础上，完善级别设置，对综合管理类的行政管理人员按现有领导职务进行管理，对综合管理类的管理支持人员按现有非领导职务进行管理。

（3）在行政执法类和专业技术类岗位中设置初级、中级、副高级、正高级等若干等次的级别，必要时还可以设置首席税务员和首席技术员，为职能型人才和技术型人才提供良好的发展机会。与此同时，要分别制订行政执法、专业技术类公务员等级晋升和综合管理类公务员等级晋升办法。逐步建立税务人员级别制任职资格标准，合理确定级别差异，形成有效的级别评价工具，提高级别认定的科学性。

3. 畅通级别晋升渠道，增强级别晋升效用。税务部门可以通过改进职务与级别的相互关系，使干部既可以通过提拔职务晋升级别，也可以单独晋升级别，即使在工作岗位调整后也可以“级随人走”，突破现行职务与级别的“刚性”对应关系，使级别晋升成为激励税务干部的有效手段。

（1）整体放大级别空间。可以参照成熟市场经济国家公务员级别设置办法，加大职务与级别的对应等级。按照“一职数级、上下交叉、高职务设少级别、低职务设多级别”的原则，拓宽税务干部职业发展空间，增强级别激励作用。

（2）纵向扩伸级别档次。针对基层税务机关职务层次较少的实际情况，可将县级税务机关公务员的级别进行延伸，最高可达相当于正处级职务的最低级别。

（3）健全多元化职业发展途径。在非领导职务中设置专业技术职务和行政执法职务，增加级别数量，建立新的职级，拓展公务员职业发展的空间，打破单一的“官本位”取向，稳定现有优秀人才并吸引更多的专业人才。

（4）科学组织职级晋升。级别晋升要按照以人为本、注重实绩、效率优先的原则，既考虑工作资历，更要考虑工作实绩，还要确定一定比例，确保等级晋升对公务员的激励作用。并要考虑不同类别工作的特点，保证各门类公务员晋升的难度相当，以体现等级晋升上的公平性。

4. 健全薪酬福利制度，提高激励有效性。在建立健全级别设置的前提下，可以通过完善薪酬福利制度，使职务和级别成为决定干部职工工资和其他待遇的主要依据，使级别工资成为公务员能力和资历的重要体现，增强级别对干部职工的激励作用。

（1）完善工资结构。将原有的职务工资、级别工资、基础工资和工龄工资合并为基本工资，以宽带薪酬结构①作为基本薪酬制度，以税务人员长期可靠的绩效、经验和技能的增长作为绩效加薪依据；实行奖金奖励计划，对一切有益于提高组织绩效和发展的积极行为进行及时奖励；推行有效的津贴制度，通过合理的地区津贴和级别津贴，反映地区经济和物价水平以及人员级别的

① 宽带薪酬结构是与传统的带有大量等级层次的垂直薪酬结构相区别的一种新型薪酬结构，其特点是薪酬等级层次少但等级内薪酬变动幅度大，是适应组织扁平化管理的一种薪酬结构模式。——编者注。

差异。

（2）合理制定工资级差。级差设置应以解决责任贡献以及资历、年功、业绩补偿两个方面的问题为主要目标。前者可以通过职务工资的级差来实现，后者可以通过级别工资的级差来实现。而级别工资级差应具有明显的激励作用，职务、级别越高，级差水平可以越大。

（3）实现工资福利货币化。要改革工资模式，实现从计划经济色彩较浓的“低工资、多补贴、泛福利”模式向基于市场经济和符合国际惯例的“高工资、低福利、自选保险”模式转变，使工资更能体现职务、级别的高低，强化职务、级别的激励与保障职能。

（4）增加岗位津贴比重。根据工作强度、难度、风险差别等因素，确定岗位津贴，以加大对领导职务的激励作用，体现责任与薪酬的正相关关系。同时，岗位津贴具有一定的时效性，一般是在其位即享其禄，一旦离岗即取消该项津贴。另外，岗位津贴可逐月如数发放，也可在岗时只部分发放，余额累积至离岗时或退休时一次性发放，这样更有利于促其廉政、勤政，激励效果将更加明显。

（5）建立规范的薪酬增长机制。通过定期考核以及正常的职务、级别晋升和工作年限的增加晋升工资档次，并且根据国家经济发展和企业工资水平的增长，定期调整职务工资、级别工资和工龄工资标准。

5. 加强配套措施建设，确保职级制顺利推行。在税务部门推行级别制，必须要有相应的配套制度和措施，才能确保级别制的各项功能得以正常发挥。

（1）完善能力素质考评体系。级别晋升的关键在于税务人员的能力和素质，能力高低将成为级别调整的根本依据。通过建立科学公正的能力标准体系和测评程序，对每一位干部职工所具备的岗位能力进行科学公正的评定分级，从而为合理的配置人力资源和调整级别打下坚实的基础。

（2）完善绩效考核体系。完善的绩效考核体系是建立税务人员级别制管理的重要保障。我们要通过岗位分析，合理划分各种职位和级别的工作任职资格要求，建立税务人员的素质评价模型，从而根据税务部门动态发展的情况建立组织、部门、个人三位一体的绩效考核体系，同时建立绩效考核体系与级别制评价、使用、管理的良性互动制度，从而更好地推动级别制的实施。

（3）建立规范的级别调整制度。任职资格确定以后，并不是终身不变的。对于那些不断学习，提升了自身技能，为税收事业作出突出贡献的人员，可以通过级别调整得到一系列回报，从而形成良性的、动态的税务人员职业发展机制。同时，要打通综合管理类、行政执法类和专业技术类人员之间的交流渠道，通过级别的调整完成职业发展通道的调整。此外，还要通过建立职务、级别晋升信用体系，推行领导职务任期制，建立职务和级别退出机制等配套措施，确保职务和级别制度得以顺利实施。

参考文献：

1.《中华人民共和国公务员法》，2005年4月27日公布。

2. 中华人民共和国人事部网站，全国人大常委会办公厅举行《公务员法》新闻发布会，2005年4月29日。

3. 国家税务总局UNDP项目——《中国税务人员职级制管理的研究》，2006年6月。

4. 杨波："职务职级改革促进公务员职业化"，《新京报》2004年12月28日。

5. 李微："职务级别'双梯制'，拓宽公务员职业发展空间"，《中国人事报》2005年9月27日。

（作者工作单位：深圳市国家税务局）

构建中国环保税制体系的视野和方向

——落实科学发展观的税收思考

高　莉　李长江

一、中国环保、生态形势和环保税收政策现状

（一）中国环保和生态形势

中国环保和生态形势严峻，其中最突出的问题是污染。资料表明，2005年根据污染损失法核算的环境退化成本7087亿元，其中水污染、大气污染、生态破坏、固体废弃物堆放侵占土地和污染事故造成的损失分别占退化成本的40.5%、40.0%、18.3%、0.4%和0.8%。

1. 水污染。

（1）城市水污染无根本性改善。随着治污力度不断加大，近年来工业污水的排放量和污染负荷整体上呈下降趋势，但生活污水的排放量持续攀升，导致城市段的河流、湖泊污染加重。

（2）农村水质不断恶化。一度以城市为中心的环境污染逐渐蔓延到农村，一些高污染企业转移到农村。经济发达、人口稠密地区水污染问题尤为突出，经济社会发展所承受的生态环境和人口压力越来越大。

（3）面源污染对水质构成长期、巨大威胁。大量的化肥、农药流失于土壤和水环境中，形成以氮磷为主要成分的面源水质污染，直接引发内陆湖泊、河流和近海富营养化。

（4）饮用水源破坏严重，环境问题演变成社会问题。有资料表明，中国有 100 多个城市地下水受到污染。

2. 大气污染。中国大气污染是典型的煤烟型污染，主要污染物是悬浮颗粒物、二氧化硫和氮氧化物。近年来区域性大气污染状况相对稳定，但汽车尾气污染不断加剧。全国已形成华中、西南、华东、华南几大酸雨区。

3. 固体废弃物污染。工业固体废弃物数量惊人，综合利用程度和安全处置率低，对环境危害较大。城市生活垃圾快速增加，无害化处理设施不足，技术落后，数百座城市处于垃圾围城的尴尬境地。城市垃圾对局部大气环境、地表水和地下水造成污染。

4. 海洋污染。沿海地区城市既是工业化和城市化的中心地域，也是区域性环境污染源区。高污染以沿海城市为中心向周围地区扩散，形成“以点带面”的区域性污染。区域性污染的各种污染物按江河流域汇集、累积，最终涌入海洋。中国近岸海域污染问题相当严重，而且不断加剧。

5. 矿山环境问题。全球煤炭、铁矿石价格持续走高，带动了采煤、采矿产业无序扩张和对资源不计后果的掠夺性开采，毁林、占地、采空区地面沉陷、泥石流、岩溶塌陷、“三废”违规排放、矿山水均衡遭到破坏等矿山环境问题越来越突出。某些地方出现的“移山运动”，无异于人为的环境和生态灾难。

6. 生态恶化。生态系统遭到破坏，带来湿地缩减，水土流失，土壤沙化，干旱、洪涝、沙尘暴、森林病虫害等自然灾害频发，野生动植物资源锐减等一系列后果。

总之，中国环境污染仍呈加剧趋势。据国家环保总局预测，到 2010 年，废水、COD① 和氨氮排放量分别达到 709 亿吨、1454 万吨和 150 万吨，SO_2、NOX、烟尘和粉尘排放量分别达到 2592 万吨、1669 万吨、1135 万吨和 983 万吨，一般工业固体废物和危险废物产生量分别达到 115722 万吨和 1274 万吨。到 2020 年，废水、COD 和氨氮排放量分别达到 857 亿吨、1429 万吨和 163 万

① COD 是化学需氧量又称化学耗氧量（chemical oxygen demand）的简称。所谓化学需氧量，是在一定的条件下，采用一定的强氧化剂处理水样时，所消耗的氧化剂量。它是表示水中还原性物质多少的一个指标。水中的还原性物质有各种有机物、亚硝酸盐、硫化物、亚铁盐等，但主要是有机物。化学需氧量（COD）往往作为衡量水中有机物质含量多少的指标。化学需氧量和生化需养量（BOD）一样，是表示水质污染度的重要指标。COD 的单位为 ppm 或 mg/L，其数值越大，说明水质污染程度越重。

吨，SO_2、NOX、烟尘和粉尘排放量将分别达到2439万吨、1818万吨、876万吨和916万吨，一般工业固体废物和危险废物产生量分别达到147842万吨和1737万吨。

（二）中国环保税制现状

截至目前，中国尚未开征环保税。与环保有关的税收制度由四部分组成：

1. 部分税种对环境保护和资源合理开发利用具有直接或间接的意义。对环保和资源合理利用有直接意义的税种主要是资源税和耕地占用税。车船税、车辆购置税、城镇土地使用税和城市维护建设税等税种虽不直接或并不完全针对环境保护，但对促进环境保护也有积极作用。

2. 有利于环保的各项税收措施。

（1）增值税的优惠政策立足于鼓励资源综合利用、促进废旧物资回收、鼓励清洁能源和环保产品、鼓励污水处理，优惠手段包括免税、减半征税、即征即退、允许抵扣进项税额和简易征收等。

（2）企业所得税的优惠政策一度条目较多，新企业所得税法实施后进一步统一和规范，政策取向更加清晰。

（3）消费税从设立税种到税目调整，环保用意非常明显。对小汽车、摩托车的重新分类和税率调整体现了按污染程度设计税负（税率）的环保新理念。

3. 支持环保事业的税收措施。涉及到房产税、城镇土地使用税、契税和车辆购置税等多个税种。

4. 以保护环境为目标的若干行政规费。主要包括排污费、污水处理费和垃圾处理费。排污费目前由环保部门征收，收费项目包括污水、废气、固体废物、危险废物和超标噪声。某些环保规费明显具有税收特征。

（三）中国现行环保税制存在的主要问题

1. 税费关系混淆，环保税长期缺位。建立以环保税费制度为核心的环境经济政策体系是多数国家的共同选择。与国外相对完善的环保税收制度相比，中国缺少针对污染、破坏环境的行为或产品课税的专门税种。环保主体税种缺位，意味着中国生态、环境保护观念及立法远不适应建设资源节约型和环境友好型社会，实现可持续发展的要求。征税还是收费，不仅仅是征收手段和征收形式问题，更重要的是管理理念、政策导向和国家意志问题。

2. 资源税、消费税和与机动车有关的税种不完全适应环保需求。

（1）资源税。税种设立目的不明确，侧重于调节级差收入，对资源开发过程中的环境保护和资源的节约使用关注不足；从量定额征收，基本无视资源的环境价值，难以平衡国家财产权利和矿业权人利益；单位税额偏低，与市场供求状况和矿产品成本构成严重背离，调控乏力；征收范围偏窄，不仅有悖于税收的公平原则，而且影响到后续产品的合理比价。

（2）消费税。电池、氟利昂、化肥和塑料包装物等一次性污染产品，污染性电子产品，煤和火电等污染性能源，船和飞机等机动工具未列入征税范围；虽按排气量分档设置机动车税率，但对低污染的小排量轿车和使用清洁能源的机动车的政策激励力度不足，税率与污染程度关联不紧密；政策滞后，不利于引导企业采用更高环保标准。

（3）车辆购置税、车船税和燃油费改税（方案）均未按环保因素分档设计税率。

3. 环保性税收措施零乱。

（1）增值税。一是生产型增值税极大地挫伤了企业购进环保、治理污染等设备的积极性，这是当前发展循环经济最为突出的制度性障碍；二是过多的税收减免影响增值税抵扣链条的完整运行，背离“中性”原则，扭曲社会资源配置；三是优惠措施杂乱，整体感和协调性差。煤矸石、煤泥发电减半征税，城市垃圾发电则即征即退；利用废渣生产的建材产品免税，而利用废弃物生产的水泥则即征即退；风力发电减半征税，水电、核电及利用太阳能发电、沼气发电则不予优惠[①]；四是对资源综合利用企业高征低扣，税负不公。

（2）企业所得税。免税范围窄，受益面小；政策措施相对粗糙，减免标准欠清晰。

（3）关税的问题主要是出口税率过低，不利于充分发挥其限制紧缺资源出口的作用。

4. 政策信号混乱，某些条文彼此冲突或显现负面效应。国家在制定产业目录时，环保无疑是重要依据，但不是唯一依据，左右产业政策的关键因素还是经济。现行税收政策多以经济目标为主要导向，实行了一些经济和环保相冲突的优惠措施。对农药、化肥、塑料、煤炭业等污染行业和污染产品出于发展农业及能源等经济原因实行了优惠政策。对能源项目的优惠政策未区分污染性能源和清洁性能源。这些政策在执行中同时发挥正面效应（如促进农业增收）

① 在本报告即将付印之际，财政部、国家税务总局已发文对资源综合利用及其他产品的增值税优惠政策进行了整合和补充。——编者注。

和负面效应（如污染环境，危害人类健康）。

二、中国环保税制设计的视野

（一）全球视野——洞察国际形势，借鉴国际经验

1. 经济全球化对中国税制的深刻影响。如果说20世纪是由工业化主宰的世纪，那么21世纪就是由经济全球化主宰的世纪。全球化是各国经济走向开放和市场化，世界经济趋于某种程度的一体化，各国经济贸易相互依存程度大大提高的过程；是经济、市场和技术的全球性特征不断增加、民族性或地方性特征不断减少的过程。经济全球化必将对中国经济体制、管理体制、管理方式及机制产生重大的影响和冲击，税制首当其冲。在经济全球化的大背景下，各国税制改革的主流趋势是趋同化，而环保税无疑是更多国家的共同选择。

2. 开征环保税对经济和社会的深远影响。环保税收的开征依据，主要是经济外部性理论和公共产品理论。经济外部性理论认为，环境成本具有典型的外部性特征，税收可使其外部成本内在化。公共产品理论认为，环境的服务功能是一种典型的不具有排他性的公共产品，其价值补偿难以通过正常的市场机制解决，政府的征税和减税则较好地解决了这一问题。环保税收不仅有利于改善环境质量，具有环境效益，而且可以减少其他税收的扭曲，并带来就业增加、投资增加或者使经济更有效率，因此，开征环保税具有双重效益。国际实践表明，开征环保税将对经济和社会产生深远影响。

（1）独立的环保税种可以有效弥补税收在外部不经济环节的调控功能的缺失，进一步提高税收在国家宏观调控体系中的作用和地位，有效改进局部国民收入再分配中的不规范性，使税制趋于完善和合理。

（2）开征环保税将有效提高污染者的环保意识，纠正纳税人污染排放行为，促进节能、环保产业发展，促进绿化取向的产业结构调整，同时将增加就业和投资，使整个经济的运转更文明更有效率。

（3）以节能减排、防治污染为出发点的政策导向必然对高耗能、高污染行业产生直接的约束作用，有利于转变发展方式。国家可将环保税作为重要的对等手段应对发达国家的“绿色壁垒”。

（4）开征环保税会直接影响能源、原材料等上游产业产品价格，并通过“成本推动”影响工业制成品价格，最终影响消费品价格。

（5）面对全球气候变化和环境问题，国际社会和主要国家都在积极应对。任何国家推出环保税都是一种积极的姿态，其国际影响是正面的，有利于在国

际上发挥更大作用。

3. 环保税的国际实践和启示。发达国家开征环保税相当普遍，但没有统一的税种和模式，基本上采取多税种、多环节征收的方式。各国环保税收所涉及的征税领域包括机动车燃料、农业投入、废弃物处理与管理、特定产品、有害化学物质、空中运输和水资源等，征税的具体对象有 40～50 种。主要措施有：全面设置环境保护税；建立有利于保护自然资源的税种，引导生产和消费行为，实现对自然资源的综合、重复和高效利用；给予环保产业税收优惠政策；实行“绿色税制”改革。发达国家开征环保税的经验和启示：

（1）以市场机制为基础。环保税的优势是通过价格信号来鼓励生产者和消费者改变其行为，只有健全的市场才能使税收的变化通过价格波动传递给经济个体。

（2）多数发达国家将环保税定位为行为调节税，主要发挥刺激降低污染的行为，或者是鼓励采取保护环境的行为的作用，而不是单纯的筹集资金。

（3）灵活运用环保税上限、减免、退还和环境补贴等辅助工具，形成结构合理、关系协调、运转灵活的环保税“组合拳”。

（4）环保税与其他环境经济政策相互协调，配合使用。

（5）绿色税收专款专用，或以补贴的形式直接返还给企业，用于节能减排、投资再生资源研究与生产、提供节能培训，或按一定比例成立国家节能减排基金，加大国家级节能减排项目的投资，以及国家节能减排监管和信息系统建设。

（二）战略视野——认真审视大国的责任和义务，科学定位中国环保税制

1. 充分认识中国的责任和义务。改革开放 30 年，中国经济在快速发展的同时，累积了许多矛盾和问题。现阶段中国整体上处于经济快速增长、经济体制转型、社会矛盾增加的时期，经济运行中的基本问题依然是“3＋1”问题，即投资规模增长过快、货币信贷流动性过剩、国际收支顺差过大、经济增长的环境和资源代价过高。“3＋1”问题带有结构性、基础性特点，表现之一是环境和生态压力空前增大，环境容量的不可移动性决定其调节余地非常有限。环境问题是世界性的难题，各国负有“共同但又有区别的责任”，中国自然不能例外。作为一个正在复兴和崛起的、有权威和影响力的、负责任的大国，中国理应妥善解决自身存在的各种问题，并积极承担和履行国际责任和义务。

2. 以战略视野设计中国的发展模式和发展道路。中国不能不发展，中国的发展不能以牺牲环境、生态和人民健康为代价，这是认识和处理任何问题必

须坚持的两条基本原则。要转变思想观念，在关注发展的同时高度重视环境治理，把发展建立在保护环境、节约资源、可持续发展的基础之上，“边发展，边治理”，确保环保目标（清洁、安全、优美、舒适），资源目标（节约、高效和再循环利用）和经济目标（总量增长与可持续发展）同步实现。尤其要重视汽车普及所带来的环境问题。根据中国人口、环境和资源约束条件，中国负担不起普及汽车所带来的诸多问题。对汽车消费的政策应从限制购买向限制使用转变：提高车辆购置税，实行汽车牌照拍卖制度，增加购车成本；调整车船税，增加保有成本；实施燃油费改税，增加使用成本。

3. 中国环境保护税的功能定位。在整个环境经济政策体系中，环保税是居于主导和基础地位的经济手段。与其他环境经济手段相比，环保税能现公平和效率，具有激励性和强制性、透明度高等优势，而且能最直接地体现国家意志和调控方向。在环境政策体系中，建立以环保税为主导、环境收费为辅助、其他经济手段为补充的环境经济政策体系，是最有效率的一种模式。中国的国情决定了中国走可持续发展之路的必然性和紧迫性，也决定了中国建立和完善环保税制体系的必然性和紧迫性。中国的环保税应作为主体和核心税种来设置，通过拓展职能、调整税种结构、扩大征收范围、提高税额标准，使该税收入大幅度增加，地位明显提高。

（三）全局视野——在转变政府职能和大部制改革的基础上，厘清税费关系，规范管理行为

1. 通过改革，实现由经济建设型政府向公共服务型政府的转变和由全能型政府向现代责任政府的转变。正确处理政府与公民、社会的关系，强化政府的公共服务职能，大力减少政府直接干预微观主体的行为。积极稳妥推进大部制改革，精简机构，合理划分不同层级政府之间、部门之间的职能。完善权力和责任的约束机制，坚持政府责任与权力对称，完善问责机制，为环保税制度的建设与有效实施提供组织保障。

2. 厘清税费关系，规范制度设计。现阶段取消所有政府收费，显然不现实，也没必要，可行的办法是税费并存，各自发挥不同的调节作用。规范制度设计的关键是清晰划分税费界限，对具有税收性质的收费，一律实行“费改税”；对合理的、必不可少的收费项目，分别纳入“规费”和“使用费”系列，在改革收费管理体制、收费办法和资金管理方式的基础上，实现公开、透明、规范管理；对不合理的或没有法律依据的收费项目，坚决予以废止。

3. 加强预算监督，规范政府收支行为。以规范化、法制化的收支形式和

渠道取代不规范、随心所欲的收支形式和渠道，在不增加企业负担的前提下，增强各级财政的宏观调控能力和预算透明度。规范政府收支行为，至少包括三项内容：

（1）以法制为基础。政府收支的方式和数量、税费种类和标准必须建立在法制的基础上，受到法律的严格约束和人大的有效监督。

（2）全部政府收支进预算。政府的收支规模、收支方式必须公开、透明、可监控，不允许有游离于预算之外的收支行为。

（3）收支两条线，财政部门统揽政府收支。所有的政府收支完全归口财政部门管理，任何部门的经费支出必须接受财政和有关部门的管理、监督，坚决不允许任何单位坐支规费收入。

三、开征环境保护税和构建环保税制体系的建议

（一）总体思路

21 世纪的税制应该是以可持续发展为核心的绿色税制。构建大环保理念支撑的，以税制绿化、简化和优化为主线的税制体系，是新时期中国税制改革和税制建设的首要目标。“税制绿化”的重点，一是开征环保税，使之成为环保税制体系的核心税种和整个税制体系中继流转税、所得税之后的又一主体税种；二是构建环保税制体系，通过调整税费关系、优化税种结构和完善税收激励措施，强化税收体系的绿化程度和税收的环境协调功能。

（二）理顺税费关系，开征环保税

近期以污染物排放为对象，开征环保税，建立独立环保税基本框架；中远期不断改革完善环保税及相关税种、政策措施，建立科学、完善、有效的环保税收制度体系，同步完成费改税。

1. 对污染物和污染行为征收污染产品税和污染排放税。污染产品税贯彻使用者付费原则，主要目的是促进消费者减少污染产品的消费。污染排放税贯彻污染者付费原则，主要目的是直接限制污染物的排放。

（1）对废气排放征税。征收范围：一是二氧化硫。可选择煤炭作为单一课税对象，也可选择煤炭和其他燃料为课税对象，按二氧化硫实际排放量或当期产量或当期生产要素中的含硫量征税。宜采用定额税率；二是氮氧化物。税制要素设计与二氧化硫相似。可选择煤、石油、天然气、汽油和柴油为征税对象，以燃料的使用量或氮氧化物的实际排放量为计税依据，实行定额税率；三是二氧化碳。征税对象为化石燃料，包括煤、石油、天然气、汽油和柴油。可

对化石燃料按含碳量测算排放量为计税依据，也可直接按二氧化碳实际排放量为计税依据。二氧化硫、氮氧化物和二氧化碳也可单独设置税目。

（2）对工业废水排放按排放量和污染程度征收水污染税。借鉴德国和荷兰的经验，以工业废水的“污染单位”（相当于一个居民一年的污染负荷）或“污染当量数”（污染物排放量/该污染物的污染当量值）为基准，实行全国统一税率，向排放污染物的所有经济主体和个人征税。对超标排放污水区分超标程度加1～5倍征税。对生活废水按排放量或自来水使用量征税。对农业废水暂不征税。

（3）对工业固体废物及危险物征税。对无专用储存或处置设施和专用储存或处置设施达不到环保标准排放的工业废弃物，如冶炼渣、粉煤灰、炉渣、煤矸石、尾矿和其他半固态、液态废物，一次性征收固体废弃物环境污染税。对以填埋方式处置危险废物不符合国家有关规定的，征收危险废物环境污染税。

（4）对垃圾排放征税。可按常住人口征税，也可选择对一次性泡沫餐具和塑料购物袋等污染物征税。现阶段垃圾税只在设区市征收。

（5）对噪音污染征税。对环境噪声超过国家标准，且干扰他人正常生活、工作和学习的，按超标分贝征税。对机动车和客运货运航班船舶按旅客人数或营运收入或吨位征税。

（6）对污染产品或消费品征税。包括含磷洗衣粉、洗涤剂、灭鼠药、杀虫剂、剧毒农药、烟花爆竹、毒性化学品、化肥和农用塑料薄膜等。可从价、从量或按污染量征税。可将垃圾税并入本税目。对农业污染物征税应考虑农民的承受能力。

（7）对辐射污染征税。对光辐射、电磁波辐射征税。

2. 对一般经营行为征收一般环保税或综合环保税或生态建设税。一般环保税以受益者付费原则为依据，以筹集环境治理资金为目的。征税对象是所有享有生态环境的企业和个人，除对生产行为征税外，还可对消费行为征税。鉴于淮河流域、辽河流域、太湖地区存在比较严重的区域污染问题，而区域污染所存在的更为明显的外部性特征和需要区域内一致行动的要求，可以考虑在这些区域征收区域环保税，并将税款用于本区域的污染治理。

3. 环保税制的调控手段应包括对有利于环境保护的经济活动给予减免优惠。继续对“三废”综合利用和向环保产业投资给予税收优惠，并把优惠的范围扩大到环保机械设备制造，环保工程的设计、施工、安装等领域，并对环保产业新产品、新技术的试制和研制以及消化外来环保技术等给予更大优惠。对积极购置机器设备防治污染，改进技术、工艺流程、设备，生产高产出低消耗产品减少环境污染的各经济主体和个人给予减免税优惠。对用新型或可再生能源如天然气、乙醇、氢电池和太阳能的车辆给予政策优惠。

（三）树立可持续发展理念，全面“绿化”现行税制

1. 完善资源税。

（1）调整资源税的调控目标。以促进资源的节约使用和资源开发过程中的环境保护为主，以调节由于资源形成和开发条件差异而造成的级差收入为辅。通过资源税参与资源价格的形成过程，彻底改变无偿开采和使用资源的现状。

（2）将征税范围扩大到包括水资源、土地资源、森林资源、草场资源、海洋资源和地热资源在内的一切自然资源。将城镇土地使用税和耕地占用税纳入资源税体系并较大幅度提高税率，实现由对“行为”征税向对“资源”征税的转变。

（3）税制设计要考虑税收的生态效率、生态环境和代际公平。高度重视资源的环境价值，改从量定额征收为从价定率征收并根据市场供求状况和资源产品成本构成适度提高税负，有效平衡国家财产权利和矿业权人利益，使开采、利用自然资源的外部成本内在化。

2. 改革增值税。全面推行增值税由生产型向消费型转变①；将建筑安装、商品房销售由营业税改征增值税；增值税的中性原则决定了它是一个以收入功能为主的税种，不宜承担过多的具体产业政策导向及微观调控功能，建议取消增值税中间环节的优惠措施，卸载所有功利性“附加功能”。

3. 完善消费税。

（1）扩大征收范围。对电池、氟利昂、化肥和塑料包装物等一次性污染产品，污染性电子产品，煤和火电等污染性能源，船和飞机等机动工具征收消费税。建议将车辆购置税和燃油税并入消费税②。

（2）按污染程度设置差别税率。对低污染的小排量轿车和使用清洁能源

① 在本报告编发之际，国务院已决定自 2009 年 1 月 1 日起在全国范围内实施增值税转型。——编者注。

② 在本报告即将付印之际，国家发改委、财政部和国家税务总局联合发布了《成品油价税费改革方案》公开征求意见。方案拟将取消养路费等行政费的同时，提高汽油、柴油等消费税税额。——编者注。

的机动车给予必要的激励。调高含铅汽油税率，鼓励使用无铅汽油；区分无硫柴油和含硫柴油，实行差别对待。对大型客车和货车课税。对车辆购置行为，按环保要素设计差别税率，在车辆购置环节向车主一次性征税。

4. 调整所得税。在企业所得税各项优惠政策中设定条件，将高耗能、高耗水、高资源消耗的行业和企业坚决排除在外，以避免对资源消耗型企业实行逆向调节。对新型能源、可再生资源和替代资源的投资、生产和消费给予政策优惠，比如：对生产混合动力汽车、新型动力、新型合成材料、风能、太阳能、潮汐能和氢能的企业在较长期限内免征所得税；对专门生产国家鼓励的环保设备、提供环保或节能技术或服务的企业以及对研究污染控制新技术和生产污染替代品的企业取得的收入减免所得税；对企业购买并使用国家鼓励的环保设备以及净化水、气和减少污染的设施的投资实行企业所得税投资抵免；除促进环境保护的关键设备外，对节约利用资源的环保设备和生产研发用的仪器设备准许加速折旧。

5. 车船税应鼓励废气净化和节能降耗，按汽缸容量设置多档税率。

参考文献：

1. 张光文："促进循环经济发展的价格与税收政策"，《扬州大学税务学院学报》2008年第2期。

2. 王力等："环境保护税收问题研究"，《中国税收研究报告》，中国财政经济出版社2007年版。

3. 龚辉文："绿化税制与中国税制绿化前景"，《中国税收研究报告》，中国财政经济出版社2007年版。

4. 饶立新：《绿色税收理论与应用框架研究》，中国税务出版社2006年版。

5. 靳东升："2007年世界税收形势回顾"，国家税务总局税收科研所《研究报告》2008年第6期。

6. 刘世锦："新阶段面临的挑战与发展方式转型"，《新华文摘》2008年第12期。

7. 国家税务总局地方税司：《中国环保税收制度建设问题研究》，UNDP、国家税务总局地方税司合作项目报告。

8. 王世汶、王建国、陈韶君等：《中国环境现状与政策评论》，http：//www.jswl.cn/course/A1017/kecheng/19－3－1.htm。

（作者工作单位：河北省国家税务局）

论资源税改革与完善

张 捷

一、资源税的作用和改革必要性

(一) 资源税的作用

资源税是以各种应税自然资源为课税对象，为调节资源级差收入并体现国有资源有偿使用而征收的一种税。资源税作为调节经济的杠杆，对引导社会投资向节能型能源产品生产转移，提高资源开采效率和利用效率，促使经济与资源协调发展，保证未来中国资源有效供给，建立资源节约型、环境友好型社会至关重要，尤其是资源税在促进节约能源和推进可持续发展中占有其他调节方式不可替代的重要地位，其主要作用是：

1. 有利于促进国有资源合理开采、节约使用和有效配置。长期以来，中国由于没有开征资源税或者税率偏低，出现了一些企业采富弃贫、采易弃难、采大弃小、乱采滥挖等破坏和浪费国有资源现象。开征资源税，可根据资源的开发条件和优劣，确定不同税率，一方面有利于加强国家对自然资源的保护和管理，防止经营者乱占滥采资源，减少资源损失和浪费；另一方面有利于经营者为了自身利益，提高资源开发利用率，最大限度合理、有效、节约开发利用国有资源。将税收优惠政策的重点由鼓励资源开采转为鼓励资源节约和资源综合利用对保护资源、缓解经济发展带来日益突出的资源供需矛盾有重要作用。

2. 有利于合理调节由于资源条件差异而形成的资源级差收入，促使企业在同一起跑线上公平竞争。中国地域辽阔，各地资源结构和开发条件存在很大差异。资源贮存条件好、品位高、开采条件优越的企业成本低，利润水平高，反之，利润水平就低。由此不能反映企业的真实经营成果，企业间苦乐不均。而征收级差资源税是国家对开发利用自然资源者由于自然条件差别所取得级差收入课征的一种税。它与一般资源税虽然很难截然划分，但其侧重点有所不同，从征税目的来看，一般资源税主要体现有偿占用原则，以加强资源管理和合理利用；级差资源税主要是调节资源使用者因资源条件不同所取得的级差收益，其实质就是对级差地租的征收。从各国资源税立法情况看，现今征收资源税大多属于级差资源税。中国资源税税额长期偏低和税负持续下降状况，已不能有效发挥资源税调节资源级差收入功能，也很难促进资源合理有效利用。改革完善资源税，就能够把由于自然条件优越而形成的级差收入收归国家所有，排除了资源条件差异造成分配上的不合理，使企业在较为公平的起点上开展竞争。

3. 有利于正确处理国家与企业、集体和个人之间分配关系。实践表明，中国资源富集区往往是经济发展比较缓慢地区，因而完善资源税应当进一步重视资源所在地利益，中央应尽可能多让利于地方，特别是西部地区，这不仅是让地方在资源开发利用中得到利益，支持地方经济发展，而且由于资源开发过程中，往往伴随着对土地和环境严重破坏，而资源税合理分配，可以为地方政府恢复生态、治理环境解决资金不足问题。

4. 有利于促进地方经济发展，将资源优势转化为经济优势。中国现行资源税征收范围虽然有限，但因各种应税资源开采量比较大，而且随着社会经济进一步发展，资源税征收范围必将进一步扩大，因此，通过资源税合理分成，不但有利于促进地方经济发展，将资源优势转化为经济优势，增加财政收入，而且有利于调动中央和地方两方面积极性，实现双赢。

（二）资源税改革的必要性

1. 资源税改革是资源基本特征的客观要求。资源是人类赖以生存的生产资料和生活资料的天然来源，是一国经济发展基础要素，是有限的天然物质资料。资源基础性和稀缺性决定了中国经济发展必须建立在资源的可持续利用和良好的生态环境基础上。我国人口众多，资源相对不足，生态环境承载能力脆弱。特别是随着经济快速增长和人口不断增加，能源、水、土地、矿产等资源不足问题越来越严重，生态环境不断恶化。坚持可持续发展，统筹人与自然和谐发展，处理好经济建设、人口增长与资源利用、生态环境保护的关系，增强可持续发展能力，已成为全面建设小康社会的重要目标之一。

除少量取之不尽、用之不竭的永久性资源外，自然资源大部分是不可再生资源和可再生资源。资源能否高效、永续利用，是事关国民经济可持续发展的关键所在，也是人类和一切生物赖以生存的基本物质条件，是构建人与自然和谐发展的物质基础。一方面，人类生存发展总是需要生活资料，人们需要具有多样性和无限性；另一方面，资源又具有有限性特点，这就要求人们通过改革资源税来加大对资源的保护和利用，长期造福于人民。

2. 资源税改革是中国资源现状的迫切要求。中国既是一个人口大国，也是一个发展中的国家，这就要求我们在发展中始终要重视自然资源的禀赋状况和人均占有量这一现实，就目前来看：

（1）中国资源人均占有量严重不足，资源供应面临较大压力。据2006年数据显示，中国水资源总量为2.8万亿立方米，居世界第6位，人均占有量仅2300立方米，约为世界人均水平的1/4，排在世界第121位，是世界上13个贫水国家之一。目前，中国有16个省、自治区、直辖市人均水资源拥有量低于国际公认的1700立方米用水紧缺线，其中有10个省份低于500立方米的严重缺水线。

另据《各国矿产储量潜在总值》的估算，中国矿产资源储量潜在总值约为16.56万亿美元，居世界第3位，但人均矿产储量潜在总值仅为1.51万美元，只有世界平均水平的58%，排第53位。中国人均占有的石油、天然气和煤炭资源储量分别为世界平均水平的11%、4.5%和79%；铁、铜、铝等主要矿产资源储量分别为世界平均水平的1/6、1/6和1/9。

国土资源部最新公布的2006年度全国土地利用变更调查结果显示，截至2006年10月底，中国耕地面积为18.27亿亩，人均耕地仅为1.39亩，还不到世界人均水平的40%。中国人均占有森林面积为1.65亩，仅相当于世界人均水平的17.2%，居世界第119位，资源有限和资源紧缺已成为制约国民经济可持续发展的瓶颈。

（2）中国资源消耗强度大，利用率低，浪费严重。从投入和产出看，目前中国GDP约占世界GDP总量的4%左右，却消耗了全球8%的石油、10%的电力、19%的铝、20%的铜和31%的煤；中国钢铁、有色金属、电力、化工等8个高能耗行业，单位产品能耗比世界先进水平高出40%以上；工业用水重复利用率比国外先进水平低20%～35%，城市用水回收率也仅有30%，矿产资源总回收率只有30%，比国外先进水平低20%。

资源浪费也严重地污染了环境。据统计，2004年中国工业和生活废水排放总量为482亿吨，化学需氧量排放1339万吨，居世界第一，二氧化硫排放量2255万吨，居世界第一，二氧化碳年排放量仅次于美国，居世界第二。2005年年初，瑞士达沃斯世界经济论坛公布了最新“环境可持续指数”评价，在全球144个国家和地区的排序中，中国居第133位。

由此可见，中国资源利用状况一方面是资源利用效率低，能耗高，环境污染严重；另一方面是每单位资源所产生的效益低，与国际先进水平相比存在很大差距，而资源低效利用和环境污染又进一步加剧了资源对经济社会发展强力约束。

（3）中国重要资源对外依存度不断上升，资源安全问题凸现。据资料显示，2003年，中国铜产量的60%以上是靠进口原料生产的，铁矿石的47%、原油的34%依靠进口，电解铝生产所需原料的50%以上依赖进口，进口木材及其产品占国内消费量的40%以上。主要矿产资源对外依存度已从1990年的5%上升到2005年的50%以上。2005年，中国石油消费量为3.17亿吨，进口石油1.36亿吨，对外依存度超过40%，致使资源安全问题凸现。从目前看，中国在矿业发展过程中，虽然形成了数以万计的遍布全国各地的各种类型矿区，但由于受矿业生产特殊规律以及历史原因影响，中国许多矿区都处于资源环境容量透支状态，资源安全问题日益严重。

（4）中国资源价格普遍较低，与市场难以接轨。迄今为止，中国土地、水、电、油等重要资源价格一直由政府实行管制，资源市场价格机制不健全。出于维护低物价或低通货膨胀等考虑，一直实行重要资源的低价格政策，严重扭曲了其稀缺程度和供求状况，由此造成了重要资源的巨大浪费和过度消费。

3. 资源税改革是可持续发展的必然要求。可持续发展作为新时期指导中国经济发展战略的基本理念，将会从多方面对资源税的征收产生深刻影响。

（1）可持续发展使资源税的征收能够获得一个长期稳定的税源。经济决定税收，只有国民经济可持续发展才能为税收收入可持续增长提供充足来源。可持续发展下的经济增长主要采取集约型增长方式，改变了传统的拼环境、拼资源的做法，延长产业链、提高附加值，这就使得税源充裕，进而有了可持续增长的基础。

（2）可持续发展将会使资源税税制结构逐渐趋于优化。在可持续发展下，产业结构优化同时改变了资源税结构，这就必然要求国家及时调整税收工作重心，开征新税种，不断完善和优化税制结构，减少税收流失。

（3）可持续发展拓展了资源税税收调控范围。可持续发展将资源税税收调控范围拓展到包括经济领域以及生态环境等领域。例如，环境污染的存在意味着企业边际社会成本超过其边际私人成本，但税收调控可以消除两者之间差异，使环境污染者面临真实社会成本，实现资源优化配置，这样税收调控范围就被拓展到生态环境等领域，既要求注重经济发展，也要求注重环境保护和人类长远发展，积极引导人们合理利用现有资源，大力开发再生资源，有效保护生态环境。

4. 资源税改革是建设节约型社会的基本要求。中国在经济持续高速增长，环境压力不断增大背景下，中共十六届五中全会明确提出了"建设资源节约型、环境友好型社会"，并将其确定为国民经济与社会发展中长期规划的一项战略任务，使之成为中国经济社会与环境协调发展的长远战略选择。正如中国工程院院士魏复盛指出的：环境恶化已经是制约中国经济发展、影响社会稳定、危害公众健康的一个重要因素，成为威胁中华民族生存和发展的重大问题，环境友好型社会的提出，指明了中国社会经济发展出路[①]。

为了全面落实科学发展观，创建资源节约型、环境友好型社会，就应充分发挥资源税调节资源级差收入的重要功能，适时适当调整部分地区部分矿产品的资源税税额及征税品目，促进矿产资源合理有效利用。调整资源税税额，将使资源开采企业税收负担水平更趋合理。

二、资源税现状及存在问题

（一）现状

1. 历史演变。中国资源税经历了一个漫长的发展演变过程。新中国成立后，政务院于1950年发布的《全国税政实施要则》中，明确将盐税列为一个税种征收，从此建立起中国对资源征税制度。1958年以前，盐税由盐务部门负责征收管理，1958年改由税务机关负责。1973年将盐税并入工商税，1984年又分离出来，成为独立税种。1994年1月并入资源税。1984年9月18日，国务院发布了《中华人民共和国资源税条例（草案）》，并于1984年10月1

① 参见林英："专家学者畅谈建设环境友好型社会"，《光明日报》2005年11月18日。

日开始实施，1993年12月1日废止。中国现行资源税制，是1993年12月25日国务院发布的《中华人民共和国资源税暂行条例》确定的，从1994年1月1日起实施至今。

2. 主要特点。

(1) 只对特定资源征税。现行资源税征税对象不是全部自然资源，也并非对所有具有商品属性的资源都征税，而主要是有选择地对矿产资源进行征税。

(2) 具有受益税性质。一般来说，国家可以凭借对自然资源所有权向资源开发经营者收取占用（或使用）费或者租金，也可以凭借其权力征税。在中国，国家既是自然资源所有者，又是政治权力行使者，国家把两种权力合并作为分配依据，使资源税征收更加名副其实。资源税征收是国家政治权力和所有权统一。

(3) 具有级差收入税特征。现行资源税实行差别税率，主要是针对自然资源在客观上存在着好坏、贫富、储存现状、开采条件、地理位置等多种差异。由于这些客观因素影响，导致了诸多资源开发者和使用者在资源丰瘠和收益多少上存在较大差异。征收差别资源税，实际上是一种级差收入税。

(4) 实行从量定额征收。中国现行资源税实行从量定额征收，其计量系统包括吨、立方米和千立方米等单位。这种采用定额税率征收方法，税款多少只与资源开采量或销售量有关，却与开采者生产成本及销售价格无关。

3. 征收税目及税额（见表1）。

表1　　中国资源税税目及税率表

征收税目	税额幅度
一、原油	8～30元/吨
二、天然气	2～15元/千立方米
三、煤炭	0.3～5元/吨
四、其他非金属矿原石	0.5～20元/吨或立方米
五、黑色金属矿原石	2～30元/吨
六、有色金属矿原石	0.4～30元/吨
七、盐	
固体盐	10～60元/吨
液体盐	2～10元/吨

4. 征收机关及收入分配。现行资源税分别由国税和地税机关同时征收，具体分工是：海洋石油资源税由国税机关负责征收，收入归中央；其他资源税由地方税务机关负责征收，收入归地方财政。

（二）存在的问题及原因分析

1. 存在的问题。

（1）范围小。中国目前的资源税征税范围是 1994 年确定的矿产品和盐。矿产品主要是原油和煤炭。之后，虽然经过几次调整，但也只是对个别矿产品的品种进行小范围的扩大，范围始终很小，对于土地、水、森林、草场等众多自然资源，至今仍未纳入资源税征收范围，实际上，中国这些资源不仅匮乏，而且浪费极为严重，急需国家采取税收手段加以保护和利用。

（2）税负低。中国现行资源税制，不仅范围小，不能适应对资源保护的客观需要，而且现有征税范围的税额标准普遍比较低，未能起到对已征税资源的保护作用。随着石油等资源的稀缺状况日益显现，其价格不断飙升，与此同时，资源税的名义定额税额未变，实际税负却在不断下降。尽管中国近几年对煤炭、石油等项目税额做了调整提高，但相对于 1994 年税负实际上还是有所下降。以原油为例，1994 年原油价格为每吨 300 元，按当时每吨 8 元最低税额标准计算，其税负为 2.67%；而现在，中国原油价格已涨到每吨 3000 元，按现在最高税额每吨 30 元计算，税负也仅为 1%，按 20 世纪 90 年代税额标准计算，目前石油资源税额最低应提高到每吨 80 元，每吨 30 元税负较过去比实际是下降了，而不是调高了。

（3）计征方法陈旧。中国至今对矿产资源产品征收资源税，一直采用从量定额征收办法，即按开采量或销售量为计税依据。这种方法优点在于简便易行、便于征管，但这种办法也存在着许多不足，实行从量计征，开采者占有国家资源，在资源开采加工销售以后才向国家纳税，开采过程中，开采者破坏和浪费资源并不纳税，不承担任何责任，损失部分全部由国家承担。因此造成了开采者“挖菜心”、“挑肥肉”式掠夺和破坏，资源浪费到了惊人程度。

（4）作用甚微。由于中国资源税征收范围小，税率低，使得资源税至今在中国税制体系中只是“小不点”，尤其是在资源战略地位日益显现的今天，资源税保护资源的重要作用还未能充分发挥出来。据测算，2000 年到 2005 年，全国和西北五省（区）资源税占税收总收入的比例分别为 0.54%、0.44%、0.44%、0.41%、0.38%、0.46%和 1.19%、1.16%、1.34%、1.21%、

1.21%、1.34%，详见表2。

表2 全国、西北五省资源税占税收总收入比例表

年份	项目	单位	全国	西北五省（区）					
				陕西	甘肃	青海	宁夏	新疆	合计
2000	实现总收入	万元	118557811	1756438	959471	249637	294823	1463790	4724159
	其中：资源税	万元	636456	13046	8487	3708	606	30595	56442
	所占比例	%	0.54	0.74	0.88	1.49	0.21	2.09	1.19
2001	实现总收入	万元	151654671	2247887	1168197	311115	385846	1777217	5890262
	其中：资源税	万元	671076	13595	8450	4272	739	41143	68199
	所占比例	%	0.44	0.60	0.72	1.37	0.19	2.32	1.16
2002	实现总收入	万元	169965625	2485967	1338916	331586	395228	1988504	6540201
	其中：资源税	万元	751357	21451	8785	4910	1270	51408	87824
	所占比例	%	0.44	0.86	0.66	1.48	0.32	2.59	1.34
2003	实现总收入	万元	204661428	2920526	1558790	377296	461613	2327294	7645519
	其中：资源税	万元	831133	26337	12330	6254	1301	46364	92586
	所占比例	%	0.41	0.90	0.79	1.66	0.28	1.99	1.21
2004	实现总收入	万元	257234769	3818121	1912579	451536	629597	3086354	9898187
	其中：资源税	万元	988035	43030	15915	7450	1490	51923	119808
	所占比例	%	0.38	1.13	0.83	1.65	0.24	1.68	1.21
2005	实现总收入	万元	308670287	4883380	2252465	609383	790662	3909087	12444977
	其中：资源税	万元	1426322	68212	21101	14209	2290	60811	166623
	所占比例	%	0.46	1.40	0.93	2.33	0.29	1.56	1.31

由表2可以看出，中国资源税一直处于地位低、功能弱、税额少、幅度小、调节无力的尴尬境地，致使在现实经济活动中资源损失浪费现象十分突出、在消费使用环节上大手大脚。如煤炭资源的乱采滥挖、石油资源的挑富扔贫、土地资源的圈而不用、水资源的“跑冒滴漏”和森林资源的乱砍滥伐等，除不合理的价格体系、管理体制等因素外，同中国现阶段资源税的作用较弱和缺位有着直接的关系。

——多种税费并存且征管较乱。多年来，中国对资源产品征收的税种除资源税外，还对土地资源征收耕地占用税、城镇土地使用税和土地增值税。同是对土地资源征税，却有3个不同税名，这在很大程度上引起社会成员的不理解和不满意，带来征管阻力。不仅如此，除了对土地资源征收多种税外，地方政

府还要收取名目繁杂的费用，如土地补偿费、矿区使用费、矿产资源补偿费、安全生产费等，致使各级地方政府错误地把收取各种资源规费收入当成“唐僧肉”，形成了规费收入远远大于税收收入的反差。以宁夏煤炭为例，2005 年调整以后的资源税额为 2.30 元/吨，而地方财政收取的森林补偿费为 10.00 元/吨、煤炭资源补偿费为 30.00 元/吨、太西煤基金为 30.00 元/吨、环保排污费核定征收等，吨煤规费收入是税收收入的 33 倍。资源税税额明显偏低，地方规费明显偏高。

——分配体制不合理。现行资源税收入分配格局是，海洋石油资源税归中央，其他资源税归地方。这种分配格局存在着一定弊端：一是不利于中央宏观调控。因为海洋石油以外的资源税收入全部给地方，中央对地方资源开发利用项目宏观调控的权力有限，使宏观调控力度减弱。特别是对于节能降耗项目、新能源研制开发项目等，中央财力支持力度就会弱化；二是这种分配格局刺激了地方政府急功近利，部分地方政府为了眼前利益就会乱上资源开发项目，特别是个别地方默许小煤窑、小油井的乱采乱挖，导致资源的重大浪费和恶性安全事故接连发生，给国家和人民生命财产造成了重大损失。

2. 存在上述问题的原因分析。

（1）在观念上对资源重要性认识不足，缺乏对资源保护意识。长期以来，人们对中国自然资源，特别是对煤炭、石油等战略性自然资源现状缺乏真正了解，对其稀缺性更是认识不足，常常沉醉于960 万平方公里的中华大地，地大物博、幅员辽阔、矿产丰富，总以为中国有挖不完的矿山、抽不干的油井水井、用不尽的森林，在资源开发利用上没有危机感，缺乏忧患意识，从而忽视了对资源的保护，未能很好地发挥资源税调节保护自然资源的杠杆功能。

（2）缺少对自然资源社会成本的研究。多年来，中国对资源产品的社会成本无明确标准，核定资源税税率无准确依据。现行资源税属于收益税、级差收入税，它是税费统一体，既有无偿性也有有偿性，既有来源于绝对地租成分，也有取之于级差地租含量，国家在确定征税标准时必须要明确其资源产品的社会成本范围和标准，并以此为依据向开采经营者征税或者收费。事实上，迄今为止，国家对资源产品的自身补偿成本、生态成本、环保成本以及与之相关民众（如失地农民、矿区搬迁农民）的社会保障等成本，缺乏深入细致的研究，从而导致了资源税征税范围小、税率低、调节无力现象的出现。

（3）受自身征管技术手段制约。近年来，人们已逐步认识到从量定额征收资源税的不足之处，但若要按矿产储量或回采率等作为征税依据，需要较高的技术手段支持。如采用什么方法或采信哪个部门提供的探明储量、确定回采率等，都需要特定的技术手段方法和相互配合的政策支持，就目前对税务机关来说，仍有很大的难度。

三、资源税改革和完善初步设想

改革和完善资源税是一项涉及国民经济全局的大事，来不得半点马虎，必须以科学发展观为统领，在深入调研基础上，提出切实可行的科学方案，就目前看，应该从以下几个方面入手：

（一）合并税种，规范税名

中国现行资源税执行税目有七类，在此基础上取消中国现阶段对土地资源征收的耕地占用税、城镇土地使用税、土地增值税和土地补偿费等“三税一费”，将土地列入资源税范围。即在现行资源税征税范围中增列“土地”税目，实行这种改革的意义在于：

1. 税名符实、准确规范、便于征管，有利于完善税制，建立科学的税制体系。统一合并后，无论国家凭借政治权力征收，还是以所有者身份收取，也无论是对绝对地租分征，还是对级差地租分征，都是针对土地资源而言的，所以将其列入资源税名正言顺、科学合理，便于被社会所接受，比以“三税一费”名义征收更有说服力，相应地也会减少征收的社会阻力，不仅有利于征收管理，而且有利于构建和谐社会，促进安定团结。

2. 有利于彰显国家保护土地资源的政策取向。将现行的对土地资源征收的“三税一费”统一合并后，更能直观地表现出国家保护土地资源的立法宗旨，提高全社会节约使用土地的保护利用意识，减少对土地资源的损失浪费。

（二）扩大范围，应征尽征

我们认为，资源税征收范围至少应扩大到以下几类资源上：

1. 土地资源。这里我们所提土地，是指农村的非农业用地和城市用地。随着农村城市化进程的不断加快，农村的非农业用地范围不断扩大，农村土地资源浪费现象也时有发生，有必要尽快对农村非农业用地征收土地资源税。对这部分土地征收资源税应包括以下几项内容：

（1）税目设定。主要包括耕地：是指在转作非农业用途前用于种植业土地；土地：是指农村和城镇用于非农业用途土地；转让土地：是指单位和个人转让土地（含地上建筑物及附着物，也可统称转让房地产）。

（2）计税依据、税率及纳税环节。

耕地：可按土地出让金的20%～30%的税率，在纳税人将耕地转作非农业用途时一次性课征。耕地资源税税率的确定因素，除考虑到对占用耕地资源的补偿保护外，还应考虑到今后国家对失地农民的社会保障支出等因素。

土地：对农村非农业用地和城市用地，在使用期内，按土地基本价格或土地计税价格的5%～10%税率予以经常性征收。土地基本价格或土地计税价格可由省级税务机关与同级财政部门、土地管理部门、物价部门以及房地产评估机构定期商定公布，不再执行现行城镇土地使用税按土地面积征税做法，使税额与价格的变动直接联系。在土地资源有限且价格不断上升情况下，从价计征更有利于维护国家利益，进一步发挥资源税调节功能。

转让的土地，即转让房地产：在房地产转让环节按转让净收益计征，延用现行土地增值税的税率类型——超率累进税率。即按转让净收益占扣除项目金额比例确定净收益率，按净收益率高低不同，分别确定高低不等的税率。这里所说土地资源增值部分，主要是指因客观因素形成的土地资源增值部分，即土地资源级差收入，这部分收入国家以土地资源税方式参与分配，名正言顺、合情合理，容易被社会公众所接受。具体税率净收益率在100%以内部分按40%征收、净收益率100%～200%部分按50%征收、净收益率超过200%以上部分按60%征收。

2. 水资源。鉴于中国目前水资源日益紧缺和损失浪费现象严重状况，更有必要将水资源列入资源税征收范围，用税收手段保护极为珍贵的水资源。对水资源征收资源税具体内容包括：

（1）税目设定。包括地下水和地上水。地上水主要包括河流、湖泊及水库的淡水。地下水主要包括井水和泉水。

（2）计税依据、税率及纳税环节。对地上水按使用量（吨或立方米）为计税依据，每吨税额确定在0.5～3元为宜。水资源管理单位在向使用者供水时可以一次性征收。地下水可按储量（吨或立方米）进行定额征收。目前在按储量计税不成熟时，可暂按水的销售价格计税。按储量计税其税率应至少高出地上水的两倍，因为地下水资源相对于地上资源更显得珍贵，按销售价格计税，其税率应确定在10%左右。在具体实施过程中，对于农业用水可给予减免税。

因对水资源征收资源税，其税收负担除供水单位消化负担一部分外，其余部分肯定会造成供水价格上涨，这是必然的。也正是因为水价上涨，会使得用水者用水成本提高，从而促使其减少对水资源使用量，达到节约用水的目的，这也正是征收资源税的意义所在。同时国家还应辅之必要的其他配套措施，如增加对农业补贴，提高对城镇低保家庭补助标准等。

3. 森林资源。以往在征收“农林特产税”期间，将天然原竹、原木纳入征税范围。随着该税的取消，现在原竹、原木已不再征收农业税，这样一来，在对森林资源保护方面，税收调节出现了“真空”。应将森林资源纳入资源税的保护范围。

(1) 税目设定。包括天然原木、天然原竹。这里所指的是自然林木资源，不包括人工林木。

(2) 计税依据、税率及纳税环节。计税依据为原木、原竹销售价格，在砍伐环节一次性征收，税率确定为10%左右为宜。

(三) 完善现有矿产品资源税征管制度

1. 改从量计征为从价计征。国务院日前发布的《节能减排综合性方案》提出，要求抓紧出台资源税改革方案，改进计征方式，提高税负水平。现行从量征税不受价格变动影响，但却与课税对象的量有直接关系，而从价征税是以征税对象的价格为标准，按照一定比例征税。后者受价格变动影响明显，与征税对象数量也有紧密关系，其与差别比例税率配合，可以调节产品利润和产品结构，影响价格水平，最终调节产业结构。国际市场资源价格普遍上涨，目前实行的从量征收无法体现有效利用和保护资源的效果，如果从价计征能将税收与资源市场价格直接挂钩，既有助于通过税收调节资源利用，也有助于政府税收的增加。

2. 改变部分矿产品资源税税额。继续完善资源税政策，应在充分发挥资源税调节资源级差收入的主要功能同时，应适当调高部分地区部分矿产品资源税税额，才能有力地促进矿产资源合理有效利用，增加地方收入。2006年，财政部、国家税务总局下发文件对矿产品等资源税部分品目税额进行调整。2007年8月1日起，财政部、国家税务总局又决定上调铅锌矿、铜矿和钨矿的资源税税额标准。这次铅锌铜钨矿石资源税调整，是1993年财政部和国家税务总局发布《资源税暂行条例实施细则》以来，国家首次上调铅锌矿、铜矿和钨矿的资源税税额标准（按照财政部和国家税务总局的最新通知，铅锌矿石单位税额标准为：一等矿山每吨20元，二等矿山每吨18元，三等矿山每吨16元，四等矿山每吨13元，五等矿山每吨10元。而原有税额标准依矿山等级分别为4元、3.5元、3元、2.5元、2元，现行税额标准上调幅度都在400%以上。同时，铜矿石和钨矿石单位税额标准也有大幅度的提高。其中铜矿石一等矿山的资源税调整前为每吨 1.6 元，调整后为每吨达到 7 元，上调幅度达到 338%。钨矿石四等矿山的税额调整前为每吨 0.5 元，调整后达到每吨 8 元，上调幅度为 1500%。

目前，资源税政策调整已显现出积极作用。一是缓解了目前资源税税额偏低和税负持续下降带来的矛盾，进一步发挥了资源税调节资源级差收入作用；二是加速了资源所在地资源优势向经济优势和财政优势的转化；三是税收收入大幅度增长。截至 2007 年上半年，全国资源税收入完成 134 亿元，同比增长 31.8%，增收 32.3 亿元。

3. 改定额税率为比例税率。与改革上述从量计征为从价计征相配套，应改革现行差别定额税率为差别比例税率，税率以确定在 5% ~15% 为宜。

4. 改按资源储量、回采率计征。这种改革目前理论界和企业界呼声较高，但受探测技术、税收征管手段和方法等因素制约，暂时难以实施，但可作为今后一定时期内资源税改革发展方向，应积极创造条件，待条件成熟后可付诸实施，目前也可有选择地在具有较好前景地区进行试点，创新资源税计征方法手段。

（四）完善资源税征管体制和分配体制

1. 国税机关统一征收资源税。随着人们对资源战略地位认识水平不断提高和资源税改革的不断深入，资源税地位和作用越来越显重要。尤其是随着资源税征税范围的扩大和税率的调整提高，资源税的地位将会有所提升，改变现行海洋石油资源税由国税局征收，其他资源税由地税局征收的格局，将有利于全面贯彻落实中央进行宏观调控的战略意图，减少地方随意减免现象的发生，从而充分发挥资源税保护资源的职能作用。

2. 实行中央、地方共享分成资源税。改变现行中央和地方按资源税项目分配的格局，改由国税局统一征收后，采用中央和地方按收入总额分成办法分配。把资源税收入同中央和地方利益紧密联系在一起，充分调动中央和地方加强资源税征管积极性。具体分成比例除西部资源大省可按中央 30%、地方 70%。这一分成比例主要考虑到中央要从宏观上实施资源战略计划，需要掌握一定财权财力，包括宏观方面的资源开发、资源利用、资源保护、环境治理等资源战略计划的实施。同时，对于更多的资源保护、资源补偿和环境治理等任务要靠地方完成，所以总额分成比例应该高一些。而对西部资源大省，考虑到目前中国资源产品价格普遍较低，资源输出地区对资源使用地区的利益贡献实际情况，资源输出地区在资源保护、资源补偿等方面需要大量支出，且又承担着环境污染造成的重大损失以及治理环境污染需要大量投资的实际情况，中央和这类地区分成比例可按2：8为宜，即中央占20%、地方占80%。另外，中央还应采取转移支付方式加大对这类地区生态保护、环境治理的投入，帮助这类地区逐步实现变资源优势为经济优势，改变目前“资源富有，地方贫穷”困境，为实现可持续性发展，建立和谐社会，发挥财税体制应有的积极贡献。

3. 多管齐下、综合配套完善资源税。对自然资源的保护是一项综合系统工程，需要各种体制相互配套、相互衔接，形成合力，方能见效。比如市场准入、定价机制、流通秩序、环境保护等制度的建立以及除资源税以外的其他财税体制，如增值税、消费税、企业所得税等多方合作，共同作用才能完成对资源的保护。建议国家在资源税制度改革的同时，应从多方面进行配套改革。如为了平衡增值税负担，考虑到资源开采企业资本有机构成较高特点，应尽快在这些行业实行“消费型”增值税；修改消费税法，将水纳入消费税征收范围，提高油类消费税税率等配套改革，以利于全面贯彻落实中央宏观战略计划，加快资源节约型和环境友好型社会的建设。

参考文献：

1. 叶文虎：《可持续发展的新进展》，科学出版社2007年版。

2. 张捷：“实行工业反哺农业的客观形势与现实条件”，《税务研究》2006年第12期。

3. 姚予龙、谷树忠、杨兴宪等：“国内外资源安全战略及调控机理”，《中国环境报》2002年4月5日。

4. 国家环境保护局：《中国环境保护21世纪议程》，中国环境科学出版社1995年版。

5. 《中华人民共和国资源税暂行条例》，1993年12月25日国务院发布。

6. 《中国税务年鉴》2000～2006年，中国税务出版社。

（作者工作单位：宁夏回族自治区国家税务局）

纳税服务问题研究

——关于贵州省国税系统纳税服务现状的调查

贵州省国家税务局课题组

一、对纳税服务的理论认识

关于纳税服务，虽然目前学术界还没有一个统一的、权威的定义，但是，公共财政理论为我们认识纳税服务提供了理论基础。公共财政作为一种财政模式，反映了政府与公民之间在公共物品或服务上的等价交易。政府向个人提供公共安全和公共服务，个人向政府缴纳税款。税收既是政府提供服务的报酬，也是个人购买政府服务的价格。因此，纳税服务作为政府公共部门之一的税务机关为纳税人提供的专门服务，属于公共服务的一种。

而新公共管理理论则为我们如何优化纳税服务提供了理论指导。新公共管理理论核心价值是把市场化运作机制和管理手段引入公共管理中来，主张以市场机制改造政府，提高公共服务品质①。在管理上主要强调公共服务中顾客导向观念，建立顾客导向型政府，以公民为顾客，并强调顾客的价值，政府作为服务组织，向公民提供最佳服务。与此相适应，税收管理理念和运作方式带来了四个方面的转变：一是税收管理从规制导向向服务导向转变；二是税收客体从监管对象向商业客户转变；三是内部管理从行政管理向企业化管理转变；四

① 万素林："关于纳税服务改革若干问题的探讨"，《中华财税网》2003 年第 10 期。

是纳税服务从行政服务向社会化服务转变。

因此，我们认为，新公共管理理论确立的以纳税人为导向，为纳税人服务的理念，应成为整个纳税服务体系的基点。而我国科学发展观的提出，为我们优化纳税服务指明了方向。依法为纳税人提供优质、高效的服务，保护纳税人合法权益，为纳税人提供公平、公正的竞争环境，构建和谐的征纳关系，实现人与人、人与社会、经济与社会和谐发展，这是科学发展观以经济建设为中心的体现和要求。

二、贵州省国税系统纳税服务现状

基于纳税服务上述认识，我们对贵州国税纳税服务实践作了调查分析①，希望从纳税人的视角，通过对纳税人反映的带有普遍性的纳税服务问题的分析，来探索一条优化纳税服务的途径。

（一）纳税服务管理现状

通过我们的调查分析，贵州省国税系统的纳税服务管理状况可以归纳为以下几个方面：

1. 纳税服务制度初步建立但不完善。制定了纳税服务的内容和标准。根据国家税务总局的有关规定，结合贵州实际，先后制定并下发了《贵州省国家税务局关于进一步优化纳税服务的实施意见》、《贵州省国税系统纳税服务考核评估暂行办法》、《贵州省国家税务局关于推行全程办税服务的通知》、《贵州省国家税务局12366纳税服务热线人工座席服务规范》、《贵州省国税系统办税公开实施办法》等。在全省推行了税务公告、首问责任制、限时服务、提醒服务、巡回服务等30多个服务制度，进一步明确了办理税务登记、纳税申报、发票领购等10个即办事项，减免税申请、增值税一般纳税人认定等31个限办事项及答复问题的时限，规范了纳税服务的内容和标准。同时，坚持开展纳税服务考核评估。

开展了形式多样的纳税服务工作。围绕为纳税人服务这一主题，贵州省各级税务机关开展了形式多样，卓有成效的服务工作。如每年四月开展的“全国税法宣传月活动”、争创“文明办税服务厅（室）”、“巾帼文明示范岗”、“文明单位”、“共产党员示范岗”、“优秀税务工作者”等活动；诸如推行

① 我们在全省范围内向不同类型的纳税人进行了问卷调查，共计发放问卷415份，收回374份，占发放问卷总数的90.12%，其中有效问卷363份，占发放问卷总数的87.47%。

"首问责任制"、"纳税服务承诺制度"、"一站式、一窗式服务"、"服务监督卡制度"，等等；诸如开展各种形式的"税收法律法规公告"、"税案公告"、"纳税辅导"，设立"咨询服务窗口"、"咨询服务热线"，等等；诸如实行"公开办税制度"、开发电子触摸系统、开发税务网站等等；诸如设立"税务案件听证"、"案件复议"等程序。这些纳税服务工作都取得了明显效果，多数服务形式和内容都为纳税人所欢迎。

虽然贵州省国税系统纳税服务制度已初步建立，但仍需不断加以完善。主要是基层税务机关还未形成纳税服务的整体合力，纳税服务工作仍以办税大厅为主导；纳税服务没有形成统一规范的内部考核机制和由社会各界与纳税人广泛参与的外部评价机制；服务质量评价方法单一，缺乏有效的质量评价指标体系；与纳税服务相应的岗位职责、工作流程、工作标准、责任追究、监督控制等重要内容没有形成有机整体，纳税服务工作还处在不系统、不全面的低水平；没有完善的奖励或惩罚措施，纳税服务难以有效的开展，服务质量难以有质的提高，从而严重制约了纳税服务体系整体效能的发挥。

2. 纳税服务平台基本搭建但不完整。目前，税务机关已搭建的纳税服务平台主要有三种形式：

（1）办税大厅。截至2006 年年底，全省国税系统共有办税服务厅164 个，工作人员1120 人[①]。这是目前最主要的一种纳税服务平台，这种面对面的交流服务平台比较直观，税务人员可以对纳税人所需的服务内容有针对性地进行纳税服务，纳税人对所需服务内容易理解，问题能得到及时解决。但办税服务厅主要分布在县（市）所在地，受地理位置、软硬件设施、税务人员的素质和服务时间的局限，其功能的发挥受到制约。

（2）12366 纳税服务平台。自 2002 年以来，在贵州省 9 个市、州、地国税局已陆续搭建12366 纳税服务热线平台，通过语音咨询和人工座席为纳税人提供专门的纳税咨询服务。服务内容包括集中受理税务咨询、涉税举报、廉政举报、执法过错举报或投诉、发票有奖查询以及对国税工作的意见和建议。12366 税收服务热线运行五年来，各年热线受理情况总体呈上升态势，年度累计增长率达 34.32%。但 12366 服务热线在贵州省开通的情况不平衡，还没有形成全省统一的一个纳税服务热线。通过调查了解到，截至目前，有的地区全区只开通了一部 12366 服务热线电话。开通了 12366 纳税服务热线的地区，还

① 贵州省国税系统纳税服务工作会议文件，2007 年 6 月 27 日。

存在热线接通率不高，部分咨询员对咨询问题答复质量较差，以及咨询服务内容、操作程序、人工座席设立等缺乏统一规范的问题，有些内容如涉税举报虽然进行了设置，但没有指定责任单位，因此形同虚设。

（3）电子纳税服务平台。电子服务的方式包括电视、网站、手机短信等方式。贵州国税机关主要采用的是网站及手机短信的方式。目前，贵州省国税系统9个市、州、地国税局均建立了国税网站，网上开设政策法规、办税指南、局长热线等栏目。据统计，2006年，各地区国税网站点击率达251万多次，累计点击量达到367万多次，共发布税收政策法规文件2200多份，涉税事项答复率100%，准确率100%。同时，各地采取租用中国移动公司、中国联通公司通讯线路向纳税人提供税收政策宣传、催报催缴和纳税提醒等短信服务。但贵州省国税机关基本上没有统一规范的专业纳税服务网站，没有专门的纳税服务网站域名、没有统一的网页风格和栏目设置、没有功能齐全的服务项目。同时，现有网站的作用没有得到充分发挥。网站纳税服务只是在税务综合网站上开辟几个栏目（如纳税指南、税法宣传）进行服务，服务项目有的多有的少，针对性不强、不及时，有的单位甚至没有使用。调查了解到：某地区10多个县（市、区）级税务机关，只有两个局在政府网站上建立了独立的宣传专栏，对办税指南在网站上进行了宣传，其他县局只限于在纳税服务厅对一部分办税指南进行张贴公开。从全省国税系统目前的情况来看，要达到真正意义上的电子纳税服务还存在很大差距。

3. 纳税信用等级制度基本建立但需进一步规范。按照国家税务总局2003年制定的纳税信用等级评定管理试行办法，贵州国税各级税务机关制定了相应的规定，按照一定标准将纳税人的纳税信用等级评定为“A、B、C、D”四级，并根据评定的等级给予不同的纳税服务。通过几年的实践，纳税信用等级制度在全省国税系统已逐步建立，纳税人的纳税信用度得到了一定的提高。但实践中，纳税信用等级制度还不尽规范。

（1）评定工作不够全面。对纳税信用等级A级企业的评定还局限在重点税源上，对积极遵守纳税程序、几年内无税务稽查不良记录的非重点纳税人，还未纳入A级纳税人的评定范围。

（2）制度不够完善。对C、D等级纳税人的认定，纳税人容易产生抵触情绪，一定程度上还会激化税务机关与纳税人之间的矛盾。如果使用等级认定需要纳税人认可，则在操作上往往难以得到他们的配合；如果税务机关单方面认定其为C、D等级纳税人，则纳税人很可能提出异议而引发法律纠纷。如果税务机关没有相关的配套办法出台，基层税务机关难以查找重要的法律依据，对此，纳税信用等级评定管理试行办法并没有具体明确的规定。

（3）激励与监控措施不到位。按照纳税信用等级评定管理试行办法的规定，针对不同等级的纳税人要分别给予激励和加强监控。但在实际工作中，由于税务机关人员有限，素质参差不齐，整天忙于应付各种日常事务，对应加强征管的没有时间去加强管理，对应给予重点服务的服务不到位。

（二）纳税人对纳税服务的实际需求

为了了解纳税人对纳税服务的真实评价，我们在安顺、铜仁、黔东南 3 个地区对纳税人进行了抽样调查，征求他们对税务部门纳税服务的实际需求。大多数纳税人认为，他们需要的是税务机关的工作流程更简捷一些，工作效率更高一些，执法更公正一些，网络速度更快一些，办税等待的时间更短一些，了解税收政策的渠道更快捷方便一些。具体意见集中在以下六个方面：

1. 希望税务机关的办事流程简捷，功能齐全，变外部服务为税务机关内部传递。如办理税务登记注销还需管理局、办税厅两边跑才能办完；申请领购发票等需机内审批①的不能当天办好，还需在机内作文书流转审批，需几天时间才能办完。

2. 咨询服务要形成制度，要以方便纳税人为前提，不要时有时无。希望在申报征收期有税收管理员到办税厅为纳税人提供政策咨询，为纳税人解决申报方面的问题，因为只有税收管理员才了解所征管纳税人的实际情况。纳税人不清楚的事项及新出台的税收政策，可利用这个时间及时、准确地得到解答。

3. 希望提供公正的服务。主要是征收期人多，等待办税时有后来先办的现象。

4. 发票管理服务方面：希望改革纳税人需带存根来验旧换新，经专管员签字后，才能售票（手写版）的办法。如果有发票违章的，还要等管理员在机内作违章处理并到大厅交纳罚款后才能领到发票，需要的时间较长。

5. 在办税时电脑有时会出现死机，打印的税票有时出现错位，到银行无法入库，又要跑回税务机关换票。希望把网络运行的速度提高一些，更新一些电脑设备，以节省办税时间。

6. 新税收政策出台，要及时宣传让纳税人知道，以便准确报税。

① 指根据征管软件要求按计算机内部规定的流程进行的审批，下同。

三、纳税服务存在的问题及原因分析

（一）存在的问题

1. 信息服务方面。

（1）满足纳税人对具体税收政策知情权的宣传渠道还不十分简便、经济和畅通。

（2）缺乏一个畅通高效的纳税人信息反馈渠道。调查问卷显示，70.80%的纳税人认为税务机关缺乏一个简便经济的税收宣传渠道来满足对具体税收政策的了解。

2. 程序服务方面。

（1）办税程序繁琐，不能满足为纳税人提供快捷便利服务的需要。调查问卷显示：54.27%的纳税人认为税务机关的办税程序繁琐；55.65%的纳税人认为税务机关涉税审批事项的审批环节多；57.30%的纳税人认为税务机关的办税效率一般。

（2）人为增加了纳税人的负担。首先，增加了纳税人的工作负担；其次，增加了纳税人的经济负担。调查问卷显示，87.33%的纳税人认为税务机关在纳税服务中增加了不合理负担；76.58%的纳税人认为目前的纳税成本和以前比过高；1.38%的纳税人认为税务机关在提供纳税服务中的有搭车收费的情况。

（3）申报征收期排长队的现象还比较突出，纳税人对此意见很大。这种情况不管是在税务部门的征收大厅还是在银行都存在，造成纳税人缴纳税款时间过长，路途较远的要花一整天。

（4）个性化服务不突出，不能针对不同类型、不同地域的纳税人开展针对性较强的纳税服务。

（二）原因分析

1. 对纳税服务认识不足，观念需要转变。一是停留在精神文明建设的高度；二是“官本位”、“管本位”的思想意识仍然存在，主动服务意识不强；三是没有从法的高度去正确认识纳税服务的重要性和必要性。调查问卷显示，63.91%的纳税人认为税务干部在进行纳税服务时存在“官本位”意识；61.71%的纳税人认为目前的纳税服务是以税务机关管理需要为出发点。

2. 目前的管理体制不能适应纳税服务工作的需要。从纵向看，税务机关作为行政执法机关，仍然沿袭的是层级制的管理体制。层级制的管理体制和扁平化管理体制相比最大的弊端就是层层审批，效率低下；从横向看，系统内部强调对权力制约，实行征、管、查三分离专业化税收管理，但对外没在形成一整套纳税服务制度，纳税服务因税务机关的不同职能而分离，加上内设机构的职能重叠或是职能划分过细，一项工作就需要很多部门来办理，对一些各部门的边界性问题，或是各个部门都想管，或是每个部门都不管。在实际工作中就出现办事要研究来研究去或出现部门之间相互推诿的现象，直接影响了纳税服务工作的效率。调查问卷显示，75.48%纳税人认为目前税务机构的管理体制不利于为其提供高效便捷的纳税服务。

3. 税务系统内部还未能建立协调高效的运行机制。一是征收、管理、稽查各环节之间衔接不到位；二是跨地域的税务机关之间缺少必要的联系渠道。调查问卷显示，72.73%的纳税人认为税务系统内部还未建立起协调高效的运行机制。

4. 没有真正理解流程再造理论的精髓。流程再造理论的精髓就是根据变化了的工作内容、形式、手段、条件以及工作的要求、目标，重新寻找并建立达到目标的“新路线”。实际工作中，由于受现行管理体制局限，流程再造的实践始终没有跳出原有传统流程的“桎梏”，局限于对原有传统流程这条“老路线”的“修修补补”，并用高科技信息化去“复制”，形成了“现代化”的办税手段捆绑“原始”工作流程共同前行的局面，所以，在流程再造实践中花费了不少人力、物力、财力，但效果并不明显。

5. 纳税服务信息化程度不高。一是硬件设施跟不上，二是重系统本身应用，轻数据资源管理利用，三是轻视信息资源整合及一体化建设，四是政府对税收信息化服务的支持力度不够，没有制定严密的发展规划，缺少部门之间的协调、配合，导致各部门之间信息化发展不平衡，总体服务效果不理想。调查问卷显示，49.59%的纳税人认为纳税服务的科技化、信息化水平一般，4.68%的认为低。

6. 纳税服务的社会化程度低。一是当前的纳税服务主要是由税务部门来提供，但税务部门集中处理信息，为纳税人提供多层次、全方位纳税服务的能力有限。目前，纳税人办理涉税事务主要是通过办税服务大厅的形式，对纳税人实施传统的面对面的服务；二是经济社会尚未发展到相当水平，对社会化纳税服务的需求不足，缺乏推动纳税服务社会化发展的外部动力；三是社会中介服务机构市场化程度不足，其发展和竞争不充分，所提供的有偿纳税服务对纳税人缺乏吸引力。

7. 税务人员的素质有待进一步提高。一是部分干部的政治素质难以适应税收工作的需要，工作中敬业精神不够，态度淡漠、缺乏服务意识，工作满于现状、不思进取，甚至以权谋私；二是有的干部业务不熟练。在办理涉税事务的过程中，计算机操作不够熟练，对纳税人咨询的问题解释不清或不能一次性告知所需的全部资料等，导致纳税人重复往返的现象时有发生。调查问卷显示，28.93%的纳税人认为税务人员的业务能力能满足纳税人对纳税服务的需要，66.93%的纳税人认为基本能，4.68%的认为不能。

8. 纳税服务的法律和考核激励机制尚不健全。一是法律方面。现行税收征管法在保护纳税人合法权益，提供纳税服务方面比过去有了很大进步，是规范纳税服务的法律依据，但是它的主线仍然停留在如何有利于税务机关加强税收征管，加大打击涉税违法行为的力度上，纳税人和征税人还并没有真正从法律意义上处于平等地位，并且操作性不强。二是考核激励机制。近年来，税务机关为提高征管质量和效率，制定了征管质量考核措施、标准。但其中没有一项反映纳税服务质量和效果的指标。调查问卷显示，50.96%的纳税人认为目前的纳税服务体系不健全。

四、纳税服务应遵循的原则和改进建议

（一）纳税服务应遵循的原则

我们认为，优化纳税服务应遵循下列原则：

1. 依法原则：要在法律政策规定范围内为纳税人提供服务，而不应当漫无边际的扩张服务的内容，更不能帮纳税人钻税收法律法规政策的空子，不能因为提倡为纳税人服务而违背法律原则，从一个极端走向另一个极端；要严格按照法律规定的纳税服务内容，不折不扣地为纳税人的合法需求提供优质、高效、便捷和人性化的服务；要做到执法与服务的高度统一。要依法严厉打击少数偷、逃、抗、骗税者，维护税法的尊严，保护多数依法纳税企业的合法权益，为纳税人提供公平、公正的竞争环境，同时要规范纳税服务，促进税收执法，做到在执法中服务，在服务中执法。

2. 便利原则：纳税服务工作的开展、服务体系的构建均要以方便纳税人依法履行纳税义务为出发点，给纳税人以最大的方便。要做到手续简便、程序清晰、设施便利，使纳税人方便快捷地履行纳税义务。

3. 效率原则：要充分利用现有资源，进一步将纳税服务与现有资源的开发、利用结合起来，通过进一步整合，提高现有资源的利用率，以最少的资源

耗费使纳税人获得最大的效用和经济效益；要减轻纳税人负担，降低纳税成本；要尽量简化办事程序，减少审批事项，缩短办税时间，提高办税效率。

4. 公平原则：要公平、公正、合理地制定税法、设计税制，使纳税能力大者多纳税，纳税能力小者少纳税；要严格执法，做到税法面前人人平等，为纳税人营造一个公平、公正的治税环境；要公平服务，不论哪一种类型的纳税人，不论企业规模的大小以及缴纳税款的多少，都要一视同仁，让他们平等享受各项纳税服务。

5. 文明原则：要贯彻民主和法治思想，建立科学透明的税制体系、税务机关与纳税人的双向责任机制、公开办税机制、有效的社会监督机制、低成本高效率的征管运行机制；要将现代化的服务手段运用到纳税服务之中，使纳税人充分享受物质文明的成果；要将先进的服务理念融入到纳税服务之中，建立亲情化的服务机制、鲜明的道德约束机制、稳定的税务文化运行机制，使纳税服务凸现人文关怀，成为人性化的公共服务，成为现代社会的文明生活方式。

（二）优化纳税服务的建议

1. 树立纳税服务理念。

（1）由以满足客观需要为中心向满足纳税人需要为中心转变。

（2）由职业道德要求向职业规范转变。将过去作为高标准的职业道德要求，转变为对税务人员的基本行政行为规范，使纳税服务的内容制度化、规范化，并将其作为税务机关行政执法的有机组成部分来落实和考核。

（3）由注重形式向内容、形式、效果相统一转变。要从片面追求纳税服务形式的认识误区中解脱出来，不能只注重口头上、材料中、墙壁上的服务，而不论实际工作中服务措施的落实与否，服务效果的好坏。改变检查时就轰轰烈烈抓一阵，搞表面化、短期性的行为，而必须通过持久和务实的工作，使纳税服务向长效发展，向实际深入，切实做到有声有色、有板有眼、有行有果。

（4）由被动服务向主动服务转变。淡化权力意识，树立纳税服务是税务机关义务的观念，充分认识到搞好服务是提高征管水平的重要手段，始终把尊重纳税人、理解纳税人、关心纳税人贯穿在税收征管中，积极、主动、及时地为纳税人提供优质高效、便捷经济的服务。

（5）由以防范监督为主向以信任服务为主转变。全面准确理解税收执法的内涵，正确理解执法与服务的关系，努力做到在服务中执法，在执法中服务。一方面，要改变以往注重对纳税人防范、检查和惩罚的观念，相信大多数纳税人都能够依法申报纳税，履行税收义务，并为纳税人提供优质高效的法律、咨询和办税服务，有效降低纳税人的办税成本，提高纳税人对税法的遵从度；另一方面，必须严格执法，不能不讲原则地提供“优质服务”。必须强调税收公共服务功能，对少数不遵从税法的行为依法惩处，营造一个良好的税收环境，提高国民法律和纳税意识。

2. 改革目前的管理体制。

（1）改革层级制管理体制，实行扁平化管理。要适应信息社会发展的需要，运用新的管理理念，改革层级制管理体制，减少管理层次，提高基层单位和核心管理职能的集中化程度，彻底改变目前组织机构庞杂臃肿的状况，实现管理“扁平化”。

（2）以纳税人需求为导向，重新构建组织结构。应突破现有注重内部制约和以方便税务机关管理设置内部机构的模式，从纳税人的需求出发，以对内有利于明确责任、兼顾制约，对外提供便捷、高效的服务为原则重组征管组织机构。每个职能部门负责通过最佳的内部结构设置，向有相似需求的一组纳税者提供终端到终端的服务。

（3）规范纳税服务岗责及规程。在建立健全组织机构的基础上，要对纳税服务岗位进行定位，明确纳税服务的职责及岗位责任，按照定责定岗、职责明确的原则，对现行的岗责体系进行优化和重组，建立健全管理服务模式下的岗责体系，将税收服务的职责和要求嵌入税收工作的各个环节，充分发挥各岗位的整体合力，为纳税人提供全方位的优质服务。同时，为了使税收征管法及其实施细则中关于强化、优化、简化、量化税收征管，维护纳税人合法权益的措施及其操作程序的法律条款，在实际工作中得到有效地落实，应对纳税服务如何操作进一步规范，制定具体的操作规程，并建立相应的纳税服务规章。

（4）重组业务流程。在以上改革的基础上，重新组建新的业务流程，明确纳税服务各环节的内容、程序、时限和责任，切实解决好审批程序过于繁琐的问题。在业务流程重组中，对日常审批事项建议可以将受理、审核、办理“一体化”，受理人即为审核（批）责任人，把门槛降低，简便办结，注重后续的管理监督。对后续管理中达不到要求的，再进行取消其相应资格或作出相应处罚。例如办理税务登记，虽然税收征管法中明确规定自收到申请之日起30日内审核发放税务登记证件，实际工作中纳税人一般要等上5天左右才能领到税务登记证，对此纳税人反映比较大，认为不能及时办理。对此问题可以采取纳税人申请税务登记的，只要手续齐全，立等可取，大大缩短办税时间。又如：发票的申请领购，可采取纳税人申请后，办税厅当即按照纳税申请的票种作出核定，并发售发票，这过程一般最多也只需 5 分钟左右。发票发售后，税收管理员再对发票进行相应的后续管理。这样就避免了要经过机内文书流转带来的时间较长（一般需 4 至 5 天）的问题，大大方便了纳税人。在服务窗口的职能整合问题上，应由省级税务机关统一确定窗口设置，避免差异过大，应大力推行“一窗多能”的办税模式。通过以上措施，提高办税效率，降低税收成本，克服纳税人多头跑、多次跑等问题。

3. 拓展规范纳税服务内容。

（1）税收信息服务方面。借鉴美国、日本的成功做法①，第一，广泛拓展税法宣传渠道。通过权威的税法咨询服务部门，对内、对外进行税法政策的宣传辅导。建立税法公告制度，确保纳税人的知情权。除了国家公布的法律、行政法规外，还要及时公布税务行政规章和其他规范性文件，定期向纳税人提供现行有效的税法信息、纳税指南等。除每年的税收宣传月之外，还可以采取召开纳税人座谈会、税收政策宣讲会等方式集中宣传税法，利用税收违法典型案例进行宣传，以案释法。不能仅仅把税收宣传看作是某一个阶段应该做的事情，而应该树立起全局的、日常的宣传观念，将税收宣传贯穿于日常生活之中，充分利用电视、广播、报纸等媒体，开展形式多样的税法宣传活动。如可以在《贵州都市报》开设“税务之窗”专栏，宣讲税收政策法规和纳税信息等方面知识；可以在电视台开辟固定的宣传税收法规的专栏节目；还可以借助广播电台定期推出纳税专题节目，开展行风热线活动，由税务干部为纳税人释疑解难，为那些奔忙在路途中的纳税人提供相关税收信息。第二，建立全国统一的电话咨询系统。借鉴澳大利亚的电话咨询系统、韩国全国统一的“呼叫中心”的成功经验，建议国家税务总局将目前“12366 纳税服务热线”进行整合，形成全国统一规范的电话咨询系统，以解决纳税人在办税过程中遇到的各种困难，对办税事宜进行相关指引，实现税收征纳双方时时沟通。第三，建议建立全国统一的纳税服务网站即“网上税务局”。为纳税人提供全方位、多功能、方便、快捷的“智能化”纳税服务，拓宽咨询服务渠道。网站的服务功能至少应有：网上政策查询、网上问题咨询（解答）、内部工作规范、网上办税服务（包括网上申报、网上登记、网上认证、网上审批以及各类表式下

---

① 美国、日本都很重视为纳税人提供税收信息，如他们都设有专门的广播电视部门，与新闻当局的电视、广播合作，在电视台开办专题节目，介绍、宣传税收。参见敖汀：“中外纳税服务对比分析”，《辽宁税务高等专科学校学报》2004 年第 5 期。

载)、受理举报、建议意见交流、公布通知等。第四，将税法纳入教育范畴。宣传税收法律、法规，普及纳税知识，是一项长期的任务，应从基础抓起，在学校中积极开展税法教育，从小培养公民的依法纳税意识。在这一点上，我国目前与西方发达国家还存在着很大的差距。美国的高中生在步入社会之前已具有基本的纳税观念，而我国的教育课程中则基本没有纳税义务方面的内容，这与我国公民纳税意识较为淡薄有着必然的因果关系。因此，应由教育部门负责，尽快将税法写入课本，在学校开设税务课程，课程的主要内容是解释征税的必要性及简单的纳税申报程序，在初中和高中普及税法知识，加强对学生的教育，到了大学阶段增加更深一层的税务课程。

（2）纳税程序服务方面。

第一，完善办税大厅服务功能，扩大并规范受理事项，简化审批程序。一是要合理设置办税服务场所，确保方便纳税人履行纳税义务。我国信息技术发展不够平衡，税收管理信息系统还处于初级阶段，目前为纳税人提供方便、快捷的服务，主要还是通过建立办税服务厅提供贴近式服务。办税服务大厅是提供纳税服务的重要场所，也是征纳双方直接沟通的重要枢纽，建好办税服务大厅对于做好纳税服务工作有着极为重要的作用。在城市和县城以及其他交通便利、纳税人较为集中的地方，应当本着相对集中、讲求实用、方便纳税人和不扩大基建规模的原则，合理设置办税服务厅。城市一般在区、县税务局（分局）内设置；农村有条件的地方可按经济区划设置税务所或税务分局，在偏远地区和山区可根据实际情况设置征收点或代征点，以集中、公开的形式为纳税人提供各种纳税服务。为了方便纳税人申报纳税，国家税务局、地方税务局应当积极创造条件联合设置或合用办税服务厅。二是办税服务厅要按服务功能设置窗口，使纳税人需到税务机关办理的各项涉税事务都能方便地在办税服务厅内集中统一办理，并实行一窗式服务，使得纳税人能够把涉及税务登记、发票领购、纳税申报、税款征收、税务咨询、涉税文书等方面的业务在一个窗口办理完毕。服务窗口要标志清晰，办税人员应在窗口设立统一牌座，内容包括工作人员照片、姓名、职务、编号等，以方便纳税人联系与监督；各种涉税文书应制作成标准化样本，摆放于办税服务厅内，供纳税人参照；应设置税法公告栏；办税服务厅要整洁卫生，美观舒适，合理划分大厅的功能区域，给纳税人留出宽敞舒适的空间，尽量避免征收期内的现场拥挤，为纳税人营造良好的纳税环境。但同时，应避免陷入“豪华建设”的误区，杜绝把优化服务看成就是优化硬件环境的片面思想，在办税服务厅建设中，本着节约、实用的原则，使办税服务厅真正发挥其最大作用。在加强办税服务厅“硬件”建设的基础上，更要加强“软件”建设，使之功能齐全、服务便捷，可以集中、高效地提供所有的纳税服务。其内容应既包括税务登记、申报纳税、表票供应、涉税事项审核（批）等征管前沿性工作，又包括税务公开、宣传送达、辅导咨询、办税培训、受理申诉等征管基础性工作。应按照《行政许可法》的要求，进一步减少不必要的审批事项，简化审批程序。税务人员应力求接待规范、形象举止规范，制定并推行文明服务用语，改进服务态度；实行首问责任制和服务承诺制，优化办税程序，提高办税效率；推行公开办税，提高透明度。三是要注意各种纳税表格的可操作性，表格设计应当征求纳税人的意见，力求简化、易填和实用，便于纳税人使用。应废止不适应的表证单书，完善必要的表证单书，规范表证单书的指标值标准，强化表证单书的设计、印制、领用和归档管理。通过简化、强化表证单书的管理，减轻纳税人和税务人员应用表证单书的工作量，提高表证单书的应用质量。可以考虑在办税大厅内专门安排税务人员辅导纳税人填写纳税申报表。

第二，实行多元化的申报方式。积极推行邮寄、电话、电子数据交换、网络传输等多元化纳税申报方式：积极推广支票、银行卡、电子结算等方式缴纳税款；利用手机短信、门户网站信息发布与金税工程的数据共享，实现自动催报催缴。同时，充分利用点多面广的银行、邮政网点，实行纳税人就近到商业银行、信用社和邮政局（所）缴款的方式，尽早实现与各银行机构就税款缴纳工作实现联网运行。如广州市国税局在这方面所作的有益的尝试，通过计算机将财政局、国税局、地税局及各商业银行共同建成一个信息网络——电子缴库系统（ETS 系统），实现了税款“即时扣缴、当天入库、信息共享”。实行申报与缴税分离，不仅可以减缓税务机关办税大厅前台的压力，以电子缴税回单可以代替税务部门开具的税收缴款书，实现征收无纸化，降低税务部门征税成本，更为重要的是，纳税人可以任意选取加入该系统的商业银行，极大地方便纳税人申报缴税。

4. 提升纳税服务信息化水平。

（1）加快计算机网络设施建设。在信息化建设方面，应着力构建全方位，面向纳税人的公共服务平台，满足纳税人正常、正确履行纳税义务的需要。完善的电子税务网络，应包括网上申报与审批、政策咨询、法规公告、办税指南、投诉举报、税收论坛等在内，使纳税人足不出户即可办理相关纳税事宜。在网络建设上，应遵循一体化、兼容性和共享性的原则，按照“统一规划、分步实施、综合应用、注重管理”的要求实施，具体来说，一要在税务系统内部建立上下左右贯通的业务网；二要在税务部门与政府及有关部门之间建立信息沟通的协作网；三要在业务网、协作网沟通的基础上建立面向纳税人和社会公众的服务网。

（2）规范税收软件的开发与应用。加强信息化建设，从近期看，主要是整合现有信息系统。按照信息采集、审核、加工、应用的内在要求，盘活、整合散置于征管一线的信息流与业务流，实现“一窗式”服务、无纸化工作流审核和通报通缴（纳税人办理涉税事宜可就近申请，“一次录入，各家共享”，后台统一办理，无需受所属基层税务机关的地域限制），降低税务机关的征税成本和纳税人的纳税成本。从长期看，软件开发要有系统性，服从一体化要求，部门和地方不能各自为政，各搞一套；要有完整性，不能支离破碎，零打碎敲；要有兼容性，制定相应的数据标准、技术标准、安全标准，保证软件的标准统一、相互衔接；要有共享性，数据信息必须共享。在设备购置和技术平台的要求上，要从经济和业务需求出发，确定相应机型和适当技术。加快推广应用全国统一征管主体软件的步伐，最终达到全国使用同一标准的，覆盖征收、管理、稽查各个环节的，集征收、监控、考核、决策于一体的税收信息管理系统。

（3）提高税收信息资源的管理和应用水平。应采取严密措施，防止涉税信息失去真实性和实效性，提高信息资源的安全性。各地税务网络要互联互通，加强省以下国家税务局和地方税务局以及不同行政区域的税务机关信息交流的平台建设，形成各类、各级、各地税务局税务信息交流机制。要提高税务信息资源的应用水平，建立数据仓库，在科学评估的基础上，为信誉等级好的纳税人提供个性化服务，并利用所拥有的纳税人信息，及时鉴别出可能会出现涉税违法行为的风险纳税人，以提高稽查选案准确率。

（4）积极开展个性化服务。针对不同纳税人的特点和需求，主动提供更加周到细致的个性化服务，如预约服务、办税绿色通道等，及时解决纳税人的合理要求。

5. 健全纳税服务的法律和制度体系。

（1）将纳税服务的内容以法律形式明晰化。税收征管法作为规范纳税服务的法律依据，虽然在保护纳税人合法权益、提供纳税服务方面比以前有了很大进步，对征税机关职业道德条款也明显增多，但更多的是定性的、非量化的，缺乏执行的刚性。因此，应该用法律的形式把对纳税服务的要求固定下来，以取代当前各种临时性、不规范的做法，以明确法律责任，从而将纳税服务从精神文明建设和职业道德的范畴转到法定义务的范畴，成为税务机关每个部门、每个岗位乃至每个税务人员必须履行的法律责任和义务。同时，进一步完善纳税服务的法规体系，把一般号召转变成硬性的规定，使纳税服务真正做到有法可依。首先，要制定纳税服务的行政法规，从法律上规范纳税服务行为；其次，要明确纳税服务项目，准确规定纳税服务的内容和服务方式；再次，要规范纳税服务的程序，严格按照服务程序提供服务。在税收立法上要尊重纳税人权利，每一部涉及征纳行为的税收法规出台都必须经过纳税人的广泛讨论。

（2）建立纳税服务的考核、监督体系。要建立纳税服务的质量指标体系及各环节服务规范，明确程序、方法、步骤、实现等标准，接受税务机关内部和纳税人及相关社会群体的评价考核，做到内外结合、上下结合、明察暗访相结合，以增强考核的客观公正性，并将考核结果与公务员年度考核及公务员的奖励、晋升等挂钩，充分发挥和调动税务人员优化服务的主观能动性和创造性，将纳税服务变成税务机关的一项经常性和日常管理性工作。

（3）完善纳税服务的社会体系。一是要充分发展税务代理组织等中介机构有偿代理的作用，在税务机关提供无偿纳税服务的同时，使两者相互补充，共同发展，让纳税人得到更加优质高效的税收服务；二是建立起一个全社会的纳税服务网络，使纳税服务得到全社会的支持和配合，让纳税服务无处不在、无时不在。

6. 提高税务人员的素质。

（1）提高政治素质。把税收职业道德建设作为干部教育的重要内容，使广大税务干部自觉坚定理想信念，弘扬职业道德，崇尚法治精神，增强服务意识。同时，要牢记全心全意为人民群众服务的根本宗旨，切实转变工作作风，树立税务干部公正严明、文明高效的良好社会形象。

（2）加强技能培训，提高业务素质。要做好教育培训总体规划，调整重点，完善方法，加强实用技能培训力度，实现个人和整个队伍在工作目标的指引下，互动、开放、协调地成长。

（3）开展执法监察，强化“两权”监督。对税务人员的执法活动，税务机关应充分利用信息化手段，把纪检监察工作深入到税收业务工作的各个岗位和环节，强化对“两权”监督，一经发现税务人员徇私舞弊，以权谋私，一定要严惩。

（4）积极实行激励与约束相结合的干部人事制度，建立优胜劣汰的用人机制和考核机制。

参考文献：

1. 李炜光："公共财政的宪政思维"，《战略与管理》2002年第3期。

2. 石恩祥："为纳税人服务理论研究"，《税务研究》2003年第11期。

3. 万素林："关于纳税服务改革若干问题的探讨"，《中华财税网》2003年10月。

4. 谢少华："从新公共管理的兴起看西方税务管理理念的转变"，《涉外税务》2003年第4期。

5. "中外专家座谈纳税服务——大连国际纳税服务研讨会观点论述"，《中国税务》2006年第11期。

6. 敖汀："中外纳税服务对比分析"，《辽宁税务高等专科学校学报》2004年第5期。

7. 王岩、靳东升、李秉瑞："我国与美国纳税人权利的比较研究"，《涉外税务》2002年第2期。

课题组组长：王东山

成　　员：曾　谨　冉秉鑫　卢　林　何家科

　　　　　马恒中　李长荣　王国祥

执　　笔：冉秉鑫

促进黑龙江省资源型城市可持续发展的税收政策研究

黑龙江省国家税务局课题组

党的十七大提出，国家将继续深入推进西部大开发，全面振兴东北地区等老工业基地；加强国土规划，按照形成主体功能区的要求，完善区域政策，调整经济布局。遵循市场经济规律，突破行政区划界限，形成若干带动力强、联系紧密的经济圈和经济带。这是党中央对老工业基地振兴和资源型城市转型的最新要求和战略动向，为黑龙江省的资源型城市转型指明了方向，提供了机遇，明确了重点。

资源型城市是以本地区矿产、森林等自然资源开采和初加工为主导产业的城市。在中国的资源型城市中，有相当部分经过多年的开发、利用，其所拥有的资源已经枯竭或濒临枯竭，城市转型迫在眉睫；资源尚有一定开采期限的城市或新兴资源型城市，也存在对资源如何合理开发、有序利用、提早谋划转型对策等可持续发展问题。因此，研究和推进资源型城市可持续发展，不仅紧迫，而且必要。

一、现阶段黑龙江省资源型城市经济发展的主要特点

（一）产业总量大、分布广，资源产业的发展提高了黑龙江省城市化的总体水平

黑龙江省矿产资源丰富多样，围绕矿产资源的开发，形成了重要的资源基

地和拥有较强生产能力的大型矿产企业。黑龙江省的大庆油田，在全国占举足轻重的地位；鸡西、鹤岗、双鸭山、七台河都是国内特大型煤矿；东北地区蕴藏着丰富的森林资源，是全国三大林业基地之一。2006 年，黑龙江省活立木总蓄积量 15 亿立方米，各类矿产资源型产业产量占全国同行业产值的比重也很高，黑龙江省石油和天然气开采业产量占东三省的 70.7%。在资源开发和资源产业发展的带动下，黑龙江兴起了一批资源型城市，目前黑龙江省 13 个地级市中有 7 个资源型城市，其中 4 个煤城、1 个油城、2 个林城。资源型城市的兴起和发展，极大地带动了黑龙江城市化水平的提高，资源型城市自身亦呈现出超前发展的态势。

（二）第二产业占主导地位，第一产业地位有所下降但仍占较大比重，第三产业比重缓慢提高

黑龙江省地处边疆，自然资源丰富，耕地面积和森林蓄积量居全国首位，是重要的商品粮基地和原油、煤炭、木材等工业原料和工业装备生产基地。黑龙江省第一产业增加值占 GDP 的比重近年持续下降，由 2000 年的 12.2% 下降为 2006 年的 11.9%；第二产业比重稳定，近 8 年基本无太大变化，仍占据主导地位，2006 年占地区生产总值的 54.4%。工业部门保持较高增长，基本发挥了拉动经济发展的作用，但基础工业基地特征未改变。从工业内部结构看，重工业与轻工业之间仍是重多轻少，2006 年轻重比例为 17.3∶82.7，差距较大。特别是以原材料、资源加工部门为主，第三产业发展相对迟缓，其增加值占 GDP 的比重由 2000 年的 32.9% 增至 2006 年的 33.7%。

（三）资源型城市有着鲜明的“计划经济”色彩

建国以后，能源和原材料一直是国民经济发展的“瓶颈”，国家始终把发展工业作为国民经济的重点，集中人力、物力、财力进行会战。正是在这个大背景下，黑龙江省的资源型城市迅速崛起。与一般综合性城市相比，其成长过程有着更为浓厚的计划经济色彩。国家对能源和原材料工业从建设、投入一直到产出都实行着高度集中的指令性计划，这对资源型城市的迅速形成有着十分重要的作用，也给资源型企业以及由此发展起来的整个城市打上了深深的“计划经济”烙印。正如人们所言，“资源型城市是计划的城，缺少现代意义上的市”。即使是改革开放以后，资源型产品的生产、销售也并非完全由市场决定，其指令性计划直到 20 世纪 90 年代才逐步取消。计划经济对资源型城市的渗透度和持续影响，远远超过一般综合性城市。

二、黑龙江省资源型城市可持续发展中面临的主要困难

黑龙江省是中国最早的重工业区，“一五”时期全国 156 项重点建设工程中，有 21 项是布局在东北煤矿基地的有关煤炭资源开采和综合利用项目。在计划经济体制下，资源型城市的各种问题被隐性化了，直到资源枯竭的时候才逐步显现出来。

（一）经济结构单一，增长缺乏后劲

资源型城市在经济上严重依赖资源开采、加工，资源产业一业独大，产业链条短，可持续发展能力弱，多数资源型城市资源开采及其加工业占工业总产值的比重在 50% 以上，相当多城市超过 70%。以鹤岗市为例，鹤岗主体产业是工业，而工业的主导产业是煤炭、电力，这两个行业工业增加值占全市工业增加值的 70% 以上。煤电承担着支撑鹤岗经济发展的重要使命，客观上形成了煤电工业与全市经济“同呼吸、共命运”的互动联系，其发展变化直接影响甚至左右整个城市的经济运行（见表 1）。

表 1　　2002～2006 年鹤岗市煤电产业结构表

年份	地区生产总值（亿元）	GDP 增长率（%）	煤电工业	
			增加值（亿元）	占 GDP 比重（%）
2002	70.11	9.4	15.83	22.6
2003	79.81	11.1	18.81	23.6
2004	94.30	12.0	25.26	26.8
2005	112.58	13.1	34.46	30.6
2006	131.00	16.4	33.16	25.3

这种单一的产业结构，造成资源开采一业独大，产业链条很短。只要资源产业发展出现下滑，整体经济就停滞不前，而自然资源本身的不可再生性决定了其最终会被耗尽，一旦“坐吃山空”，整个城市的发展就会受到严重影响。直至目前，黑龙江省多数资源型城市的经济发展尚未形成持续替代产业多元拉动、多元支撑的格局。

（二）生态环境破坏严重，部分矿区存在地质灾害隐患

目前，全国每年 85% 的工业废弃物来自矿山开采。据不完全统计，全国金属尾矿、煤矸石堆积已分别超过 50 亿吨和 40 亿吨，并且以每年 4 亿～5 亿吨的速度剧增。一些地方的煤矸石山已发生多起坍塌和自燃事故，造成人员伤

亡。因采矿活动诱发的地面坍塌、滑坡、泥石流等次生地质灾害时有发生，每年造成的直接经济损失超过100亿元。由于长期过量采伐林木，伊春的红松林被砍伐了98%，小兴安岭等地森林的蓄水、固土、抗风沙的生态功能急剧下降。大庆由于开采石油造成森林覆盖率大幅下降，草原退化、盐碱化和沙化的面积已占总面积的84%。由于地下水资源严重超采，一些资源型城市出现大范围地下漏斗。

（三）开采难度加大，成本上升

黑龙江省资源型城市的矿产品目前绝大多数进入开发后期，开采难度日益增加，成本不断上升。在鹤岗，目前矿井开采深度最深已达750米，已查明断距大于30米的断层326条。随着开采难度的增加，地质条件更加复杂，瓦斯涌出量大幅增加，各项费用不断增加，致使煤炭生产成本以每年5%的速度递增。在大庆，由于长期过度开采，开采难度日益加大，油田综合含水达到90%以上，同时开采成本也上升得很快。

（四）资源储量大幅下降

资源是资源型城市发展的生命线，没有了资源保障和供给，资源型城市的发展就会陷入资源缺乏、产业衰退的困境之中。

原油资源方面，目前大庆每年新探明的可采储量不足2000万吨。从1998年开始，大庆油田原油产量每年以150万～200万吨的速度递减（见表2）。乐观估计，到2010年原油产量将下降到3500万吨，到2020年将减少到2000万吨。原油产量的下降，相应地会使当地GDP每年递减20亿元左右，地方财政减收4000万元左右。如果不尽快发展接续产业，就会出现油降城衰的局面。

表2　2002～2006年大庆市原油产量表

年份	2002	2003	2004	2005	2006
产量（万吨）	5013	4840	4667	4495	4340

森林资源方面，作为中国最大的森林工业基地伊春市，由于长期过量采伐，可采林木资源枯竭。目前伊春林区活立木总蓄积已由开发初期的4.28亿立方米，减少到2亿立方米；成熟林蓄积仅剩680万立方米，比开发初期减少98%，扣除保护区、种子林等，实际已经无林可采。

煤炭资源方面，黑龙江省内有鹤岗、鸡西、双鸭山、七台河4个年产量1000万吨级的特大型煤矿，由于长期开采，目前也已面临煤炭资源枯竭或大量关井的局面。特别是鹤岗矿区煤田面积 252 平方公里，建矿 61 年累计生产原煤 6.15 亿吨，目前矿井剩余可采储量 8.8 亿吨，只能开采 40 年。

三、资源产品对黑龙江省税收贡献分析

经济决定税收，不仅经济的发展水平和增长速度决定税收收入的发展水平和增长速度，而且经济结构也决定着税收收入的结构。

（一）经济税源总量实现历史性突破

五年来（2002～2006 年），黑龙江省地区生产总值先后突破 4000 亿元、5000 亿元、6000 亿元大关，2006 年达到 6188.9 亿元，年均增长 11.4%，连续 5 年保持两位数增长，高于全国 1.1 个百分点，是改革开放以来发展速度最快的 5 年，人均地区生产总值突破 2000 美元，主要经济指标均达到历史最好水平。

与此同时，黑龙江省国税系统共入库税款 2390.34 亿元（不包括海关代征、车辆购置税、未扣除出口退税，下同），全省国税收入规模由 2002 年的 333.4 亿元增长到 2006 年的 664.28 亿元，年均增长 15.9%。2004 年突破 400 亿元，2005 年突破 500 亿元，2006 年突破 600 亿元，5 年间上了 3 个台阶，实现了历史性突破。

（二）经济结构调整日趋完善，非公经济税收迅速发展

资源型城市转型的一个重要表现，就是要由公有经济畸重转向多种所有制经济共同发展。非公有制经济的健康发展，有利于活跃经济生活、扩大就业。党的十七大再次强调“坚持和完善公有制为主体、多种所有制经济共同发展的基本经济制度，毫不动摇地巩固和发展公有制经济，毫不动摇地鼓励、支持、引导非公有制经济发展，坚持平等保护物权，形成各种所有制经济平等竞争、相互促进新格局”。

以鹤岗市为例，以股份制经济和个体私营经济为主体的非公经济近些年呈现出总量逐年递增的趋势，其增加值占 GDP 的比重由 2002 年的 52% 上升至 2006 年的 58%，上升了 6 个百分点，非公经济税收收入占全部税收收入的比重由 2002 年的 54%，上升至 2006 年占的 94%，上升了 40 个百分点。可以看出：随着经济结构调整，非公经济发展迅猛，由原来仅仅作为国有经济的重要补充，发展成为与公有制经济相互支撑、共同发展的一个重要经济类型。

四、近年来资源型城市执行相关税收政策效果的总体评价

（一）扩大增值税抵扣范围政策效应

1. 扩大增值税抵扣范围政策执行情况及效果。从黑龙江省经济运行状况看，扩大增值税抵扣范围（或称增值税转型）政策对经济的拉动作用是非常明显的。2006 年，黑龙江省规模以上工业增加值完成 2554.5 亿元，比上年增长 15.2%；全社会固定资产投资完成 2235.9 亿元，比上年增长 29.1%。2007 年，规模以上工业增加值完成 2871.9 亿元，比上年增长 15.8%；全社会固定资产投资完成 2864.2 亿元，比上年增长 28.1%。可以看出，转型政策的实施保证了规模以上工业增加值的稳步增长和固定资产投资的快速增长。

增值税转型政策在黑龙江省执行以来，在促进地方经济发展方面发挥了积极的作用。截至 2007 年末，全省纳入增值税转型试点企业 8167 户，占全省一般纳税人总户数的 24.7%。自 2004 年 7 月 1 日起，新增固定资产进项税额为 26.79 亿元，共抵退税 21.04 亿元，占企业新增固定资产进项税发生额的 78.5%，待抵扣固定资产进项税 5.7 亿元。抵退税主要集中在装备制造业、石油化工业和农产品加工业三个行业。

增值税扩大抵扣范围政策的实施对黑龙江省整体经济发展意义重大，影响深远。有利于实现经济的长期、协调、可持续发展，使税收收入与经济增长之间的关系更加合理，减轻了试点企业的税收负担，增强了企业发展的后劲，对老工业基地的改造、发展和吸引外资都产生了巨大的推动作用，即使短期减收的税金也可以在以后经济发展中得到弥补。

2. 扩大增值税抵扣范围政策执行以来出现的问题。目前，增值税转型政策存在的主要问题有以下几点：

（1）增值税转型政策落实不充分。目前，采取增量退税方式办理抵退税，可以享受政策的试点企业不是很多。从已纳入转型范围纳税人看，能够实现税收增量的企业不到两成。由于企业没有增量税额，不能办理退税手续，只能长期在“应缴税金—待抵扣税金”科目长期挂账。特别是一些老国有工业企业由于包袱较重，经济效益无法在短时间内明显提高，无法实现税收增量，也就不能享受优惠政策。

（2）试点企业认定标准复杂、操作难度大。由于《中共中央、国务院关于实施东北地区等老工业基地振兴战略的若干意见》（中发［2003］11 号）提出的行业概念不够明确，因此在认定上需要掌握各种产品在国家行业标准中

的准确分类；个别企业产品在行业分类上交叉较大，认定不准将导致企业无法享受优惠政策；企业主辅分离，如果主业不能适用增值税转型政策，而辅业可以适用，按现行标准辅业必须单独设立才可享受增值税转型政策。由此可见，增值税试点企业认定工作量和复杂性给税务管理带来了较大压力。

（3）抵退税手续过于复杂、繁重。由于抵退税的计算方法较复杂，手续繁多，纳税人和税务机关普遍感到工作量大，操作上存在相当难度。税务机关工作人员要花费大量时间和精力进行调查、测算、统计、辅导纳税人填表等工作，相对淡化了日常的其他管理工作，降低了工作效率。

（4）政策执行过程中出现一些具体问题尚未解决。如试点企业购进生产用机动车享受政策问题。目前机动车销售单位只能开具一种发票，即机动车销售统一发票或增值税专用发票。试点企业购买机动车取得机动车销售统一发票，可以在交通部门办理机动车落户手续，但由于属于普通发票，无法按规定享受增值税转型政策；试点企业购买机动车取得增值税专用发票，可以按规定享受增值税转型政策，但交通部门不予办理机动车落户手续，二者产生矛盾。目前这部分进项税暂挂在“待抵扣固定资产进项税”科目中；再如出口生产企业享受增值税转型政策问题，对已享受“免、抵、退”税收优惠政策的增值税转型试点企业，其购进固定资产的进项税额，按照目前采取增量的退税办法，对于产品出口比重较大的该类企业，由于缺少或没有增值税应纳税额，固定资产进项税只能长期挂在“待抵扣固定资产进项税”科目中，无法及时享受优惠政策。这样，直接造成该类企业购进固定资产进项税额部分的资金被长期占用。

（二）呆账税金的政策调整效应

由于东北老工业基地多年来受计划经济影响，历史包袱沉重，欠税（尤其是呆账）多年来一直居高不下。虽然根据国家税务总局 2001 年有关文件规定，2001 年 5 月 1 日之前发生的企业欠税都转为呆账税金，单独核算，但这部分欠税只是挂账，核销要有严格的程序（核销死欠应附报法院判决书或法定清算报告复印件）。

资源型城市的国有煤炭企业都是由原矿务局转制而来，这些企业一直是地方经济支柱，曾经为地方和国家建设和发展作出过卓越贡献，但多年来受计划经济影响，企业不能自主经营，造成企业负债累累，甚至资不抵债。企业的破产需要太多程序和手续，涉及太多的人员，破产转制简直比新办一户企业还难，企业活不起，又死不了。对转制或翻牌的煤炭企业，原有税收负担按照征管法规定，仍由转制或翻牌后的企业负担，税务机关为清欠税款可以说是挖地三尺，用尽各种征管手段，但往往收效甚微，不但如此，有时为维护地方稳定，税务机关的执法行为还会受到地方政府的干扰。多年来，煤炭企业欠税的征管和呆账核销一直是一项难题。

为进一步振兴东北老工业基地，财政部、国家税务总局于2006年12月15日下发了《关于豁免东北老工业基地历史欠税有关问题的通知》（财税［2006］167号，以下简称通知）。通知规定：东北老工业基地企业在1997年12月31日前形成的，截至该通知下发之日尚未清缴入库且符合该通知规定的欠税予以豁免。凡符合通知规定的国有企业、集体企业、私营企业、联营企业、股份制企业、外商投资企业和外国企业以及其他经济成分的企业单位等，其1997年12月31日前欠缴的各种工商税收及滞纳金均可豁免（东北老工业基地以外发生的欠税除外）。

这是继2004年国务院批准在辽宁省、吉林省、黑龙江省和大连市实施扩大增值税抵扣范围、调整资源税税额标准和企业所得税优惠等税收政策之后，国家再次出台税收优惠政策促进东北老工业基地振兴。以鹤岗市为例，欠税豁免政策共涉及非正常户企业155户，豁免税款1344.12万元；关闭、停产企业28户，豁免税款498.82万元；在营企业12户，豁免税款2534.03万元。

欠税豁免的税收政策实施，是对东北老工业基地的一项重大优惠措施，这项“豁免令”相当于间接向这些有政策性欠税的企业注资，使得长期挂账的欠税变成了企业的资本。对于解决资源型城市长期居高不下的历史欠税来说，无疑是一方良药，既可减轻国有大中型企业的负担，缓解企业资金短缺的困难，涵养税源，又可减轻税务部门催欠的工作压力，构建和谐的税收环境，为地方经济发展做出贡献。

（三）提高增值税起征点，促进非公经济的发展

非公有制经济是推动资源枯竭型城市经济可持续发展的重要生力军，必须毫不动摇地鼓励、支持和引导非公有制经济的发展，激活市场竞争机制，充分发挥民营经济在城市可持续发展中的产业结构调整、促进经济增长、扩大就业和活跃市场等方面的重要作用。为此，必须按照十七大报告中两个“毫不动摇”的要求，继续加大对个体私营经济的扶持力度，放宽市场准入，消除体制性障碍。凡国家法律法规没有明令禁止的领域，都对个体私营企业开放，为个体私营经济营造一个良好的外部发展环境。

根据《财政部、国家税务总局关于下岗失业人员再就业有关税收政策问

题的通知》（财税［2002］208 号），个人经营者销售货物的增值税起征点为月销售额 5000 元，销售应税劳务起征点为月销售额 3000 元，按次纳税增值税起征点为每次（日）销售额 200 元。提高增值税起征点政策出台后，对黑龙江省广大个体工商业户，尤其对下岗再就业职工有着很大的帮助，众多的个人经营者从中得到实惠。这次提高增值税起征点后，惠及全省近 10.9 万户（2007 年末数据）未达起征点个体工商户，占全部个体工商户的 46%，2007 年减免税款 9945 万元，使广大个体工商户真正切身体会到了税收优惠的好处。政策的及时跟进，可以有效地缓解社会压力，也将进一步增强下岗失业人员再就业和创业的信心，使许多下岗职工切身感受到党和政府对他们的关爱。

（四）认真落实出口退税政策，扶持地方经济发展

改革开放以来，黑龙江省外向型经济快速发展，已成为黑龙江省国民经济和社会发展重要推动力量。特别是进入新世纪以来，黑龙江省抓住加入世贸组织和全球范围内新一轮产业结构调整的重大机遇，立足于在更大范围、更广领域、更高层次参与国际经济合作与竞争，全省开放型经济得到了长足发展。

黑龙江省与俄罗斯接壤，与朝鲜、韩国、日本毗邻，地理位置得天独厚，发展进出口贸易具有其他省市无法比拟的优势。特别是中俄两国政府提出，到 2010 年双边贸易额达到 600 亿美元到 800 亿美元，到 2020 年中方对俄投资 120 亿美元的目标后，并把俄远东与西伯利亚地区确定为双方合作的重要地区。黑龙江省依托黑河、绥芬河等边境口岸，扩大与俄罗斯等国的经贸合作，建立海外能源原材料基地，这表明对俄经贸科技合作已成为国家对外开放的重要组成部分。2005 年，全省对俄贸易实现 56.8 亿美元，比升级前的 2004 年增长了 48.5%。2006 年，全省对俄贸易完成 66.9 亿美元，同比增长 17.8%。2007 年，全省对俄贸易完成 107.3 亿美元，同比增长 67.3%，对俄贸易额占全省对外贸易总额的 62%，占全国对俄贸易额的 22.3%。

2007 年，黑龙江全省实现进出口总额 173.0 亿美元，年均增长 24.6%，高于全国年均增幅 7.5 个百分点。近年来良好的出口贸易形势，与全省上下贯彻落实出口退税政策关系密切。2007 年，全省出口退税 19.24 亿元，同比增长 16.25%。长期以来税务部门认真开展政策宣传，简化退税程序，加快审批速度，缩短退税周期，使出口企业在最短的时间内享受到出口退税的政策利益。

（五）取消农业税政策效应

东北地区是中国“大粮仓”，其商品粮占到了全国的 1/3。黑龙江是农业

大省和国家重要的商品粮基地，发展现代农业具有得天独厚的自然禀赋、巨大的发展潜力和现实优势。2006 年，全面取消农业税后，农民负担大幅度减轻。目前，黑龙江省粮食综合生产能力已稳定在 350 亿公斤以上，2007 年，粮食总产量达 396.5 亿公斤，提供商品粮 260 亿公斤，占全国省际间可调配商品粮总量的 1/2，粮食商品化率保持全国第一。

五、以积极的税收措施，应对资源型城市可持续发展之路

俗话说，“靠山吃山，靠水吃水”，可是，山之将秃，水亦欲绝，怎么办？这是摆在资源型城市的一个严峻问题，要成功走出单一资源发展的路线，照搬照抄是不行的，要发挥本地的内在潜力，充分挖掘特有的优势，以新的思路去让老资源型城市焕发出新的光辉。

（一）逐步扩大增值税转型试点范围，提升传统产业

1. 扩大政策执行范围。即在东北地区所有行业实施增值税转型改革，从保持增值税中性和抵扣链条完整性的角度考虑，取消行业试点，有利于规范增值税税制，解决人为设置的因行业差异导致抵扣链条的复杂和混乱问题，提高市场配置资源效率，减少各种形式的避税、骗税行为。即便不将范围扩大到所有行业，也应将基础产业如石油、煤炭、电力等行业加入到试点中。以 2005 年数据为例，据测算，如增加石油、煤炭、电力 3 个行业，抵扣固定资产进项税额为 7.85 亿元，仅占全省增值税收入的 2.3%；如果全行业推行增值税转型政策，将影响增值税收入 15 亿元。

2. 改变退税方式，变增量抵扣为全额抵扣，变按季退税为直接抵扣。东北三省一市执行增值税转型政策以来，实际抵退税额对财政收入的影响很小，政府财力基本可以承受，即便每年末按照全额抵扣，也处于政府财力可控范围之内。建议利用当前财政收入连续保持高速增长的有利时机，改变增量抵扣方式，实行全额抵扣的办法。同时由按季退税变为直接抵扣，简化操作程序，降低征管难度，减少征纳成本。

3. 尽快出台相关配套政策，解决政策执行过程中出现的问题。对于试点企业购买生产用机动车进项税金无法抵退问题，建议国家税务总局（以下简称总局）将机动车销售统一发票纳入防伪税控系统管理，取得发票后进行认证，据以计算抵退税额。同时，由总局与交通部门进行协调，对取得增值税专用发票的纳税人，由交通部门为其办理机动车落户手续。对于已享受“免、抵、退”政策的出口企业固定资产进项税抵退问题，建议此类企业购买固定

资产时，比照即征即退、先征后退企业直接将固定资产进项税额计入“应交税金—应交增值税—进项税额”。

（二）用好资源综合利用税收优惠政策，走可持续发展之路

企业在开采和冶炼过程中，利用废弃资源回收的各种产品、固体废物的综合利用、废水（液）的综合利用、废气的综合利用、废旧物资的综合利用等多达几百种。目前，享受资源综合利用增值税优惠政策的行业有水泥制造、新型墙体材料制造、煤炭副产品发电、废旧物资利用、污水处理等，但现行税收政策与发展循环经济的理念和要求还有一定差距，资源综合利用优惠政策还有不完善的地方。如红砖生产企业掺渣率达到了30%以上，免征增值税，但是黏土用量仍然很大，对土地仍有一定的破坏作用。反之，有的新型墙体材料掺渣率达到了70%～80%以上，却减半征收增值税，没有真正发挥资源综合利用的作用。这就需要我们更加重视和发挥好税收对经济的调控作用。对以《资源综合利用目录》规定的资源作为主要原材料，生产国家非限制和禁止并符合国家和行业相关标准的产品减征或免征增值税，如对企业生产原料中掺有不少于30%的煤矸石、石煤、粉煤灰、炉底渣，但含土量超过一定比例（50%）的传统建材产品，不得减免增值税，只给予适当减征；对废渣量超过一定比例（70%）的新型建材产品，免征全部增值税。减免的增值税税款专用于技术改造或扩大再生产并免征企业所得税。缩短《资源综合利用目录》更新周期，促进资源综合利用的开发和创新。通过建材产品综合利用、煤矸石发电等税收政策的落实，积极引导煤矸石、煤气、瓦斯气开发利用以及环境、大气的综合治理等等。形成“资源——产品——再生资源”的良性循环，从而达到经济效益和环境效益的双赢，彻底改变过去那种“先污染、后治理，经济上去了、环境下来了”的经济发展模式。

（三）用税收政策扶植高新技术，实现产业升级换代

资源型城市过去赖以立市的资源，主要是不可再生的矿产资源，随着开采时间的延长，枯竭是不可避免的。而科学、技术、人才等社会资源将超越矿产资源的局限，在知识经济时代，知识人和知识力的竞争将更加激烈，科学技术的作用也会更加突出。当前，要进一步加大税收政策对高新技术产业扶植力度。

1. 制定鼓励企业自主开发高新技术的税收政策。鼓励企业特别是内资企业自主开发高新技术，是国家核心发展战略的一项极其重要任务。现行税收鼓励政策在这方面的力度较弱，针对性不强，涵盖的范围也十分有限。因此，必

须着手研究和制定鼓励企业自主开发、研制以及推行高新技术的税收政策。税收政策作用范围，不限于列入高新技术产业领域的企业自主开发，而应包括其他行业的企业对高新技术的自主开发。

2. 对列入国家和省一级重点项目，采用高新技术、信息技术进行整体改造，产品质量和性能达到国际先进水平的企业，免征企业所得税，免征的税款于2010年前作为国家资本金。

3. 对新办理的主营业务70%以上为国家鼓励发展行业的企业，享受15%的企业所得税优惠税率。

4. 对投资用于符合国家产业政策的技术改造项目的企业，其项目所需老工业基地装备制造业设备的投资，5年内可在本企业新增企业所得税中抵免。

通过积极落实国家的高科技税收优惠政策，引导资源型城市转型，大力培育、挖掘和筹集科学、技术、人才等社会资源，使之转化为源源不断的生产力。城市要转型，科学技术是关键，应用高新技术、信息技术来促进资源型城市转型，是现实的必然选择。在城市转型的过程中必须实行技术创新战略，通过发展高新技术，推动产业开发，产品优化，工艺提升，营销、运输和服务的变革，加速城市转型过程。同时有选择地引进一批国内外先进技术，改造传统产业，促进传统产业结构升级。煤转电、煤化油等能源化工产业的开展，适应可持续发展的要求，开发和应用清洁生产技术、环保产业化技术、生态农业技术、废物资源化技术。争取短时期内形成一批科技密集型企业，使其成为新的经济增长点。

（四）进一步调整相关资源税费政策

调整相关资源税费的政策，主要遵循效率和公平原则，一方面切实减轻资源型城市的税费负担，增加当地的经济实力和可持续发展能力，同时也要统筹考虑不同资源型城市各自的资源条件和负担水平，合理调节级差收入。

1. 实行矿产资源补偿费率的弹性化。现行的矿产资源补偿费率是比例费率，从始至终不变，而资源开采企业的经营具有周期性特点，不同时期的投入产出比是不一样的。在稳产期，缴纳矿产资源补偿费并不困难，但是到了衰退期，随着开采难度增加。回采率降低，资源补偿费的征收，使原本就深陷困境的企业雪上加霜。因此，调整矿产资源补偿费费率，应该针对企业发展的不同阶段确定不同的费率，建立与资源利用水平挂钩的浮动费率制度，即根据不同采区回采率实行不同费率，并实行累进费率。以体现量能负担，保证矿产资源补偿费的及时足额入库。

2. 建立环境恢复保证金制度。建立矿山环境治理恢复保证金制度。包括煤炭企业在内的所有矿山企业要按照矿产品销售收入的一定比例，分年预提矿山环境治理恢复保证金，列入成本并可在企业所得税前扣除。

3. 提高矿产资源补偿费的地方留成比例。中国目前矿产资源补偿费实行中央与省、直辖市五五分成、中央与自治区四六分成的办法。随着多数资源大省进入资源衰退期，这些资源大省的经济实力普遍不强，在支持资源型城市的可持续发展中负总责，分担相当部分的支出任务，财政支出的压力很大。因此，要调整资源开发收益分配关系，煤炭资源有偿使用的收入，中央和地方按比例分成，主要留给地方，按照“取之于矿、用之于矿”的原则，加大对资源勘查开发和矿山企业改革发展的支持力度。国家可以考虑在分成比例上适当上调省级政府的留成比例，缓解各省目前的财政压力，切实保证资源型城市转型的财力需要。

4. 资源税的调整和改革。资源税的调整包括：调整资源税的征税范围，把森林资源纳入资源税的调整范围。如前所述，森林资源的乱砍滥伐已经在许多森林城市造成非常严重的后果，因此对森林开采征收资源税，有利于保护环境；改革资源税的税率形式。目前资源税所采用的是定额税率，其缺点在于资源企业的资源税负担与企业的获利能力脱节，稳定增产期的企业获利能力强，资源税负水平相对就低，而对于已经处于濒临资源枯竭的企业，开采条件困难，获利能力差，资源税负相对就要高很多，更加不利于资源型城市的转型。建议可以借鉴土地增值税的税率设计思路，将资源税改为累进税率，按照利润水平的高低设计不同的累进税率，同时规定免征条件，如可以规定利润率不到20%的免征资源税；选择部分煤炭产区按储量计征煤炭资源税试点，以更加科学有效地组织收入，促进资源合理开采和环境保护，以激励资源开采企业自觉保护资源，提高资源开采效率，保护生态环境。

（五）核销资源型城市历史遗留呆账税金

为支持资源型城市发展，建议国家出台有关税收政策，在已执行的“东北老工业基地企业在 1997 年 12 月 31 日前形成的，截至该通知下发之日尚未清缴入库且符合该通知规定的欠税予以豁免”基础上，将资源型城市需要重点发展和扶植的行业、项目（煤炭、石油、林业以及环保、高新技术企业、农产品深加工、矿产品深加工），对其 2001 年 5 月 1 日前已转入账外核算的呆账税金、滞纳金，在若干年度内进行核销，使资源型城市的企业真正去掉历年来由于计划经济形成的沉重包袱，轻装上阵，为资源型城市转型、增效和可持续发展奠定基础。

参考文献：

1. 胡锦涛：《高举中国特色社会主义伟大旗帜为夺取全面建设小康社会新胜利而奋斗——在中国共产党第十七次全国代表大会上的报告》，2007 年 10 月 15 日。

2. 《2007 年黑龙江省统计年鉴》，中国统计出版社 2007 年版。

3. 《2005 年鹤岗市统计年鉴》、《2006 年鹤岗市统计年鉴》、《2007 年鹤岗市统计年鉴》，鹤岗市统计局 2005 年、2006 年、2007 年版。

4. 宋晓梧："大力促进我国资源型城市可持续发展"，《宏观经济研究》2006 年第 3 期。

5. 《黑龙江省经济税源结构与国税收入分析》，黑龙江人民出版社 2008 年版。

6. 《国家税务总局公报》2008 年第 1 ~ 3 期。

7. 梁平、房冠江、王国伟、曹洪臣："增值税转型改革试点情况的分析与建议"，《税务研究》2005 年第 9 期。

8. 吕玉敏：《煤炭资源型城市可持续发展的思考》，黑龙江省国税局网站。

9. 张卫、吕玉敏、梁平、马忠喜："关于增值税转型试点政策运行效应分析"，《调查与研究》2007 年第 25 期。

10. 吕玉敏、白英琦、路俊书、马忠喜："黑龙江省资源型城市转型税收政策研究"，《2006 年黑龙江省群众性优秀税收理论研究成果文集》，黑龙江人民出版社 2006 年版。

11. "2007 年鹤岗市政府工作报告"，《鹤岗日报》2008 年 1 月 19 日。

12. 祝遵宏：《资源型城市可持续发展的财政政策研究》，中国经济信息网，2008 年 6 月 4 日。

13. 王猛进："我国增值税中重复征税现象透析"，《涉外税务》2000 年第 6 期。

14. 《对俄经贸合作演绎升级版 2007 年贸易超 100 亿美元》，东北网，2007 年 12 月 19 日。

课题组组长：吕玉敏　肖国富

副　组　长：梁　平　曹　蓟

成　　　员：马忠喜　白英琦　路俊书　付明秋

执　　　笔：马忠喜　白英琦　路俊书　付明秋

云南省国税企业所得税征收管理研究

云南省国家税务局课题组

一、云南省国税企业所得税征收管理的实证分析

（一）云南省国税企业所得税征收管理现状

1. 企业所得税管户情况分析。截至2007年底，云南省国税系统税收征管总户数为43.71万户，企业所得税管户为46834户，其中内资企业所得税管户数迅猛增长，由2001年底的2267户，增加到2007年底的44902户，6年间增长了18倍多，以年均增长7000多户的速度递增。2007年纳入汇算清缴的有39986户，行业分布为批发零售业19030户，占总户数的47.59%，制造业4970户，占总户数的12.43%，租赁和商业服务业3836户，占总户数的9.6%，房地产业1976户，占总户数的4.94%，居民服务和其他服务业1846户，占总户数的4.6%，建筑业1799户，占总户数的4.49%。从企业经济性质分析，第一是私营企业33510户，占总户数的83.8%；第二是有限责任公司4946户，占总户数的12.36%；第三是集体企业581户，占总户数的1.4%；第四是国有企业418户，占总户数的1.05%；第五是其他经济企业288户，占总户数的0.72%；第六是股份有限公司168户，占总户数的0.42%。

外商投资企业和外国企业有1932户，其中，中外合资经营企业785户，中外合作经营企业110户，外资企业915户，外商投资股份有限公司30户，外国企业92户。以港澳台企业投资为主，其他外国投资者主要来自美国、新加坡、日本、韩国、加拿大、德国、英国等地。2007年实际开业999户，开

业面为 79.47%，其中，据实征收所得税的企业（A 类）913 户，占 91.39%；核定征收的（B 类）86 户，占 8.6%。其他则是筹建期企业、非正常企业和由总机构统一申报的分机构。

2. 企业所得税收入情况分析。1994 年税制改革以来，企业所得税收入呈现持续快速增长趋势，对国税收入的贡献日益增强，企业所得税的地位和作用逐渐得到显现。1994 ~ 2007 年 14 年间，云南省国税系统共组织内外资企业所得税 632.58 亿元，占国税总收入的 11.87%。云南省国税内外资企业所得税 1994 年入库仅 28.64 亿元，2002 年实施企业所得税分享体制改革以来，国税系统所得税管户不断增加，随着云南省经济稳定快速发展，企业效益显著提高，尤其是云南烟草企业重组显现成效，形成了较为稳定的税源。同时，云南省各级国税机关积极推进依法治税，加强税收征管，促使企业所得税收入迅速增长。2007 年，内外资企业所得税收入、增收额、增收幅度均实现了历史性突破，入库 99.52 亿元，同比增长 32.19%，增收 24.23 亿元。据统计，2002 年以来，云南省国税系统企业所得税收入以年平均 25.9% 的速度快速增长，高于同期国税总收入年平均增长速度 15.5% 10 个百分点，明显快于其他税种，逐步成为云南国税收入中新的增长点（见表 1）。

表 1　1994 ~ 2007 年云南省国税企业所得税收入情况表　单位：万元

年份	国税收入	同比增长（%）	内资所得税	外资所得税	内外资所得税合计	同比增加额	同比增长（%）	比重（%）
1994	2332200	—	285119	1264	286383	—	—	12.28
1995	2482815	6.46	352791	1351	354142	67759	23.66	14.26
1996	2715027	9.35	417118	2632	419750	65608	18.53	15.46
1997	2887531	6.35	414824	5529	420353	603	0.14	14.56
1998	3225447	11.70	428968	10221	439189	18836	4.48	13.62
1999	3206794	-0.58	298071	10527	308598	-130591	-29.73	9.62
2000	3257468	1.58	320406	15199	335605	27007	8.75	10.30
2001	3098565	-4.88	235445	17493	252938	-82667	-24.63	8.16
2002	3353705	8.23	310866	14937	325803	72865	28.81	9.71
2003	3741735	11.57	344536	13850	358386	32583	10.00	9.58
2004	4633636	23.84	460644	17571	478215	119829	33.44	10.32
2005	5124058	10.58	553287	45007	598294	120079	25.11	11.68
2006	5924247	15.62	649949	102967	752916	154622	25.84	12.71
2007	7301526	23.25	883062	112181	995243	242327	32.19	13.63
合计	53284754	—	5955086	370729	6325815	—	—	11.87

注：税收收入总额不含海关代征和车辆购置税。

资料来源：云南省国家税务局计会统计资料。

3. 企业所得税税源情况分析。

（1）内资企业所得税税源情况分析。从行业结构分析，税源高度集中于烟草工商业。1999～2007 年，对所得税贡献最高的行业是工业（含采矿业、制造业、电力燃气及水的生产供应业），所占比重为 67.12%～50.93%，呈下降趋势；其次是商业（批发零售业），所占比重为 27.36%～35.48%，呈上升趋势。其中，烟草工业和烟草商业企业所占比重为 85.81%～66.14%，对企业所得税收入的贡献率虽逐年有所下降，但税源支柱地位仍十分突出。而其他有潜力的税源尚在逐步形成中，如金融业在总量中所占比重由 2004 年的 1.49% 增长至 2007 年的 7.91%，建筑和房地产业由 2004 年的 0.38% 增长至 2007 年的 2.9%，但总的来说，税收收入对于烟草行业的依存度仍然过高（见表 2、表 3）。

表 2　　1999～2007 年内资企业所得税收入分行业情况表（一）　　单位：万元

年份	企业所得税合计	工业	比重（%）	建筑及房地产	比重（%）	商业	比重（%）	金融保险	比重（%）	交通运输	比重（%）	邮电通信	比重（%）	事业单位	比重（%）	其他企业	比重（%）
1999	287906	175853	61.08	1997	0.69	90406	31.40	5150	1.79	3061	1.06	853	0.30	268	0.09	10318	3.58
2000	318532	181661	57.03	1760	0.55	105003	32.96	5013	1.57	4432	1.39	1974	0.62	270	0.08	18419	5.78
2001	213855	130971	61.24	2913	1.36	65495	30.63	4651	2.17	4954	2.32	95	0.04	980	0.46	3796	1.78
2002	308678	207175	67.12	1719	0.56	86013	27.86	5098	1.65	1359	0.44	156	0.05	177	0.06	6981	2.26
2003	320703	213650	66.62	1980	0.62	87753	27.36	8864	2.76	1132	0.35	632	0.20	16	0.005	6676	2.08
2004	442233	295941	66.92	1688	0.38	128399	29.03	6609	1.49	2859	0.65	29	0.00	120	0.03	6588	1.49
2005	520132	314001	60.37	8631	1.66	170897	32.86	12159	2.34	2667	0.51	20	0.00	12	0.001	11745	2.26
2006	645952	340158	52.66	16164	2.50	238587	36.94	28252	4.37	4976	0.77					17815	2.76
2007	990378	504438	50.93	28725	2.90	351379	35.48	78360	7.91	6420	0.65					21056	2.13

注：2006 年、2007 年税收报表口径变化，部分行业无法单独列示，交通运输业栏目中含邮电通信业。

表 3　　1999～2007 年内资企业所得税收入分行业情况表（二）　　单位：万元

年份	企业所得税合计	烟草企业						电力企业	比重（%）	其他企业	比重（%）
		烟草工业企业	比重（%）	烟草商业企业	比重（%）	合计	比重（%）				
1999	287906	153437	53.29	78855	27.39	232292	80.68	20006	6.95	35608	12.37
2000	318532	149087	46.80	91480	28.72	240567	75.52	25059	7.87	52906	16.61

续表

年份	企业所得税合计	烟草企业						电力企业	比重（%）	其他企业	比重（%）
		烟草工业企业	比重（%）	烟草商业企业	比重（%）	合计	比重（%）				
2001	213855	106558	49.83	50104	23.43	156662	73.26	11798	5.52	45395	21.23
2002	308678	193951	62.83	70916	22.97	264867	85.81	2174	0.70	41637	13.49
2003	320703	203648	63.50	56870	17.73	260518	81.23	6371	1.99	53814	16.78
2004	442233	281319	63.61	87218	19.72	368537	83.34	7832	1.77	65864	14.89
2005	520132	242962	46.71	121158	23.29	364120	70	7693	1.48	148319	28.52
2006	645952	301166	46.62	173113	26.8		73.42	8623	1.33	163050	25.24
2007	990378	427322	43.15	227668	22.99		66.14	19900	2.01	315478	31.85

资料来源：云南省国家税务局企业所得。

从经济类型结构分析，税源高度集中于国有和国有控股企业。近年来，随着云南省国企改革的不断推进，大量国有企业改制为公司制企业，国有企业对所得税的贡献逐步下降，由1998年的98.83%降至2007年的51.26%。同时，有限责任公司和股份有限公司所得税收入增长迅速，其比重由1999年的4.67%上升到2007年的43.6%。但据统计，2007年公司制企业中，国有控股企业所得税收入占总收入比重就达39.3%。可见，国有和国有控股企业对所得税的贡献仍保持在90%以上，税源仍然高度集中。而私营企业缴纳所得税的比重虽逐年提高，2007年也只达4.76%，集体、股份合作、联营和其他企业所得税所占比重则不到1%（见表4）。

表4　　1998～2007年内资企业所得税收入分经济类型情况表　　单位：万元

年份	税收收入合计	国有企业	比重（%）	集体企业	比重（%）	股份合作企业	比重（%）	联营企业	比重（%）	有限责任公司	比重（%）	股份有限公司	比重（%）	私营企业	比重（%）	其他企业	比重（%）
1998	407434	402683	98.83	1431	0.35			1477	0.36			1707	0.42			137	0.03
1999	287906	272994	94.82	534	0.19	117	0.04	547	0.19	10781	3.74	2667	0.93			266	0.09
2000	318532	282959	88.83	704	0.22	32	0.01	898	0.28	22349	7.02	11320	3.55			270	0.08
2001	213855	190235	88.96	1572	0.74	54	0.03	809	0.38	9293	4.35	11627	5.44			265	0.12
2002	308678	294534	95.42	1868	0.61	562	0.18	503	0.16	6660	2.16	4299	1.39	6	0.002	246	0.08

续表

年份	税收收入合计	国有企业	比重（%）	集体企业	比重（%）	股份合作企业	比重（%）	联营企业	比重（%）	有限责任公司	比重（%）	股份有限公司	比重（%）	私营企业	比重（%）	其他企业	比重（%）
2003	320703	289172	90.17	2227	0.69	1313	0.41	376	0.12	20556	6.41	6624	2.07	382	0.12	52	0.02
2004	442233	394808	89.28	4099	0.93	416	0.09	111	0.03	36936	8.35	4771	1.08	422	0.10	670	0.15
2005	520132	423668	81.45	1588	0.31	694	0.13	66.8	0.01	68066	13.09	19061	3.66	1653	0.32	5334	1.03
2006	645952	264970	41.02	3214	0.5	25	0.004	82	0.01	325968	50.46	36111	5.59	14817	2.29	765	0.13
2007	990378	507682	51.26	2689	0.27	157	0.02	3	0.003	345432	34.88	86384	8.72	47175	4.76	856	0.09

注：1998年企业所得税收入报表，未区分有限责任公司和股份有限公司进行统计，仅设“股份制经济”项目，统计入上表中“股份有限公司”一栏。资料来源：云南省国家税务局企业所得税收入报表。

从地区结构分析，税源高度集中于少数经济发达地区。从2007年汇算清缴情况看，企业所得税收入在10亿元以上的仅昆明和玉溪两市，其企业所得税收入占总收入的67.02%；企业所得税收入在3亿元以上的有昆明、玉溪、红河、曲靖、楚雄、大理、昭通7个州市，其企业所得税收入占总收入的93.68%；其余9个州市企业所得税收入仅占总收入的6.32%。

从微观主体分析，税源高度集中于少数大企业。据统计，2007年全省应纳所得税额100万元以上的企业308户，仅占全省企业所得税纳税人44902户的0.69%，但其应纳所得税却占全部应纳所得税额的97.24%。应纳所得税额500万元以上的企业103户，占云南省企业所得税纳税人的0.23%，其应纳所得税却占全部应纳所得税额的92.81%。

（2）涉外企业所得税税源情况分析。从外商投资区域结构分析，港、澳、台商投资企业所占比重最大，并呈逐年上升趋势。从经济类型结构分析，中外合资企业和外商独资企业占主导地位，2007年，两类企业实际缴纳企业所得税为2.4亿元和8.6亿元，占涉外企业所得税总额的20.59%和74.80%。从行业结构分析，信息传输业和制造业是外商投资主要领域，2007年，实际缴纳企业所得税分别为7.48亿元和2.66亿元，分别占涉外企业所得税总额的65.47%和23.27%，其中与云南省支柱产业烟草业紧密相关的附属产品及产业是涉外税收的主要增长点。其次是批发零售业（占

4.61%)、房地产业(占2.15%)等行业。从地区结构分析，税源主要集中在少数经济发达地区，仅昆明市的涉外企业所得税收入就占全省涉外企业所得税收入的90%以上。从微观结构分析，涉外企业所得税高度集中在少数大企业，2007年，全省实际缴纳企业所得税税额在500万元以上的涉外企业共有19户，实际应纳企业所得税10.04亿元，占云南省涉外企业实际应纳企业所得税的87.38%。

(3) 企业所得税汇算清缴亏损面居高不下。从近年汇算清缴情况看，亏损面居高不下，2005年，内资企业所得税亏损面为61.26%，比全国52.81%的水平高出近9个百分点；涉外企业所得税亏损面为58.69%，比全国42.96%的水平高出近16个百分点；2006年，内资企业所得税亏损面为66.36%，比全国43.81%的水平高出近23个百分点，涉外企业所得税亏损面为53.29%，比全国39.61%的水平高出近14个百分点；2007年，内外资企业所得税亏损面分别为62.52%、52.55%，虽然较上年有所下降，但仍居于较高水平。汇算清缴亏损面居高不下的原因：一方面是云南省经济发展水平相对较低，企业经济效益不高，经营亏损客观存在；另一方面是部分企业纳税遵从度低，受利益驱使未如实进行申报。

4. 企业所得税税负情况分析。

(1) 内资企业所得税税负情况分析。2002~2006年，全国内资企业所得税税负分别为24.78%、24%、24.37%、24.43%、22.32%；同期，云南省国税内资企业所得税税负分别为30%、27%、27%、23%、20%。2005年以后，随着优惠政策执行力度加大，云南省国税内资企业所得税税负由高于全国水平变为略低于全国水平。

分经济类型企业所得税税负变动情况。从税负水平来看，2001~2007年，年均企业所得税税负最高的是国有企业，为28.48%；年均企业所得税税负最低的是私营企业，仅为5.64%。形成这一状况的原因：一方面是国有企业享受优惠政策较少，而私营企业多为新办企业，享受了云南省新办非公企业所得税优惠政策；另一方面私营企业纳税遵从度普遍低于国有企业，所得税征管仍存在漏洞。从税负的变化趋势来看，国有企业税负变化幅度不大（在21.5%~34.16%之间）；股份合作企业、联营企业税负变化幅度较大，这类企业多属于财务制度不健全的企业，其税负波动较大与企业申报的真实性有关。对于私营企业、股份合作企业、联营企业这类税负偏低或变动不正常的企业，应加强管理力度（见表5)。

表 5 2001～2007 年内资企业所得税税负分经济类型情况表 单位：万元

年份	项目	国有企业	集体企业	私营企业	联营企业	股份合作企业	有限责任公司	股份有限公司	其他企业
2001	利润总额	785806	10475	0	2396	131	113264	38625	1642
	企业所得税	190235	1572	0	810	54	9293	11627	265
	税负（%）	24.21	15.01	0.00	33.81	41.19	8.20	30.10	16.13
2002	利润总额	881116	12032	47	1481	1995	58084	16040	735
	企业所得税	294534	1868	6	503	562	6660	4299	246
	税负（%）	33.43	15.53	12.77	33.96	28.17	11.47	26.80	33.47
2003	利润总额	956370	16325	5536	1171	3963	178666	60372	4921
	企业所得税	289172	2227	382	376	1313	20556	6624	52
	税负（%）	30.24	13.64	6.90	32.11	33.13	11.51	10.97	1.06
2004	利润总额	1397072	30133	6935	305	1601	424173	50661	9252
	企业所得税	394808	4099	422	111	416	36936	4771	670
	税负（%）	28.26	13.60	6.08	36.37	25.99	8.71	9.42	7.24
2005	利润总额	1970847	37883	60257	259	1905	737209	8709	55023
	企业所得税税额	423668	1588	1653	67	695	68066	19061	5334
	税负（%）	21.50	4.19	2.74	25.85	36.48	9.23	21.49	9.69
2006	利润总额	775752	576160	481248	594	13261	1711227	180616	17783
	企业所得税	264970	3214	14817	82	25	325968	36111	764
	税负（%）	34.16	0.56	3.08	13.80	0.19	19.05	19.99	4.30
2007	利润总额	1841397	72735	597078	546	20664	2299616	344535	22688
	企业所得税	507682	2689	47175	3	157	345432	86384	857
	税负（%）	27.57	3.70	7.90	0.55	0.76	3.76	0.25	3.78

资料来源：云南省国家税务局企业所得税报表。

分行业企业所得税税负变动情况。2001～2005 年，年均税负最高的行业为商品流通业 28.94%，最低的是邮电通信业 4.00%。一般行业的税负在 20% 左右。从税负的变化趋势来看，旅游饮食业、房地产开发业税负波动幅度最大，反映了行业的特殊性、企业申报真实性等问题（见表 6）。

表 6　　2001～2005 年内资企业所得税税负分行业情况表　　单位：万元

年份	行业	工业	商品流通业	运输业	施工房地产开发业	旅游饮食服务业	金融保险业	邮电通信业	其他行业
2001	利润总额	665781	182942	15236	6483	5245	18170	4541	53943
	企业所得税	131435	65023	4954	2913	1276	4648	95	3511
	税负（%）	19.74	35.54	32.52	44.94	24.33	25.58	2.09	6.51
2002	利润总额	619035	245566	18908	6576	4849	19206	7515	49729
	企业所得税	207174	85954	1359	1723	1054	5154	155	6079
	税负（%）	33.47	35.00	7.19	26.20	21.74	26.84	2.06	12.22
2003	利润总额	848350	254132	8831	7909	10389	34768	4108	60441
	企业所得税	213649	87758	1132	1993	817	8857	632	5838
	税负（%）	25.18	34.53	12.82	25.20	7.86	25.47	15.38	9.66
2004	利润总额	1215751	500325	14407	25676	2228	37413	59149	64125
	企业所得税	298154	126186	2859	1710	1026	6609	29	5617
	税负（%）	24.52	25.22	19.84	6.66	46.06	17.67	0.05	8.76
2005	利润总额	1381854	1184767	20340	136372	18027	51443	4798	152979
	企业所得税	314001	170897	2667	10164	2281	12159	20	7872
	税负（%）	22.72	14.42	13.11	7.45	12.65	23.64	0.42	5.15

资料来源：云南省国家税务局企业所得税报表。

（2）涉外企业所得税税负情况分析。2002～2007 年，涉外企业所得税税负分别为 10.20%、11.82%、14.34%、22.10%、20.05%、17.61%，2004 年以前低于内资企业所得税税负 12～20 个百分点，2005 年以后，内外资企业所得税税负相差仅 1 个百分点左右。原因主要是中国移动通信集团云南有限公司 2004 年转制为外商独资企业，该企业 2004 年收入于 2005 年汇算期间入库，由于不能享受涉外企业所得税优惠政策，税负高达 33%，其应纳税款占涉外企业所得税总额的 65.1%，导致涉外企业整体税负升高。

（二）云南省国税企业所得税征收管理取得的成效

1. 认真执行政策，依法治税工作效果显著。云南省各级国税机关认真贯彻执行所得税法律法规和政策，加强税法宣传、辅导和培训，不断提高执法水平。在依法大力组织收入的同时，不折不扣落实各项优惠政策，尤其是 2003 年以来，认真贯彻执行云南省委、省政府制定的省外来滇投资企业和新办非公企业等优惠政策，对云南省企业发展起到了显著的扶持和引导作用。内资企业所得税减免额由1994年的2568万元，增加到2007年的55.54亿元，14年共减免企业所得税145.49亿元，占入库企业所得税的24.43%。涉外企业所得税从2000~2007年8年共减免34.87亿元。有效地促进了边疆经济又好又快发展，发挥了构建和谐社会等方面的积极作用。

2. 强化措施，科学化、专业化、精细化管理积极推进。

（1）云南省国税部门针对企业所得税税源相对集中的特点，采取按征收方式和规模进行分类管理的方法，根据不同类型的纳税人，采取了不同的管理办法，有序实施分类管理。同时，各地加强对核算不规范企业的管理，2007年，全省共清理该类企业5762户，其中3162户按规定由查账征收转为核定征收。2007年底，全省核定征收企业4952户，占总户数的11.25%。

（2）各级国税机关将税基管理作为所得税管理的核心工作，建立健全相关制度，改革完善内部审批流程，对减免税及税前扣除事项进行严格把关和认真审核，强化税基管理。2006年和2007年，仅省局不予审批税前扣除金额分别达7.18亿元和8.15亿元，避免了2.3亿元和2.68亿元税款流失。

（3）加强政策宣传、辅导和培训工作，将相关政策规定汇编成册，免费发放纳税人使用；依托信息化手段，提高各项报表及分析报告的编报质量，不断提升汇算清缴工作水平。

（4）积极开展纳税评估。对连续亏损、经营情况发生重大变化的纳税人进行了重点评估，对房地产、电力等行业开展专项评估，并将纳税评估与纳税辅导相结合，促使烟草行业自查补税上亿元，取得显著成效，总结了很多有益经验。

3. 依托信息化，服务质量和管理效率不断提升。云南省国税局自主开发并推广使用企业所得税申报管理系统，深化电子申报和数据拓展应用，实现了申报表自动取数、自动计算、自动审核、电子数据导入综合征管系统、报表自动生成、统计查询、纳税评估等功能，通过在系统中整合相关企业所得税政策，确保了纳税人申报的规范性、完整性和准确性；大幅度缩短了申报时间，在一分钟以内即可将数据导入综合征管系统完成申报，极大地提高申报质量和效率，优化了纳税服务。同时，不断提高对中国税收征管信息系统和云南省国税局数据监控分析系统的应用水平，充分利用信息系统的数据资源，建立了所得税收入分析工作制度，实行按月定期分析、综合与重点分析相结合方式，及时预测、掌握经济、政策、征管等因素对所得税收入的影响，了解税源总量、构成、分布和发展变化的基本情况，加强对烟草、电力、金融等重点行业、企业的监控，发现并有效解决税源管理工作中存在的问题，提高了管理效率。

4. 探索实践，反避税工作和非居民企业管理不断加强。近年来，云南省国税部门大胆探索，积极开展反避税调查实践，不断健全反避税信息资料库，完善反避税工作机制。一方面采取“请进来”、“送出去”等方式，加大人才培训力度，着力培养查办重大避税案件，实施反避税调查等方面专业人才；另一方面，对涉外企业分行业进行归类，收集行业相关外部资料开展对比分析，对“长期微利”、“长期亏损”和“跳跃性盈利”企业、关联交易频繁企业和出口型企业进行跟踪调查和评估，通过近几年的实践和探索，对提高云南省反避税工作水平和培养反避税人才起到了十分有效的促进作用。

针对非居民企业税收业务和税收收入迅速增长的情况，云南省国税局以强化对非贸易和部分资本项目项下售付汇提交税务凭证的管理为重点，从源头上有效地堵塞了非居民企业税收漏洞。加强与省外汇管理局的联系与协调，促使国内企业与外国企业之间的借贷、技术转让、财产租赁、股权转让、特许权使用等涉税事宜的征管得到了进一步的加强和完善，非居民企业税收快速增长，2006 年实现 1247.8 万元，2007 年实现 3420.07 万元，有 8 个州市局非居民企业税收收入实现了零的突破，熟悉并掌握非居民企业税收管理业务技能的干部逐渐增多。

（三）云南省国税企业所得税征收管理中存在的问题

企业所得税是云南省国税系统税收管理中比较薄弱的税种，目前还存在一些突出问题和难点，主要表现在以下几方面：

1. 税收法律制度体系有待进一步完善。

（1）新税法的配套政策、制度、措施亟待制定和完善。例如，新税法按照“产业优惠为主，区域优惠为辅”的原则，重新设计税收优惠体系，但减免税管理办法尚未制定下发，新增的所得税优惠政策采取审批还是备案方式管理，企业应提供的相关要件等均未明确，致使相关优惠政策无法及时贯彻到位；新税法及实施条例对于税前扣除的规定过于原则性，具体的税前扣除办法尚未出台，实际操作中存在很多困难；新税法颁布前制定的大量政策规定及管理办法，目前尚未清理完毕，相关文件继续或停止执行尚未明确，令税务机关在所得税管理过程中无所适从；少数特殊行业原内外资企业所得税管理办法存在差异，如房地产开发企业产品完工年度所得税清算方法原内外资企业规定不同，需制定新的管理办法；新的年度申报表尚未下发，不利于及时根据新申报表内容对电子申报软件、征管信息系统进行升级，势必影响年度汇算清缴工作；对内外资企业汇算清缴的规定尚未明确，如内外资企业西部大开发政策年审程序、年度申报提供财务报表的鉴证要求均未统一。

（2）汇总纳税企业管理制度有待完善。新税法实施后，实行法人所得税制，总分机构汇总缴纳企业所得税，对于汇总纳税企业按照“统一计算、分级管理、就地预缴、汇总清算，财政调库”的方式进行征管，成为企业所得税管理新难点。汇总纳税企业的管理存在严重的信息不对称问题，总机构主管税务机关不了解分机构经营情况，而分机构主管税务机关也不了解总机构统一核算、申报纳税的情况，容易造成征管漏洞。在对基层调研工作中，多数税务干部反映总分机构的管理是目前最为复杂的工作，一是总分机构的经营状况和分机构数量变动情况，各级主管税务机关难以及时准确把握；二是总分机构之间预缴比例的划分，主管税务机关难以进行核实；三是总分机构主管税务机关之间未建立及时有效的沟通协调机制；四是仅靠税务机关的力量难以协调地区与地区之间收入的矛盾；五是分机构主管税务机关对分机构的管理难以实施，发现问题需与总机构所在地税务机关衔接，时间上存在滞后性，并受制于总机构主管税务机关的思路，难以调动管理的积极性。

2. 管理基础薄弱，管理水平有待提高。从近年来云南省国税稽查局对部分大型国有企业进行检查的情况来看，目前对重点行业、重点企业的管理仍然存在漏洞，管理的深度不足，未达到专业化、精细化的目标。同时，企业汇算清缴亏损面居高不下，也反映出对非重点税源企业税基管理不到位的问题较为突出。基层一线税源管理仍然以流转税为主，对所得税管理存在轻视思想和畏难情绪。目前，基层各区县局主要按照地域或流转税管理的分类标准来设置管理分局，如分为一般纳税人分局和小规模纳税人分局，或按地域设置分局，局内划分为一般纳税人管理组和小规模纳税人管理组，而企业所得税重点税源企业则分散在各分局，甚至与上百户小规模纳税人或个体户一并分配给一名税收管理员进行管理，分类管理制度未落实到基层管理分局和税收管理员，对于重点税源企业配备高素质人员，实行专业化管理的要求尚未落实到位。现有企业所得税管理办法和措施还不能完全适应不断提高的管理要求。纳税评估水平有限，分行业的评估指标体系和评估模型尚未建立，对大量数据信息缺乏综合比对分析，以评促管的效能未充分发挥。

3. 信息化建设滞后，应用水平较低。1994 年税制改革以来，税务系统信息化建设主要围绕加强增值税发票管理的目标开展，随着金税工程一期、二期建设完成，增值税已依托信息化实现“以票控税”，而所得税信息化建设尚处于起步阶段，远远不能适应新企业所得税征管的需要。目前专门针对企业所得税特点开发的软件仍然较为缺乏；征管信息系统数据统计分析功能围绕增值税管理要求设计，难以满足所得税管理需要，同时基础信息录入的不规范也影响了数据分析质量；数据分发系统操作复杂，难以在所得税管理人员中普遍推广使用；数据监控系统功能不完善，申报明细、税负监控等环节尚未纳入系统管理；所得税管理人员在税源监控、税基核实、纳税评估等工作中运用信息化手段的意识不强，水平不高，使大量的数据资源未得到充分利用。缺乏现代化技术手段的有力支撑已成为提高企业所得税管理水平的“瓶颈”。

4. 管理力量不足，人员素质亟待提高。近年来，国税系统管理的所得税纳税户大量增加，工作量成倍增长。尤其是2002年所得税分享体制改革后，征管户数迅猛增长，纳税人经济性质、经营规模、经营方式、核算方式日益多元化、复杂化，所得税管理难度不断增加。税收管理员对企业所得税的管理相对弱化，全省国税系统税政管理部门所得税管理人员320人，其中专职人员仅占55.6%，管理力量不足问题凸显，难以适应日益繁重的企业所得税管理工作需要。另一方面，企业所得税管理的特殊性和复杂性对管理人员业务素质要求较高，目前具备扎实的财会基础、较强计算机操作能力、较高政策业务水平的管理人员极为缺乏，致使一些工作处于应付状态，工作质量难以提高，人员素质问题极大地制约了所得税管理水平的提高。

5. 纳税人税法遵从度不高。由于企业所得税的特殊性，税企双方信息不对称问题较为严重，一方面所得税政策业务复杂，税法和会计制度、准则存在差异，纳税人难以全面准确掌握政策规定；另一方面税务机关也难以全面掌握纳税人生产经营、会计核算的真实情况及物流、资金流情况。由于信息不对称，无形中增加了纳税人的税收遵从成本，同时加大了企业所得税的管理难度，造成企业寻租空间，致使纳税人税法遵从度降低，申报不真实、不准确，少计收入，多列成本费用的现象普遍存在，做假账、账外经营情况也为数不少。近年来，云南省国税企业汇算清缴亏损面居高不下，也说明了纳税人税法遵从度不高。对于以纳税人会计核算为基础计算税基的企业所得税而言，税法遵从度不高进一步加剧了管理难度。

6. 对非居民纳税义务的判定难度大，源泉扣缴落实不到位。新企业所得税法将非居民所得按有无机构场所及所得与机构场所有无实际联系区别征收，并对预提所得税实行源泉扣缴，这就使所得来源的判定极其重要。一方面新法对纳税义务缺乏明确配套的划分标准，专业人员尚难判断，纳税人和扣缴义务人更不易掌握，容易引发税收管辖权的争议；另一方面对税法的不熟悉和缺乏扣缴意识，使很多扣缴义务人未能及时准确履行义务，税务机关又没有足够的措施进行监控防范，对应扣而未扣缴的义务人处罚不力，使征纳之间存在博弈，增加税收遵从及税收管理成本，源泉扣缴失灵，造成税收流失。

二、影响云南省国税企业所得税征收管理的因素分析

（一）企业所得税税源及结构变化因素

1. 宏观税源变化因素。税源可分为宏观税源和微观税源。前者是指税收收入增长的经济源，其经济源分为几个层次：

（1）经济和产业发展是税收收入增长的基础源。企业发展根植于经济和产业的发展水平、方向、环境、空间和前景，经济和产业的发展水平较高、方向正确、环境优良、空间很大、前景较好，企业的发展就会顺畅，经济效益就高，利润就多，企业所得税收入就不断增长。因此，经济和产业的发展水平、方向、环境、空间和前景就成为了影响企业所得税增长的重要因素。而云南省经济与产业发展自身缺陷使得企业所得税税源面临着深层次问题，税源的单一性及高度集中性，即行业上过度集中于烟草工商业、经济类型上过度集中于国有和国有控股企业、地区上过度集中于部分经济发达地区，导致了税源的脆弱性，带来的是财税运行的高风险。产业、行业、企业及地区的发展受制于多种因素，尤其市场因素的多变和不可预测性，一旦这些主体税源出现问题，将会给云南国税所得税收入带来极大的影响。云南烟草受多种因素影响其发展空间受到限制，能源开发将成为云南省经济与税收的新增长源，但整个能源经济开发面临着发展循环经济、节能降耗以及国家主体功能区建设中限制开发的考验，如何使能源优势由初加工向深加工转变，由单一产品向延长产业链转变，推行行业和集团的整合，做大做强，以带动能源产业的健康发展，促进其形成主体税源，是云南省面临的重大选择和机遇。

（2）企业的经济效益是企业所得税的增长源。企业的经济效益高低取决于产品的品牌效应、产品的开发和创新、企业内部的管理效应、市场份额和市场价格等诸多因素。就云南省的实际情况看，企业的经济效益近年来有一定的提升，但并不理想，亏损面较大，主要源于大型企业数量不多，以中小企业为主的企业格局，核心竞争力和抗风险能力较差，内部管理水平很低。如何提高中小企业的管理水平和抗风险能力是云南省企业发展面临的严峻问题。

2. 微观税源变化因素。企业所得税微观税源是指企业（居民企业和非居

民企业）的会计利润，其结构应包括收入、成本、费用、税金和损失等内容，即研究纳税人各项应税利润的形成问题。为便于分析，我们将增加应纳税所得额的经济活动和行为称为企业所得税正税源；把减少应纳税所得额的经济活动与行为称为企业所得税负税源。

（1）影响企业所得税的正税源结构变化因素。企业所得税正税源主要包括：收入、不得扣除项目、视同销售和特别纳税调整。新企业所得税法实施后，会计制度和新税法对收入确认明显趋同，但并不能排除企业会计人员仍然会利用税务机关在确认收入时重时间配比，轻因果配比的惯性思维，采用隐匿收入、递延收入、以小收入配比大成本等手段来减少企业所得税税源；不得扣除项目是企业与税务机关博弈的重点和难点，是影响企业所得税正税源的主要内容；由于会计制度与税收制度的差异和新旧企业所得税法对视同销售的规范的差异导致企业和税务机关对该类经济活动的认识和管理均未到位，所以税务机关在对视同销售项目的管理应该说是个难点。

（2）企业所得税的负税源结构变化因素。企业所得税负税源主要范围包括成本、费用、税金、损失、其他扣除项目、不征税收入、免税收入和税收优惠。这是形成企业所得税税基前，必须加强核实的重要内容。针对负税源新旧税法的主要变化因素共八个方面：一是工资、薪金扣除的变化；二是职工福利费、职工教育经费、工会经费扣除的变化；三是业务招待费的扣除变化；四是广告费、业务宣传费的扣除变化；五是公益性捐赠支出的扣除变化；六是运用“不征税收入”概念；七是保留了免税收入项目；八是重新规范和调整了税收优惠政策规定。

（二）企业所得税征收管理体制变化因素

1994年以来，中国实行中央企业所得税由国税局征管，地方企业所得税由地税局征管的体制，2002年，实行中央与地方企业所得税分享改革后，新办企业划入国税局征管范围，未改变一个税种由两个机构负责征管的体制。由于企业所得税征管范围的划分不够明确，国税部门、地税部门争税源或出现漏管户等现象时有发生。加之两类机关对政策的理解、执行及管理方式、管理力度存在差异，导致管理服务不到位、增加纳税成本、不利于贯彻公平税负原则等问题。目前，企业兼并、重组、改制频繁，尤其新税法实施后，总分机构管理难度增加，国地税部门征管范围在改革调整中面临新的问题。

（三）企业所得税征收管理模式和要求变化因素

实施“以申报纳税和优化服务为基础，以计算机网络为依托，集中征收，重点稽查，强化管理”的税收征管模式，为企业所得税征管工作提供了制度保障。随着新企业所得税法的实施，国家税务总局调整了企业所得税管理的总体要求，提出“分类管理，优化服务，核实税基，完善汇缴，强化评估，防范避税”24 字工作总要求，对新时期加强企业所得税管理具有重要的指导意义。企业所得税征管模式与要求的变化，是影响企业所得税征收管理的重要因素。

（四）企业所得税征收管理能力因素

企业所得税征管能力是指税务机关和税务人员在贯彻执行税法及相关税收政策，实施税收征管活动表现出来的能力和素养。企业所得税征管能力主要包括：征管决策能力、征管执行能力、组织税收能力、依法治税能力、税源监控能力、税收预测与分析能力、税收风险预警与控制能力、征管创新能力和税收服务能力等方面。企业所得税征管能力发挥作用大小，决定着企业所得税征管质量和效率提高的程度。

（五）企业所得税征收管理政策因素

税收优惠政策是宏观经济调控的重要手段，由于企业所得税税负不易转嫁，其宏观调控功能较其他税种更为突出。1994 年以来，财政部、国家税务总局制定了一系列企业所得税优惠政策。2003 年，云南省委、省政府根据云南省情，制定了以招商引资为主要目的的省外来滇投资企业所得税优惠政策和以调整云南省经济所有制结构为主要目的的新办非公企业所得税优惠政策等一系列优惠政策，对云南省企业的发展起到了显著的扶持和引导作用，对促进云南省经济社会的发展做出了积极的贡献。但新税法实施以后，云南省原制定的优惠政策停止执行，目前保留的区域性优惠政策主要是西部大开发优惠政策。尽管新税法就民族自治地区对地方分享部分所得税的减免权进行了规定，但对于经济欠发达地区尤其是边远贫困地区而言，受财政收入规模限制，不可能实行普遍的优惠政策，且局限于地方分享部分的所得税减免对企业的扶持力度有限。减免税政策的变动对云南省调整经济结构，培植新税源无疑产生一定的影响。

三、加强企业所得税征收管理的思路和对策

（一）树立符合科学发展观要求的企业所得税管理理念

1. 科学发展的理念。要把科学发展观贯穿于企业所得税管理的全过程，实现企业所得税与经济社会协调发展。企业所得税的增长要与经济发展相适应，企业所得税政策的落实要服务于经济社会发展的要求。尤其在云南省目前

企业所得税税源结构不尽合理的情况下，更要牢牢树立经济税收观，大力促进云南省经济结构的改善和经济社会可持续发展力的提升，不断培育形成新的税源增长点；要坚持以人为本的管理思想，增强社会责任感，以实现好人民群众的利益为根本出发点和落脚点，实行人性化管理，抓好优质服务，落实好各项税收优惠政策，发挥好企业所得税的宏观调控作用；要坚持统筹协调的根本方法。切实改变“重收入，轻调控”，“重流转税，轻所得税”，“重审批，轻管理”等观念，充分发挥各税种统筹作用，合理优化管理资源，实现各税种和各项工作的统筹协调发展。

2. 依法治税的理念。依法治税是税收工作的核心和灵魂。要始终不渝地大力推进依法治税，坚持税收法定主义，严格执行新企业所得税法及其实施条例，维护税法尊严。以实施新法为契机，加大宣传力度，着重树立和更新政府部门依法用税、税务部门依法征税，以及广大纳税人依法纳税的观念。

3. 和谐税收的理念。和谐税收是落实科学发展观和建设和谐社会的具体化和重要组成部分。要按照和谐社会建设的基本要求，在企业所得税管理工作实践中强化和落实公平、正义、效率、服务、文明等价值理念，从而实现企业所得税管理与各项税收管理工作的和谐发展，与服务经济社会大局的和谐发展。

（二）完善适应新企业所得税法框架的管理制度与机制

1. 完善企业所得税管理制度。

（1）完善税法配套制度。新税法实施以来，部分配套政策、制度和规定还亟待完善，省级及省级以下税务机构应认真落实新企业所得税法的跟踪问效制度，加大调研力度，积极主动向上级和国家税务总局提出意见和建议。各级税务机关应按照相应的管理职责，认真梳理、调整和完善相关管理制度，保证各项管理工作规范有序进行。

（2）建立管理制度体系。有步骤、有计划、有重点地完善企业所得税管理制度，构建制度体系，保障企业所得税工作的有序进行。当前，结合新企业所得税法和基层工作的急需，着重制定和完善以下制度：企业所得税分类管理制度、纳税评估工作制度、日常税基核实办法、减免税管理制度，台账管理制度，汇总纳税企业管理制度，进一步完善企业所得税目标管理制度等。

（3）创新管理制度。构建企业所得税管理执行标准与制度。应按照系统论以及科学化、专业化、精细化管理要求，进行统筹规划和制度设计，形成较具实际操作性、简便且奉行成本低、具有一定综合性的征管运行规范。建立

《州市、县国税局企业所得税管理岗位工作标准》、《县以下国税分局企业所得税征管岗位工作标准》，对每个税收征管工作岗位应履行的征管工作职责及其对应的征管工作明细项目、运行程序、工作环节、工作流向、实施权限、完成时限，涉及的纳税人和有关对象，受理和形成的有关税收征管表格、证件、凭证、单据、文书、报表和其他资料等表证单书，计算机信息基本操作模块等都做出科学准确和详细具体的内容表述和解释说明，最终形成不同岗位的执行工作标准和制度。

建立企业所得税执法绩效评估制度。企业所得税征管的绩效评估，就是考察税务机关实施税收征管工作的经济性、效率性和效果性的制度安排。评估结论可以直接运用于税收决策，并适时调整税收征管政策，配置税收征管人、财、物的制度安排。企业所得税征收管理绩效评估可按以下三大目标体系设置指标体系，一是为企业所得税纳税人提供服务的绩效指标体系；二是对所有纳税人服务的绩效指标体系；三是对税务机关自身执法过程和机构的绩效指标体系。

2. 完善企业所得税管理机制。

（1）完善企业所得税征管范围划分机制。企业所得税分别由国税、地税两家税务机关征收管理（简称“一税两管”），为避免这种模式带来的增加纳税成本和管理成本，不利于贯彻公平税负原则等问题，建议企业所得税管理，近期按主体税种（增值税和营业税）划分征管范围，但从长远看，应该完善企业所得税中央和地方分享体制，把企业所得税统一归一个税务机关进行征管，收入按照一定比例在中央与地方之间进行分享，有利于保证企业所得税在全国范围内的统一和规范，切实减轻所得税税收政策执行阻力，营造公平竞争的市场环境。

（2）完善内外资企业所得税统一管理机制。进一步明确企业所得税管理部门和国际税收管理部门之间的职责，以及各级税务机关相关职能部门的管理职责；做好内外资企业管理部门工作及相关资料的交接，确保外资企业所得税管理不断档；优化内外资企业统一管理后的管理流程，提高管理效率和服务水平；加强政策业务培训，促使管理人员尽快适应新的工作要求。

（3）完善总分机构汇总纳税的管理机制。尽快完善国家税务总局的总分机构管理信息系统，在全国范围内实现总分机构相关信息共享，将企业总分机构的主要经营情况、财务核算、申报纳税情况、税务检查等有关情况纳入信息交换平台，以便税务机关及时掌握和分析，加强和改进管理；建立总分机构税务主管机构的协调配合及考核机制，将相关内容纳入执法考核系统；加强对总机构预缴比例核实，杜绝随意性；赋予分机构所在地主管税务机关适当的管理和处罚权利，促使其克服“代人管理”和“管理无用”的思想，主动加强就地监管，适时开展纳税检查，发现问题，严格按税收征管法和有关规定进行处理；完善政策，尽可能防止税收与税源背离问题。

(4) 完善企业所得税与其他税种协同管理的机制。在分类管理上建立协同机制。企业所得税的分类标准应尽可能与流转税统一起来，便于基层管理和提高工作效率。可试行在大企业较为集中的县区局设立大企业管理分局（可在原来的一般纳税人管理分局基础上设立）和中小企业管理分局（可在原来的小规模纳税人管理分局基础上设立），大企业管理分局集中管理流转税和所得税的重点税源，并选派业务素质高的干部充实到管理机构，中小企业管理分局集中管理流转税与所得税的中小型企业，在此基础上进一步按行业进行细化。在大企业分散的县区，对所得税重点税源企业设立专门的管理组、管理岗，配备素质较高的人员管理，把分类管理和专业化管理真正落到实处。

在信息共享上建立协同机制。所得税管理应不断加强与流转税的信息共享，在税基核实、收入实现、政策执行等方面建立信息比对分析机制，及时发现并研究解决所得税管理问题。

在纳税评估上建立联评机制。流转税评估结果与企业所得税评估结果紧密联系，两税联评有利于提高评估效率，也有利于促进企业规范财务核算，加强对企业的管理。各级国税机关在布置评估任务或实施评估时应切实将流转税与企业所得税结合起来，充分利用各税种指标、数据间的相关性，提高评估的准确性，降低评估成本，提高评估质量和效率。

(5) 完善所得税管理部门与其他部门的协调机制。企业所得税不仅要与其他税种协同管理，同时还应与征管、稽查、计统等相关部门加强协作，完善协作机制，集中力量解决重点问题，形成管理的合力。如，与稽查合作，加大打击偷逃企业所得税力度，通过稽查情况的反馈，实现以查促管；与征管部门配合加强和规范发票管理工作，加强税基核实；与计统部门合作，通过税收收入和税负分析，全面掌握税源税基情况及未来发展趋势，查找管理存在的漏洞和薄弱环节；与国际税收管理部门协作，开展国际国内反避税工作等。

(6) 建立有效的非居民企业管理机制。实行税收管理员对非居民企业管理的责任制度。将非居民税收政策传达到所有基层税务分局（所）和税收管理员，促使管理重心逐步下移到县区局的日常征管中。强化源泉扣缴方式。实行跨国交易税务登记备案制，完善居民企业跨国交易申报、非居民税收和预提所得税申报报告制度，建立健全国际税源数据库，从源头上及时掌握跟踪纳税人的跨国（境）投资、交易等行为。

加大对居民纳税人的政策宣传力度，将着力点放在让广大纳税人知晓非居民税收扣缴义务和不作为要承担的法律责任上，提高纳税人的扣缴意识。建立与商务厅、外汇管理局、银行、出入境管理机关等部门的合作和信息交换机制，利用现代信息手段，加强税收协定执行的监督和管理，充分发挥国际税收情报交换的作用，掌握跨国纳税人的第三方信息，提高国际税源信息获取的效率。

（三）明确加强企业所得税征收管理的措施

1. 完善企业所得税征收管理体系。企业所得税征收管理是一个综合的由执法、管理和服务等行为结合起来的管理系统，应坚持科学化、专业化、精细化管理原则，贯彻24字工作总体要求，以税源管理为前提，以税基管理为核心，以税收收入监控管理为关键，以信息化为依托，以提升税务干部业务素质为保证，细化管理环节，构建层次清晰、重点突出、针对性强的企业所得税征收管理体系，基本框架如图1所示。

2. 税源管理环节重点抓好分类管理。

（1）集中力量抓好重点税源管理。科学确定重点税源的界定范围，将税源大户、大型企业和重点行业企业纳入重点税源进行管理。在基层税务分局集中优势管理资源，突出管理的深度和细度。同时，为解决基层征管力量不足的问题，应建立分级监控和集中管理相结合的模式，基层税务分局主要负责重点税源企业的日常管理、台账建立、纳税辅导等工作，省、州市、县局等各级机关加强对职责范围内重点税源户的监控和分析，组织纳税评估、稽查、反避税，与基层分局齐抓共管。对重点行业应积极制定操作性强的行业管理办法和措施，总局目前已组织编写烟草、电力、房地产等7个行业操作指南，各级国税机关也应结合本地特点，选取重点行业，探索制定行业所得税管理办法，进一步简化管理方式，明确工作标准，细化工作流程，实现程序化、标准化、规范化管理。

（2）提高效率抓好一般税源管理。对中小型税源企业以管事为主，以分行业管理为重点，加强纳税评估，强化税基管理。对规模较小、会计核算不健全、长亏不倒的企业实行核定征收，进行规范化管理。目前云南省的核定征收率仅为11%，低于全国平均核定征收率32%的水平，对于税源分散的地区可

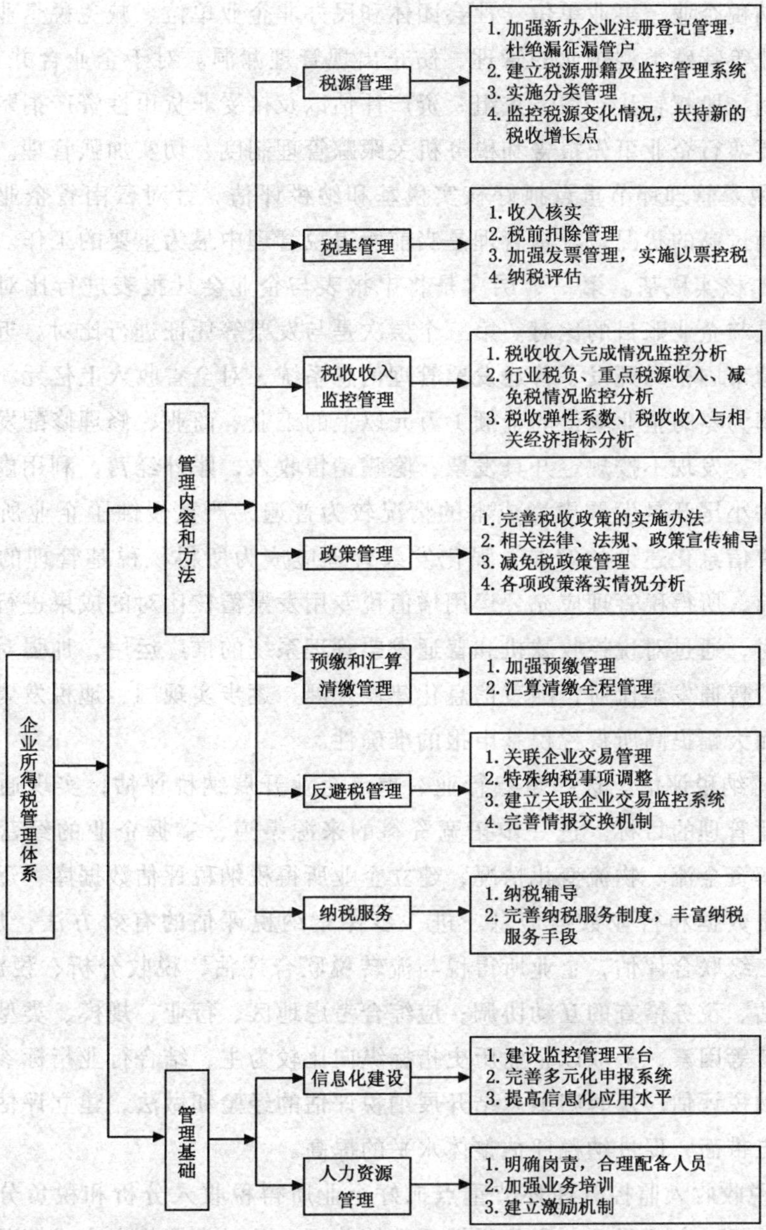

图 1 企业所得税征收管理体系图

适当扩大核定征收面，主要运用定率征收方式，作为一种惩罚措施，适当从高适用应税所得率，督促其建账建制。

（3）加强对特殊企业和特殊事项的管理。应建章立制，完善操作，抓好对汇总纳税企业、事业单位、社会团体和民办非企业单位、减免税企业、异常申报企业等特殊类型企业的管理，防止出现管理漏洞。对于企业合并、分立、改组改制、股权转让、债务重组、资产评估以及接受非货币性资产捐赠等特殊事项，要实行企业事先报告和税务机关跟踪管理制度，切实加强管理。

3. 税基管理环节重点抓好核实税基和纳税评估。针对云南省企业汇算清缴亏损面过高的状况，税基管理是当前所得税管理中最为重要的工作。

（1）核实税基。第一个层次是将申报表与企业会计报表进行比对。第二个层次是与企业账目的比对。第三个层次是与发票等凭证进行比对。近期，云南省曲靖市国税局开发了普通发票管理信息系统，对全省收入上亿元，但所得税贡献率为零的企业取得的金额1万元以上的工业、商业、修理修配发票进行采集比对，发现不按规定开具发票，隐瞒销售收入，账外经营，利用虚开、代开或大头小尾开具发票虚增成本的情况较为普遍，严重侵蚀了企业所得税税基。随着信息化建设的发展，强化发票管理应成为所得税税基管理的重要抓手。目前，所得税管理应充分运用增值税专用发票稽核比对的成果进行税基核实，同时，通过对税控收款机和普通发票管理系统的推广运用，加强对国税系统管理的普通发票比对，随着信息化建设发展，逐步实现国、地税发票交叉稽核，从而大幅提高所得税税基申报的准确性。

（2）纳税评估。选择重点行业、重点企业开展纳税评估，实现通过评估规范行业管理的目标。进一步拓宽资料的来源渠道，掌握企业的经营动态信息，了解资金流、物流变化情况，建立企业所得税纳税评估数据库，逐步积累企业历史数据和行业数据信息。进一步探索纳税评估的有效方法，加强省、市、县三级联合评估，企业所得税与流转税联合评估，税收分析、税源监控、纳税评估、税务稽查的互动协调；应综合考虑地区、行业、规模、类型、生产经营季节等因素，采取以企业历史指标纵向比较为主，结合行业指标参数的方法进行纳税评估；及时归纳总结开展纳税评估的经验和做法，建立评估交流机制，以点带面，促进纳税评估整体水平的提高。

4. 税收收入监控管理环节重点抓好企业所得税收入分析和税负分析。通过税收总量、宏观税负、税收弹性系数等分析，及时掌握收入完成情况，税收与经济是否协调增长以及政策调控情况，全面掌握税源税基基本情况及未来发展趋势，并将税收增减的总体状况，分解剖析到地区、行业和重点税源企业，找出管理上存在的漏洞和薄弱环节，充分挖掘税收潜力，强化税基税源管理，增加税收收入。

5. 政策管理环节重点抓好减免税政策的落实。新税法对税收优惠政策进行调整，采取了更多的间接优惠方式，并由针对企业的全部应纳税额减免调整为主要针对企业特定项目经营所得减免，这就对企业收入、成本费用的核算以及不同项目税基的单独核算提出更高的要求，也给税务部门加强减免税管理工作增加了难度。此外，部分纳税人执行过渡优惠政策，使税收管理更为复杂。因此，在加强减免税审批管理的同时，应进一步强化备案管理，规范程序，明确职责，加强对备案资料合法性、真实性、完整性的审核。同时，健全台账管理制度，税源管理部门应建立享受过渡期优惠政策企业台账，基础设施减免税台账等，对于纳税人也应要求其对具有延续性的税收优惠建立台账管理，方便税企核对。对减免税企业要结合专项检查和实地巡查，实施动态跟踪管理，对减免税条件发生变化的立即恢复征收，加强对减免税企业的税基核实，有效防止企业在减免税期利用关联交易转移利润等行为。

6. 预缴和汇算清缴环节重点抓好汇算清缴全程管理。抓好汇算清缴全程管理。首先，要重视季度预缴环节。税收管理员应加强日常管理，获取一手资料，为年终汇算清缴工作积累资料；其次，分行业、类型、层次开展申报辅导，引导企业使用介质、网络等手段，有序、及时、准确进行年度纳税申报。认真审核申报资料是否完整、数据是否完备、逻辑关系是否准确。做好催报催缴，提高申报率，及时办理退税；第三，及时总结和认真分析汇算清缴数据，运用汇算清缴数据分析日常管理、税源管理、预缴管理等情况，改进管理薄弱环节，巩固汇算清缴成果。

7. 反避税管理环节重点抓好关联企业管理和反避税能力的提高。

（1）关联企业管理。建立并推行预约定价制度，降低税务机关对转让定价调整的不确定性及征纳双方的行政管理费用，提高效率，减少征纳纷争，避免重复征税。建立转让定价税制，对纳税人与关联企业之间的购销关系不按照独立企业之间的业务往来作价的，可采取可比受控价格法、再销售价格法、成本加利法等调整其计税收入或者所得额，确定其转让收入，核定其应纳税额。

（2）提高反避税工作能力。从事反避税工作的干部，必须积极提升专业素质，通过学习、调查、研究，运用部门协调、情报交换等方法，吃透特别纳税调整及新增的反避税相关内容，将成本分摊协议、资本弱化、受控外国公司、一般反避税条款正确运用到反避税调查工作中，提升反避税工作能力。利用现代信息手段加强征管，提高国际税源信息获取和监控的效率。

8. 纳税服务管理环节重点抓好服务水平提升和纳税遵从度的提高。

（1）提升服务水平。建立和完善纳税服务制度，保障纳税服务落到实处。研究和开展个性化、人性化服务，建立纳税人洞察体系，以纳税人的特点和需求洞察为主导，为纳税人提供个性化、互动式、有效、及时的纳税服务。突出服务重点，采取主动送政策上门的方式，提供面对面的纳税辅导，增强税企良性互动，尽量减少企业因政策理解不到位引起的涉税风险。提高服务效率，针对各类纳税人、各类涉税事项，完善已制定的工作流程、操作指南，避免重复采集涉税信息，方便纳税人办理涉税事宜。减少企业所得税审批事项和审批层次，简化审批手续，明确基层税务机关操作要求，提高审批效率。推行企业所得税介质申报、网络申报等多元化申报缴款方式，采集企业财务数据逐步实现信息化，降低纳税人办税成本。

（2）提高纳税遵从度。积极采取纳税激励措施，建立纳税人信用等级制度，等级越高，管理程序越简洁，检查次数越少，对纳税信誉好的纳税人，在发票领购等方面给予优惠。加强税收文化建设，改善税收环境，提高税务工作者的执法水平，发挥税收文化对纳税人纳税意识、习惯、态度的潜移默化作用，使依法纳税、依法治税成为一种自觉行为。

9. 人力资源管理环节重点抓好素质的提高。建立分级梯度培训机制，合理规划省、州市、县区三级的业务培训重点，以新税法和相关配套政策、新申报表的填列、新会计准则为主要内容，通过课堂培训与实践锻炼、中长期培训与专题、短期集训相结合的方式开展大规模业务培训，培训重点放在基层，培训人、才、物向基层倾斜，上级机关着重加强对基层培训师资的支持，培训方法的指导和培训效果的分析评估。基层培训主管部门对每一次培训都要认真进行需求调查，精心组织，根据干部的基础和需求，有针对性地、分批次、分层次进行培训，既注重培训数量更注重培训质量。

10. 信息化建设重点抓好管理软件完善和数据应用。企业所得税信息化建设应以流程为导向，整合所有业务，所有工作环节，努力实现工作流与信息流的同向与同步。按照总局规划，正在建设中的“金税”三期工程，将逐步覆盖所有税种、所有工作环节、各级国税、地税机关，并与有关部门联网。对所得税管理的各项业务和环节也将最终全部纳入“金税”工程之中。因此，在这个过渡时期内，企业所得税的信息化建设应按照“一体化”要求，做好现有资源的整合利用，增强功能，提高效益，提升应用水平。

（1）完善和运用好涉及所得税管理的软件。根据新企业所得税申报表内容完善所得税申报软件；稳步推进汇总纳税企业所得税信息管理系统运行工作；进一步完善数据监控系统功能，将征管信息系统的数据整合到数据监控系统，将收入、申报、税负等情况真实、全面、详细地反映在监控系统中，为所得税由税政部门管理推进到税务机关全员监控、全员管理提供信息平台；推广所得税网络申报，完善多元化申报方式；开发普通发票管理录入、比对与监控系统，通过定期发票比对，及时发现问题，堵塞管理漏洞。同时要进一步对征管系统所得税数据录入口径进行规范，对基础信息进行全面的清理，提高征管系统数据质量。

（2）加强数据分析应用。所得税数据是所得税政策和征管现状的实际体现，随着所得税信息化水平的提高，数据资源越来越丰富，越来越集中。在数据集中基础上，通过统计分析数据，找出管理漏洞，有针对性地采取措施，是今后一段时期提高所得税管理水平的新方式和新手段。在企业所得税工作各个环节中，应充分利用现有的信息资源，依托计算机进行客观有效的数据分析，找出数据变化较大的行业和地区，筛选出行业中异常企业、抓住异常指标进行深入研究，剖析原因，发现并解决征管中存在问题，充分利用信息化手段管理好所得税。

（四）加强企业所得税征收管理的配套措施建设

1. 构建与相关部门信息交换体系。采取“逐级推进”的方式完善管理信息交换体系。首先，可以实行以登记信息交换为基础的电子信息交换平台，重点是做好国税、地税之间、税务与工商、技术监督、银行等部门的涉税管理信息交换，最大限度地发挥计算机处理和网络传递效能，确保税收征管信息系统的顺畅运行。其次，逐步实行联合登记，定期传送户源动态，对所有涉税管理信息采用计算机电子数据格式进行交流与实时动态比对，从共享信息中及时发现管理问题和漏洞，实现税收监控的目的。

2. 加大企业所得税执法监督保障力度。为确保企业所得税执法工作的顺利进行，需要进一步密切与公安等司法机关的合作关系，如对一些案情复杂的偷税案件提请公安机关提前介入，对在稽查过程中发现的偷、逃、抗、骗税及时移送公安机关处理。发挥政府审计对国有企业财务核算情况监督及对税务机关执法监督的作用，既维护国家税收利益，又维护纳税人的合法权益。发挥纪检监察等部门外部监督作用，促进税务机关依法行政，依法开展税收征收管理工作。

3. 进一步发挥税务代理机构的作用。应重视注册税务师行业的发展，充分发挥注册税务师在企业所得税征收管理中的积极作用，逐步提升企业所得税的征管质量和效率。通过税务代理工作，促进纳税人依法诚信纳税，降低税法遵从成本、规避涉税风险；借助税务代理机构对纳税人申报的涉税事项依法进行审核鉴证，减少税务机关的工作量、降低税务机关的执法风险，节省征税成本和提高所得税征管的工作效率；帮助纳税人正确理解税收政策，并正确计算纳税。各级税务机关应进一步转变观念，建立健全制度和政策，积极鼓励和依法支持注册税务师在企业所得税征收管理工作中发挥好中介作用。

参考文献：

1. 罗建文：《税收理论与实践》，中国市场出版社 2006 年版。

2. 高培勇：《中国：启动新一轮税制改革》，中国财政经济出版社 2003 年版。

3. 刘剑文：《中华人民共和国企业所得税法条文精解与适用》，法律出版社 2007 年版。

4. 高金平：《新企业所得税法与新会计准则差异分析》，中国财政经济出版社 2008 年版。

5. 许善达：《国家税收》，中国税务出版社 2007 年版。

6.《国家税务总局关于加强企业所得税管理的意见》。

7. 国家税务总局税收科学研究所：《中国税收研究报告 2007》，中国财政经济出版社 2008 年版。

课题组组长：李鸿文

副　组　长：蔡　杰　于智广　李　杰　许赞霖　倪良宗

成　　　员：资宗宁　王映祥　毕昆林　张丽华　杨树琪

孙　辉　钟　明　李　坚　杨劲松　马晓颖

杨劭玲　杨清政

执　　　笔：马晓颖　杨劭玲　张丽华　杨树琪　孙　辉

王映祥　李　坚

新企业所得税法实施过程中遇到的问题及解决对策

吉林省国家税务局课题组

新企业所得税法（以下简称新税法）已于 2008 年 1 月 1 日起正式实施。新税法遵循了“简税制、宽税基、低税率、严征管”的税改原则，统一了税法，统一了税率，统一了税前扣除，统一了优惠政策，平衡了各类企业的税收负担，为企业公平竞争创造了良好的税收环境。但是，税收制度与税收征管之间是一种协调互动的关系，任何一项好的税收制度只有通过好的税收征管才能得以顺利实施，任何一项税制改革都会对原有的税收征管格局带来冲击，引发新的征管问题。新企业所得税法的实施也不例外，它在为经济社会的发展提供新机遇的同时，也给税收管理带来了许多现实的、具体的问题。采取有效措施，化解这些新的税收征管问题，是税务部门必须加以思索的重大课题。

一、新税法实施过程中遇到的税收征管问题

（一）日常管理方面的主要问题

新企业所得税季度预缴申报体系不需计算应纳税所得额，它将应纳所得税直接与企业会计利润挂钩，这种设计决定了企业在进行季度预缴申报时，不需要按新税法规定对会计利润进行纳税调整，汇算期可能遇到的问题目前尚未完全暴露出来，因此，下列日常管理问题有些是新企业所得税法实施后实际遇到的，有些是过去存在且未来管理中仍将面临的。

1. 计税收入管理方面。计税收入是企业所得税税基中最重要组成部分，是管好企业所得税的基础。长期以来，企业所得税管理侧重于减免税、税前扣除、汇总纳税、核定征收等方面，而企业所得税计税收入管理被摆在次要地位，使得计税收入管理存在很多问题。

（1）企业账外经营，漏记收入现象普遍。这个问题的根源在于我国非现金支付工具未全面普及。我国现金管理条例规定，现金结算起点为 1000 元，且不得用于企业日常经营结算，但由于方方面面的原因，目前企业间现金结算十分普遍，现金结算与资金体外循环、账外经营互相依托，彼此助长，是造成企业少计收入、偷漏税款的重要原因之一，严重影响企业所得税税基。

（2）计税收入管理链条不连贯。企业所得税计税收入大多同时又是流转税计税依据，流转税的主要税种增值税和营业税分属国税部门和地税部门管辖，而企业所得税本身划归国税部门和地税部门分别管辖，管理上又交叉又并行，涉及同一计税收入的信息很难及时沟通比对，给偷漏税以可乘之机。

（3）非货币收入的价值有欠公允。企业所得税法实施条例规定，企业以非货币形式取得的收入，应当按照公允价值确定收入额。目前由于我国生产资料市场尚未发育完全，公允价值难以取得，中介组织受利益驱动和专业技术水准的限制，评估确认的公允价值难免失真，使计税收入确认受到影响。

2. 优惠政策管理方面。原有企业所得税优惠政策给纳税人留下很大的税收筹划空间。纳税人以享受优惠为目的设立新企业，优惠到期即废业，以达到利用新办优惠政策逃避企业所得税的目的。新企业所得税法对优惠主体进行了调整，从以企业为优惠主体改变为以项目为优惠主体，有效地解决了上述问题，但同时又面临新的征管难题。

（1）优惠项目与非优惠项目难以划分问题。纳税人通过核算手段在优惠项目与非优惠项目之间转移利润；人为分割新项目，使一个新项目划分为多个新项目，重复享受减免税。同时关联企业之间利用减免税政策转移利润的风险依然存在。

（2）间接优惠政策管理方面的问题。新企业所得税法对企业所得税优惠方式进行了调整，从以直接优惠为主转变为直接优惠和间接优惠并存。间接优惠的优点是针对性强，更有利于实现政策调控目标，但由于政策内容与企业会计核算的联系更加紧密，因此管理难度加大，同时各项间接优惠政策特点鲜明，无法使用统一的方法进行管理。如固定资产加速折旧政策，涉及到固定资产原值的确定、加速折旧方法的选择、折旧年限的确认；技术开发费加计扣除政策涉及到技术开发费项目金额的确认、研究开发是否形成无形资产；减计收入政策涉及收入性质的确定等等。

（3）非营利性组织管理方面的问题。新税法第二十六条规定，符合条件的非营利性组织的收入为免税收入。长期以来，由于对非营利性组织的管理主要出于税收的经济职能而非收入职能，加之非营利性组织大多具有半政府背景，使得非营利组织在税务管理中始终处于边缘状态。在目前“少优惠”的税制改革框架下，非营利性组织的优惠政策吸引力相当大。在利益诱惑下，以“公益慈善”名义从事营利性活动、非营利性组织与企业互相勾结搞假捐赠、通过核算手段混淆非营利性收入与营利性收入界线等等都是今后管理中即将面临的问题。

3. 小型企业管理方面。核算和管理不规范的现象多存在于小型企业中，如会计账册不健全，工商登记尤其是税务登记意识差，账外交易、现金交易、虚增成本费用、发票违规等现象大量存在。“长亏不倒”的企业大多是小型企业，即使是盈利企业，大多也属于微利或跳跃性盈利。小型企业规模庞大，尤其是公司法实施后，一人有限责任公司大量增加，公司中投资者财产与公司财产往往难以划分，通过个人财产与公司财产的混用，可以有效减少企业收入，增加企业成本，达到减少企业所得税目的。这些问题都加大了小型企业税收征管的难度。

4. 核定征收管理方面。目前对核定征收企业重核定、轻管理的现象普遍存在，在观念上，存在一旦核定其他相关税务管理工作与核定征收企业均不相关的倾向。对核定征收企业的发票管理、纳税评估、税务稽查开展得很少，在事实上形成了对核定征收企业的变相优惠。因此相当多的纳税人有条件建账的故意不建，有能力核算的故意不进行核算，以达到规避、减轻税负的目的。同时国、地税之间沟通渠道不畅问题在核定征收工作中体现得更为明显。目前国税部门管理的所得税核定征收企业中，大约90%缴纳的流转税为营业税，在政策执行当中，由于国、地税之间税收信息不能共享，很难掌握企业真实的经营信息。

5. 税前扣除管理方面。税前扣除是企业所得税管理中的重要环节，这里仅提出新税法实施后发生较大变化且对税基影响较大的几个难点问题：

（1）工资税前扣除方面的问题。实施条例规定：企业发生的合理的工资薪金支出，准予扣除。工资薪金据实扣除解决了对内资企业的不公平待遇问题，使企业发生的成本费用在税前得到充分补偿。但取消工资税前扣除的比例限制也可能诱发企业利用工资政策增加扣除，调节所得，少缴所得税。具体面临三个方面的问题，即，向在企业任职的投资方或关系密切的人员多发工资变相分派股利；国有或国有控股企业管理层的工资违反国有资产管理部门的规定变相提高标准；通过虚增人员的方式虚列工资，人为加大成本费用，减少企业所得税。

（2）技术开发费税前扣除方面的问题。技术开发费管理中的首要问题是对新技术的判别难度大。技术开发通常涉及高科技领域，非专业人员很难掌握其内在机理，税务部门属于经济管理部门，税务人员在对技术开发费真实性的审核上存在技术障碍；其次是会计核算的复杂性加大了技术开发费的管理难度。目前技术开发费在多个会计科目核算，企业申报和税务机关检查时需要将涉及到的技术开发费从多个科目中归集，增加了产生误差的机会，也加大了税企双方的工作量。

（3）财产损失税前扣除方面的问题。首先是损失的扣除时间具有灵活性，可调节利润。《企业所得税财产损失税前扣除管理办法》（国家税务总局 13 号令）规定，企业财产损失应在实际发生年度扣除，不可提前或滞后。在实际工作中，除产生重大社会影响并见诸媒体的自然灾害或事故造成的损失可以准确掌握其发生时间外，对于企业日常生产经营过程中发生的损失，税务机关无法掌握其发生的确切年度，尤其是因技术进步发生资产永久或实质性损害的情况下，损失时间更是具有很大伸缩性，税务机关只能被动依据企业进行会计账务处理的时间进行审核，而企业完全可以根据年度盈亏情况选择性地申报损失扣除，从而达到人为调节利润的目的；其次是中介机构出具鉴定报告的质量不高。13 号令规定企业申报扣除的部分财产损失项目需提供具有法定资质的中介机构出具的鉴证报告，作为损失事实与损失金额的辅助证据。但在实际工作中，由于企业与中介机构是雇佣关系，中介机构往往很难出具违背企业利益的绝对客观真实的鉴证报告，一些不规范的小型中介机构为迎合企业要求做假鉴证的情况也时有发生。

6. 企业重组管理方面。企业重组包括企业合并、分立、改组改制、股权转让、资产置换、债务重组等事项，重组业务一般比较复杂，税收管理难度较大。税务部门处理企业重组的原则是保持税收中性，即税收既不能对企业正常的投资和改组行为造成阻碍，又要防止企业以投资、改组为名，通过关联交易等方式相互转移利润，隐匿转移资产或利用其他企业巨额亏损冲减本企业应纳税所得等避税行为。

目前，企业重组不向税务部门提前备案，使得税务部门对企业重组的管理处于被动状态。因此如何在中性原则下合理把握分寸，对企业重组事项进行有效管理是资产税务管理中应当重点解决的问题。

7. 企业亏损管理方面。亏损企业比例较大是企业所得税管理中的普遍问题。部分亏损企业会计核算不规范，利用核算手段任意扩大成本费用、缩小收入，严重侵蚀税基。亏损企业的客观表现形式多样，一是部分企业进入稳定经营期，但连续多年亏损或微利仍维持经营；二是企业新办初期因前期投入较多处于亏损状态；三是部分企业亏损盈利状态不稳定，反差大。如减免税年度盈利额较大，而征税年度则亏损或微利；四是外资企业采用转让定价、资本弱化、虚增实物投资成本等手段避税，形成虚亏实盈。

8. 税法与会计准则衔接方面。税法与会计准则的差异是固有的，且适度的差异是合理的。新税法与新会计准则发布后，显示出双方在尽可能协调，如新税法在工资扣除、固定资产定义等方面与新会计准则基本趋同。而新会计准则中部分非货币性交易采用公允价值计量，债务重组中公允价值的引入与损益的确认等规定也与税法渐趋一致。但两者之间的差异仍大量存在，如税法与会计对收入确认的标准不同、因固定资产折旧年限不同产生的时间性差异、各项资产减值（跌价）准备的处理不同等等。两者之间的差异增加了企业所得税申报的难度，同时也增加了税务部门稽查管理的难度。

9. 总分机构管理方面。为解决在新税法框架下地区间税收转移问题，国家税务总局出台了《跨地区经营汇总纳税企业所得税征收管理暂行办法》（国税发［2008］28 号）。目前在管理中存在的主要问题是总分支机构纳税人及其所属税务机关之间的信息传递不畅、现有沟通渠道不统一、使用文书不规范，造成总分支机构主管税务机关之间的分歧不能得到及时沟通，影响分支机构预缴税款的及时入库。

10. 企业清算管理方面。清算是企业注销前所得税管理的最后一道关口。新税法明确规定企业应当在办理注销登记前，就其清算所得向税务机关申报并依法缴纳企业所得税。目前存在的主要问题是缺乏与法律配套的征管手段对企业清算进行控制。如：按目前流程，税务部门收到企业注销申请后进行检查，检查后即出具注销手续，无法对企业清算情况进行后续管理，更有个别企业根本不进行清算，导致税款流失。

（二）管理手段方面的主要问题

1. 企业所得税分类管理方面。2006 年，国家税务总局发布了《企业所得税分类管理指导意见》，分类管理对于进一步推进企业专业化管理，提高企业所得税征管质量和效率具有重要意义。目前管理中存在的问题首先是企业所得税纳税人的分类在税源管理中未落到实处。目前纳税人在税源管理上的分类主要以增值税纳税人类型和行业类型为基础，企业所得税纳税人分类处于从属地位，在税源分布上条块不清晰，不利于企业所得税分类管理目的的实现；其次，没有建立起以企业所得税分类为基础的有针对性的管理措施和服务方式。另外，企业所得税纳税人的分类在征管系统中未做标记，不利于归类统计分析和管理。

2. 企业所得税纳税评估方面。纳税评估是强化税源管理、降低税收风险、减少税款流失的重要管理手段。目前来看，企业所得税纳税评估工作处于起步阶段，目前管理中存在的问题首先是纳税评估指标体系的预警峰值尚未完整确立，在纳税评估指标数据合理性的判断上仍然主要依靠经验；其次，获取纳税评估指标信息的来源渠道有限，影响税务机关对纳税人信息的完整性和正确性的判断；再次，缺少与税收征管信息系统相链接的纳税评估专业应用软件，纳税评估工作手工化程度高。由于评估手段落后，基层税务人员为了完成纳税评估任务，只能下户调查，纳税评估与税务稽查有重复的现象。

3. 企业所得税信息管理方面。随着企业所得税在税制体系中的地位逐步提升，企业所得税信息化建设已经越来越不能适应管理的需要。目前管理中存在的问题首先是现有业务模块设计有待完善。现有业务模块设计以职能为导向，单纯地考虑每一项业务如何实现其职能，而不是将其与其他业务结合起来进行统筹考虑，造成税收管理模块种类繁多，却不能相互衔接，甚至相互冲突；其次，现有程序基于传统的手工征管方式设计，企业所得税涉税事项审批等信息流以纸质资料传输为主，信息化在很大程度上仍停留在模拟手工操作阶段，大量的数据信息散落于各自独立的征管系统中，无法实现共享，更得不到充分有效的挖掘利用，造成征管信息利用不够充分；再次，企业所得税信息采集不丰富，动态信息只局限于申报表和税务登记、税款入库等内部信息，企业财务报表数据未录入系统、大量的外部信息缺乏获得渠道，不利于开展税收分析和纳税评估。另外，除增值税专用发票和“四小票”之外的普通发票未纳入信息系统，对企业所得税的税基冲击也较大。

4. 企业所得税税收分析方面。税收分析是发现征管薄弱环节，强化管理措施、提高征管质量的重要手段。目前企业所得税税收分析的内容局限于对企业所得税收入状况进行实时跟踪，并根据企业所得税收入实现情况进行预测和判断。税收分析的功能只局限于为上级机关了解收入动态提供数据。这与税源管理联动机制启动器意义上的税收分析差距很大，需要在内容和功能上进一步拓展和深化。

5. 企业所得税纳税服务方面。优化服务是近年来征管改革的一项重要内容，也是企业所得税管理的基本要求，但目前具有企业所得税专业特点的服务方式尚未形成。企业所得税政策业务复杂，新税法刚刚启动，税务机关在政策宣传辅导方面的力度还须进一步加强，方式有待创新；减免税、财产损失等审批事项的程序仍须进一步简化，效率有待提高；企业所得税申报方式仍须进一步创新，电子申报方式有待进一步普及。

6. 企业所得税发票管理方面。发票是企业所得税计税收入确认和成本费用扣除的主要凭据，是企业所得税管理的重要媒介，企业所得税的管理涉及所有发票。随着"金税工程"、防伪税控系统的推广完善，增值税专用发票的管理得到了进一步加强，但普通发票的制假虚开现象日益严重，且花样翻新，无论是假票真开、真票假开还是假票假开，对企业所得税的税基管理都造成很大威胁。另外，消费者索取发票的意识还未普遍形成，商家以让利为诱饵驱使消费者放弃发票的行为冲击了税务部门使用有奖发票鼓励消费者索取发票的制度，而商家不开发票的行为既偷逃了流转税，又侵蚀了所得税税基，同时扩大了体外循环的现金流。

7. 企业所得税管理流程方面。长期以来企业所得税管理工作中存在着重政策，轻程序的问题，这是造成所得税管理粗放，执法随意性大的一个重要原因。首先，征管流程不统一。地区之间、国地税之间关于同一业务的征管流程不同，执法文书格式不同，执行宽严标准不同，给纳税人造成极大的困惑；其次，是征管流程设计不合理，工作衔接不紧密，超时限办理，重复审批的现象普遍存在，征税成本和纳税遵从成本过高。尤其是税收管理与税务稽查相分割，不利于有针对性地开展税务稽查，也使日常管理带有盲目性；再次，部分环节征管流程存在漏洞。如废业企业的办理程序、企业所得税审批事项的后续管理等。

（三）执法环境方面的主要问题

1. 税法遵从度有待提高。税法遵从度取决于纳税人和税务机关双方。对于纳税人来说，资产所有者及会计人员的自身素质是关键因素；对于税务部门来说，法律的履行难度、征管效率、税务人员的自身素质是关键。由于我国市场经济尚处于初建阶段，各种体制机制还不完备，企业经营者通过逃避税收积累财富的意识主观上存在、客观上可能。同时由于会计行业的门槛较低，会计人员专业水平整体不高，加之会计行业组织约束力不强，从而使得税法遵从度在纳税人方面大打折扣。

对税务部门来说，征管流程的逐步理顺和信息化手段的采用一定程度上提高了征管效率，新税法在设计上较旧法简化，也给税务部门执法提供了一定便利，但客观上仍存在对企业所得税管理的重视程度不够，税法和会计准则的不协调，企业所得税信息化程度相对较低等不利条件，给纳税人违反税法提供了可乘之机，客观上制约了纳税人税法遵从度的提高。

2. 社会化的税收监控体系有待完善。企业所得税管理的涉及面纷繁复杂，无论是计算要素、票据凭证还是涉及的管理体制、税收管辖权、相关法律法规等都是所有税种中最为多样的。企业所得税的上述特点决定了税务部门在管理上必须得到银行、工商、资产管理部门、民政部门、科技部门、境外机构管理部门等各部门的配合，而目前尚未建立起全国统一的、有约束力的社会化的税收管理和监控体系。首先，各部门协作缺乏法律刚性。《中华人民共和国税收征收管理法》第五条规定：各有关部门和单位应当支持、协助税务机关依法执行职务。但未对有关部门配合税务机关加强纳税人管理提出具体明确的要求；其次，由于政府部门、银行等相互间信息网络建设滞后，税务部门很难从相关部门获得纳税人信息；另外，企业财务核算软件不规范不统一，税务部门的征管系统与企业财务软件互不衔接，无法实现对纳税人资金运作情况的有效监控。

二、解决新税法实施过程中税收征管问题的对策

全国税务系统企业所得税管理与反避税工作会议提出了企业所得税“分类管理、优化服务、核实税基、完善汇缴、强化评估、防范避税”的总体要求，这为我们破解企业所得税管理方面的问题指明了方向。我们应该以这一总体要求为指导，借鉴其他国家有益经验，寻求具体的解决对策。

（一）加强企业所得税日常管理的对策

1. 加强计税收入管理方面。在收入管理中要以发票等各种凭据为抓手，不仅要对开票方实施严格管理，对受票方也要严格管理，可借鉴阿根廷的受票人查询制度，对因不查询开票方纳税诚信度而接受假发票的纳税人视同恶意取得假发票，给予处罚，从而对不开发票漏记收入的行为起到反向控制的作用；建立与流转税计税依据的定期核对制度，严格区分不同收入的实现时点；重点

关注现金交易行为，严格执行现金管理条例，大力推行信用卡结算，可借鉴韩国的现金管理制度，通过税收优惠政策激励消费者在消费领域积极使用现金发票卡。

2. 加强税前扣除管理方面。税前扣除中要把握真实、合法、合理的原则。对应取得发票的扣除项目，应当严格审查发票；对企业自制凭证的扣除项目，要认真审核其逻辑关系；对税法规定扣除比例的项目，要认真审核计算基数和适用比例；对加计扣除项目，要建立专项管理制度，进行重点管理，对技术开发费加计扣除要提供专业技术部门的技术鉴定进行备案管理；对于工资等扣除项目，应加强与银行、社会保障部门的联系，协同管理；对于损失扣除项目，要准确把握审批范围，应审批的要严格审批，并加强对审批项目的后续管理；对于广告、职工教育经费等结转扣除项目应当建立台账，加强管理的连续性。

3. 加强减免税管理方面。减免税管理中要把握落实政策不折不扣的原则。严格减免税审批程序，对应享受减免税政策的企业要落实到位，同时对滥用减免税政策的不法企业要实行严厉的惩罚制度，特别是要将减免税企业与其关联企业、减免税企业享受政策前后联系起来进行管理，可建立减免税企业关联关系申报制度，既可明确减免税企业的法律责任，又便于税务机关跟踪管理。同时要敦促减免税企业健全核算，严格区分免税所得与非免税所得，对享受间接优惠政策的企业要实行备案管理，利用管理台账实时跟踪政策执行情况。

4. 加强亏损企业管理方面。要重点关注亏损企业中的“长亏不倒”和“免后亏损”现象，建议实行内部定期发布制度，通过征管系统进行统计和筛选，并在税务系统内部定期发布上述企业名单，对上单企业在发票发售、纳税申报、汇算清缴、纳税评估、税务稽查等环节进行重点监督和审核，形成针对恶意亏损企业“老鼠过街，人人喊打”的局面。

5. 加强企业重组管理方面。要建立税务部门介入制度。企业重组情况复杂，对国家税收影响较大，实行事前审批容易对企业正常的投资和改组行为造成阻碍，实行事后管理不利于对企业改组行为涉及的企业所得税事项做出正确判断，建议参照税务机关参与企业清算的形式，由企业在事前通报税务机关，税务机关介入企业重组过程，对涉税事宜及时进行宣传辅导，防止税收流失。

6. 加强核定征收管理方面。工作中要坚持以核定为手段促进企业向查账征收方式转变的工作思路。扭转核定税额是核定征收全部工作的倾向，将核定征收企业的纳税申报、发票领购、纳税评估、税务稽查纳入正常企业范畴，加大违法查处力度，打破少数纳税人对核定征收的避税依赖和习惯思维，迫使他们自觉采取措施建立健全财务核算制度，自觉选用查账征收方式。

7. 加强总分机构管理方面。尽快建立总分机构主管税务机关信息交流平台，解决总分机构主管税务机关沟通不畅的问题。统一总分机构之间的文书传递格式，规范传递时限。调整总分机构分配税额的计算方法，建议在计算总分全部应纳税额后，总机构的三个因素也应参与计算并按比例分配应纳税额，以避免总分机构规模大小与税收贡献成反比的状况，也可部分解决总机构所在地税务机关变通截留税款的问题。

8. 加强企业清算管理方面。清算管理的关键是明确管理程序，税务机关应在征管流程中设置清算程序，清算完成前不予向企业出具注销手续。《企业所得税年度申报表》中应单独设置“清算所得”项目，便于企业填报和税务机关审核。主管税务人员要介入企业清算过程，重点关注企业资产的交易情况、可变现价值的计算、清算费用等，督促企业正确计算并申报清算所得。

（二）强化企业所得税管理手段的对策

1. 从内外两方面提升信息化对企业所得税管理的保障作用。提高企业所得税信息化水平。首先，要夯实企业所得税现有数据信息，结合新税法实施后过渡阶段政策清理契机对征管信息系统的企业所得税相关数据进行一次认真的清理：删除过时的数据；修改因政策调整发生变化的数据；增补系统中缺少的信息；其次，要对企业所得税功能模块进行维护和升级，实现关联模块之间的有效衔接。特别是升级年度所得税申报表的自动审核功能，凡税法中规定法定比例的，按税法规定增加勾稽关系审核功能；再次，要结合新税法的实施，在实现整合的基础上，尽快研发新的企业所得税管理专用软件，如企业所得税纳税评估专用软件、普通发票开具、采集和自动“票表比对”系统、国地税之间流转税和企业所得税纳税申报表自动比对的软件系统等。同时，应进一步强化税务系统广域网建设，逐步实现国家及省、市、县四级税收信息的实时共享。

推动税收管理社会化信息网络建设。首先，要通过立法形式，对部门间的信息共享作出具体明确的规定，并实行归口统一管理；其次，各部门要充分采集可与其他部门分享的丰富的网络资源，如银行系统要加强现金管理，普及非现金结算方式，使企业间商品交易和资金往来在银行网络上有迹有循；再次，对企业单位的财务核算软件要纳入规范管理，便于与税收征管系统的对接。

2. 以全面实施分类管理提升企业所得税管理专业化水平。分类管理是基于纳税人遵从税法的差异性提出的概念，是对传统的按地域对纳税人进行划分的突破，现代税收管理强调以纳税人为中心，承认不同类型纳税人在遵守税法方面是有差异的，有必要对不同类型的纳税人在税收管理上区别对待，即实行分类管理。如同工业生产专业化提高生产效率一样，分类管理的模式也将大大提高管理效能。OECD 国家普遍实行的大企业管理制度实质上就是分类管理的具体运用。目前，发达国家中已建立大企业税收管理机构的国家主要有美国、英国、澳大利亚、新西兰、荷兰等。

要实行全面的分类管理，首先，要有征管体制作保障。我国由于国情特殊，仍然实行属地化管理方式。但可以考虑在县（区）局属地管理的建制内，实行分类管理，按纳税人类别划分税源管理科职能，根据不同的分类，向各科下达不同的管理要求，采取不同的管理方式，满足纳税人的不同需求，以体现专业化管理的要求；其次，要对纳税人进行科学分类。分类方法不能搞一刀切，各地区应因地制宜，结合本地特点进行不同的分类，对于行业特点鲜明的地区，应以行业分类为主；对于企业规模大小不一的地区，应以规模分类为主；对于企业业务特点多样的地区，应按不同业务类型进行分类；对于亏损面较大的地区，分类方法应注重治理亏损；对于企业核算普遍不健全的地区，分类方法应针对核定征收企业等等。在分类管理中要找准重点，主次兼顾，防止漏征漏管。同时，要合理配置征管力量。要把主要征管力量配置在税源比例大、企业规模大、业务复杂的类别上，抓住企业所得税管理的主要矛盾和中心环节，提高管理质量和效率。

3. 以优化服务降低纳税成本、提高税法遵从度。企业所得税具有政策复杂、涉及环节多、管理难度大、税源国际化的特点，企业所得税的优化服务除一般意义的简化程序、限时服务、首问负责、绿色通道等方式之外，更重要的是要与企业所得税自身特点相结合，强化政策辅导的广度和深度，尤其要与分类管理方式相结合，针对不同类别的纳税人制定不同的服务措施。对大规模重点税源企业，可实行 VIP 服务，为其提供环境良好的办税场所，由业务素质优秀的税务人员进行管理，对涉及企业的重要税收政策，管理人员可上门进行宣传辅导；对减免税企业，重点是落实各项优惠政策，简化审批程序，提高审批效率，辅导企业准确核算减免税；对核定征收企业，重点是督促其建账健制，引导其向查账征收方式转变；对长期亏损企业，重点是加强对企业的实地调查，帮助企业查找亏损原因，对涉及违反税收政策的，要及时进行纳税评估和稽查，避免企业在偷漏税路上越走越远；对跨区经营总分机构，重点是加强总分机构主管税务机关之间的沟通与协调，避免相互扯皮影响总分机构所得税款的及时入库。对各类企业均应加强政策宣传辅导，尤其是做好汇算清缴期前的税法与会计差异协调、相关税收政策、会计核算方法等方面的辅导，避免企业错误申报造成不必要的损失。

4. 以完善汇缴为突破口，实现各管理环节的良性互动。企业所得税汇算清缴是对企业经营成果和税务部门管理效果的全面反映，企业所得税汇算清缴数据是税务部门管理企业所得税的第一手资料，广义的汇算数据不仅包括企业年度纳税申报表及其附表，还包括企业附报的会计报表、会计报表附注及财务情况说明书以及备案事项的各项资料。它们是纳税评估的主要案头分析资料，也是税务稽查的线索和基础。应当在纳税评估专用软件中建立汇算清缴数据库，结合纳税评估指标体系对汇算数据进行多角度分析，有疑点的进一步约谈举证，需要移交稽查部门的，及时移交。同时，取证于汇算清缴数据的有针对性的纳税评估和税务稽查对纳税人有更强的威慑力，有利于督促纳税人提高税法遵从度，进一步提高汇算清缴质量。

5. 充分运用纳税评估手段，提高税源监控效率。纳税评估是提高企业所得税征管效率的有力手段，是介于企业申报与税务稽查的中间环节，实质上相当于对纳税人的预警提示和稽查对象的预选。纳税评估工作的关键是提高评估结果的准确率，而要实现这个目标，首先，数据要真实广泛。要最大限度地占有宏观和微观数据，除国家权威部门发布的数据和企业申报数据外，税收管理员在实地调查过程中了解到的相关情况都要进入纳税评估数据库。所有数据应划分为主体数据和参考数据两部分，主体数据是纳税评估指标体系必备数据，参考数据是体现企业经营特性的个性数据，是对主体数据计算结果的修正；其次，方法要科学合理。要科学运用税收分析方法，建立合理的数据模型，数据模型应由总局或省局统一制定，必要时应聘请统计专家参与设计，以保证模型的科学有效；再次，手段要高效先进。纳税评估是一项技术水平要求很高的工作，必须加大技术和资金投入，提高技术手段的先进性，避免流于形式。最后，工作体系要制度化。要建立重点评估、专项评估、日常评估相结合的企业所得税纳税评估工作制度，使纳税评估工作进一步规范化。

6. 以科学统一的征管流程促进企业所得税工作机制的常态运行。结合企业所得税管理要求和现有征管机制，设计科学统一的企业所得税征管流程，是加强企业所得税管理的迫切要求。流程的设计要统一、规范、操作性强，简便快捷。不仅企业所得税管理的一般环节，如税种登记、纳税申报、税款缴纳、减免税审批、税前扣除审批等要纳入其中，而且总分机构管理、核定征收、企业清算、亏损企业管理等企业所得税特有的管理事项也要纳入流程当中。不仅企业所得税各项业务要纳入其中，而且税务机关管理企业所得税岗责体系也要纳入其中。有了这样一个载体，分工明确、指导有力、管理到位、上下协作、奖罚分明的工作机制自然形成，所得税的科学化、专业化、精细化管理才能真正实现。

（三）改善企业所得税执法环境的对策

1. 改善经济环境。首先，应加强经济立法，提升现金管理的法律级次。银行等相关部门应严格执法，将市场交易行为纳入可控范畴，在规范市场经济秩序的同时，也为企业所得税的管理提供了良好环境；其次，应在全国范围内规范支付凭证的管理。除税务部门管理的发票外，严格限制支付凭证种类，统一支付凭证格式，加大防伪措施，提高支付凭证的权威性和统一性。规定直接面对消费者的支付凭证必须是发票或具权威性的支付凭证，其他凭证不具备法律效力，也不具备信誉卡功能；再次，应进一步完善社会中介组织的法律法规。中介组织是介于政府与市场经济主体之间的桥梁，对中介组织的管理应区别对待，注重引导。可对中介组织进行等级评定，对等级高的中介组织给予一定的税收优惠，让客观中正、专业素质高、执业信誉好的中介组织在竞争中脱颖而出、发展壮大；对造假作弊的中介组织给予严惩，使之没有生存市场。

2. 提升人文环境。首先，要提高全体公民的税收文化素养，改变“偷窃可耻，偷税不可耻”的社会现状，营造“纳税是公民天职”的舆论氛围，教育公民作为经济社会的个体，不仅依法纳税是公民应尽的义务，购买商品或接受劳务时索取发票也是现代公民应有的良好习惯；其次，推进公共财政体制改革，增加财政支出透明度，让作为纳税人的公民享有财政支出的知情权，增加对税收“取之于民，用之于民”的切身体验，增强纳税人的自豪感；再次，加大税法培训力度，努力打造一支高素质的专业化税务干部队伍和会计人员队伍，尤其是尽快培养一批精通国际反避税、企业所得税纳税评估、税收分析的专门人才，提高新税法的执行力。

参考文献：

1. 史耀斌、孙瑞标、刘炤主编：《〈中华人民共和国企业所得税〉释义及适用指南》，法律出版社 2007 年版。

2. 国家税务总局税收科学研究所、国际税务司编：《国外税收考察报告集（2005 ~ 2006）》，经济科学出版社 2008 年版。

3.《24 字方针：完善企业所得税管理的新要求》，国家税务总局网站。

4.《加强“三个保障”确保企业所得税管理与反避税工作的各项要求落到实处》，国家税务总局网站。

5. 董树奎、孙瑞标、陆炜主编：《税收制度与企业会计制度差异分析与协调》，中国税务出版社 2000 年版。

6. 谭光荣：“选择纳税评估指标的局限性及应对措施”，《税务研究》2007 年第 2 期。

7. 本刊特约评论员：“税收分析是税务工作的一项基本功”，《中国税务》2007 年第 3 期。

8. 郑琳：“在新‘企业所得税法’下构建小企业税收制度研究”，《税务研究》2008 年第 1 期。

9. 游润珍、熊悍、翁勇纲：“普通发票制假虚开的治理对策”，《税务研究》2007 年第 9 期。

10. 江苏省国家税务局：“江苏省国税局突出重点环节推动税源管理联动机制向纵深发展”，《国家税务总局税务简报》2007 年第 37 期。

课题组组长：孙云志

副　组　长：李翔龙　王铁勇

成　　　员：陈声文　李伊宁　李东舒　赵　丰　李　泓

张运平　张新欣　许国喜　刘　君

执　　　笔：李　泓　赵　丰　李伊宁

湖北省重点行业税收负担状况分析报告

湖北省国家税务局课题组

“十五”时期以来，湖北省国民经济快速发展，国税收入取得了跨越式的增长。2006 年，全省国税收入总量规模突破 500 亿元大关，较上年增收超过 100 亿元，增幅达 22%。在经济发展和国税增长的过程中，湖北省重点税源行业发挥了重要的支撑和带动作用。从经济和税收工作实践看，抓好重点行业经济税源管理就等于抓住了经济发展和税收增收的“龙头”，而合理提升重点行业税负水平则是确保税收政策作用发挥的关键。

一、十大重点行业在全省经济税源格局中的地位

（一）十大重点行业是湖北经济的主体骨干

湖北省是中国传统的老工业基地。“十五”以来，全省工业稳步增长。2006 年，全省工业总产值 7454.07 亿元，是 2001 年 3239.51 亿元的 2.3 倍，年均递增 18.13%，其中九大重点税源行业实现工业总产值 4668.84 亿元，是 2001 年 1756.94 亿元的 2.66 倍，年均递增 21.61%；2006 年，全省工业增加值达到 2392.22 亿元，是 2001 年 1072.77 亿元的 2.23 倍，年均递增 17.4%，其中九大重点税源行业工业增加值由 2001 年的 575.08 亿元增长到 2006 年的 1440.9 亿元，年均递增 20.17%。6 年来，九大重点税源行业工业总产值、工业增加值的年均增长速度均快于全省工业增长速度，且占据湖北省工业的半壁江山（见表 1、表 2）。

表 1　　2001～2006 年湖北省重点行业工业总产值情况　　单位：亿元

行业 \ 年份	2001	2002	2003	2004	2005	2006
全省工业增加值	3239.51	3589.26	4030.11	4960.25	6066.96	7454.07
其中：烟草加工业	94.36	92.50	95.21	117.18	152.90	178.14
黑色金属冶炼及压延加工业	267.25	289.68	380.59	617.30	712.89	717.75
有色金属冶炼及压延加工业	61.15	71.40	79.22	133.28	176.25	255.78
纺织业	221.89	221.45	250.22	249.76	302.64	372.65
饮料制造业	84.15	89.37	91.13	97.31	115.24	173.14
石油加工及炼焦业	145.37	148.66	175.19	247.06	315.51	369.73
化学原料及化学制品制造业	204.89	223.96	277.30	300.95	424.16	509.51
电力、热力的生产和供应业	159.48	172.05	229.41	608.34	601.98	765.05
交通运输设备制造业	518.40	711.05	718.46	1016.61	1076.21	1327.09
九大行业工业总产值合计	1756.94	2020.12	2296.73	3387.79	3877.78	4668.84
九大行业工业总产值占全省比重（%）	54.23	56.28	56.99	68.30	63.92	62.63

数据来源：《湖北统计年鉴》（2000～2006 年）。

表 2　　2001～2006 年湖北省重点行业工业增加值情况　　单位：亿元

行业 \ 年份	2001	2002	2003	2004	2005	2006
全省工业增加值	1072.77	1170.48	1364.76	1559.54	2007.21	2392.22
其中：烟草加工业	50.35	41.17	59.47	76.31	93.86	116.94
黑色金属冶炼及压延加工业	92.86	110.09	139.14	210.59	256.60	237.59
有色金属冶炼及压延加工业	14.38	21.81	21.71	34.32	53.82	71.38
纺织业	65.28	72.50	77.79	61.43	88.13	106.16
饮料制造业	32.86	35.13	35.18	41.58	45.00	64.95
石油加工及炼焦业	21.84	29.34	34.40	30.19	19.55	28.38
化学原料及化学制品制造业	62.91	65.96	86.74	84.48	117.66	143.63
电力、热力的生产和供应业	85.18	80.68	126.02	255.56	284.42	324.60
交通运输设备制造业	149.42	198.83	210.11	243.35	308.45	347.27
九大行业工业增加值合计	575.08	655.51	790.56	1037.81	1267.49	1440.90
九大行业增加值占全省比重（%）	53.61	56.00	57.93	66.55	63.15	60.23

数据来源：《湖北统计年鉴》（2000～2006 年）。

湖北省工业门类齐全，基本形成了以八大行业为主体的行业结构。总量较大的前八位行业分别是电力、汽车、钢铁、电子、纺织、化学原料及化学药品制造、烟草和建材。2006 年，八大行业实现工业增加值 1529.68 亿元，占全省工业增加值的 66.4%。行业集中度上升，2006 年，湖北省工业平均每个企业增加值为 3013 万元，比 2002 年扩大 56.9%。汽车、电力和钢铁三大产业实现增加值占湖北省工业的比重由 2002 年的 33.3% 上升到 2006 年的 38%。一些产业集群已经形成，要素聚集趋势明显，如汽车、钢铁、电子、化工、建材、造船、食品等基本形成了产业链。2006 年，湖北省重点行业百家重点企业销售收入占湖北省工业的 43.3%，武钢、东风公司（十堰地区）、省电力公司、神龙公司、武汉石化、荆门石化、华中电网、三峡工程开发总公司、武烟、大冶有色、东风汽车股份公司、东风本田汽车（武汉）、新冶钢、鄂钢、江汉油田、冠捷科技、宜化集团等企业，年销售收入过 50 亿元，是全省工业的主要支柱。一些重点企业的相关经济指标在全国同行业中领先，武钢、东风汽车等 17 家企业被国家评为全国同类行业效益十佳企业。湖北是中国三大汽车、零部件生产基地之一，汽车产销量、资产规模、工业总产值、销售收入均居全国各省市同行业第 3 位，创税及利润总额居第四位。武钢集团在兼并鄂钢、柳钢后，产能规模和综合效益水平跻身国内钢铁行业前列。

湖北省不仅是工业强省，同时商业经济也非常发达。湖北省位居中部，历史上就是“九省通衢”的商业重镇。在国民经济持续较快增长的大环境下，湖北省新型商业不断发展，市场消费规模持续扩大，消费结构明显升级，消费对经济增长的拉动作用日益增强，为湖北省经济发展提供了强劲动力。2006 年，市场销售规模实现标志性突破，湖北省实现社会消费品零售总额突破 3000 亿元，达到 3412 亿元，创造了湖北省国内市场销售的历史最高水平，与 2002 年相比，增长 60.2%，年均增长 12.5%，高于前 5 年平均水平 2.9 个百分点。社会消费品零售总额居全国第 8 位，比 2005 年提升 1 位。在中部省份中，仅次于河南，居第 2 位。湖北省消费品市场实现了又好又快发展，市场大省的地位得到巩固和提高。

（二）十大重点行业是湖北省国税税源的主要支撑

表3　　2006年十大重点行业入库国税情况表　　单位：亿元

重点行业	入库国税收入		占全省国税收入比重（%）	
	十五期间	2006年	十五期间	2006年
全省国税收入	1525.25	558.56	—	—
十大行业税收合计	1005.72	383.85	65.94	68.72
其中：烟草	206.08	80.14	13.51	14.35
钢铁	154.88	65.95	10.15	11.81
化工	49.63	14.24	3.25	2.55
纺织	26.34	8.77	1.73	1.57
石油加工	62.44	10.16	4.09	1.82
汽车	73.09	38.37	4.79	6.87
电力	177.06	79.98	11.61	14.32
商业	212.35	70.94	13.92	12.70
酒类	29.13	8.25	1.91	1.48
有色金属	14.71	7.06	0.96	1.26

数据来源：《湖北国税统计资料》（2001～2006年）。

“十五”期间，湖北省十大重点税源行业合计入库各项国税收入1005.72亿元（见表3），占“十五”时期湖北省国税收入总量的65.94%，占据了绝对份额。从2006年分行业国税收入入库情况看，湖北省十大重点税源行业当年累计入库各项国税收入达到383.85亿元，占当年湖北省国税收入总量的68.72%，其中占比在10%以上的重点行业共有4个，分别是烟草、钢铁、电力、商业。上述行业是湖北省国税税源的基本骨干。

从2006年国税增收情况看，当年湖北省国税收入累计增收101.1亿元，其中湖北省税源支柱行业烟草增收19.7亿元，汽车增收12.2亿元，冶金增收7亿元，商业增收11亿元，电力、酒类、石化化工等行业与上年同期基本持平，重点行业合计增收近50亿元，占当年国税增收总量的49.5%，成为当年国税增长的“主力军”。

从2006年国税收入过10亿元的重点企业情况看，主要是武烟集团（76.4亿元）、武钢（59亿元）、葛洲坝电厂（22.3亿元）、三峡电厂（15亿元）、神龙汽车（14.4亿元）、风神汽车（10.5亿元）、东风本田（10亿元）。而当年阳逻电厂、鄂州电厂、汉新电厂、赤壁电厂、西塞山电厂、宜昌供电、武汉广场为新增过亿元的税源企业。上述重点税源企业均属于湖北省十大重点税源行业之列。

（三）十大重点行业是湖北省经济税源发展的重要依托

《湖北省经济和社会发展第十一个五年规划纲要》中提出“做大做强支柱产业，支持汽车、钢铁、石化工业加快发展。改造提升优势产业，加快装备制造、食品、纺织、建材工业改造与发展步伐”。这些都表明，未来湖北省经济的跨越式发展离不开重点行业的支撑。从“十一五”全省工业发展的总体思路看：

1. 汽车工业。东风汽车公司与国际跨国公司合资合作发展的战略稳步推进，神龙轿车国产化水平不断提高，二期扩建工程开工建设。东风日产合资合作全面展开，商用车、乘用车布局初步形成。东风本田 CR－V 乘用车建成投产。

2. 钢铁工业。武钢生产能力过千万吨，高附加值硅钢、冷轧薄板得到较快发展，利税过百亿，在全国优势地位进一步巩固。冶钢特钢进一步做精做强。鄂钢建筑钢材竞争力明显增强。钢铁行业连铸化由 2000 年的不到 91% 提高到 97.5%，彩涂板、钢帘线等深加工产品发展迅猛。

3. 化学工业。石油化工、精细化工快速发展，武汉石化、荆门石化通过改造，炼油能力和质量、节能降耗水平将会较大提高，销售收入均过百亿。宜化精细化工与化肥齐头并进。

4. 烟草行业。以武烟为龙头实施兼并重组，黄鹤楼、红金龙品牌效益显现，行业利税大幅增长，武烟进入全国同行业前六名。

5. 纺织工业。总体规模不断壮大，棉纺能力达到 700 万锭，形成了以一批大、中型企业为骨干，行业门类较为齐全的纺织工业体系。汉川马口制线产业、仙桃彭场无纺布产业呈集群化发展，产业用、家用纺织品等特色行业兴起。

6. 电力行业。主要是有序开发水电，适度发展火电。重点建设一批大中型水电工程，积极发展一批综合条件相对优越的小水电，力争总装机达到 3550 万千瓦。根据煤源、运力条件，继续抓好煤电建设，扩建、改建、新建一批电厂，利用天然气资源发展燃机电厂，利用低热值煤资源发展坑口电厂，积极推进电厂“以大代小”改造或热电联供项目建设，力争“十一五”末总装机达到 1630 万千瓦。

总之，“十一五”时期重点行业在湖北省工业经济中的支撑地位将进一步突出，其中 100 家重点企业销售收入、利润、税金将分别占到规模以上企业的

44%、67%和61%。可见，未来湖北省经济发展舞台的主角和主旋律依然是十大重点行业，认真做好十大行业的经济税源分析将对新时期全省国税工作产生积极而深远的影响。

二、湖北省十大重点行业税收负担的基本状况

行业税收负担，是整个行业单位产出税收贡献度指标。它既是行业经济税源发展和创利税能力平均水平的反映，也是行业中企业个体经济税源税收状况比较的一个基本参照标准。通过它能够充分反映行业及企业个体在生产、经营、政策、征收、管理等各类因素的对经济税源发展所起到的不同的作用。其中“理论税负”为按税制和税收政策，全行业应缴纳税收占经济指标的比重；“实现税负”（也称实现税负）为行业当期实现税源占经济指标的比重；“实际税负”为行业当期实际缴纳入库税收占经济指标的比重。

根据调研，湖北省十大重点行业税负基本状况如下：

（一）钢铁行业税收负担基本状况

湖北省钢铁企业的增值税实现税负 2001～2006 年基本维持在 6%～7% 左右，最高为 2001 年的 7.46%，最低为 2003 年和 2005 年的 6.4%。增值税实现税负在 6 年间波动在 1 个百分点之间。其中钢铁行业的重点企业武钢的增值税实现税负每年均高于湖北省钢铁企业平均水平，其增值税实现税负 2001 年为 7.49%，在 2002 年、2003 年创下近年的高点 8.8% 左右，2004 年又出现回落，近年来维持在 7% 左右。湖北省钢铁企业中除武钢外，其他钢铁企业应纳所得税都较少，因此，钢铁行业所得税税负主要在武钢股份公司体现。武钢 2001～2003 年，企业所得税实现税负在 2% 左右，2004 年税负增长近一倍，达 5.54%，2005 年、2006 年出现下降趋势，分别为 5.06% 和 3.9%。

（二）烟草行业税收负担基本状况

纵观 2001～2006 年，湖北省烟草工业国税实现税负水平，呈现出波浪式逐渐上升的形态。其中 2001 年总体实现税负为 44.76%，整个“十五”时期实现税负平均水平为 46%，2006 年，湖北省烟草工业总体实现税负提高到 49.14%。分税种实现税负中，消费税税负提升最快由 2001 年的 31.36% 上升到 2006 年的 35.41%，增长近 13%。从湖北省烟草工业的实际税负情况看，总体上也是呈先抑后扬，逐步提高的态势。“十五”时期湖北省烟草工业实际税负平均值为 41.25%，在全国烟草工业中处于第 17 位（倒数第一），而在 2006 年实际税负水平达到 49.88%，在全国烟草工业中排第 10 位。相对于

“十五”时期，2006年的实际税负水平较“十五”时期的平均值提高了20.92%，在全国烟草工业中的排名前移了7位。

（三）汽车行业税收负担基本状况

2003～2006年，湖北省汽车行业总体实际税负依次为3.59%、2.92%、3.84%、4.38%，稳中有升，平均实际税负为3.75%。从分税种税负情况看，增值税实际税负有所下降，2003年为2.73%，2006年下降至2.3%；所得税实际税负则基本持平，平均在0.29%左右；汽车行业消费税实际税负大幅提升，由2003年的0.58%提高到2006年的1.68%，提升幅度达到3倍。2002～2006年，湖北省汽车行业增值税平均实际税负为2.35%，比全国同行业增值税平均税负3.02%低0.67个百分点。但从2005年开始，湖北省汽车行业实际税负开始超过全国平均水平，其中“两税”税负达到3.59%，比全国平均水平3.29%高出0.3个百分点。

（四）电力行业税收负担基本状况

1994年新税制实施后，水电行业增值税由于进项税抵扣少，其税负一般高于16%，实际税负接近法定税率。从2005年湖北省重点行业实际税负比较看，湖北省电力生产业增值税实际税负为5.52%，仅次于医药制造、烟草和石油开采行业。经测算，大中型水电行业的实际税负达到16.81%，高于电力生产企业实际税负（8.93%）7.88个百分点。电力生产业增值税实际税负与同为公共产品的煤气生产及供应业（增值税税负为3.24%）、自来水生产及供应业（增值税税负为5.95%）相比，则分别高出5.69和2.98个百分点，而大中型水电企业增值税税负（测算数）则分别高出13.57和10.86个百分点。

（五）炼油行业税收负担基本状况

2001～2006年这6年间，湖北省炼油企业主要税种的实际税负呈逐年下降趋势，特别是在2004年，随着原油价格的一路攀升，炼油企业增值税进项抵扣额大幅上升，增值税税负快速下降，从而引致总体税负明显下降。不管是武汉石化还是荆门石化，其各年的税负变动规律基本一致，即呈逐年下降趋势。武汉石化的实际税负从2001年的最高点10.13%下降到2006年的最低点3.26%，前者是后者的3.11倍；荆门石化的实际税负从2001年的最高点8.16%下降到2006年的最低点2.72%，前者正好是后者的3倍。

（六）酒类行业税收负担基本状况

2001～2006年，湖北省白酒酿造行业平均两税实现税负在13.5%～15.5%之间，而两税平均实际税负则在8.3%～11.2%之间。根据现行税制和税收政策，白酒产品增值税、消费税两税理论税负应在35%左右比较合理。由此看出，湖北省白酒产品无论是实现（应纳）税负还是实际税负都与其理论税负有较大差距。2001～2006年，湖北省8家啤酒企业的平均实现税负在16.4%～18.2%之间，其实际税负在16.1%～18%之间，实现税负与实际税负基本相符。

（七）纺织行业税收负担基本状况

2001～2006年，湖北省纺织业增值税实现税负呈逐年下降的趋势，由2001年的3.67%下降到2006年的2.52%，降幅达31.34%，以2006年为最低；与之相反，2001～2006年，湖北省纺织业所得税实现税负呈逐年上升的趋势，由2001年的0.15%上升到2006年的0.58%，说明2002年以来，湖北省推进纺织新型工业化发展，转变经济增长方式，加快国企改革，企业经济效益进一步好转。纺织业总体实现税负除2004年为2.92%最低外，其余年份均在3%以上，2001年最高达到3.83%。

（八）化工行业税收负担基本状况

自2001年以来，湖北省化工行业实际税负有以下特点：一是税负在逐年上升。由2001年的3.64%，上升到2006年的4.25%；二是税负比较平稳。6年来，税负均在3.5%～4.3%之间，没有较大波动。其中占全省化工行业销售额比重较大的农药化工、化肥化工生产企业因为生产的农药、磷肥、尿素等产品属国家政策性免税产品，企业整体税负偏低。无机碱制造、染料及中间体制造、精细磷化工企业税负整体水平接近或达到了湖北省化工行业平均税负水平。2005年在湖北省重点化工企业中，只有无机碱生产企业增值税税负高于行业平均税负，其中武汉葛化集团税负达到了4.88%，税负最低的是农药化工企业仅为0.06%。

（九）有色金属行业税收负担基本状况

2001～2006年，湖北省有色金属行业综合实际税负除2001年偏高（24.79%）外，其余年份均在7%～10%左右波动，其中近4年呈逐步上升趋势，由2003年的7.65%，提高到2006年的9.55%。从行业小类税负状况看，其中有色金属矿采选业的综合税负6年平均为10.2%，其中2001年偏高，近5年则由4.58%全面提高到2006年的15.14%，呈现大幅提升态势。有色金属冶炼业税负近4年基本稳定在8.3%左右。2001年有色金属采选业和冶炼业的增值税实际税负远高于理论税负，2005年、2006年采选业实际税负也高于13%，其中税收征收管理因素影响较大。

（十）商业行业税收负担基本状况

湖北省商业行业综合实际税负逐年提高，由2001年的1.54%提高到2006年的2.15%，6年来平均税负水平为1.87%。分税种实际税负状况看，商业增值税税负由2001年的1.47%提高到2006年的1.75%，平均增值税税负1.61%。商业所得税税负由2001年的0.07%大幅上升至2006年的0.4%，平均所得税税负水平为0.25%。

三、十大重点行业税收负担状况的总体评价

综观近年来湖北省十大重点行业税收负担发展变化的基本状况，有以下几个突出特点：

（一）从纵向对比看，各行业税收负担基本呈稳步上升趋势，个别行业受特殊因素影响税负水平有所下降

从"十五"初期的2001年到"十一五"初期的2006年，湖北省十大重点行业，除炼油行业因生产所必需的原材料原油价格飙升的特殊原因而造成税负明显大幅下降外，其他各行业税负水平在基本保持相对稳定的前提下，均有不同程度的提高。

从税负提升的相对幅度看，商业行业税负提升幅度较为突出，虽然2006年商业行业综合税负水平仅2.15%，但比2001年的1.54%提高39.6%，提升相对幅度是十大行业中最高的，而烟草、钢铁、白酒行业税负提升的相对增幅也位居前列。除上述行业以外，汽车、化工、电力、纺织、酒类行业中的啤酒酿造等行业综合税负水平都有稳定的提升，有色金属行业则一直保持了相对稳定，虽然总体上近两年税负比"十五"初期有所下降，但比2003年的最低点还是有25%以上的提升。

（二）从横向对比看，湖北省重点行业税负水平与经济发达地区存在一定差距

在湖北省十大重点行业中，其税负水平能够高于全国同行业平均水平，处于相对领先地位的只有钢铁行业。湖北省钢铁行业的核心企业武钢集团，其近6年的增值税实现税负和所得税实现税负均远远高于全国平均税负水平，与宝钢、鞍钢等企业共处于同行业税负水平前列。而湖北省其他重点行业，其税负水平与经济发达地区存在一定的差距，甚至部分行业税负水平还低于中部其他省份。

烟草行业，"十五"时期实际税负为41.25%，在全国烟草工业发达省份

中处于第17位（倒数第一），2006年，其实际税负水平虽然达到49.88%，有了很大提高，但是在全国烟草工业发达省份中仍只排第10位，处于中等偏低位置，与税负水平最高的浙江相差10个百分点以上。

汽车行业，2002~2006年，湖北省汽车行业平均实际税负为2.35%，比全国平均税负3.02%低0.67个百分点。从2005年开始，湖北省汽车行业实际税负开始超过全国平均水平，其中“两税”税负达到3.59%，比全国平均水平的3.29%高出0.3个百分点。2005年，北京、上海、广东等地区的汽车行业实际税负分别为4.25%、4.31%、3.89%，分别比湖北高0.66、0.72和0.3个百分点；2006年，北京、上海、广东等地区实际税负为4.51%、4.65%、4.12%，分别比湖北高0.53、0.67、0.14个百分点，差距依然存在，但呈逐渐缩小趋势。

酒类行业，从总体上看，湖北省白酒行业与全国实际税负水平相当，而啤酒行业税负水平略高于全国平均水平。但是规模以上企业税负水平仍有差距。据《全国酿酒行业信息》年报资料，2005~2006年两年间，全国白酒行业19家规模以上企业（湖北省仅枝江酒业名列其中）百元主营业务收入所承担的主营业务税金在2.08~38.48元之间，其中广东顺德酒业有限公司高达38.48元、北京红星股份有限公司为36.81元，而湖北枝江酒业仅为4.47元，为全国较低水平；又如2006年，百元主营业务收入所承担的主营业务税金，广东顺德酒业有限公司仍高达35.83元、北京红星股份有限公司为33.11元，而湖北枝江酒业仅为2.08元，仍为全国较低水平。

纺织行业，2001~2006年，湖北纺织业总体实现税负除2002年高于全国平均水平0.02%外，其余年份均低于全国平均水平，尤其是2006年低于全国平均水平0.56%。与沿海发达城市比较，2003~2005年，湖北省纺织业总体实现税负受所得税税负影响，除2003年高于江苏外，其余年份均低于山东、浙江、江苏。与中部地区比较，总体实现税负低于安徽、山西、河南、江西，仅高于湖南，居第5位。总体实际税负仅高于江西、河南，居第3位。

化工行业，2001~2006年，湖北省化工行业增值税实际税负均低于全国平均税负，两者相差最大的年份2003年湖北化工增值税税负低于全国平均水平0.87个百分点，相差幅度最小的2005年湖北省化工行业税负为4.22%，比当年全国化工行业税负4.58%低0.36个百分点。与中部地区比较，湖北化工行业增值税税负2001年高于山西、江西，低于安徽、河南、湖南，在中部6省排第4位，2003年、2004年湖北省化工行业增值税税负均处于中部6省最低水平，2005 年以后湖北化工增值税税负高于山西，在中部 6 省排第 5 位。总体来讲，湖北化工行业增值税税负水平在中部 6 省中处于税负较低的水平。

炼油行业，2006 年，炼油行业全国增值税平均实际税负为 1.8%（包括原油加工、石油制品及一些精细产品的制造），四川省南充市增值税税负为 0.2%（包括石油加工、炼焦及核燃料加工），而湖北省增值税税负只有 0.17%，低于全国同行业的税负水平。另据杭州市情况来看，2006 年，杭州市石油加工业完成工业销售产值 36.02 亿元，但全年却累计亏损 1.67 亿元，这也说明炼油行业的亏损和低税负在全国是一个普遍现象。

商业行业，湖北省商业增值税实际税负不但低于沿海发达地区而且还落后于全国平均水平，即使加上所得税，2006 年湖北省商业税收的总体税负也只有 2.15%，低于沿海发达地区商业行业增值税税负和全国增值税税负。全省商业行业增值税税负在中部 6 省中仅高于河南，即使加上所得税，在中部 6 省中还低于山西省的增值税税负。

（三）从行业对比看，不同产业链环节税负水平差异较大，总体呈“两头高，中间低”格局

由于十大重点行业分别处于国民经济产业链的不同环节，从而造成了税负水平的差异。从总体上看，呈现以下特点：

1. 上游产业税负偏高，特别是资源型和垄断型行业税负较高。具有代表性的是烟草、酒类、有色（矿采选业）、电力（水电）、钢铁等行业，这些行业基本上是以自然资源为主要的生产原料，成本低，增值税可抵扣税收少，而且产品具有一定的垄断性，价格水平相对较高且保持稳定，从而保证了较高的单位产品增值率和平均毛利率，因此综合税负水平也高于其他行业。从增值税税负来看，电力（水电）行业接近 17%，有色（矿采选业）2006 年达到 15.14%（以工业增加值为测算标准），烟草达 9%，酒类和钢铁也超过 7%，均属于较高税负水平行业。

2. 特殊消费品及能源行业税负偏高。主要是征收消费税的烟草、汽车、酒类等行业以及电力行业，其综合税负水平远高于其他行业。2006 年湖北省十大重点行业中烟草行业综合实际税负最高达到 49.88%，其次是电力行业，综合实际税负水平达到 15.54%，另外酒类达到 14.4%，汽车行业达到 4.38%（其中神龙和东风本田公司综合税负超过 8%）。而其他重点行业综合实际税负水平只在 3% ~4% 左右。

3. 中间环节行业税负偏低。主要是居于国民经济产业链中游的行业，其

原材料和销售产品均受制于其他行业，加之市场化率高，竞争较为充分，平均毛利率不高，造成综合税负水平偏低。如炼油行业，其原材料原油价格属稀缺资源，价格飞涨，主要产品成品油由国家统一定价，加之生产计划由中石化集团统一安排，因此其利润空间非常狭窄，甚至成本倒挂，大幅亏损，因此，近年来税负水平大幅下滑。商业行业，由于湖北省轻工制造业并不发达，本地自产品较少，造成商品的购入成本高，加上商业行业同业竞争激烈，商品价格属于“盆地”，因此，商业行业平均利润水平较低，从而拉低了整个行业的平均税负。

四、影响湖北省重点行业税收负担水平的主要因素

近年来，湖北省重点税源行业税收负担虽然稳中有升，但总体水平仍然偏低，就此次调查分析的结果来看，制约和影响重点行业税负水平的主要因素有以下几个方面：

（一）经济因素

1. 产品价格。从湖北省重点行业来看，烟草、电力、酒类以及有色金属（矿采选业）等行业由于其产品的天然特殊性，产品价格一般偏高，因此保持了较高的行业增值率。2006年，统计部门公布的规模以上工业行业平均增加值率中烟草业以65.6%高居各行业之首，其次是有色金属（矿采选业）56.58%，电力42%，饮料（含酒）37.5%，均为工业行业前列，因此，上述行业税负水平相对较高。

2001~2006年，全省烟草工业一、二类烟销量环比每年增长14.6%。一、二类烟产生的利润分别占总体利润的27.8%、58%。因此，一、二类烟产销比重的提高使湖北省烟草工业的产品结构全面优化，进一步提高了全行业的平均增值水平，从而促进了全行业实现税负和实际税负的全面提升。

2003年以来，由于国际市场主要有色金属价格开始进入周期性上升通道，特别是进入2006年以后，国内外市场主要有色金属价格出现急剧上扬，有色金属矿采选业的增值能力急剧增强，税负由此攀升，而有色金属冶炼业的主要原材料来自于矿采选业提供的精矿，尽管产品价格也在提升，但上游原材料价格几乎同比例提升，税负提升缓慢。

湖北省钢铁行业由于以武钢为代表的重点企业，不断开发出高科技含量、高附加值的产品，提高了产品竞争能力，从而也较好地保证了行业增值率水平。武钢2002年由于钢材销售价格逐步上涨，一定程度上消化了原材料成本上涨因素，因而税负较高。而2004年、2005年钢材销售价格的上涨幅度低于原料、燃料的上涨幅度，因而使增值税实现税负有所下降。

价格因素对税负水平影响较大的是炼油行业，该行业主要原材料原油的价格一直飞速增长，而其产品成品油的价格却无法自主定价，因此造成行业增值水平大幅下降，甚至倒挂，因此税负水平不断降低。

2. 行业结构。湖北省十大重点行业中，化工、纺织、商业等行业，由于产品结构、运行体制、管理水平等多方面的原因，其行业整体增值水平不高，从而影响了其税负水平。

湖北省纺织行业中棉纺织业占全行业总产值的比重为68.42%，远高于全国38%的平均水平，深加工行业发展滞后，产业格局的重心偏于初加工、上游低附加值的领域，行业结构失衡，带来了产品结构不合理。全省棉纺织产品主要集中在低档次、常规产品市场，过分依赖低成本、低价格和以量取胜的竞争模式，导致增值额少，利润不高，制约了行业税负的提高。

从湖北省商业行业面临的现状看，在与社会消费品零售额密切相关的家电、食品、医药、建材、服装、日化等轻工业行业中，湖北省基本上没有形成规模和产业链，没有主打的自主品牌，产品在市场上缺乏竞争力，商业企业经销的高档次、高附加值产品基本是来自于外省制造业，但由于湖北商业企业各自为政，竞争激烈，促使商业环节购销差额大量减少，形成了湖北省商业行业低税负的基本状态。

（二）政策因素

主要是现行税制和相关税收政策对企业和行业的税负产生了或高或低的影响，从而使行业间以及行业的企业间存在税负差异。

1. 现行税制。

（1）增值税税制。首先，中国目前实行的是生产型增值税，不允许扣除固定资产的进项税金，这样就对电力、钢铁、汽车、石油、化工、有色等固定资产投资较大的制造业税负产生了较大影响，不利于其加强更新改造，提高产品竞争力，在壮大规模的同时，提升其税负水平；其次，增值税进项抵扣的相关规定，对部分行业税负产生影响。如电力行业中的水电行业因占成本比重60%左右的固定资产折旧中的增值税进项税额不可以抵扣，导致水电增值税负担率接近17%，比火电高7～11个百分点。纺织行业目前棉花按13%抵扣进项税，增值税高征低扣造成了棉纺织企业没有形成增加值，同样要负担税收，从而使纺织行业成本负担和税收负担均较重，影响了企业和行业的进一步发展。

（2）消费税税制。从 2001 年 6 月 1 日起，卷烟消费税由原来的按档定率征收改为现行的按档定率与按量定额征收相结合的复合税率征收，其综合实现税负水平由税改前的 44.76% 上升到 2006 年的 49.14%，湖北省烟草行业消费税实现税负由 2001 年的 31.36% 上升到 2006 年的 35.41%。由此可见，湖北省烟草工业近年来税负水平的上升主要是因为消费税税负变化引起的。酒类行业也实行从价定率和从量定额的复合消费税税制，因此税负偏高。从 2006 年 4 月 1 日起，中国消费税税目、税率及相关政策进行了自 1994 年税制改革以来最大规模的一次调整。其中对于汽车行业，国家提高了高排量车型的消费税税率，降低了低排量车型的消费税税率，而湖北汽车行业主要致力于生产中等排量的小轿车，基本上没有 1.0 升以下的小排量车，因此，消费税税负得以大幅提升。对于炼油行业，新增了石脑油、溶剂油、润滑油、燃料油、航空煤油等 5 个子目，但由于新增的 5 种产品在湖北省石油加工行业产量中所占的比重较小（两个重点企业的产品主要是汽油和柴油），其税收收入和税收负担没有同步大幅提高。

2. 税收政策。

（1）减免税等优惠政策。如化工行业，占全省化工行业销售额比重较大的农药化工、化肥化工生产企业因为生产的农药、磷肥、尿素等产品属国家政策性免税产品，因此企业税负偏低，从而使全省化工行业整体税负水平不高。汽车行业的重点企业，东风集团通过不断与外商合资，充分享受到所得税减半的税收优惠，这是湖北省汽车行业税负低于全国平均水平的一个重要影响因素。

（2）出口退税政策。自 2003 年开始，国家陆续调整出口退税政策，重点对"两高一资"产品调低出口退税率，限制其出口。从 2003 年 1 月 1 日起化工产品黄磷及磷出口退税率下调至 8%，从 2004 年 1 月 1 日起化肥出口取消出口退税，同时对 48 种农药出口实行 11% 的退税率，多数纺织品出口退税率由 17% 或 15% 降为 13%，下调幅度超过平均降幅。从 2005 年 1 月 1 日起取消了磷 8% 的出口退税率。出口退税政策的改变，使湖北省化工、纺织等相关行业的企业不得不提价弥补损失的利润，素以质优价廉取胜的中国工业产品，因价格优势减弱，出口量下跌，失去出口竞争力，从而使本就微利的纺织企业更加无利可图，税负水平也就无法提高。

（三）征管因素

1. 避税行为。

（1）随着市场竞争以及企业自身发展需要，以集团经营、连锁经营为发展方向的各类企业也在不断地改变着自身的经营策略，这种改变突出表现为通过关联交易和销售控制，实现经营利益的最大化，而往往造成税负偏低。如汽车行业和酒类行业均成立了专门的销售公司，将产销行为进行分离，通过关联交易，控制生产环节的产品价格，在减少增值税的同时，大量减少了消费税，从而使实现税负大幅下降。

（2）在经销环节和商业行业，大量实行了返利等经销策略，严重侵蚀了增值税税基。经营者对此部分收入不做账，规避了商业环节税收。另外大量现金交易的存在，使账面的增值率和商业利润大幅减少，造成税基的减少，从而使税负水平降低。

（3）部分行业钻政策空子偷漏税，影响了税负水平。如纺织行业的棉、麻纺织等企业可凭自行开具收购专用发票计算抵扣进项税金，企业往往通过虚开发票在进项税金上大做文章，造成增值税实现税负较低。

2. 征管措施。

（1）信息化程度不高。虽然目前纳税人全面推行了网上申报，但采集纳税人申报数据和财务数据不全，不能运用信息比对分析来完成对纳税人的监控和纳税评估，如直接影响税负的关键指标存货以及纳税人的结算账户等信息，系统中就没有可供分析的数据。

（2）少数税收管理员和稽查员的素质还不能完全适应行业税收征管工作需要，不了解行业生产经营流程和规律，不能进行有效的全过程控管。

（3）对偷、逃税行为和纳税人走逃打击处理还不够到位。账外经营隐匿瞒报问题、销售后移调控应纳税额问题、假进货真发票申报抵扣问题等每年查出不少，公告的走逃企业（失踪纳税人）也不少，但有些处理不够到位，对税负水平也有一定的影响。

（4）对个体商户管理缺乏有效手段，湖北省大多数个体商户基本采用定期定额征收，而定期定额征收较之查账征收相比，其税负低已是公开的秘密，导致纳税人特别是小规模个体私营经济建账没有积极性，使商业税收流失严重，商业税负降低。

3. 欠税因素。主要是部分行业，由于多种原因，欠缴税收现象较为严重，造成行业间、地区间、企业间税负不均。此类现象在烟草、酒类行业中较为突出。部分烟草企业历史欠税，特别是国税税收欠缴额较大，影响了全行业的实际税负水平。对于酒类企业，据统计截至到 2006 年底，全省 4 家重点酒厂累计欠缴“两税”5.4 亿元，其中 2004 ~ 2006 年，发生的新欠为 2.4 亿元。酒类企业欠税的产生，一方面是消费税税负较高，特别是低档白酒税负偏高的影响；另一方面也是主管税务机关清欠管理不力，未及时采取措施收回欠税，当然其中也有地方政府行政干预的影响。欠税，造成了行业实际税负低于理论和实现税负，形成了行业间的税负不公，也制约了行业税负的全面提升。

五、提高行业税负，促进税收增长的对策及建议

（一）加快行业发展，提高核心竞争力

1. 做大产业。

（1）全面推进省内重点行业的整合重组，打造一批核心“龙头”企业。“十一五”期间湖北应立足于现有的制造业基础，实施新兴工业化战略，以目前重点行业的骨干企业为核心，凝聚全行业优势资源，积极做大本省优势产业，加快重点行业的发展，改变制造业和加工业发展缓慢的局面。目前湖北省烟草行业已实现“18 合 1”，以武烟集团为核心的全省烟草行业，其规模和效益全面提升，在全国同行业的竞争中已取得先机。钢铁行业整合的步伐正在加快，武钢集团的凝聚作用日益显现，从未来面临的竞争形势看，湖北省钢铁行业还需要进一步扩大产业规模，降低成本，提高效益。湖北省是电力行业的强省、大省，关键要充分发挥电力行业的整体优势，为全省经济发展奠定坚实的基础。对于目前还处于结构调整，竞争能力不强的纺织、化工、有色金属、商业等行业，更是迫切地需要大规模实行行业整合重组，打造航母级的核心企业，从而加快重点行业的发展。

（2）积极“内引外联”，全面延伸重点行业产业链。有效充分利用湖北省能源、交通、市场和产业等方面优势，有规划、有重点地扶持重点行业的全面建设和发展，筑巢引凤，加大招商引资和政策倾斜力度，吸引国内外投资融资兴业，加速国际化进程，大力延伸产业链，做大做强重点产业，夯实产业支撑基础。短期内可按产业关联度和上下游产业的链条，在省内实行策略联盟，组建统一战略联合伙伴，充分利用各自拥有的关键性资源、产品、技术优势，构建实现理性双赢的战略目标。中期向国内其他地区扩张，通过参股、控股、收购等形式，延长产品价值链，壮大产业规模，力争在国内同行业竞争中处于领先地位。远期目标是向全球扩张，充分利用所有优势资源，形成可持续发展的良性局面。

2. 做强产品。做大产业规模是重点行业发展的基础，而生产具有核心竞争力的产品，才是确保行业增值率和利润水平的关键。在未来的产业竞争中，湖北省重点行业的重点企业必须紧紧抓住创新发展的主线，以优势产品保证行业的核心竞争能力。

（1）实施名牌战略，提升产品市场竞争能力。近年来，湖北省实施名牌产品战略，取得了明显的成效，"中国名牌"数量显著增加，但这仅仅是个起步，要抓住机遇，乘势而上，创造更多的"中国名牌"，重振湖北省名优产品的雄风。

（2）着力科技创新，提高产品高科技含量和附加值。重点行业要积极加大科技研发投入，一方面通过大力改造传统技术，实施升级换代，加快产品推陈出新的周期；另一方面通过不断引进前沿技术，积极推出具有较高科技含量、技术领先的优势产品，同时还要加大自主创新力度，摆脱国际国内同行对行业高端产品实行的技术封锁，通过加强与科研院所的合作，实施产品的深度开发，开发核心技术，创立具有自主知识产权的品牌，提高市场竞争能力，始终保持产品的竞争优势。

（3）优化产品结构。烟草、纺织、酒类、汽车以及商业行业，要针对居民消费结构升级的特点，积极提高优质、高档产品的产销比重，既满足人民群众日益增长和提高的物质生活需要，同时也较好地实现本行业产品结构的优化升级。上述行业都要以创立和培育高档产品品牌为突破口，进一步带动消费水平的提升。如纺织业就要着力提高衣用纺织品档次和适应性，大力发展家用和产业用纺织品。衣着用纺织品以面料替代进口为目标，对于销往国际市场和城市的产品重在提高档次，对于销往农村的产品重在围绕物美价廉的需求，提高产品的适应性。

3. 做活市场。现阶段企业的发展不仅取决于能生产多少适销对路的产品，还取决于能将多少产品顺利销售出去。因此，市场因素对行业发展起着决定性的作用。湖北省重点行业应充分利用得天独厚的地理优势和"九省通衢"的交通网络，瞄准国内外市场，建立和完善产品的营销体系。

（1）依托产业集群建立专业市场，为企业提供一个共享式的销售网络，有利于企业获得更多的技术和经营信息，降低营销成本，走专业市场——企业汇聚——地方特色产业集群发展的路子。

（2）聘请国内外知名咨询专家、策划专家，为湖北省重点行业的营销出谋划策，共同研究湖北省重点产业发展的总体规划和总体策略，进行科学、系统的市场运作。

（3）实施多元化市场战略，建立多渠道的销售网络，利用企业的产品自营出口，通过外贸企业支持、国内、国际中介营销公司参与等形式，来扩大湖北省重点行业产品的市场覆盖面。

（二）推进税制改革，促进重点行业发展

1. 加快增值税改革。

（1）推进生产型增值税向消费型增值税转型，积极消除税制因素形成的行业税负差异，同时也使重点行业、重点企业在国民经济由工业化初期向中期深化转变的过程中，能够集聚更多更大的能力去迎接挑战。目前，中国东北和中部部分地区已推行了增值税扩大抵扣范围的试点，湖北省有 4 个城市、8 个行业提前受益于这项税收政策。当前对于试点地区的企业要充分利用允许资本性投资的进项税额抵扣这一政策，减轻资金压力，加快技术改造和设备更新，提高装备水平，为全面快速发展奠定坚实基础。同时，在试点的基础上要尽快扩大增值税转型地区，尽量消除税制改革带来的新的税负不公问题。

（2）扩大增值税征收范围。增值税链条的完善，必须将建筑、交通运输、服务等行业纳入增值税征收范围，才能有效地解决低征高扣的矛盾，促进增值税的规范。作为过渡措施，可允许技术转让费、研究开发费、新产品试制费和宣传广告费，比照运输费用按 7% 的扣除率计算进项税额；对专利权、非专利技术转让，按其实际所含的营业税予以扣除。

2. 推进消费税改革。目前，发达国家对消费税征收一般采取“价外税”的方式，在消费环节征税，消费者在进行消费的同时缴纳相应的税款，而中国则是在生产环节征税，这使得消费税原本具有的引导消费的功能并不明显。因此，消费税改革方向可以借鉴国外的先进经验，将消费税由价内税变为价外税，逐步向消费环节转移，同时根据居民消费结构的变化，适当考虑扩大消费税征收范围。针对当前部分行业或产品消费税税负偏高的状况，可以考虑进行消费税结构性调整，适当降低低档卷烟、酒类（白酒，特别是低档白酒）和炼油环节的消费税税率水平，对白酒可以取消从量定额征收消费税。针对白酒生产企业普遍设立销售公司规避消费税的情况，逐步确立以白酒生产企业进入市场的实际销售价格为消费税计税价格的原则，控制关联交易。

3. 实施所得税综合改革。所得税要借两税合并之契机，积极改变现行减免优惠政策散乱多的局面，积极采取分行业优惠的办法，发挥税收调节经济，引导产业发展的杠杆作用，鼓励和促进重点行业快速发展。所得税优惠对象的重心应从产业链下游向上游转移。在制定促进科技创新的税收政策时，重点应针对企业科研开发的投入，从目前生产销售环节向研究开发环节转移，逐步确立研发环节税收激励在整个税收体系中的核心地位。积极实行固定资产的加速折旧。对企业股份制改造和资产重组过程中的资产评估增值部分可免于征收所得税，而直接转计公司资本金，增加国家资本金。

（三）强化税收征管，努力维护税负公平

1. 加强税源户管理。一方面要强化增值税一般纳税人控管，规范认定、财务、申报、发票等各环节的管理；另一方面要积极督促小规模纳税人和个体商户建账建制，减少定税面，实行查账征收，减少税收流失。

2. 强化行业纳税评估。围绕经济税负指标，全面落实征管查互动机制，按照总局《纳税评估管理办法》的规定，结合湖北省重点行业税收管理工作实际，规范有效地开展纳税评估工作。在认真调研基础上，探索并尽快制定重点行业纳税评估模型，确定税负预警值和警戒线，系统全面地对企业经营情况、纳税情况进行综合分析和评价，加强预警监控，利用计算机系统及时查找税负异常企业，进行重点稽核检查，从而实现行业税收整体控管。

3. 大力清缴欠税。欠税是影响企业实际税负高低的主要因素。一方面，要加强日常控管，严格申报制度，严格跨期税款申报审核，加强税款入库管理，防止欠税发生；另一方面，要在全面清理欠税上狠下工夫。在掌握欠税的总量、性质、类型和原因的基础上，着力清缴陈欠，提高税收征管质量。

4. 加大反避税力度。一是实施关联企业申报。对企业关联交易要严格按照征管法予以管理。加强纳税评估，防止人为调节和偷逃税款；二是加大对转让定价的审计力度。采取转让定价审计、预约定价立案等措施，提高反避税工作的质量和效益；三是加强反避税与其他征管工作的衔接与协调，充分发挥信息在反避税调查、调整中的作用。

5. 全面优化服务。要健全税收服务运行机制，坚定不移地实施“经济兴税”战略，在用足用好现行税收优惠政策的基础上，鼓励和扶持企业快速发展，建立定点联系纳税人制度，为财务管理和经营管理水平相对滞后企业提供建账建制、电算化管理等方面的指导以及信息、培训等服务，提高企业的税法遵从度。

6. 提高队伍素质。大力开展税务干部全员培训，坚持学以致用，按需施教，不断更新知识，提高综合素质和岗位技能。进一步加大对税收业务、法律、计算机、英语等方面人才的培训力度，着力打造高层次的税务人才团队。

通过培训提高，促进队伍的学历层次、专业类别的合理搭配，不断优化队伍的素质结构，从根本上为提升综合税收管理水平打下坚实的人才基础。

参考文献：

1. 刘勇 主编：《1994 ~ 2010 湖北省重点行业国税税源分析与预测研究》，湖北人民出版社 2005 年版。

2. 刘勇 主编：《2001 ~ 2010 湖北省国税税源发展报告》，湖北人民出版社 2006 年版。

3. 《2001 ~ 2006 年湖北省统计年鉴》，中国统计出版社。

4. 《湖北国税年鉴》2001 年、2002 年、2003 年版，湖北人民出版社。

5. 湖北省国家税务局计统处：《湖北省国税收入统计》1994 ~ 2006 年。

6. 《中国税务年鉴》2001 ~ 2006 年，中国税务出版社。

7. 湖北省国税局计划统计处：《湖北省经济与税收主要指标摘要》。

8. 《中国统计年鉴》2001 ~ 2006 年，中国统计出版社。

课题组组长：刘　勇

成　　　员：陶东元　何金元　刘浩明　郭　立
胡孝伦　尚海霞　张　凡　董继华
刘海生　李　亮　冯　伟

执　　　笔：胡孝伦　刘海生　李　亮　冯　伟

出口货物退税率调整效应分析及政策建议

武汉市国家税务局课题组

自1990年以来，中国商品进出口除了1993年为逆差外，一直保持着顺差。持续的贸易顺差和迅速增加的外汇储备引起国内外越来越多的关注。2006年，中国进出口总额达到17607亿美元，比上年增长23.83%；顺差由上年1020亿美元猛增至1775亿美元。在中国对汇率制度进行改革，人民币小幅升值以后，2007年上半年外贸顺差不仅没有缩小，反而比2006年同期有所增加。近年来，为缓解出口退税造成的财政压力、调整中国出口产品结构、抑制贸易顺差以及减小人民币升值压力，出口退税率的调整被作为了首选工具，然而，频繁的退税率调整下也相应地带来了相关问题。

一、退税率调整抑制出口作用明显但呈弱化趋势

我们将1994年以来出口退税率调整和出口增长情况整理后，可以更清楚地发现一些问题。

表1　　1994年来出口退税率调整及出口增长情况表

年份	退税率调整及出口增长情况
1994年	按照退税规定，17%的增值税应全部退掉，实际调整后的平均退税率为16.63%。极大地刺激了出口企业的积极性。1994年中国的出口增长率为32%。
1995年	出口退税率从16.63%下调到12.86%，相应地出口增长率从上半年的44.2%下降到下半年的8.8%。下调出口退税率的出口弹性系数高达9.4。

续表

年份	退税率调整及出口增长情况
1996 年	为了缓解财政压力，减少骗税，中国对出口退税率作了大幅度的下调，平均税率降至 8.29%。但退税率一降，企业出口积极性随即严重受挫，1996 年出口增长只有 1.53%。
1997～1998 年	爆发亚洲金融危机，1998 年中国出口仅增长了 0.5 个百分点。
1999 年	7 月 1 日，出口退税率从 12.56% 上调到 15.51%，上调了 2.95 个百分点。相应地，出口增长率从上半年的下降 4.7% 提高到下半年的 15.8%，增幅提高 20.5 个百分点。上调出口退税率的出口弹性系数接近 7。
2000～2003 年	出口额快速增长，年均增长率在 25% 以上。
2004 年	出口货物平均退税率降低了大约 3 个百分点。调整之后，虽然在短期内出口受到了一些影响，但是从全年来看，由于各方面的原因，出口额反而更快地增长。
2005 年	退税率下调，贸易顺差却达到 1018.8 亿美元，比上年增长高达 217.4%。
2006 年	退税率下调，贸易顺差仍高达 1774.7 亿美元，增长幅度为 74%。
2007 年	前 5 月贸易顺差达 857.2 亿美元，比去年同期增长了 83%，业内人士估算，2007 年贸易顺差将达 2500 亿美元。

从表 1 可以看出，出口退税率的调整在特定环境下对出口具有明显抑制作用，但到 2004 年后，出口退税率的调整对出口抑制作用不断削弱。笔者认为，出口退税率的调整作用于出口贸易情况可划分为以下几个阶段：

第一阶段：1994～1996 年，外贸体制改革尚未完成，以国有专业外贸公司出口为主，各外贸公司出口业务相对固定，在国际贸易环境一定的情况下，货物的出口情况对出口退税率调整反应明显；

第二阶段：1997～1999 年，外贸体制改革依然尚未完成，出口仍以国有专业外贸公司为主，受亚洲金融危机影响，对外贸易处于缓慢复苏阶段，对中国货物的出口影响以国际市场产生的制约因素为主，在 1999 年对外贸易条件好转后，出口退税率调整对出口作用凸显；

第三阶段：2000～2003 年，外贸体制改革基本完成，中国顺利加入世界贸易组织，国内生产企业可直接参与国际市场，出口企业和出口方式逐步多样化，出口退税率相对稳定，出口保持良性增长；

第四阶段：2004 年至今，外贸法出台，国家鼓励出口措施多样，国际贸易环境良好，引进外资不断增加，出口迅猛增长，出口退税率的调整以兼顾产业结构发展方向为主，对出口的抑制作用逐渐弱化。

从中国历年来的出口退税率调整后对出口产生的实际影响看，出口退税率只是众多影响出口因素中的一个，随着对外贸易环境的宽松化，出口退税率的下调对出口的抑制程度不断下降。

二、出口退税政策影响出口效用弱化的原因分析

近年来，出口退税处于经常调整的状态，这与中国贸易顺差大的情况以及国外贸易压力有密切的关系。虽然国家已经针对贸易顺差出台了种种调控措施，但是，中国对外贸易严重失衡的局面仍在继续延续，有效抑制贸易顺差过快增长迫在眉睫。而短期内国家宏观调控手段（特别是出口退税政策调整）抑制贸易顺差作用不明显原因主要集中在以下几个方面：

（一）从国际背景来看，国际间产业转移因素明显

分析近10多年来的海关统计数据可知：第一，在双边贸易中，中国顺差增加较大的市场主要是美国、欧盟和中国香港，而同一时期对亚洲地区却由顺差转变为逆差；第二，在商品结构上，顺差集中在工业制成品，尤其是轻纺和机电产品上，而同一时期初级产品进出口却由顺差转变为逆差；第三，从经营主体看，外商投资企业进出口已经由逆差变为顺差；第四，从贸易方式看，加工贸易顺差远远大于一般贸易产生的顺差。2006年海关统计显示，全年加工贸易出口5103.8亿美元，占全年出口总额的53%。可以说，加工贸易复出口已成为中国外贸顺差的最大来源。对比同期中国一些主要贸易伙伴的统计，就会发现，在中国对美、欧贸易顺差迅速增加同时，亚洲几个主要经济体对美、欧的顺差是成比例缩小的。也就是说，原来设在亚洲其他几个经济体的加工出口产业，尤其是其末端加工工序，已经大量转移到中国，这样也就把他们对美、欧的贸易顺差转移了过来。所以，近10多年来中国商品进出口的迅速增长和顺差的扩大，与国际间产业结构的调整，一部分加工出口产业通过外商投资形式由其他亚洲经济体向中国转移有着直接的关系。

（二）从国内环境来看，多种因素支持外贸顺差不断扩大

改革开放以来，为了解决资金、外汇短缺与经济发展的矛盾，中国采取了一系列优惠政策，鼓励以出口为导向，发展沿海外向型经济。另外，劳动力资源丰富、产业综合配套能力强、要素价格低等因素也支持了外贸顺差不断扩大。还有，加入世界贸易组织以来，中国关税水平大幅降低，各种针对进口的

非关税措施相继取消，同时国外对中国贸易壁垒也大量减少，出口环境明显改善，为扩大出口、利用外资和境外投资创造了良好外部条件。与此同时，由于国际产业加速向我转移，制造业产能快速扩张，目前已进入集中释放期，推动了出口大量增加。总之，有利于外向型经济发展的政策措施的实施和体制环境的形成，是近年来中国对外贸易，尤其出口高速增长，外贸顺差不断扩大的重要刺激因素。

（三）从出口企业自身看，能够积极消化退税率降低对出口的影响

由于出口退税调整效果主要取决于商品价格的弹性，对一些在国际市场上具有很强竞争力的出口企业而言，降低出口退税率所增加的成本很容易通过涨价方式转嫁给国外进口商，出口量未必会有明显减少。而对于竞争力比较弱的商品，如果企业采取压低采购价格等措施来压缩自身成本的话，也能自行消化一些降低出口退税率的影响。

（四）“虚假出口”带来贸易额的虚增

所谓“虚假出口”，就是通过虚构出口货物事实或空箱报关、以少报多、以次充好、低价高报等手段，或通过出口货物不缴税、少缴税等方式，来达到骗取国家出口退税的目的。还有另一种可能就是通过价格转移方式——抬高出口价格（或压低进口价格）将“热钱”导入国内，以赌人民币升值。从中国工业出口交货值的增长与出口额的增长明显不一致的情况看，“虚假出口”情况的确存在。在人民币不断升值的大环境下，“套汇”、“炒汇”带来的外资“热钱”进入中国市场的需求，已经远远高于中国企业骗取出口退税的需求。

（五）统计口径的差异带来名义上的贸易顺差

按照中国的统计标准，中国香港是独立关税区，因此，经由中国香港出口到其他国家和地区的商品不计入中国海关的统计。但美国所奉行的“原产地政策”，则把由中国香港出口到美国的产品也算作是“中国的出口”，这样，就造成了中美之间在贸易统计上的巨大缺口，导致对中国贸易顺差的不同理解。特别是，不在少数的出口加工企业为享受出口退税政策，大量地使用“境外一日游”的方式，直接带来出口额的虚增。

正是上述因素的综合作用，虽然近年来退税政策不断地进行调整，但每次调整后出口额却不减反增，说明仅仅靠出口退税率的调整，是无法完全抵消上述因素形成的巨大贸易顺差的。

三、过度依赖出口退税政策调整易引发的问题

（一）直接引发国内就业问题

对外贸易作为经济增长的三大动力之一，出口的增长直接影响整个经济状况。出口退税政策的调整有可能使一些原本生产保本微利商品的企业放弃出口，一些面临激烈竞争的劳动密集型产品有可能会被迫退出国际市场。尤其是中西部地区，出口企业以劳动密集型、生产附加值比较低的商品为主，这些企业利润比较薄，增值空间也有限。出口退税率调低后企业有可能由盈利、微利变为亏损；为了保住利润，企业有可能放弃出口或裁减人员，就会直接影响整个经济的发展速度，同时带来失业率的提高。

（二）税率频繁调整使税收失去刚性

目前的情况下，结构性下调部分产品的退税率是可取的，但是这些产品应该是有高额利润的产品，下调后不会影响该产品在国外的竞争力。从长远来看，国家反复调整出口退税率会形成以下不利因素：一方面税务机关执法失去刚性，税率调整经常，不利于税收日常管理，不必要地增加了出口退税管理人员日常审核工作量，增加税收成本，且带来税收执法上的不严肃和缺乏连续性；另一方面，出口企业因不知道未来税率将如何调整，导致企业很难制定中长期目标。

（三）带来国际市场的流失问题

在国际市场竞争日益激烈的今天，对国际市场份额的占领意义犹为重大，一旦某种商品因为出口退税率下调或取消而失去国际市场，再想进入就比较困难了，又要重新面临市场开发、客商维护等一系列支出。

（四）易形成违背 WTO 原则情况

出口退税作为宏观调整的手段之一，在 WTO 的框架下，会牵涉到“国民待遇问题”。以矿产资源产品为例，如果说作为产业政策，限制开采，限制出口是符合可持续发展要求的，但如果对国内的开采和使用不给予限制，相关政策及管理手段不予以配套，只是简单为限制出口而取消出口退税，那么就牵涉到“非国民待遇”问题了。

四、目前进一步完善进出口税收政策的几点建议

（一）应进一步对出口退税率和退税政策进行调整

从中国出口退税率的调整到位程度看，依然存在一定的调整空间。如服

装、鞋帽、箱包、家具等产品的出口退税率仍然较高，而这些产品亦是易引起贸易摩擦的产品，因此可能存在进一步调整的空间；同时，由于“两高一资”行业的增速仍然偏快，国家将可能继续取消部分产品的出口退税，并提高部分产品的出口关税，逐步加大降低出口退税率的产品范围，如附加值较低的部分机电产品，并逐渐提高稀缺性资源、高污染和高能耗矿产的资源税。

（二）应尽快完善对加工贸易的税收管理

具体包含以下几个方面的内容：一是提高加工贸易产业的准入门槛，建立和完善的加工贸易准入机制，把加工层次少，技术含量低、能源、资源消耗大，环境污染严重及海关难以监管的部分商品列入加工贸易禁止类目录，予以征税；二是完善深加工结转贸易方式下的出口退税管理，尽量避免企业出现深加工结转料件“境外一日游”的情况出现；三是出口产品的生产制造，逐步从比较短的产业链和比较浅的加工深度向延长产业链、增加加工深度转变。

（三）应加大监管力度严查虚假出口

出口退税、减免关税和增值税优惠政策的长期实行，对国内虚假出口的吸引力不断加大。例如有关资料显示，2006 年，深圳服装出口增长 226%，出口单价增幅是全国单价增幅的 10 倍以上。经国家四部门联合调查，初步认定是企业做高出口单价骗取配额的行为。因此，下一步国家要严查“非正常贸易增长”。加强进出口贸易管理，遏制虚假出口、挤掉外贸泡沫，降低外贸顺差；加快完善进出口产品分类，重点对近年来出现较大异常波动高新科技产品、机械及运输设备和轻纺制品、橡胶制品、矿冶产品等进出口产品进行检查，对可能出现的虚假出口进行有效防范。

（四）应在重点领域扩大对外投资规模

从国际经验来看，贸易顺差可以透过资本项目的逆差，使国际收支达到总体上的平衡。目前已经有日本、德国等国家利用扩大对外直接投资或证券投资、对外贷款等方式，将贸易顺差与资本项目的逆差合并计算，整个国际收支达到平衡。

因此，中国目前应在支持企业走出去的能源、农林业、加工制造业、服务业、基础设施、工程承包等重点领域，通过在境外建立经济协作区、经济技术开发区的办法，与有条件的国家进行合作，在合作区内投资办厂。通过多种方式既能减少资本项目顺差，又能转移出口和贸易顺差。

参考文献：

1. 高培勇："出口退税体制：问题与政策建议"，中国社会科学院 A 类重大课题《重要战略机遇期的公共财政建设》的阶段性成果之一（2005 年）。

2. 宋颜浩：《出口退税与其他调节进出口手段的比较分析》，中国出口退税咨询网，2005 年 2 月 22 日。

3. 刘力："摒弃'出口至上'：中国贸易战略的调整"，《财贸经济》2004 年第 9 期。

4. 丁晓峰："出口退税退路在何方关于中国出口退税的若干思考"，《当代财经》2004 年第 6 期。

5. 高培勇："税收的宏观视野——关于当前若干重大税收问题的分析"，《税务研究》2002 年第 2 期。

6. 杨中侠："出口退税率下调对企业出口影响综述"，《中国经贸导刊》2004 年第 1 期。

7. 刘雪琴："出口退税政策的调整及影响"，《国际贸易》2004 年第 2 期。

8. 符绍珊："完善退税机制促进外贸持续发展"，《研究与探索》2004 年第 9 期。

9. 万　莹："出口退税与税收中性对中国出口退税率下调的反思"，《江西财经大学学报》2004 年第 2 期。

10. 张伦俊、祝遵宏："中国税收对出口贸易的影响分析——兼论出口退税政策调整的效应"，《国际贸易问题》2005 年第 4 期。

11. 陈健等："中国出口退税与货币贬值的外贸影响比较"，《改革与战略》1999 年第 2 期。

12. ［美］哈维·S. 罗森著，平新乔等译：《财政学》，中国人民大学出版社 2000 年版。

课题组组长：谌吉安
成　　员：陈宇放　刘　俊　孙　耕
　　　　　郭丽萍　程　速　牛　哲
执　　笔：牛　哲

贵州省宏观税负状况分析

贵州省国家税务局课题组

宏观税负即总税收负担，是指一个国家或地区的税收负担水平，通常以税收收入占国内生产总值（GDP）的比重来反映。贵州的宏观税负水平如何？其影响的因素有哪些？其税负水平反映了哪些经济问题？应该用哪些政策措施以促进经济发展？等等，都是关系到贵州经济社会和谐发展的重大理论和实践问题，这些问题的解决将有利于贵州省社会经济的全面发展。我们将主要以 2005 年和 2006 年的相关数据为基础对以上有关问题加以研究。

一、贵州省宏观税负情况

贵州省欠发达、欠开发，经济落后，根据国家统计局和各省发布的 2006 年国民经济和社会发展统计公报的数据计算，2006 年，贵州省人均生产总值分别为 5750 元，仅为全国人均 16084 元的 35.7%，还不到相邻的重庆市和湖南省人均生产总值的 1/2，在全国排名为最后，这决定了其税收基础薄弱，税源较少，但宏观税负却较高。

（一）宏观税负水平高

贵州省与全国及周边省市区相比，宏观税负高，见表 1。

表1 2005年、2006年贵州省与全国及周边省市区宏观税负比较表 单位：亿元

年份 项目 地区	2005 GDP	2006 GDP	2005 税收收入	2006 税收收入	2005 宏观税负（%）	2006 宏观税负（%）	2005 全国排序
全国	197789	209407	30867.03	37637.05	15.60	18.00	—
贵州	1979.06	2282	314.92	383.85	15.91	16.82	8
四川	7385.11	8637.81	732.53	912.77	9.92	10.05	25
重庆	3070.49	3491.57	349.55	421.97	11.38	12.08	19
云南	3472.89	4006.72	682.39	817.94	19.65	20.41	4
湖南	6511.34	7568.89	615.23	737.61	9.45	9.74	28
广西	4075.75	4828.51	403.43	483.91	9.90	10.02	26

注：税收收入为税务部门统计数据，不含关税、农业税、牧业税、农业特产税、耕地占用税和契税，未减出口退税；GDP则为统计部门的统计数据，下同。

从表1可见：与周边5省（直辖市、自治区，以下简称“省市区”）相比，贵州省的税源最少，2005年的GDP仅为1979.06亿元，是四川省的26.79%，税收收入却相对较多，达314.92亿元，是四川省税收收入的42.99%，宏观税负高达15.91%，分别比全国宏观税负总水平高0.3个百分点，在全国名列第8位，仅低于全国第4位的云南省，在相邻省市区中高居第2位，比四川省和湖南省分别高出5.99个和6.46个百分点。2006年全国宏观税负总水平提高较快，比上年增加了2.4个百分点，达18%，贵州省和周边的四川、重庆、云南、湖南、广西5省市区的宏观税负水平虽有提高，但增幅不大，分别为0.91、0.13、0.7、0.76、0.29、0.3个百分点，贵州省的增幅排在第1位，是四川省的7倍，是湖南和广西的3倍多，这说明贵州省宏观税负水平与周边省市区相比相对还在提高。

由于贵州省的税源发展不平衡，扣除第一产业后的宏观税负则更高。2005年、2006年全国第一产业的宏观税负为0.03%左右，贵州省为0，这表明其农业基础薄弱，未形成农业产业化大生产，农业还不是直接的税源。扣除第一产业GDP后，贵州省及周边地区的宏观税负比较见表2。

表 2　2005 年、2006 年贵州省与全国及周边省市区扣除第一产业 GDP 后宏观税负比较表

单位：亿元

地区＼项目＼年份	2005	2006	2005	2006	2005	2006	2005
	二、三产业 GDP		二、三产业税收收入		二、三产业宏观税负（%）		全国排序
全国	174785.38	186171	30867.03	37637.05	17.7	20.21	—
贵　州	1610.12	1889.06	314.92	383.85	19.56	20.31	7
四　川	5903.97	7034.31	732.53	912.77	12.41	12.97	24
重　庆	2607.09	3063.03	349.55	421.97	13.41	13.78	20
云　南	2803.08	3255.57	682.39	817.94	24.34	25.12	4
湖　南	5237.19	6237.58	615.23	737.61	11.75	11.83	27
广　西	3163.25	3796.58	403.43	483.91	12.75	12.75	21

表 2 的数据显示，扣除第一产业 GDP 后，2005 年贵州省的宏观税负上升了 3.32 个百分点，达 19.56%，在全国的排名上升到第 7 位，比全国平均水平和周边的农业大省湖南省分别高 1.86 个和 7.54 个百分点；2006 年，扣除第一产业 GDP 后全国的宏观税负水平提高快，幅度达 2.51 个百分点，宏观税负超过了 20%，贵州省只提高了 0.75 个百分点，却仍高于全国平均水平，达 20.31%，而四川、重庆、湖南、广西的相应税负的增幅都大大低于贵州省，其中湖南省只提高了 0.08 个百分点，广西为零。贵州省扣除第一产业 GDP 后的宏观税负水平过高，与周边省市区相比差距过大，且还有进一步扩大的趋势。

通过以上分析我们可以看出，2006 年，国民经济及税收的发展变化并没有降低，反而强化了高宏观税负水平的这种趋势。因此，以下我们将主要以 2005 年指标来分析贵州省宏观税负水平是能够科学地反映贵州省实际情况的。

（二）产业、行业税负高

1. 产业税负。由于贵州省的第一产业是无税产业，导致第二、第三产业的税负高，详见表 3。

表 3 **2005 年贵州省第二、第三产业宏观税负与全国及周边省市区宏观税负比较表**

单位：亿元

项目 / 地区	第二产业				第三产业			
	增加值	税收收入	税收负担（%）	全国排序	增加值	税收收入	税收负担（%）	全国排序
全国	87046.70	17965.86	20.64	—	72967.70	12336.54	16.91	—
西部地区	14331.62	2616.04	18.25	—	13237.06	1499.85	11.33	—
贵　州	826.63	204.18	24.70	5	783.49	104.18	13.30	11
重　庆	1259.12	208.39	16.55	18	1347.97	132.36	9.82	18
四　川	3067.23	408.48	13.32	27	2836.74	304.13	10.72	16
云　南	1432.76	490.66	34.25	3	1370.32	176.58	12.89	12
湖　南	2596.71	417.37	16.07	22	2640.48	185.46	7.02	30
广　西	1510.68	242.23	16.03	23	1652.57	151.04	9.14	21

从表 3 的数据来看，2005 年，第二产业的增加值仅为 826.63 亿元，这与产业结构基本相同、生产力水平相对较高的四川省相比，为后者的 1/5 左右，但创造的税收收入却是后者的 1/2。贵州省第二产业的税收负担名列全国第 5 位，在相邻省市区中居第 2 位，高达 24.7%，比全国平均水平 20.64 高 4 个百分点，比重庆、四川、湖南和广西分别高 8.15、11.38、8.63、8.67 个百分点，也就是说，贵州省第二产业每 100 元的增加值比上述相邻省市区分别多创造税收 8.15、11.38、8.63、8.67 元，比四川省多 85%。同年，第三产业的增加值为 783.49 亿元，占贵州省国民经济的比重为 39.58%。第三产业的收入少，但税收负担也较高，在相邻省市区中居第 1 位，比第三产业较为发达的重庆市（同期第三产业的比重为 43.9%）高 3.48 个百分点，比中部的湖南省高 6.28 个百分点。可见，由于贵州省的税源全部集中在第二、第三产业，使其这两个产业的税收负担过高。

2. 行业税负。从行业来看，贵州省的税负水平也不低。第二产业内部的税负与相邻省市区相比，详见表 4。

表 4　2005 年贵州省第二产业税负与全国及周边省市区宏观税负比较表　单位：亿元

地区＼项目	税收负担（%）	其中：工业				其中：建筑业			
		增加值	税收收入	税收负担（%）	排序	增加值	税收收入	税收负担（%）	排序
全国合计	20.64	76912.90	16614.62	21.60	—	10133.80	1351.24	13.33	—
贵　州	24.70	714.24	185.21	25.93	6	112.39	18.97	16.88	5
四　川	13.32	2527.08	367.50	14.54	27	540.15	40.99	7.59	24
重　庆	16.55	1023.35	182.61	17.84	18	235.77	25.78	10.94	13
云　南	34.25	1180.83	462.96	39.21	3	251.93	27.69	10.99	12
湖　南	16.07	2189.91	383.42	17.51	20	406.80	33.95	8.35	20
广　西	16.03	1264.84	217.14	17.17	22	245.84	25.09	10.21	15

从表 4 可知，贵州省的工业税负高居全国第六位，高达 25.93%，比全国平均水平高 4.33 个百分点，比相邻的四川和湖南省分别高 11.39 和 8.42 个百分点。建筑业的税负则相对更高，在全国名列第 5 位，达 16.88%，比四川高 1 倍多。

再从第三产业内部来看，各行业的税负水平也比较高，详见表 5。

表 5　2005 年贵州省第三产业税负与全国及周边省市区宏观税负比较表　单位：亿元

地区＼项目	税收负担（%）	其中：交通运输、仓储及邮政业		其中：批发和零售业		其中：房地产业		其中：住宿和餐饮业	
		税收负担（%）	排序	税收负担（%）	排序	税收负担（%）	排序	税收负担（%）	排序
全国合计	16.91	7.41	—	29.88	—	22.13	—	11.13	—
贵　州	13.30	7.63	8	30.48	7	15.14	13	8.42	10
四　川	10.72	4.62	18	20.64	14	18.54	10	5.30	20
重　庆	9.82	3.59	26	13.75	24	18.36	11	6.42	19
云　南	12.89	7.21	9	30.58	6	11.36	22	8.30	11
湖　南	7.02	3.46	27	13.03	27	10.42	24	7.38	12
广　西	9.14	4.18	19	10.48	30	14.60	16	4.73	26
西部地区	11.33	5.16	—	23.22	—	14.98	—	6.06	—

从表 5 可以看出，第三产业中，交通运输、仓储及邮政业、批发和零售业

的税负高于全国平均税负水平，分别位居全国第8位和第7位，房地产业、住宿和餐饮业虽低于全国平均水平，但仍为中上水平，居全国第13位和第10位，其中批发和零售业、住宿和餐饮业与相邻地区相比居第1位，其他为第2、第3位。相对而言，第三产业的宏观税负仍然较重。

（三）主要税种税负高

贵州省和全国一样，主要税种为增值税、营业税、企业所得税和个人所得税等。无论是国税还是地税，主要税种的税负都相当高。详见表6。

表6　2005年贵州省主要税种税负与全国及周边省市区宏观税负比较表

单位：亿元

项目 / 地区	增值税		营业税		内外资企业所得税		个人所得税	
	增值税税负（%）	排序	营业税与相关增加值之比（%）	排序	内外资企业所得税税负（%）	排序	个人所得税与劳动者报酬之比（%）	排序
全国合计	12.11	—	6.08	—	9.43	—	2.56	—
贵　州	16.05	7	6.06	7	7.89	10	2.43	6
四　川	10.46	20	4.64	17	6.06	16	1.61	22
重　庆	11.36	15	5.38	11	4.14	26	1.77	18
云　南	18.81	5	5.01	14	12.90	4	1.85	15
湖　南	8.86	28	3.72	25	2.87	31	1.43	27
广　西	9.88	23	4.53	18	3.89	28	1.80	17
西部地区	12.87	—	4.90	—	5.94	—	1.75	—

从表6可知，贵州省的主体税种的税负大大高于西部的平均水平，其中增值税、营业税在全国居于第7位，内资企业所得税和个人所得税分别为第10位和第6位，与周边省市区相比，营业税和个人所得税税负居第1位，增值税和企业所得税居第2位，税负高。

（四）宏观税负水平提高快

贵州省的宏观税负水平高，而且提高快，详见图1。

图1显示，2002年以来，贵州省的宏观税负呈加速上升态势，2002年为14.2%，到2006年上升到16.82%，增长较快。

总之，无论是从经济总量还是经济结构上看，贵州省的宏观税负水平在全国居于第7位左右，在周边省市区中居第1位或第2位，这都是偏高的，且提

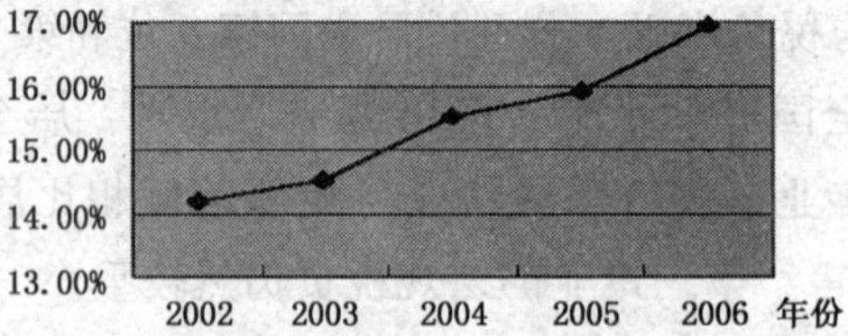

图 1　贵州省宏观税负的变化

高速度快。

二、影响贵州省宏观税负的因素分析

贵州省的税源少，宏观税负水平高是由众多的经济税收因素决定的。这些因素归集起来主要有经济因素、财政因素、税制因素和税收征管因素。

（一）经济因素

经济是税收的源泉，是税收的决定性因素。影响税收宏观税负水平的经济因素主要有经济发展水平和经济结构等。

1. 经济增长。税收来源于经济。经济发展水平越高，经济效益就越好，税源就越充裕，纳税能力就越强，在实行复合税制特别是累进税制的情况下，宏观税负就应越高。这是发达国家的宏观税负（一般在 30% ~40%）普遍高于发展中国家（一般为 17% ~22% 左右）的根本原因。尽管贵州省是全国经济最落后地区，人均 GDP 倒数第一，但近年来经济增长快。根据国家税务总局《简明税收统计资料》（2007 年 9 月）提供的数据，2005 年、2006 年，贵州省的 GDP 分别比上年增长 18% 和 14.6%，比全国平均水平分别高 3 和 0.7 个百分点，由此分别增加税收 45.45 亿元和 48.12 亿元，分别占税收增加额的 73.3% 和 79.7%，相应地影响宏观税负 2.3 和 2.1 个百分点。可见，贵州省的经济增长是影响其宏观税负水平的基本因素。

2. 经济结构。经济结构影响税收结构进而影响宏观税负水平。由于第一产业多是无税产业，第二、第三产业的税负高，因此，第二、第三产业的比重越大，宏观税负就应越重。同时，在第二、第三产业内部，又有税收鼓励和限制发展的低税行业和高税行业，如果低税行业比重大，宏观税负就低，反之，宏观税负就高。从贵州省的税源来看，贵州省仍然属于农业省，尽管第一产业的生产力水平很低，但其产值所占比重仍然偏大。2005 年，贵州省的第一产业占 GDP 的 18.64%，比重庆市高 3.5 个百分点，仅比农业大省四川低 1.4 个百分点。贵州省的这种产业结构是降低整体宏观税负的一个因素。在其他条件不变的情况下，如果2005年贵州省的产业结构水平达到重庆市的水平，第一产业将减少，第二、第三产业将同时增加12.9亿元（368.94×3.5%），税收也将增加2.52亿元。反过来说，贵州省第一产业比重庆市高3.5个百分点，使税收收入相对减少了2.52亿元，宏观税负降低了0.01个百分点。贵州省的宏观税负较高，主要是第二、第三产业创造的税收较多的结果。从表4可知，2005年，贵州省第二产业中，工业的税收负担比全国平均水平高4.3个百分点，比经济结构基本相同的四川省高10.4个百分点，建筑业的税收负担更是比四川和湖南高1倍多。2006年，贵州省的37个工业行业大类中的第二产业，其支柱产业主要是酒、卷烟、电力、有色金属等，据贵州省国税局有关统计数据计算，其中电力、烟草、饮料、化工和医药5大行业合计对全省工业增长贡献率达到71.8%，国税收入达122.65亿元，占国税总收入246.06亿元的50%，拉动国税收入增长12.91个百分点；在贵州省的各行业中，仅高税负的卷烟、煤炭和酒的国税收入就分别高达62.3亿元、20.26亿元和9.68亿元，合计高达国税总收入的37.65%，从而提高了宏观税负。贵州省的这种产业结构不合理，高税产业提供的税收比重较大是其宏观税负偏高的重要原因。

3. 其他经济因素。影响宏观税负的其他经济因素主要有经营方式。不同经营方式的企业的增加值和利润是不同的，从而导致税收负担高低不同。影响宏观税负的经营方式主要有直销或返点销售方式和转让定价方式。

（1）直销或返点销售方式。直销或返点销售可以减少流通的中间环节，将增值额和利润最大限度地留在产地而增加税收，提高当地的宏观税负水平，如贵州茅台酒的直销方式销售产品使利润最大化，税收负担高达40%多，这对当地宏观税负的影响大。

（2）转让定价方式。母子公司通过转让定价，将高税区的利润转移到低税区以降低宏观税负水平。贵州省享受西部大开发税收优惠政策，转让定价会相对提高其宏观税负。

（二）财政因素

在财政政策统一的前提下，财政收支状况是影响一个地区宏观税负的重要原因之一。如果一个地区的财政资金宽裕，就会更多地促进低税产业的发展，宏观税负就低，反之，财政困难，就会千方百计地发展高税产业，同时加重税收任务（计划），宏观税负就高。客观地说，贵州省的财政困难也是造成宏观税负偏高的主要原因之一。根据贵州省国民经济和社会发展公报的数据，2005年，贵州省财政收支情况为：全省地方财政收入182.50亿元，中央各项补助

328.24 亿元，调入资金 0.59 亿元，财力总计 511.33 亿元；全省财政支出 520.73 亿元，中央财政各项扣款上解支出 0.56 亿元，调出资金 0.15 亿元，收支相抵，全省当年支大于收 10.11 亿元。2006 年贵州省地方财政收入 226.6 亿元，财政支出 608.78 亿元，贵州财政极为困难，2005 年、2006 年全省地方财政收入占全省财政支出的比重分别仅为 35% 和 37.2%，尽管中央大力转移支付，但按全国平均公共品供给的需要来看，财政入不敷出，许多市、县级财政尽管连国家的各项基本的工薪福利政策都无法执行到位，却仍然有大量赤字。据相关指标计算，2005 年，贵州省的人均财政支出仅为 1539.15 元，北京却高达 8900.56 元，两地相差近 6 倍。由于贵州省的财政困难，税收任务层层加码，一方面，税务机关千方百计堵塞税收征管漏洞，依法应收尽收，行业税负偏高，如建筑业的税负比周边有的省份高 1 倍多；另一方面，地方政府更热衷于发展高税产业，从而促使宏观税负水平增高。

（三）税制因素

税收政策是宏观税负高低的制度前提。影响贵州省宏观税负的税制因素主要为名义税率。名义税率高是高税负的前提。任何国家都存在着税收流失问题。为了确保一国财政支出的需要，各国通常都会制定较高的名义税率。由此，税收征管水平越高，税收流失越少，实际税率（征收率）就越接近名义税率，反之，名义税率大于实际税率的差距就越大。也就是说，税收的名义税率越高，税收征管工作的“弹性”空间就越大。尽管多年来我国依法治税的效果非常显著，但不可否认，有的地方财政宽裕，税收任务相对较轻，其地方政府走藏富于民之路，对税收征管工作的要求不是很高，宏观税负就较低；反之，税收任务重，高名义税率就是税收征管工作差距的参照物，是奋斗目标，名义税率越高税收宏观负担就越高。我国的主要税种中，增值税（生产型①）的基本税率 17%，相当于世界通行的消费型增值税 23% 的税率，这在世界上是比较高的，不少产品还要征收高税率（额）的消费税。不论企业是否真正盈利，增值税和消费税都要缴纳，如果有利润，在 2007 年底以前，内资企业所得税的统一税率为 33%，如果将税后利润再分配给投资者，还要交 20% 的个人所得税，工资薪金所得的最高边际税率为 45%。我国的名义税率偏高，2007 年 5 月，美国《福布斯》杂志公布“税收痛苦指数”，我国 2005 年和 2007 年分别居世界第 2 位和第 3 位。虽然其研究的方法有欠科学的地方，但

① 根据国务院规定，2009 年 1 月 1 日起将在全国范围内实行消费型增值税。——编者注。

名义税率高是不争的事实，这为财政较困难的贵州等落后地区高宏观税负提供了制度保障。

此外，税收优惠和汇总纳税政策则相对降低贵州省的宏观税负水平。从减免税措施看，贵州省享受西部开发税收优惠政策，2006 年仅国税减免税达 19.7 亿元，免税所得 20 亿元而减少税收 6.6 亿元，相对减少国税收入共计 26.3 亿元，降低宏观税负 1.16 个百分点。否则，2006 年贵州省的宏观税负会超过 18%，比全国的宏观税负水平还高；从汇总纳税政策看，由于汇总纳税企业的总部（汇总缴纳地）多在经济中心上海、北京和深圳等地区，贵州等落后地区是生产经营地但不一定是纳税地，虽有 GDP 但无相应的税收（或税收很少），从而相对降低了贵州等地的宏观税负，2006 年，贵州省国税系统管辖的企业汇总到外地纳税的税收达 11 亿元，相对降低宏观税负 0.49 个百分点。也就是说，如果没有这两个因素，贵州省的宏观税负还将上升 1.65 个百分点，会使总税负大大超过全国平均水平。

（四）税收征管水平

税收征管水平是宏观税负水平高低的外因。在经济发展水平、经济结构和税收政策相同的前提下，如是两个地区的宏观税负不同甚至差异很大，那么最主要的原因就是税收征管水平的差异。如果一个地区长期加强税收基础管理，大力开展税法宣传提高纳税人的纳税意识，积极开展纳税评估和税务稽查，大力惩治税收违法犯罪，税收流失就少，宏观税负就高。贵州省与相邻省区相比，从经济发展水平看，贵州经济落后；从经济结构看，贵州与四川、湖南基本相同，重庆市则较优；从税收政策看，贵州、四川、重庆、广西基本相同，湖南不享受西部开发税收优惠政策，因此，其他省区的宏观税负理应较高于贵州，但贵州省的宏观税负却是相对最高的，如果仅为邻省 9.74% 的宏观税负水平，2006 年，贵州省的税收收入将减少较大。强化税收征管，堵塞税收漏洞，应收尽收，是增加税收收入，提高宏观税负水平的重要手段。

三、贵州省宏观税负反映的经济问题

贵州省的宏观税负水平偏高，主要反映了如下三大经济问题：

（一）财政困难，税收任务重

贵州省财政不宽裕，不少基层（含县级）财政连年困难，税收任务层层加码，有的地方税收任务过重，即使采用部分经费与税收收入挂钩的办法，税务机关千方百计组织收入仍不能完成任务，产生税收分配恶性循环。

（二）使贵州在市场竞争中处于劣势

由于贵州省的宏观税负高于云南以外的相邻各省市区，一般工业、建筑业和第三产业的税收负担大大超过相邻各省市区，使其在国内特别是与周边相邻省市区客观存在的税收竞争中处于劣势，影响其经济发展。按照乘数理论，政府增加（或减少）税收而引起的国民生产总值或国民收入减少（或增加）的倍数为税收乘数。税收变动与国民收入呈反方向变化，即税收减少，国民收入增加；税收增加，国民收入减少。税收乘数等于边际消费倾向与1减边际消费倾向之比的负数，它表示税收变化引起的国民收入反向变化的倍数。国家统计局2004年发布的研究资料显示，我国城乡居民的边际消费倾向大致在0.72～0.85之间。设边际消费倾向为0.8，则我国的税收乘数是 $-0.8\div(1-0.8)=-4$。即税收每增加1个单位，将引起经济总量减少4个单位。如前所言，如果2006年贵州省为邻省9.74%的宏观税负，将少收许多税收，贵州省的GDP增长将更快。反过来说，高宏观税负相对减少了贵州省的一部分GDP，如果再加上因高税负导致投资者抽走资金的存量税源流失和投资者望而却步的潜在税源损失，其经济损失更大。长期高宏观税负会使贵州省在市场竞争中处于不利地位，经济发展相对越来越落后，后继税源增长乏力，税收也难持续快速增长。

（三）调节产业结构的税收政策被削弱，产业结构不尽合理

一些地方政府为解决财政困难通常会大力支持高税产业的发展，如有的地方财政对高税限制的烟、酒和煤炭企业给予财税鼓励（如财政补贴等），并千方百计引进或增加高税产业的投资，而对税收鼓励的免税和低税产业缺乏发展动力，一些地方政府也不彻底执行税收优惠政策，使国家调节产业结构的税收政策受到影响，产业结构日趋不合理，一些地方甚至出现了资源浪费、环境恶化的现象，影响经济的可持续发展。

四、政策建议

为了使贵州省有比较合理的宏观税负水平以加快社会经济可持续发展，我们提出如下政策建议：

（一）加大低税和无税产业的发展以优化其产业结构

从短期来看，发展低税和无税产业虽然GDP增长快，税收却很少甚至没有税收，宏观税负亦会相应地降低，但这不能解决财政困难问题。由于政府官员的任期制等等原因导致一些政府行为短期化，不愿意发展这些产业而更多地发展高税产业使产业结构不合理。但低税和无税产业是国家大力鼓励的，主要

是关系国计民生的基础产业和新兴产业，对投资环境的改善和增强经济发展的后劲具有重要意义，这些产业的快速发展是经济长期又好又快发展前提条件，也有利于税收的持续、稳定和合理增长。为此，各级政府及税务机关应坚决执行税收优惠政策，加大财政支持力度以加快低税和无税产业的发展，优化贵州省的经济结构，增强经济发展后劲，同时相对降低宏观税负，促进贵州省经济又好又快发展。

（二）加大财政转移支付力度

对于转移支付问题，我们应站在建设社会主义和谐社会的高度来认识和把握。中央对落后地区的转移支付，既是社会公共品供给无差异性原则的客观要求，又是促进共同富裕以建立和谐社会的手段，还是对落后地区保护环境和发达地区占用落后地区廉价的资源（如贵州省输出的电力价格为0.25～0.3元/度，而在发达地区的输入地的售价高达0.5～0.6元/度，主要利润被发达地区占有，而环境保护的成本则由贵州承担）以及广大市场所导致的经济损失的合理补偿。贵州省丰富的自然资源、生态资源和矿产资源的合理开发利用，特别是有力保护，不但有利于贵州省经济长期又好又快发展，而且对全国社会经济特别是长江中下游地区的可持续发展具有极为重要的意义。中央政府应进一步加大对贵州省等落后地区的财政转移支付，落后地区的各级地方政府也应加大对下级政府的转移支付以减轻其财政压力，同时有力地控制地方财政支出的范围和规模，确保公共财政支出和优化产业结构的资金需要，以减轻税收任务的压力，使税收优惠政策真正落到实处，使民间拥有更多的新创造的价值，在加快共同富裕的步伐的同时使宏观税负水平更为适度。

（三）加大对落后地区的税收优惠政策支持力度

税收优惠政策是降低宏观税负的“加速器”。国家加大对落后地区的税收优惠政策支持力度，加快贵州省等落后地区低税和无税产业的发展，即加快基础设施和新兴产业的建设，改善投资环境和快速发展后继税源，在经济又好又快发展的同时，既增加税收收入，又相对降低宏观税负水平。

（四）改革税制，降低名义税率

国家通过适当降低名义税率，缩小不同地区间人为的税收调节空间，促进全国的税收实际征收率大幅度提高，以降低不同地区之间宏观税负水平的差距，这既有利于减少地区之间的税收竞争，又有利于落后地区涵养税源和相对降低宏观税负水平，更有利于经济发展。

（五）依法治税，强化征管

从全国来看，依法治税，强化征管特别是加大税收分析的力度，是防止个别发达地区藏富于民和一些落后地区竭泽而渔的重要抓手，是有力促进地区之间宏观税负差距缩小以相对降低贵州等省市区宏观税负的有力手段。

（六）慎用税收的汇总（合并）纳税政策

实行收入属地纳税原则和加大境内外反避税工作的力度，使全国各地的宏观税负水平更能真实地反映其经济发展水平和经济结构，特别是税收征管水平，以最大限度地减少和消除个别发达地区征管水平高、宏观税负重的假象，减少落后地区的收入和利润以及相应的税收转移，以维护落后地区的税收利益，缓解落后地区的财政困难，这更有利于贵州省等落后地区的发展。

课题组组长：张　雄

成　　　员：杨思辉　唐　耘　晏　鸣

执　　　笔：晏　鸣

河南省促进残疾人就业增值税优惠政策执行效果调查

河南省国家税务局福利企业税收政策调研组

中国是一个残疾人数量较多的国家。据中国残联统计，全国目前有8300多万残疾人，并以每年30万人的数量增长。发展残疾人事业，保障残疾人合法权益，平等参与社会生活、共享社会物质文化成果，历来是中国政府关注、支持残疾人事业发展的方向。一直以来，税收优惠政策在配合国家残疾人事业方面发挥着积极作用。2007年7月1日前，对安置残疾人员占生产人员50%以上的企业实行增值税全额退税、所得税免征照顾；7月1日后，政策调整为对安置残疾人员占全部人员25%以上且安置超过10人的企业给予增值税、营业税按人定额限量退税、所得税按实际支付工资加计扣除的照顾。据不完全统计，仅河南省1994年以来落实残疾人优惠政策减免税就达80多亿元。

由于新老政策在适应税种、退税条件、方法等方面都发生了较大变化，尤其是增值税优惠政策变化对企业生产经营的影响比较直接，本文仅从促进残疾人就业增值税优惠政策调整实施一年来，对河南省残疾人就业、权益保障、企业发展、税务管理等方面产生的影响作一调查分析，查找影响政策执行效果的因素，以期对政策及配套措施的进一步完善有所参考。

一、河南省残疾人就业企业税收管理基本情况

目前，河南省促进残疾人就业企业（以下仍沿用习惯称谓“福利企业”）

管理属于部门联管方式。由残联发放残疾人证件，民政部门认定福利企业资格，企业自行申报缴纳税款后，税务部门再按安置残疾人数及相关条件给予退税审批，最后由财政和国库部门审核退库。截至 2008 年 6 月末，河南省国税系统共管辖福利企业 1143 户，占河南省所有增值税企业户数的 0.78%，同比减少 150 户，下降了 11.6%；安置残疾人同比增加了 6077 人，上升了 20.7%。2007 年 7 月 ~2008 年 6 月，福利企业实现销售收入 294.65 亿元，同比增加 29 亿元，增长 10.9%；实现增值税 11.75 亿元，同比减少 4.1 亿元，下降 25.9%；实际退税 5.98 亿元，同比减少 7.73 亿元，下降 56.4%；平均税负为 3.99%，同比下降 1.97 个百分点。一年来，河南省福利企业税源管理呈现安置残疾人数、销售收入上升，户数、实现增值税、退税、增值税负下降的“两升四降”态势。而同期残疾人工资、社会保险、劳动保障投入三项支出（以下简称“三项支出”）为 46354 万元，比上年同期的 31074 万元增加 15280 万元，增长 49.17%，占退税款的比重则由上年的 22.66% 上升至 77.53%，上升 54.87 个百分点。

从分布情况看，1143 户福利企业遍布河南省 18 个市，经济税源好的市，福利企业较多，退税额也较大，基本上呈正相关关系，其中，郑州、洛阳、焦作、安阳、南阳、新乡、平顶山七市，户数占 71.6%，安置残疾人占 75.8%，退税额占 76.4%。从行业分布看，河南省福利企业涉及 36 个大类行业，占增值税涉及行业数的 57.1%，主要集中在非金属矿物制品业、化学原料化学制品制造业、通用设备制造业等 10 个行业，户数占全部福利企业户数的 77.87%，安置残疾人占总安置数的 77.45%，退税额占退税总额的 83.07%（见表 1）。

表 1　　福利企业主要集中的 10 个行业情况表　　单位:%

行业 \ 指标	占总户数比重	占总人数比重	占退税额比重
非金属矿物制品业	22.75	29.27	30.62
化学原料及化学制品制造业	14.09	10.72	7.22
通用设备制造业	9.19	9.88	13.83
造纸及纸制品业	5.77	5.70	3.87
有色金属冶炼及压延加工业	5.51	7.19	10.11
工艺品及其他制造业	5.25	3.54	4.75
金属制品业	4.55	3.81	4.23
塑料制品业	4.11	2.23	1.17
黑色金属冶炼及压延加工业	3.76	2.57	1.93
煤炭开采和洗选业	2.89	2.54	5.35
10 大行业小计	77.87	77.45	83.07

二、新政策实施效应分析

新政策的实施，在一定程度上避免了老政策仅注重安置残疾人相对比例而不注重绝对数量、企业享受税收优惠与安置残疾人绝对数量脱钩、减免税规模与安置残疾人就业规模不协调等弊端，把税收政策促进残疾人就业，保障残疾人利益的宗旨进一步落到了实处，税收的公平效率原则得以体现，对企业生产经营、地区经济发展和税收征管等方面都产生了积极的影响。

（一）促进残疾人就业的作用明显增强

从河南省一年来的执行情况来看，新政策按安置残疾人员定量限额退税，将安置残疾人数量与退税额直接挂钩，促进了残疾人员就业。主要表现在：

1. 促进了残疾从业人员的安置。自新政策实施以来，河南省安置残疾职工人数呈逐月增加趋势。截至 2008 年 6 月末，河南省福利企业安置残疾职工达 35469 人，比 2007 年 6 月末的 29392 人净增加 6077 人，增幅达 20.68%。

2. 促进了残疾人的集中安置。无论是原有残疾人安置还是新增残疾人安置都集中在部分行业和企业中，集中度相对较高（见表 2）。

表 2　　河南省福利企业主要行业情况表

安置残疾人数前 10 名行业				安置残疾人数增加前 10 名行业					
行业名称	户数	2008.6 月末（人）	占安置残疾人总数比重（%）	行业名称	户数	2007.6 月末（人）	2008.6 月末（人）	增加数（人）	占增加数的比重（%）
非金属矿物制品业	260	10382	29.27	非金属矿物制品业	260	7686	10382	2696	38.25
化学原料及化学制品制造业	161	3801	10.72	有色金属冶炼及压延加工业	63	1249	2549	1300	18.44
通用设备制造业	105	3505	9.88	化学原料及化学制品制造业	161	3074	3801	727	10.31
有色金属冶炼及压延加工业	63	2549	7.19	黑色金属矿采选业	24	285	718	433	6.14
造纸及纸制品业	66	2023	5.70	农副食品加工业	18	849	1134	285	4.04
金属制品业	52	1353	3.81	煤炭开采和洗选业	33	662	901	239	3.39
工艺品及其他制造业	60	1254	3.54	金属制品业	52	1117	1353	236	3.35
农副食品加工业	18	1134	3.20	工艺品及其他制造业	60	1059	1254	195	2.77
食品制造业	18	1082	3.05	黑色金属冶炼及压延加工业	43	739	911	172	2.44
黑色金属冶炼及压延加工业	43	911	2.57	专用设备制造业	27	437	587	150	2.13
合计	846	27994	78.93	合计	741	17157	23590	6433	91.27

——安置残疾人的行业较为集中。据调查显示，河南省安置的残疾人主要集中在非金属矿物制品、化学原料及化学制品制造、有色金属冶炼及压延加工、金属制品业等 10 个行业，共安置 27994 人，占总安置人数的 78.9%。同时，新增加安置的残疾人也主要安置在这些行业中，从表 2 看，安置残疾人数增加的前 10 名行业中，有 7 个行业与安置残疾人数前 10 名行业一致。尤其是非金属矿物制品业、有色金属冶炼业及化学原料及制品制造业三个行业安置残疾人 20533 人，占总安置人数的 57.9%，三行业新增安置残疾人 4723 人，占 10 行业新增 6433 人的 67%。

——安置残疾人的企业较为集中。从调查情况看，河南省安置残疾人超百人的企业共 50 户，共安置残疾人 12139 人，占总安置人数的 1/3 强。安置残疾人超百人的 50 户企业中有 10 户为新增安置残疾人数前 10 名的企业，其新增安置残疾人 2465 人，占新增安置总人数的 40%（见表 3）。也就是说，新政策进一步促进了安置大户安置残疾人的积极性。这些企业主要是一些劳动密集型、有一定盈利能力、税负相对较高的企业，它们通过多吸纳残疾人来降低自身税收负担，在新政策的导向作用下，这类企业残疾人数将会不断增加，也将进一步促进残疾人的安置。

表 3　　河南省主要福利企业状况表　　单位：人

安置残疾人前 10 名企业				新增安置残疾人前 10 名企业				
企业名称	所属行业	安置残疾人数		企业名称	所属行业	安置残疾人数		
		2007.6 月末	2008.6 月末			2007.6 月末	2008.6 月末	增加数
天瑞集团铸造	钢铁铸件制造	2053	1289	扶沟县云都铜业	有色金属冶炼及加工业	26	787	761
扶沟县云都铜业	有色金属冶炼及加工业	26	787	河南神力混凝土	非金属矿物制品业	116	558	442
郑州全新食品	农副食品加工业	388	567	河南天基混凝土	非金属矿物制品业	0	304	304
河南神力混凝土	非金属矿物制品业	116	558	郑州全新食品	农副食品加工业	388	567	179
濮阳中原石油华苑	纺织服装鞋帽制造	485	500	林州市红旗渠电炭	非金属矿物制品业	20	164	144

续表

安置残疾人前10名企业				新增安置残疾人前10名企业				
企业名称	所属行业	安置残疾人数		企业名称	所属行业	安置残疾人数		
		2007.6月末	2008.6月末			2007.6月末	2008.6月末	增加数
河南省正龙食品	方便食品制造	444	498	巩义恒星金属制品	金属制品业	202	345	143
沁阳市永威材料	玻璃纤维增强塑料制造	323	377	西峡县华能耐材	非金属矿物制品业	116	251	135
巩义恒星金属制品	金属丝绳及制品制造	202	345	郑州经纬商品混凝土	非金属矿物制品业	32	162	130
沁阳市黄河碳素	非金属矿物制品业	212	316	河南恒盛生物工程	有色金属冶炼及加工业	8	131	123
河南天基混凝土	非金属矿物制品业	0	304	沁阳市黄河碳素	非金属矿物制品业	212	316	104
合　计		4249	5541	合　计		1120	3585	2465

3. 促进了残疾职工的稳定安置。新政策要求企业必须给残疾职工缴纳各种社会保险、签订一年以上劳动合同、通过金融机构发放工资等，这些规定和要求有效地避免了过去一些企业残疾人只挂名不上班，骗取国家税款，侵害残疾人合法权益和利益的问题，也有效地避免了残疾人上班不安心，朝三暮四，在企业之间流动频繁的现象，不仅有利于企业对残疾职工进行技术和岗位培训，有利于残疾职工技术和技能的提高，而且已就业残疾职工工作保持相对稳定，更有利于其合法权益得到有效保障。

（二）残疾人的权益保障状况明显改善

新政策对享受退税设置了向安置的残疾人实际支付不低于当地最低工资标准的工资，按月足额缴纳“四金”社会保险等退税前提条件。设置这些条件的目的是运用税收引导手段，强化企业对残疾人权益的保障，从而更好地体现税收以人为本、关注民生的政策导向，有效推动全社会维护残疾人的权益。从河南省调查情况看，大多数企业能够按照规定提高残疾职工工资，按时缴纳社会保险，并积极采取措施，改善劳动环境和生活环境，残疾人的权益保障状况明显得到改善。

1. 企业为残疾人员支付的工资水平明显提高。2007 年 7 月 ~2008 年 6 月间，河南省 1143 户福利企业共为残疾职工支付工资 35037 万元，同比增加 9621 万元，增长 38%；残疾职工月人均工资达 823 元，同比增加 226 元，涨幅达 38%；同期全体职工月人均工资为 967 元，同比增加 126 元，涨幅为 15%。与全体职工工资水平相比，残疾职工工资水平一是增长明显加快，残疾职工工资增幅高于平均工资增幅 23 个百分点；二是二者收入差距明显缩小。二者收入差距由上年的月均差 244 元下降为 2008 年的 144 元，差距由 40.8% 下降至 17.5%。据调查，残疾人员月均工资最高的达 3314 元。

2. 企业为残疾人员缴纳的社会保险费用明显提高。2007 年 7 月 ~2008 年 6 月间，福利企业为残疾职工缴纳社会保险费 6286 万元，比上期的 2162 万元增加 4124 万元，增长 191%。残疾职工月人均社会保险费 148 元，比上期的 68 元增加 86 元，增长 141%。同期全体职工月人均社会保险费 87 元，同比增加 38 元，增幅为 78%。残疾职工和全体职工人均社会保险费相比，月均多 61 元，增幅高 63 个百分点。因为政策因素，促使企业为残疾职工投保状况明显好于其他职工。另外，由于按照足额缴纳社会保险的条件设置，促使原有 428 户没有为残疾职工缴纳社会保险的福利企业及时缴纳了社会保险，占全部福利企业的 37.4%。

3. 企业为残疾职工的劳动保障投入明显增加。新政策施行后，大多数企业都能够根据残疾人自身的生理特点，提供适当的工作岗位，建设了适合残疾人的生活保障设施，如带有残疾人专用的扶手卫生间，车间设有专门的残疾人轮椅通道，确保了残疾人安全文明生产，残疾人合法权益得到了进一步保障。2007 年 7 月 ~2008 年 6 月间，河南省福利企业劳动生活保障设施投入 5031 万元，同比增加 1515 万元，增长 43%。如某耐火材料有限公司投资改建了职工餐厅，专设了残疾人售饭窗口，购置了快餐桌椅；对行政办公区和生产区的 3 个公厕进行了修缮，设置了无障碍通道，加装了坐便器；在残疾职工的住宿安装了电风扇和暖气等等。

4. 社会保障救助范围进一步扩大。新政策明确增加了可享受退税的安置就业残疾人类型，新增加了智力残疾、精神残疾两类人员，扩大了残疾人就业的范围。截至 2008 年 6 月末，河南省残疾就业企业共安置智力残疾人员 1239 人，同比增加 787 人，增幅达 174%；共安置精神残疾人员 79 人，同比增加 65 人，增幅达 464%。

（三）福利企业的发展趋于理性和规范

1. 优惠政策普遍适用，有利于企业规范运作，公平竞争。过去享受税收优惠的福利企业仅限于民政部门和街道、乡镇办的福利企业，而且必须是国有、集体性质，其他单位安置残疾人员再多也无法享受退税政策。为了“享受”这一政策，一些企业想方设法挂靠，变相运作，假福利、假民政应运而生，这种税收区别对待，不利于企业正规经营和健康发展。调整后政策扩大到由社会各类投资主体设立的各类所有制企业。政策的普遍适用符合市场经济发展的要求，为各类企业创造了公平竞争的税收环境，有利于鼓励更多的企业吸纳残疾人就业，实现了优惠政策共享。

2. 优惠政策导向作用增强，有利于企业健康发展。新政策根据残疾人特点，鼓励劳动密集型产业积极吸纳残疾人就业，淘汰家庭作坊式的小企业，促进有一定规模的企业在吸纳残疾人就业的同时发展壮大。而对利用税收优惠政策获得好处又不愿为残疾人提供权益保障的企业，通过政策调节导向，从原福利企业队伍中清理出去。作为企业来讲，也可以根据自身核算情况来自行选择是否放弃福利企业资格。从调查情况来看，河南省福利企业总户数在短期内呈下降趋势，至2008年6月末，福利企业1143户，同比减少了150户。主要是一部分是过去靠退税自养的企业，一般是生产规模较小，产品档次低，经营状况不好的小企业，过去靠安置3、5个残疾人国家给予全额退税，现在政策变化，无法负担残疾人相关费用而注销。这类企业共36户；还有一些是达不到政策规定的条件被取消资格的企业，共97户；另外，一些产品附加值高、用人较少、实现税款较大的企业，政策变化后，企业感到再继续取得福利企业资格管理上受到束缚较多，安置成本和退税收益不匹配，自愿选择放弃了资格，共有17户。如某铝业有限公司2007年6月末，职工总人数21人，安置残疾人10人，2006年实现销售收入8714万元，实现并享受退税379万元。若按新政策企业不增加人员的情况下，按最高人均退税限额3.5万元计算，每年最多可退35万元，不到老政策的1%，该企业最终选择退出福利企业行列。

（四）福利企业税收管理逐步走上良性轨道

新政策实行按人定额限量退税，安置残疾人越多，对社会的贡献越大，享受的国家退还税款就越多，克服了过去福利企业退税款和安置的残疾人数关联度不高，残疾人权益无法保障的痼疾。另外，政策调整后，企业的销售和购进趋于真实，管理难度相对降低，有效地堵塞了征管漏洞，促使福利企业走上良性征管轨道，税收的公平和效率也得以体现。税负的理性回归，三项支出占退税款比重的大幅提高，税收执法风险的降低说明了这一点。

1. 退税额大幅降低。从表4看，全省残疾就业企业2007年7月~2008年

6 月共入库增值税 11.75 亿元，享受退税 5.98 亿元；上年同期入库增值税 15.8 亿元，享受退税 13.71 亿元。退税比例由 86.8% 下降至 51%。两年相比，入库税款减少 4.10 亿元，退税额减少 7.73 亿元，降幅达 56.4%。在残疾职工权益保障大幅上升的同时，减免税规模与残疾人权益保障情况趋于合理（三项支出占退税款的比重由上年的 22.66% 上升至 77.53%），税收的公平与效率得以体现。同时，福利企业主动索取抵扣凭证的意识的提高，反作用于上游企业增加申报收入和税款，减少税收流失。

2. 税负理性回归。由于老政策是全额退税，企业购进材料、发生运费索取抵扣凭证的积极性不高，不仅上环节税收易流失，本环节应纳税额也形成虚增，税负畸高。据调查，新政策实施前河南省福利企业年均税负为 5.96%，而同行业平均税负仅为 3.22%，高出 2.74 个百分点。福利企业集中的 10 个主要行业税负差为 2.13 个百分点，其中，税负差最多的是通用设备制造业，相差 4.47 个百分点。新政策改全额退税为按安置残疾人绝对数量退税，企业索取抵扣凭证的意识明显增强，使税负逐步趋于合理。2007 年 7 月 ~2008 年 6 月，河南省福利企业平均税负为 3.99%，同比下降 1.97 个百分点；10 个主要行业税负为 3.95%，下降了 2.23 个百分点。与同期同行业非残疾就业企业相比，税负差距进一步缩小，趋于真实。福利企业与同行业整体税负差由原来的 2.74 个百分点下降至 1 个百分点；10 个主要行业税负差由原来的 2.13 个百分点下降至 0.35 个百分点。其中，有色金属冶炼及压延加工业、黑色金属冶炼及压延加工业和工艺品及其他制造业三个行业的福利企业平均税负已与同行业税负基本持平（见表 4）。

表 4　　　　福利企业主要行业税负及退税情况表

行业名称	福利企业平均税负（%）		同行业平均税负（%）		残疾人就业企业退税额（万元）			应纳税额（万元）		
	2007 年 7 月 ~2008 年 6 月	2006 年 7 月 ~2007 年 6 月	2007 年 7 月 ~2008 年 6 月	2006 年 7 月 ~2007 年 6 月	2007 年 7 月 ~2008 年 6 月	2006 年 7 月 ~2007 年 6 月	增幅（%）	2007 年 7 月 ~2008 年 6 月	2006 年 7 月 ~2007 年 6 月	增幅（%）
非金属矿物制品业	6.04	8.24	5.38	5.85	18310	30930	-40.80	34781	40095	-13.25
有色金属冶炼及压延加工业	2.90	5.18	3.00	3.64	6043	18745	-67.76	11544	23108	-50.04
化学原料及化学制品制造业	2.94	5.84	4.22	4.08	4314	15487	-72.14	9634	17297	-44.30

续表

行业名称	福利企业平均税负（%）		同行业平均税负（%）		残疾人就业企业退税额（万元）			应纳税额（万元）		
	2007年7月～2008年6月	2006年7月～2007年6月	2007年7月～2008年6月	2006年7月～2007年6月	2007年7月～2008年6月	2006年7月～2007年6月	增幅（%）	2007年7月～2008年6月	2006年7月～2007年6月	增幅（%）
通用设备制造业	5.31	7.76	2.84	3.29	8269	15566	-46.88	12530	17563	-28.66
煤炭开采和洗选业	3.68	7.26	7.49	7.23	3198	8314	-61.53	7455	10616	-29.78
黑色金属冶炼及压延加工业	2.52	4.63	2.79	3.66	1152	6918	-83.35	4701	7454	-36.93
工艺品及其他制造业	3.25	5.79	3.13	3.41	2840	4116	-31.00	4760	5920	-19.59
金属制品业	2.12	3.74	1.77	2.23	2530	2948	-14.18	3000	3894	-22.96
造纸及纸制品业	4.17	4.37	3.61	3.68	2312	4028	-42.60	4719	4527	4.24
农副食品加工业	2.83	3.55	0.93	1.26	1799	3520	-48.89	3203	3268	-1.99
10大行业（平均/总计）	3.95	6.18	3.60	4.05	50767	110572	-54.09	96327	133742	-27.98
所有行业（平均/总计）	3.99	5.96	2.98	3.22	59790	137130	-56.40	117511	158487	-25.85

3. 税收执法风险降低。由于新政策明确了各部门职责，调整简化了部分企业资料，对退税需满足的条件进行了明确，相关条件的核对也均有相对应的部门凭据，便于核查；而一些难以核查的内容如上岗率不再明确要求，大大减少税务管理难度，降低了征纳双方的成本。尤其是与民政部门的职责划分明晰，极大地降低了税务部门执法风险。

三、新政策实施中存在的主要问题

（一）税收政策与社会保险制度的不配套影响执行效果

1. 基本养老保险费缴纳期限问题，造成部分残疾职工“参保”难。由于城乡社会保险体制尚在建立健全之中，根据社保部门有关规定，职工参保要累计达到15年，退休后可以按月领取基本养老金，否则，不发给基本养老金，个人账户储存额一次性支付给本人，终止基本养老保险关系。所以，对于福利企业目前安置的男超过45岁，女超过40岁的残疾职工，无法缴足15年的，退休后无法按月领取基本养老金，这样，一是会导致福利企业裁减45岁以上的残疾职工，不利于就业安置；二是如缴不足15年，残疾职工退休后的生活仍得不到相应保障。另外，农民工也无法参保，以上问题造成了对最需要扶助特殊群体（大龄残疾人、农村残疾人）事实上的排斥，限制了他们的就业，增加了社会不稳定因素，这与政策制定的初衷是不相符的。

2. “四金”缴纳方式不能满足税收管理需要。由于税收优惠政策是按缴足“四金”并足额支付工资的残疾人数计算并给予退税的，而目前“四金”基本是由社保部门每月（季、半年）代征，企业按核定人数和规定标准自行申报缴纳，社保部门只提供汇总开具的收费票据，不能区分是残疾人还是正常人，也不能提供具体的交费人员清单（医保费除外），给实际退税管理带来困难。

（二）部门间管理的衔接不畅影响政策执行效率

1. 资格认定管理信息不对称、审批不及时。新政策执行后，安置福利企业的资格认定、变更由民政部门负责，税务机关不能及时掌握残疾人就业企业认定、残疾人员的变更等相关情况，造成信息不同步，给税务管理带来一定难度。另外，在残疾人员变更上，企业增加残疾人员，都须报至市级民政部门审批后再传递给税务部门。由于手续繁琐，程序复杂，变更手续不能及时办理，造成税务机关对变更审批的滞后，不能及时享受足额退税，一定程度上增加了企业负担。

2. 残疾证管理难度较大。政策调整使残疾证成为“有价证券”，如何加强管理成为新问题。目前残疾人证、残疾军人证分别由残疾人联合会、民政部门审核办理，均为手工填制，未纳入信息系统管理，税务部门对其真伪难以核实，这给一些使用伪造残疾人证件的提供了可乘之机。另外，残疾证管理编号是以地市为单位进行编排的，在全省范围内经常出现证件重号现象，不利于对跨地区就业残疾人的监管。

3. 取得金融机构支付残疾人工资凭据较为困难。新政策规定，福利企业应通过金融机构支付残疾人工资，主管税务机关根据企业通过银行等金融机构实际支付工资凭证（复印件）办理退税手续。但受银行等金融机构本身操作规范所限，企业很难从金融机构取得每个职工的支付凭据。实际执行中，企业只能自己制作残疾职工工资单，再到金融机构加盖业务公章后，作为退税审批的凭据。这种做法使税务机关很难判断企业是否真的为残疾职工足额支付了工资。

（三）退税体制和财政状况影响政策落实效果

促进残疾人员就业税收优惠政策无论是新政策还是老政策，最终落实是否到位，关键还是要看税款是否能及时退还，这也是所有福利企业最为关心的。从目前的退税体制看，一是部门审批周期长。退税是由税务审批，财政审核国库退还。程序较多，时间较长，加之受各级财政状况因素的影响较大，企业退税及时性和足额程度难以保障，一定程度上影响企业安置残疾人就业的积极性；二是新政策实行按月退税，由于审查工作较细，退税审批时间较长，加上基层税务人员有限，按月退税难度大。同时，一些企业由于退税额小，也不愿意月月审批。

四、建议

（一）完善相关政策，进一步提高政策实效性

本着保障残疾人权益和确保国家政策落到实处的原则，建议进一步完善残疾人养老保险费的缴纳政策，适当缩短残疾职工保险费缴费年限。对于福利企业招收的年龄超过 45 岁且以前没有办理过社会保险的残疾职工，给予办理基本养老保险，对于农民工给予参保规定，使残疾人利益得到充分保障。对企业缴纳社保收据应分别注明残疾和正常职工人数和保费金额，从而便于企业退税计算。

（二）建立协作共管机制，加强部门间的协作配合

落实好促进残疾人就业税收优惠政策是全社会各部门的共同责任和义务，需要地方政府和相关部门的大力支持和配合。建议在各级政府的统一协调、指导下，一是建立由税务、民政、劳动保障、残疾人联合会等有关部门共同参与的协调机制和部门联席会议制度，定期就残疾人安置、企业的生产经营、残疾职工比例的变动等情况进行衔接、沟通、协调，提高管理效率；二是加强对银行、社会保险等部门在协作上的责任明确，以保证财税部门审批退税时有据可依，防止税款流失；三是建立残疾人安置档案管理制度，尤其是加强对有就业能力的残疾人的安置跟踪管理机制，这既有利于促进残疾人就业的税收优惠政策的落实，也有利于预防一证多用或虚构优惠条件等方式骗取税收优惠现象的发生；四是加强残疾人员证件管理。将在残疾人证按身份证号编号，统一核发

后并将信息传递给税务部门，新核发的信息按月或按季传递，以加强企业安置残疾人员的监控。

（三）加强日常监控，提高残疾人就业企业税收管理质量和水平

新政策实行后，原政策下福利企业销售虚高、税负畸高和购进不实等问题有所改善，但针对福利企业特点加强税收管理的工作仍不能松懈。因此，要加强对福利企业日常巡查巡管，建立跟踪管理机制，严格退税审批，切实提高福利企业税收管理质量和水平。日常管理中，要重点核实企业不仅要核实残疾人员变动的真实性，还要核实正常职工人数，对残疾人员比例、工资及“四金”等缴纳情况等要严格把关。为了加强对政策执行效果的监控，税务、民政、残联等部门还应通过各种方式、方法向残疾人员宣讲政策，使其充分了解自己的权益，鼓励其通过举报等途径揭露企业采取不按规定支付工资、“四金”等违法手段骗取退税等违法行为，保证优惠政策落到实处。

（四）积极完善退税管理体制，充分保证政策落到实处

鉴于当前当地政府财力决定了应享受的税收优惠能否真正实现退库，建议将即征即退方式改为直接减免或当期应退税款抵缴企业应纳税款的方式，这样可从根本上解决了企业退税难的问题。若退税政策不调整，建议由按月退税改为按季，或由企业自行申报选择退税期的方式，既减轻基层工作量，也给予企业选择权。

调研组组长：杨贵荣

成　　员：李天义　杨　莉　王俊雨

关于深化“两个减负”工作的实践与思考

张德志

纳税人的纳税负担和基层税务机关工作负担过重问题，是当前制约税收事业科学发展的难题之一，深化“两个减负”工作是2008年山东省国税局六项重点工作之一。从山东省国税局工作实践看，切实解决好两个负担问题，既是提高税法遵从度、加强税收征管、构建和谐征纳关系的重要举措，也是国税机关全心全意为人民服务、贯彻落实科学发展观的具体体现。

一、“两个负担”过重的表现形式及其原因

2006年12月，世界银行与普华永道联合公布的全球纳税成本调查报告称：“中国以每年872小时的纳税时间、47项需缴纳的税种、繁琐的税务条目和落后的纳税手段，在175个受调查的国家（地区）中纳税成本高居第8位”。这一报告在国内引起较大反响，有媒体公开宣称：“中国内地纳税成本高，与税务部门效率的低下有着直接的联系”①。2007年8月，国家税务总局专门下发文件，提出了“两个减负”要求。从我们调研的情况看，当前纳税人和基层税务机关面临的两个负担主要体现在无效工作和重复工作过多等方面。过多的无效和重复工作在一定程度上削弱了纳税人的税法遵从度，抑制了基层税务干部工作积极性，对税收征管工作目标的实现产生了负面影响。

① 《调查报告称中国纳税成本高居世界第八》，http：//www.sina.com.cn 2006年12月21日16：25中国新闻网。

（一）“两个负担”过重的主要表现

1. 纳税人“多头找”和“多次跑”问题较为突出。近年来，纳税人虽然通过电子申报方式，实现了远程办税，提高了部分涉税业务的办理速度，但正常情况下，纳税人在报送电子数据的同时，还要报送纸质资料，并且仍需直接到税务管理分局和办税服务厅甚至相关业务科室办理涉税事宜，多头找和多次跑问题没能有效解决。如一般纳税人企业通过网上申报之后，要先后到管理分局审核申报表，审核通过之后再到办税服务厅抄卡确认申报，在目前分局职能专业化管理模式下，纳税人仅办理纳税申报一项业务就需要在分局和办税服务厅之间来回跑，影响了办税效率。同时，税务机关涉及纳税人的各种调查，往往由税收管理员通知相关纳税人报送数据，如果要求报送书面材料，纳税人就要根据调查次数多少，多次跑税务机关，这对交通不便和边远地区的纳税人尤为困难。

2. 纳税人重复报送资料问题依然存在。部分需要纳税人报送的资料仍有较多的重复性，由于审核审批权在税务机关内部分属不同部门且信息不能共享，纳税人需按不同部门的要求，重复报送相同的资料。如开业登记、一般纳税人认定、专用发票最高开票限额行政许可、首次领购专用发票、防伪税控开票系统发行、普通发票领购资格的行政许可、计算机开具发票的行政许可、企业所得税征收方式认定等8项工作，都需要在纳税人开业初期进行调查核实，且调查核实内容基本一致，办理时间和过程基本同步，但目前按照不同申请审批事项分别办理，纳税人需要在相近时间内到办税服务厅和管理分局报送多次内容相似的资料，对征纳双方同时增加了负担。

3. 办税服务厅的过于集中增加了纳税成本。在设置办税服务厅和设计办税流程时，一味强调集约化，过多考虑管理成本的降低及工作环境的舒适，没有综合考虑征纳双方之间互动因素，没有充分考虑区域状况、交通条件和纳税人集中程度，忽视了纳税人的合理需求，全面取消农村分局的办税服务厅，将几乎所有的涉税事宜都集中到城区办税服务厅。这使地处偏远、交通欠发达地区的纳税人办税十分不便，办税成本明显增加。

4. 重复到户检查问题仍然存在。实际工作中，各级稽查、评估、监控人员重复进厂、多头检查现象频繁发生，给纳税人正常生产经营带来很大不便。以纳税评估为例，需要经过提醒通知、约谈、实地核实、调整账务、再次约谈、再次核实、再次调整账务等环节，税收管理员要多次到企业调查核实，纳税人也要多次到税务机关接受询问，牵涉双方大量精力。

5. 办税程序繁琐给征纳双方造成不便。由于现行业务流程设计思路上注重强调监督制约，过多地设置程序和环节，使一些涉税事项需要在税务机关各部门之间、各流转环节之间层层审核，层层把关，造成办税程序复杂繁琐。如申请一般纳税人资格以及提高专用发票最高开具限额，纳税人都需要跑办税服务厅、管理分局、税政科、信息中心 4 个部门，经过 10 多个环节，才能办理完毕，将发票领到手；办理出口退税，纳税人需要先将退税资料交分局税收管理员进行初审，再由分局长审核，然后再将资料报退税管理部门，由不同岗位分别进行初审、复审、复核，最后由分管局长审批，在此期间，每个岗位都要重复几乎相同的工作，每个环节都要签字确认，增加了征纳双方工作量。这些程序都由上级局规定，基层只能遵照执行。

6. 税务机关内部多头重复布置工作增加基层压力。当前，税收管理员与分局及上级机关之间是“一对多”的格局，上级机关布置的多项任务都需要基层税收管理员来完成，在部门之间缺乏协调情况下，多头布置、重复布置等问题比较普遍。上级机关安排工作不考虑基层的承受能力，不切实际地向基层下达各类突击性、临时性、非业务性工作任务，且要求基层快速反馈，使基层税收管理员疲于应付。基层分局和税收管理员除正常的征收申报、日常监控之外，各种调查、预测等临时性工作较多，可能在同一工作时间应付多个部门以不同形式下达的工作部署，致使税收管理员无所适从。据统计，某分局在一天中最多时接到过 7 个不同的调查通知，而最紧急的通知，是在上午上班后下达通知任务，下午上班时就要报送结果。

7. 考核指标设置不科学加重了基层负担。上级税务机关从提高工作质量和效率层面考虑，对基层制订下达多种多样、极其细致的考核要求，使基层面临着巨大的考核压力和责任风险。目前，基层所承担的考核任务非常繁重，考核覆盖面广，从监控评估、资料审核到工作纪律、安全卫生，将几乎所有的事项都纳入质量考核范围，有些工作质量考核和征管指标考核脱离基层实际，标准设置高，注意事项多，责任追究重，工作能力标准不断提高，导致基层人员无法适应，一定程度上弱化了执法力度。也使得一些日常工作无人愿为，无人敢为，这也是产生推诿扯皮现象的部分原因。特别是涉及专用发票、四小票、出口退税管理的工作，责任和风险较大，使人望而生畏。据基层反映，有些工作岗位，如金税工程岗、申报征收岗已经成为人人都不愿意承担的岗位。

（二）“两个负担”过重产生的原因

造成“两个负担”过重的原因是多方面的，有社会外部因素，也有税务系统内部因素。有些问题即使总局也难以一时解决。从根本上来看，主要还是在于现有的管理观念和管理机制不科学。

1. 政府统一协调的综合治税机制不完善，部门之间信息不能全面共享。以政府为主导的税收管理服务理念尚未树立，部分地方党委政府对国税工作的重视和支持力度不够，行政干预过多，影响了税收工作的开展。综合治税缺乏法律保障，部门之间缺少实现信息共享的工作机制，税收执法得不到应有的支持。如税务、工商登记信息交换传递存在不及时、不准确问题，有的地区接收工商信息要有偿使用，提取信息要收取一定的服务费；税务机关在检查纳税人账户时，金融机构不愿提供纳税人的全部账户，使税务机关无法全面掌握纳税人的资金流信息，有的金融机构甚至对税务机关的税收保全措施或强制执行措施不予配合；统计部门常常以保密为由，拒绝提供经济数据信息；公安机关对一些移交的偷税案件长期不处理，国税部门无法督促，造成移交不如不移交的尴尬现象。

2. 税收管理理念滞后，官本位思想严重。上级对下级、税务机关对纳税人普遍重监管，轻服务。

（1）管理理念存在认识误区，管理程序、办税环节日益复杂化，日常考核面面俱到，造成纳税人和基层人员产生抵触情绪，影响了工作效率。

（2）为纳税人、为基层服务的意识淡化，服务机制不健全，难以对服务质量和效能进行有效监督制约，服务实效普遍较差。

（3）管理制度过多过细，部分制度修改频繁，连续性不强，不利于基层落实。

3. 人员配置不够合理，工作效率得不到提升。一方面人员年龄偏大，人员得不到及时更新，队伍活力不能迅速提高；另一方面，税收管理员数量与日益繁重的税源管理任务不相适应。就山东省情况而言，1994 年底，国税系统征管人员 30158 人，税收收入 208. 76 亿元，人均征税 69. 22 万元，2007 年底征管人员 25381 人，税收收入 2208. 37 亿元，人均征税 870. 09 万元，人均征税是 1994 年的 12. 57 倍。

4. 激励机制尚不完善，基层人员缺乏工作热情。

（1）干部队伍激励奖惩机制不科学，落实不到位。基层由于人员兼岗较多、责任追究宽严不当等原因，造成干多干少一个样，干活多出错多、责任追究多的现象普遍存在，挫伤了基层人员工作积极性。

（2）受管理体制及职位编制限制，基层人员提拔晋升渠道相对狭窄，造成部分人员工作责任心和积极性长期得不到提高。

(3) 人员业务素质不高。多数税收管理员财会知识掌握不全，对应知应会的大量财务指标不熟悉、不理解，不能独立进行纳税评估、税收分析。基层业务骨干十分短缺，大量工作往往集中在几个业务骨干身上，鞭打快牛现象比较突出。

5. 数据质量和分析运用水平不高，信息一体化建设任重道远。部分应用软件相互之间兼容性较差，数据资源不能有效利用，达不到实时监控、数据比对、信息共享、综合利用的信息化目标，信息化方便快捷高效的作用没有发挥出来；系统运行速度较慢，纳税人排队办税的问题在有些地方比较严重；部分税收管理员对已采集信息不会用、不愿用，造成信息资源的浪费严重，影响了信息数据应用质量。

二、山东省落实“两个减负”的工作实践及成效

近年来，山东省国税系统将深化“两个减负”作为推动整体工作的切入点，从解决纳税人和基层最关心的问题入手，将管理与服务有机结合起来，抓好科技管理，创新服务方式，提升执法水平，充分依托信息化手段深化“两个减负”工作，初步取得了增效减负的工作目标。

(一) 提升服务理念，拓展办税方式，着力解决服务不到位问题

1. 全面提升服务理念。结合纳税人网上办税、自助办税、就近办税等多元化办税需求，各地努力突破时空限制，逐步树立起了以纳税人为中心的税收服务理念。如济南市国税局在全市实行了“3A”服务模式，突破时间（Anytime）、空间（Anywhere）和办税方式（Anyhow）的限制，让纳税人根据自身需求，自主选择最方便、快捷、高效的办税途径，初步建立了有形网点同城共享、无形网络无限延伸、自助系统全天候开放、热线服务实时互动的现代化服务机制。全省各地国税系统，结合自身实际，纷纷从化解纳税大厅压力、搭建服务平台、减轻报表负担、避免多头部署等方面重点突破，深入推进“两个减负”工作，努力构建服务手段先进、征纳成本低廉、社会参与广泛、保障体系完备的现代纳税服务体系。

2. 积极拓展办税方式。拓展办税方式是提高纳税服务水平的重要环节，各地纷纷结合自身实际，对更加方便快捷的办税方式进行了有益探索，并取得了比较成熟的经验。如济南市国税局在办税方式上，借鉴自动取款机原理，在全国税务系统率先开发自助办税终端系统，为纳税人提供了一条24小时全天

候自助办税服务渠道。纳税人通过这一设备可在任何时间自助办理增值税进项发票认证、IC 卡抄报税等 6 项业务，不需再到办税厅排队，也不再受工作时间限制。目前，济南市有 19.97% 的纳税人选择了自助办税服务，普遍反映非常方便。在办税地点上，积极探索同城办税服务方式。在不改变属地管理和税款入库级次前提下，打破行政区划界限，实现申报纳税的通报通缴、专用发票的通抄通认、发票的通验通售和增值税申报的通比通对，济南市纳税人可以在本地任意选择一个办税服务厅办理涉税事项。在申报方式上，积极引入电子印章加密技术，成功开发网上申报和认证业务，积极推行网上办税，精简取消纳税人的审验及重复报送资料 316 份，实现报表资料无纸化报送，纳税人可以远程提交办税业务，办税成本大大降低。

3. 着力解决办税拥挤。改善办税服务厅硬件配置，及时增加或更新了台式机、扫描仪等设备，部分办税服务厅配置了触摸屏、电子显示屏等，方便纳税人办理涉税事宜。按照最大限度方便纳税人的原则，根据不同时段税收业务量的变化合理调配窗口职能，及时分流工作压力，有效地解决了纳税人在各窗口之间多头跑问题。根据经营规模、结账期限、区域分布等特点，对纳税人进行科学分类确定申报期限，引导纳税人分时段办税。有的还配备了办税排队机，引导纳税人有序办理相关涉税业务，解决了排长队等问题。

4. 不断规范纳税检查。推行下户派遣制度，税务人员到企业实施各项调查和检查，由部门负责人签发派遣单，检查前向企业出示，对同一企业的检查每年不超过 1 次（涉税举报案件除外）。对涉税处罚事项，建立县级局一把手审批制度，严格控制行政处罚权的使用。对纳税人有关涉税事项，进行执法提醒，做好查前、查后服务，要求对大型企业进行检查前，由部门负责人与企业负责人进行面谈交流。检查结束后及时反馈检查结论，同时根据检查发现的问题，有针对性地提出避免问题再次发生的建议，指导纳税人做好账务调整、税款入库事项。

（二）整合信息资源，深化数据应用，提高信息系统的整体运行效能

1. 依托两个系统，减少重复评估检查。各地充分运用省局开发的税收分析预警和纳税评估两个系统，采用 258 项分析预警指标、393 种审核方法和 350 种分析模板，整合综合征管软件等主要业务系统的征管数据，引入来自统计部门的经济指标和通过外部信息管理系统批量采集的第三方数据，积极采集企业的生产经营数据，通过对预警指标和综合信息进行全面分析，发现纳税人可能存在的问题疑点，据此来指导税收管理员约谈举证和实地核实，改变了过

去那种大海捞针式管理方式，提高了日常评估检查的针对性和准确性，有效地解决了原来那种日常检查频繁、效率不高问题，减轻了纳税人和基层负担。

2. 实施界面整合，简化应用软件操作。对办税服务厅常用的应用系统进行了全面梳理，本着科学实用、方便高效的原则，以省局门户网站为平台，整合各类应用系统操作界面，将办税服务厅常用的19个总局、省局推行的应用系统和66个市局集中应用系统，统一纳入省局门户网站管理，做到一次登录省局网站，可直接进入各应用系统，减少了系统切换需要多次输入用户名和密码问题，有效提高了办税人员的工作效率。

3. 实施功能整合，构建统一办税平台。

(1) 通过建立省级集中的办税服务平台，对纳税人应用软件进行整合，统一数据采集口径和平台，减少纳税人应用软件数量，在统一的办税平台上提供多元化的纳税服务模式，切实提高了办税效率。

(2) 各地积极探索应用电子签名认证安全机制，实现纳税人和主管税务机关双向身份认证，确保网上传递信息的保密性、完整性和不可抵赖性，为取消纳税人纸质报表资料报送、降低办税成本提供了技术保障。

(3) 将税收分析预警系统和纳税评估系统进行整合，统一用户和权限管理，形成系统功能整合的基本技术平台，并将数据库应用工具集成到整合平台中，实现税收预警评估一体化。基于此平台，对全省在用的26个数据分析利用类软件进行整合，建立集分析预警、纳税评估、执法管理、服务提醒等9大功能于一体的数据综合分析利用平台，统一系统入口、操作界面、指标数据口径标准以及工作任务下达和落实反馈，形成管理层监控分析考核和税收管理员工作平台。使领导层人员能够快速了解征收管理、税源管理、税收执法总体情况，辅助科学决策，税收管理员能够快速落实预警任务，实施纳税评估，达到了工作事项不遗漏，工作任务不超期，纳税服务更周到的目标。

(三) 强化内外统筹，避免多头部署，着力解决多头重复布置工作问题

针对多头部署、多次下户等问题，对内统筹登记认定事项和评估检查事项，对外统筹国税、地税协作事项和第三方涉税事项，有效整合了征管资源，减轻了纳税人和基层工作压力。

1. 压缩办税项目，简化办税流程。

(1) 合并事项。如济南市局将税务登记、税种认定等七项下户调查事项进行合并，实行一次下户，关联业务统办，并明确税收管理员下户调查的内容、标准、方法和时限，提前做好计划，避免重复安排工作，减轻了纳税人往

复奔波、资料重复上报的负担，也减轻了税收管理员多次进户、重复调查的工作压力，实现了征纳双赢。

(2) 压缩环节。有的市地根据纳税人需要，将审批类项目由纳税人到办税厅提交资料，审查后转到分局调查核实，压缩为分局直接受理、审查并核实，将原来的“菱形”流程，改为“线形”直接办理，方便了纳税人。

(3) 服务前置。如滨州市国税局针对部分农村纳税人离城区较远，办税不方便问题，将原来在办税厅的纳税申报、发票发售等业务下放到农村分局，尽可能多地为纳税人提供方便。

2. 拓展合作领域，统筹国地税协作事项。全方位加强与地税部门的协调配合，联合开展案例公告、办理税务登记、评定纳税信用等级开展纳税检查等，既提高了税源管理质量和效率，又有效减轻了国地税工作重复导致的纳税人负担。如济南市国税局实行国地税联合税务检查，对纳税人一次进入，各税共查，统一标准，限时结案，受到了纳税人普遍好评；积极创新评估方式，在实行增值税和所得税并案评估、多税种综合评估的基础上，对非增值税纳税人，与地税部门建立定期联评制度，共享评估信息，提高了评估针对性和实效性。

3. 深化信息共享，多渠道采集信息。依托“外部信息应用管理系统”，与财政、地税、工商、技术监督等部门建立了信息数据交换共享平台，主动加强与海关、经贸、统计、民政等部门的联系协调，广泛利用第三方涉税信息完善税收管理和服务，减轻了由于信息不对称导致的管理偏差，以及直接调查带来的纳税人负担。例如，在户籍管理方面，基层税务机关无需采取沿街拉网式的清查行动，而是通过第三方信息筛选与比对，即可有效掌握漏征漏管信息，切实减轻了基层户籍管理压力。

（四）优化资源配置，完善激励机制，以人员素质提升促进管理效能提高

1. 优化资源配置，实现“三个匹配”。各地在近年来的改革实践中，综合考虑基层所管辖的税源数量、税源结构、地域分布、发展趋势等因素，对税收管理员队伍进行优化组合：将熟悉政策、财务管理和计算机等知识的人才充实到重点税源管理岗位，根据行业管理需要合理调整中小企业管理力量，根据个体税源的变化情况适度配备个体税收管理人员，并考虑骨干税源、有增长潜力税源向城区集中的趋势，合理调整城区、农村的税收管理员比例，逐步实现了税源规模与管理人员数量相匹配、管理难度与管理人员素质相匹配、税源分布区域与管理人员分布相匹配。

2. 注重教育培训，提高整体素质。注重提高税管员素质放在重要位置，坚持按需施教、分类培训原则，加大业务培训力度。根据税收管理员素质差异和岗位不同，采取集中学习和分散自学相结合、案例教学和理论学习相结合等形式进行业务培训，并广泛开展岗位比武和技能竞赛活动，提高财务会计核算、统计分析和综合写作能力，促进了税收管理员整体业务水平的提高。

3. 借助科技手段，提高管理效率。针对部分税收管理员不会干、干不好的现状，从最基础环节入手，将常用的征管实务归类整理，以电子图书形式编制成工具包，对每一项工作的操作及注意事项进行详细介绍，基层人员学习时当字典，疑难时当当老师，工作时作比照，成为基层国税人员学习、工作的有效工具。在此基础上，依托综合征管软件的数据资源，开发易捷数据自助查询工具，使每个人员都能直接提取和查询征管基础数据，不再需要纳税人和基层统计、报送相关资料，工作效率大大提高，也避免了多头重复布置工作问题。使用这一工具后，以编制一份农产品收购企业涉税信息统计表为例，以前至少需要 2 个工作日，现在只需几分钟即可完成。

三、进一步深化“两个减负”工作的思考

当前，中国税收管理工作正面临着一场新的变革。这次变革的一个重要方面就是充分依托信息化手段来进一步完善管理机制，提高税收管理效能，降低税收征纳成本，构建监管严密与服务高效并重的税收征管新格局。进一步深化“两个减负”工作，应充分把握这次新的征管变革机遇，从优化外部环境和理顺内部机制两个方面入手，在构建现代化的税收征管新格局中全面提高税收管理效能、进一步深化“两个减负”工作，充分调动纳税人和基层两个积极性，提升征纳关系和谐度，实现税收事业的科学发展。

（一）充分认识“两个减负”的重要意义，把深化“两个减负”工作作为当前乃至今后一个时期的重点工作常抓不懈

从当前的税收管理实践来看，两个负担过重已成为当前制约税收工作科学发展的主要因素之一。对外加剧了征纳矛盾，使得纳税人对税务部门抵触心理严重，降低了税法遵从度，最终会降低税收征收率和征管效率。在税务系统内部，则造成上下级之间特别是机关与基层、管理层与征管一线之间的割裂和隔阂，造成权力、责任、福利和工作量的严重不对称，基层疲于应付、加班加点反而并不能有效地提高征管质量和效率，相互之间缺乏平等的沟通、信任和理解，本来是系统上下齐心协力共同管理服务好纳税人的关系演化为单纯的管理

与被管理、监督与被监督的关系。从国税事业科学发展的需要来看，科学发展要以人为本，对外要尊重纳税人的合法权益和合理需要，对内要尊重普通国税干部和基层人员的合法权益和正当需求；科学发展要求统筹兼顾，要兼顾成本和效益，在努力实现依法治税宗旨、提高征收率的同时，对外要降低纳税人纳税成本，努力让社会满意，对内要减轻基层不必要的工作负担，形成互尊、互敬、相互理解、心情舒畅的工作环境。因此，无论是从现实需要出发，还是从国税事业的长远发展而言，两个减负都将成为当前乃至今后一个时期国税工作的一个重要切入点和主要抓手，这是一个从形式到实质发展变化的长期过程，不可能一蹴而就。在这一过程中，一方面税务部门要完善内部管理机制，提升管理效能；另一方面，也需要政府和社会的高度重视和大力支持。

（二）积极构建政府主导、部门配合的综合治税机制，改变税务部门一家治税的不利局面

高效能的治税模式，需要党委政府高度重视、相关部门积极配合、税务部门充分运用社会信息资源进行综合治税。当前形势下出现两个负担过重及纳税成本过高的问题，不单纯是税务部门管理效能低下的责任，更与整个政府管理效能低下有直接关系。综合世界其他国家普遍做法，政府应首先转变管理理念，真正将税收管理工作作为一项政府工作而不仅是一项部门工作对待，动员、协调各部门及社会力量同抓共管；其次应加强对纳税人税法遵从度的引导，让纳税人依法纳税成为自觉行为，为税务部门行使职权创造良好的征税环境，使税务人员从繁杂的催报催缴及低效的重复工作中解放出来；再次是尽快完善政府主导、部门配合的综合治税机制，加快政府涉税信息共享平台建设，加强对相关政府职能部门的监督制约，并以法律形式固定下来，使税务机关在低成本下即能获得进行税收监管所需的海量涉税信息，提高监管效能。

（三）继续深化税收管理体制改革，建立适应信息化管理要求的现代管理体制

从管理层面看，“两个负担”过重的问题，与税务机关内部管理机制不科学、不顺畅，各项管理措施落实不到位有直接关系，而管理机制的不到位很大程度上是由于管理体制不科学造成的。传统的官本位科层式管理体制已经不能适应信息化时代下现代税收管理的需要。随着信息化管理手段的不断深入，中国税务机关应尽快建立面向纳税人、面向基层的管理服务体制。一方面在法律框架许可内，尽可能地下放审批权力，使基层在权利、责任和信息三大要素方面实现有机统一，提高工作效能；另一方面，以需求管理为主导，依托信息技

术建立起互动平等的需求服务型组织管理体系，并逐步打破官本位意识，使每个岗位依据自己的岗责权限，满足任何相关当事人的正当需求，建立起以需求管理为主导的职责格局和管理机制，把整个税务系统打造成为沟通便捷、快速反应、协调高效的有机整体。

（四）改进完善考核办法，构建科学高效的激励机制

税务工作是一项高度复杂的管理性工作，不能简单地对每一项工作和每一个工作环节都确定单一的、可量化的工作标准，也不能简单推行达不到标准就扣分处罚的激励措施。现代管理学的一个基本原理就是，对于高度复杂的工作，那种泰罗制的标准化高负荷激励难以激发员工的积极性、创造性，而只能使被管理人员也就是我们的一线人员对工作消极应付，而他们恰恰是税收征管和执法的主体。对他们的考核工作应体现以人为本的宗旨，允许一定的扣分阈值，从负面为主的考核激励逐步转向负面激励与正面奖励相结合，最后实现以正面奖励为主的考核模式。同时，改进考核主体和客体，建立纳税人对税务机关、下级对上级的考核评价机制，对已经流于形式的一些报表材料和考核指标进行清理，对申报率、入库率等比率性指标确定合理的合格比率，避免基层单位单纯追求考核成绩而忽视征管质量的做法，减轻基层不必要的工作负担。

（五）改进能级管理办法，拓展干部发展空间，充分调动广大干部的工作能动性

在目前公务员管理体制下人员进口较小、税务干部队伍年龄日趋偏大的情况下，应树立以人为本、正面激励为主的管理理念，重视激发现有人员特别是业务骨干人员的工作学习激情。根据基层实际需要，改进能级管理办法，适当增加等级级次，在等级确定上更多地注重工作资历和能力表现，避免过于注重笔试成绩的作用。鉴于税务部门与公安系统在工作性质上都属执法队伍，整个税收管理工作都要以基层一线人员为执法主体，为了进一步拓宽他们的发展空间、激发他们的工作积极性和责任心，可以学习借鉴公安系统的五等十三级警衔制，使基层一线人员只要积极负责干工作、抓学习，每隔三、四年就能上个新台阶，解决基层行政职数有限所带来的干部发展空间狭窄问题。

（六）重新审视税务机构设置，统筹谋划深层次改革问题

1994 年，分税制的一个重要内容，就是实现国税与地税系统的机构分设。这一体制对于规范税收秩序、促进分税制的顺利推行乃至促进整个国民经济快速发展都发挥了积极作用。但同时也出现了诸多弊端，尤为突出的是增加了税收的征纳成本，加重了纳税人负担。从宏观层面看，面对同样的税源体系、几

乎同样的征管对象，由两套各自都很庞大的机构和干部队伍分别实施管理，就像城市对每一户家庭都安装了两套相同的自来水管道一样，都是极大的浪费，这也是当前中国税收征管成本远远高于西方主要发达国家的一个主要原因。在当前两个减负工作深入推行的形势下，完全有理由对这一税收管理体制进行重新审视，真正从维护纳税人合法权益、促进税收事业科学发展的高度着手考虑深层次的管理体制改革问题。

（作者工作单位：山东省济南市国家税务局）

促进陕西省外贸出口可持续发展对策研究

陕西省国家税务局课题组

近年来，随着国家西部大开发战略逐步实施和沿海地区产业升级、部分产业和生产要素向中西部转移的经济环境背景下，陕西省外贸出口不论是从数量、品种还是收汇额上都有了快速的增长，这些都为陕西省以外向型经济推动建设西部经济强省、加快全面建设小康社会创造了有利条件。但与国内其他部分省市的对外贸易发展现状横向比较来看，陕西省对外贸易出口中仍存在着外贸相关产业总体规模小、产品附加值低、企业发展外向型经济意识不强、外贸出口商品在本省的加工产业链短，对本省相关产业发展与水平提升的带动作用不强等问题。伴随着近几年来国际上经济、金融形势的发展变化，特别是近来从美国发生并迅速波及世界范围内的"金融海啸"势必对陕西省的外贸出口经营活动带来巨大的影响。同时国家近年来连续对外贸进出口业务进行宏观调控而导致政策面的巨大变化，包括中国的人民币汇率持续上升，出口退税率下降，这些均为陕西省通过发展外向型经济来推动陕西省工农产业的发展与升级带来了新的机遇和新的挑战。本文通过对 2003 ~2008 年 6 月间的陕西省对外贸易的海关出口统计数据进行分析和实证研究，探讨在国际市场经济形势变化及其历年来的人民币汇率升值变动，以及国家对出口退税政策调整等因素对陕西省外贸出口业务所产生的实际影响，进而探索为合理调整陕西省整体产业结构，促进陕西省的对外贸易与产业互动协调发展，保障陕西省外贸出口的可持续发展，推动陕西省建立高效的外向型经济产业发展格局而应采取的对策提供参考意见。

一、陕西省外贸出口情况及其存在的问题

（一）2003～2008年陕西省外贸出口情况简述

1. 陕西省对外出口贸易总额近年来一直保持了较高的增长速度，呈现出稳步增长态势。以2003年为基期的统计数据表明，5年来进出口额呈稳定增长趋势，尤其出口总额从2004年的23.97亿美元增长到2007年的68.88亿美元，增长强劲。即使自2007年下半年以来面对出口退税率再次调整，人民币加速升值，原油、钢铁等原材料价格持续上升，劳动力成本上升以及受美国次贷危机的影响导致国际市场许多类商品需求低迷，美欧等主要市场国家的进口放缓等等不利因素影响下，陕西省出口贸易额在2008年1～8月虽增速有所放慢，但出口贸易额同比增速仍达到了21.67%，保持了较为良好的增长态势。

2. 陕西省对外出口贸易总额与粤苏浙等东部沿海地区有非常大差距，甚至在中西部地区也不占优势。陕西省对外出口贸易总额与东部的苏、浙、粤等省份相比有很大的差距，并且这5年来差距有日益扩大的趋势。2003年1月的统计数据表明，苏、浙、粤的出口额分别是陕西省的27.67倍，22.39倍与81.25倍，而到2007年10月，前述省份与陕西省当月出口额的差距已分别扩大到52.89倍，30.88倍与101.78倍。即便与地处中西部地区的豫、川、渝等省市相比，陕西省外贸出口数量也不占优势，甚至出口排名还有所下滑。据2007年中国海关综合信息统计网发布的《陕西省外贸进出口统计分析》数据，2007年，陕西省的对外出口贸易额在中国西部地区排名仅处于第5位，排序比2006年下滑2位。

3. 今后一段时期内陕西省出口贸易额的增长幅度将放缓。近年来，陕西省外贸出口额的增长率随着出口贸易额基数的扩大有所放缓，从2004年的38.13%降至2007年的28.7%。特别是根据西安海关最新的统计数据显示，2008年1～10月同比增幅更是降到了20.94%。2008年以来，人民币累计增值幅度超过6%以及由美国次贷危机引起的全球性金融海啸的影响开始逐渐波及到中国的出口贸易行业是造成这种下滑的主要原因。特别是后者，这次金融危机的影响将进一步扩展到实体经济领域，其对陕西省对外出口贸易的影响将在今后一段时期内进一步显现出来，前景不容乐观。

（二）陕西省外贸出口的特点及其存在的问题

1. 对外贸易方式中一般贸易模式占主导地位，加工贸易模式有所发展。长期以来，在陕西省进出口贸易方式中以一般贸易形式出口的商品金额占总出

口额的70%～80%，居绝对的主导地位。而伴随着2005年以来国家鼓励加工贸易企业由东部向中西部梯次转移及其相关优惠政策的逐步实施，加工贸易（包括来料加工与进料加工贸易）的出口额在陕西省外贸出口总额比例有所增加，从2004年的20.6%，逐渐扩充到2006年的28.1%。2007年陕西省的加工贸易出口额更是首次突破10亿美元大关，达到12.79亿美元，仅次于四川，居西部省份第2位。但整体而言，陕西省外贸中加工贸易的量仍然较小。由于受到人民币汇率加速上升及美国金融危机的影响，2008年1～10月份，陕西省加工贸易出口额仅为8.15亿美元，较上年同期下降了20.9%（见表1）。

表1　　陕西省出口贸易主要方式对比表　　单位：亿美元

项目	2004年		2005年		2006年		2007年1～10月	
贸易方式	总值	增幅(%)	总值	增幅(%)	总值	增幅(%)	总值	同比增长(%)
一般贸易	29.49	28.86	37.02	25.54	38.97	5.26	31.90	31.15
来料加工	0.18	-42.25	0.12	-29.36	0.31	146.76	0.21	11.73
进料加工	6.28	68.84	7.69	22.42	12.30	60.14	10.99	55.89
外企进设备	0.31	-34.14	0.61	98.46	0.45	-27.27	0.52	60.68

数据来源：西安海关主编的《海关统计资料》。

2. 产品出口结构较为清晰，重点产品突出，部分商品的出口受政策等外界因素影响较大。近年来，机电产品、矿产品、农副加工品、纺织品、钢材等5大类的商品一直是陕西省主要的外贸出口商品，其年出口金额占陕西省年平均出口总额的88%。其中，机电产品连续10余年为本省第一大出口产品。2007年，全省机电产品出口19亿美元，其中又以航空零部件、重型汽车和电子技术产品等为代表的高新技术类机电产品的出口势头良好；出口额排在第2位的矿产品因受国家对"两高一资"产品出口管制政策调整的影响，其在2007年的出口额仅比2006年增长10.71%，远低于全省出口平均增速；纺织品类商品受各种市场和政策因素的影响近年来出口额趋于下降。

3. 出口商品目的国相对集中度较高。陕西省外贸出口商品主要目的国/地区依次分别为欧盟、美国、日韩及东盟。2007年，陕西省外贸对包含以上国家在内的前10位出口目的国的出口额高达38.64亿美元，占全省出口总值的82.72%，市场集中度较高。因此受此次国际金融危机影响，这些国家和地区动荡的经济局势必将影响其对商品进口需求，会对陕西省今后一段时期内的对外贸易出口造成不利影响。

4. 出口商品中从外省购入的产品较多，本地产商品的比例仍有待提高。自2003～2007年7月期间，陕西省外贸企业出口商品的采购供货来源绝大部分购自全国其他省份，本省生产商品占全省外贸出口商品的比例很小。如2003年陕西省外贸出口商品总购进金额达75.65亿元，其中在本省所购进的本地产商品的金额仅为21.37亿元，仅占采购总金额的28.25%，虽然近年来省内商品购进比例有所增加，但最多也就是达到38%左右。这样一方面导致陕西省的外贸公司出口的利润率受到影响，同时无法实现外贸对本省经济和产业的带动效应；另一方面，经常出现当产地某种商品的外销渠道及其相关产业培育成熟后或是当该商品在国际市场紧俏热销时，即抛开陕西省的外贸公司自行出口，不再给陕西省的外贸公司供货的情况。例如前些年陕西省出口量比较大的玻璃器皿商品均采购自山西和河南等地，其中许多当地企业是从陕西省原有已破产倒闭的玻璃器皿厂聘请技术工人进行生产，为陕西省外贸公司的出口供货，但近年来，随着当地厂商逐步熟悉和掌握了外销渠道，开始自行出口而不再给陕西省外贸公司供货，导致陕西省这类商品的出口额急剧下降。演绎出陕西省外贸从玻璃器皿制品本省生产制造出口，到只能外购商品出口，最后退出该产品出口市场的现象。这种情况的存在严重地制约着陕西省外向型经济持续发展的后劲（见表2）。

表2　　本省产品占全省外贸企业出口产品比例　　单位：亿元

年　份	外贸出口总购进金额	其中本省购进金额	本省购进所占比例（%）
2003年	75.65	21.37	28.25
2004年	56.48	17.18	30.42
2005年	60.90	19.98	32.81
2006年	65.22	24.53	37.61
2007年1～7月	31.27	11.51	36.81
平　均	—	—	33.18

数据来源：西安海关主编的《海关统计资料》。

5. 江海运输是陕西省对外贸易的主要运输方式。限制了本地区加工贸易等的发展。据统计数据显示，多年来陕西省外贸出口商品总量的80%以上采用海运这种国际货物运输方式。这从侧面反映出本省出口商品主要是附加值较低的货物，商品出口过程中的国际运费占整体货值的比例较大，对企业的出口利润率影响较大。面对人民币大幅度升值，国际原材料价格上涨以及受金融危机冲击等不利因素，陕西省的这些低附加值的商品出口销售往往会先受到影响，销量会出现较大幅度下滑。此外，陕西省地处内陆相对昂贵的内陆运输成本也将严重影响加工贸易商品的出口竞争力和吸引力（见表3）。

表3　　陕西省进出口贸易运输方式对比表　　单位：亿美元

项目	2004年		2005年		2006年		2007年1~10月	
运输方式	总值	增幅(%)	总值	增幅(%)	总值	增幅(%)	总值	同比增长(%)
江海运输	28.48	34.4	35.85	25.90	40.74	13.65	43.14	38.03
铁路运输	0.59	-17.42	0.41	-31.41	0.50	24.07	0.61	45.38
汽车运输	0.54	38.81	0.69	27.84	0.93	34.16	1.18	51.63
空运	6.78	22.60	8.75	29.15	11.38	29.64	10.18	6.21

数据来源：西安海关主编的《海关统计资料》。

6. 在出口企业中，国有企业所占比例较大，民营企业有长足的发展。由于历史原因，在陕西省出口企业中，国有企业始终占有较大的比例，其整体外贸出口额占陕西省外贸出口总额的50%以上。但近年来外资企业与私营企业的外贸出口取得了长足的发展。2007年，省内私营、外资等非国有企业的外贸进出口总值达到35.58亿美元，比2006年提高8个百分点，首次超过省内国有企业的外贸进出口额，所占比例达到51.66%。但随着国际金融危机开始对中国外贸产生影响，其对成立时间较短、规模不大的私企影响程度将会更大一些。据统计，在2008年1~8月期间，在中国外贸进出口总值中，国有企业所占的比例达到了53%，再次超越私企占据了半壁江山。

二、近年来陕西省外贸出口所面临的外部环境及其影响分析

一个国家或地区的商品对外出口贸易状况主要受到国际市场的供求关系，各国的进出口管制措施（包括出口退税政策）调整，国际金融市场汇率变动情况等因素的影响。现就近年来这几个外部环境因素对陕西省商品出口贸易的影响探讨如下：

（一）国家出口退税政策调整对陕西省外贸出口的影响

长期以来，中国出口商品在国际市场上的竞争力主要是依靠生产过程中投入劳动力的低成本优势，使得出口商品价格低廉而具有的竞争优势来保证了外贸出口的持续稳定增长。出口商品多为附加值较低的劳动密集型产品。陕西省对外出口商品贸易以一般贸易方式为主，因此国家历年来对出口退税政策的变化必将成为影响陕西省外贸发展的重要外部因素之一。

1. 2003 ~ 2008 年期间国家对出口退税率政策的进行了数次调整。其中：2003 年 10 月，国务院发布了改革出口退税机制的决定，规定从 2004 年 1 月 1 日起，对出口退税率进行结构性调整，降低了一般性出口产品退税率，调低或取消国家限制出口产品和部分资源性产品出口退税率。总体出口退税率平均下调 3 个百分点左右。2005 ~ 2006 年期间，国家对部分商品如钢材等数次降低了退税率。自 2007 年 7 月 1 日起，国家又一次大幅度调整了出口退税政策。一是进一步取消 553 项“高耗能、高污染、资源性”产品的出口退税；二是降低 2268 项容易引起贸易摩擦的商品（如服装、鞋帽、箱包、玩具等）的出口退税率；三是将花生果仁等 10 项商品的出口退税改为出口免税。同时将出口退税率档次结构调整为 17%、13%、11%、9% 和 5% 五档。

国家以上历次调整退税率的基本目的都是着眼于鼓励进行外向型产业升级，鼓励生产和出口高附加值、低污染的高科技商品，而对“高耗能、高污染、资源性”等产品的商品出口进行限制。

但为了减轻近来国际金融危机对中国出口行业的冲击，自 2008 年 8 月 1 日起，国家再次调整了部分商品的出口退税率，将纺织品类商品的退税率恢复到 13% 的水平。并且近期还将大幅度提升 2000 余种商品的出口退税率，同时降低钢材等类商品的出口关税率。

2. 出口退税率调整对陕西省外贸出口带来的影响。

（1）陕西省出口产品的结构特点易受出口退税率的影响。如前所述，陕西省近年来的出口商品种类集中于机电产品、矿产品、农产品、纺织品、钢材等 5 类，其中除农副产品及其加工品退税率未有调整外，其余 4 类商品都或多或少的受到历次出口退税率调整的影响。以陕西省出口的第一大类商品的机电类为例，2004 年、2005 年其分别以 24.9%、23.8% 的速度递增，但在 2006 年受退税率调整的影响，尽管出口金额仍在增长，但增速下滑明显，当年出口增长率仅为 13.2%。而矿产品则受退税率调整影响而出现出口大幅萎缩，年增长率从 2004 年的 85.9% 降为 2005 年的 66.2%，到 2006 年出现负增长，增幅为 -6.5%。纺织品类商品的出口也是类似的情况。

（2）陕西省外贸出口形式的特点易受出口退税政策变化的影响。如前所述，陕西省出口贸易的形式以一般贸易出口占大多数，加工贸易形式虽有发展但整体所占比例较小。而以一般贸易方式出口商品大多数可以享受出口退税待遇，所以出口退税率的高低就直接影响到这些商品出口的市场竞争力及其利润率。由此对纺织品、钢材等类商品的出口数量及其出口额的影响较大

(见表4)。

表4　　陕西省五类商品的出口结构及其增长率统计表　　单位：亿美元

项目	2004年		2005年		2006年		2007年1~7月	
	出口额	增长率(%)	出口额	增长率(%)	出口额	增长率(%)	出口额	同比增长(%)
机电产品	9.57	24.9	11.8	23.8	13.44	13.2	9.81	37.9
矿产品	5.36	85.9	8.9	66.2	8.3	-6.5	5.57	21.1
农产品	1.97	38	2.69	36.5	3.77	40.5	4.14	120
纺织品	3.11	13	2.85	-8.5	2.89	1.6	1.49	-15.9
钢材	0.45	54.1	0.6	4.03	3.68	513	2.94	130

数据来源：西安海关主编的《海关统计资料》。

(3）陕西省外贸出口易受出口退税影响的其他因素。如前所述，一方面陕西省出口商品的国内购入来源大多购自于其他省份，本省工贸企业自产自销的出口商品比例较少，使得陕西省出口企业对购入商品的价格消化和控制能力较差，外贸公司经营业务的利润空间有限；另一方面，陕西省出口商品总量的80%以上采用海运方式，反映出这些出口商品大多属于低附加值的商品，这些商品的经营利润空间在很大程度上取决于退税率的高低，因此，国家的出口退税政策稍有调整，就可能对陕西省相关产品出口的出口产生较大影响。.

(二）人民币升值对陕西省外贸出口的影响

自2005年7月21日国家实施人民币汇率改革以来，人民币对美元逐步升值。在人民币对美元汇率快速升值的形势下，中国的外向型企业的经营压力倍增，过去赖以参与国际市场激烈竞争的法宝——出口商品低成本低价格的竞争优势大幅度降低。

人民币升值对陕西省外贸企业的影响主要体现在：对一般贸易形式出口贸易的影响程度要高于加工贸易。而陕西省出口贸易形式中一般贸易占大多数，加之许多出口商品属于低附加值的商品，出口价格的弹性小，其利润率本身就低，汇率上升必然会吞噬其微薄的经营利润，因此，经营这类商品出口的外贸企业的经营业务活动受汇率不断升值的影响较大，必然影响到商品出口量的持续增长，甚至将会下降。加之部分中小型出口企业的经营规模小，收益不高，抗击风险能力较弱，同时人民币的不断升值，不利于中小企业开拓国际市场。

(三）当前国际金融危机对陕西省外贸出口的影响

由美国次贷危机引起的金融危机已经逐步波及全球，正在并将长时间、深层次冲击世界经济的正常运行，目前已经呈现出将逐渐演化成全球性的经济危机的势头，这对中国的商品出口贸易，特别是对美、欧等发达国家的出口贸易的影响不容忽视。由于作为中国商品第一大出口目的国的美国消费市场的消费指数在次贷危机爆发后出现严重下滑，美国经济衰退已成定势，其所导致的消费疲软必然影响到中国外贸商品出口。据中国海关统计，2008 年上半年，中国对美国出口货值金额为 1167.9 亿美元，同比增长 8.9%，远低于同期中国总体外贸出口金额 21.8% 的增速，较上年同期回落 9 个百分点。同时，受到次贷危机影响而支付能力下降甚至破产的国外进口商越来越多，中国出口企业在收汇安全上的不确定性大幅度增加。但基于陕西省外贸出口的贸易及产业结构的特殊性，其对陕西省外贸的影响也具有一定特殊性，综合分析如下：

1. 陕西省外贸出口行业能够减轻国际金融危机影响的有利因素。

（1）近年来在陕西省外贸出口商品中的占重要比重的商品诸如汽车及其零部件、飞机及其零部件、输变电站设备等重型机电产品，其交易金额大，合同履行的周期长，具有相对稳定的客户需求，抵御危机的能力较强。

（2）在陕西省外贸商品进出口总额中，国有企业的出口额占本省进出口总额的 53%，较之民营企业而言，国有外贸企业的资金相对充足、客户也因长期的经营联系而相对稳定，受金融危机的影响相对较小。

（3）在陕西省的商品出口贸易额中，一般贸易形式占主导地位，加工贸易所占比例较少，而一般贸易较之加工贸易受国际金融危机的影响明显较少。

（4）金融危机传导的滞后效应使其对陕西省外贸出口的影响显现滞后。其对中国的影响目前在东南沿海等外向型经济比例较重的地区较为明显，而对包括陕西省在内的西部地区的影响可能随着时间的滞后效应延迟到 2008 年底、甚至是 2009 年才会明显地显现出来，这将有利于我们及早发现问题，及时调整出口商品及其外贸出口产业的结构。

（5）国家宏观调控政策的调整，如上所述自 2008 年 8 月 1 日起，国家将纺织品类商品的退税率恢复到 13% 的水平，近期还将大幅度提升各类商品的出口退税率，同时降低钢材等类商品的出口关税率政策的出台将为减轻国际金融危机对陕西省出口行业的冲击提供基础环境条件。

2. 陕西省外贸出口受国际金融危机影响较大的不利因素。

（1）陕西省外贸商品的主要出口地区如欧盟、美国、日韩及东盟，其中前 3 个地区均受到此次国际金融危机影响较大，必将影响当地民众的市场消费及其对进口商品的需求量，将肯定会对本省外贸出口造成不利影响。

（2）陕西省外贸的主体结构抵御国际金融危机的能力不强。陕西省现有外贸企业中，生产型出口企业较少，而其他纯外贸型企业经营利润率本来就较少，抵御外部危机的能力较弱。同时，本省出口商品中来源于外省购进的商品比例较大，本地生产较少，就更缺乏对成本和利润率等的调控能力，不利于有效地应对国际金融危机。

（四）国内原材料价格上涨对陕西省外贸出口的影响

2007~2008年，国内生产资料市场上以成品油、煤炭、电力、钢材和粮食为代表的各种原材料价格上涨较快。国际市场上以原油和铁矿石为代表的基础原材料价格的上涨又进一步带动其下游工业制成品的价格大幅度上涨。

原材料价格上涨对生产型出口企业冲击较大。原材料上涨导致出口企业生产成本提高。将使陕西省机电设备类生产企业的出口商品的生产成本提高，利润率降低、导致其商品在国际市场上的竞争力削弱，对陕西省出口额构成一定的冲击。

（五）承接加工贸易企业由东部向西部转移对陕西省外贸出口的影响

如前所述，利用国家有关鼓励加工贸易产业由东部向西部转移政策，承接一些适宜产业的加工贸易企业在陕西省落地和发展是促进陕西省外贸出口规模加快发展，提升地方经济发展水平的一个新的增长点，同时降低受国家出口退税率调整政策的影响程度。

由于中国改革开放以来的历史原因及企业运行经济成本的原因，数十年来，中国的加工贸易行业的发展及其出口贸易主要集中在中国东南部沿海的“珠三角”和“长三角”地区。但自2004年以来，加工贸易制造产业在中国东部地区的发展遇到了因土地、劳动力等生产要素价格的提高和能源、原材料供应的紧缺、环保压力增加等诸多问题，带动了其生产成本的提升，降低了其产品在国际市场上的竞争力。现有一些行业在东部加工贸易企业已经或正在面临将企业向资源丰富、劳动力成本低的中国中西部地区或是国外东南亚地区转移的压力。为此，国家早在2005年就明确提出了推动加工贸易企业向中西部转移的号召，并随后为此出台了多项政策鼓励该产业向中西部转移。在此进程中，2007年，陕西省加工贸易出口额达到12.79亿美元，但总体上该转移进程在西部实施的并不理想。至今陕西省加工贸易出口额占本省当年出口总额的比重也仅达到18.6%。与全国50%以上的平均水平相比有重大差距，更不要说与东部沿海地区相比了。其原因主要在于：

1. 陕西省发展加工贸易存在产业链配套障碍。由于目前本省加工贸易企业数量上的差距及其行业发展质量和结构上的落后，导致配套环境条件差。加工贸易的发展离不开整个区域经济完整的产业链配套，近年来东部地区的出口加工区非常强调注重产业特色和形成产业链，当地的配套厂家多，技术水平高，选择面广。以“长三角”地区为例，根据大上海地区产业整体发展要求所建立的各出口加工区不仅具有明显的产业特色，而且十分重视吸引龙头项目，促进产业链的形成。如松江出口加工区重点发展以笔记本电脑等资讯产品为主导的电子信息产业及其配套产业，其主导招商目标是国际知名 IT 行业的龙头企业。中国台湾广达公司的落户于此地后带动了大约 40 家配套企业，在生产笔记本电脑所需 230 多个零配件中，在江苏昆山一带就可以配套采购到愈 200 个零配件，已经形成了比较完整的加工贸易产业链，发挥了良好的行业聚集效应。而包括陕西省在内的中西部地区产品零部件加工等配套环境较差，不能适应加工贸易企业对配套料、件及时方便供货的需要。同时陕西省地区的出口加工区在招商引资方面举步维艰，虽然引进一些加工贸易企业，但多为劳动密集型、低附加值产业，产业链短，潜力不大，对地区经济的辐射能力较弱。

2. 陕西省发展加工贸易存在地理位置障碍。陕西省地处中国腹地，距中国各个出口方向的海陆口岸均有 1000 公里以上的距离，出口货物需要依赖铁路或公路长距离运输到各个沿海口岸港口进行交付，进口原材料也需要千里迢迢运输过来，在当前中国铁路运输能力有限，公路运输成本高昂的情况下，而加工贸易作为原材料、零部件来源和制成品销售两头在外的贸易项目，其原材料的进口运输和制成品的出口运输问题（包括运输能力的满足程度、运输成本、运输响应速度等）是加工贸易出口企业所关注的核心问题之一。与东部沿海地区相比受上述条件的局限，陕西省现有的国际物流能力难以满足加工贸易企业对进出口物流的能力和速度的要求。绝大多数西部地区加工贸易企业采用陆海联运方式进口料件和输出成品，由于运输距离长、运费高、拼箱货源少、监管运输难、程序复杂、时效性差等综合因素，不仅使得本省加工贸易企业的货物运输成本一般高出东部沿海地区企业 30% 以上，而且影响到按期履约。这就严重限制了陕西省发展加工贸易的可能性。

3. 陕西省发展加工贸易存在国家政策落实的障碍。改革开放之初，中国在东南沿海地区率先设立了经济特区、经济技术开发区、保税区、出口加工区，并且出台了许多配套优惠政策，并鼓励当地政府进行政策创新。这些特殊区域的设立及其配套优惠政策的实施，为东部地区加工贸易的发展搭建起坚实的平台，为东部地区加工贸易营造了更为优越的政策环境，促使大量从事加工贸易的内资和外商投资企业入驻，形成了以加工贸易为主导的产业集群；而中西部地区由于对外开放时间较晚，程度较低，在促进加工贸易产业向西部转移过程中并没有给予中西部地区特别的优惠政策，而且由于国家现行政策在微观实施上缺乏协调性和针对性，使其在西部实施过程中的效果有所折扣。

三、外部环境因素变化对陕西省外贸出口产生的影响度实证分析

根据此次课题研究的需要，我们调取了西安海关2003~2008年5月期间的全部出口商品的统计数据，并对陕西省比较大宗的出口商品如农副产品类、纺织品类、钢材类、矿产品类和机电产品类中的30余类商品这几年的出口情况进行了统计分析。从2003~2008年上半年，陕西省几大类出口商品的出口销售额统计数据上，我们可以看出近年来特别是2006年以来的果汁、蔬菜汁等果蔬类商品的出口销售额稳步上升；棉纺织、服装类商品的出口销售额近年来呈现下降趋势；钢材类商品的出口销售额在2006~2007年上半年有较大幅度的上升，但此后呈现下滑态势；矿产品类中的钼制品的出口销售额前期呈现逐年大幅度上升趋势，但自2007年起呈现下滑态势，钛制品的出口销售额呈现逐年大幅度上升趋势；车辆类的出口销售额呈现逐年大幅度波折上升趋势；飞机零部件类的出口销售额呈现跳跃上升趋势；机电设备及其零件类商品的出口销售额2007年以来呈现大幅上升趋势；自动数据处理设备类商品的出口销售额2006年以来呈现逐步下降的走势；计算机软件类商品的出口销售额自2004年起平稳上升的基础上，2007年呈现出跳跃上升趋势。

在上述期间影响陕西省外贸出口金额增长的主要因素中，除了受到国际商品市场供求关系形势的变化，特别是近来从美国发生并迅速波及世界范围内的“金融危机”所造成的世界范围内市场经济萧条，商品需求减少等这些客观的世界经济环境条件影响以外，由于中国政府近年来持续实施的对外贸易进出口活动宏观调控而导致政策面的巨大变化，包括中国人民币汇率持续上升，出口退税率下降等因素也是影响陕西省外贸出口额增减的重要因素。

在所分析的五大类出口商品中，受近年来人民币汇率持续上升和退税率降低等因素变动而导致出口金额下降的大类商品主要是棉纺织、服装类、普通电视机等技术含量不高、劳动密集型商品和金属钼等资源性矿产品。而其他诸如钢材类、机电设备类（不含电视机）、矿产类中的金属钛及其制品、农副加工产品中的果蔬汁、具有高技术含量的汽车、飞机零部件等类商品的出口销售额却随着近年来产品技术水平的提高，有效的市场开拓活动或是国际市场的需求增长等等因素而呈现出口金额逐步增长甚至大幅跃升的局面，据此可以推断，

尽管近年来人民币汇率持续上升和退税率降低等因素必将对陕西省各类商品的出口产生一定的影响，但其影响作用相对有限，并未构成主要的影响因素，对陕西省商品外贸出口总额增长影响的关键因素还是自身的出口商品结构、产品的技术水平和世界市场的需求状况三要素。

四、促进陕西省外贸出口与优势产业互动协调发展的对策探讨

根据以上实证分析，近年来人民币汇率变动和退税政策的调整，对陕西省大类商品的出口具有一定的影响但并不是主要影响因素。近年来出口额受到汇率和退税率调整影响大的商品主要是资源型产品和低附加值产品。而对于其他诸如飞机零部件、重型汽车及配件、机器机械及零部件等技术水平高、产品附加值较高的商品出口额影响度不大。因此，影响本省外贸出口额的关键因素还是出口企业及其出口商品自身的国际竞争力，而一个区域出口商品的国际竞争实力取决于该区域的产业结构与产业综合技术产品水平。因此，除各类出口企业要努力提升自身的经营水平，增强其出口商品的市场核心竞争力以外，还应通过政府的政策支持与引导作用，依托陕西省所具有的优势产业基础，培育出数个具有区域特征的出口优势产业；同时吸引适宜的加工贸易类企业落户本省，优化陕西省的出口产业结构，以此保障陕西省外贸出口产业持续稳定增长，进而带动整体区域的社会经济健康快速发展。为此，我们建议国家有关部门可以采取以下的相应措施来保障和促进陕西省各地的外贸企业及其相关产业的生存与发展。

（一）提高外贸出口产业的技术水平及其出口商品的国际竞争力

事实上，近年来国家在外贸出口宏观调控过程中出现的人民币汇率的加速升值，对出口商品退税率的连续调整，其所期待的影响效应也是促使出口企业调整其出口商品的结构，减少低价商品出口的比例，改变目前出口额增长主要依靠商品价格的竞争和数量扩张的状况，激励出口企业把更多精力放在研发高附加值和高科技产品上，提升产业层次，加快中国外贸增长方式的转变，使其能够在一定程度上起到优胜劣汰的资源配置效果。陕西省地处中国的中部，若沿袭东南沿海低附加值的劳动密集型加工贸易出口形态，将没有任何的出口地域优势可言，只有依靠技术创新，提高陕西省出口产品的技术水平才能提高相关产品的出口竞争力，也才是外贸持久稳定发展的出路所在。因此，政府应制定和贯彻相关的政策，鼓励企业进行技术创新，引进先进技术，快速提高本省现有产业的技术水平。

1. 根据企业不同特点扶持企业进行技术创新。制定和实施相关政策，鼓励各类研发机构将其研发成果向陕西省转化，形成产业化，鼓励外资研发机构与陕西省科研机构、高等院校和企业共同设立研发机构，鼓励外资研发机构向陕西省企业转让技术。支持民营企业模仿创新，对有一定实力的重点民营企业鼓励其集成创新，完善促进民营企业高新技术产品出口的配套政策，积极保护、扶持中小民营企业，特别是对那些有市场发展空间、成长性良好的中小科技型企业进行政策倾斜，鼓励国有企业进行技术研发，支持中外合资企业的中方积极吸收外方技术，鼓励国有企业与民企合作开展研发工作。省市政府可以借鉴目前西安高新区已经启动的设立人才引进专项资金、5 亿元的创业投资和信贷担保基金、10 亿元的创新专项资金和 20 亿元的产业发展扶持资金等系列鼓励企业自主创新办法，扶助企业度过“金融寒冬”，进一步扩大其扶助规模和地区，使之惠及全省的相关企业。

2. 鼓励从国外及其他省份引入先进技术。结合贯彻落实《国务院关于实施〈国家中长期科学和技术发展规划纲要（2006—2020 年）〉若干配套政策的通知》（国发［2006］6 号）要求，按照商务部和国家税务总局联合制定的《中国鼓励引进技术目录》，积极组织和推动企业引进国内外先进适用技术，推动现有产业的技术更新。同时充分利用国家鼓励外商投资高新技术产业的政策，在区域招商引资过程中引导外资投向通信、软件等高新技术产业。引导外资向高新技术产业链两端投入，延长产业链，形成产业集聚。同时，注重引入先进成熟的产业技术，加快消化吸收，从而加速现有生产技术的更新。

3. 在提升企业生产技术水平的基础上，一方面要提高陕西省各类出口商品的质量和加工深度，由单纯出口原材料向出口加工品或制成品转化，由初级加工品向深加工品、精加工品转变，以此适应国家控制初级原材料和战略资源性矿产品出口管理政策的要求，同时可以提高出口商品的单位价值，优化出口商品结构，提高资本密集型、技术密集型商品和服务项目在出口总量中的比重；另一方面，外贸企业要通过转变经营方式，培育自有出口商品品牌，提高本地产商品的品质和声誉，出口更多高附加值商品，形成出口商品的非价格竞争优势，从而既能在国际市场上应对来自其他国家和地区同类商品的竞争，又能够提高企业外贸出口经营的经济效益。

（二）注重培育本省的生产型出口企业，延长本地出口商品加工产业链

1. 加大扶持现有生产型出口企业的政策力度。政府各相关部门应从政策上对本省规模较大的生产型出口企业予以适当扶持。推动相关企业合作，鼓励

专业外贸出口企业合理提高采购地产商品的比重，对长期经营的大宗出口货物，应尽量促使相应的生产企业在陕西省本地建立生产基地，例如对玻璃器皿类出口商品的生产可以以租赁、联营等适当的方式恢复本省原有的相关生产企业，吸引外流技术人员，利用原已倒闭的企业设备进行生产，尽可能地延长外向型生产企业在陕西省的生产和销售链。

2. 给予专业型外贸公司相应的资金和服务方面的支持。随着国家近年来对外贸易管理体制的改革，外贸自主经营权的放开，使专业型外贸公司（亦称代理型外贸公司）的外贸进出口经营垄断地位丧失，其竞争力大大下降。但因其仍拥有长期形成的比较稳定的国际销售渠道，拥有一批经验丰富的进出口贸易业务经营人员，具备在动荡环境下维持一定量商品出口规模的能力，因此政府应协调有关银行或生产企业在资金、货源供给上给予这些公司以支持，保证其能够继续生存和发展，来保证陕西省出口贸易额的稳定和增长，同时鼓励有条件的专业型外贸公司通过融资自建或与其他企业合资经营，逐步转型为生产型出口企业。

3. 调整招商引资策略。调整招商引资策略，将招商引资重规模、重产品的策略，调整为注重产业链的延长。在对内、对外招商引资过程中，应考虑国家出口退税政策的因素，引进生产高科技产品的制造企业，增加其所生产的商品在本省的工业产值，提高陕西省出口商品的附加值。促使本省外贸出口产业结构的升级和调整，形成良性循环。避免重蹈过去的从玻璃器皿制品生产、制造及出口大省，到外购商品出口大省，最后到萎缩退出相关产品出口市场的情形。

政府在招商引资过程中，还应加大对已引进产业的相关配套项目的关注和引进，使引进的生产项目不仅仅是一项主产品或仅是一道工序，更应是通过对主产品引导，延伸建立起来的一条产业链，实现配套料件与主产品的一体化或系列化经营。在引进时就应考虑该商品生产链的延长问题，在完成一项重要引资项目后，政府应通过适当的渠道向本省相关产业的企业发布该项目所需的原材料或零部件供求信息，为本省现有企业与该项目的配套服务甚至直接建立供求关系搭起方便的桥梁，也为本省包括民间资本在内的各类金融资本可以围绕该项目所需配套项目的投资提供有效的投资渠道和投资方向，同时给引进项目也提供了宣传与商务合作平台，既延伸了对引进项目的服务，使出口产品的产业链拉长，又促进了招商引资工作水平的提高，有利于优化陕西省经济的软环境建设。

4. 延长加工贸易企业在国内的加工产业链。鼓励和引导现有的加工贸易型企业增加研发投入，通过技术转移、委托开发、联合开发、产业联盟、衍生公司等多种形式开展自主创新，逐步依托现有纯加工贸易生产环节实现企业向研发与投资、销售与服务等高附加值产业环节的延伸与提升，逐步延长加工贸易商品的国内产业链。

5. 政府要充分利用各种有利外部条件，改善投资环境。诸如利用当前国家4万亿元投资的重大发展机遇，加快招商引资区域基础设施的建设工作，尽快形成更加优良的投资环境，为吸引优质的高新技术产业和企业落户创造基础设施条件；宣传和组织本省意欲拓展国际市场的中小企业向商务部、财政部申请“中小企业国际市场开拓资金”，用于补贴这些中小企业参加境外展会、产品国外认证、国际市场宣传推介等开拓国际销售市场的部分活动经费。

（三）充分利用本地资源优势，发展果蔬汁加工等农副加工品的出口产业链

根据国际贸易基本理论中的比较优势原理，要保证陕西省对外出口的持续稳定增长，必须发展本省具有绝对优势或比较优势的行业、产品和重点企业。要充分利用地区资源、要素优势，扶持发展优势商品的生产行业、产品及重点企业。近年来，在陕西省各大类出口商品中，以苹果汁商品生产为代表的农副产品加工产业是陕西省具有绝对贸易比较优势和相对贸易比较优势的产业之一，对浓缩果汁商品现实的国外市场需求与国内未来消费潜力，构成了陕西省果汁加工产业发展的良好外部环境，值得全力扶持。

1. 陕西省苹果汁加工产业在世界市场上具有资源要素的绝对比较优势。由于西餐饮食习惯和追求健康的要求，欧美等发达国家的民众普遍有大量饮用果汁的生活习惯，每年的消费量很大，这些国家对浓缩苹果汁有大量的进口需求。伴随着中国居民生活水平的不断提高，其健康意识和餐饮习惯日益与国际接轨，今后一段时期内中国数亿城市居民未来对果汁类饮料的消费的潜力巨大。而苹果汁加工产业存在和发展的基础是以就近具有苹果生产资源为基础。世界的主要苹果产区集中在亚洲的中国、北美洲的美国、欧洲的德国、波兰以及南美的阿根廷等地，其中的中国作为水果生产大国，全国的水果种植面积约1.5亿亩，具有苹果、梨、葡萄、山楂、沙棘、枣等特产水果，年产量约占全球水果年产总量的17%，具有丰富的自然资源的优势。虽然其他上述国家也具有果汁加工业的资源优势，但作为一种劳动密集型的农副产品生产加工产业链，苹果汁的原料种植和加工过程需要大量劳动力，无论是美国，还是德国，

都不具备中国所具有的廉价劳动力要素优势，即使是波兰、阿根廷等国的劳动力成本也没有中国的优势明显。因此，从苹果汁加工业的资源及要素角度看，中国发展以苹果汁为代表的果蔬汁加工品的出口产业具有绝对的比较优势。而且与水果种植加工业发达的国家中的水果加工率高达 80% 以上相比，中国水果的深加工仍处在起步阶段，果品加工量不到水果总产量的 10%，加工比例最高的苹果也仅为 20% 左右，因此进一步发展果汁加工业的潜力空间巨大。

2. 陕西省苹果汁加工产业在中国具有资源要素相对比较优势。中国苹果产区主要集中在陕西省、山东和辽宁三省，三大产区占全国苹果总量的 87%，其中又以陕西省所在的黄土高原占全国苹果供应量的 49% 以上，且属于适宜于果汁压榨、加工的低酸果种，原料果生产的比较优势明显。陕西省的劳动力要素的平均价格较之东部沿海省份的山东、辽宁更低廉，这对于需要安排大量劳动力进行苹果的田间管理、采摘，收运、前期清洗挑选等劳动力密集型的原料生产过程，陕西省具有劳动力价格低的比较优势。

3. 陕西省果汁加工出口产业基础具有比较优势。陕西省现有的一批果汁出口加工的企业近年来在激烈市场竞争中逐步发展壮大，其中 5 家颇具规模的果汁加工厂的浓缩果汁年生产能力就达 110 万吨以上，在全国果汁加工行业中具有显著的规模优势效应。其中 2 家公司的浓缩果汁出口量名列中国苹果汁生产出口企业前列。

4. 陕西省果汁加工出口产业具有销售渠道及原料果采购渠道的比较优势。陕西省数家果汁生产商的销售渠道经过多年的拓展，成为诸多全球知名大品牌如可口可乐公司、百事可乐公司等世界软饮料生产商的重要原料供应商。在美国、欧洲、俄罗斯、日本、加拿大、澳大利亚这几大市场的果汁消费量占到全球苹果浓缩汁消费量的 85% 以上，陕西省的果汁生产企业是这些地区前三大浓缩果汁原料消费客户的主要供应商。全省的主要果汁生产企业通过长期以来的严把产品质量关，优质诚信经营，使其在国外市场上树立了自己的品牌和质量优势。因此许多国外软饮料大生产商愿意以高于中国出口苹果汁平均价格的水平进口这些公司的浓缩苹果汁；同时，这些客户对上游原料浓缩苹果汁的需求稳定、资信良好，对抗各种风险的能力比较强；另外，省内苹果主产区的农户与这些果汁加工生产厂形成了各种形式的原料苹果供销互利模式，提高了这些公司的利润水平与出口竞争力，与国内其他企业比较具有明显的优势。

2008 年以来，世界市场对果汁类原料的需求有所减少，价格下降。陕西省的浓缩果汁 1～10 月出口 30.38 万吨，金额 5.27 亿美元，尽管比上年同期增长12.97%，但增速明显下降，特别是在10月份的出口额同比下降50%，这样将会影响到一些果汁出口生产企业的资金周转，可能将在当前榨季生产过程中出现收购原料苹果时的资金紧张状况，因此需要政府协调，和银行联手为本省果汁生产企业创造一个宽松的金融环境，提供该产业当前收购原料果所需资金的保障，避免给果农打白条。同时促进扩大内销，减少浓缩果汁成品压库数量。

（四）利用陕西省高新技术产业基础优势，培育优势高新技术商品出口产业链

1. 飞机及飞机零部件制造产业。以西飞公司、陕飞公司和西安航空发动机公司为代表的位于陕西省的系列航空制造企业，历经多年的发展，奠定了比较完整的生产大中型飞机、发动机及其零部件的设计与生产的产业基础，具有中国一流的航空制造技术优势和产业配套基础优势，他们所生产的新舟系列飞机已经批量出口，所承担的波音飞机垂直尾翼来料加工贸易项目早已经批量生产。航空零部件类商品的技术含量高，生产技术复杂，是一般生产厂商无法竞争的高科技高附加值的商品，并且原材料进口和制成品出口所采用的航空运输方式受地理位置、运费成本的限制和影响极小。因此近年来陕西省的航空产品及其零部件产品的出口额快速增长。今后，其在国际合作分包生产的基础上，结合国家“十一五”发展规划中对发展制造国产大型客机与大型运输机产业政策扶持的优势，并且依托现有的与波音公司进行航空零件国际合作分包生产的基础上，能够进一步拓展航空零部件对外加工制造业务及其与波音、空中客车等公司合作分包生产飞机部件的品种与数量，延长其产业链，使陕西省航空制造业具有良好的外贸出口发展潜力，值得政府关注和从各个方面给予支持，促进其快速形成现实的外贸出口新的重要增长点。

2. 汽车及其零部件制造产业。陕西省重汽集团、法士特公司、汉德公司等一批基于三线基地建设发展起来的陕西省重型汽车及其配套的零部件的制造业，近年来在技术水平、生产能力、创新能力、产品质量、管理结构和机制等各方面都进行了有效整合和提升，尤其是近年来引进国际重卡汽车强势技术所进行的产品技改推动了企业快速发展。在此基础上，陕汽集团大力实施“走出去”战略，建立起初具规模的国际营销网络，产品出口创汇大幅增加，成为陕西省机电产品出口的主力军。据统计，在2008年上半年，陕汽集团已经出口重型载重汽车6302辆，同比增长362%；出口创汇2.96亿美元，销往全球34个国家，外销势头良好；汽车零部件生产厂商汉德公司从2006年开始实

施国际化战略，在保持国内市场领先的同时，逐步拓展国际市场。凭借着产品优势，质量优势，品牌优势和成本优势，产品出口和国际市场拓展发展迅猛。法士特公司以其独具优势的重型汽车变速箱系列产品占据了国内大半市场，近三年来，法士特面向市场推出的拥有完全自主知识产权的重型变速器已达到 40 多种，并出口美国、澳大利亚等 10 多个国家和地区。其中具备完全自主知识产权的法士特 12 档、16 档变速器月出口已突破千台大关。近年来新兴的比亚迪汽车西安产业基地借助于所开发新型环保混合动力小客车生产技术，F3 型车已实现出口 5000 余辆，产品销往 16 个国家。其在今后的小型乘用车及其动力系统零部件的出口上具有很大的潜力。这些都将构成今后一段时期陕西省出口贸易增长的重要组成部分。

3. 以西安高新技术开发区企业为代表的高新技术产品制造产业、软件开发产业。西安高新技术开发区作为国家级的高新技术开发区，近年来依托陕西省和西安市高校和科研院所云集的科技人力资源优势，转化了一大批科研成果，已经形成一批具有独特高新技术水平的中小型高科技企业，所开发的部分高科技商品及软件开发外包服务项目具备一定的国际市场竞争力，政府可以通过提供金融、产业扶持、国际销售信息沟通等各个方面的支持措施，促使这些企业的高新技术产品尽快实现批量商品化生产并形成出口能力，使其成为陕西省今后一段时期外贸出口新的增长点。

4. 其他陕西省具有产业基础、资源或高新技术优势的产业。除了前面提到的几个行业以外，西安石油勘探仪器制造业和宝鸡石油勘探设备制造业经过长期在长庆油田复杂地质环境的考验而总结、创造出的石油勘探装备器材制造技术优势，为拓展石油勘探成套装备和器材的出口和对外加工制造业务奠定了良好的基础；利用陕南丰富的动植物资源，发展中草药生物制剂和药品原料制造产业，加工制造出口药物和保健品的原料及其商品的生物制药产业等因其各自的产业结构、资源或高新技术优势，可能发展成为新兴的商品出口产业部门或行业。

5. 陕西省还有西电集团公司、彩虹集团公司、标缝集团公司、陕鼓集团公司等一批具备机电设备制造产业基础和相关产品外贸出口能力的企业，其产品也已经批量出口至亚非等发展中国家，通过进一步的国际市场开拓活动也可以培育和发展成为具有大量出口潜力的外向型产业。

总之，以上行业或企业具有促进陕西省外贸出口增长的现实可能性和未来发展的潜力与希望，需要政府部门在相关政策方面给予支持和服务，保证其尽快发挥出口效益。

（五）调整和提升加工贸易产业区的产业结构，形成完善配套的发展能力

加工贸易作为当前一种重要的外贸形式，因其一般受国家出口退税调整、汇率调整等因素的影响相对较少，是维持一个地区外贸稳定发展的因素之一。同时，通过加工贸易的发展引进国外资金、技术提升本地的产业水平及解决就业问题等方面效益仍不容忽视。就陕西省而言，用好用足国家促进加工贸易企业向西部转移政策，还需要一些配套措施和办法。

1. 通过政策引导高新技术核心企业，带动形成配套的生产能力与基地。为了加快出口加工型龙头企业的引进和当地有潜力的龙头企业发展，政府可以提供专项资金来对这类企业进行专项资金扶持，以带动本地区加工贸易产业链的形成，更好地促进加工贸易向陕西省转移。事实上伴随着西安出口加工A区已成功地引进了世界500强企业英国BP、法国阿尔斯通，以及财富500强美国库柏工业集团、美国蒂夫尼、英国AMS等知名公司入区；以及投资2.5亿美元的美国美光半导体模块组装和芯片封装测试项目及全球最大的半导体设备制造商美国应用材料公司已正式入驻出口加工区B区，为带动相关配套企业的入住与相关行业的兴起奠定了良好的发展基础。

2. 充分利用陕西省国家级出口加工区的优势，吸引国内外加工企业入住。充分利用本省国家级出口加工区的保税、物流等功能优势，帮助企业降低运营成本，提高其参与国际市场的竞争力，就能有效地吸引国内外的加工企业入住。以陕西省最大的显像管生产企业彩虹集团为例，此前该公司为国内生产厂商的出口电视机配套的显像管需要通过中国香港地区转口开展保税业务，但货物通过我国香港地区周转交货周期长，增加了仓储、运输和时间成本。2008年以来，彩虹集团通过西安出口加工区开展物流保税业务，仅运费和仓储费可以节约100万元人民币以上，加上减少税款占压等财务成本总计每年可节约750万元人民币，同时税收负担率也大大降低。在西安出口加工A区入区的其他企业包括西航集团、远东集团、偏转集团、山西永济电机等企业也可享受到类似的便利。

（六）提升政府管理水平，提供金融财政支持，协助企业减轻金融危机对外贸出口的影响，保障相关产业的生存和持续发展的潜力

一个地区外贸出口行业的整体实力与发展潜力如何，离不开该地区的出口重点企业的发展。而政府在市场经济环境下培育和扶持具有发展优势的重点行业、重点企业的手段之一是给予其财政资金扶持与金融信贷的支持。

1. 改进行政管理方式，形成陕西省大经贸的管理格局。提高外贸管理部门之间的协调层次，由省政府牵头，建立包括商务厅（局）、海关、外汇、税务、检验检疫等部门参加的主管领导定期协商机制，在各自的权限范围内探索优化其监管的模式与工作流程，用足用好国家现有的各项政策与管理规定，协调相互之间的管理规定和监控程序，减少进出口业务过程中由于各个部门管理制度冲突和人为因素而带来的障碍，为出口企业的经营业务提供良好的监管环境，促进其更好地发展出口贸易。

2. 用好政策，建立陕西省苹果出口扶助专项基金。针对果汁加工出口行业这个陕西省外贸出口优势行业持续发展的需要，由省市县各级政府以惠农富民为目的推动扩大陕西省苹果种植基地的面积，改良品种，扩大苹果产出量，从源头上保证果汁加工出口产业的可持续发展。当前由政府出面协调银行为陕西省苹果汁加工出口的龙头企业提供低息贷款、融资担保等，保证其支付原材料苹果的收购款的资金需要，避免给果农打白条，挫伤农民今后栽种果树发展果业的积极性；同时满足在当前外销价格与需求降低的时期适当存储部分浓缩果汁成品，等待市场变化所占压资金的需要以及促进果汁生产企业采取措施扩大内销宣传营销开支的需要。

3. 采用政府贴息方式，支持出口企业融资度过危机。由于金融危机引起国际市场需求减少导致出口商品积压，已出口商品国外付款迟延而导致外贸出口生产企业的周转资金紧张，已经影响其正常的经营。为此，政府应采取临时性资金支持，支持陕西省相关外贸企业渡过难关。可以由政府拿出小部分财政资金作为商业银行贷款贴息，支持银行向陕西省的核心外贸出口企业提供低息融资，一方面可以减轻企业贷款利息的负担，降低其经营成本；另一方面也符合商业银行的经营规则，保证其商业贷款利润收入，更重要的是在这一过程中，省市政府只用投入区区的几个亿就可以带动几百亿的银行专项信贷资金的投入，以小撬大的资金杠杆效应十分明显，这种补贴措施是临时性措施，对政府的长久财政压力并不大，也不违反 WTO 的相关贸易规则惯例。

4. 简化出口退税管理流程，优化出口退税服务。国家税务总局、国家外汇管理局为简化出口收汇核销手续，推进贸易便利化，在国家外汇管理局推行了“出口收汇核销网上报审系统”。为了衔接好出口收汇核销管理改革后的出口退税管理，国家税务总局和国家外汇管理局选择广东、辽宁、北京等地的部分出口企业试行申报出口退税免予提供纸质出口收汇核销单出口退税专用联，税务机关使用出口收汇核销电子数据审核出口退税。这样做极大地方便了出口企业，同时也减轻了税务机关的审核出口退税的工作量，切实减少出口退税申报环节和凭证，提高出口退税审核审批工作效率，加快企业办理出口退税的速度，减少出口企业经营资金的占压，也是当前化解外贸出口企业经营资金紧张的压力的有力措施之一。因此，建议陕西省国家税务局和外汇管理局共同向国家税务总局和国家外汇管理局申请陕西省出口企业申报出口退税免于提供纸质出口收汇核销单（出口退税专用联），税务机关使用出口收汇核销单电子数据审核出口退税试点，以支持出口企业的发展。

5. 维持现有专业外贸企业的生存，保住外贸经营人才与外贸出口市场渠道。对于陕西省现有的传统专业贸易型进出口企业而言，虽然如前所述从长远上我们要引导他们走工贸结合之路，向生产型出口企业转型。但在面临当前国际金融危机的严峻环境，其转型过程尚难以在短时间实施的情况下，政府应当尽量从资金供给、工商管理、税收等政策面上支持其维持下去，度过难关。保住这些外贸企业的相关专业外贸经营人才队伍及即有的商品市场销售渠道，从而最终为将来世界经济复苏期到来时恢复和扩大本省的外贸出口提供有利的前提和基础。

五、结论

综上所述，尽管自2003~2008年上半年期间，国内外经济形势与环境发生了巨大的变化，包括人民币汇率逐步变化，国家退税政策的历次调整，美欧等国对中国多类商品实施反倾销，特别是近期金融危机所带来的中国东部加工企业大量倒闭对陕西省外贸出口贸易商品货源供应的影响逐步显现等等因素，将对陕西省外贸企业出口及相关行业的生产经营产生相当的影响作用，但对本省外贸出口可持续发展的关键影响因素还是其自身的出口产业结构与出口商品的技术水平，因此，一方面需要依托陕西省所具有的优势产业基础，通过政府的政策支持与引导，培育出果蔬汁加工业、重型汽车及其零部件、飞机及其航空零部件、计算机软件外包服务等数个具有区域特性的出口优势产业，提升陕西省的产业结构水平，进一步发挥本省的产业和商品的竞争优势；另一方面利用当前中国东部沿海地区由于劳动力成本上升、资源损耗和生态环保等问题而不得不将其部分加工贸易类企业向中西部地区转移的契机，充分利用国家出台的各项相关产业政策，吸引更多的相关优势行业及其配套企业落户于本省，促进本地区的外贸产业布局的数量和质量的增长，以此促进陕西省进出口贸易的规模扩大、保障陕西省外贸出口持续稳定增长，同时实现外贸出口和相关产业的效益提升与可持续发展，进而带动本区域社会经济健康快速发展，实现人民生活水平的提高。

参考文献：

1. 2007 年陕西省外贸进出口统计分析，海关综合信息资讯网[EB/OL]（www. China - Customs. com） - 国际贸易 - 国际资讯。

2. CCER《中国经济研究服务中心数据库》[EB/OL]（www. ccerdata. com）。

3. 西安海关主编：《海关统计资料》。

4. 钟雁明："出口退税 VS 广东外贸"，《中国海关》2004 年第 2 期。

5. 杜莹芬："中国出口退税制度的改革及其影响"，《上海行政学院学报》2004 年第 5 期。

6. 朱艳："出口退税政策调整对浙江外贸出口的影响及对策"，《经济论坛》2005 年第 20 期。

7. Foreign Flooring Importers Obsessed by China's Export Rebate Adjustment. International Wood Industry 2007，（7）.

8. 王伟："退税新政将对交通运输业产生一定影响"，《现代物流》2007 年 6 月 26 日。

9. 徐长宁："我国调整外贸顺差对铜价走势的影响及对策分析"，《中国金属通报》2008 年第 17 期。

10. 人民币汇率的调整变化图，中国人民银行网[EB/OL]（www. pbc. gov. cn），2008 年 8 月 29 日。

课题组组长：薛建英　朱俊福

副 组 长：孙彦方　王　农　沈天林　何　林

成　　员：李　丽　李晓峰　米晓东　张　琨

顾　炎　向玉刚　赵　婷　沈　剑

张建军　袁　海

参加单位：陕西省国家税务局进出口税收管理处

西安市国家税务局进出口税收管理处

陕西省师范大学国际商学院

报告执笔：沈天林　何　林　李晓峰　沈　剑